（令和６年分）

期間が５年超のもの

期間が５年以下のもの

〔地方税５％〕

〔地方税４％〕
〔地方税５％〕

〔地方税４％〕
〔地方税５％〕
超のものに限られる

平成25年から令和19年までの間に生じる所得については、左記の税額の他に、復興特別所得税2.1％が課されます。

〔記号の説明〕
①：譲渡価額
②：譲渡資産の取得費
③：譲渡費用の額
④：買換（代替）資産・交換取得資産の取得価額の合計額

令和6年版

図解
譲渡所得

市川康樹 編

一般財団法人 大蔵財務協会

は し が き

譲渡所得は、毎年発生する事業所得や給与所得などと異なり、臨時かつ偶発的に発生する所得であるため、一般になじみが薄く、また、特例制度も数多く設けられています。

そこで、できるだけ多くの方々に譲渡所得のほか山林所得も含めて、これらについての法令・通達を容易に、かつ体系的に理解していただくことを目的として、随所に図表を盛り込んだ「図解による譲渡所得・山林所得のガイドブック」として本書を編集し、昭和61年に初版を発行いたしました。

その後、数次の改訂を重ねてまいりましたが、刊行の都度、読者の皆さまから好評をいただくとともに、多くのご意見等をいただいております。

この度、これらのご意見等に応えるべく内容の充実を図りつつ、更に各種法令改正に伴う措置など令和６年度の税制改正事項を織り込み、令和６年版として刊行することといたしました。

編集に当たっては、図表のほかフローチャートや算式、具体例、チェックポイント、様式なども数多く取り入れ、できるだけ平易な記述にするとともに、税法に関する用語も分かりやすく解説するなど、譲渡所得・山林所得の仕組みを正しく理解していただけるよう心掛けました。

本書が、税務に携わる実務家の方々はもちろん、納税者の皆さまのお役にも立てば幸いに存じます。

なお、本書は、私どもが休日等を利用して執筆したものであり、文中意見にわたる部分は個人的見解であることを念のため申し添えます。

令和６年６月

市 川 康 樹

〔凡　例〕

1　本書で使用する法令・通達の略称は、次のとおりです。

（法令・通達）　（略称）

所法……所得税法

所令……所得税法施行令

所規……所得税法施行規則

所基通……所得税基本通達

相法……相続税法

法法……法人税法

法令……法人税法施行令

法規……法人税法施行規則

措法又は措置法……租税特別措置法

措令又は措置法施行令……租税特別措置法施行令

措規又は措置法施行規則……租税特別措置法施行規則

措通、措置法通達又は租税特別措置法通達………昭和46年８月26日付直資４－５ほか２課共同「租税特別措置法（山林所得・譲渡所得関係）の取扱いについて」、平成14年６月24日付課資３－１ほか３課共同「租税特別措置法（株式等に係る譲渡所得等関係）の取扱いについて」通達

40条通達………… 昭和55年４月23日付直資２－181「租税特別措置法第40条第１項後段の規定による譲渡所得等の非課税の取扱いについて」

通則法……国税通則法

震災特例法又は震特法……

災害被害者に対する租税の減免、徴収猶予等に関する法律　災害減免法

東日本大震災の被災者等に係る国税関係法律の臨時特例に関する法律

震災特例法施行令又は震特令……東日本大震災の被災者等に係る国税関係法律の臨時特例に関する法律施行令

震災特例法規則又は震特規……東日本大震災の被災者等に係る国税関係法律の臨時特例に関する法律施行規則

耐通………所得税についての耐用年数の適用等に関する取扱いについて

2　法令の引用例は、次のとおりです。

（例）

所得税法第９条第１項第13号ハ……所法９①十三ハ

3　本書は、令和６年４月１日現在の法令・通達によっています。

㈱　一部、未施行の法令の規定に基づくものが含まれています。

〔目　　次〕

第1編　譲　渡　所　得

第1章　譲渡所得の範囲

第2章　所得税の課税されない譲渡所得

第3章　資産の譲渡による所得で譲渡所得以外の所得として課税されるもの

第４章　譲渡所得の区分

第５章　譲渡所得の金額の計算方法

第6章　収　入　金　額

第7章　必　要　経　費

第８章　分離課税の譲渡所得に対する所得税の計算方法

第９章　特別控除の特例

第10章　交換・買換えの特例

第11章　その他の特例

第12章　有価証券の譲渡による所得の課税

第13章　災害に係る譲渡所得関係の措置

第２編　山　林　所　得

第１章　山林所得の範囲

第２章　所得税の課税されない山林所得

第３章　山林所得の金額の計算方法

第4章　山林所得に対する税金が軽減される特例

第5章　山林所得に対する所得税の計算方法

参考資料

第１編

譲渡所得

は じ め に

国や地方公共団体は、行政活動を通じ、私たちの生活に欠かすことのできない公共サービスなどを提供していますが、そのような活動をするのに必要な経費を、私たちは税金という形で負担しています。

したがって、税金は、私たち民主主義国家の国民にとって、共同社会を維持するための、いわば会費であるということができるでしょう。

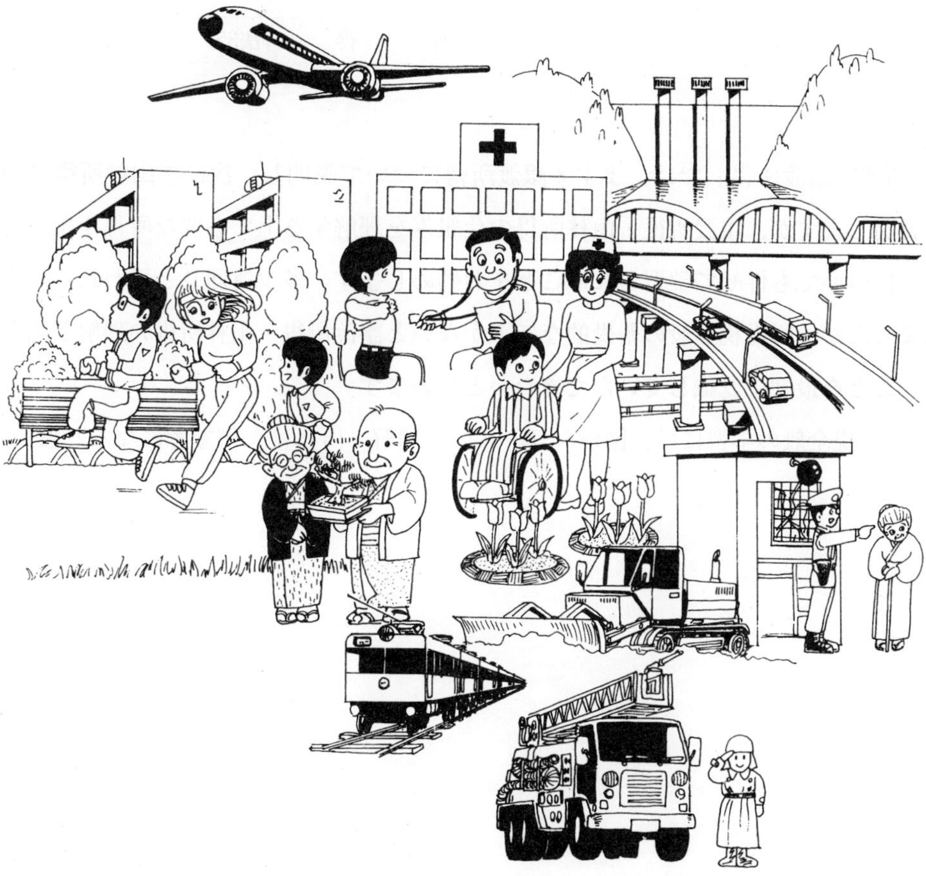

――この社会あなたの税が生きている――

租税の中心的な役割を果たしている所得税の根拠法である所得税法では、所得を利子所得以下10種類に区分しています。これは担税力に応じた課税をする必要があることなどの理由によるものです。

所得税法上の所得の区分	No.	区分	条文
	①	利子所得	（所法23）
	②	配当所得	（所法24）
	③	不動産所得	（所法26）
	④	事業所得	（所法27）
	⑤	給与所得	（所法28）
	⑥	退職所得	（所法30）
	⑦	山林所得	（所法32）
	⑧	譲渡所得	（所法33）
	⑨	一時所得	（所法34）
	⑩	雑所得	（所法35）

「図解　譲渡所得」では、まず⑧譲渡所得について説明し、次に⑦山林所得について説明しますが、譲渡所得・山林所得の仕組みを理解する上で必要な所得税全般の仕組みについても併せて学習されることをお勧めします。多少遠回りと思われるかもしれませんが、所得税全般の基礎的な知識がないと譲渡所得・山林所得の理解が困難であることを最初に認識していただきたいと思います。

（所得税全般の学習には、図解シリーズの「図解　所得税」が参考になると思います。）

第１章　譲渡所得の範囲

1　譲渡所得の意義

譲渡所得とは、資産の譲渡（土地に関する一定の権利の設定等のうち特定のものを含みます。）による所得をいいます（所法33《譲渡所得》①、所令79）。ただし、棚卸資産等の譲渡による所得は譲渡所得には含まれません（所法33②）。

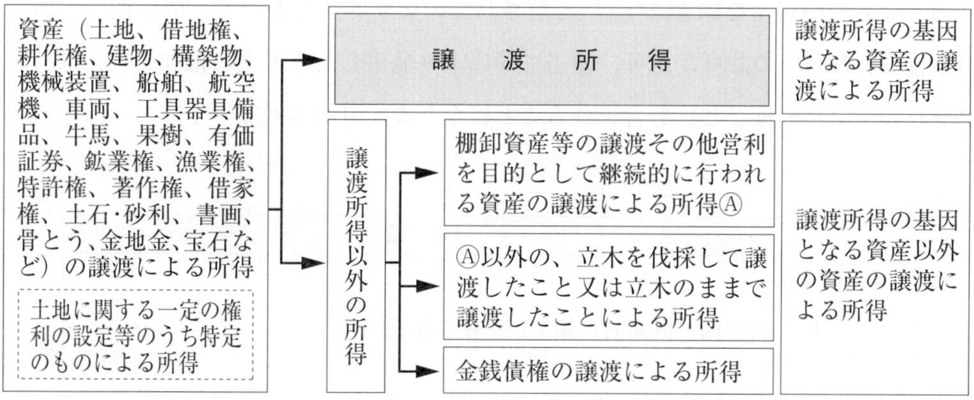

用語の解説

金銭債権

金銭債権とは一定量の金銭の給付（支払）を目的とする債権です。例えば、売買契約における売主側の代金債権（民法555）、請負契約における請負人側の請負代金債権（民法632）、金銭消費貸借契約（当事者の一方（借主）が金銭を相手方（貸主）から借り受け、後にこれと同種・同等・同量の金銭を返還することを約する契約）における貸主側の貸金債権（民法587）や金銭消費寄託契約（受寄者が受寄物（保管している目的物）である金銭を消費することができ、後にこれと同種・同等・同量の金銭を返還することを約する寄託契約）における寄託者の預金債権（民法666）などがこれに該当します。

チェックポイント

資産の譲渡による所得が全て「譲渡所得」となるわけではありません。特に、金銭債権の譲渡による所得は譲渡所得には該当しませんので注意する必要があります（所基通33－

１《譲渡所得の基因となる資産の範囲》)。金銭債権の譲渡による所得は金利に相当するものであり、事業所得又は雑所得に該当することとなります。手形、小切手の譲渡による所得についても同様です。

上記のとおり「譲渡所得の基因となる資産」の譲渡による所得が譲渡所得になるわけですが、この場合の「譲渡所得の基因となる資産」とは、社会生活上金銭に評価することが可能なものであり、現実に有償譲渡の可能性のある一切のもの（譲渡所得の基因とならない資産を除きます。）と解されています。したがって、取引慣行のある借家権や行政官庁の許可、認可、割当て等により発生した事実上の権利（例えば、タクシーのナンバー権など）も含まれることになります（所基通33－１）。

		意　義
譲渡所得の基因となる資産	①	経済的（財産的）価値が存在すること
	②	取引の対象物であること
	③	キャピタル・ゲイン（資産価値の増加益）又はキャピタル・ロス（資産価値の減少損）の生ずる可能性のあるものであること
	④	譲渡所得の基因となる資産以外の資産（棚卸資産等、立木及び金銭債権）ではないこと

2　「譲渡」の意義

「譲渡」には、通常の売買のほか、交換、代物弁済なども含まれます。

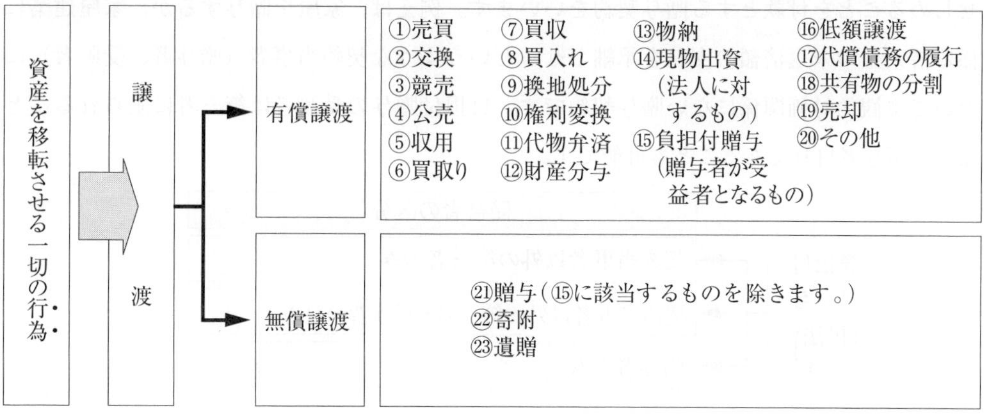

用語の解説

代物弁済

例えば、甲から300万円借りている乙が、300万円の支払に代えて自動車１台を甲に給付して300万円の債務を消滅させるというような契約をいいます（民法482《代物弁済》）。

		要　件	効　果
代物弁済（民法482）	①	債権が存在すること	弁済と同一の効果が生じます。
	②	本来の給付と異なる他の給付をなすこと	
	③	給付が本来の弁済に代えてなされること	
	④	債権者の承諾があること	

財産分与

財産分与とは、離婚した者の一方が相手方に対して財産を分与することをいいます（民法768）。

例えば、夫婦が離婚し、夫が妻に財産分与として土地建物の所有権移転をした場合には、夫は、その分与した時において、その時の価額によりその土地建物を譲渡したこととされます（所基通33－１の４）。

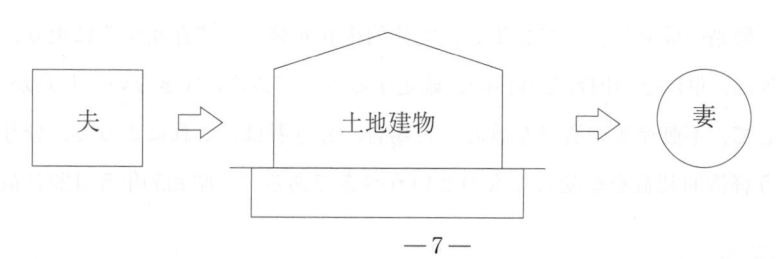

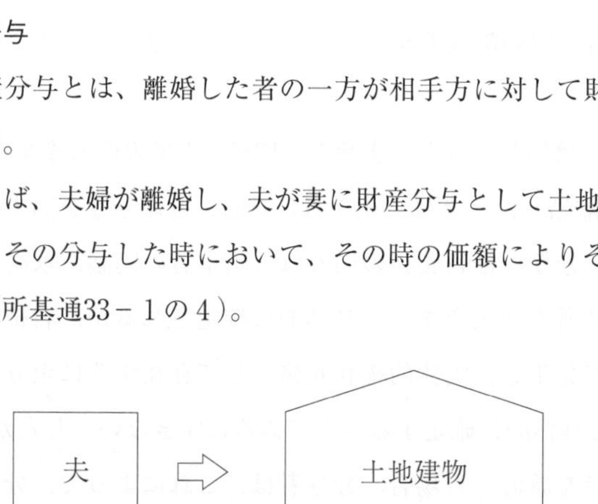

負担付贈与

負担付贈与とは、対価としての意味を有しない一定の給付をすべき債務を受贈者に負担せしめることを付款とする贈与契約をいいます。例えば、家屋を贈与するが、家屋建築に係る借入金の未返済額の支払を承継させるというような契約当事者（贈与者、受贈者）において主観的対価関係にない贈与契約です。負担付贈与の受益者は第三者に限られることなく、贈与者自身であることも可能です。

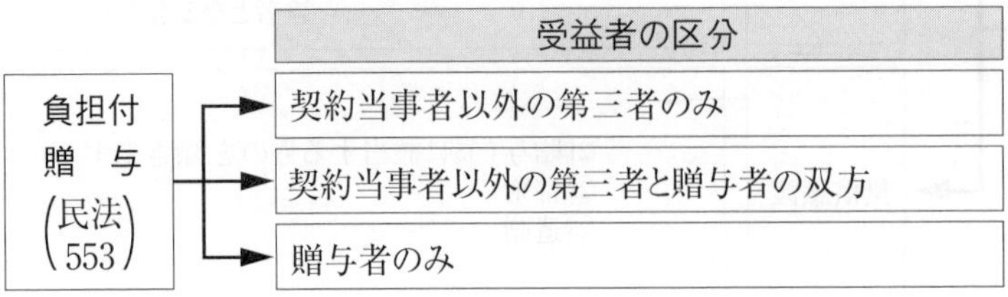

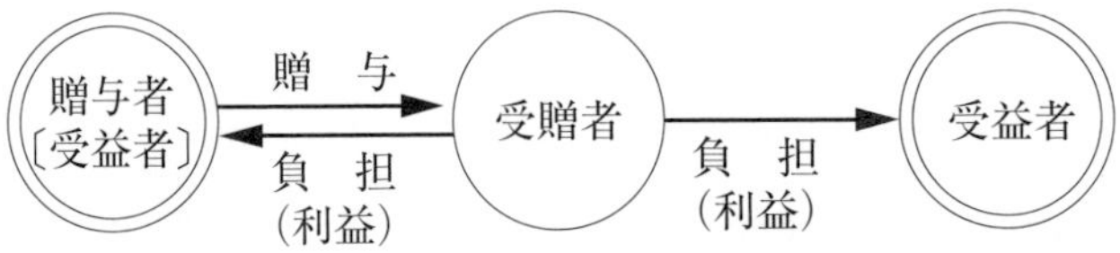

参考までに「贈与」について整理すれば、次のとおりです。

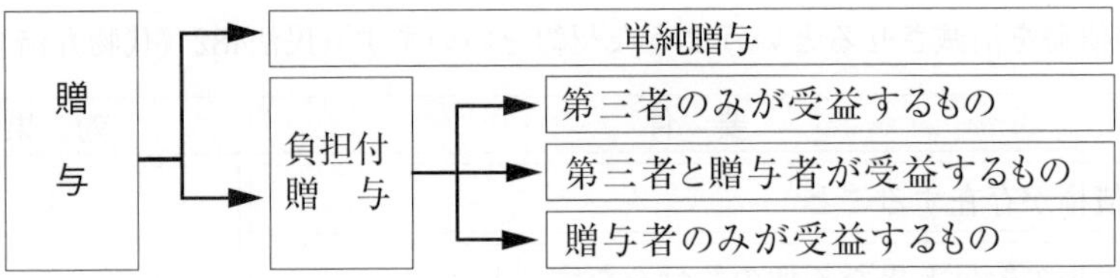

チェックポイント

❶ 「相続（特定の個人（甲）に帰属する権利義務が、一定の原因（甲の死亡）によって、その者（甲）と身分関係をもつ者（甲の配偶者や子）に包括的に承継移転すること。）」は無償譲渡には含まれません。

❷ 「資産の譲渡」と「資産の移転」は同じではありません（12ページで説明します。）。

❸ 財産分与については、「夫婦が離婚したときは、相手方に対し、財産分与を請求することができる（民法768）。この財産分与の権利義務の内容は、当事者の協議、家庭裁判所の調停若しくは審判又は地方裁判所の判決をまって具体的に確定されるが、右権利義務そのものは、離婚の成立によって発生し、実体的権利義務として存在するに至り、右当事者の協議等は、単にその内容を具体的に確定するものであるにすぎない。したがって、財産分与として、不動産等の資産を譲渡した場合、分与者は、これによって、分与義務の消滅という経済的利益を享受したものというべきである。」（昭和50年５月27日最高裁

判決）とされています。

4 「負担付贈与（贈与者が受益者となるもの）」は、受贈者が負担することで贈与者に帰属する金銭等その他経済的利益を、贈与した資産（喪失）の対価として認識することができますので、「有償譲渡」に該当します。したがって、この場合には、贈与者に譲渡所得等の課税関係が生じることになります。

なお、負担付贈与のうち、第三者が受贈者の有する「譲渡所得の基因となる資産」を受益（取得）する場合には、受贈者に譲渡所得の課税関係が生ずることとなります。

次の場合にも譲渡所得の課税関係が生じます。

		項　目（内　容）	根拠条文
譲渡以外の行為で譲渡所得の課税関係が生ずる場合	①	限定承認に係る相続により、譲渡所得の基因となる資産の移転があった場合	所法59①
	②	借地権等の設定の対価としてその土地の時価額の$\frac{1}{2}$を超える権利金等の支払を受けた場合など	所令79①
	③	契約に基づき譲渡所得の基因となるべき資産が消滅したことに伴い補償金の支払を受けた場合など	所令95

以下、これらの内容について順に説明します。

(1)　贈与等の場合の譲渡所得の特例（所得税法第59条関係）

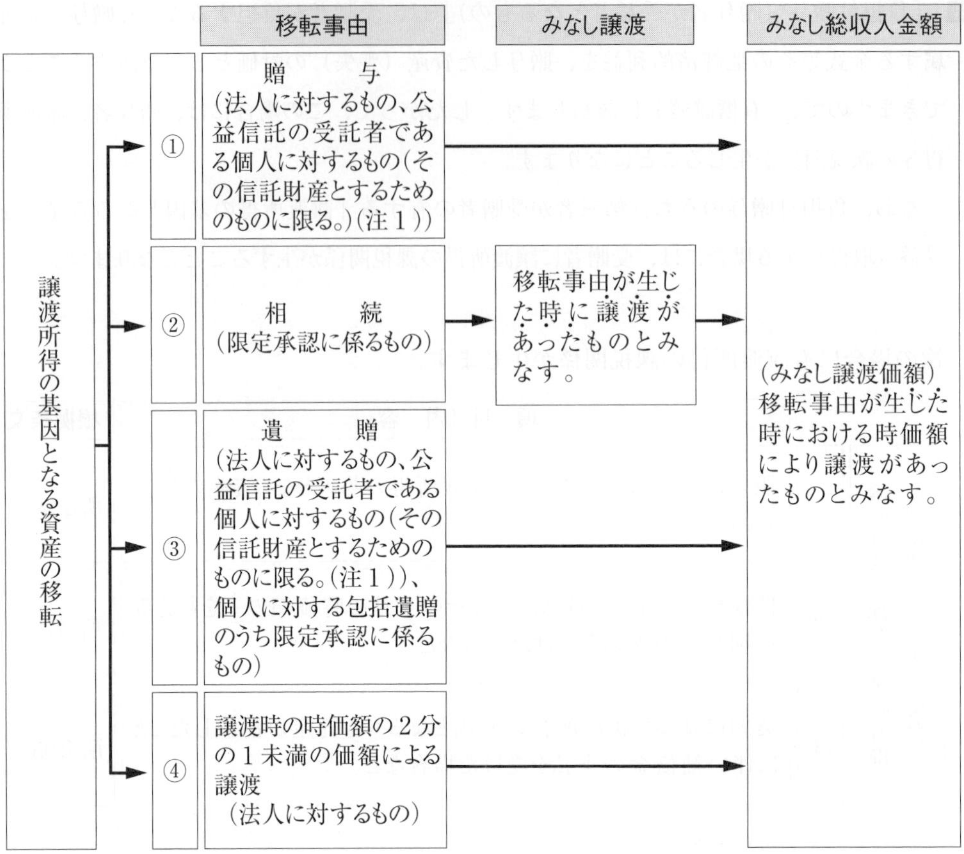

（注１）「公益信託の受託者である個人に対するもの（その信託財産とするためのものに限る。）」については、公益信託に関する法律（令和６年法律第30号）の施行の日から適用されます。以下同じです。

（注２）　有価証券等又は未決済のデリバティブ取引等を有している居住者が国外に転出する場合、又は居住者が非居住者に対してこれらの資産を贈与などした場合は、その時の価額に相当する金額により譲渡又は決済があったものとみなされます（所法60の２、60の３）。詳しくは、「第12章　有価証券の譲渡による所得の課税」の「第４　国外転出をする場合の譲渡所得等の特例（国外転出時課税）」（588ページ）及び「第５　贈与等により非居住者に資産が移転した場合の譲渡所得等の特例（国外転出（贈与等）時課税）」（610ページ）を参照してください。

用語の解説

遺贈（包括遺贈・特定遺贈）

遺贈は受遺者（個人には限られず、法人も含まれます。）に遺言により遺産の全部又は一部を与えることです。

	区　分		左に含まれるものの例示
遺贈（民法964）	包括遺贈	遺産の全部あるいは何分の何というように抽象的割合で遺産を与えると示されたもの	○相続分の指定を内容とする遺言 ○遺言で遺産中の積極財産を処分して債務を清算し、残余財産を相続人等に一定の割合で分配するよう指示した場合
	特定遺贈	包括遺贈以外のもの	○不動産の全部、有価証券の半分というような表示の遺言 ○遺言で受遺者のために新たな債権を創設した場合 ○遺言で受遺者の債務を免除した場合

限定承認

相続人は、相続によって得た財産（一身専属権を除く全ての積極財産）を限度として、被相続人の債務（一身専属債務を除く全ての債務）及び遺贈を弁済すべきことを留保して相続の承認をすることができます（民法922）。これを限定承認といいます。

包括受遺者は相続人と同一の権利義務を有します（民法990）から、包括受遺者も限定承認をすることができることとなります。

なお、所得税法では、「相続人」には包括受遺者を含むと規定しています（所法２②）。

推定・みなす

「推定」は、当事者間に別段の取決めがない場合又は反証が挙がらない場合に、ある事柄について法令が一応こうであろうという判断を下すことをいいます。したがって、当事者間に取決めがあったり、あるいは当事者の意思がそうではないということが証拠によって明らかになれば、それに従って判断され、処理されることになります。

「みなす」は、本来異なるものを法令上一定の法律関係につき同一のものとして認定してしまうことをいいます。当事者間の取決めや反証を許さず、一定の法律関係に関する限りは絶対的なものとして取り扱う点で「推定」とは異なります。

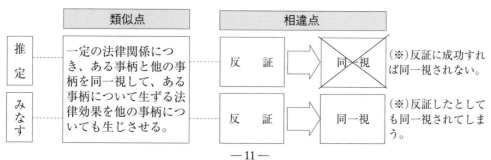

	類似点	相違点		
推定	一定の法律関係につき、ある事柄と他の事柄を同一視して、ある事柄について生ずる法律効果を他の事柄についても生じさせる。	反　証 →	~~同一視~~	(※)反証に成功すれば同一視されない。
みなす		反　証 →	同一視	(※)反証したとしても同一視されてしまう。

チェックポイント

1 時価額とは、通常売買される価額をいうもので、相続税等における財産評価額（いわゆる相続税評価額）ではありません。

2 「相続」は「譲渡」には含まれませんから、「②相続（限定承認）」については、まず「譲渡」とみなし、次に時価額をもって総収入金額に算入するとみなす必要があります。

これに対して、既に説明したように、「①贈与」、「③遺贈」及び「④時価額の２分の１未満の価額による譲渡」は「譲渡」に含まれますから、時価額をもって総収入金額に算入するとみなせば足りるということになります。

3 「譲渡所得の基因となる資産の移転」には、借地権等の設定は含まれませんが、借地の返還は原則としてこれに含まれます（所基通59－５）。

4 「資産の譲渡」の概念より「資産の移転」の概念の方が広いということができます。

5 「①贈与（法人に対するもの、公益信託の受託者である個人に対するもの（その信託財産とするためのものに限る。））」にいう「贈与」は、贈与者側に収入すべき金銭等その他経済的利益が全く帰属しない場合（単純贈与又は負担付贈与のうち第三者のみが受益するもの）のみを指し、負担付贈与のうち贈与者が受益するものは含まれません（贈与者が受益する場合には「④時価額の$\frac{1}{2}$未満の価額による譲渡」に該当することがあります。所基通59－２参照）。

次に、10ページ上段の図表を個人及び法人の別に着目して整理し直すと次のようになります。

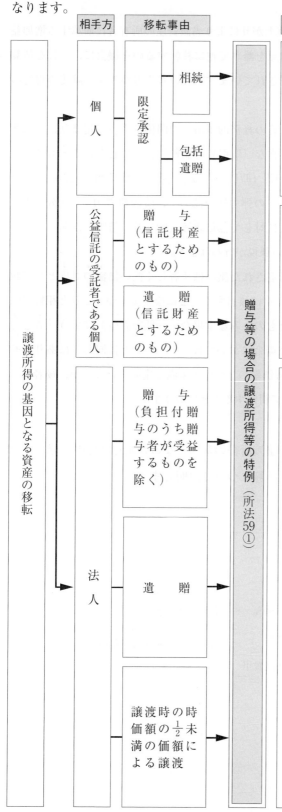

	相手方	移転事由			規定の設けられた趣旨
譲渡所得の基因となる資産の移転	個人	限定承認	相続	贈与等の場合の譲渡所得等の特例（所法59①）	被相続人又は包括遺贈者の生存中に資産の値上がり益として発生していた所得は、被相続人等の所得として清算して課税をするとともに、その税額を被相続人等の債務として他の一般債務と合算し、当該債務の額が相続財産の価額を超えるときは、その超える部分の債務の金額は限定承認の効果として切り捨てさせようとするものです。
譲渡所得の基因となる資産の移転	個人	限定承認	包括遺贈	贈与等の場合の譲渡所得等の特例（所法59①）	
譲渡所得の基因となる資産の移転	公益信託の受託者である個人	贈与（信託財産とするためのもの）		贈与等の場合の譲渡所得等の特例（所法59①）	公益信託については、財産を拠出した段階で委託者の手を離れる（信託終了時に委託者に財産が帰属しない）ことが担保される制度設計となっていることから、財産拠出時に譲渡所得の課税を繰り延べると信託前に生じていたキャピタルゲインの清算機会が失われてしまうため、財産拠出時に譲渡所得の課税を行うこととするものです。
譲渡所得の基因となる資産の移転	公益信託の受託者である個人	遺贈（信託財産とするためのもの）		贈与等の場合の譲渡所得等の特例（所法59①）	
譲渡所得の基因となる資産の移転	法人	贈与（負担付贈与のうち贈与者が受益するものを除く）		贈与等の場合の譲渡所得等の特例（所法59①）	個人に対する資産の贈与等については、資産の譲受者が当該資産の譲渡者の取得価額を引き継ぐものとして資産の譲渡の時点では譲渡所得の課税を行わずに繰り延べる制度となっているのですが、法人に対する贈与等については、このような制度は採られていません。 これは、前者が個人に帰属すべき譲渡所得を他の個人に帰属させるのですから所得税の体系内での処理であるのに対して、後者は個人に帰属すべき譲渡所得を法人の所得として課税することとなり不合理であると考えられるためです。したがって、後者については課税の繰延べの制度を設けることは適当でなく、譲渡所得の課税を行うこととなります。 なお、「譲渡時の時価額の２分の１未満の価額による譲渡」をこの特例の適用対象としたのは、「贈与」についてのみこの特例の適用対象とすると、形ばかりの譲渡価額で資産を移転させてこの特例の適用を回避しようとする動きが出てくることになるので、これらの行為をした者としない者との権衡を図るためです。
譲渡所得の基因となる資産の移転	法人	遺贈		贈与等の場合の譲渡所得等の特例（所法59①）	
譲渡所得の基因となる資産の移転	法人	譲渡時の時価額の$\frac{1}{2}$未満の価額による譲渡		贈与等の場合の譲渡所得等の特例（所法59①）	

チェックポイント

❶「譲渡所得に対する課税は、資産の値上がりにより当該資産の所有者に帰属する増加益を所得として、当該資産が所有者の支配を離れて他に移転するのを機会に、これを清算して課税する趣旨のものである」と解されています。この考え方がみなし譲渡の規定の背景にあります。

❷ 資産の譲渡価額は、譲渡者及び譲受者の経済的事情や力関係によって定まり、売急ぎや買進みがある場合には、いわゆる正常な（取引）時価額とは一致しないことも考えられます。そこで、所得税法施行令第169条《時価による譲渡とみなす低額譲渡の範囲》では、譲渡時の時価額にある程度（50％）の弾力性を認めて、時価額の50％（２分の１）未満で法人に譲渡した場合には、法人に対して無償譲渡（贈与及び遺贈）があった場合と同様に正常な取引時価額で譲渡所得の課税が行われます。

❸ ❷でいう時価額の２分の１未満と判定された譲渡は「著しく低い価額の対価として政令で定める額による譲渡」（所法59①二）に該当することになりますが、これと相続税法第７条《贈与又は遺贈により取得したものとみなす場合――低額譲受》にいう「著しく低い価額の対価で財産の譲渡を受けた場合においては、………」とは同じではありません（傍点部分）。前者は政令において時価額の２分の１未満と定めていますが、後者については、個々の具体的なケースに応じて判定することになります。

少し論点は変わりますが、個人間で譲渡所得の基因となる資産を時価の２分の１未満で譲渡した場合の譲渡所得の金額の計算について説明します。

〔図１〕　一般的な場合の例

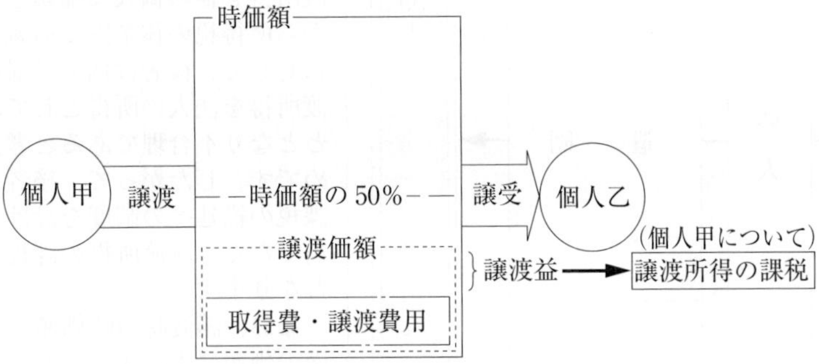

〔図２〕　所得税法第59条第２項が適用される場合の例

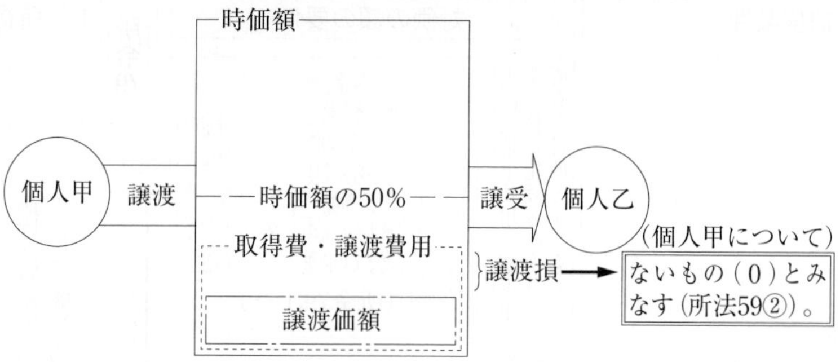

〔図２〕を整理すると次のようになります。

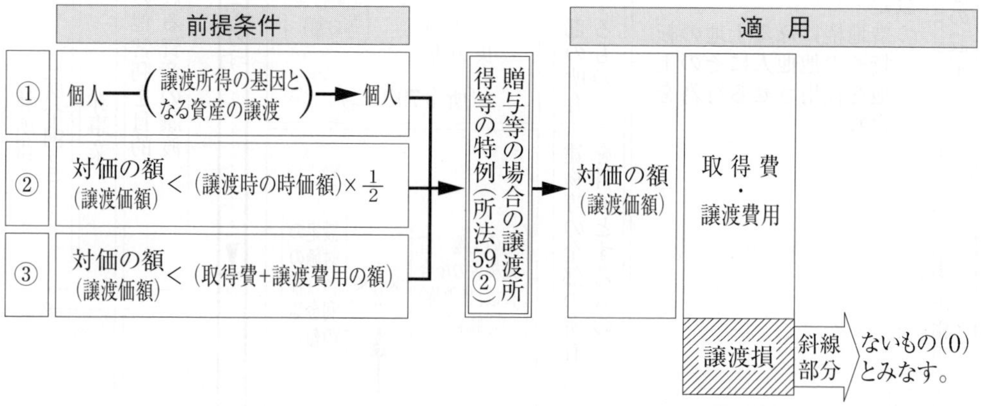

これは、個人間であっても、前提条件の②及び③に該当する譲渡については、個人間で贈与があったもの又はそれに近いものと考えるのが合理的であると考えられることによります。

チェックポイント

❶　個人間の譲渡ですから時価額で譲渡があったものとみなされることはありません（所法59①二かっこ書）。

❷　（取得費＋譲渡費用の額）が譲渡時の時価額の２分の１未満であるかについては前提条件とされていません。

❸　譲受者に対しては、相続税法第７条の規定により贈与税が課税される場合があります（平元．３．29直評５ほか「負担付贈与又は対価を伴う取引により取得した土地等及び家屋等に係る評価並びに相続税法第７条及び第９条の規定の適用について」通達参照）。

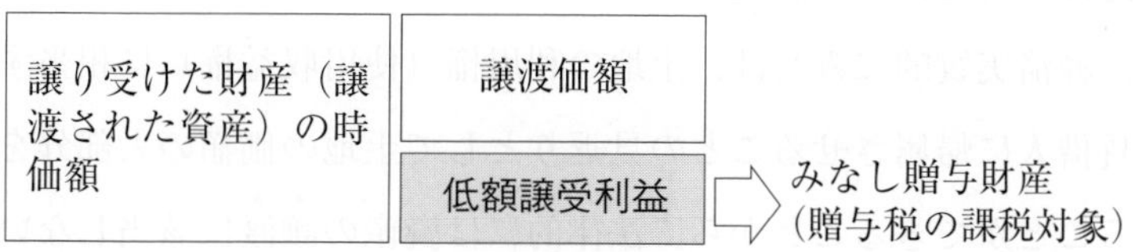

(2) 資産の譲渡とみなされる行為（所得税法施行令第79条関係）

前提条件		対価の額の要件	
借地権の設定	借地権 ⇨建物・構築物の所有を目的とする地上権・賃借権 設定 ⇨借地権に係る土地の転貸その他他人にその土地を使用させる行為を含む。	大深度地下使用の認可事業に係る施設等の全部の所有を目的とするもの	$Ⓐ \times \frac{1}{2} \times \frac{\text{借地権設定範囲のうち最も浅い部分の深さから大深度までの距離}}{\text{地表から大深度までの距離}} \times \frac{1}{2} <$（設定の対価の額（権利金等の額）） （Ⓐ×1/2：時価の1/2に相当する金額） （所令79①三）
		建物等の一部の所有を目的とするもの	$Ⓐ \times \frac{\text{建物等の所有部分の床面積}}{\text{建物等の全体の床面積}} \times \frac{1}{2} <$（設定の対価の額（権利金等の額）） （所令79①二）
		建物等の全部の所有を目的とするもの	（その土地（借地権者の場合には、借地権）の時価額Ⓐ）$\times \frac{1}{2} <$（設定の対価の額（権利金等の額））
地役権の設定	① 特別高圧架空電線の架設 ② 特別高圧地中電線、ガス事業者が供給する高圧のガスを通ずる導管の敷設 ③ 飛行場の設置 ④ 懸垂式鉄道・跨座式鉄道（モノレール）の敷設 ⑤ 砂防設備である導流堤等の設置 ⑥ 公共施設の設置、特定街区内における建築物の建築 （建造物の設置を制限するもの）	全部	地下又は空間について上下の範囲を定めた借地権又は地役権の設定をする場合等には以下のように$\frac{1}{4}$となります。 $Ⓐ \times \frac{1}{2} \times \frac{1}{2} <$（設定の対価の額（権利金等の額）） （Ⓐ×1/2：時価の1/2に相当する金額） （所令79①一）

所令79 →（資産の譲渡とみなす）

所得の区分		
棚卸資産等の譲渡その他営利を目的として継続的に行われる資産の譲渡	事業	事業所得（所令94②）
	非事業	雑所得（所令94②）
上記以外の譲渡		譲渡所得

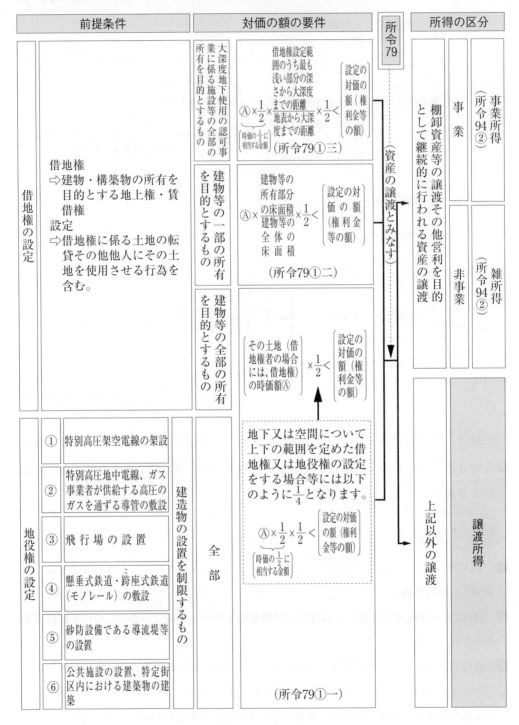

この規定は、借地権等の設定等に際しその対価として多額の権利金等を収受する場合には、経済実質的にみれば、土地の利用権（使用収益権）に相当する部分を半永久的に賃借人に帰属させることの見返りとして土地の価額の大部分を回収したものと考えることができることから、法律的には資産の譲渡に該当しないものを、権

利の設定等の段階でキャピタル・ゲインの清算をするのが適当であるとして資産の譲渡に含めようとするものです。

用語の解説

地上権

他人の土地において工作物等（建物など）を所有するために、その土地を使用することができる権利（物権）をいいます（民法265）。地上権は債権である賃借権とは異なり物権ですから、設定者（土地の所有者）の承諾なしにこれを他に譲渡することができます。また、地代支払義務の存否は地上権設定の要件ではなく、当事者間の約定によって決められます。

賃借権

賃貸借契約の当事者の一方である賃借人の権利（債権）をいいます（民法601）。ここで賃貸借とは、当事者の一方（賃借人）が対価を支払い、他人の物を使用収益することを目的とする有償・双務・諾成・不要式の契約です。

		法的性質	
賃貸借	①	有償契約	契約当事者の双方が互いに対価的な給付をする契約
	②	双務契約	契約当事者の双方が互いに対価的な債務を負担する契約
	③	諾成契約	契約当事者の合意だけで成立する契約
	④	不要式行為	方式を必要としない法律行為

地役権

ある土地の利用価値を増加させるため（便益のため）に他人の土地を通行するというように、特定の土地（要役地）の便益のために他人の土地（承役地）を使用する権利（物権）をいいます（民法280）。地役権は契約によって設定されますが、通行地役権、引水地役権、用水地役権、電線路を敷設するための地役権、眺望を防げることになる建物を建てないという観望地役権、日照を妨害しないという日照地役権などがその例です。

なお、法定地役権といわれるものに囲繞（いにょう）地通行権（ある土地が他の土地に囲まれて公道に通じないときに、その土地の所有者が公道に出るために隣地を通行することができる権利。民法210以下）があります。

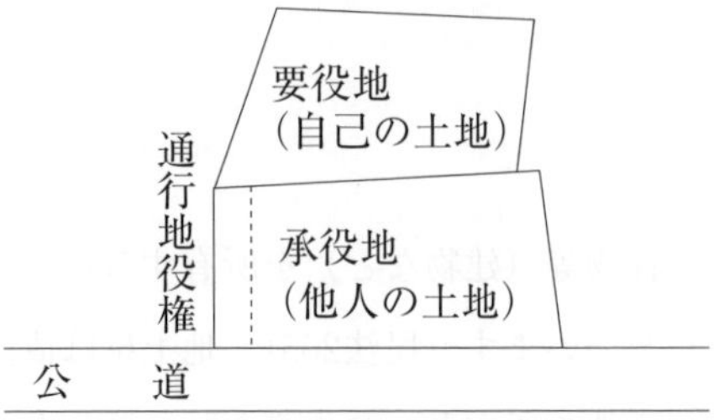

チェックポイント

❶ 「対価の額の要件」を満たさない対価の額による借地権又は地役権の設定は不動産所得の課税対象となります。この場合、この対価（権利金等）が臨時所得（所法２①二十四、所令８《臨時所得の範囲》）に該当すれば、所得税法第90条《変動所得及び臨時所得の平均課税》の規定により平均課税の適用を受けることがあります。

❷ 所得税法にいう「借地権」の範囲は、借地借家法でいう借地権の概念より広いといえます。

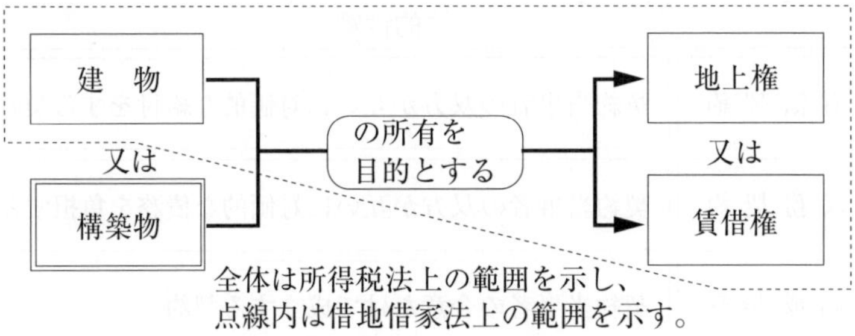

※借地借家法第２条《定義》
　この法律において、次の各号に掲げる用語の意義は、当該各号に定めるところによる。
一　借地権　建物の所有を目的とする地上権又は土地の賃借権をいう。

❸ 資産の譲渡とみなされる地役権の範囲は、公共的な目的により建造物の設置を制限する特別高圧架空電線の架設など所得税法施行令第79条に列挙されているものに限定されています。したがって、通行地役権等は範囲外となります。

❹ （対価の額）≦（地代の年額）×20であるときは資産の譲渡とみなされる行為には該当しないものと推定されます（所令79③）が、次の点に注意する必要があります。

① この規定からは、20倍を超えるものは譲渡とみなされる行為に該当するものと推

定するという解釈とはならないこと

② 基本的に時価額の不明な土地というのは存在しないはずであるから、この推定規定によることはまれであること

③ 推定規定であるため、時価額が明らかになれば、それに従って判断され処理されることになること

5 既に借地権の設定されている土地の地下に地下鉄等の構築物を建設させるためその土地を使用させる場合など、その土地の所有者と借地権者とが共に土地の利用を制限される場合で、共に対価（権利金等）を受け取ったときは、その対価の額の合計額を基として$\frac{1}{2}$（又は$\frac{1}{4}$）の判定をします（所令79②）。

6 借地権等の設定等をしたことに伴い、通常の場合の金銭の貸付けの条件に比し特に有利な条件による金銭の貸付け（いずれの名義をもってするかを問わず、これと同様の経済的性質を有する金銭の交付が含まれます。）その他特別の経済的な利益を受ける場合には、その利益を対価の額に加算した金額を基として$\frac{1}{2}$（又は$\frac{1}{4}$）の判定をし（所令80《特別の経済的な利益で借地権の設定等による対価とされるもの》）、$\frac{1}{2}$（又は$\frac{1}{4}$）を超えると判定された場合には、加算した後の金額が譲渡価額となります。

7 「対価の額の要件」の算式中の「床面積」は、対価の額が、建物等の階や位置その他利用の効用の異なる部分ごとに適正な割合を勘案して算定されている場合には、その割合による調整後の床面積をいいます。

8 借地権等の設定は「譲渡所得の基因となる資産の移転」ではありませんから、贈与等の場合の譲渡所得等の特例（所法59）の適用はありません（所基通59－５）。

(3) 譲渡所得の収入金額とされる補償金等（所得税法施行令第95条関係）

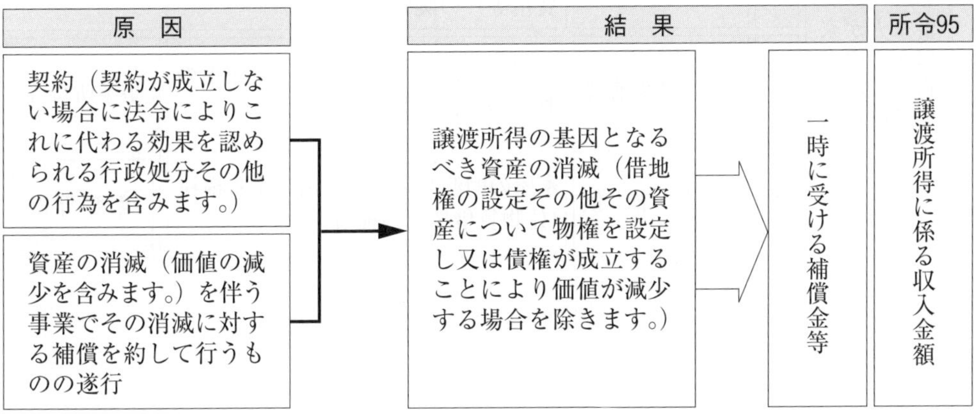

代表的な例としては、契約により土地所有者のために借地権者が借地権を消滅させ、土地所有者から対価を受けるというような場合が挙げられますが、このような場合に、対価の額を譲渡所得に係る収入金額とすると定めたのは借地権を土地所有者以外の第三者に譲渡した場合と経済的実質は同じであることが考慮されたものです。

チェックポイント

❶ 「価値が減少する場合」とは、資産の価値の一部が永久に失われる場合をいい、資産の利用が一時的に制約されるためその価値が一時的に低下するような場合は含まれません。これは一時的な価値の低下を、「譲渡」されたと同じように考えることは困難だからです。

❷ 借家人が家屋の立退きに際して受けるいわゆる立退料のうち、借家権の消滅の対価の額に相当する部分の金額は譲渡所得とされますが、その立退きに伴う業務の休止等により減少することとなる借家人の収入金額や業務の休止期間中に使用人に支払う給与等借家人の各種所得の必要経費に算入される金額を補塡するためのものは、その業務に係る各種所得とされ、その他の立退料は一時所得とされます（所基通33－6《借家人が受ける立退料》、34－1《一時所得の例示》(7)）。

		性　格		所得の区分
借家人が家屋からの立退きに際して受け取る立退料	①	移転補償	家屋の明渡しのために借家人が直接支払わなければならない費用（引越費用等）の実費弁償	一時所得
	②	収益·経費補償	家屋の明渡しによって失う営業上の利益の補償	事業所得等
	③	対価補償	家屋の明渡しによって消滅する権利（建物賃借権）の補償	譲渡所得

第２章　所得税の課税されない譲渡所得

譲渡所得に該当する所得であっても、担税力の考慮等から所得税を課税しない所得があります。これを**非課税所得**といいます。

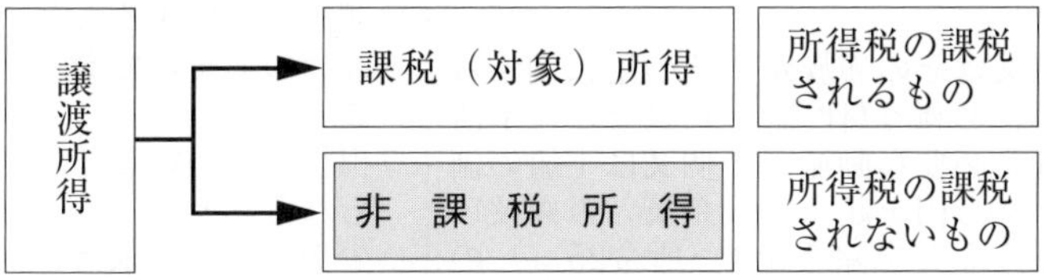

非課税所得の性格等は次のように整理することができます。

		性格等
非課税所得	①	その所得は初めからなかったものとして取り扱われること
	②	非課税所得の計算上生じた損失もないものとみなされること（所法９②）
	③	合計所得金額には含まれない（所基通２－41《合計所得金額の計算》(1)）ので、配偶者控除等の判定の基礎に入らないこと
	④	原則として手続（申告、申請等）は一切不要であること

次に、譲渡所得に該当する所得で、所得税法等の規定により非課税所得とされるものは次のとおりです。

		項　目	根拠条文
譲渡所得に該当するもので非課税とされるもの	①	生活用動産の譲渡による所得	所法９①九
	②	強制換価手続による資産の譲渡による所得等	所法９①十
	③	貸付信託の受益権等の譲渡による所得のうち一定のもの	措法37の15①
	④	国等に対して財産を寄附した場合の譲渡所得	措法40
	⑤	国等に対して重要文化財を譲渡した場合の譲渡所得	措法40の２
	⑥	物納による譲渡所得	措法40の３
	⑦	債務処理計画に基づき資産を贈与した場合の譲渡所得	措法40の３の２

㈱　⑦については、平成25年４月１日から令和７年３月31日までの間の贈与に適用があります。

以下、これらの内容について順に説明します（③については「第12章　有価証券の譲渡による所得の課税」（447ページ以降）で説明します。）。

1　生活用動産の譲渡による所得（所得税法第９条第１項第９号関係）

	内　容	規定の設けられた趣旨	損　失
生活用動産の譲渡による所得	自己又はその親族が生活の用に供する家具、じゅう(什)器、衣服などの生活に通常必要な動産（１個又は１組の価額が30万円を超える貴金属、書画及び骨とうなどを除きます（所令25）。）の譲渡による所得	○譲渡益の生ずることは極めてまれであること ○担税力が弱いと認められること ○少額所得不追求という税務執行上の配慮 ○国民感情の考慮	ないものとみなされる（所法９②一）。

用語の解説

親族

親族とは、配偶者、６親等内の血族及び３親等内の姻族をいいます（民法725）。

〔参考〕　親族・親等図表

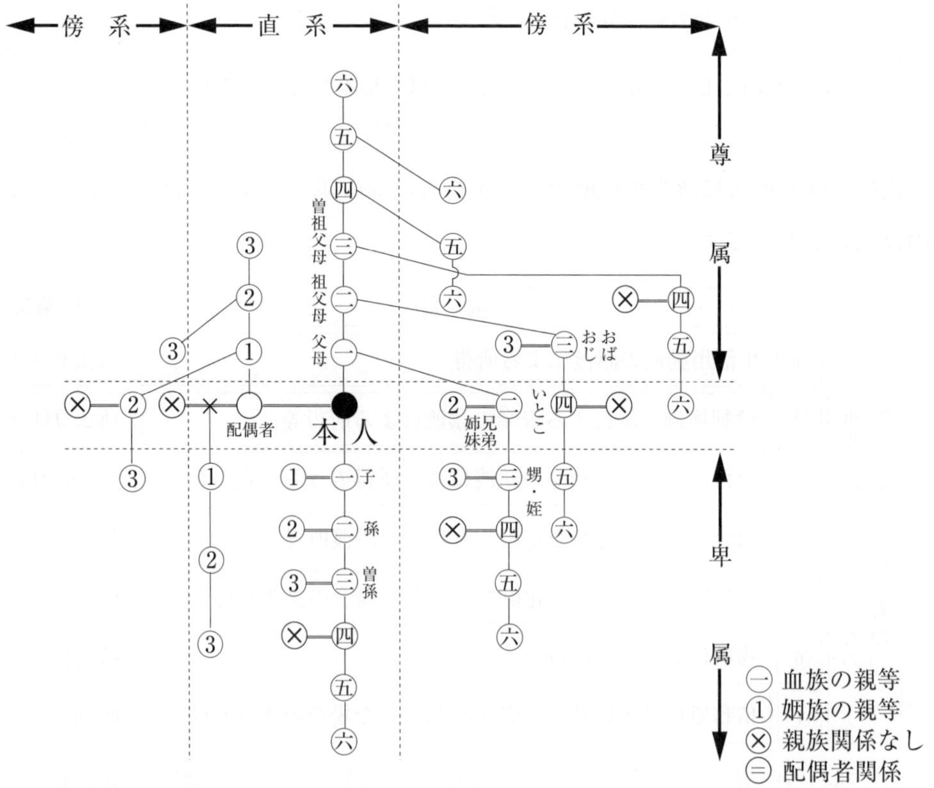

2　強制換価手続による資産の譲渡による所得等（所得税法第９条第１項第10号関係）

	内　容	規定の設けられた趣旨	損　失
強制換価手続による資産の譲渡による所得等	資力を喪失して債務を弁済することが著しく困難である場合における強制換価手続による資産の譲渡による所得	○担税力がないと認められること ○徴収が不可能である場合における税務執行上の事務の簡略化 ○物納による譲渡所得の非課税規定（措法40の３）との権衡を考慮したこと	ないものとみなされる（所法９②二）。
	資力を喪失して債務を弁済することが著しく困難であり、かつ、強制換価手続の執行が避けられないと認められる場合における資産の任意譲渡による所得で、その譲渡に係る対価がその債務の弁済に充てられたもの（所令26）		

用語の解説

強制換価手続

滞納処分（その例による処分を含みます。）、強制執行、担保権の実行としての競売、企業担保権の実行手続及び破産手続をいいます（通則法２十）。

チェックポイント

❶「資力を喪失して債務を弁済することが著しく困難」である場合とは、債務者の債務超過の状態が著しく、その者の信用、才能等を活用しても、現にその債務の全部を弁済するための資金を調達することができないのみならず、近い将来においても調達することができないと認められる場合をいいます。また、これに該当するかどうかは、資産を譲渡した時の現況により判定します（所基通９－12の２）。

資産の譲渡の時		譲渡後の状況	適用の可否
資力を喪失して債務を弁済することが著しく困難である場合	→ 該　当	資力を喪失して債務を弁済することが著しく困難	可
	→ 非該当	資力が回復し、債務の弁済可能	否

❷「その譲渡に係る対価がその債務の弁済に充てられた」かどうかは、資産の譲渡の対価（資産の譲渡に要した費用に相当する部分を除きます。）の全部が譲渡の時において有する債務の弁済に充てられたかどうかにより判定します（所基通９－12の４）。

この取扱いは、まず、譲渡に係る対価のうち譲渡費用に充てられた部分を除き、その**全部**が債務の弁済に充てられたかどうかによって、「その債務の弁済に充てられた」かどうかを判定すべきものとしています。これは、次の理由によるものです。

① 資産の任意譲渡による所得が非課税所得とされるのは、資産の任意譲渡が強制換価手続が行われるのと同様の事情の下で行われることを前提としていますので、対価の一部が債務の弁済以外に流用される場合には、この前提を欠くことになること

② この規定は、資産の譲渡者の租税の納付能力のないことを考慮して設けられたものであり、債務の弁済以外にその資産の譲渡の対価の一部が流用されるということは、いまだ納付能力を失っていないということができること

次に、弁済すべき債務は「譲渡の時において有する債務」に限られるものと定めています。したがって、資産の譲渡の対価がその譲渡後に発生した債務の弁済に充てられたとしても、「その債務の弁済に充てられた」ことにはなりません。これは、「資力を喪失して債務を弁済することが著しく困難であり、かつ、強制換価手続の執行が避けられないと認められる」状況にあるかどうかは、その資産の譲渡時の現況によって判定されることから、その資産の譲渡の対価で弁済すべき債務も、その資産の譲渡時において現存するものでなければならないということになるからです。

3 次に掲げる代物弁済による資産の譲渡に係る所得は、「その譲渡に係る対価がその債務の弁済に充てられたもの」に該当するものとして取り扱われています（所基通９－12の５）。

① 債権者から清算金を取得しない代物弁済

② 債権者から清算金を取得する代物弁済でその清算金の全部をその代物弁済に係る債務以外の債務の弁済に充てたもの

㈱ 清算金とは、代物弁済に係る資産の価額がその代物弁済に係る債務の額を超える場合におけるその超える金額に相当する金額として債権者から債務者に対し交付される金銭その他の資産をいいます。

3　国等に対して財産を寄附した場合の譲渡所得（租税特別措置法第40条関係）

(1)　制度の概要

個人が国又は地方公共団体に対して財産を贈与又は遺贈した場合には、その財産の贈与又は遺贈はなかったものとみなすこととされ、譲渡益に相当する部分については所得税は課税されません。

また、公益法人等㈱に対して財産を贈与や遺贈（これらの法人を設立するための財産の提供を含みます。）した場合で、その贈与や遺贈が教育又は科学の振興、文化の向上、社会福祉への貢献その他公益の増進に著しく寄与することなど、一定の要件を満たすものとして国税庁長官の承認を受けた場合についても、所得税は課税されません（措法40①）。

㈲「公益法人等」の範囲は、次のとおりとなります。

イ　公益社団法人、公益財団法人、特定一般法人その他の公益を目的とする事業を行う法人（外国法人に該当するものを除く。）

ロ　公益信託の受託者㈲（非居住者又は外国法人に該当するものを除く。）

㈱　公益信託の認可基準には、公益信託の受託者に係る基準として、「公益信託事務を適正に処理するのに必要な経理的基礎及び技術能力を有するものであること」などの基準が設けられることとされています（公益信託法８）。しかし、その属性（個人・法人の別、法人の種別など）に係る基準は特段設けられていないことから、信託銀行のみならず、様々な者（例えば、個人や株式会社等の営利企業など）が公益信託の受託者となることが想定されています。なお、ロについては、公益信託に関する法律（令和６年法律第30号）の施行の日から適用されます。

	財産の移転原因	相手方	要件	所得税法第59条との関係	規定の設けられた趣旨
財産	贈与・遺贈	国・地方公共団体	要件なし	所得税法第59条第１項第１号の規定の適用についてはその財産の贈与又は遺贈がなかったものとみなす。	○国や地方公共団体に無償で帰属させる行為に課税するのは適当でないこと ○財政基盤の充実に資するための寄附の奨励
	贈与・遺贈（右の法人を設立するための財産の提供を含む。）	公益法人等イ	その贈与又は遺贈が教育又は科学の振興、文化の向上、社会福祉への貢献その他公益の増進に著しく寄与することその他一定の要件を満たすものとして国税庁長官の承認を受けたもの		民間公益事業の保護育成に資するための寄附の奨励
	贈与・遺贈（公益信託受託者に対して財産の移転が行われた場合を含む。）	公益法人等ロ	公益信託の信託財産とするための贈与又は遺贈に限る。		公益信託については、財産を拠出した段階で委託者の手を離れる（信託終了時に委託者に財産が帰属しない）ことが担保される制度設計となっていることから財産拠出時に譲渡所得の課税を繰り延べると信託前に生じていたキャピタルゲインの清算機会が失われてしまうため、財産拠出時に譲渡所得の課税を行うこととするもの。

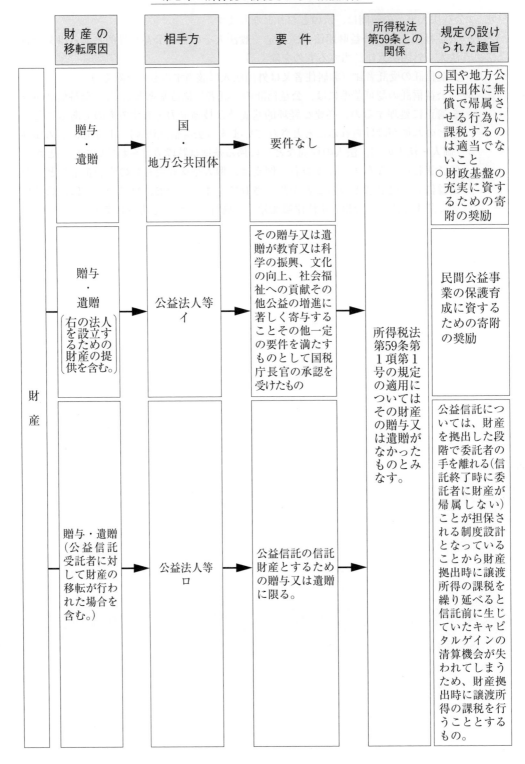

用語の解説

公益社団法人及び公益財団法人

公益目的事業を行う一般社団法人及び一般財団法人で、行政庁において公益性の認定を受けた法人をいいます。

特定一般法人

特定一般法人とは、法人税法別表第二に掲げる一般社団法人及び一般財団法人のうち、法人税法第２条第９号の２イに掲げるもの、具体的には、その行う事業により利益を得ること又はその得た利益を分配することを目的としない法人であってその事業を運営するための組織が適正であるものとして次の要件の全てに該当するもの（清算中に次の要件の全てに該当することとなったものを除きます。）をいいます（法令３①）。

1　剰余金の分配を行わない旨が定款に定められていること

2　解散時の残余財産が、国若しくは地方公共団体、公益社団法人若しくは公益財団法人、又は公益社団法人及び公益財団法人の認定等に関する法律第５条第17号のイからトまで（公益認定の基準）に掲げる法人に帰属する旨が定款に定められていること

3　上記１や２に掲げる定款の定めに反した行為を行うことを決定し、又は行ったことがないこと

4　各理事について、その理事及びその理事の配偶者又は三親等内の親族その他特殊の関係のある者の合計数が理事の総数のうちに占める割合が、３分の１以下であること

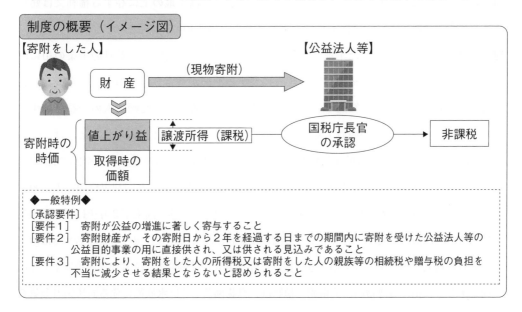

制度の概要（イメージ図）

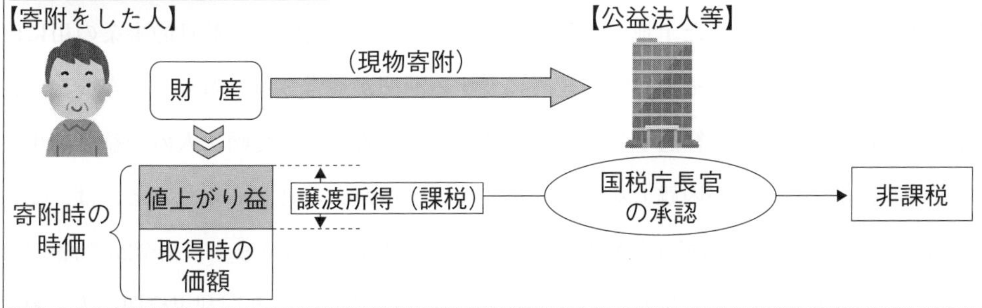

◆一般特例◆

〔承認要件〕

［要件１］　寄附が公益の増進に著しく寄与すること

［要件２］　寄附財産が、その寄附日から２年を経過する日までの期間内に寄附を受けた公益法人等の公益目的事業の用に直接供され、又は供される見込みであること

［要件３］　寄附により、寄附をした人の所得税又は寄附をした人の親族等の相続税や贈与税の負担を不当に減少させる結果とならないと認められること

⑵　特例の適用を受けることができる寄附（いわゆる「一般特例」）

この特例の適用を受けることができる寄附は、次に掲げる要件を満たすものでなければなりません（措法40①）。

		要件		
贈与又は遺贈	①	寄附が、教育又は科学の振興、文化の向上、社会福祉への貢献、その他公益の増進に著しく寄与すること（措令25の17⑤一）	全ての要件を満たす場合 →	特例の適用対象
	②	寄附財産（その財産につき一定のやむを得ない理由により譲渡をする場合において、その譲渡による収入金額の全部に相当する金額をもって減価償却資産、土地及び土地の上に存する権利及び株式（株式にあっては、株式交換など一定のやむを得ない理由により寄附財産である株式を譲渡したことにより取得したものに限ります。）を取得するときは、これらの資産）が、寄附があった日から２年を経過する日までの期間内に、寄附を受けた公益法人等の公益を目的とする事業の用に直接供され又は供される見込みであること（措令25の17⑤二）		
	③	寄附により、寄附をした者の所得税を不当に減少させ、又は、その者の親族等の相続税若しくは贈与税を不当に減少させる結果とならないと認められること（措令25の17⑤三）		

チェックポイント

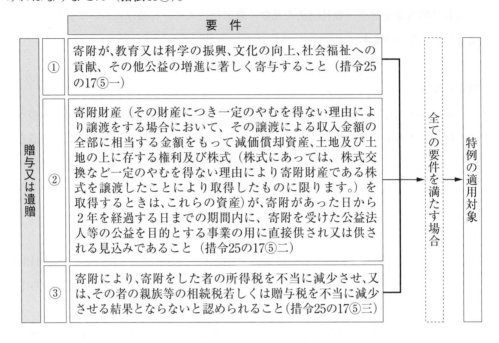

❶　特例の対象となる財産には、国外にある土地若しくは土地の上に存する権利又は建物及びその附属設備若しくは構築物は含まれません（措法40①、措令25の17②）。

❷　受贈法人が寄附を受けた土地の上に建物を建設し、その建物を公益目的事業の用に直接供する場合において、その建物の建設に要する期間が通常２年を超えるときなど、寄附があった日から２年を経過する日までの期間内に寄附財産を受贈法人の公益目的事業の用に直接供することが困難であるやむを得ない事情があると認められるときは、②の「２年以内」の要件は「国税庁長官が認める日までの期間」となります（措令25の17④）。

❸　法人税法別表第一に掲げる独立行政法人、国立大学法人、大学共同利用機関法人、地方独立行政法人（地方独立行政法人法第21条第１号に掲げる業務、同条第３号チに掲げる事業に係る同号に掲げる業務、同条第４号に掲げる業務、同条第５号に掲げる業務若しくは地方独立行政法人法施行令第６条第１号に掲げる介護老人保健施設若しくは介護医療院若しくは同条第３号に掲げる博物館、美術館、植物園、動物園若しくは水族館に係る同法第21条第６号に掲げる業務を主たる目的とするもの又は同法第68条第１項に規定する公立大学法人に限られます。）及び日本司法支援センター（租税特別措置法第40条第１項第２号に規定する公

益信託の信託財産とするためのものを除く。）については、②の要件のみとなっています（措令25の17⑤）。

用語の解説

独立行政法人

独立行政法人とは、独立行政法人通則法第２条第１項に規定される「国民生活及び社会経済の安定等の公共上の見地から確実に実施されることが必要な事務及び事業であって、国が自ら主体となって直接に実施する必要のないもののうち、民間の主体に委ねた場合には必ずしも実施されないおそれがあるもの又は一の主体に独占して行わせることが必要であるものを効果的かつ効率的に行わせるため、中期目標管理法人、国立研究開発法人又は行政執行法人として、この法律及び個別法の定めるところにより設立される法人」をいい、例えば、独立行政法人国立美術館、独立行政法人国立文化財機構（旧国立博物館）、独立行政法人国立科学博物館などがあります。

公益法人等の事業活動等が次の①から④までの全てに該当する場合、28ページの①にいう寄附を受けた公益法人等のその寄附に係る公益目的事業が公益の増進に著しく寄与する要件を満たすものとして取り扱われます（40条通達12）。

<table>
<tr><th></th><th colspan="2">要　件</th></tr>
<tr><td rowspan="4">公益の増進に著しく寄与するかの判定</td><td>①公益目的事業の規模</td><td>寄附を受けた公益法人等のその寄附に係る公益目的事業が、その事業を行う地域又は分野において社会的存在として認識される程度の規模を有していること。
例えば、学校教育法第１条に規定する学校を設置運営する事業、社会福祉法第２条第２項各号及び第３項各号に規定する事業、宗教の普及その他教化育成に寄与することとなる事業、30人以上の学生等に対して学資の支給若しくは貸与を行う事業又は科学技術その他の学術に関する研究者に対して助成金の支給を行う事業などが公益法人等の主たる目的として行われている場合には、その公益目的事業は社会的存在として認識される程度の規模を有するものとして取り扱われます。</td></tr>
<tr><td>②公益の分配</td><td>寄附を受けた公益法人等の事業の遂行により与えられる公益の分配が、その公益を必要とする全ての人に与えられるなど、特定の人に限られることなく適正に行われること。</td></tr>
<tr><td>③事業の営利性</td><td>寄附を受けた公益法人等のその寄附に係る公益目的事業について、公益の対価がその事業の遂行に直接必要な経費と比べて過大ではないなど、事業の運営が営利企業的に行われている事実がないこと。
なお、幼稚園又は専修学校若しくは各種学校の設置運営を目的とする学校法人等、医療法第１条の２第２項に規定する医療提供施設を設置運営する事業を営む法人のうち一定の要件を満たす法人については、40条通達12(3)の(注)に判定基準が設けられています。</td></tr>
<tr><td>④法令の遵守等</td><td>寄附を受けた公益法人等の事業の運営について、法令に違反する事実その他公益に反する事実がないこと。
なお、寄附そのものが公職選挙法の規定に違反するものであるなど法令に違反するものであるときは、要件を満たさないことになります（40条通達11）。</td></tr>
</table>

また、次の①から⑤までの要件を満たしている場合、28ページの③にいう所得税等の不当減少には当たらないものとされます（措令25の17⑥）。

所得税等の不当減少の判定

区分		要件	
イ．下記ロに掲げる場合以外	①	寄附を受けた公益法人等の運営組織が適正であるとともに、その寄附行為、定款又は規則において、理事、監事、評議員等（役員等といいます。）のうち親族関係を有する者及びこれらの者と特殊の関係がある者の合計数の数がそれぞれの役員等の数のうちに占める割合は、いずれも３分の１以下とする旨の定めがあること(措令25の17⑥一イ)	全ての要件を満たす場合 → 所得税等の不当減少には当たりません。
	②	その公益法人等に寄附をする者やその公益法人等の役員等若しくは社員又はこれらの者の親族等に対し、施設の利用、金銭の貸付け、資産の譲渡、給与の支給、役員等の選任その他財産の運用及び事業の運営に関して特別の利益を与えないこと（措令25の17⑥一ロ）	
	③	その寄附行為、定款又は規則において、その公益法人等が解散した場合に、その残余財産が国、地方公共団体又は他の公益法人等に帰属する旨の定めがあること（措令25の17⑥一ハ）	
	④	その公益法人等について公益に反する事実がないこと（措令25の17⑥一ニ）	
	⑤	株式の寄附を受けた場合、その公益法人等がその寄附により、株式発行法人の発行済株式数の総数の２分の１を超えて保有することにならないこと（措令25の17⑥一ホ） なお、上記の「その公益法人等の有することとなるその株式の発行法人の株式」は、議決権を行使することができる事項について制限のない株式に限りません（40条通達19の２）	
ロ．公益信託の信託財産とするための贈与又は遺贈	⑥	寄附を受けた公益信託が、その信託行為の定めるところにより適正に運営されるものであること（措令25の17⑥二イ）	全ての要件を満たす場合 → 所得税等の不当減少には当たりません。
	⑦	公益信託の信託行為において、運営委員会その他これに準ずるものを置く旨の定めがあること（一定の要件㈟を満たすものに限る。）（措令25の17⑥二ロ）	
	⑧	公益信託の信託財産となるために財産の贈与若しくは遺贈をする者、その公益信託の受託者若しくは公益信託に関する法律第４条第２項第２号に規定する信託管理人（当該受託者又は信託管理人が法人である場合には、その同法第９条第２号に規定する理事等を含む。）又はこれらの者（個人に限る。）の親族等に対し、施設の利用、金銭の貸付け、資産の譲渡、報酬の支払その他信託財産の運用及び公益信託の運営に関して特別の利益を与えないこと（措令25の17⑥二ハ）	
	⑨	公益信託の信託行為において、その公益信託が終了した場合にその残余財産が国若しくは地方公共団体又は他の公益法人等に帰属する旨の定めがあること（措令25の17⑥二ニ）	
	⑩	その公益信託につき公益に反する事実がないこと（措令25の17⑥二ホ）	
	⑪	株式をその公益信託の信託財産とされた場合には、その株式を信託財産として受け入れたことにより、その公益信託の受託者㈱の有することとなるその株式の発行法人の株式がその発行済株式の総数の２分の１を超えることとならないこと（措令25の17⑥二へ）	

㈲「一定の要件」とは、次に掲げる要件をいいます（措規18の19⑤）。

a　上記⑦の公益信託の信託行為において、上記⑦に定める運営委員会その他これに準ずるもの（下記ｃにおいて「運営委員会等」という。）は、その公益信託の目的に関し学識経験を有する者、その公益信託の適正な運営に必要な実務経験を有する者その他の者（下記ｂ及びｄにおいて「運営委員等」という。）から構成される旨の定めがあること。

b　その信託行為において、運営委員等のうち親族等の数がその運営委員等の数のうちに占める割合は、３分の１以下とする旨の定めがあること。

c　その信託行為において、その公益信託の受託者は、信託財産の処分その他の公益信託事務（公益信託に関する法律第７条第３項第４号に規定する公益信託事務をいう。）の処理に関する重要な事項について、運営委員会等の同意を得なければならない旨の定めがあること。

d　運営委員等に対してその公益信託の信託財産から支払われる報酬の額は、その任務の遂行のために通常必要な費用の額を超えないものであることが、その信託行為において明らかであること。

㈱　公益法人等に対して財産の寄附があった場合において、その寄附によりその寄附をした人の親族その他これらの人と特別の関係がある人の相続税や贈与税の負担が不当に減少する結果となると認められるときは、公益法人等に対して相続税や贈与税が課税されます（相法66④）。

チェックポイント１

「運営組織が適正である」ことの判定は、次に掲げる事実が認められるかどうかにより判定することとしています（40条通達18）。

①　定款、寄附行為又は規則において、一定の事項が定められていること

②　公益法人等の事業の運営及び役員等の選任などが、法令及び定款、寄附行為又は規則に基づき適正に行われていること

③　公益法人等の経理については、その公益法人等の事業の種類及び規模に応じて、その内容を適正に表示するために必要な帳簿書類を備えて、収入及び支出並びに資産及び負債の明細が適正に記帳されていると認められること

チェックポイント２

「特殊の関係がある者」とは、次に掲げる一定の関係を有する者をいいます（措令25の17⑥一）。

①　その者と婚姻の届出をしていないが事実上婚姻関係と同様の事情にある者

②　その者の使用人及び使用人以外の者でその者から受ける金銭その他の財産によって生計を維持している者

③　①又は②に掲げる者の親族でこれらの人と生計を一にしている者

④　以下に掲げる法人の法人税法第２条第15号に規定する役員（イにおいて「会社役

員」といいます。）又は使用人

イ　その者が会社役員となっている他の法人

ロ　その者及び①から③までに掲げる者並びにこれらの者と法人税法第２条第10号に規定する政令で定める特殊の関係のある法人を判定の基礎にした場合に同号に規定する同族会社に該当する他の法人

承認を受けるための手続

国税庁長官の承認を受けようとする人は、次のとおり「租税特別措置法第40条の規定による承認申請書」及び必要な添付書類を提出しなければなりません（措令25の17①）。

承認申請書の提出から承認までの流れ

承認申請書の提出

↓

《承認申請書を提出する人》
原則として、寄附をした人（遺贈の場合は、遺贈をした人の相続人及び包括受遺者）です。

《承認申請書の提出先》
寄附をした人の所得税の納税地を所轄する税務署に提出します。

《承認申請書の提出期限》
原則として、寄附の日から４か月以内（その期間を経過する日前に、寄附した日の属する年分の所得税の確定申告書の提出期限が到来する場合には、その提出期限まで）です。

《承認申請書の用紙》
承認申請書の用紙は国税庁ホームページに掲載していますので、印刷してご使用ください。また、税務署にも備え付けています。

審　査

【国税庁ホームページ】https://www.nta.go.jp
【掲載場所】「ホーム＞税の情報・手続・用紙＞申告手続・用紙＞申告・申請・届出等、用紙（手続の案内・様式）＞税務手続の案内（税目別一覧）＞所得税＞譲渡所得税関係＞［手続名］租税特別措置法第 40 条の規定による承認申請」

↓

《承認のための要件》
28ページ(2)参照。

承認（不承認）の通知

承認を受けた後、承認が取り消される場合

国税庁長官の承認を受けた寄附であっても、その後、承認要件に該当しなくなった場合には、国税庁長官は、その承認を取り消すことができることとされています。

なお、寄附を受けた公益法人等が寄附財産を公益目的事業の用に直接供する前に承認が取り消された場合には、寄附をした人に対して、寄附を受けた公益法人等が

寄附財産を公益目的事業の用に直接供した後に承認が取り消された場合には、寄附を受けた公益法人等に対して、原則として、その取り消された日の属する年分の譲渡所得等として所得税が課されます（措法40②③）。

寄附を受けた公益法人等に対して相続税や贈与税が課税される場合

公益法人等（持分の定めのない法人に限ります。）に対して財産の寄附があった場合において、その寄附によりその寄附をした人の親族その他これらの人と特別の関係がある人の相続税や贈与税の負担が不当に減少する結果となると認められるとき（28ページの「要件」の「要件③」に準じて判定します。）は、寄附を受けた公益法人等に対して相続税や贈与税が課税されます（相法66④）。

(3)　文化観光拠点施設を運営する独立行政法人等に財産を寄付した場合

文化観光拠点施設を運営する独立行政法人等（法人税法別表第１に掲げる独立行政法人又は博物館若しくは美術館の設置及び管理を主たる目的とする地方独立行政法人をいい、以下「独立行政法人等」といいます。）に財産を寄附した場合に、その寄附について承認申請書に次に掲げる事項を証する文部科学大臣の書類を添付して提出があったときは、その承認申請書の提出があった日から１か月以内に、その申請の承認がなかったとき、又はその承認をしないことの決定がなかったときは、その申請の承認があったものとみなされます（措令25の17⑧）。なお、その証する書類を承認申請書に添付する場合には、その旨を承認申請書に記載する必要があります（措規18の19①七）。

イ　その寄附財産が、文化財保護法の有形文化財（建造物であるもの並びに土地と一体をなしてその価値を形成しているもの及びその土地であるものを除きます。）に該当すること

ロ　上記イの財産が、その寄附があった日以後２年以内に、次に掲げる事業のうち公益目的事業に該当するもので、その独立行政法人等が行うものの用に直接供され、又は供される見込みであること

(イ)　文化観光拠点施設を中核とした地域における文化観光の推進に関する法律（以下「文化観光推進法」といいます。）の認定拠点計画に記載された文化観光拠点施設機能強化事業（文化観光推進法第２条第３項第１号に掲げる事業に限ります。）

(ロ)　文化観光推進法の認定地域計画に記載された地域文化観光推進事業（文化観光推進法第２条第４項第１号に掲げる事業に限ります。）

ハ　上記ロの公益目的事業は、上記ロ(イ)又は(ロ)の計画について文化観光推進法の認

定を受けた上記ロの独立行政法人等の有する文化観光拠点施設においてその独立行政法人等が行うものであること

※１　文化観光拠点施設を運営する独立行政法人等に対する寄附について国税庁長官の承認を受ける場合の承認要件は、上記⑵②の「寄附財産が、寄附があった日から２年を経過する日までの期間内に、寄附を受けた公益法人等の公益目的事業の用に直接供され、又は供される見込みであること」のみとされています（措令25の17⑤）。

用語の解説

文化観光拠点施設

文化資源の保存及び活用を行う施設（以下「文化資源保存活用施設」といいます。）のうち、国内外からの観光旅客が文化についての理解を深めることに資するようその文化資源の解説及び紹介をするとともに、その文化資源保存活用施設の所在する地域に係る文化観光の推進に関する事業を行う者（以下「文化観光推進事業者」といいます。）と連携することにより、その地域における文化観光の推進の拠点となるものをいいます（文化観光推進法２②）。

文化観光拠点施設機能強化事業

文化資源保存活用施設の文化観光拠点施設としての機能の強化に資する事業であって、文化資源保存活用施設における文化資源の魅力の増進に関する事業などの一定の事業をいいます（文化観光推進法２③）。

認定拠点計画

文化資源保存活用施設の設置者が、文化観光推進法の基本方針に基づき、文化観光拠点施設機能強化事業を実施しようとする文化観光推進事業者と共同して作成するその設置する文化資源保存活用施設の文化観光拠点施設としての機能の強化に関する計画で、主務大臣の認定を受けたものをいいます（文化観光推進法４、６）。

認定地域計画

市町村又は都道府県、文化資源保存活用施設の設置者及び文化観光推進事業者等で構成する協議会が、文化観光推進法の基本方針に基づき、その協議会の構成員である市長村又は都道府県の区域内について、文化観光拠点施設を中核とした地域における文化観光の総合的かつ一体的な推進に関する計画で、主務大臣の認定を受けたものをいいます（文化観光推進法12、14）。

地域文化観光推進事業

文化観光拠点施設を中核とした地域における文化観光の総合的かつ一体的な推進に資する事業であって、地域における文化資源の総合的な魅力の増進に関する事業などの一定の事業をいいます（文化観光推進法２④）。

⑷　承認特例対象法人に財産を寄附した場合（いわゆる「承認特例」）

イ　概要

公益法人等のうち、国立大学法人等（国立大学法人、大学共同利用機関法人、公立大学法人、独立行政法人国立高等専門学校機構及び国立研究開発法人をいいます。）、公益社団法人、公益財団法人、学校法人（学校法人会計基準に従い会計処理を行う一定のものに限ります。）、社会福祉法人又は認定特定非営利活動法人等（認定特定非営利活動法人、特例認定特定非営利活動法人をいいます。）㈱１）（以下「承認特例対象法人」といいます。）に財産を寄附した場合に、寄附をした人が寄附を受けた承認特例対象法人の役員等に該当しないことなど次のロの要件を満たすものとして非課税承認を受けたとき（申請書を提出した日から１か月又は３か月以内（㈱２）にその申請について非課税承認がなかったとき、又は承認しないことの決定がなかったときは、その申請について非課税承認があったものとみなされます。）は、この寄附に対する所得税は非課税となります（措令25の17⑦⑧）。

㈱１　認定特定非営利活動法人等への寄附については、令和２年４月１日以後にされる贈与又は遺贈について適用されます。

２　国立大学法人等（法人税法別表第一に掲げる法人に限ります。以下「特定国立大学法人等」といいます。）以外の承認特例対象法人に対する寄附で、寄附財産が株式等である場合には、３か月以内となります。

制度の概要（イメージ図）

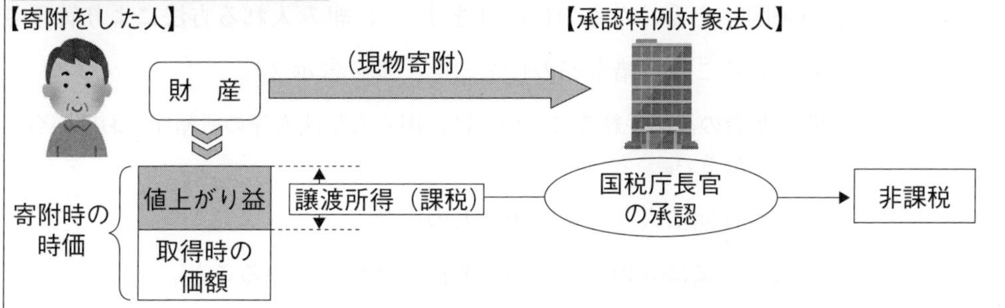

◆承認特例◆

申請書の提出があった日から１か月又は３か月以内に承認又は不承認の決定がない場合には自動承認

〔承認要件〕

［要件１］　寄附をした人が寄附を受けた法人の役員等及び社員並びにこれらの人の親族等に該当しないこと（※）

［要件２］　寄附財産について、寄附を受けた法人の区分に応じ、一定の基金若しくは基本金に組み入れる方法により管理されていること又は不可欠特定財産に係る必要な事項が定款で定められていること

［要件３］　寄附を受けた法人の理事会等において、寄附の申出を受けること及び要件２の組入れ又は不可欠特定財産とすることが決定されていること

特例

◆一般特例◆

〔承認要件〕

［要件１］　寄附が公益の増進に著しく寄与すること

［要件２］　寄附財産が、その寄附日から２年を経過する日までの期間内に寄附を受けた公益法人等の公益目的事業の用に直接供され、又は供される見込みであること

［要件３］　寄附により、寄附をした人の所得税又は寄附をした人の親族等の相続税や贈与税の負担を不当に減少させる結果とならないと認められること

※　国立大学法人等（法人税法別表第一に掲げるものに限ります。）については、承認要件ではありません。

ロ　承認要件

承認特例に係る非課税承認を受けるためには、承認特例対象法人に対する財産の寄附で、その寄附について次の〔要件１〕から〔要件３〕までに掲げる全ての要件（特定国立大学法人等に対する寄附である場合には、次の〔要件１〕に掲げる要件は除きます。）を満たすことが必要です（措令25の17⑦）。

〔要件１〕　寄附をした人が寄附を受けた承認特例対象法人の役員等及び社員並びにこれらの人と親族関係及び特殊の関係がある者（「特殊の関係がある者」については32ページを参照してください。）に該当しないこと（措令25の17⑦一）。

〔要件２〕　寄附財産について、次のとおり、寄附を受けた承認特例対象法人の区分に応じ、一定の基金若しくは基本金に組み入れる方法により管理されていること又は不可欠特定財産に係る必要な事項が定款で定められていること（措令25の17⑦二）。

Ａ　国立大学法人等の場合

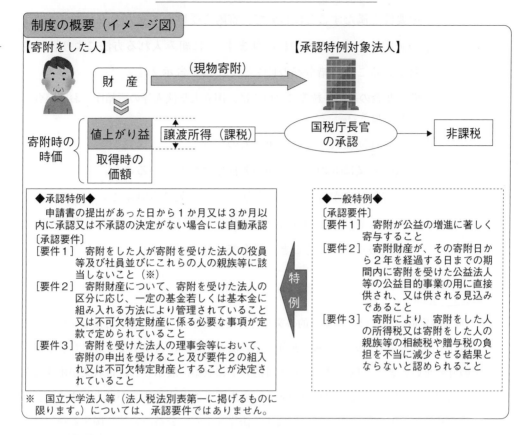

寄附財産が、研究開発の実施等の公益目的事業に充てるための基金（基金が公益目的事業に充てられることが確実であることなどの一定

の要件を満たすことについて、寄附を受けた国立大学法人等が所轄庁の証明㈡を受けたものに限ります。）に組み入れる方法により管理されていること（措令25の17⑦二イ、基金告示２）。

㈡　基金の証明手続等については、国立大学法人等の所轄庁にお問い合わせください。

B　公益社団法人・公益財団法人の場合

次の(a)又は(b)のいずれかの要件を満たしていること。

(a)　寄附財産が寄附を受けた法人の不可欠特定財産であるものとして、その旨並びにその維持及び処分の制限について、必要な事項が定款で定められていること（措令25の17⑦二ロ(1)）。

チェックポイント

「不可欠特定財産」とは、公益目的事業を行うために不可欠な特定の財産をいい、法人の目的、事業と密接不可分な関係にあり、その法人が保有、使用することに意義がある特定の財産をいいます。例えば、一定の目的の下に収集、展示され、再収集が困難な美術館の美術品や、歴史的文化的価値があり、再生不可能な建造物等が該当します（公益社団法人及び公益財団法人の認定等に関する法律５十六、公益認定等に関する運用について（公益認定等ガイドライン）Ⅰ－15－(1)）。

寄附財産が「不可欠特定財産」に該当するか否かは、寄附を受ける公益社団法人又は公益財団法人を通じてその法人が認定を受けた行政庁にご確認ください。

(b)　寄附財産が、一定の公益目的事業に充てるための基金（基金が公益目的事業に充てられることが確実であることなどの一定の要件を満たすことについて、寄附を受けた公益社団法人又は公益財団法人が所轄庁の証明㈡を受けたものに限ります。）に組み入れる方法により管理されていること（措令25の17⑦二ロ(2)、基金告示２）。

㈡　基金の証明手続等については、公益社団法人又は公益財団法人の所轄庁にお問い合わせください。

C　学校法人の場合

寄附財産が、寄附を受けた法人の財政基盤の強化を図るために、学校法人会計基準第30条第１項第１号から第３号までに掲げる金額に相当する金額を同項に規定する基本金に組み入れる方法により管理されていること（措令25の17⑦二ハ、措規18の19⑥一）。

D　社会福祉法人の場合

寄附財産が、寄附を受けた法人の経営基盤の強化を図るために、社会福祉法人会計基準第６条第１項に規定する金額を同項に規定する基本金に組み入れる方法により管理されていること（措令25の17⑦二ニ、措規18の19⑥二）。

E　認定特定非営利活動法人等の場合

寄附財産が、一定の公益目的事業に充てるための基金（基金が公益目的事業に充てられることが確実であることなどの一定の要件を満たすことについて、寄附を受けた認定特定非営利活動法人等が所轄庁の証明を受けたものに限ります。）に組み入れる方法により管理されていること（措令25の17⑦二ホ）

〔要件３〕　寄附を受けた承認特例対象法人の合議制の機関又は理事会において、寄附の申出を受け入れること及び寄附財産について一定の基金若しくは基本金に組み入れる方法により管理すること又は不可欠特定財産とすることが決定されていること（措令25の17⑦三、措規18の19⑦）。

承認特例の適用を受けるための申請の手続

１　申請書を提出する人

原則として、寄附をした人（遺贈の場合は、遺贈した人の相続人及び包括受遺者）です。

２　申請書の提出先

寄附をした人の所得税の納税地を所轄する税務署に提出します。

３　申請書の提出期限

原則として、寄附の日から４か月以内（その期間を経過する日前に寄附をした日の属する年分の所得税の確定申告書の提出期限が到来する場合には、その提出期限まで）です。

４　提出する書類（措規18の19④）

《承認申請書の提出期限までに提出すべき書類》

○　次の申請書等及び添付書類を申請書の提出期限までに提出してください。

申請書等	承認申請書「第１表」・「第２表」・「第３表（承認特例用）」（「第３表－付２」を含みます。）・「第５表」・「第６表」
	承認申請書及び添付書類の記載事項が事実に相違ない旨の確認書
	贈与又は遺贈をした者が法人の役員等及び社員並びにこれらの者の親族等に該当しない旨の誓約書、贈与又は遺贈をした者が法人の役員等及び社員並びにこれらの者の親族等に該当しないことを確認した旨の証明書
添付書類	寄附を受けた法人から交付を受ける次の①及び②の書類 ①　寄附を受けた法人の理事会等において、上記ロの「承認要件」の〔要件３〕に掲げる決定をした旨及びその決定をした事項の記載のある議事録その他これに相当する書類の写し ②　上記①の決定に係る財産の種類、所在地、数量、価額などの事項を記載した書類
	（国立大学法人等、公益社団法人又は公益財団法人（※）、認定特定非営利活動法人等の場合） 上記の①及び②の書類に加えて、次の書類 ○　基金に組み入れる方法により管理されることを証する所轄庁の証明書の写し ※　寄附財産を基金に組み入れる方法により管理している公益社団法人又は公益財団法人に限ります。
	承認申請書各表における必要な書類

《承認申請に対する承認があった後に提出すべき書類》

申請書を提出した人で非課税承認を受けた方は、寄附を受けた法人の区分に応じ、その寄附をした日の属する事業年度において、寄附財産が基金若しくは基本金に組み入れる方法により管理されたこと又は不可欠特定財産とされたことが確認できる次表に掲げる書類の写しを、その事業年度終了の日から３か月以内（その期間の経過する日後に申請書の提出期限が到来する場合には、その提出期限まで）に納税地を所轄する税務署に提出しなければなりません。

なお、次表に掲げる書類の写しが、提出すべき期限までに提出されなかった場合には、次の「承認を受けた後、承認が取り消される場合」の１に該当して、承認が取り消されることとなります。

寄附を受けた法人	書　類
国立大学法人等	基金明細書の写し
公益社団法人・公益財団法人	（寄附財産を不可欠特定財産とした場合） 定款及び財産目録の写し
	（寄附財産を基金に組み入れた場合） 基金明細書の写し
学校法人	基本金明細表などの写し

社会福祉法人	基本金明細書などの写し
認定特定非営利活動法人等	基金明細書の写し

承認を受けた後、承認が取り消される場合

承認特例に係る申請について、国税庁長官の承認があった場合であっても、次の１から３までに該当する等の場合には、国税庁長官は、その承認を取り消すことができることとされています。

なお、次の１に該当して取り消された場合には寄附をした人に対して、次の２又は３に該当して取り消された場合には寄附を受けた承認特例対象法人に対して、原則として、その取り消された日の属する年分の譲渡所得等として所得税が課されます。

1	上記「承認特例の適用を受けるための申請の手続」の４の《承認申請に対する承認があった後に提出すべき書類》に掲げる書類が、提出すべき期限までに提出されなかった場合
2	申請書の提出の時において、上記ロの「承認要件」の〔要件１〕に掲げる要件に該当していなかった場合（寄附を受けた法人が国立大学法人等（法人税法別表第一に掲げるものに限ります。）である場合を除きます。）
3	申請書の提出の時において、上記ロの「承認要件」の〔要件１〕に掲げる要件に該当しないこととなることが明らかであると認められ、かつ、その提出の後にその要件に該当しないこととなった場合（寄附を受けた法人が国立大学法人等（法人税法別表第一に掲げるものに限ります。）である場合を除きます。）

（参考）

租税特別措置法施行令第25条の17第７項第二号イ、ロ⑵及びホに規定する（上記ロ〔要件２〕のＡ、Ｂ⒝及びＥ）「寄附財産が関係大臣が財務大臣と協議して定める業務に充てるために関係大臣が財務大臣と協議して定める方法により管理されていることにつき、関係大臣が財務大臣と協議して定める所轄庁に確認されていること」とは、次に掲げる告示の要件を満たすものをいいます。

【告　示（抜粋）】

租税特別措置法施行令（昭和32年政令第43号）第25条の17第７項第２号イ、ロ⑵及びホの規定に基づき、内閣総理大臣、総務大臣、財務大臣、文部科学大臣、厚生労働大臣、農林水産大臣、経済産業大臣、国土交通大臣及び環境大臣が財務大臣と協議して定める業務、事業、方法及び所轄庁を定める告示（平成30年３月31日内閣府、総務省、財務省、文部科学省、厚生労働省、農林水産省、経済産業省、国土交通省、環境省告示第１号）

(1)　措置令第25条の17第７項第２号イ、ロ(2)及びホに規定する業務又は事業及び所轄庁は、別表の上欄に掲げる公益法人等の区分に応じ、それぞれ同表の中欄及び下欄に掲げるとおりとする。

(2)　措置令第25条の17第７項第２号イ、ロ(2)及びホに規定する方法は、次に掲げる要件を満たすことにつき、別表の上欄に掲げる公益法人等の区分に応じ、それぞれ同表の下欄に掲げる所轄庁の証明を受けた基金に組み入れる方法とする。

イ　当該基金が、他の経理と区分して整理されていること。

ロ　当該基金が、別表の上欄に掲げる公益法人等の区分に応じ、それぞれ同表の中欄に掲げる業務又は事業に充てられることが確実であること。

ハ　当該基金の組み入れた財産の運用によって生じた利子その他の収入金（当該収入金をもって取得した資産を含む。）を当該基金に組み入れることとしていること。

ニ　当該基金への財産の組入れ、当該基金の組み入れた財産の運用、当該基金に組み入れた財産の運用によって生じた利子とその他の収入金の使途等基金の管理及び運用に関する重要事項について審議する合議制の機関を設置していること。

ホ　当該基金に組み入れた財産の種類、贈与又は遺贈（以下この号において「贈与等」という。）をした者の当該財産の取得価額、当該財産の贈与等の時における価額（当該贈与等に係る財産の譲渡をし、当該譲渡による収入金額の全部に相当する金額をもって資産を取得した場合には当該譲渡による収入金額、当該資産の種類及び取得価額を含む。）及びその他参考となるべき事項を記載した基金明細書であって監事の監査を受けたものを、毎事業年度終了後３月以内に、別表の上欄に掲げる公益法人等の区分に応じ、それぞれ同表の下欄に掲げる所轄庁に提出するとともに、その写しを作成した日の属する事業年度の翌年度の開始の日から５年間、当該公益法人等の主たる事務所の所在地に保存することとしていること。

ハ　適用時期

この特例については、平成30年４月１日以後にされる租税特別措置法第40条第１項後段に規定する財産の贈与又は遺贈について適用し、平成30年４月１日前にされた旧租税特別措置法第40条第１項後段に規定する財産の贈与又は遺贈については、なお従前の例によります（平成30年改正措令附則14①）。

(5)　承認、不承認又は承認の取消し

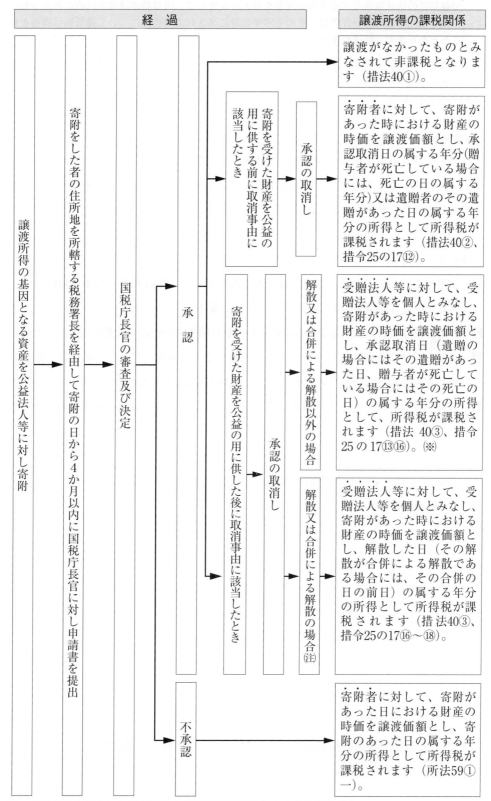

経過 → **譲渡所得の課税関係**

- 譲渡所得の基因となる資産を公益法人等に対し寄附
- → 寄附をした者の住所地を所轄する税務署長を経由して寄附の日から４か月以内に国税庁長官に対し申請書を提出
- → 国税庁長官の審査及び決定
  - → 承認
    - → 譲渡がなかったものとみなされて非課税となります（措法40①）。
    - → 寄附を受けた財産を公益の用に供する前に取消事由に該当したとき → 承認の取消し → 寄附者に対して、寄附があった時における財産の時価を譲渡価額とし、承認取消日の属する年分(贈与者が死亡している場合には、死亡の日の属する年分)又は遺贈者のその遺贈があった日の属する年分の所得として所得税が課税されます（措法40②、措令25の17⑫）。
    - → 寄附を受けた財産を公益の用に供した後に取消事由に該当したとき → 承認の取消し
      - → 解散又は合併による解散以外の場合 → 受贈法人等に対して、受贈法人等を個人とみなし、寄附があった時における財産の時価を譲渡価額とし、承認取消日（遺贈の場合にはその遺贈があった日、贈与者が死亡している場合にはその死亡の日）の属する年分の所得として、所得税が課税されます（措法 40③、措令25 の 17⑬⑯）。(※)
      - → 解散又は合併による解散の場合㈴ → 受贈法人等に対して、受贈法人等を個人とみなし、寄附があった時における財産の時価を譲渡価額とし、解散した日（その解散が合併による解散である場合には、その合併の日の前日）の属する年分の所得として所得税が課税されます（措法40③、措令25の17⑯～⑱）。
  - → 不承認 → 寄附者に対して、寄附があった日における財産の時価を譲渡価額とし、寄附のあった日の属する年分の所得として所得税が課税されます（所法59①一）。

㈴　承認が取り消された日の属する年以前に解散をしたものに限ります。

※　受贈法人等が公益信託の受託者であって、その公益信託の受託者が２以上あるときは、その公益信託の信託事務を主宰する受託者を個人とみなして、所得税が課税されることとされ、その主宰受託者以外の受託者は、その主宰受託者に課される所得税について連帯納付義務を負うこととなります（措法40④三）。

チェックポイント

承認の取消し

承認を受けた寄附であっても、その承認後に、寄附財産が公益法人等の公益目的事業の用に直接供されなくなった場合など取消事由に該当するものと認められるときは、国税庁長官はその承認を取り消すことができることとされています（措法40②③）。

承認要件に該当しなくなる場合

❶　寄附を受けた公益法人等が、寄附があった日から２年を経過する日までの期間内に寄附財産を公益目的事業の用に直接供しなかった場合

❷　寄附を受けた公益法人等が、寄附財産を公益目的事業の用に直接供しなくなった場合

❸　寄附を受けた公益法人等が、寄附をした人やその親族などに、他の従業員に比し過大な給与等を支払っている場合やその公益法人等の施設などを有利に使用させている場合

❹　公益社団（財団）法人が公益認定を取り消された場合で、特定一般法人の要件を満たさない場合

(6)　非課税承認を受けた寄附財産を買い換えた場合

イ　買換特例

寄附を受けた公益法人等が、２年以上公益目的事業の用に直接供している寄附財産を一定の要件の下に譲渡し、その譲渡代金の全額をもってその譲渡した寄附財産と同種の資産（譲渡した財産が株式の場合は、公社債及び投資信託の受益権を含みます。）、土地及び土地の上に存する権利（買換資産）を取得した場合で、その譲渡の日の前日までに一定の事項を記載した届出書を提出したときには、その買換資産を寄附財産とみなして非課税承認を継続することができます（措法40⑤一）。

なお、その公益法人等はその買換資産を原則として譲渡の日の翌日から１年以内に公益目的事業の用に直接供しなければなりません（措法40⑤）。

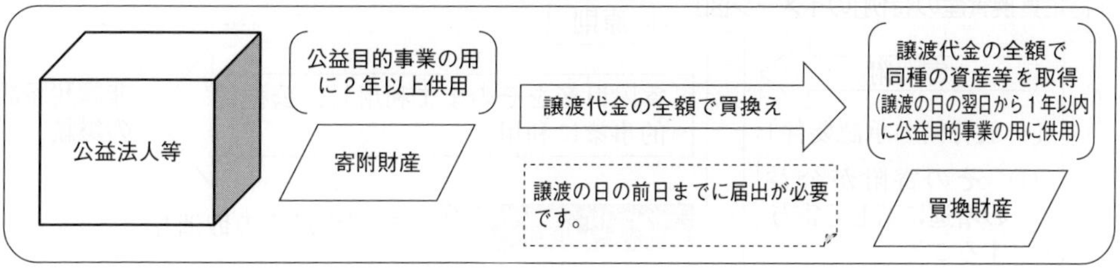

ロ　特定買換資産の特例

寄附を受けた公益法人等が、その財産のうち法人の区分に応じ、それぞれ基金又は基本金に組み入れる方法（以下「特定管理方法」といいます。）で管理している財産（承認特例の適用を受けたものを除きます。）を譲渡し、その譲渡代金の全額をもって資産（以下「特定買換資産」といいます。）を取得して、その譲渡の日の前日までに、特定買換資産を特定管理方法で管理する旨など一定の事項を記載した届出書及び譲渡財産（譲渡しようとする寄附を受けた財産）が特定管理方法で管理されたことを確認できる書類の写し（その公益法人等が国立大学法人等又は公益社団法人若しくは公益財団法人又は認定特定非営利活動法人である場合には譲渡財産が特定管理方法により管理されることを所轄庁に確認されたことを証する書類の写しを含みます。）を提出した場合には、その特定買換資産を寄附財産とみなして非課税承認を継続することができます（措法40⑤二、措令25の17⑳、措規18の19⑪⑫）㈱。

なお、その公益法人等は、その特定買換資産を特定管理方法で管理しなければなりません（措法40⑤）。

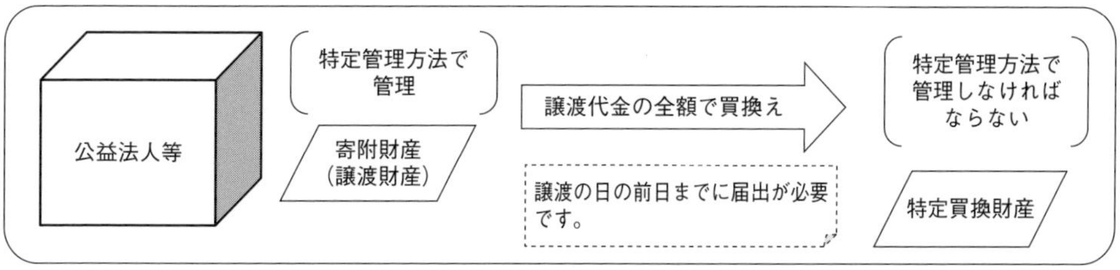

㈱　この特例は、平成30年４月１日以後にされる同号に規定する財産の譲渡について適用し、それ以前にされた旧租税特別措置法第40条第５項に規定する財産の譲渡については、なお従前の例によります（平成30年改正法附則75②）。

〔「特定買換資産の特例」のイメージ図〕

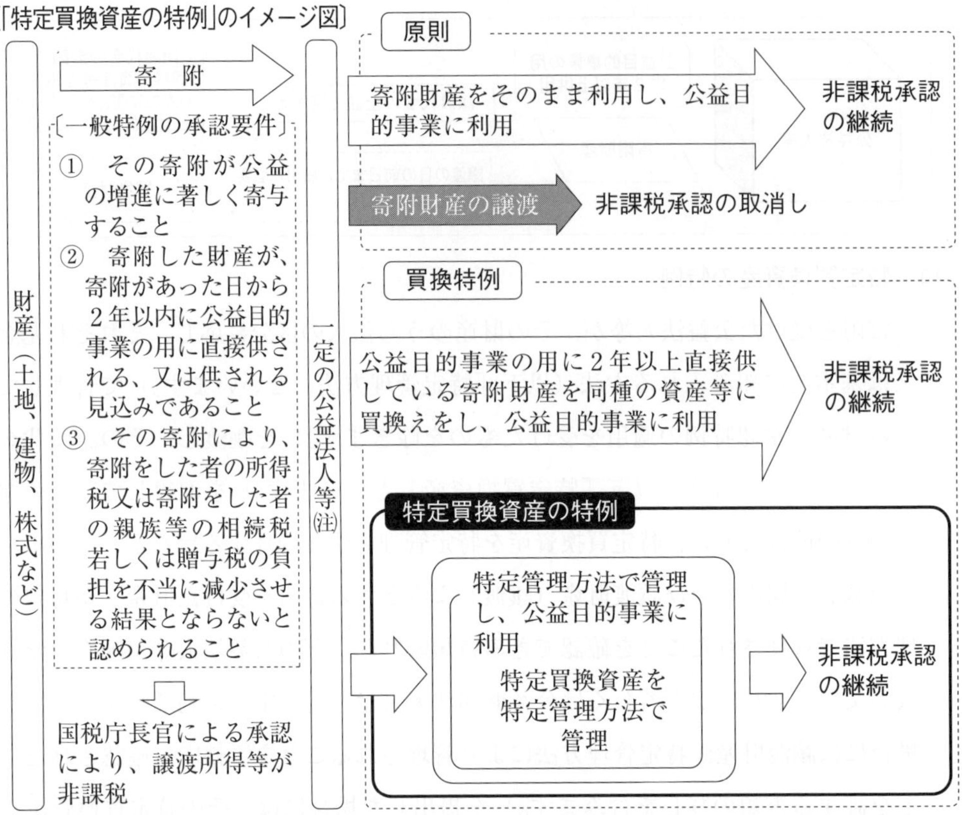

(注)「一定の公益法人等」とは、国立大学法人等（国立大学法人、大学共同利用機関法人、公立大学法人、独立行政法人国立高等専門学校機構又は国立研究開発法人をいいます。）、公益社団法人、公益財団法人、学校法人（学校法人会計基準に従い会計処理を行う一定のものに限ります。）、社会福祉法人又は認定特定非営利活動法人等（認定特定非営利活動法人若しくは特例認定特定非営利活動法人をいいます。）（※）をいいます。

※　認定特定非営利活動法人等における「特定買換資産の特例」は、令和２年４月１日以後の譲渡について適用されます。

〔特定買換資産の特例の適用要件〕

<table>
<tr><td>①</td><td colspan="3">非課税承認に係る公益法人等が、上記の「一定の公益法人等」に該当すること</td></tr>
<tr><td rowspan="2">②</td><td rowspan="2">右の法人の区分に応じて、それぞれに掲げる方法により管理している寄附財産を譲渡したこと</td><td>国立大学法人等・公益社団法人・公益財団法人・認定特定非営利活動法人等の場合</td><td>一定の公益目的事業に充てるための基金に組み入れる方法（基金が公益目的事業に充てられることが確実であることなどの一定の要件を満たすことについて、寄附を受けた法人が所轄庁の証明を受けたものに限ります。なお、寄附を受けた法人は、基金の証明を受けた事業年度以後、基金明細書を毎事業年度終了後３か月以内に、所轄庁に提出する必要があります。）</td></tr>
<tr><td>学校法人（学校法人会計基準に従い会計処理を行う一定のものに限ります。）・社会福祉法人の場合</td><td>寄附を受けた法人の財政基盤又は経営基盤の強化を図るために、学校法人会計基準第30条第１項第１号から第３号までに掲げる金額に相当する金額又は社会福祉法人会計基準第６条第１項に規定する金額を基本金に組み入れる方法</td></tr>
<tr><td>③</td><td colspan="3">上記②の譲渡による収入金額の全部に相当する金額をもって買換資産を取得し、これを上記②の方法で管理すること</td></tr>
<tr><td>④</td><td colspan="3">非課税承認に係る公益法人等が、上記②の譲渡の日の前日までに、寄附財産の上記②の管理方法などの一定の事項を記載した届出書及び譲渡財産が上記②の方法で管理されたことを確認できる書類の写しを所轄税務署長に提出すること</td></tr>
</table>

ハ　承認特例の適用の場合

承認特例の適用を受けた財産を特定管理方法により管理する公益法人等が、寄附財産を譲渡して、その譲渡代金の全額をもって資産を取得し、一定の事項を記載した届出書を提出した場合には、その資産を寄附財産とみなして非課税承認を継続することができます。

なお、その公益法人等はその資産を引き続き特定管理方法により管理しなければなりません（措法40③、措令25の17③六、⑬、措規18の19②）。

(7)　公益法人等が合併した場合の非課税承認の継続

寄附を受けた公益法人等が合併により、寄附財産を合併後存続する公益法人等又は合併により設立する公益法人等（以下「公益合併法人」といいます。）に移転しようとする場合において、合併の日の前日までに一定の事項を記載した届出書等を提出したときは、公益合併法人を当初の寄附を受けた公益法人等とみなして非課税承認を継続することができます。

なお、公益合併法人は、合併の日の翌日から１年を経過する日までの期間内に寄附財産を公益目的事業の用に直接供しなければなりません（措法40⑥⑬、措令25の17㉑、措規18の19⑬）。

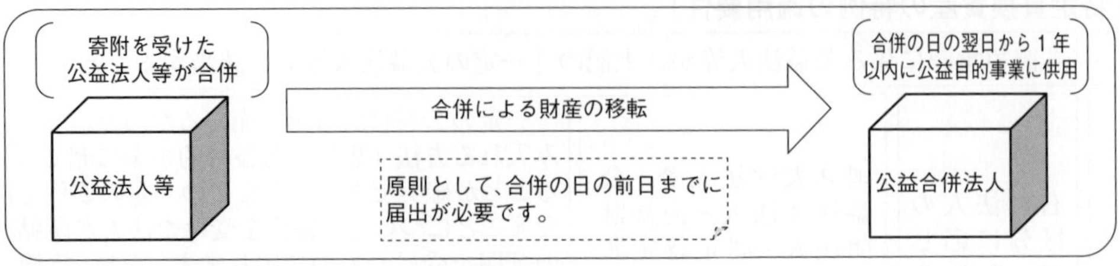

(注)１　公益法人等から届出書等の提出がなかった場合であっても、公益合併法人が寄附財産であることを知った日から２か月以内に一定の事項を記載した届出書等を提出したときは非課税承認を継続することができます（措法40⑪、措令25の17㉖）。

２　「合併の日」とは、吸収合併の場合は合併の効力の生ずる日をいい、新設合併の場合は合併により設立する法人の成立した日をいいます（40条通達36）。

(8)　公益法人等が解散した場合の非課税承認の継続

寄附を受けた公益法人等が解散（合併による解散及び信託法（平成18年法律第108号）第56条第１項第４号に掲げる事由による解散を除きます。）による残余財産の分配又は引渡しによりその公益法人等に係る租税特別措置法第40条第３項に規定する財産等、類似の公益信託に関する法律第２条第１項第２号に規定する公益事務をその目的とする公益信託（その公益信託の受託者が公益信託受託者であるものに限ります。）の信託財産を、寄附財産を他の公益法人等又はその公益信託の受託者（以下「解散引継法人」といいます。）に移転しようとする場合において、解散の日の前日までに一定の事項を記載した届出書等を提出したときは、解散引継法人を当初の寄附を受けた公益法人等とみなして非課税承認を継続することができます。

なお、解散引継法人は、解散の日の翌日から１年を経過する日までの期間内に寄附財産を公益目的事業の用に直接供しなければなりません（措法40⑦⑬、措令25の17㉒、措規18の19⑭）。

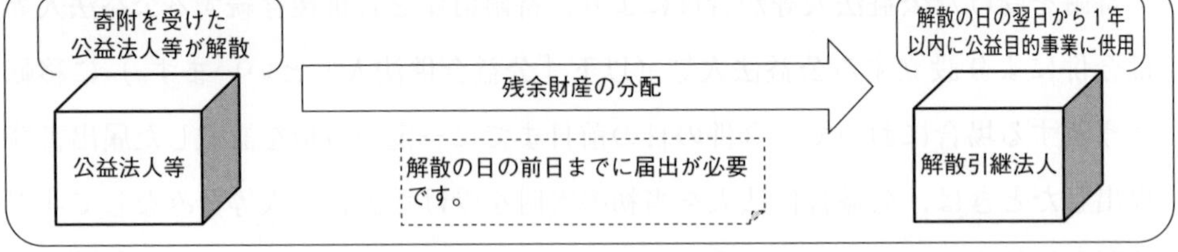

(注)　「解散の日」とは、寄附を受けた公益法人等の解散による残余財産の分配又は引渡しの日をいいます（40条通達38）。

(9)　公益認定の取消しがあった場合の非課税承認の継続

公益社団法人及び公益財団法人の認定等に関する法律（以下「公益認定法」とい

います。）第29条第１項又は第２項の規定による公益認定法第５条に規定する公益認定の取消しの処分を受けた当初の公益法人等が、同条第20号に規定する定款の定めに従い、公益目的取得財産残額（公益認定法30②）に相当する額の財産（以下「引継財産」といいます。）を他の公益法人等（以下「引継法人」といいます。）に贈与し、又は類似の公益事務をその目的とする公益信託とする公益信託（その公益信託の受託者が第１項第２号に掲げる者該当する者であるものに限ります。）の信託財産としようとする場合において、その贈与の日又はその信託財産とする日の前日までに一定の事項を記載した届出書等を提出したときは、引継法人を当初の寄附を受けた公益法人等とみなして非課税承認を継続することができます。

なお、引継法人は、贈与の日の翌日から１年を経過する日までの期間内に引継財産を公益目的事業の用に直接供しなければなりません（措法40⑧⑬、措令25の17㉒㉓、措規18の19⑮～⑰）。

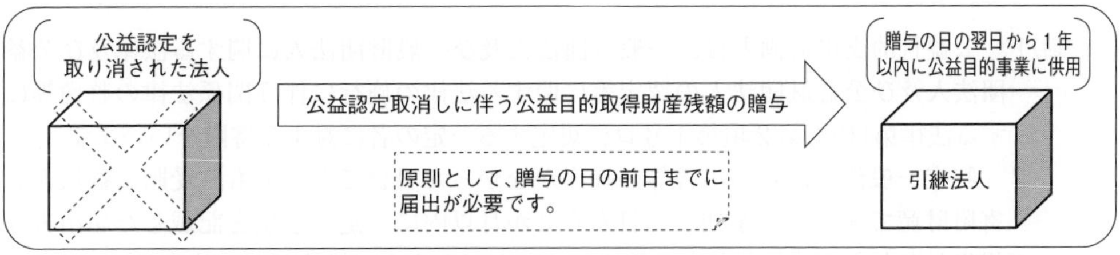

㈱1　公益法人等から届出書等の提出がなかった場合であっても、引継法人が寄附財産であることを知った日から２か月以内に一定の事項を記載した届出書等を提出したときは非課税承認を継続することができます（措法40⑫、措令25の17㉖㉗）。

2　「贈与の日」とは、引継財産の贈与の履行の日をいいます（40条通達39）。

用語の解説

公益目的取得財産残額

公益社団法人及び公益財団法人の認定等に関する法律第30条第２項に規定する次の算式により算出した額をいいます。

〔算式〕

［公益法人が取得した全ての公益目的事業財産 － 公益法人が公益認定を受けた日以後に公益目的事業を行うために費消し、又は譲渡した公益目的事業財産］ － 公益目的事業財産以外の財産であってその公益法人が公益認定を受けた日以後に公益目的事業を行うために費消し、又は譲渡したもの及び同日以後に公益目的事業の実施に伴い負担した公租公課の支払等の額の合計額

⑽　特定一般法人が他の公益法人等へ寄附財産を贈与した場合の非課税承認の継続

特定一般法人が寄附財産を公益目的支出計画に基づき他の公益法人等（以下「受贈公益法人等」といいます。）に贈与しようとする場合において、その贈与の日の前日までに一定の事項を記載した届出書等を提出したときは、受贈公益法人等を当初の寄附を受けた公益法人等とみなして非課税承認を継続することができます。

なお、受贈公益法人等は、贈与の日の翌日から１年を経過する日までの期間内に寄附財産を公益目的事業の用に直接供しなければなりません（措法40⑨⑬、措令25の17㉒、措規18の19⑱）。

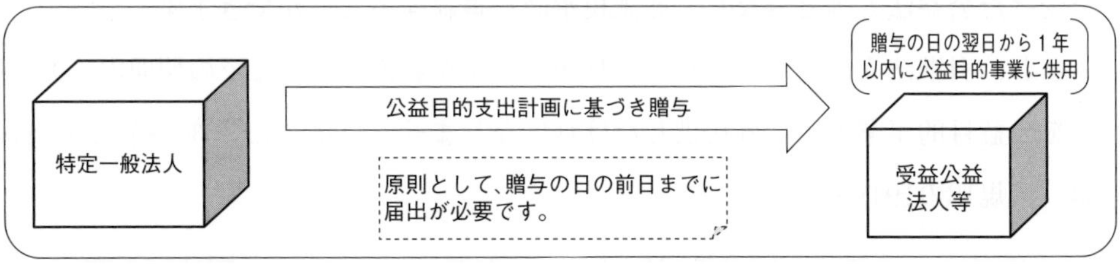

㈲１　公益目的支出計画とは、一般社団法人及び一般財団法人に関する法律及び公益社団法人及び公益財団法人の認定等に関する法律の施行に伴う関係法律の整備等に関する法律第119条第２項第１号ロに規定する一定の者に対する寄附をいいます。

２　特定一般法人から届出書等の提出がなかった場合であっても、受贈公益法人等が寄附財産であることを知った日から２か月以内に一定の事項を記載した届出書等を提出したときは「承認」を継続することができます（措法40⑫、措令25の17㉖㉗）。

３　「贈与の日」とは、贈与の履行の日をいいます（40条通達41）。

⑾　幼稚園等を設置する公益法人等が他の公益法人等へ寄附財産を贈与する場合の非課税承認の継続

公益法人等（幼稚園又は保育所等を設置する者で廃止の認可の申請等を行っているなど一定の要件を満たしているものに限ります。以下「譲渡法人」といいます。）が寄附財産を他の公益法人等（幼保連携型認定こども園、幼稚園又は保育園等を設置しようとする者で一定の要件を満たすものに限ります。以下「譲受法人」といいます。）に贈与しようとする場合において、その贈与の日の前日までに一定の事項を記載した届出書等を提出したときは、譲受法人を当初の寄附を受けた公益法人等とみなして非課税承認を継続することができます。

なお、譲受法人は、贈与の日の翌日から１年を経過する日までの期間内に、新たな幼保連携型認定こども園を設置し、寄附財産を運営する事業の用に直接供しなければなりません（措法40⑩⑬、措令25の17㉒㉔㉕㉘、措規18の19⑲～㉕）。

㈲１　譲渡法人から届出書等の提出がなかった場合であっても、譲受法人が寄附財産であることを知った日から２か月以内に一定の事項を記載した届出書等を提出したときは非課税承認を継続することができます（措法40⑫、措令25の17㉖㉗）。

２　「贈与の日」とは、贈与の履行の日をいいます（40条通達42）。

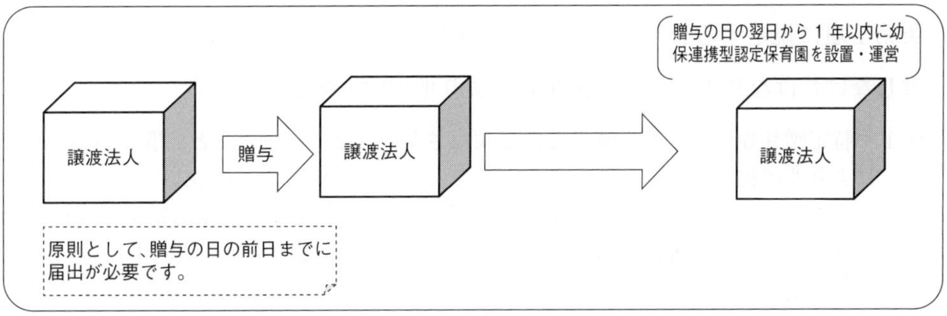

⑿　受託者の任務の終了等により公益信託の受託者が変更する場合の非課税承認の継続

特定贈与等を受けた公益信託の受託者（以下この⑿において「当初受託者」といいます。）が、次に掲げる事由（当該事由により非課税承認を取り消すことができる場合（一定の場合[注1]に限ります。）の当該事由を除きます。下記※において「任務終了事由等」といいます。）により当該当初受託者に係る財産等を次に掲げる事由の区分に応じそれぞれに定める者（公益信託に関する法律第12条第１項に規定する新受託者（以下この⑿において「新受託者」といいます。）の選任若しくは同法第７条第２項各号に掲げる事項の変更につき同法第12条第１項の認可を受け、又は同項ただし書に規定する新受託者の選任につき同法第14条第１項の規定による届出がされた当該公益信託の受託者（公益信託受託者に該当するものに限ります。）に該当するものに限ります。以下この⑿において「引継受託者」といいます。）に移転しようとする場合において、その認可又は届出の日の前日までに、一定の方法により、認可又は届出の日その他の一定の事項を記載した書類を、納税地の所轄税務署長を経由して国税庁長官に提出したときは、その認可又は届出の日以後は、その引継受託者はその特定贈与等に係る公益法人等と、その引継受託者がその移転を受けた資産はその特定贈与等に係る財産と、それぞれみなして、非課税承認を継続適用することができます（措法40⑪、措令25の17㉘㉙）。

イ　当初受託者の任務の終了[注2]　新受託者

ロ　当初受託者である法人の合併　合併後存続する法人又は合併により設立する法人

ハ　当初受託者である法人の分割　分割により受託者としての権利義務を承継する法人

なお、その引継受託者は、その移転を受けた資産を、原則として、認可又は届出の日の翌日から１年を経過する日までの期間内に、その公益目的事業（措置法第40条第１項に規定する公益目的事業をいいます。下記⒀において同じ。）の用に直接供しなければなりません（措法40⑮により準用する措法40⑤後段）。

㈱１　特定贈与等につき不当減少要件を満たさないこととなったこと（措令25の17⑬二）により非課税承認を取り消すことができる場合をいいます（措令25の17㉘）。

２　主な受託者の任務終了事由は、受託者の死亡、受託者の後見開始又は保佐開始、受託者の解散（合併によるものを除きます。）となります（信託法56①）。

※　宥恕規定

上記⑿の引継受託者が、当初受託者から任務終了事由等により資産の移転を受けた場合（当初受託者がその移転につき上記⑿の書類を認可又は届出の日の前日までに提出しなかった場合に限ります。）において、その引継受託者が、一定の方法により、その資産が特定贈与等に係る財産等であることを知った日の翌日から２月を経過した日の前日までに、上記⑿の認可又は届出の日その他一定の事項を記載した書類を、納税地の所轄税務署長を経由して国税庁長官に提出したときは、上記⑿にかかわらず、その認可又は届出の日以後は、その引継受託者はその特定贈与等に係る公益法人等と、引継受託者がその移転を受けた資産はその特定贈与等に係る財産と、それぞれみなして、非課税承認を継続する措置が創設されました（措法40⑭）。

なお、この場合においても、引継受託者は、その移転を受けた資産を、原則として、認可又は届出の日の翌日から１年を経過する日までの期間内に、その公益目的事業の用に直接供する必要があります（措法40⑮により準用する措法40⑤後段）。

㈱　公益信託に関する法律（令和６年法律30号）の施行の日から適用されます。

⒀　公益信託が終了する場合における非課税承認の継続

特定贈与等を受けた公益信託（以下この⒀において「当初公益信託」といいます。）の受託者が、公益信託の終了[注1]（その公益信託の終了に係る事由により非課税承認を取り消すことができる場合（一定の場合[注2]に限ります。）の公益信託の終了を除きます。）により当初公益信託の受託者に係る財産等を他の公益法人等（第１号公益法人等であって、その当初公益信託に係る公益信託に関する法律第４条第２項第３号に規定する帰属権利者となるべき者に該当するものに限ります。）に移転し、又は類似の公益事務をその目的とする他の公益信託（その公益信託の受託者が公益信託受託者であって、その当初公益信託に係る同号に規定する帰属権利者となるべき者に該当するものに限ります。）の信託財産としようとする場合において、その公益信託の終了の日の前日までに、一定の方法により、公益信託の終了の日その他の一定の事項を記載した書類を、納税地の所轄税務署長を経由して国税庁長官に提出したときは、その公益信託の終了の日以後は、その他の公益法人等又はその他の公益信託の受託者（以下この⒀において「帰属権利者」といいます。）はその特定贈与等に係る公益法人等と、その帰属権利者がその移転を受け、又はその他の公益信託の信託財産として受け入れた資産はその特定贈与等に係る財産と、それぞれみなして、非課税承認を継続適用することができます（措法40⑫、措令25の17㉚㉛）。

なお、その帰属権利者は、その移転を受けた資産を、原則として、その公益信託の終了の日の翌日から１年を経過する日までの期間内に、その公益目的事業の用に直接供しなければなりません（措法40⑮により準用する措法40⑤後段）。

㈱１　公益信託は、信託法第163条各号に掲げる場合（例えば、信託の目的を達したとき、又は信託の目的を達成することができなくなったときなど）のほか、公益信託の認可基準のいずれかに適合しなくなったことなどにより公益信託の認可が取り消された場合に終了します（信託法163、公益信託法23①）。

２　特定贈与等につき不当減少要件を満たさないこととなったこと（措令25の17⑬二）により非課税承認を取り消すことができる場合をいいます（措令25の17㉚）。

⒁　寄附金控除との関係

この特例の適用を受ける寄附についての所得税法第78条第１項又は租税特別措置法第41条の18の２若しくは第41条の18の３に規定する寄附金控除額を計算する場合の特定寄附金の支出額は、その財産の時価から、非課税とされる譲渡所得の金額に相当する金額（譲渡所得の特別控除額を控除しないで計算した金額）を控除した金額、すなわち寄附（贈与又は遺贈）財産の取得費となります（措法40㉑）。

４　国等に対して重要文化財を譲渡した場合の譲渡所得（租税特別措置法第40条の２関係）

個人が、その所有する土地以外の資産で、重要文化財として指定されたものを国、独立行政法人国立文化財機構（旧国立博物館）、独立行政法人国立美術館及び独立行政法人国立科学博物館、地方公共団体、地方行政独立法人（博物館、美術館、植物園、動物園又は水族館で、博物館法の規定により博物館に相当する施設として指定を受けたもの（令和５年４月１日からは、博物館法に規定する公立博物館又は指定施設に該当するもの）の設置及び管理の業務を主たる目的とするもの）又は市町村の教育委員会が、申請により法人その他これに準ずるものとして文部科学省令で定める団体であって、その市町村の区域内に存する文化財の保存及び活用等の業務を適正かつ確実に行うことができると認められるとして指定された文化財保存活用支援団体に譲渡した場合の譲渡所得については、非課税とされます（措法40の２、措令25の17の２）。

5　物納による譲渡所得（租税特別措置法第40条の３関係）

個人が、その財産を相続税法第42条第２項又は第48条の２第３項の規定により許可を受けて物納した場合には、譲渡がなかったものとみなされます。

なお、物納の許可限度額を超えて物納の許可がされた部分の財産については、通常の資産の譲渡と同様に譲渡所得の課税の対象となります（措法40の３、措令25の18）。

用語の解説

物納

租税は、原則として金銭で納付することを建前としており、相続税についても同様に一時に金銭で納付することを原則としています。しかし、相続税が財産税の性格を有しているところから、一定の条件の下に金銭納付の例外として物納が認められています。

物納は、公法上の代物弁済と解され、物納の許可のあった相続税は、物納財産の引渡し、所有権の移転の登記その他法令により第三者に対抗することができる要件を充足した時において納付があったものとされます（相続税法43②）。

物納の許可限度額（金銭による納付を困難とする額）

相続税額から現金で即納することができる金額と延納によって納付することができる金額の合計額を控除した金額（相続税法41①、相続税法施行令17）

相続税の課税価格の計算の基礎となった財産（その財産を処分して取得した財産が含まれます。）
→ 物納（相法42②又は48の2③）

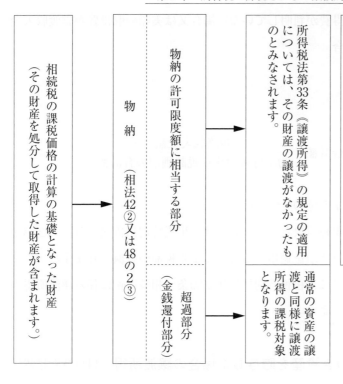

- 物納の許可限度額に相当する部分 → 所得税法第33条《譲渡所得》の規定の適用については、その財産の譲渡がなかったものとみなされます。
- 超過部分（金銭還付部分） → 通常の資産の譲渡と同様に譲渡所得の課税対象となります。

《非課税とされる趣旨》
- ○担税力が弱いと認められること
- ○納税資金捻出の困難性（譲渡対価を金銭で受領したわけではないこと及び相続税を金銭で納付することが困難であるから物納の許可があったこと）
- ○所得税額部分を他から調達して納付しなければならないとすると、一般に税の過重感が生じてくること
- ○国民感情の考慮

⑴　譲渡所得の総収入金額の収入すべき時期

相続税法第43条第２項の規定により、納付があったものとされる日（物納財産の引渡し、所有権移転の登記その他法令により第三者に対抗することができる要件を充足した時）

⑵　譲渡収入金額（超過物納部分）

$$\text{物納財産の価額} - \underbrace{\text{物納財産の価額} \times \frac{\text{物納の許可限度額}}{\text{物納財産の価額}}}$$

※非課税の対象となる部分（措令25の18）

⑶　物納財産が長期保有資産と短期保有資産とからなる場合の収入金額の区分

$$\text{譲渡収入金額} \times \frac{\text{長期（短期）譲渡となる物納財産の相続税評価額}}{\text{物納財産の相続税評価額の合計額}}$$

⑷　取得費

イ　物納財産の実際の取得費が判明している場合

$$\begin{matrix}\text{長期（短期）譲渡となる}\\ \text{物納財産の取得費の合計額}\end{matrix} \times \frac{\text{長期（短期）譲渡となる譲渡収入金額}}{\text{物納財産の相続税評価額の合計額}}$$

ロ　物納財産の実際の取得費が判明していない場合又は実際の取得費が譲渡収入金額の５％以下である場合

　譲渡収入金額×５％

⑸　譲渡費用

$$物納財産の譲渡費用の合計額\times\frac{譲渡収入金額}{物納財産の相続税評価額の合計額}$$

⑹　租税特別措置法に規定する他の特例の適用

超過部分が譲渡所得の課税対象となる場合には、租税特別措置法第31条の２第２項第１号及び同法第32条第３項を適用することにより税額が軽減されます。

また、適用要件を満たせば、租税特別措置法第39条《相続財産に係る譲渡所得の課税の特例》の適用があります。

6　債務処理計画に基づき資産を贈与した場合の譲渡所得（租税特別措置法第40条の３の２関係）

中小企業者に該当する内国法人の取締役又は業務を執行する社員（この６において、以下「取締役等」といいます。）で当該内国法人の債務の保証に係る保証債務を有するものが、当該取締役等の有する資産でその資産に設定された賃借権、使用貸借権等が現にその内国法人の事業の用に供されているものを、当該内国法人について策定された一定の債務処理に関する計画に基づき、平成25年４月１日から令和７年３月31日までの間に当該内国法人に贈与した場合には、次に掲げる要件の下で、当該取締役等に対するいわゆるみなし譲渡課税（所法59①）は適用されません。

イ		その取締役等が、その債務処理計画に基づき、その内国法人の債務の保証に係る保証債務の一部を履行していること
ロ		その債務処理計画に基づいて行われたその内国法人に対する資産の贈与及び上記イの保証債務の一部の履行後においても、その取締役等がその内国法人の債務の保証に係る保証債務を有していることが、その債務処理計画において見込まれていること
ハ		その内国法人が、その資産の贈与を受けた後に、その資産をその内国法人の事業の用に供することがその債務処理計画において定められていること
ニ		次の要件のいずれかを満たすこと
	(イ)	その内国法人が中小企業者等に対する金融の円滑化を図るための臨時措置に関する法律第２条第１項に規定する金融機関から受けた事業資金の貸付けにつき、その貸付けに係る債務の弁済の負担を軽減するため、平成21年12月４日から平成28年３月31日までの間に条件の変更が行われていること
	(ロ)	その債務処理計画が平成28年４月１日以後に策定されたものである場合においては、その内国法人が同日前に次の①～④のいずれにも該当しないこと。 ①　株式会社地域経済活性化支援機構法第25条第４項に規定する再生支援決定の対象となった法人 ②　株式会社東日本大震災事業者再生支援機構法第19条第４項に規定する支援決定の対象となった法人 ③　株式会社東日本大震災事業者再生支援機構法第59条第１項に規定する産業復興機構の組合財産である債権の債務者である法人 ④　①から③までに掲げる法人のほか銀行法施行規則第17条の２第７項第８号に規定する合理的な経営改善のための計画（同号イに掲げる措置を実施することを内容とするものに限ります。）を実施している法人

(注)　上記ロの要件は、債務処理計画に基づいて取締役等が資産の贈与及び保証債務の一部履行をしてもその保証債務が残っているというものであり、その債務処理計画に基づきその内国法人に対する債務免除が行われた後においても保証債務を有していなければならないというものではありません。

(1)　対象となる中小企業者の範囲

次のいずれかに掲げる法人（内国法人に限ります。）をいいます（措法40の３の２、措通40の３の２－１）。

イ　資本金の額又は出資金の額が１億円以下の法人のうち次に掲げる法人以外の法人

(イ)　その発行済株式又は出資の総数又は総額の２分の１以上が同一の大規模法人（資本金の額若しくは出資金の額が１億円を超える法人、資本若しくは出資を有しない法人のうち常時使用する従業員の数が1,000人を超える法人又は次に掲げる法人をいい、中小企業投資育成株式会社を除きます。(ロ)において同じです。）の所有に属している法人

A　大法人（次に掲げる法人をいいます。以下この(イ)において同じです。）との間に当該大法人による完全支配関係がある普通法人

(A)　資本金の額又は出資金の額が５億円以上である法人

(B)　保険業法第２条第５項に規定する相互会社及び同条第10項に規定する外国相互会社のうち、常時使用する従業員の数が1,000人を超える法人

(C)　法人税法第４条の７に規定する受託法人

B　普通法人との間に完全支配関係がある全ての大法人が有する株式（投資信託及び投資法人に関する法律第２条第14項に規定する投資口を含みます。）及び出資の全部を当該全ての大法人のうちいずれか一の法人が有するものとみなした場合において当該いずれか一の法人と当該普通法人との間に当該いずれか一の法人による完全支配関係があることとなるときの当該普通法人（Ａに掲げる法人を除きます。）

(ロ)　上記(イ)に掲げるもののほか、その発行済株式又は出資の総数又は総額の３分の２以上が大規模法人の所有に属している法人

ロ　資本又は出資を有しない法人のうち常時使用する従業員の数が1,000人以下の法人

(注)「常時使用する従業員の数」は、常用であると日々雇い入れるものであるとを問わず、事務所又は事業所に常時就労している職員、工員等（役員を除きます。）の総数によって判定します。この場合において、法人が酒造最盛期、野菜缶詰・瓶詰製造最盛期等に数か月程度の期間その労務に従事する者を使用するときは、その従事する者の数を「常時使用する従業員の数」に含めます。

(2)　対象となる取締役等の範囲

この特例の対象となる取締役等は、中小企業者に該当する内国法人の取締役又は業務を執行する社員である個人でその内国法人の債務の保証に係る保証債務を有するものです。

○　中小企業者又は取締役等である個人に該当するかどうかの判定時期

この特例は、保証債務の一部の履行があった時点及び贈与があった時点のそれぞれにおいて、その贈与を受けた法人が内国法人である場合及びその贈与をした者がその内国法人の取締役等でその内国法人の債務の保証に係る保証債務を有するものである場合に適用があります（措通40の３の２－２）。

(3)　対象となる資産の範囲

この特例の対象となる資産は、取締役等である個人の有する資産（有価証券を除きます。）でその資産に設定された賃借権、使用貸借権その他資産の使用又は収益

を目的とする権利が現にその内国法人の事業の用に供されているものです（措法40の３の２①）。

この「個人の有する資産（有価証券を除きます。）でその資産に設定された賃借権、使用貸借権その他資産の使用又は収益を目的とする権利が現にその内国法人の事業の用に供されているもの」とは、取締役等である個人が有する資産で内国法人への貸付けの用に供しているものであり、かつ、その資産に設定された権利がその内国法人の事業の用に供されているものをいいます。

なお、取締役等である個人が有する建物及びその附属設備若しくは構築物（この６において、以下「建物等」といいます。）で内国法人への貸付けの用に供しているもの（その建物等がその内国法人の事業の用に供されているものに限ります。）の敷地の用に供されているその個人の有する土地を、その内国法人に贈与した場合にも、この特例の適用があります（措通40の３の２－３）。

【具体例】

① 取締役等が所有権を有している土地の上に法人が建物を建築し、その建物をその法人の事業の用に供している場合において、取締役等がその土地の所有権（いわゆる底地）を法人に贈与したとき

② 取締役等が所有権を有している土地の上にその取締役等が建物を建築し、その建物を取締役等が法人に貸し付けてその法人がその建物を事業の用に供している場合において、取締役等がその土地の所有権（いわゆる貸家建付地）を法人に贈与したとき

○ 「事業の用に供されている部分」の判定

〈贈与資産のうちに事業の用以外の用に供されている部分がある場合〉

贈与した資産又は権利のうちにその内国法人の事業の用以外の用に供されている部分がある場合には、その内国法人の事業の用に供されている部分に限られます。この内国法人の事業の用に供されている部分は、次の算式により算出した価額に相当する部分となります（措令25の18の２①）。

⑴ 特例の対象が、土地の上に存する権利又は建物等の賃借権、使用貸借権その他建物等の使用又は収益を目的とする権利の場合（例：借地権、地上権等）

〔算式〕

$$\text{土地又は建物等の価額に相当する金額（底地価額等）} \times \frac{\text{その内国法人の事業の用に供されている権利が設定されている部分の面積又は床面積}}{\text{その土地又は建物の面積又は床面積}}$$

(2)　特例の対象が、工業所有権その他の資産の使用又は収益を目的とする権利（上記(1)に掲げる権利を除きます。）の場合（例：特許権、実用新案権等）

〔算式〕

$$\text{工業所有権その他の資産の価額に相当する金額} \times \frac{\text{その内国法人から収入すべき使用料の額}}{\text{個人が収入すべき工業所有権の使用料の総額}}$$

(注)　上記(2)の場合には、上記の「個人が収入すべき工業所有権の使用料の総額」のうちに占める「その内国法人から収入すべき使用料の額」の割合に代えて、権利の種類及び性質に照らして合理的と認められる基準により算出したその内国法人の事業の用に供されている割合を用いることもできます。

〈贈与資産のうちに事業の用とその他の用に併用されている部分がある場合〉

贈与した資産のうちにその資産に設定された賃借権、使用貸借権その他の資産の使用又は収益を目的とする権利が現にその内国法人の事業の用に供されている部分とそれ以外の用に供されている部分とがあるときには、その内国法人の事業の用に供されている部分は、贈与した資産が、建物等の場合には次の(1)の算式により計算した床面積に相当する部分となり、建物等の敷地の用に供されている土地の場合には次の(2)の算式により計算した面積に相当する部分となります。

また、工業所有権その他の資産（有価証券、土地及び建物等を除きます。この６において、以下「工業所有権等」といいます。）の場合には次の(3)の算式による割合又は権利の種類及び性質に照らして合理的と認められる基準により算出したその内国法人の事業の用に供されている割合によります（措通40の３の２－４）。

なお、この判定は、贈与の時の現況により行うこととなります。

(1)　贈与した資産が建物等の場合

〔算式〕

$$\text{贈与した建物等のうちその内国法人の事業の用に専ら供されている部分の床面積(A)} + \text{贈与した建物等のうちその内国法人の事業の用に供されている部分とその他の部分とに併用されている部分の床面積} \times \frac{\text{A}}{\text{A} + \text{その他の部分に専ら供されている部分の床面積}}$$

(2)　贈与した資産が建物等の敷地の用に供されている土地の場合

〔算式〕

$$\text{贈与した土地のうちその内国法人の事業の用に供されている建物等の敷地として専ら供されている部分の面積} + \text{贈与した土地のうちその内国法人の事業の用に供されている建物等の敷地として供されている部分とその他の部分とに併用されている部分の面積} \times \frac{\text{その建物等の床面積のうち上記(1)の算式により計算した当該内国法人の事業の用に供されている部分の床面積}}{\text{その建物等の床面積}}$$

(注)　贈与した土地がその内国法人の事業の用に供される建物等の「敷地」に該当するかどうかは、社会通念に従い、その土地がその建物等と一体として利用されているものであったかどうかにより判定します。

(3)　贈与した資産が工業所有権等の場合

〔算式〕

$$\frac{\text{贈与した個人がその内国法人から収入すべきその工業所有権等の使用料の額}}{\text{贈与した個人が収入すべきその工業所有権等の使用料の額}}$$

(4)　債務処理計画の要件

この特例の対象となる資産の贈与は、次の①から③までの要件を満たし、かつ、④又は⑤のいずれかの要件を満たす債務処理に関する計画に基づいて行われる必要があります（措法40の３の２①、措令25の18の２②）。

したがって、民事再生法の規定による再生計画認可の決定が確定した再生計画又は会社更生法の規定による更生計画認可の決定を受けた更生計画については、この特例の対象とはなりません（措通40の３の２－５）。

①　一般に公表された債務処理を行うための手続についての準則で次の事項が定められているもの（政府関係金融機関、株式会社地域経済活性化支援機構及び協定

銀行以外の特定の者が専ら利用するためのものを除きます。）に従って策定されていること

イ　債務者の有する資産及び負債の価額の評定に関する事項（公正な価額による旨の定めがあるものに限ります。）

ロ　その計画が準則に従って策定されたものであること並びに下記②及び③に該当することにつき確認をする手続並びにその確認をする者に関する事項

②　債務者の有する資産及び負債につき上記①イの事項に従って資産評定が行われ、その資産評定による価額を基礎とした債務者の貸借対照表が作成されていること

③　上記②の貸借対照表における資産及び負債の価額、その計画における損益の見込み等に基づいて債務者に対して債務免除等をする金額が定められていること

④　二以上の金融機関等（その計画に係る債務者に対する債権が投資事業有限責任組合契約等に係る組合財産である場合におけるその投資事業有限責任組合契約等を締結している者を除きます。）が債務免除等をすることが定められていること

⑤　政府関係金融機関、株式会社地域経済活性化支援機構又は協定銀行（これらのうち、その計画に係る債務者に対する債権が投資事業有限責任組合契約等に係る組合財産である場合におけるその投資事業有限責任組合契約等を締結しているものを除きます。）が有する債権又は株式会社地域経済活性化支援機構若しくは協定銀行が信託の受託者として有する債権につき債務免除等をすることが定められていること

㈲１　上記①の準則としては、私的整理に関するガイドライン、株式会社整理回収機構が定める準則、中小企業再生支援協議会が定める準則、特定認証紛争解決手続及び株式会社地域経済活性化支援機構が定める実務運用標準が該当します。

２　政府関係金融機関とは、株式会社日本政策金融公庫、株式会社国際協力銀行及び沖縄振興開発金融公庫をいいます（法令24の２②一）。また、協定銀行とは、預金保険法附則第７条第１項第１号に規定する協定銀行をいい、株式会社整理回収機構が該当します（法令24の２②二）。以下同じです。

なお、上記①から⑤までの要件につき、中小企業者の事業再生に伴い特定の組合財産に係る債務免除等がある場合の評価損益等の特例（措法67の５）により適用される場合にも、同様にこの特例の適用を受けることができます（措令25の18の２②）。

チェックポイント

この特例の適用対象となる「贈与」には、その贈与に伴い債務を引き受けさせること（負担付贈与）などによる経済的な利益による収入がある場合は含まれません。

(5)　保証債務の一部の履行の範囲

「保証債務の一部を履行している場合」とは、民法第446条《保証人の責任等》に規定する保証人の債務又は同法第454条《連帯保証の場合の特則》に規定する連帯保証人の債務の履行があった場合のほか、次に掲げる場合で、債務処理計画に基づきそれらの債務を履行しているときにも、この特例の適用があります（措通40の３の２－７）。

イ	不可分債務の債務者の債務の履行をしている場合
ロ	連帯債務者の債務の履行をしている場合
ハ	合名会社又は合資会社の無限責任社員による会社の債務の履行をしている場合
ニ	租税特別措置法第40条の３の２第１項に規定する内国法人の債務を担保するため質権若しくは抵当権を設定した者がその債務を弁済し又は質権若しくは抵当権を実行されている場合
ホ	法律の規定により連帯して損害賠償の責任がある場合において、その損害賠償金の支払をしているとき

(6)　申告手続

債務処理計画に基づき資産を贈与した場合の課税の特例の適用を受けようとする場合には、次の申告手続をする必要があります（措法40の３の２②、措規18の19の２②③）。

申告手続	確定申告書の「特例適用条文」欄に「措法40条の３の２第１項」と記載します。		
	確定申告書に添付する書類	①	債務処理計画に基づき資産を贈与した場合の課税の特例に関する明細書（65ページ参照）
		②	確認書等

【確認書等】

確認書等は、法人税法施行規則第８条の６第１項各号に掲げる者が、この特例に係る一定の要件を満たしていることを確認し発行（納税者に交付又は通知）することとされているものです。

なお、確認書等の様式は、それらの者が一般に公表している債務処理を行うための手続に関する準則等（この６において、以下「準則」といいます。）に定められており、この特例に該当する準則には、⑴株式会社整理回収機構が定める準則、⑵中小企業再生支援協議会が定める準則、⑶株式会社地域経済活性化支援機構が定める準則、⑷特定認証紛争解決手続及び⑸私的整理に関するガイドラインなどがあります。

(1) 株式会社整理回収機構が定める準則

準　則　名	RCC企業再生スキーム
策　定　者　等	株式会社整理回収機構（法規８の６①三に該当）
確認書等の様式	RCC企業再生スキーム 別紙８「租税特別措置法第40条の３の２の適用に関する確認書」

(2) 中小企業再生支援協議会が定める準則

準　則　名	中小企業再生支援協議会の支援による再生計画の策定手順
策　定　者　等	中小企業再生支援協議会 （再生計画検討委員会の委員が法規８の６①一に該当）
確認書等の様式	中小企業再生支援協議会の支援による再生計画の策定手順 別紙様式４「租税特別措置法第40条の３の２の適用に関する確認書」

(3) 株式会社地域経済活性化支援機構が定める準則

準　則　名	地域経済活性化支援機構の実務運用標準
策　定　者　等	株式会社地域経済活性化支援機構（法規８の６①二に該当）
確認書等の様式	地域経済活性化支援機構の実務運用標準 別紙３「租税特別措置法第40条の３の２の適用に関する確認書」

(4) 特定認証紛争解決手続

準　則　名	特定認証紛争解決手続（いわゆる事業再生ADR手続）
策　定　者　等	特定認証紛争解決事業者（手続実施者が法規８の６①一に該当）
確認書等の様式	産業競争力強化法規則 様式第30「事業再生計画に基づき資産が贈与された場合の課税の特例に関する確認通知書」

(5) 私的整理に関するガイドライン

準　則　名	私的整理に関するガイドライン
策　定　者　等	私的整理に関するガイドライン研究会 （専門家アドバイザーが法規８の６①一に該当）
確認書等の様式	私的整理に関するガイドラインについては、この特例に係る案件が見込まれない等の理由から、確認書等の様式が定められる予定はありません。

債務処理計画に基づき資産を贈与した場合の課税の特例に関する明細書

納税者	住所		氏名 フリガナ		電話番号 （　　）
債務処理計画に基づき贈与した資産に関する事項	資産の種類	土地	宅地・その他（　　）	数量	（　　㎡）㎡
		建物等	事務所・工場・その他（　　）		（　　㎡）㎡
		工業所有権等	特許権・実用新案権・その他（　　）		件
	所在地等				
	取得年月日		年　月　日	取得価額	（　　円）円
	贈与年月日		年　月　日	贈与の時における価額	（　　円）円
	贈与を受けた法人の事業の用に供されていた権利の種類		借地権・賃借権・使用貸借権・その他（　　）		
	贈与を受けた法人の事業の用に供されていた部分の割合		％	（計算根拠等）	
	贈与後の利用状況				
贈与を受けた法人に関する事項	法人の名称				
	本店又は主たる事務所の所在地				
	資本金又は出資金の額				円
	常時使用する従業員の数				人
	法人における贈与者の役職等	保証債務の履行時	取締役・その他（　　）		
		資産を贈与した時	取締役・その他（　　）		
債務処理計画に関する事項	計画策定の基とした準則				
	計画に定められている債務免除等の金額				円
	計画に定められている債務免除等を行う金融機関等				
保証債務の一部履行に関する事項	主たる債務者		贈与を受けた法人・その他（　　）		
	債権者	氏名又は名称			
		住所又は所在地			
	保証債務の内容		債務を保証した年月日	保証債務の種類	保証した債務の金額
			年　月　日		円
	保証債務の一部履行に関する事項		保証債務の一部を履行した年月日	保証債務の一部を履行した金額	求償権の額
			年　月　日	円	円
	資産の贈与及び保証債務の一部履行後における保証債務の（見込み）残高				円

○**この明細書は、申告書と一緒に提出してください。**なお、贈与した資産のうちに贈与を受けた法人の事業の用以外の用に供されている部分がある場合、その部分についてはこの特例の対象となりませんので、この明細書のほかに「譲渡所得の内訳書」を作成し、申告する必要があります。

関与税理士名	（電話　　）	税務署整理欄	資産課税部門	名簿番号

（資６－96－Ａ４統一）

（平成26年４月１日以後贈与用）

R5.11

第３章　資産の譲渡による所得で譲渡所得以外の所得として課税されるもの

1　譲渡所得以外の所得として課税されるもの

譲渡所得とは、資産の譲渡による所得をいいます（所法33①）が、担税力に応じた課税をするという趣旨から、資産の譲渡であっても譲渡所得以外の所得（例えば事業所得）として課税されるものもあります。

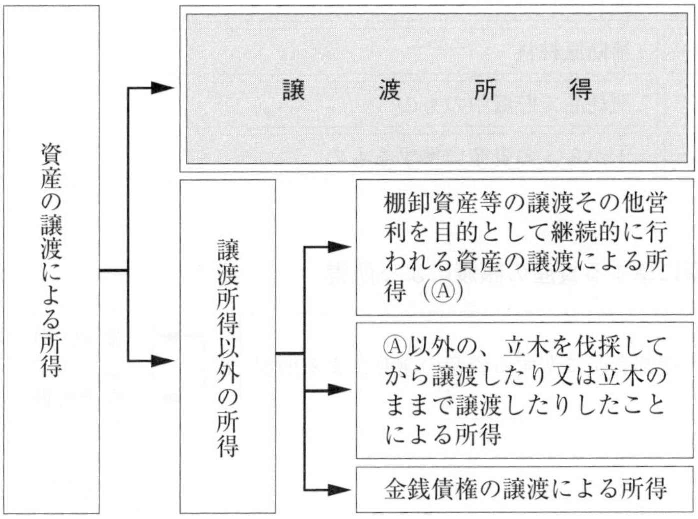

上の図でいう「譲渡所得以外の所得」は次のとおりです。

	所得の区分	根拠条文
譲渡所得以外の所得	事　業　所　得	所 法 27
	雑　　所　　得	所 法 35
	山　林　所　得	所 法 32

⑴　棚卸資産の譲渡による所得

用語の解説

棚卸資産

事業所得を生ずべき事業に係る次の資産（有価証券、暗号資産及び山林を除きます。）で棚卸しをすべきものをいいます（所法２①十六、所令３）。

棚卸資産	①	商品又は製品（副産物及び作業くずを含みます。）
	②	半製品
	③	仕掛品（半成工事を含みます。）
	④	主要原材料
	⑤	補助原材料
	⑥	消耗品で貯蔵中のもの
	⑦	①から⑥の資産に準ずるもの

(2)　棚卸資産に準ずる資産の譲渡による所得

棚卸資産に準ずる資産の譲渡による所得 → 雑所得 / 事業所得

	定義			所得の区分	
棚卸資産に準ずる資産	不動産所得、山林所得又は雑所得を生ずべき業務に係る棚卸資産に準ずる資産（所令81一）			雑所得	
上記に該当しないもの	不動産所得、事業所得、山林所得又は雑所得を生ずべき業務の用に供した減価償却資産	使用可能期間…………１年未満のもの（取得価額は問いません。）（所令81二）		下記以外	雑所得
		取得価額……10万円未満のもの（使用可能期間…１年以上のもの）	下記以外のもの（所令81二）	事業所得を生ずべき業務の用に供したもの	事業所得
			その者の業務の性質上基本的に重要なもの（少額重要資産）	下記以外	譲渡所得
				反復継続して譲渡するもの	事業所得（所基通33－１の２㈲、27－１）

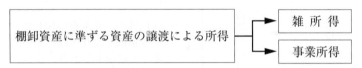

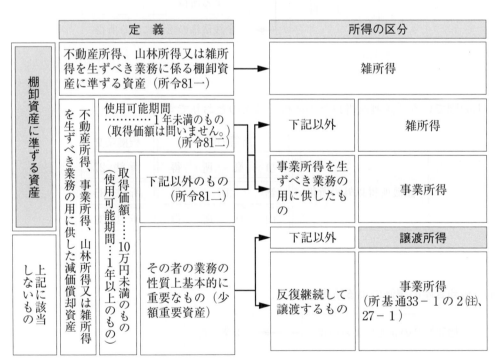

用語の解説

減価償却資産

不動産所得若しくは雑所得の基因となり、又は不動産所得、事業所得、山林所得若しくは雑所得を生ずべき業務の用に供される建物及びその附属設備、構築物、機械及び装置、船舶、航空機、車両及び運搬具、工具、器具及び備品その他の資産で償却すべきものとして所得税法施行令第６条《減価償却資産の範囲》各号に掲げる資産（時の経過によりその価値の減少しないものを除きます。）で棚卸資産、有価証券及び繰延資産に該当しないものをいいます（所法２①十九）。

繰延資産

不動産所得、事業所得、山林所得又は雑所得を生ずべき業務に関し個人が支出する費用のうち支出の効果がその支出の日以後１年以上に及ぶもので、所得税法施行令第７条《繰延資産の範囲》第１項各号に掲げる費用（資産の取得に要した金額とされるべき費用及び前払費用を除きます。）をいいます（所法２①二十）。

少額重要資産

製品の製造、農産物の生産、商品の販売、役務の提供等その者の目的とする業務の遂行上直接必要な減価償却資産でその業務の遂行上欠くことのできない資産をいいます（所基通33－１の２）。

⑶　山林の譲渡による所得

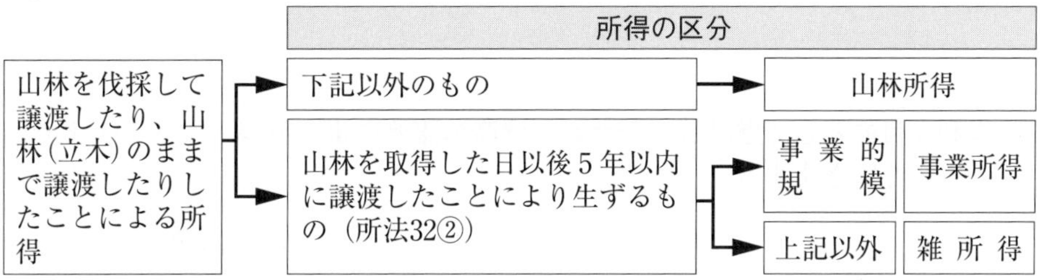

用語の解説

山林

販売を目的として伐採適期まで相当長期間にわたって育成・管理を要する立木の集団をいうものと一般に解されています。

チェックポイント

❶　所得税法第32条第１項では「山林所得とは、山林の伐採又は譲渡による所得をいう。」と規定しています。この場合の「山林の伐採又は譲渡による所得」とは、山林を伐採して譲渡したことにより生ずる所得又は山林を伐採しないで譲渡したことにより生ずる所得をいいます（所基通32－１）。

❷　山林をその生立する土地とともに譲渡した場合の所得の区分は次のとおりです（所基通32－２）。

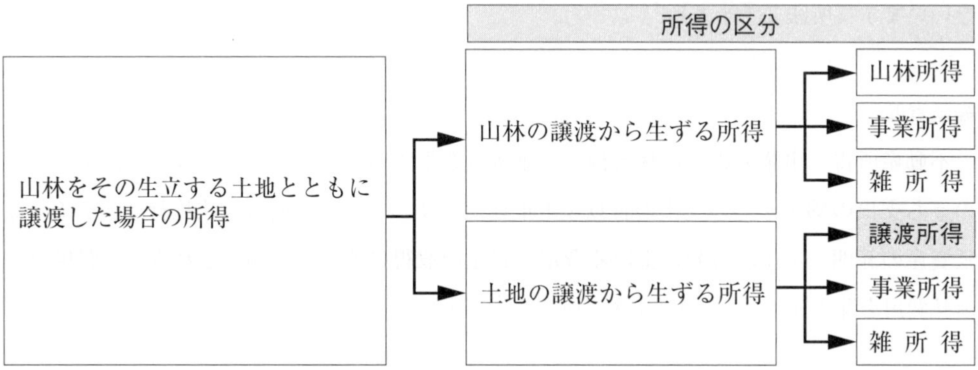

⑷　金銭債権の譲渡による所得

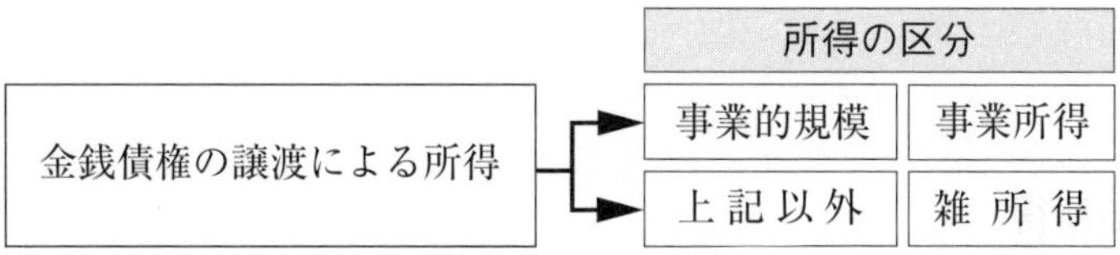

⑸　営利を目的として継続的に行われる資産の譲渡による所得（⑴から⑷までに該当するものを除きます。）

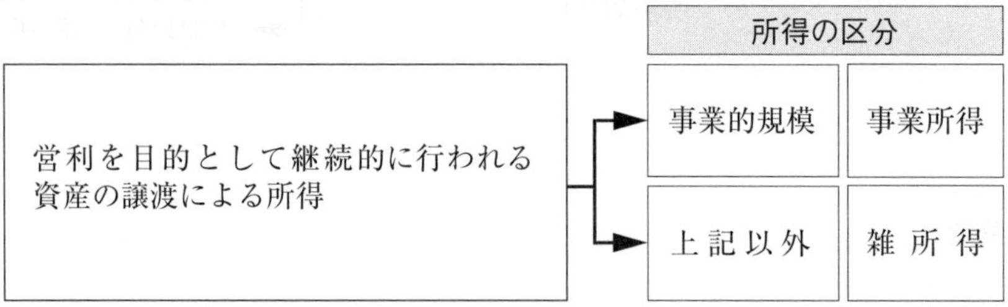

2　土地建物等の譲渡による所得についての注意点

１の説明からもわかるように、土地や建物などの不動産の譲渡による所得は、通常は譲渡所得として課税されますが、事業所得や雑所得として課税されるものもあります。

ここでは、土地や建物などの譲渡による所得に対する注意点について説明します。

(1)　不動産業者が販売のために所有している不動産の譲渡による所得

不動産業者が販売の目的で所有している不動産の譲渡は、棚卸資産（商品）の譲渡による所得に該当しますので、事業所得として課税されます。

(2)　極めて長期間保有していた不動産の譲渡による所得

極めて長期間（おおむね10年以上）保有していた固定資産である土地等を譲渡した場合には、たとえ、その譲渡が営利を目的として継続的に行われていたとしても、その譲渡による所得の実質（資産を長期間にわたり保有していた間に生じた資産の価値の増加益に相当するものの実現）を考慮して、譲渡所得として取り扱うこととされています（所基通33－３）。

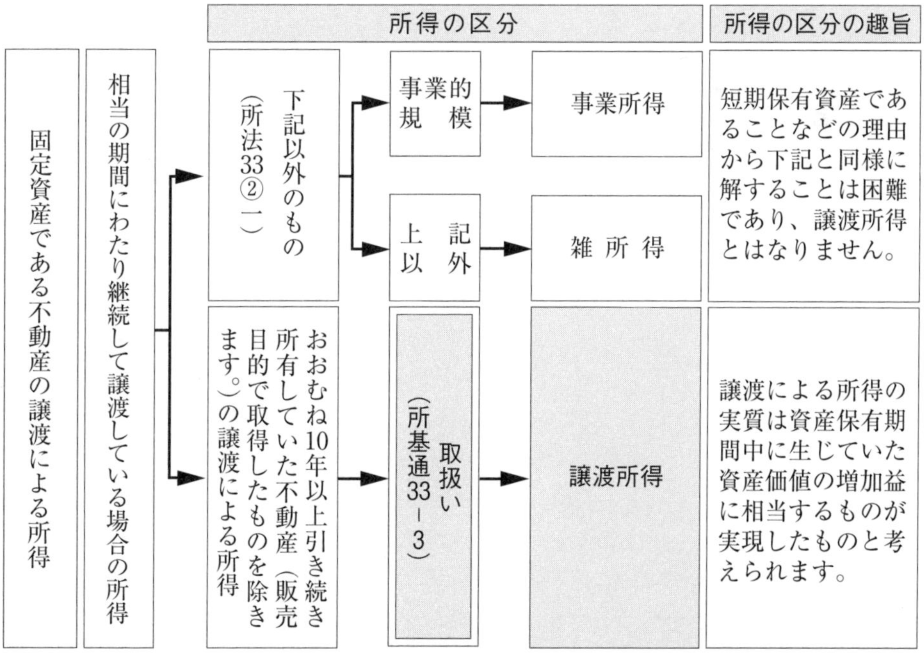

〔固定資産である不動産の譲渡による所得の区分のフローチャート〕

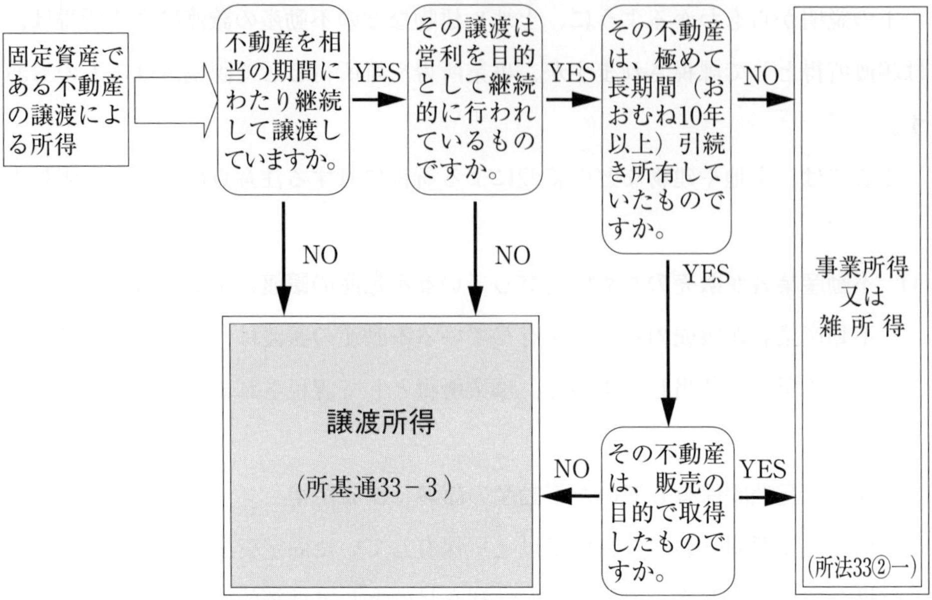

(3) 固定資産である土地に区画形質の変更等を加えて譲渡した場合の所得

区画形質の変更等を加えて、土地等を譲渡した場合の所得区分は次のように取り扱われます（所基通33－４、33－５）。

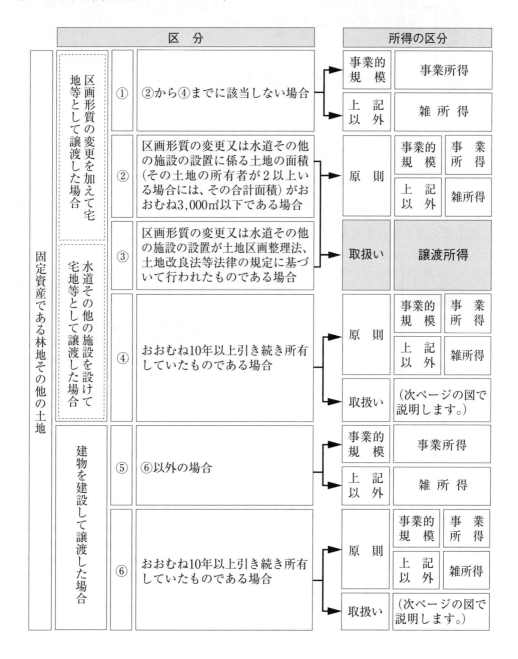

区分				所得の区分		
固定資産である林地その他の土地	区画形質の変更を加えて宅地等として譲渡した場合	①	②から④までに該当しない場合	事業的規模	事業所得	
				上記以外	雑所得	
		②	区画形質の変更又は水道その他の施設の設置に係る土地の面積（その土地の所有者が２以上いる場合には、その合計面積）がおおむね3,000㎡以下である場合	原則	事業的規模	事業所得
					上記以外	雑所得
		③	区画形質の変更又は水道その他の施設の設置が土地区画整理法、土地改良法等法律の規定に基づいて行われたものである場合	取扱い	譲渡所得	
	水道その他の施設を設けて宅地等として譲渡した場合	④	おおむね10年以上引き続き所有していたものである場合	原則	事業的規模	事業所得
					上記以外	雑所得
				取扱い	（次ページの図で説明します。）	
	建物を建設して譲渡した場合	⑤	⑥以外の場合	事業的規模	事業所得	
				上記以外	雑所得	
		⑥	おおむね10年以上引き続き所有していたものである場合	原則	事業的規模	事業所得
					上記以外	雑所得
				取扱い	（次ページの図で説明します。）	

	所得の区分			総収入金額に算入すべき金額	取扱いの設けられた趣旨
④及び⑥の「取扱い」の部分	区画形質の変更、施設の設置及び建物の建設による利益に対応する部分	事業的規模	事業所得	土地の譲渡価額－Ⓐ	土地の譲渡による所得のうちには、資産（土地）保有期間中に生じていた資産価値の増加益に相当するものが相当部分含まれているとみることができるからです。
		上記以外	雑所得		
	上記以外の部分	譲渡所得		区画形質の変更等の着手直前における土地の時価額（Ⓐ）	

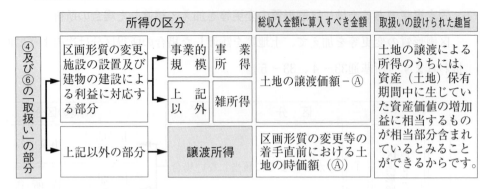

固定資産である土地に区画形質の変更等を加えて譲渡した場合の所得（所基通33－４）で事業所得又は雑所得となる場合であっても、宅地造成等の加工行為に係る土地が極めて長期間保有していたものであるときは、次のように所得を区分計算しても差し支えありません（所基通33－５）。

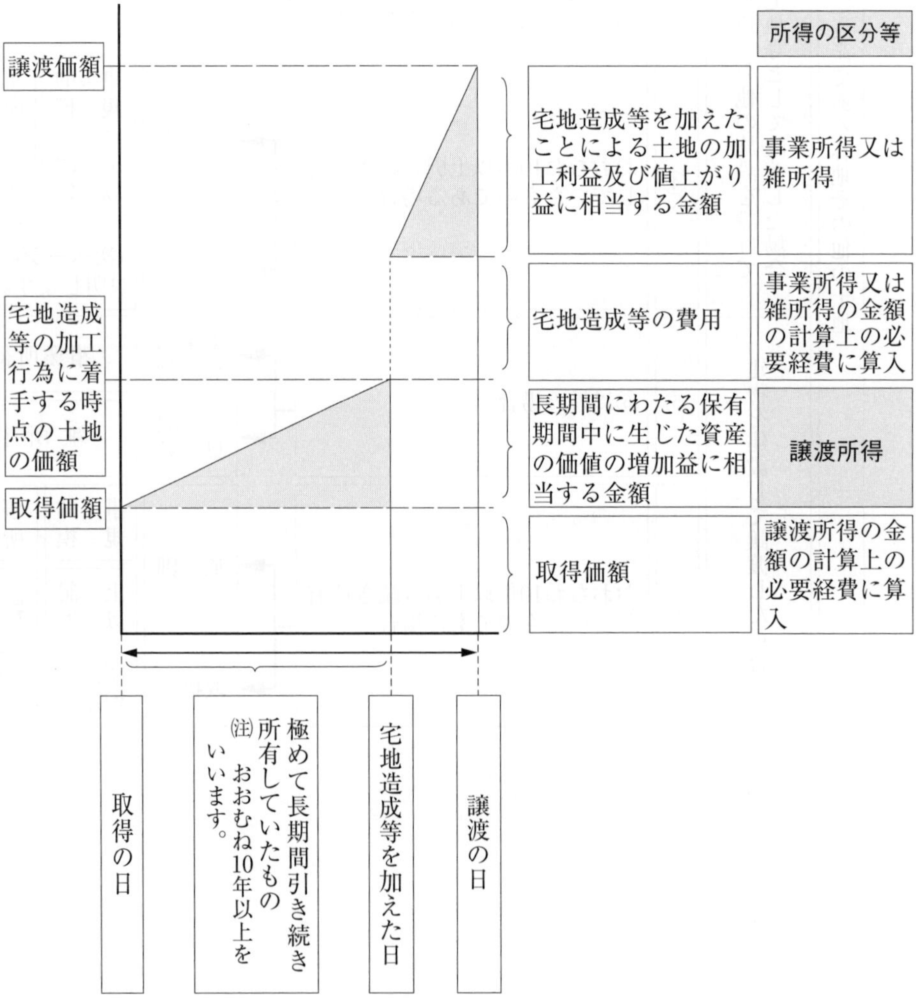

用語の解説

区画形質の変更

区画形質の変更	区画の変更	建築物の建築又は特定工作物の建設のための土地区画の変更
	形質の変更	切土、盛土又は整地

なお、単に登記簿上の地目の変更（例えば山林→宅地）をしただけで加工行為のないものは、形質の変更があったということはできません。

チェックポイント

1　固定資産である林地その他の土地に区画形質の変更を加え又は水道その他の施設を設け宅地等とした後、その土地に所得税法施行令第79条《資産の譲渡とみなされる行為》第１項に規定する借地権等を設定した場合において、その借地権等の設定（営利を目的として継続的に行われるものを除きます。）が同項に規定する行為に該当するときは、その借地権等の設定に係る対価の額の全部が譲渡所得に係る収入金額に該当することとなります（所基通33－４の２《区画形質の変更等を加えた土地に借地権等を設定した場合の所得》）。

この取扱いは、借地権等の設定行為はその土地を固定資産として使用することを前提とするものであると考えられているからです。

区画形質の変更等	借地権又は地役権の設定	所得の区分
土地に宅地造成等の加工行為を実施した宅地等 ㊟　宅地造成等の加工行為とは、土地に区画形質の変更を加え又は水道その他の施設を設置することをいいます。	借地権等の設定が譲渡に該当する場合（所法33①）とは、借地権等を設定してその設定の対価として次に掲げるいずれかの金額の支払がある場合をいいます（所令79①）。 ①　借地権等の設定の対価 （その土地の設定時の時価(A)）× $\frac{1}{2}$ に相当する金額を超える金額 ②　その設定が地下又は空間についての上下の範囲を定めた借地権等の設定の対価 （Aの２分の１に相当する金額）× $\frac{1}{2}$ に相当する金額を超える金額	借地権等の設定に係る対価の額の全部が譲渡所得に係る収入金額となります（所基通33－４の２）。 ㊟　借地権等の設定が営利を目的として継続的に行われるものは除かれます。

❷　建物を建設して譲渡した場合（上記⑶⑤及び⑥に該当する場合）の建物の譲渡による所得は事業所得又は雑所得に該当します。

❸　上記⑶②及び③の「取扱い」の設けられた趣旨は次のとおりです。

上記⑶②については、小規模な宅地造成等の加工行為についてはその小規模であることに着目して簡便的な取扱いを設けたものであり、上記⑶③については、土地区画整理法等の法律に基づいて行われるものは本来営利を目的に行われるものではないことに着目して譲渡所得として取り扱うこととしたものです。

なお、上記⑶②及び③の「取扱い」は、建物を建設して譲渡した場合（上記⑶⑤及び⑥に該当する場合）には適用がありません。これは、建物の建設はより営利性の高い行為であるとみることができるからです。

❹　上記⑶④及び⑥の「取扱い」は、一の資産の譲渡により生ずる所得を二種の所得に区分していますが、このような取扱いは極めてまれです。

なお、この場合、その土地及び建物の譲渡に要した費用の額は、全て事業所得又は雑所得の金額の計算上必要経費に算入することとしています（所基通33－５㈤）。

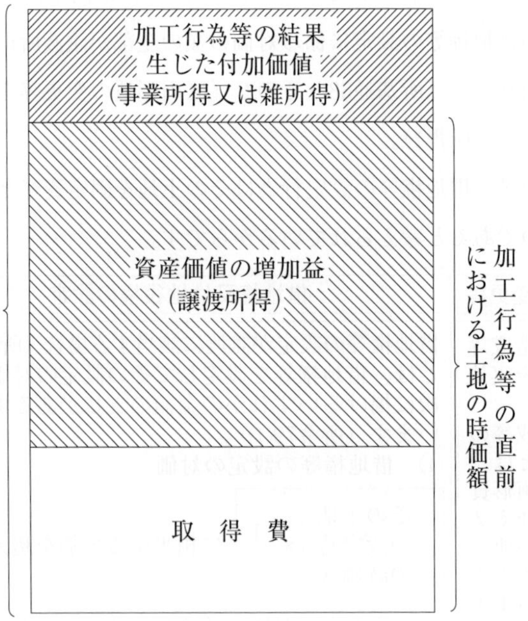

第４章　譲渡所得の区分

譲渡所得は、譲渡資産の種類やその取得時期・保有期間などに応じ、分離課税の対象になるものと総合課税の対象になるものとに区分され、更に、これらの所得は、長期譲渡所得と短期譲渡所得に細分され、課税される所得金額や税額の計算方法が異なります。譲渡資産をこの課税方法の異なるものごとに区分すると、次の７種類になります。

	分離・総合	長期・短期		略　称	根拠条文
譲渡所得の基因となる資産	分離課税の対象となるもの	長期保有資産	①	分離長期一般資産	措法31①
			②	分離長期特定資産	措法31の２①
			③	分離長期軽課資産	措法31の３①
		短期保有資産	④	分離短期一般資産	措法32①②
			⑤	分離短期軽減資産	措法32③
	総合課税の対象となるもの	長期保有資産	⑥	総合長期資産	所法33③二
		短期保有資産	⑦	総合短期資産	所法33③一

(※)　有価証券の譲渡による所得については、447ページ第12章以下を参照してください。

譲渡資産が、これらの７種類のどの資産に該当するかを具体的に一覧表で示すと、次のようになります。

		譲渡資産の内容	譲渡資産の区分
土地建物等	Ⓐ	譲渡のあった年の１月１日において所有期間が５年を超える土地建物等（次のⒷ及びⒸに該当するものを除きます。）	分離長期一般資産（措法31①）
	Ⓑ	譲渡のあった年の１月１日において所有期間が５年を超える土地等で優良住宅地の造成等のために譲渡したもの（次のⒸの適用を受けるものを除きます。）	分離長期特定資産（措法31の２①）
	Ⓒ	譲渡のあった年の１月１日において所有期間が10年を超える居住用財産（一定の要件に該当する場合に限られます。）の譲渡（Ⓑの適用を受けるものを除きます。）	分離長期軽課資産（措法31の３①）
	Ⓓ	譲渡のあった年の１月１日において所有期間が５年以下である土地建物等（次のⒺに該当するものを除きます。）	分離短期一般資産（措法32①）
	Ⓔ	譲渡のあった年の１月１日において所有期間が５年以下である土地等で、国や地方公共団体に譲渡したものや収用交換等により譲渡したものなどで一定の要件に該当するもの	分離短期軽減資産（措法32③）
特定の株式・出資・受益証券	Ⓕ	次の株式又は出資（一定のものを除きます。）の譲渡で、その譲渡による所得が事業又はその用に供する資産の譲渡に類する株式等の譲渡による所得に該当するもの イ　その有する資産の価額の総額のうちに占める短期保有土地等の価額の合計額の割合が70％以上である法人の株式等（措令21③一） ロ　その有する資産の価額の総額のうちに占める土地等の価額の合計額の割合が70％以上である法人の株式等のうち次に該当するもの（措令21③二イロ） (イ)　その年１月１日においてその個人がその取得をした日の翌日から引き続き所有していた期間が５年以下である株式等 (ロ)　その年中に取得をした株式等	分離短期一般資産（措法32②）
その他の資産	Ⓖ	その取得の日以後譲渡の日までの所有期間が５年を超える資産	総合長期資産（所法33③二）
	Ⓗ	その取得の日以後譲渡の日までの所有期間が５年以下の資産 (※)　自己の研究の成果である特許権、実用新案権その他の工業所有権、自己の著作に係る著作権及び自己の探鉱により発見した鉱床に係る採掘権は、その所有期間が５年以下であってもこれに含めず、総合長期資産（Ⓖ）に該当します（所令82《短期譲渡所得の範囲》）。	総合短期資産（所法33③一）

(※)　自己の研究の成果である短期所有の特許権などを総合長期資産としたのは、研究等の奨励という見地と他から取得して短期間に譲渡した資産、いわゆる総合短期資産とは根本的に異なるものであるという見地からの要請によるものです。

チェックポイント

❶　令和６年中に土地建物を譲渡した場合における長期保有資産と短期保有資産の分岐点は、令和６年１月１日における所有期間によって、次のように判定されます。

所有期間	判　定
５年を超える土地建物等 （平成30年12月31日以前に取得）	長期保有資産
５年以下の土地建物等 （平成31年１月１日以後に取得）	短期保有資産

㈱　譲渡のあった年から６年を差し引いて算定した年の年末までに取得したものは、長期保有資産となります。

❷　上記Ⓕのように株式や出資でも分離短期一般資産となるものがありますので注意が必要です。

❸　上記Ⓖ及びⒽの資産の所有期間については、譲渡した日で判定します（その譲渡のあった年の１月１日現在で判定しません。）。

㈱　前ページの表の「特定の株式・出資・受益証券」欄の「事業又はその用に供する資産の譲渡に類する株式等の譲渡による所得」は、第８章の第２の「４　土地の譲渡に類似する株式・出資の譲渡」191ページを参照してください。

1　分離課税と総合課税

		内　容	根拠条文
課税方法	分離課税	譲渡所得を他の所得と区分し、譲渡所得だけに特別の税率を適用して税額を計算する課税方法	措法31①、32①
	総合課税	譲渡所得を給与所得や事業所得などと総合し、一般の累進税率を適用して税額を計算する課税方法	所法22、89、165

2　「土地建物等」の範囲

分離課税とされる譲渡所得の基因となる資産の範囲は次のとおりです（措通31・32共－１）。

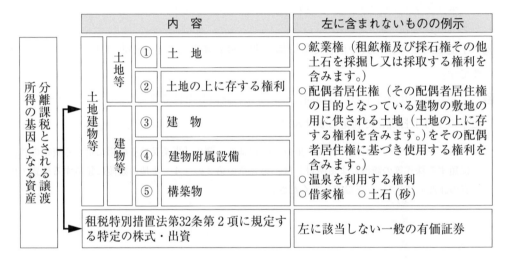

				内　容	左に含まれないものの例示
分離課税とされる譲渡所得の基因となる資産	土地建物等	土地等	①	土　地	○鉱業権（租鉱権及び採石権その他土石を採掘し又は採取する権利を含みます。） ○配偶者居住権（その配偶者居住権の目的となっている建物の敷地の用に供される土地（土地の上に存する権利を含みます。）をその配偶者居住権に基づき使用する権利を含みます。） ○温泉を利用する権利 ○借家権　○土石（砂）
			②	土地の上に存する権利	
		建物等	③	建　物	
			④	建物附属設備	
			⑤	構築物	
	租税特別措置法第32条第２項に規定する特定の株式・出資				左に該当しない一般の有価証券

用語の解説

土地の上に存する権利

土地そのものを利用する権利、例えば、地上権、土地賃借権、借地権、地役権、永小作権及び耕作権などをいいます。

建物附属設備

暖冷房設備、照明設備、通風設備、昇降機その他建物に附属する設備をいいます（所令６《減価償却資産の範囲》一）。

なお、減価償却資産の耐用年数等に関する省令の別表第一が参考になります。

構築物

ドック、橋、岸壁、桟橋、軌道、貯水池、坑道、煙突その他土地に定着する土木設備又は工作物をいいます（所令６二）。

なお、上記の建物附属設備と同じく減価償却資産の耐用年数等に関する省令の別表第一が参考になります。

チェックポイント

農地又は採草放牧地の所有権等の権利の移動については、農地法上の制約があり、原則として、農地法による許可又は届出がなければ、所有権移転等の効力は生じないものとされています（農地法３⑥、５③）が、現実には、この農地法上の許可又は届出がないのに、農地又は採草放牧地の事実上の売買が行われており、農地又は採草放牧地は、事実上、転々と流通することもあります。

このような実情を踏まえ、農地法第３条第１項《農地又は採草放牧地の権利移動の制限》若しくは第５条第１項《農地又は採草放牧地の転用のための権利移動の制限》の規定による許可を受けなければならない農地若しくは採草放牧地又は同項第７号の規定による届出をしなければならない農地若しくは採草放牧地を取得するための契約を締結した者がその契約に係る権利を譲渡した場合には、その譲渡による譲渡所得は、分離課税の適用がある譲渡所得に該当するものとして取り扱うこととされています（措通31・32共－１の２《転用未許可農地》）。

この取扱いは、農地法上の制約はあるにしても、事実上行われている未許可農地等の転売による所得の経済的実質は農地等の土地の値上がり益にほかならず、土地の譲渡所得としてその課税関係を律するのがその実体に最も即しており、しかも、分離課税制度の目的にも合致すると認められるところから定められたものです。

3　資産の「取得の日」と「譲渡の日」

譲渡した土地建物等が、その譲渡のあった年の１月１日において所有期間が５年を超えているかどうか、又は譲渡した土地建物等以外の資産の保有期間が５年を超えているかどうかなどの判定の基礎となる資産の「取得の日」や「譲渡の日」は次によります。

⑴　資産の「取得の日」

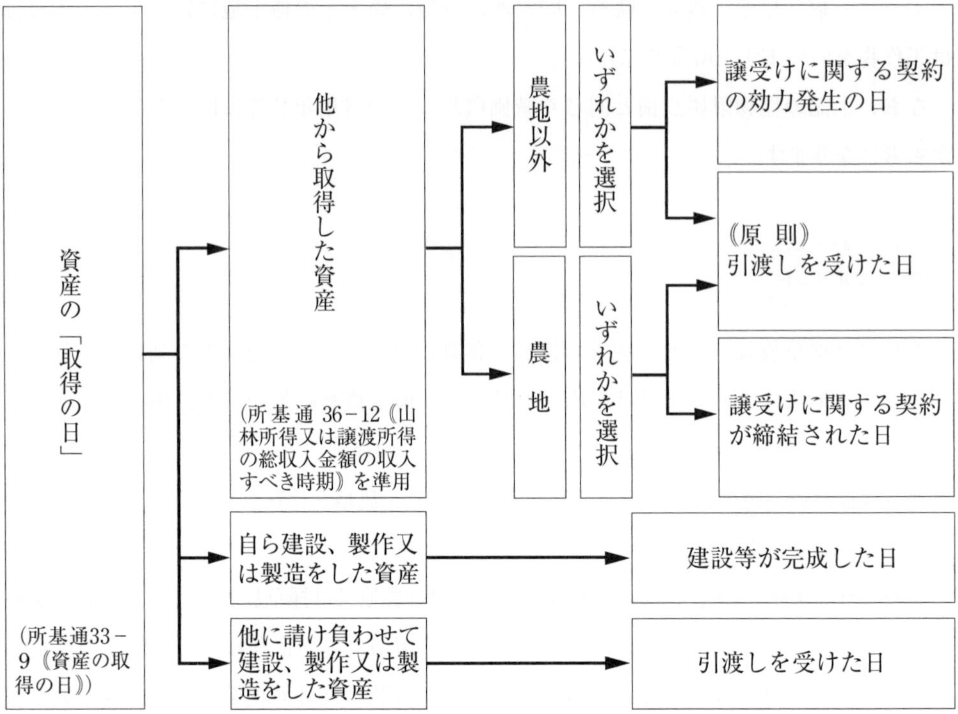

チェックポイント

❶　他から取得した資産の「取得の日」の判定については所得税基本通達36－12《山林所得又は譲渡所得の総収入金額の収入すべき時期》を準用しています。

❷　引渡しを受けた日を取得の日と判定しているのは次の理由によるものです。

①　資産の引渡しを受けた時、すなわち一般の取引の実態からして資産に対する現実の支配が相手方から自己に移る時期までには、通常所有権も移転していると考えられること。

②　資産の引渡しを受けた時には、相手方が自己に対して確定的に譲渡代金を請求することができる状態になったと認められること。

❸「他から取得した資産」のうち、「農地以外」は契約の効力発生の日と定めているのに対して、「農地」は契約が締結された日と定めています。これは、農地については農地法の制約によって許可があった日又は届出の効力が生じた日までは譲受けに関する契約の効力が生じないからです。

なお、例えば停止条件付売買にあっては、その売買契約の締結によって契約そのものは成立しますが、その条件が成就するまでは売買契約の効力は生じませんので、その取得の日は条件成就の日以後になります。

4　取得の日は原則として引渡しを受けた日で判定しますが、その日は原則として譲渡代金の決済を了した日より後にはならないことに注意する必要があります。

5　次に掲げる資産は、それぞれ次に掲げる日以後において取得することになるので注意する必要があります（措通36の２－16㈱参照）。

①　他から取得する家屋で、その取得に関する契約時において建設が完了していないもの……その建設が完了した日

②　他から取得する家屋又は土地等で、その取得に関する契約時においてその契約に係る譲渡者がまだ取得していないもの（①に掲げる家屋を除きます。）……その譲渡者が取得した日

6　他から取得した資産の「取得の日」については、納税者の選択を認めるなど弾力的な取扱いがされていますが、この場合でも一度正当に選択した「取得の日」は、その後においてこれを変更することはできません。

〔設例１〕

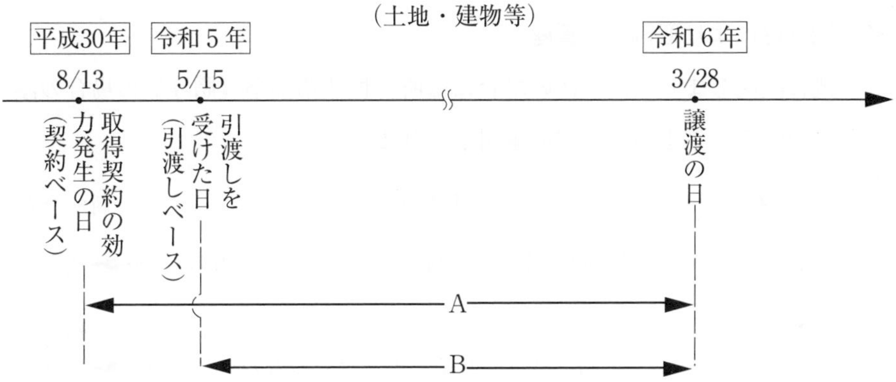

〔設例２〕

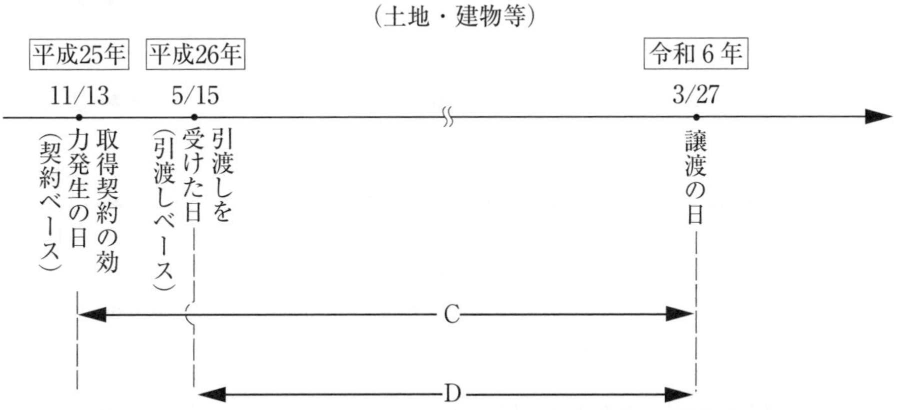

設例１において契約ベースで取得の日を選択したＡの場合には長期保有資産となりますが、引渡しベースで取得の日を選択したＢの場合には短期保有資産となります。

また、設例２において契約ベースで取得の日を選択したＣの場合も、引渡しベースで取得の日を選択したＤの場合も、共に長期保有資産となることには変わりがありませんが、所有期間はＣの場合については10年超、Ｄの場合については10年未満と判定されることとなります。したがって、契約ベース又は引渡しベースのいずれを選択するかは税率適用の面（短期保有資産の方が重課）や特例適用の面（例えば、租税特別措置法第31条の３に規定する居住用財産を譲渡した場合の長期譲渡所得の課税の特例は所有期間が10年を超える居住用財産を対象としています。）などについてまで影響を及ぼすことになりますので、注意する必要があります（特に、税率や特別控除額が改正される場合などにおいては、注意してください。）。

なお、譲渡の日についても契約ベースと引渡しベースを選択することができますので、取得の日を契約ベース、譲渡の日を引渡しベースとすることも可能です（91ページ参照）。

イ　贈与等により取得した資産

既に説明しましたが、次の場合には所得税法第59条《贈与等の場合の譲渡所得等の特例》第１項の規定の適用があります。

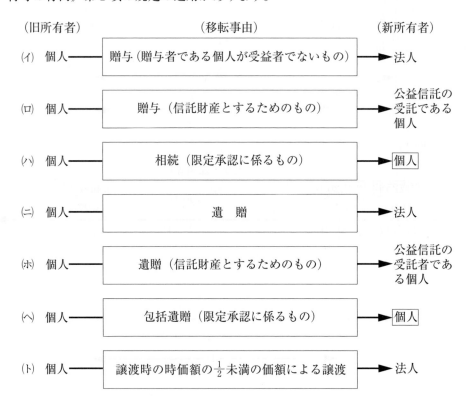

	（旧所有者）	（移転事由）	（新所有者）
(イ)	個人	贈与（贈与者である個人が受益者でないもの）	法人
(ロ)	個人	贈与（信託財産とするためのもの）	公益信託の受託である個人
(ハ)	個人	相続（限定承認に係るもの）	個人
(ニ)	個人	遺　贈	法人
(ホ)	個人	遺贈（信託財産とするためのもの）	公益信託の受託者である個人
(ヘ)	個人	包括遺贈（限定承認に係るもの）	個人
(ト)	個人	譲渡時の時価額の$\frac{1}{2}$未満の価額による譲渡	法人

上記について検討しますと、(ロ)、(ハ)、(ホ)及び(ヘ)の新所有者である個人の取得した資産についての増加益については既に清算済みであるということができます（旧所有者について譲渡所得の課税が行われています。）ので、その取得の日は相続又は包括遺贈があった日ということになります（取得費はその時の時価額となります。）（所法60《贈与等により取得した資産の取得費等》④）。

したがって、(ロ)(ハ)(ホ)及び(ヘ)の場合以外、つまり①贈与（公益信託の受託者に対するもの（その信託財産とするためのものに限ります））、②相続（限定承認に係るもの）及び③遺贈（公益信託の受託者に対するもの（その信託財産とするためのものに限ります）及び包括遺贈のうち限定承認に係るもの）以外についての「取得の日」を例外的に措置すればよいということになり、次のように整理することができます。

例外の取得原因	贈与（公益信託の受託者に対するもの（その信託財産とするためのものに限ります）、法人からの贈与及び贈与者（個人）が受益者である負担付贈与を除きます。）
	相続（限定承認に係るものを除きます。）
	遺贈（公益信託の受託者に対するもの（その信託財産とするものに限ります）及び包括遺贈のうち限定承認に係るものを除きます。）

これらの原因による資産の取得時には旧所有者に帰属した増加益が清算されませんので、譲渡所得の金額の計算については、新所有者が引き続きその資産を所有していたものとみなすこととされています（所法60①一、措令20②）。これは、旧所有者の取得の日及び取得費を引き継ぐことによって旧所有者の清算しなかった増加益を新所有者が承継する制度です。この規定は、一般の相続によって被相続人の資産が移転した場合に、被相続人に譲渡所得を課税するということは理論的にはともかく、一般納税者の理解を得難いということなどからいわば課税の繰延べの制度として設けられたものです。

この場合には、旧所有者の資産の取得の日及び旧所有者の取得費を新所有者の取得の日及び取得費として譲渡所得の金額の計算をすることになります。

なお、例外の取得原因である「贈与」から、①法人からの贈与及び②贈与者（個人）が受益者である負担付贈与を除外したのは次の理由によります。まず、相続や遺贈の場合には旧所有者は必ず個人ですが、贈与の場合のそれは個人の場合もあれば法人の場合もあります。最初に①法人からの贈与について考えてみますと、

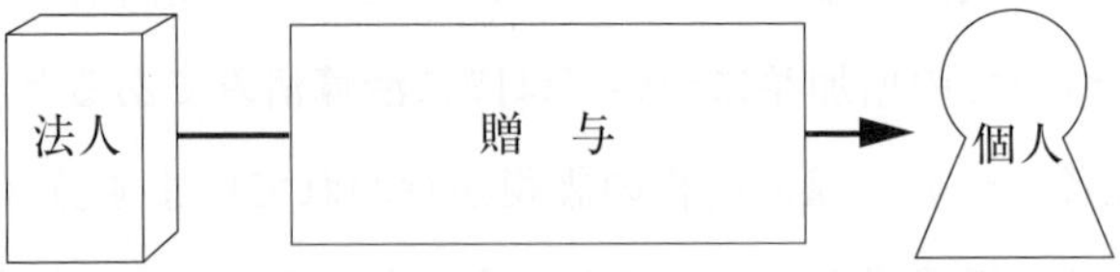

この場合には、法人が個人に財産を贈与した時点で、法人において増加益の清算が行われるため（法法22②）、法人から個人へ増加益が承継されるということはありません。そのため、原則どおり資産の取得の日は贈与があった日ということになります（取得費はその時の時価額となります。経済的利益は一時所得等の課税対象となります。）。

次に②負担付贈与については、受贈者が負担する債務についての受益者が贈与者（個人）である場合には一般の譲渡（売買）又は低額譲渡があったものとして原則どおり律すればよいということになるので取得の日及び取得費を引き継ぐ必要はないことになります。

ロ　譲受時の時価の２分の１未満の価額による譲受け

個人が個人に対し時価の２分の１に満たない金額により譲渡所得の基因となる資産を譲渡した場合において、対価の額がその資産の取得費及び譲渡費用の額の合計額に満たないときは、その不足額はなかったものとみなされます（所法59②）。

この場合には、譲渡所得の金額の計算については、新所有者が引き続きその資産を所有していたものとみなすこととされています（所法60①二、措令20②）。

したがって、旧所有者の取得の日及び取得費を新所有者の取得の日及び取得費として譲渡所得の金額を計算することになります。

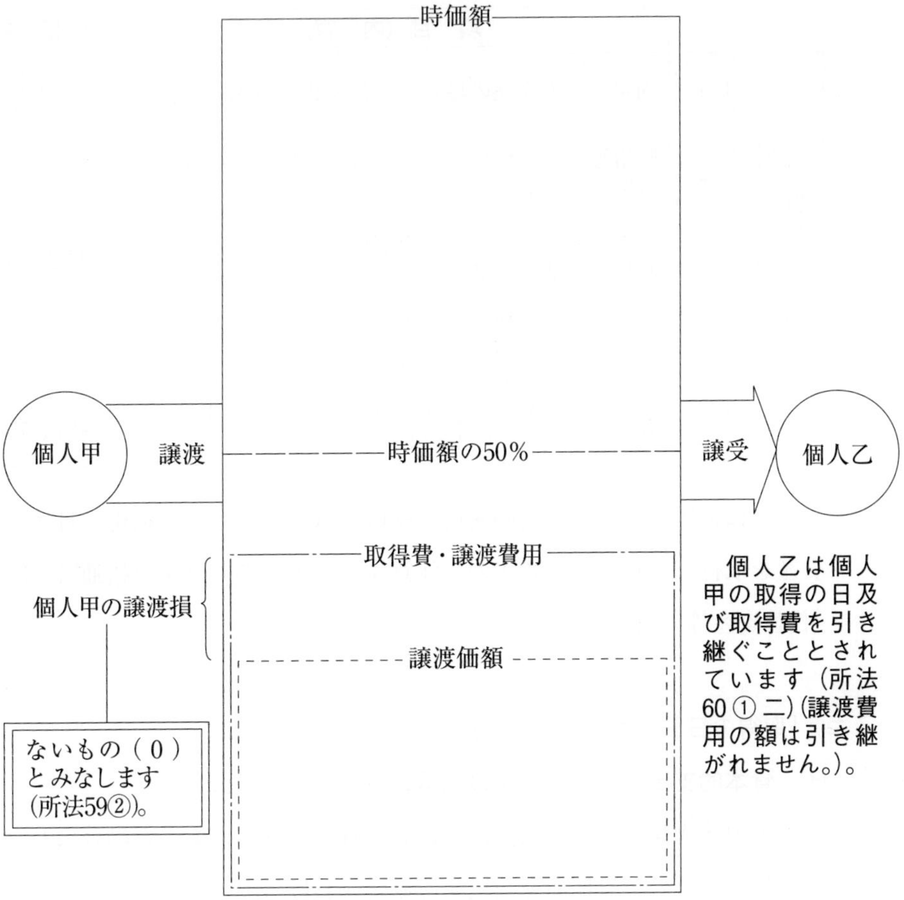

ハ　交換・買換えにより取得した資産

交換や買換えをした旧資産の譲渡所得について各種の譲渡所得の課税の特例の適用を受けている場合には、その交換・買換えにより取得した資産の取得の日はその交換・買換えにより譲渡した旧資産の取得の日になる場合があります。これは課税を繰り延べるための措置です。

		項　目（内　容）	根拠条文
取得の日を引き継ぐ譲渡所得の課税の特例	①	固定資産の交換の場合の譲渡所得の特例（所法58）	所令168、措令20③一
	②	収用等に伴い代替資産を取得した場合の課税の特例（措法33）	措法33の６①
	③	交換処分等に伴い資産を取得した場合の課税の特例（措法33の２）	
	④	換地処分等に伴い資産を取得した場合の課税の特例（措法33の３）	
	⑤	特定の交換分合により土地等を取得した場合の課税の特例（措法37の６①）	措法37の６④

ここに掲げた以外の特例の適用を受けて取得した資産の取得の日は、実際に資産を取得した日となりますので注意する必要があります（措通31・32共－５《代替資産等の取得の日》）。

二　「取得の日」についての留意点

(イ)　資本的支出のあった資産の取得の日

土地建物等について改良、改造等の資本的支出があった場合におけるその土地建物等の所有期間を判定する場合における取得の日は、その改良、改造等の時期にかかわらず、その土地建物等の取得をした日となります（措通31・32共－６《改良、改造等があった土地建物等の所有期間の判定》）。

これは、改良、改造等は法的には新たな資産の取得には当たらないこと及び計算や事務の簡素化が考慮されたものです。

〔設例〕

甲は、昭和58年10月に木造平屋建の居宅を取得し居住していましたが、令和元年８月に増築して平屋を２階建に変更しました。

この家屋を令和６年６月に譲渡しましたが、この場合、長期・短期の判定をする場合の「取得の日」はいつと考えるのでしょうか。

〔答〕「取得の日」は、令和元年８月の増築部分を含めた２階建居宅の全部について、昭和58年10月となります。

〔理由〕

令和元年８月の増築は、法的にみて、新たな資産の取得には該当しませんので、その改良、改造等の時期にかかわらず、平屋建居宅を取得した昭和58年10月に増築後の２階建居宅の全部を取得したものとして長期又は短期の判定を行います。

したがって、設例の場合、この家屋の全部が長期譲渡所得に該当することとなります。

なお、減価償却費の額（又は時価の額）の計算等に当たっては、取扱いが異なっていますので、注意する必要があります。

㈺　借地権者等が取得した底地等の取得の日

借地権者が、その借地権の設定されている土地（底地）を取得した場合のその土地の取得の日は、その借地権の部分とその借地権の設定されている土地（底地）の部分とに区分してそれぞれ判定します。

借地権の設定されている土地（底地）の所有者がその借地権を取得した場合も同様です（所基通33－10）。

これは、経済的な実質や取引慣行が尊重されたものです。

㈻　分与を受けた財産の取得の日

離婚又は婚姻の取消しがあった場合において、民法の規定による財産分与により取得した財産は、その取得をした者がその分与を受けた時においてその時の時価額により取得したこととなります（所基通38－６）。

なお、財産分与をした者には、その時点の分与財産の時価額を収入金額として譲渡所得が課税されます（所基通33－１の４）。

㈼　代償分割に係る資産の取得の日

代償分割により代償債務を負担した者からその債務の履行として取得した資産は、その履行があった時においてその時の時価額により取得したこととなります（所基通38－７）。

なお、代償債務の履行として資産の移転があった場合には、その時におけるその資産の時価額を収入金額として代償債務の履行者に譲渡所得の課税が行われます（所基通33－１の５）。

㈽　遺留分侵害額の請求に基づく金銭の支払に代えて移転を受けた資産の取得の日

遺留分侵害額の請求に基づく金銭の支払に代えてその履行として取得した資産は、その履行があった時においてその時の消滅した債権の額により取得したこととなります（所基通38－７の２）。

なお、その履行をした者は、原則として、その履行があった時においてその履行により消滅した債務の額を収入金額として譲渡所得が課税されます（所基通33－１の６）。

㈬　土地の交換分合に係る資産の取得の日

法律の規定に基づかない区画形質の変更に伴う土地の交換分合により取得した土地の取得の日及び取得費は、譲渡がなかったものとされる土地の取得の日及び取得費（その土地の区画形質の変更に要した費用があるときは、その取得費にその費用の額を加算した金額）となります（所基通33－６の６㊟１）。

㈫　宅地造成契約に基づく土地の交換等に係る資産の取得の日

宅地造成契約により取得した換地の取得の日及び取得費は、従前の土地（譲渡がなかったものとされる部分に限られます。）の取得の日及び取得費（従前の土地のうち譲渡があったものとされる部分があるときは、その取得費にその部分の譲渡による譲渡所得の収入金額とされた金額に相当する金額を加算した金額）となります（所基通33－６の７㊟２）。

チェックポイント

「取得の日」についての注意点を表で示すと次のようになります。

	取得の原因等	「取得の日」の判定
㈠	資本的支出のあった資産	資本的支出(改良、改造及び増築等)の時期にかかわらず、元の資産の取得の日により判定
㈡	借地権者等が取得した底地等	借地権の取得の日と底地の取得の日を区分して判定
㈧	財産分与を受けた資産	財産分与を受けた日より判定
㈡	代償分割に係る資産	代償分割の履行の日により判定
㈭	遺留分侵害額の請求に基づく金銭の支払に代えて移転を受けた資産	金銭の支払に代えて資産の移転の履行があった日により判定
㈬	土地の交換分合に係る資産	譲渡がなかったものとされる土地の取得の日により判定
㈫	宅地造成契約に基づく土地の交換等に係る資産	従前の土地（譲渡がなかったものとされる部分に限られます。）の取得の日により判定

⑵　資産の「譲渡の日」

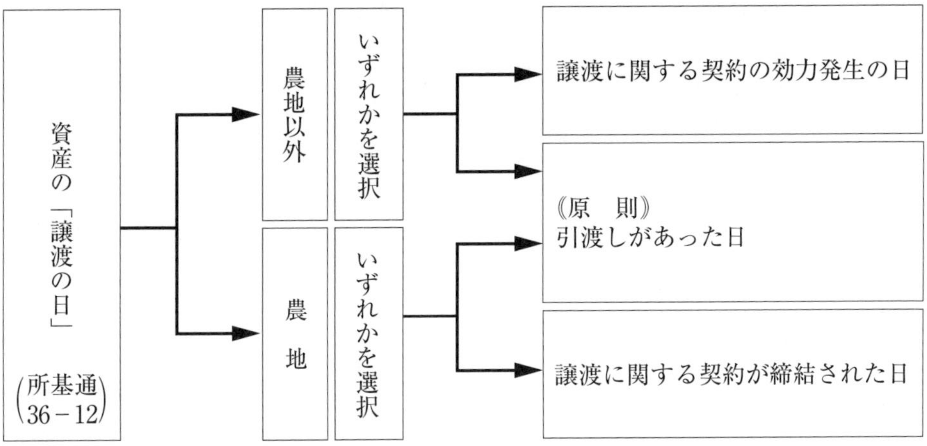

「譲渡の日」と「取得の日」は表裏一体を成すものであることは既に説明したとおりです。したがって、⑴の資産の「取得の日」で説明した用語の解説やチェックポイントはそのまま又はその裏面として準用することができます（「取得の日」の説明を参照してください。）。

チェックポイント

「取得の日」の判定基準と「譲渡の日」の判定基準は違っても差し支えありません。例えば、ある資産の保有期間を計算する場合、その資産の「取得の日」は売買契約の効力発生の日とし、その資産の「譲渡の日」は引渡しの日とすることができます。

〔例示〕

Ａ土地の取得及び譲渡の状況は次のとおりです。

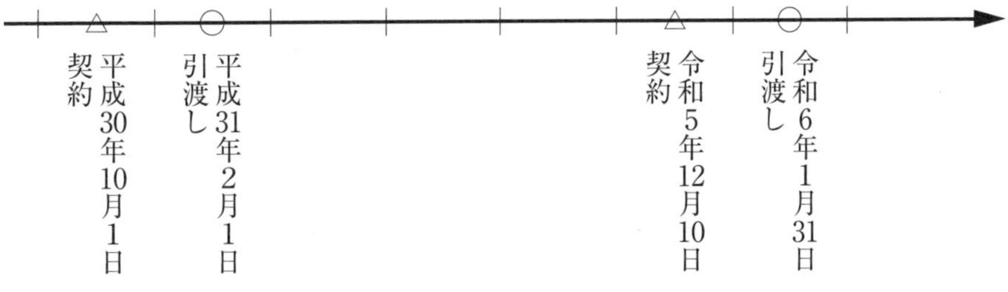

この場合、取得の日・譲渡の日をともに引渡しの日で判定すると短期の譲渡所得になりますが、取得の日は売買契約効力発生の日である平成30年10月１日とし、譲渡の日は引渡しの日である令和６年１月31日を選択すると長期の譲渡所得となります。

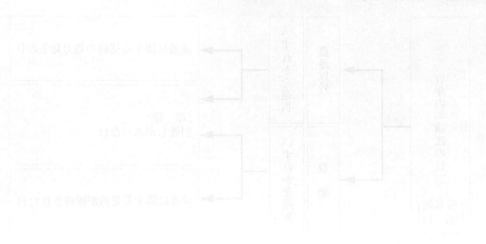

第５章　譲渡所得の金額の計算方法

１　譲渡損益の計算

⑴　グループごとの譲渡損益の計算

資産（土地や家屋など）を譲渡した場合には、譲渡損益を計算することになりますが、譲渡所得の金額の計算の基礎となる譲渡資産の譲渡損益は「第４章　譲渡所得の区分」（77ページ参照）で区分した７つのグループの譲渡資産の区分ごとに、次の算式で計算します。

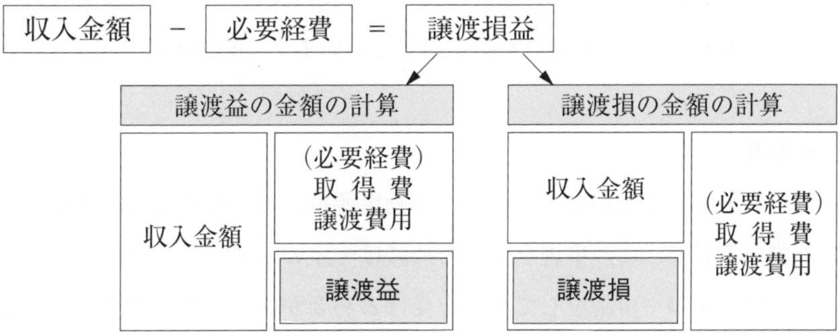

⑵　譲渡損益の相殺

資産を譲渡した場合には、グループの区分ごとに⑴の算式により譲渡損益を計算しますが、譲渡益が生ずる場合ばかりではありません。なかには、資産を購入した価額などよりも低い価額で売却することもあります。

このように譲渡資産の収入金額から取得費や譲渡費用などの必要経費を差し引いた結果、控除不足が生ずる場合のこの控除不足額を譲渡損失といいます。

二つ以上の資産の譲渡があり、譲渡損益を計算した結果、譲渡損失（赤字）になったものと譲渡益（黒字）になったものがある場合には、原則として、総合譲渡所得の譲渡損失は総合譲渡所得の譲渡益と、分離譲渡所得の譲渡損失は分離譲渡所得の譲渡益と相殺します。

総合譲渡所得と分離譲渡所得間での譲渡損益の相殺は原則としてできません。

⑶　損益通算

総合譲渡所得の譲渡損失（赤字）が生じた場合には、一定の順序で他の所得（例えば事業所得や給与所得など）から控除（損益通算）することができます（所法69

①)。

他の所得と損益通算しても、更に損失がある場合の損失額は、通常ないものとみなされます（所法69②)。

しかし、青色申告書を提出している者であれば、この損失を純損失として翌年以降３年間繰越控除が認められます（所法70①)。

用語の解説

損益通算

不動産所得、事業所得、山林所得又は（総合）譲渡所得の金額の計算において、損失（赤字）が生じた場合には、一定の順序により損失を他の各種所得の金額（黒字）から控除することができます。この取扱いを損益通算といいます（所法69)。

青色申告書

青色申告をすることができるのは、不動産所得、事業所得又は山林所得を生ずべき事業を営んでいる者で、この申告をするためには一定の帳簿を備え付けて記帳し、税務署長に対して一定の届出や申請をして承認を受ける必要があり、この承認を受けて提出された申告書を青色申告書といいます（所法２①四十、143)。

(4)　損益通算ができない譲渡損失

資産の譲渡による損失であっても、損益通算が認められていない損失や特別の方法によって譲渡損失額を計算する場合があります。

イ　土地建物等の譲渡による譲渡損失

土地建物等の譲渡による譲渡損失の金額については、他の所得との損益通算ができません（措法31①、32①)。

ロ　株式等の譲渡による譲渡損失

株式等の譲渡による譲渡損失の金額については、他の所得との損益通算ができません（措法37の10①、37の11①)。

ただし、上場株式等の譲渡による譲渡損失の金額については、一定の要件に該当すると、上場株式等の配当等に係る利子所得及び配当所得との損益通算ができます。詳しくは、「第12章　有価証券の譲渡による所得の課税」の「第１　申告分離課税制度」の「４　上場株式等に係る譲渡損失の損益通算及び繰越控除」(515ページ）を参照してください。

ハ　譲渡所得が非課税とされる資産の譲渡損失

資産の譲渡による所得であっても、自己又はその配偶者その他の親族が生活に通常必要な動産や特定の有価証券などを譲渡した場合には、所得税は課税されません（所法９①九、措法37の15①）。

したがって、この所得税が課税されない所得の計算上において、損失が生じても、その損失はなかったものとされ損益通算はできません（所法９②一、措法37の15②）。

損益通算ができない譲渡による損失とは、次のようなものです。

①	家具、什器、衣服などの生活に通常必要な資産で、１個又は１組の価額が30万円を超える宝石、貴金属、書画骨とう、美術品以外のものを譲渡した場合の損失（所法９①九、所令25）
②	資力を喪失して債務を弁済することが著しく困難である状況において、資産を強制換価手続等により譲渡した場合の損失（所法９①十、所令26）
③	租税特別措置法第41条の12第７項に規定する割引債、預金保険法第２条第２項第５号に規定する長期信用銀行債等、貸付信託の受益権及び農水産業協同組合貯金保険法第２条第２項第４号に規定する農林債を譲渡した場合の損失（措法37の15①、措令25の14の３）
④	譲渡所得の基因となる資産を個人に対して時価の２分の１未満の対価で譲渡した場合の損失（所法59②、所令169）

ニ　趣味又は娯楽に係る行為から生じた損失

主として個人の趣味や娯楽などの生活に通常必要でない資産を譲渡して生じた損失は、原則として他の所得から差し引くことはできません（所法69②、所令200）。

生活に通常必要でない資産とは、主として個人の趣味や娯楽又は保養のために所有している資産で次のようなものをいいます（所令178①）。

①	競走馬（競走馬の保有に係る雑所得の金額の範囲内であれば、差し引くことができますが、その場合であっても引ききれない損失の金額はないものとされます。）その他射こう的行為の手段となる動産
②	貴金属、書画骨とう、その他鑑賞の目的となる宝石などの動産
③	別荘などの趣味、娯楽又は保養の目的で所有する家屋
④	上記③の他、ゴルフ会員権やリゾート会員権など主として趣味、娯楽、保養又は鑑賞の目的で所有する資産

(5) 生活に通常必要でない資産に損害を受けたことによる損失の控除

生活に通常必要でない資産について、災害や盗難又は横領による損失が発生した場合には、その損失の金額は、その損失の生じた年分とその翌年分に譲渡所得があれば、それらの年分の譲渡所得を計算する場合において控除することができます。

控除することができる損失額は、その損失について保険金や損害賠償金、その他これらに類するものにより補塡された金額がある場合には、これらを差し引いた損失額をいいます（所法62①、所令178）。

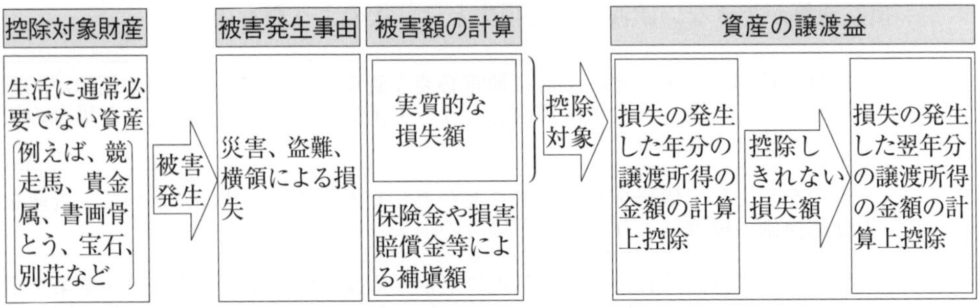

2　所得金額の計算

(1) グループごとの所得金額の計算

資産を譲渡した場合の譲渡損益の計算は、資産の譲渡による収入金額からその資産の取得費と譲渡費用の合計額を差し引いて行います。

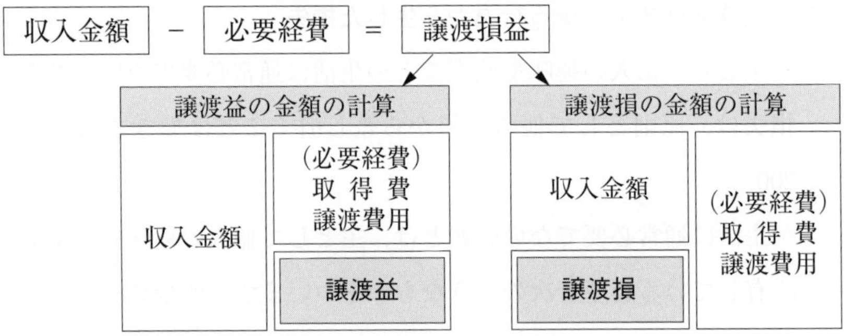

譲渡した資産が土地や建物などの場合とそれ以外の場合とでは、譲渡所得の金額の計算方法が異なります。

譲渡所得の金額の計算は、７グループに区分して上記で計算した譲渡損益を基として、それぞれ次のように計算します。

1	分離短期一般資産の譲渡益	－	特別控除の特例を受ける場合はその特別控除額	＝	分離短期一般資産の譲渡所得
2	分離短期軽減資産の譲渡益				分離短期軽減資産の譲渡所得
3	分離長期一般資産の譲渡益	－	特別控除の特例を受ける場合はその特別控除額	＝	分離長期一般資産の譲渡所得
4	分離長期特定資産の譲渡益				分離長期特定資産の譲渡所得
5	分離長期軽課資産の譲渡益	－	特別控除の特例を受ける場合はその特別控除額（例えば居住用財産を譲渡した場合の特別控除の特例を受けるときは原則として3,000万円）	＝	分離長期軽課資産の譲渡所得
6	総合短期資産の譲渡益	－	総合課税の譲渡所得の特別控除額（原則として50万円）	＝	総合短期資産の譲渡所得
7	総合長期資産の譲渡益				総合長期資産の譲渡所得

(2)　総合課税の譲渡所得の特別控除

総合課税の譲渡所得であれば、長期や短期に関係なく譲渡益を限度として50万円まで控除できます（所法33④）。

チェックポイント

❶　50万円の特別控除額は、その年分の総合課税の譲渡所得の金額の合計額を限度として、まず、総合短期資産の譲渡益から差し引いて、なお引ききれない部分の特別控除額は、総合長期資産の譲渡益から差し引きます（所法33⑤）。

❷　収用交換等により総合課税の譲渡所得の対象となる資産を譲渡した場合には、5,000万円の特別控除額の他に50万円の特別控除額も譲渡益を限度として差し引くことができます。

(3)　分離課税の譲渡所得の特別控除の特例

土地建物等の譲渡所得の特別控除額は、その譲渡の態様によって、それぞれ次のような特別控除の特例が設けられています。

	資産の譲渡の態様	特別控除額	根拠条文
①	収用交換等により資産を譲渡した場合	5,000万円	措法33の４
②	居住用財産を譲渡した場合	3,000万円	措法35
③	特定土地区画整理事業等のために土地等を譲渡した場合	2,000万円	措法34
④	特定住宅地造成事業等のために土地等を譲渡した場合	1,500万円	措法34の２
⑤	特定期間に取得をした土地等を譲渡した場合	1,000万円	措法35の２
⑥	農地保有の合理化等のために農地等を譲渡した場合	800万円	措法34の３
⑦	低未利用土地等を譲渡した場合	100万円	措法35の３

チェックポイント

上記①から⑦までの特別控除額は、それぞれの対象となるグループごとにその年分の譲渡所得を相殺した金額から控除し、その相殺した譲渡所得の金額が、それぞれのグループの特別控除額に満たない場合には、その相殺した譲渡所得の金額をもって特別控除額とされることになります。

(4)　特別控除額の累積限度額（5,000万円）の控除の順序

その年中の資産の譲渡につき、二以上の特別控除の規定の適用を受ける場合において、これらの特別控除額の合計額が5,000万円を超えることになるときは、その年中のこれらの特別控除額の合計額は、その年を通じて5,000万円とされています（措法36）。

この場合における特別控除額の控除は、5,000万円に達するまで次表に掲げる順序により行うことになります（措令24、措通36－１）。

控除の区分＼所得の区分	分離短期譲渡所得	総合短期譲渡所得	総合長期譲渡所得	山林所得	分離長期譲渡所得
収用交換等の場合の5,000万円控除	①	②	③	④	⑤
居住用財産を譲渡した場合の3,000万円控除	⑥	—	—	—	⑦
特定土地区画整理事業等の場合の2,000万円控除	⑧	—	—	—	⑨
特定住宅地造成事業等の場合の1,500万円控除	⑩	—	—	—	⑪
特定期間に取得をした土地等の長期譲渡所得の1,000万円控除	—	—	—	—	⑫
農地保有合理化等の場合の800万円控除	⑬	—	—	—	⑭
低未利用土地等の場合の100万円控除	—	—	—	—	⑮

〔設例〕

	年間の資産の譲渡の態様	譲渡益	特別控除額	譲渡所得の金額
①	収用等に伴う分離短期譲渡	300万円	（１順位）300万円	0円
②	収用等に伴う分離長期譲渡	2,500万円	（４順位）2,500万円	0円
③	収用等に伴う総合短期譲渡	100万円	（２順位）100万円	0円
④	収用等に伴う立木の対価補償金	200万円	（３順位）200万円	0円
⑤	居住用財産の分離長期譲渡	3,500万円	（５順位）1,900万円	1,600万円
合計		6,600万円	5,000万円	1,600万円

チェックポイント

❶　特別控除額の合計額は、年間の譲渡所得の全体を通じて最高5,000万円が限度とされています（措法36）。

❷　上記⑷の表の番号に従って、特別控除額の合計額が5,000万円に達するまで順次控除し

ます。

3　特別控除額の合計額が5,000万円に達した場合には、特別控除の対象となる譲渡所得が他にあっても、その譲渡所得については、特別控除額を差し引くことができません。

〔設例〕

	年間の資産の譲渡の態様	譲渡益	譲渡の態様別の仮の特別控除額	特別控除額の特例
①	収用等に伴う土地の譲渡	5,000万円	5,000万円（措法33の４）	適用される特別控除額の合計額は5,000万円が限度となります。（措法36）
②	居住用財産の譲渡	3,500万円	3,000万円（措法35）	

(5)　所得控除額の控除不足額の控除

総所得金額（土地の譲渡等に係る事業所得等の金額（措法28の４）を含みます。）がない場合又は総所得金額が所得控除額より少ない場合には、所得控除額のうち総所得金額から差し引くことができない部分の金額を、分離課税の対象となる譲渡所得の金額から差し引くことができます。

総所得金額から控除できない部分の所得控除額は、原則として次の順序により差し引くことになります。

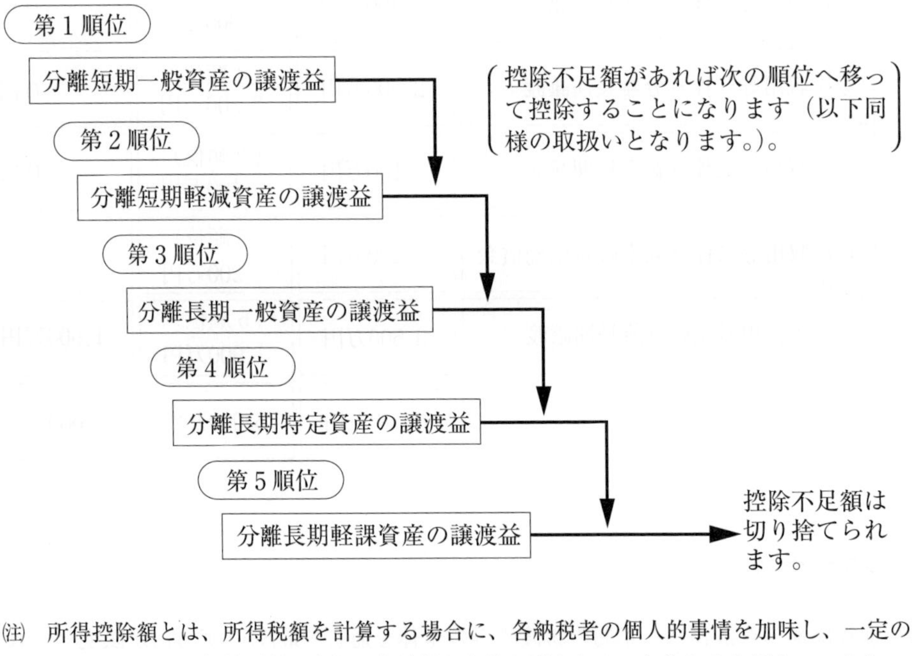

(注)　所得控除額とは、所得税額を計算する場合に、各納税者の個人的事情を加味し、一定の要件に該当するときに各種所得の金額の合計額から差し引かれることとなる金額をいいます。

なお、所得控除には、雑損控除、医療費控除、社会保険料控除、小規模企業共済等掛金控除、生命保険料控除、地震保険料控除、寄付金控除、障害者控除、寡婦（寡夫）控除、勤労学生控

除、配偶者控除、配偶者特別控除、扶養控除及び基礎控除があります。

3　譲渡所得の計算における消費税の取扱い

(1)　譲渡所得と消費税の関係

譲渡所得の計算において次に掲げるような場合のそれぞれの項目について消費税を含めるかどうかの問題が生じます。

	消費税が関係する場合	項　目
①	課税事業者が店舗等の業務用資産（土地等を除きます。）を譲渡した場合	譲渡価額（収入金額）
②	土地建物等の譲渡に際して支払った仲介手数料等に消費税が含まれている場合	譲渡費用
③	建築・購入した建物に消費税が含まれている場合	買換資産の取得価額
④	土地建物等の購入に際して支払った仲介手数料等に消費税が含まれている場合	将来譲渡した時の取得費
⑤	概算取得費控除	概算取得費を計算する場合の収入金額

用語の解説

課税事業者

基準期間（その年の前々年）における課税売上高が1,000万円を超える個人事業者や課税事業者になる旨の届出書を提出した個人事業者をいいます。

(2)　譲渡所得の計算における消費税の取扱い

イ　課税事業者の譲渡所得の計算

事業所得の基因となる資産の譲渡で消費税が課されるものに係る譲渡所得の計算については、その資産を業務の用に供していた不動産所得、事業所得、山林所得又は雑所得を生ずべき業務に係る経理方式と同一の経理方式によることとされています（平元.3.29付直所３－８、直資３－６「消費税法等の施行に伴う所得税の取扱いについて」通達２、３）。

具体的には、次に掲げるとおりとなります。

経理方式の区分	譲渡所得の金額の計算	消費税額の調整
税込経理方式	税込価額（消費税を含んだ取引の対価の額をいいます。）での収入金額、取得費及び譲渡費用により計算します。	納付すべき消費税額の必要経費算入等の調整は事業所得等の計算において行います。
税抜経理方式	税抜価額（消費税を含まない取引の対価の額をいいます。）での収入金額、取得費及び譲渡費用により計算します。	仮受消費税と仮払消費税との清算等の調整は事業所得等の計算において行います。

〔設例〕

課税事業者乙は、平成31年４月に購入した店舗とその敷地を令和６年６月に譲渡しました。この場合の譲渡所得の計算はどのように行いますか。

・譲渡価額　１億300万円（対価区分：土地7,000万円、建物3,300万円）
（うち建物に係る消費税　300万円）

・取得費　9,240万円（対価区分：土地6,000万円、建物3,240万円）
（うち建物に係る消費税240万円）

・譲渡に係る仲介手数料　330万円
（うち消費税　30万円）

〔計算〕

①　事業所得等の経理方式が税込経理方式の場合

（収入金額）（取得費）（譲渡費用）（短期譲渡所得）

$$〔土地〕7{,}000万円-6{,}000万円-330万円\times\frac{7{,}000万円}{1億300万円}=775万7{,}000円$$

$$〔建物〕3{,}300万円-3{,}240万円-330万円\times\frac{3{,}300万円}{1億300万円}=\triangle 457{,}000円$$

②　事業所得等の経理方式が税抜経理方式の場合

（収入金額）（取得費）（譲渡費用）（短期譲渡所得）

$$〔土地〕7{,}000万円-6{,}000万円-300万円\times\frac{7{,}000万円}{1億円}=790万円$$

$$〔建物〕3{,}000万円-3{,}000万円-300万円\times\frac{3{,}000万円}{1億円}=\triangle 90万円$$

(注)　建物の取得費については、償却費相当額を控除しなければなりませんが、この設例においては、計算の便宜上、減価償却は考慮していません。また、譲渡費用のあん分計算において千円未満の端数も、便宜上切り捨てています（次の設例における計算例についても同じです。）。

チェックポイント

❶　課税事業者が土地と建物を一括譲渡した場合のそれぞれの対価の額の区分

消費税法の取扱いでは、課税事業者が店舗とその敷地を一括譲渡した場合には、それぞれの資産の譲渡に係る対価の額について合理的に区分しなければならないこととされています（消費税法基本通達10－１－５）ので、消費税の課税標準算出に際してそれぞれの資産の譲渡に係る対価の額が合理的に区分されている限り、譲渡所得の計算も、その合理的に区分された金額を基として行います。

❷　課税事業者が行う資産の譲渡であっても、居宅などの生活用資産の譲渡に対しては消費税が課税されませんので、この場合の譲渡所得の計算は、次のロの非事業者・免税事業者の譲渡所得の計算と同様に行います。

❸　消費税及び地方消費税の税率は計10％（平成26年４月１日から令和元年９月30日は計８％）です。

ロ　非事業者・免税事業者（消費税が課税されないこととされている資産の譲渡等のみを行う事業者を含みます。）の譲渡所得の計算

非事業者・免税事業者の譲渡所得の計算は、税込価額により算出します。

これらの者が行う資産の譲渡については、消費税が課税されないので、譲渡収入金額には消費税が含まれていませんが、その資産の取得費又は譲渡費用に消費税が含まれている場合には、譲渡所得の計算は、実際の譲渡価額と消費税を含んだ取得費及び譲渡費用を基として行います。

〔設例〕

会社員甲は、令和元年５月に購入した家屋とその敷地を令和６年６月に譲渡しました。この場合の譲渡所得の計算はどのように行いますか。

・譲渡価額　１億円

・取得費　9,240万円（対価区分：土地6,000万円、建物3,240万円）

（うち建物に係る消費税　240万円）

・仲介手数料　330万円

（うち消費税　30万円）

〔計算〕　例えば、譲渡対価１億円を土地7,000万円、建物3,000万円に区分した場合の譲渡所得の計算は次のようになります。

（収入金額）（取得費）（譲渡費用）（短期譲渡所得）

〔土地〕7,000万円－6,000万円－330万円×$\frac{7,000万円}{1億円}$＝769万円

〔建物〕3,000万円－3,240万円－330万円×$\frac{3,000万円}{1億円}$＝△339万円

ハ　概算取得費控除の取扱い

概算取得費は、譲渡収入金額の100分の５に相当する金額とされていますが、この譲渡収入金額に消費税相当額を含めるかどうかについては、譲渡した資産を業務の用に供していた不動産所得、事業所得、山林所得又は雑所得を生ずべき業務に係る経理方式と同一の経理方式によることとされています（平成元．３．29付直所３－８、直資３－６「消費税法等の施行に伴う所得税の取扱いについて」通達13）。

経理方式の区分	長期譲渡所得に係る概算取得費の計算
税込経理方式	（税込価額（消費税を含んだ取引の対価の額をいいます。）での収入金額）× $\frac{5}{100}$
税抜経理方式	（税抜価額（消費税を含まない取引の対価の額をいいます。）での収入金額）× $\frac{5}{100}$

第6章　収　入　金　額

1　譲渡所得の収入金額

(1)　一般資産の譲渡による収入金額

譲渡所得の収入金額とは、資産の譲渡によってその年において収入すべきことが確定した金額をいいます（所法36)。

したがって、資産を譲渡してその年中に譲渡代金の一部しか受け取っていない場合であっても、未収金を含めた譲渡代金の全部がその資産を譲渡した年分の収入金額となります。

また、収入金額とすべき金額は、その収入の基因となった行為が適法であるかどうかは問いません（所基通36－1）し、収入すべき金額を金銭以外の物又は権利その他経済的利益などで受け取った場合には、その金銭以外の物又は権利その他経済的な利益などのあった時の価額（時価）をもって収入金額とされます（所法36①②)。

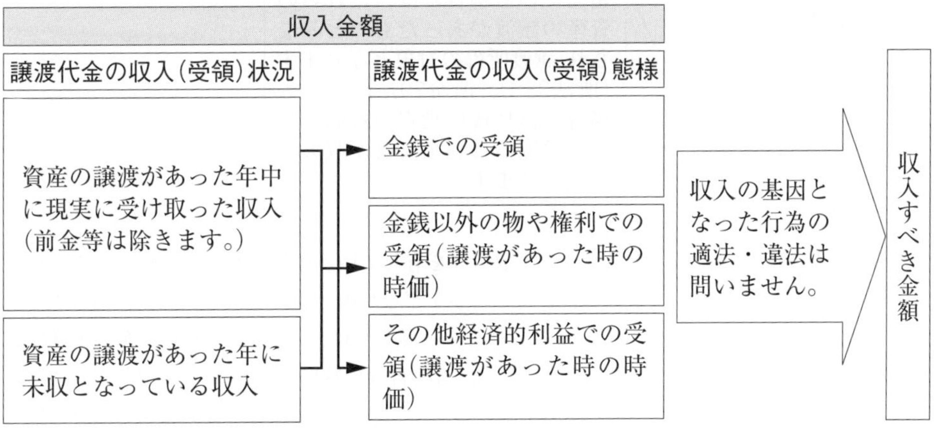

(2)　資産を贈与などした場合の収入金額

収入金額

資産の移転事由	収入金額の計算	
㋑　法人に対する贈与 ㋺　相続のうち限定承認に係るもの ㋩　法人に対する遺贈及び個人に対する包括遺贈のうち限定承認に係る遺贈	売買のように金銭などによる収入はありませんが、贈与、相続又は遺贈のあった時のその資産の価額(時価)で譲渡したものとみなされ、その時価が収入金額となります（所法59①一）。	この場合の時価とは、通常の売買取引で成立すると認められる資産の価額をいいます。 ㈲　相続税や贈与税を申告する場合に適用される相続税評価額とは異なります。
㊁　法人に対して著しく低い価額(時価の２分の１未満)で譲渡	譲渡があった時のその資産の価額(時価)で譲渡したものとみなされ、その時価が収入金額となります（所法59①二）。	（同上）
㋭　借地権又は地上権の設定等で譲渡とみなされる場合	借地権や地役権を設定して長期間土地を貸し付けたり､既に設定されている借地権を長期間転貸したような場合で、その設定などの対価として受け取る権利金などが、土地の価額の２分の１又は借地権の価額の２分の１を超えている場合には、これらの資産の譲渡があったものとみなされ､譲渡所得の対象となります（所法33①、所令79）が、この場合の借地権の設定の対価として受け取る権利金などが収入金額となります。	

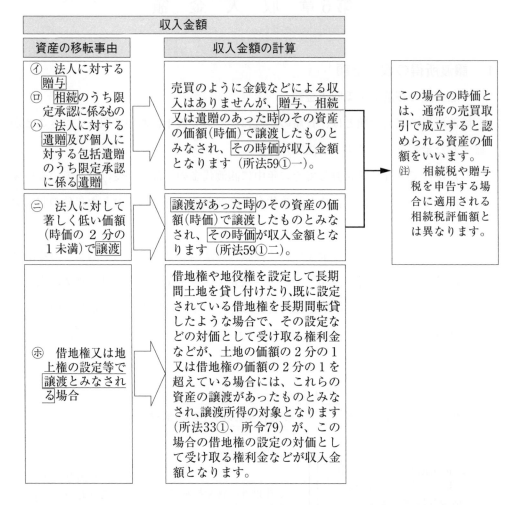

㈲　有価証券等又は未決済のデリバティブ取引等を有している居住者が国外に転出する場合、又は居住者が非居住者に対してこれらの資産を贈与などした場合は、その時の価額に相当する金額により譲渡又は決済があったものとみなされます。詳しくは、「第12章　有価証券の譲渡による所得の課税」の「第４　国外転出をする場合の譲渡所得等の特例（国外転出時課税）」(588ページ）及び「第５　贈与等により非居住者に資産が移転した場合の譲渡所得等の特例（国外転出（贈与等）時課税）」(610ページ）を参照してください。

〔特別な経済的利益の加算〕

権利金などの他に通常の取引の場合と比較して有利な条件で金銭の貸付け、例えば無利子又は低利での貸付けを受けたり、その他の特別な経済的利益を受けたりしているような場合には、権利金などの金額に、この特別な経済的利益の金額を加算した金額を収入金額とします（所令80①)。

				収入金額
権　利　金 （頭金）など	＋	その他の特別な経済的利益、例えば、無利子又は低利など有利な条件での金銭の貸付けを受けている場合	＝	権利の設定の対価（所令79）

㊟　貸付けなどいずれの名目をもってするかは問いません。

〔特別な経済的利益の金額の計算〕

特別の経済的な利益で借地権の設定等による対価とされるものの金額は、次の算式で計算することとなります（所令80②）。

貸付けを受けた金額	－	貸付けを受けた金額については通常の利率（利息について約定がある場合には、その利息についての利率を控除した利率。下記の算式において同じです。）の２分の１に相当する利率による複利の方法で計算した現在価値に相当する金額 （貸付けを受けた金額 × 貸付けを受ける期間に対応する通常の利率の10分の５に相当する利率の複利現価率）	＝	特別の経済的な利益で借地権の設定等による対価とされる金額

㊟１　「通常の利率」は財産評価基本通達４－４に定める基準年利率によります（所基通33－14）。

２　「複利の方法で計算した現在価値」の計算の基礎となる複利現価率は、小数点以下第３位まで計算した率（第４位を切り上げます。）によります（所基通33－14）。

３　「貸付けを受ける期間」は、１年を単位（１年未満の端数は切り捨てます。）として計算した期間によります（所基通33－14）。

〔設例〕

甲は、乙に対して店舗ビルを建築する用地として、宅地330㎡を次の条件で貸し付けることとしたが、この場合の借地権の設定に伴う収入金額の計算はどのように取り扱われますか。

（貸付条件等）

○権利金（借地権の設定の対価）　　　3,500万円

○貸付金（甲が乙から借入れする金額）4,000万円

○貸付期間は30年間

○無利息で30年後に元金のみ返済

㊟　借地権の設定される宅地の時価は8,000万円で、地代として年間72万円を支払います。設例における通常の利率は1.5％と仮定します。

〔計算〕

① 借地権の対価　　　　3,500万円

② その他の特別な経済的利益の金額

（貸付けを受けた金額）（年　利1.5％×$\frac{1}{2}$＝0.75％　期間30年の複利現価率0.8）（借地権の設定による対価に加えられる金額）

4,000万円 －　（4,000万円×0.8）　＝　800万円

③ 借地権の設定による収入金額とされる金額

①　　　　②

3,500万円　＋　800万円　＝　4,300万円

〔所得の区分〕

借地権の設定に伴って受け取る権利金は3,500万円で、借地権が設定された宅地の時価（8,000万円）の２分の１以下となりますが、その他の特別な経済的利益の金額を加えますと4,300万円となり、宅地の時価の２分の１を超えることになりますので、この収入金額は分離譲渡所得として課税対象になります。

㈱ 借地権又は地役権の設定が資産の譲渡に当たるかどうかの判定は、実際に支払を受ける借地権又は地役権の設定の対価の額に特別な経済的利益の金額を加えた合計額をもって行います（所令80①）ので、その額が、その借地権の設定の対象となった土地の価額の２分の１以下となる場合には、借地権の設定に伴う収入であっても不動産所得の課税対象となります。

この場合の特別な経済的利益の額は、毎年発生する特別な経済的利益の金額を計算して、毎年の不動産所得の収入金額に加えることになります。

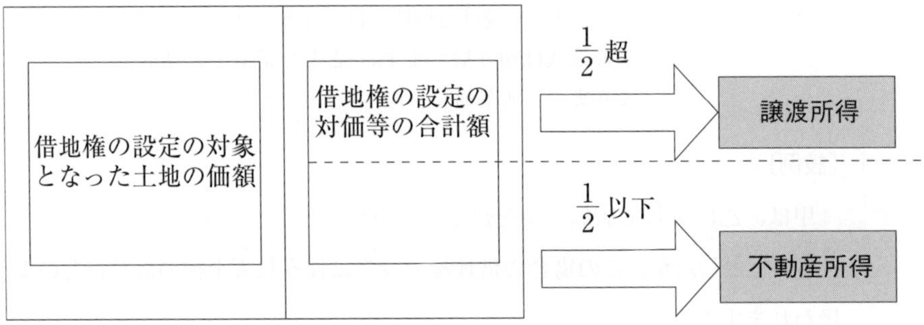

チェックポイント

❶ 貸付けを受ける期間が、設定等に係る権利の存続期間に比して著しく短い期間として約定されている場合において、次の事項からみて、その金銭の貸付けを受けた期間が将来更新されるものと推測するに足りる明らかな事実があるときは、設定により受ける利益から判断して、その貸付けが継続されるものとして合理的に推定される期間を基礎として計算した場合の現在価値に相当する金額によります（所令80②かっこ書）。

⑴　長期間にわたって地代をすえ置く旨の約定があるとき

⑵　権利に係る土地の上に存する建物又は構築物の状況（構造等から判断した耐用年数等）

⑶　地代に関する条件等

〔設例〕

○借地権の設定期間　　20年間

○地代は年額100万円とし、借地権の存続期間中すえ置く

○建築されるビルは鉄骨鉄筋コンクリート造で耐用年数は50年

○無利子で貸し付ける金額は5,000万円とし、貸付期間は５年間

○貸付期間満了時において、双方協議の上、貸付期間を更新することが可能

　このような契約内容の場合には、設定により受ける利益等から判断して貸付けが継続されるものと取り扱われます。

2　借地権の設定等に伴って保証金、敷金等の名義による金銭を受け入れた場合において、その受け入れた金額がその土地の存する地域における通常収受される程度の保証金等の額（借地権の設定等に係る契約による地代のおおむね３か月分相当額とします。）以下であるときは、その受け入れた金額は、「特に有利な条件による金銭の貸付け」には該当しません（所基通33－15）。

〔設例〕

○借地権の設定等に伴って受け入れた保証金と敷金の合計額　30万円

○土地の存する地域の通常の保証金の額　30万円

○地代は年額120万円（１か月当たり10万円）

　このような場合の保証金と敷金は、特に有利な条件による金銭の貸付けには該当しません。

⑶　資産を交換などした場合の収入金額

イ　交換や現物出資により資産を譲渡した場合

　交換や現物出資などにより資産を譲渡して、相手から代わりの資産や株式などを受け取った場合には、原則として、その受け取った物や権利などの時価が収入金額となります。

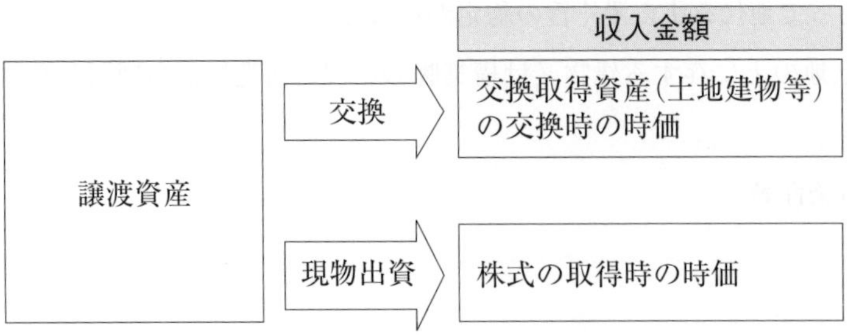

ロ　交換により交換差金などを受け取った場合

交換に伴って交換差金などの金銭を受け取っている場合には、相手から受け取った交換差金などの金銭と、金銭以外の物や権利などの時価の合計額が収入金額となります。

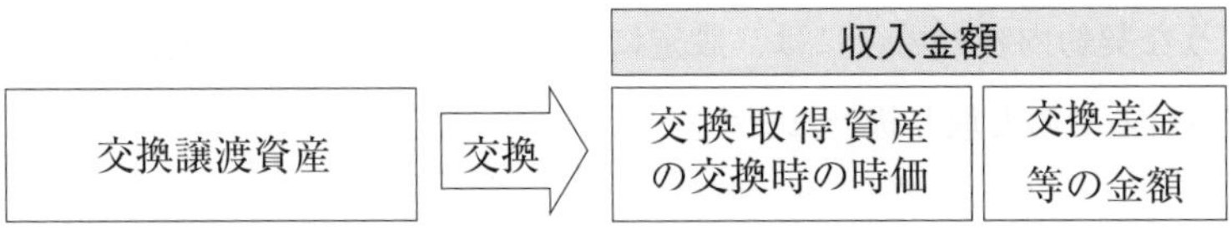

ハ　資産の譲渡に伴い債務などが消滅した場合

借入金などの債務を買受人などに引き受けさせる条件で資産を譲渡した場合には、債務などの消滅したことによる経済的利益が収入金額となります。

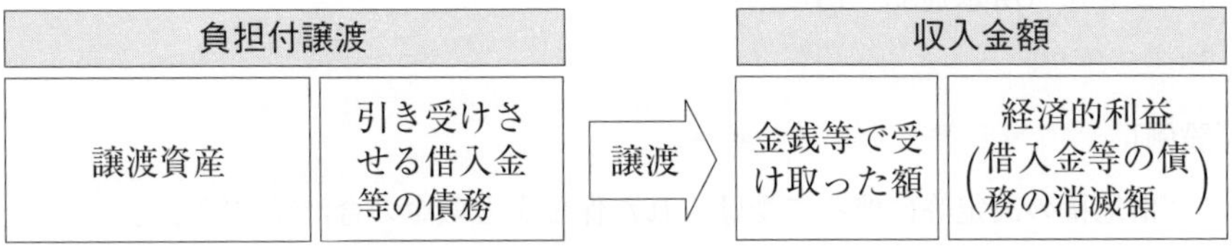

ニ　財産分与による資産の移転

離婚等に伴う財産の分与（民法768《財産分与》）として、資産を移転した場合には、財産分与義務が消滅したことによる経済的利益が収入金額となります（所基通33－1の4）。

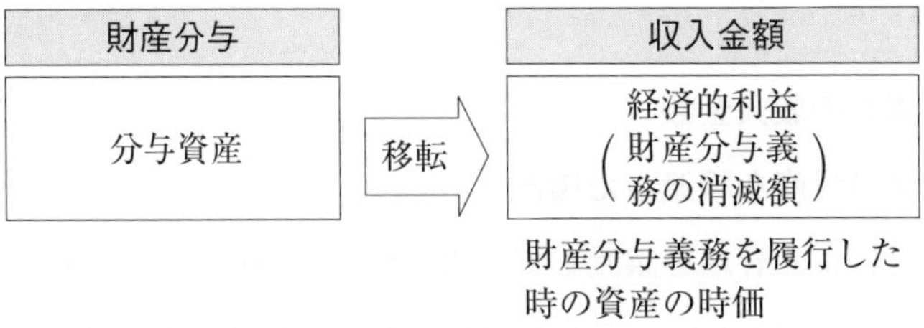

ホ　代償分割による資産の移転

遺産の代償分割によって負担した債務の履行として資産の移転が行われた場合には、その履行により消滅する債務の額に相当する経済的利益が収入金額となります（所基通33－1の5）。

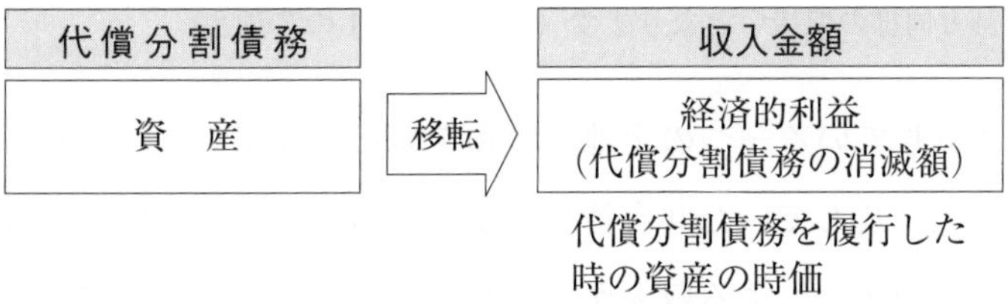

用語の解説

遺産の代償分割

現物による遺産の分割に代えて、共同相続人中の１人又は数人に他の共同相続人に対する債務を負担させる方法により行う遺産の分割をいいます。

この方法は、遺産を数人の共同相続人に現物で分配することが困難である場合、例えば、農地の細分化を防止するため、遺産の全部を共同相続人中の１人に分配したいという場合などに用いられています。

ヘ　配偶者居住権等の消滅による所得

配偶者居住権又はその配偶者居住権の目的となっている建物の敷地の用に供される土地（土地の上に存する権利を含みます。）を配偶者居住権に基づき使用する権利の消滅につき対価の支払を受ける場合には、その対価の額が収入金額となります（所基通33－6の8）。

ト　共有物の分割

土地を共有している場合において、その共有に係る一つの土地についてその持分に応じて現物分割をしたとき、その分割による土地の譲渡はなかったものとして取り扱われます（所基通33－1の7）。

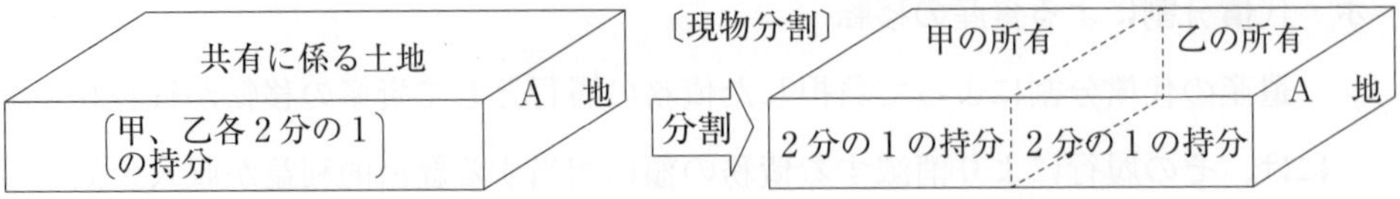

㈟　共有物の持分と分割されたそれぞれの土地の面積の比が異なる場合であっても、分割後のそれぞれの土地の価額の比が共有持分の割合におおむね等しいときは、共有持分に応ずる現物分割と同様の取扱いとなります（所基通33－1の7㈟2）。

この取扱いは、共有している一つの土地を現物をもって分割するということは、その資産の全体について及んでいた共有持分権が、その資産の一部に集約されたと考えるべきで、資産の譲渡による収入があったというほどの経済的実質がないという考え方に基づくものといえます。

チェックポイント

1　共有物の分割は現物分割が原則ですが、現物分割を行うと著しく価値を損なう恐れがあるなどの場合には、現物分割に代えて、換価分割（共有物を換価し、その代金をもって分割する方法）又は代償分割の方法で行うこともあります。

このような現物分割以外の方法により、共有物の分割が行われた場合には、この分割によって持分の譲渡があったとして受領した金銭等が収入金額となります。

〔換価分割〕

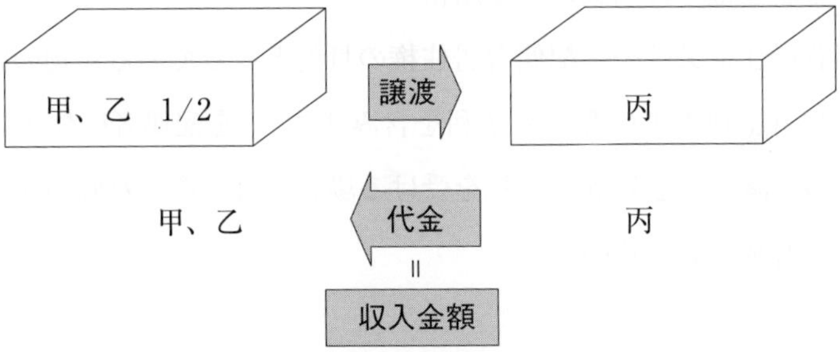

〔代償分割〕

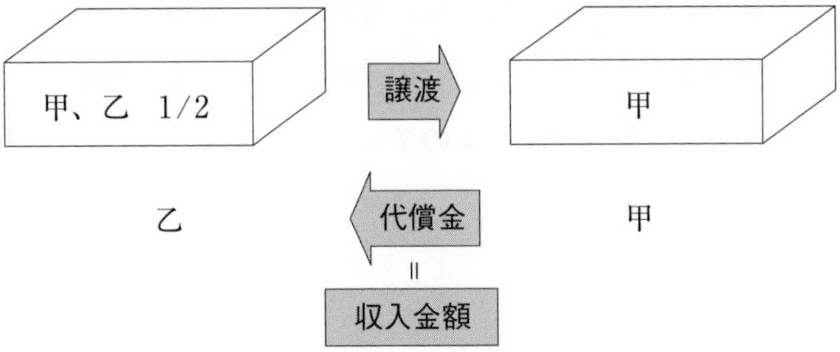

㈟　甲が所有する譲渡の基因となる資産を乙に代償債務の履行として譲渡した場合には、上記ホの代償分割による資産の移転と同様の取扱いとなります。

❷ 二以上の者が、二以上の土地をそれぞれ共有している場合において、それぞれの物件を単独で所有することにしたときは、原則としてそれぞれの共有持分を交換（譲渡）したとして、その受け取った資産（又は権利）などの時価が収入金額となります。

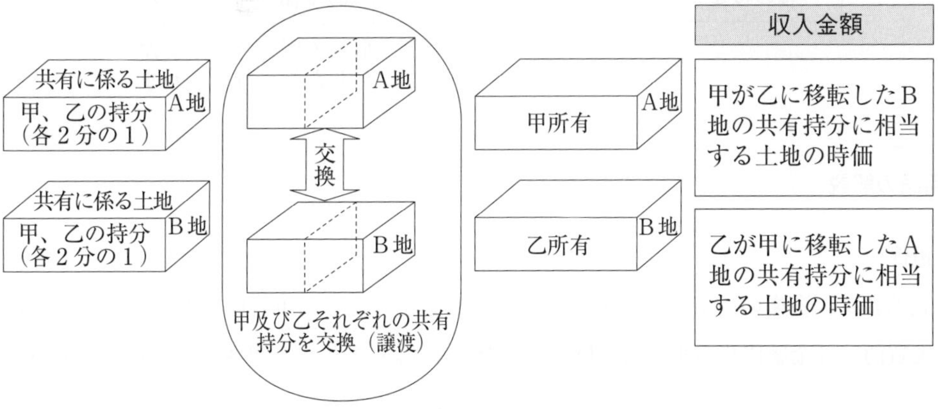

チ　譲渡担保に係る資産の移転

譲渡担保は、資産の移転の形式をとっていますが、債務者と債権者とがその目的物について、例えば、賃貸借契約を締結し、その契約に基づいて債務者が目的物を引き続き占有して使用する形式をとるような場合には、その実質は金融の担保的な機能を果たしているにすぎないと認められることから、一定の形式的要件を具備する譲渡担保については、譲渡がなかったものとして取り扱うこととされています（所基通33－２）。

チェックポイント

❶ この取扱いの適用を受けるためには、その譲渡が債権担保のみを目的として形式的にされたものである旨の債務者及び債権者の連署による申立書を提出するとともに、その契約書に次の全ての事項が明らかにされていることが必要です。

⑴　その担保に係る資産を債務者が従来どおり使用収益すること。

⑵　通常支払うと認められるその債務に係る利子又はこれに相当する使用料の支払に関する定めがあること。

㈱　形式上、買戻条件付譲渡又は再売買の予約とされているものであっても、上記の要件を具備しているものは譲渡担保と同様に取り扱われます。

❷ その後、上記の要件のいずれかを欠くことになったとき又は債務不履行がありその弁済に充てられたときは、これらの事実が生じた時において、譲渡があったものとして消滅した債務などの金額が収入金額となります。

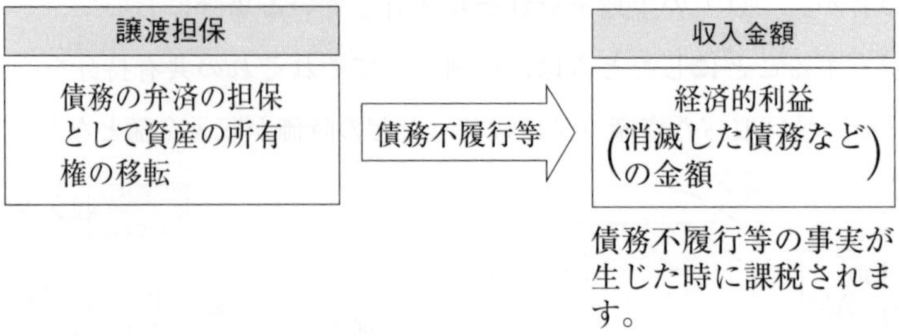

用語の解説

譲渡担保

形式的には、資産の所有権の移転（譲渡）の形をとって、当事者間においては債権の担保（実質的には金融債務の担保的な機能を果たします。）として利用されている制度をいいます。

（参考）

「譲渡担保である旨の申立書」の様式は、特に定められておりませんが、例えば次ページのような要領で作成します。

譲渡担保である旨の申立書

.................税 務 署 長 殿

年　月　日

債務者　住所..

氏名..

連絡先電話番号............(　　)............

債権者　住所..

氏名..

連絡先電話番号............(　　)............

（債務者）　　　（債権者）

..................が..................にした下記物件の所有権の移転（譲渡）は、債務の弁済の担保（債権担保）のみを目的として形式的にしたものであることを双方において確認し申し出ます。

記

〔物件の表示〕

所在地..

（住居表示）..

種　類..

数　量..㎡

〔その他参考事項〕

○物件の利用状況

○利子又は使用料の支払状況

○その他

〔添付書類〕

○契約書等の写し

リ　借家人が受ける立退料

借家人が賃貸借の目的とされている家屋の立退きに伴って支払を受けるいわゆる立退料のうち、借家権の消滅の対価の額に相当する部分の金額は、譲渡所得に係る収入金額となります（所基通33－６）。

〔立退料の所得区分〕

	立退料の性格		所得区分
立退料	**移転費用の補償** 家屋の明渡しに伴い借家人が支払うべき費用の実費補償金	⇒	**一時所得** 家屋の立退きに通常必要と認められる費用の額（所基通34－1(7)）
立退料	**収益補償** 家屋の明渡しに伴い借家人が失う営業上の利益及び支出した費用の補償金	⇒	**事業所得又は雑所得** 収入金額又は必要経費に算入される金額を補填するための金額（所基通34－1(7)注１）
立退料	**対価補償** 家屋の明渡しに伴って消滅する権利の対価としての補償金	⇒	**譲渡所得** 借家権の消滅の対価に相当する部分の金額（所令95、所基通33－６）

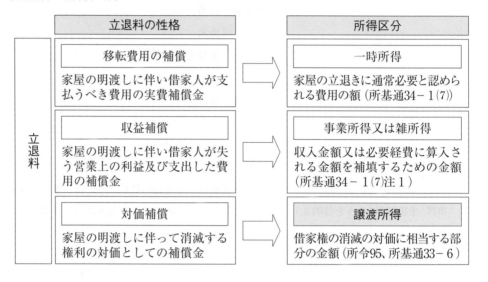

ヌ　ゴルフ会員権の譲渡による所得

ゴルフクラブの会員権を譲渡した場合の所得は、次のように取り扱われます（所基通33－６の２、33－６の３）。

	会員権の分類	内容	所得の区分（所基通33－６の２、33－６の３）		
ゴルフクラブの会員権	株主でなければ会員となれない会員権	ゴルフ場等の施設利用権の譲渡に類似する有価証券の譲渡として課税 ゴルフ場の所有又は経営に係る法人の株式又は出資を所有することが、そのゴルフ場を一般の利用者に比して有利な条件で継続的に利用する権利を有する者となるための要件とされている場合のその株式又は出資者の持分の譲渡による所得（措法37の10②、措令25の8②）。	原則（下記以外のもの）	譲渡所得	
ゴルフクラブの会員権	株主であり、かつ、入会金等を支払わなければ会員となれない会員権	（同上）	原則（下記以外のもの）	譲渡所得	
ゴルフクラブの会員権	入会金等を支払わなければ会員となれない会員権	上記以外のゴルフクラブの会員である個人が、その会員である地位（いわゆる会員権）を他に譲渡した場合の所得（所基通33－６の２）	営利を目的として継続的に行われるもの	事業的規模	事業所得
			営利を目的として継続的に行われるもの	上記以外	雑所得

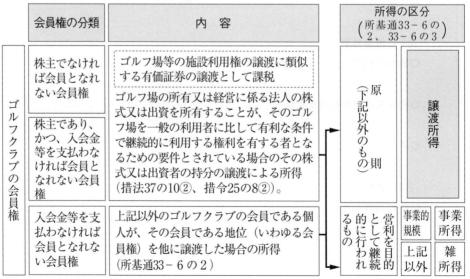

㈲　ゴルフクラブの会員権とは、一般の利用者に比して有利な条件で継続的に利用できる権利、いわゆる事実上の権利をいい、法律等に規定された権利ではありません。

（参考）

ゴルフ会員権の譲渡所得の内訳書（計算明細書）は、特に定められておりませんが、例えば次のような要領で計算します。

譲渡所得の内訳書（計算明細書：ゴルフ会員権用）

整理番号	

住　　所（前住所）

ﾌﾘｶﾞﾅ
氏　　名

電話番号　（　　　）　　職　業

関与税理士	所在地			
	氏名		電話	

Ⅰ 譲渡（売却）された内容

1　お売りになった会員権のコース名及びゴルフ場の所在地

コース名　　　　GC・CC　所在地　　　　都・道・府・県

（参考事項：お売りになった理由の該当する記号を○で囲んでください。）
イ　プレーしなくなったため　ロ　維持費がかかるため　ハ　他の会員権を購入するため
ニ　2口以上もっているため　ホ　買い申し込みがあったため　ヘ　その他（　　　）

2　会員権の形態（該当する記号を○で囲んでください。）
イ　株式形態　　ロ　預り金形態

3　会員権の種類（該当する記号を○で囲んでください。）
イ　個人正会員　　ロ　個人平日会員　　ハ　その他（　　　）

4　譲渡先
住所（所在地）　　　　氏名（名称）
続柄等　イ　仲介業者　ロ　ゴルフ場の経営会社　ハ　親族　ニ　知人　ホ　その他（　　　）

5　譲渡年月日　　年　　月　　日　　6　譲渡価額　　　円・・・①

7　譲渡費用　　　円・・・②　（内、仲介手数料　　　円）

（仲介手数料の支払先）
住所（所在地）　　　　氏名（名称）
（譲渡先と仲介先が同一の場合は、同上と記載してください。）

Ⅱ 購入（取得）された内容

1　お売りになった会員権の購入（入会）年月日　　昭和・平成　　年　　月　　日

2　購入（取得）先
住所（所在地）　　　　氏名（名称）
続柄等　イ　仲介業者　ロ　ゴルフ場の経営会社　ハ　親族　ニ　知人　ホ　その他（　　　）
取得形態　イ　購入　ロ　その他（　　　）

3　購入後の会員権の分割　イ　なし　ロ　あり（1口が　　口に分割）

4　取得費（購入価額）　　　円・・・③　（内、名義書換料　　　円、仲介手数料　　　円）

Ⅲ 譲渡所得金額の計算

区分	A 譲渡価額（収入金額）【上記①】	B 必要経費【上記②＋③】	C 差引金額【A－B】	D 特別控除 最高50万円（赤字の場合は0）	E 譲渡所得金額【C－D】	【E×1/2】Eが黒字の場合に記載
総合短期	円	円	円	円	円	
総合長期	円	円	円	円	円	円

総合短期・・・所有期間が5年以下のもの、総合長期・・・所有期間が5年を超えるもの

※　預託金の返還は譲渡所得には該当しませんのでご留意ください。

ル　土石等の譲渡による所得

土地の所有者が、その土地の地表又は地中の土石、砂利等（この第6章において、以下「土石等」といいます。）を譲渡した場合のその譲渡による所得は譲渡所得となります（所基通33－6の5）。

㈱1　営利を目的として継続的に行われる土石等の譲渡は除かれます（事業所得又は雑所得として課税されることになります。）。
　2　土地とその土地の地表又は地中の土石等を一括して譲渡した場合のその譲渡による所得は、土地等の譲渡となり分離課税の対象となります。

ヲ　法律の規定に基づかない区画形質の変更に伴う土地の交換分合

法律の規定に基づかない区画形質の変更に伴う土地の交換分合が行われた場合でも、法律上は権利（所有権）の変動（移転）があったことは明確ですから、譲渡があったことになりますが、その交換分合が一団の土地の区画形質に必要最小限の範囲内で行われるものにあっては、その交換分合による土地の譲渡はなかったものとされます（所基通33－6の6）。

〔法律の規定に基づかない民法上の任意組合施行の土地区画整理事業〕

施行地等		区画形質の変更の目的		交換分合の範囲		課税の取扱い
二以上の者が有する一団の土地の区域内の土地 ㈱　土地の上に存する権利を含みます。	⇨	その一団の土地の利用の増進を図るために行う区画形質の変更	⇨	相互にその区域内に有する土地の交換分合を行った場合 〔交換分合の条件〕 交換分合が、一団の土地の区画形質の変更に伴い行われる道路、その他の公共施設の整備、不整形地の整理等に基因して行われるもので、四囲の状況からみて必要最小限の範囲内であると認められるものに限られます。（所基通33－6の㈱2）	⇨	交換分合による譲渡はなかったものと取り扱われます。 ㈱　その区域内にある土地の一部をその区画形質の変更のために要する造成経費その他の費用に充てる目的で譲渡した場合には、その二以上の者が、その区域内に有していた土地の面積の比その他合理的な基準により、それぞれその有していた土地の一部を譲渡したものとされます。

チェックポイント

❶　土地区画整理法及び土地改良法等の法律の規定に基づいて行う交換分合は除かれます。

❷　交換分合により取得した土地の取得の日及び取得費は、譲渡がなかったものとされる土地の取得の日及び取得費を引き継ぐことになります（所基通33－6の6㈱1）。

㈱　その土地の区画形質の変更に要した費用の額は、その引き継いだ取得費に加算されることになります。

ワ　宅地造成契約に基づく土地の交換等

宅地造成契約に基づく土地の交換等があった場合（土地区画整理法及び土地改良法等の規定に基づかない一団の土地の区画形質の変更に関する事業を特定の者が行っている場合）には、次のように取り扱われます（所基通33－６の７）。

宅地造成契約			課税関係の取扱い
一団の土地の区画形質の変更に関する事業の施行 ㈱　土地区画整理法及び土地改良法等の規定に基づく事業を除きます。	その事業の施行者とその一団の土地の区域内の土地（土地の上に存する権利を含みます。）を有する者（この第６章において、以下「従前の土地の所有者」といいます。）との間に締結された契約	①　その事業の施行のために従前の土地の所有者からその事業の施行者に対して土地を移転 ②　その事業の完了後に区画形質の変更が行われたその区域内の土地の一部を従前の土地の所有者が取得	従前の土地の所有者の有する土地のうちその取得する土地の面積に相当する部分は譲渡がなかったものとされます。 ㈱１　従前の土地の所有者の土地とその取得する土地との位置が異なる場合にあっては、その土地の異動がその事業の施行上において、必要最小限の範囲内のものと認められる場合に限られます。 ２　取得する土地（換地）の面積（金銭を支払って取得したと認められる部分は除きます。）が従前の土地の面積に満たない場合のその満たない面積に相当する従前の土地は譲渡したことになり、この譲渡に係る譲渡所得の収入金額は、取得した換地について行われる区画形質の変更に要する費用の額に相当する金額となります。

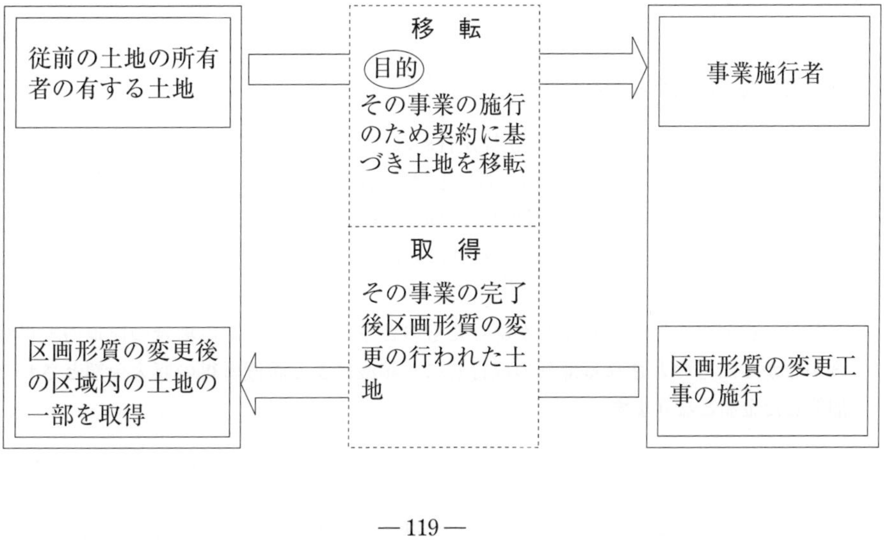

〔宅地造成契約に基づく土地の交換等における譲渡所得の収入金額の計算〕

換地の面積(A)		従前の土地の面積(B)
取得する土地につき、金銭等の支払がある場合は、その金銭等で取得したと認められる部分の土地を除きます。	⟷	金銭等とともに土地を取得した場合は、従前の土地の所有者の有する土地のうちその金銭等に対応する部分の土地を除きます。

面積等の比較		収入金額等
A＜B	⇒	Aについて行われる区画形質の変更に要する費用の額に相当する金額が譲渡所得の収入金額となります。
A＞B	⇒	AからBを差し引いた面積に相当する土地の区画形質の変更後の時価とBの面積に相当する土地について行われる区画形質の変更に要する費用の額に相当する金額の合計額が一時所得の収入金額となります。
A＝B（Aについて行われる区画形質の変更に要する費用の額の支払を行った場合）	⇒	収入金額とされるものはありません。

チェックポイント

A＝BでAについて行われる区画形質の変更に要する費用の額の支払がない場合は、その区画形質の変更に要する費用の額に相当する金額が一時所得の収入金額となります。

譲渡所得の収入金額の計算

換地の面積が従前の土地の面積に満たない場合におけるその満たない面積に相当する従前の土地は譲渡したことになります（減歩分に課税）。

譲渡所得の収入金額の計算		
	原則	取得した換地について行われる区画形質の変更に要する費用の額に相当する金額による(所基通33－6の7)。 $$\frac{\left(\text{事業施行者が支出する造成工事の原価の額}\right)+\left(\text{造成工事に係る通常の利益の額}\right)}{\text{有効土地の面積}\left(\text{事業地内の土地面積から公共用地等の土地面積を除いた面積}\right)}\times\text{換地面積}=\text{譲渡所得の収入金額}$$
	例外	その事業の施行に関する契約において譲渡する土地の面積が定められている場合には課税上特に弊害がないと認められる限り、その譲渡する土地の契約時における価額によることができます。 (減歩面積)×(契約時の土地の時価)＝譲渡所得の収入金額 (注)　課税上特に弊害がないと認められる場合とは、平均的な減歩割合により契約されているような場合をいいます。

(注)1　宅地造成契約に基づく土地の交換等が行われた場合の譲渡所得の総収入金額の収入すべき時期の判定における「引渡しがあった日」とは、「換地の取得の日」となります。

2　契約により取得した換地の取得の日及び取得費は、従前の土地（譲渡がなかったものとされる部分に限られます。）の取得の日及び取得費を引き継ぐことになります（所基通33－6の7(注)2）。

なお、従前の土地のうち譲渡があったものとされる部分がある場合の換地の取得費は、譲渡がなかったものとされる部分の取得費に、譲渡による譲渡所得の収入金額とされた金額を加算した金額となります。

〔設例〕

① 換地のみを取得した場合

(イ)	区画形質の変更を施行する一団の土地の面積	12,000㎡
(ロ)	従前の土地の所有者が有する区域内の土地の面積	4,000㎡
(ハ)	換地により取得した面積	3,200㎡
(ニ)	区画形質の変更に要する費用の総額	7,200万円
(ホ)	有効宅地割合	80%

〔計算〕

○譲渡した土地の面積 （従前の土地の面積） （換地の面積）

(ロ) (ハ)

4,000㎡ − 3,200㎡ = 800㎡

○取得した換地について行われる区画形質の変更に要する費用の額に相当する金額

（有効宅地面積）

(ニ) (イ) (ホ) （1㎡当たり）

7,200万円÷(12,000㎡×0.8) =7,500円

（換地の面積）

(ハ) （1㎡当たり）

3,200㎡ × 7,500円 =2,400万円

（譲渡所得の収入金額）

〔設例〕

② 換地を取得するとともに金銭等を受け取った場合

(イ)	区画形質の変更を施行する一団の土地の面積	12,000㎡
(ロ)	従前の土地の所有者が有する区域内の土地の面積	4,000㎡
(ハ)	換地により取得した面積	3,000㎡
(ニ)	区画形質の変更に要する費用の総額	7,200万円
(ホ)	従前の土地の所有者が受け取った金銭等	1,100万円
(ヘ)	有効宅地割合	80%

〔計算〕

○換地の面積 (ハ)

3,000㎡

(ロ)

○金銭等に対応する土地の面積 (4,000㎡×0.8)−3,000㎡=200㎡

○従前の土地の面積（金銭等に対応する土地の部分を除きます。）

(ロ)

4,000㎡−200㎡=3,800㎡

○換地に伴い譲渡した土地の面積

（従前の土地の面積）(ハ)

3,800㎡－3,000㎡＝800㎡

○取得した換地について行われる区画形質の変更に要する費用の額に相当する金額

（有効宅地面積）

(ニ)　(イ)　(ヘ)　（1㎡当たり）

7,200万円÷(12,000㎡×0.8)＝7,500円

（換地の面積）（1㎡当たり）

3,000㎡　×　7,500円　＝　2,250万円

（譲渡所得の収入金額）

(ホ)

○譲渡収入金額の合計　1,100万円＋2,250万円＝3,350万円

(注)　従前の土地の所有者が受け取った金銭等（1,100万円）も譲渡所得の収入金額に加算されます。

〔設例〕

③　換地の取得に際して金銭等の支払をした場合

(イ)	区画形質の変更を施行する一団の土地の面積	12,000㎡
(ロ)	従前の土地の所有者が有する区域内の土地の面積	4,000㎡
(ハ)	取得した土地の面積	3,600㎡
(ニ)	区画形質の変更に要する費用の総額	7,200万円
(ホ)	従前の土地の所有者が支払った金銭等	2,000万円
(ヘ)	有効宅地割合	80%

〔計算〕

(ハ)　(ロ)　(ヘ)

○金銭等に対応する土地の面積　3,600㎡－(4,000㎡×0.8)＝400㎡

○換地の面積（金銭等で取得したと認められる土地の部分を除きます。）

(ハ)

3,600㎡－400㎡＝3,200㎡

○従前の土地の面積　(ロ)

4,000㎡

○換地に伴い譲渡した土地の面積

(ロ)　（換地の面積）

4,000㎡－　3,200㎡　＝800㎡

○取得した換地について行われる区画形質の変更に要する費用に相当する金額

（有効宅地面積）

(ニ)　(イ)　(ヘ)　（1㎡当たり）

7,200万円÷(12,000㎡×0.8)＝7,500円

（換地の面積）（1㎡当たり）

3,200㎡　×　7,500円　＝2,400万円

（譲渡所得の収入金額）

カ　譲渡資産のうち短期保有資産と長期保有資産とがある場合の収入金額等の区分

一の契約により譲渡した資産のうちに短期保有資産と長期保有資産とがある場合には、それぞれの譲渡資産に係る収入金額及び譲渡費用は次により区分して計算します（所基通33－11）。

<table>
<tr><th colspan="2"></th><th colspan="2">一の契約により譲渡した資産の区分</th></tr>
<tr><td colspan="2"></td><td>短期保有資産（総合短期譲渡所得）資産の取得の日から５年以内にされた譲渡による所得（所法33③一）</td><td>長期保有資産（総合長期譲渡所得）短期保有資産以外のものの譲渡による所得（所法33③二）</td></tr>
<tr><td rowspan="3">収入金額の区分</td><td rowspan="2">原則（比率あん分）</td><td colspan="2">それぞれの譲渡資産の譲渡の時の価格(時価)の比によりあん分して計算します。</td></tr>
<tr><td>$\left(\text{譲渡資産に係る収入金額の合計額（収入金額）}\right) \times \dfrac{\left(\text{短期保有資産の譲渡の時の価額}\right)}{\left(\text{譲渡資産の譲渡の時の価額}\right)}$</td><td>$\left(\text{譲渡資産に係る収入金額の合計額（収入金額）}\right) \times \dfrac{\left(\text{長期保有資産の譲渡の時の価額}\right)}{\left(\text{譲渡資産の譲渡の時の価額}\right)}$</td></tr>
<tr><td>例外（個別対応）</td><td colspan="2">当事者の契約により、それぞれの譲渡資産に対応する収入金額が区分されており、かつ、その区分がおおむねその譲渡の時の価額の比により適正に区分されているときは、その契約の区分によります。</td></tr>
<tr><td rowspan="2">譲渡費用の区分</td><td>原則（個別対応）</td><td colspan="2">個別のそれぞれの資産との対応関係が明らかな場合には、その対応関係によって区分します。</td></tr>
<tr><td>例外（比率あん分）</td><td>$\left(\text{譲渡資産に係る譲渡費用の額}\right) \times \dfrac{\left(\text{短期保有資産に係る収入金額}\right)}{\text{（収入金額）}}$</td><td>$\left(\text{譲渡資産に係る譲渡費用の額}\right) \times \dfrac{\left(\text{長期保有資産に係る収入金額}\right)}{\text{（収入金額）}}$</td></tr>
</table>

チェックポイント

棚卸資産（棚卸資産に準ずるものも含みます。）の譲渡、その他営利を目的として継続的に行われる資産の譲渡や山林の伐採又は譲渡による所得は、この区分（譲渡所得）から除きます（所法33②）。

また、自己の研究の成果である特許権、実用新案権その他の工業所有権、自己の育成の成果である育成者権、自己の著作に係る著作権及び自己の探鉱により発見した鉱床に係る採掘権の譲渡による所得、所得税法第60条第１項第１号に掲げる相続又は遺贈により取得した同条第３項第１号に掲げる配偶者居住権の消滅による所得及び同条第３項第２号に掲げる配偶者居住権の目的となっている建物の敷地の用に供される土地を当該配偶者居住権に基づき使用する権利の消滅による所得は、資産の取得の日から５年以内のものであっても長期保有資産となります（所法33③一、所令82）。

ヨ　借地権等を消滅させた後に土地を譲渡した場合等の収入金額の区分

借地権等の設定されている土地の所有者が、その借地権等を消滅させた後において、その土地を譲渡した場合の収入金額は、それぞれ次に掲げる算式により計算することになります（所基通33－11の２）。

㈲　土地の譲渡には、新たな借地権等の設定で、その設定による所得が譲渡所得とされる場合を含みます。

収入金額の区分	旧借地権部分	その土地の対価の額 又は 新たに設定した借地権等の対価の額(A) × 旧借地権等の消滅時の旧借地権等の価額(B)（借地権等の消滅につき対価の支払があった場合において、その対価の額が適正であると認められる場合には、その対価の額とすることもできます。㈲　対価の額には、手数料やその他の附随費用の額は含みません。） ／ 旧借地権等の消滅時のその土地の更地価額(C)
	旧底地部分	$A - \left(A \times \frac{B}{C} \right)$

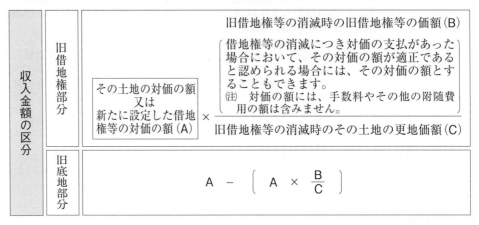

㈲　借地権等を消滅させた後、土地を譲渡した場合における譲渡所得の金額の計算上控除する取得費の額についての区分は、147ページを参照してください。

〔設例〕

甲は、昭和50年から乙に対して土地を貸し付けていたが、令和元年11月に立退料として１億円を乙に支払うとともに、諸費用400万円を負担して借地権を消滅させ、令和６年５月にこの土地を２億5,000万円で譲渡した。

この場合の譲渡収入金額の区分

○借地権を消滅させた時のその土地の更地価額　　２億円

㈲　この地域の通常の借地権割合は令和元年から50％～60％で現在も変わっていないものとします。

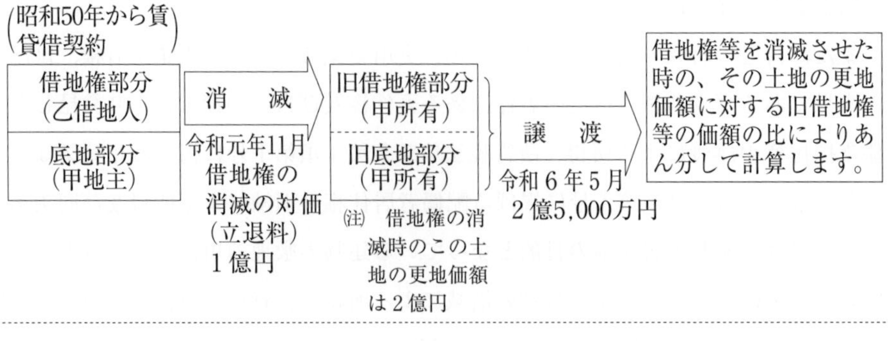

〔計算〕

(旧借地権部分)

$$2\text{億}5{,}000\text{万円} \times \frac{1\text{億円}}{2\text{億円}} = 1\text{億}2{,}500\text{万円}$$……短期譲渡所得の収入金額

(旧底地部分)

$$2\text{億}5{,}000\text{万円} - \left(2\text{億}5{,}000\text{万円} \times \frac{1\text{億円}}{2\text{億円}}\right) = 1\text{億}2{,}500\text{万円}$$……長期譲渡所得の収入金額

借地権等の消滅時に取得したものとされる部分(旧借地権部分)及びその他の部分(旧底地部分)をそれぞれ譲渡したものとして取り扱われます。

タ 底地を取得した後に土地を譲渡した場合等の収入金額の区分

借地権等を有する者が、その借地権等に係る底地を取得した後にその土地を譲渡した場合の収入金額は、それぞれ次に掲げる算式により計算することになります(所基通33－11の3)。

(注) 土地の譲渡には、新たな借地権等の設定でその設定による所得が譲渡所得とされる場合を含みます。

<table>
<tr><td rowspan="2">収入金額の区分</td><td>旧借地権部分</td><td>$A - \left(A \times \frac{B}{C}\right)$</td></tr>
<tr><td>旧底地部分</td><td>その土地の譲渡の対価の額
又は、
新たに設定した借地権等の対価の額(A) × 旧底地の取得時の旧底地の価額(B)
(底地の取得につき対価の支払があった場合において、その対価の額が適正であると認められるときには、その対価の額とすることもできます。
(注) 対価の額には、手数料やその他の附随費用の額は含みません。)
／
旧底地の取得時のその土地の更地価額(C)</td></tr>
</table>

(注) 底地を取得した後、土地を譲渡した場合等における譲渡所得の金額の計算上控除する取得費の額についての区分は、149ページを参照してください。

〔設例〕

甲は、昭和50年から借地していたが、令和元年11月にその借地に係る土地(底地)を1億円で取得した。令和6年5月にその土地を3億円で譲渡した。

〈この場合の譲渡収入金額の区分〉

○底地を取得した時のその土地の更地価額　　2億5,000万円

(注) この地域の通常の借地権割合は、令和元年から50％～60％で現在も変わっていません。

○底地を取得するに当たって、諸費用として300万円を負担している。

〔計算〕

（旧底地部分）

$$3\text{億円}\times\frac{1\text{億円}}{2\text{億}5{,}000\text{万円}}=1\text{億}2{,}000\text{万円}$$……短期譲渡所得の収入金額

（旧借地権部分）

$$3\text{億円}-\left(3\text{億円}\times\frac{1\text{億円}}{2\text{億}5{,}000\text{万円}}\right)=1\text{億}8{,}000\text{万円}$$……長期譲渡所得の収入金額

取得した底地に相当する部分（旧底地部分）及びその他の部分（旧借地権部分）をそれぞれ譲渡したものとして取り扱われます。

2　譲渡所得の収入すべき時期

資産の譲渡による譲渡所得の総収入金額の収入すべき時期（資産の譲渡の日）は、次の区分によります（所基通36－12）。

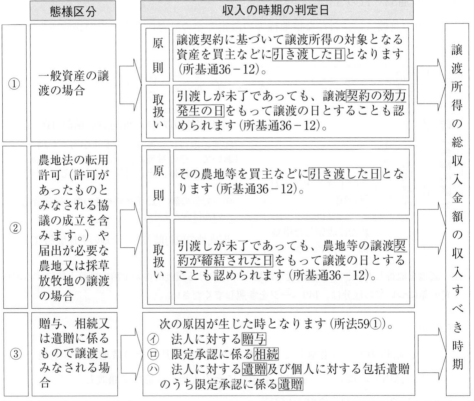

	態様区分	収入の時期の判定日		
①	一般資産の譲渡の場合	原則	譲渡契約に基づいて譲渡所得の対象となる資産を買主などに引き渡した日となります（所基通36－12）。	譲渡所得の総収入金額の収入すべき時期
		取扱い	引渡しが未了であっても、譲渡契約の効力発生の日をもって譲渡の日とすることも認められます（所基通36－12）。	
②	農地法の転用許可（許可があったものとみなされる協議の成立を含みます。）や届出が必要な農地又は採草放牧地の譲渡の場合	原則	その農地等を買主などに引き渡した日となります（所基通36－12）。	
		取扱い	引渡しが未了であっても、農地等の譲渡契約が締結された日をもって譲渡の日とすることも認められます（所基通36－12）。	
③	贈与、相続又は遺贈に係るもので譲渡とみなされる場合		次の原因が生じた時となります（所法59①）。 ㋑　法人に対する贈与 ㋺　限定承認に係る相続 ㋩　法人に対する遺贈及び個人に対する包括遺贈のうち限定承認に係る遺贈	

(注)　有価証券等又は未決済のデリバティブ取引等を有している居住者が国外に転出する場合、又は居住者が非居住者に対してこれらの資産を贈与などした場合は、その時の価額に相当する金額により譲渡又は決済があったものとみなされます。詳しくは、「第12章　有価証券の譲渡による所得の課税」の「第4　国外転出をする場合の譲渡所得等の特例（国外転出時課税）」（588ページ）及び「第5　贈与等により非居住者に資産が移転した場合の譲渡所得等の特例（国外転出（贈与等）時課税）」（610ページ）を参照してください。

チェックポイント

譲渡所得の総収入金額の収入すべき時期は、資産の譲渡の当事者間で行われるその資産に係る支配の移転の事実（例えば、土地の譲渡の場合における所有権移転登記に必要な書類等の交付）に基づいて判定をしたその資産の引渡しがあった日によることとなりますが、その収入すべき時期は、原則として譲渡代金の決済を了した日より後にはならないことに注意する必要があります（所基通36－12㈱1）。

〔設例〕

⑴　一般資産の譲渡の場合

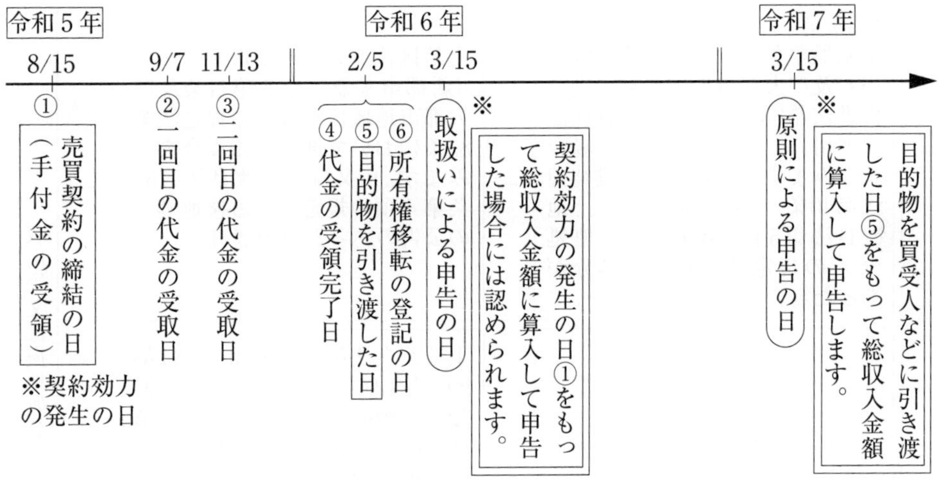

⑵　農地法の転用許可や届出が必要な農地又は採草放牧地の譲渡の場合

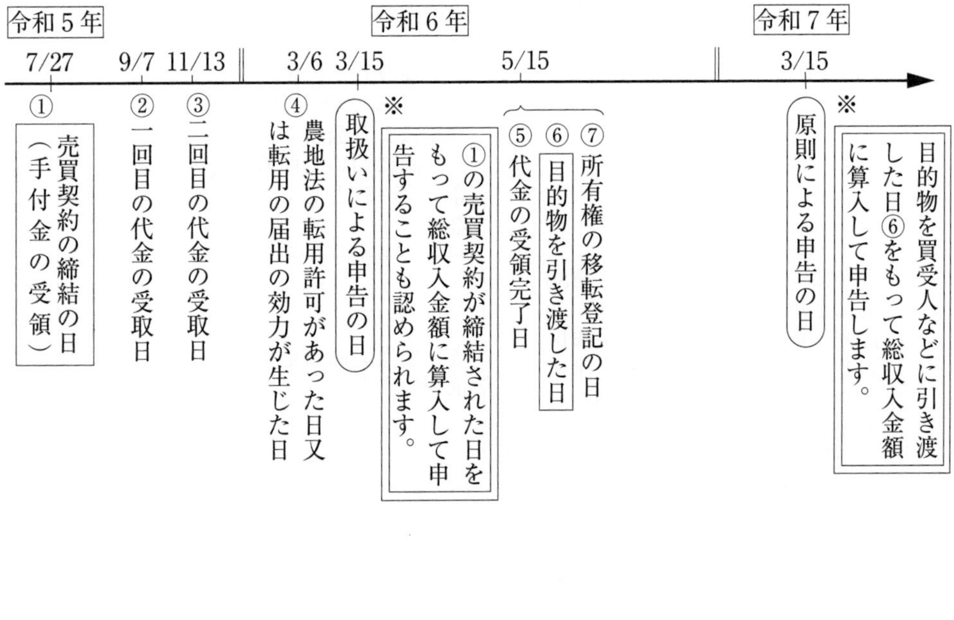

〔収用等又は換地処分等があった日〕

収用等のあった日とは、原則として所得税基本通達36－12《山林所得又は譲渡所得の総収入金額の収入すべき時期》に定める日により判定しますが、次に掲げる場合にはそれぞれ次の区分によります（措通33－7）。

	態様区分	収入の時期の判定日	
①	資産について土地収用法第48条第1項《権利取得裁決》若しくは第49条第1項《明渡裁決》に規定する裁決又は第50条第1項《和解》に規定する和解があった場合	裁決書又は和解調書に記載された権利取得の時期又は明渡しの期限として定められている日（その日前に引渡し又は明渡しがあった場合には、その引渡し又は明渡しがあった日）	収用等又は換地処分等のあった日
②	資産について土地区画整理法第103条第1項《換地処分》（新都市基盤整備法第41条《換地処分等》及び大都市地域住宅等供給促進法第83条《土地区画整理法の準用》において準用する場合を含みます。）、新都市基盤整備法第40条《一括換地》又は土地改良法第54条第1項《換地処分》の規定による換地処分があった場合	土地区画整理法第103条第4項（新都市基盤整備法第41条及び大都市地域住宅等供給促進法第83条において準用する場合を含みます。）又は土地改良法第54条第4項の規定による換地処分の公告のあった日の翌日	収用等又は換地処分等のあった日
③	資産について土地改良法、農業振興地域の整備に関する法律又は農住組合法による交換分合が行われた場合	土地改良法第98条第10項又は第99条第12項《土地改良区の交換分合計画の決定手続》（同法第100条第2項《農業協同組合等の交換分合計画の決定手続》及び第100条の2第2項《市町村の交換分合計画の決定手続》、農業振興地域の整備に関する法律第13条の5《土地改良法の準用》並びに農住組合法第11条《土地改良法の準用》において準用する場合を含みます。）の規定により公告があった交換分合計画において所有権等が移転等をする日として定められている日	収用等又は換地処分等のあった日
④	資産について都市再開発法第86条第2項《権利変換の処分》又は密集市街地における防災街区の整備の促進に関する法律第219条第2項《権利変換の処分》の規定による権利変換処分があった場合	権利変換計画に定められている権利変換期日	収用等又は換地処分等のあった日

3　譲渡所得の課税の特例の適用を受けた場合の収入金額

次の特例の適用を受けた場合には、収入金額や必要経費の計算方法について特例が設けられています。

それぞれの特例の内容や収入金額、必要経費の計算方法については、それぞれに掲げた箇所を参照してください。

	特　例	根拠条文	参照ページ
(1)	固定資産を交換した場合の課税の特例	所法58	275～280
(2)	収用等の場合の課税の繰延べの特例	措法33～33の3	281～307
(3)	特定の居住用財産の買換えの特例	措法36の2	308～336
(4)	特定の居住用財産の交換の特例	措法36の5	337～339
(5)	特定の事業用資産の買換えの特例	措法37	340～354
(6)	特定の事業用資産の交換の特例	措法37の4	355～357
(7)	既成市街地等内にある土地等の中高層耐火建築物等の建設のための買換えの特例	措法37の5	358～371
(8)	既成市街地等内にある土地等の中高層耐火建築物等の建設のための交換の特例	措法37の5	372
(9)	特定の交換分合により土地等を取得した場合の特例	措法37の6	373～375
(10)	特定普通財産とその隣接する土地等の交換の場合の特例	措法37の8	376～377

第7章　必　要　経　費

必要経費とは、総収入金額に対応する売上原価その他その総収入金額を得るために直接要した費用の額及びその年における販売費、一般管理費その他所得を生ずべき業務について生じた費用の額とされています（所法37①）。

これらの必要経費は、その年分の不動産所得の金額、事業所得の金額及び雑所得の金額（事業所得の金額及び雑所得の金額のうち山林の伐採又は譲渡に係るもの並びに雑所得の金額のうち公的年金等に係るものは除きます。）の計算上、総収入金額から控除することができるもので次に掲げるものをいいます。

<table>
<tr><th>総収入金額</th><th>必要経費</th><th>必要経費の例示</th></tr>
<tr><td rowspan="2">・不動産所得の総収入金額
・事業所得の総収入金額
・雑所得の総収入金額</td><td>総収入金額に
個別対応する
必要経費</td><td>①　総収入金額に対応する売上原価
②　総収入金額を得るために直接要した費用の額</td></tr>
<tr><td>総収入金額に
期間対応する
必要経費</td><td>①　その年における販売費、一般管理費
②　その他所得を生ずべき業務について生じた費用の額</td></tr>
</table>

また、山林の伐採又は譲渡による所得の金額（山林所得の金額、事業所得の金額及び雑所得の金額）の計算上、総収入金額から控除すべき必要経費に算入すべき金額は別段の定めがあるものを除いて、その山林の植林費、取得に要した費用、管理費、伐採費その他その山林の育成又は譲渡に要した費用の額とされています（所法37②）。

総収入金額	必要経費	必要経費の例示
山林の伐採又は譲渡による所得の金額 山林所得の金額 事業所得の金額 雑所得の金額	総収入金額に 個別対応する 必要経費	別段の定めのあるものを除きます ①　山林の植林費 ②　取得に要した費用 ③　管理費 ④　伐採費 ⑤　その他その山林の育成又は譲渡に要した費用

このように必要経費とは、不動産所得の金額、事業所得の金額、山林所得の金額及び雑所得の金額の計算上において控除すべきものであって、譲渡所得の金額の計算上控除すべきものではありませんが、所得を計算するという共通の目的から、ここでは、必要経費という用語で説明します。

第1　取 得 費

譲渡所得の総収入金額から差し引かれる必要経費には、「取得費」と「譲渡費用」があります。

1　取得費の範囲

取得費とは、資産の取得に要した金額と設備費及び改良費の額の合計の額をいいます（所法38①）。

㈱1　資産の取得に要した金額（取得価額）とは、資産を取得したときの買入代金や製作原価にその資産を取得するために直接要した費用を加えた金額をいいます。
2　設備費とは、資産を取得した後に加えた設備費用をいいます。
3　改良費とは、資産を取得した後に加えた改良のための費用で通常の修繕費となる費用以外のものをいいます。

しかし、建物や機械器具などのように使用したり期間が経過することによって減価する資産にあっては、その「取得価額、設備費及び改良費の合計額」から「減価償却費相当額」を控除した金額となります（所法38②、所令85）。

取得費				
資産の取得に要した金額（所法38①）	＋	設備費及び改良費（所法38①）	－	減価償却費相当額（所法38②、所令85）

なお、取得費には、次の原則的な取得費と163ページの特例による取得費（概算取得費）があります。

⑴　「取得費」に含まれるもの

取得費には、次に掲げる金額を含めて計算します。

イ　他から購入した資産

取得費			
①	購入代金	⑦	特別土地保有税（所基通38－9）
②	購入手数料	⑧	引取運賃、荷役費、運送保険料等
③	購入に当たって支払った立退料、移転料（所基通38-11）	⑨	搬入費、据付費など
④	購入契約書に貼付した印紙	⑩	その他取得のために要した費用
⑤	登録免許税（登録手数料を含みます。（所基通38－9））	⑪	業務の用に供するために直接要した費用
⑥	不動産取得税（所基通38－9）		

㈱　業務の用に供される資産に係る⑤から⑦については各種所得の計算上必要経費に算入されます（所基通37－5）。

（参考）

〔印紙税額一覧表〕

文　書　の　種　類	印紙税額（1通又は1冊につき）
1．不動産、鉱業権、無体財産権、船舶若しくは航空機又は営業の譲渡に関する契約書 (注) 無体財産権とは、特許権、実用新案権、商標権、意匠権、回路配置利用権、育成者権、商号及び著作権をいいます。 (例) 不動産売買契約書、不動産交換契約書、不動産売渡証書など 2．地上権又は土地の賃借権の設定又は譲渡に関する契約書 (例) 土地賃貸借契約書、土地賃料変更契約書など 3．消費貸借に関する契約書 (例) 金銭借用証書、金銭消費貸借契約書など 4．運送に関する契約書 (注) 運送に関する契約書には、傭船契約書を含み、乗車券、乗船券、航空券及び送り状は含まれません。 (例) 運送契約書、貨物運送引受書など	記載された契約金額が1万円未満のもの　非課税 1万円以上　10万円以下　〃　200円 10万円を超え　50万円以下　〃　400円 50万円を超え　100万円以下　〃　1千円 100万円を超え　500万円以下　〃　2千円 500万円を超え　1千万円以下　〃　1万円 1千万円を超え　5千万円以下　〃　2万円 5千万円を超え　1億円以下　〃　6万円 1億円を超え　5億円以下　〃　10万円 5億円を超え　10億円以下　〃　20万円 10億円を超え　50億円以下　〃　40万円 50億円を超えるもの　60万円 契約金額の記載のないもの　200円
上記1のうち、不動産の譲渡に関する契約書で、記載された契約金額が10万円を超え、かつ、平成26年4月1日から令和9年3月31日までの間に作成されるもの	記載された契約金額が 10万円を超え　50万円以下のもの　200円 50万円を超え　100万円以下　〃　500円 100万円を超え　500万円以下　〃　1千円 500万円を超え　1千万円以下　〃　5千円 1千万円を超え　5千万円以下　〃　1万円 5千万円を超え　1億円以下　〃　3万円 1億円を超え　5億円以下　〃　6万円 5億円を超え　10億円以下　〃　16万円 10億円を超え　50億円以下　〃　32万円 50億円を超えるもの　48万円

〔購入手数料〕

宅地建物取引業者が宅地又は建物の売買等の媒介に関して依頼者から受けることのできる報酬の額は、次のとおりです。

○建設省告示第1552号（宅地建物取引業者が宅地又は建物の売買等に関して受けることができる報酬の額）

取引金額（依頼者の一方につき）	報酬の額
200万円以下の金額の部分	5.5%
200万円を超え400万円以下の金額の部分	4.4%
400万円を超える金額の部分	3.3%

(注)1　簡便法による報酬の額の計算式

①　取引金額が200万円を超え400万円以下の場合

（取引金額×4.4%）＋22,000円＝報酬の額

②　取引金額が400万円を超える場合

（取引金額×3.3%）＋66,000円＝報酬の額

2　取得費に実際に含められる金額は、あくまでも取引契約において支払った報酬の額となります。

3　消費税等相当額を含みます。

用語の解説

登録免許税

土地、建物、船舶などの所有権の保存や移転などの登記、あるいは各種の法律上の権利などの登録、免許などを受ける際にかかる税金です。

税率は登記等の種類によって異なりますが、例えば、不動産の売買などによる所有権の移転登記の場合は、その不動産の価額の２％（土地に関する登記は、平成25年４月１日から令和８年３月31日の間は1.5%）の税率で課税されることになります。

不動産の価額とは、不動産の登記の時の時価をいいますが、当分の間は固定資産課税台帳に登録されたその不動産の価額（固定資産税評価額）を基として計算してもよいことになっており、実務もそれによっています。

不動産取得税

土地や建物を取得した場合に課される税金で、平成15年４月１日から令和９年３月31日までに住宅又は土地を取得した場合の税率は３％となっています。なお、令和９年３月31日までに宅地を取得した場合は取得した不動産の価格×$\frac{1}{2}$が課税標準額となります。

税額の計算は、不動産を取得した時の価額に標準税率（３％）を乗じて計算します。

また、不動産を取得した時の価額は、原則として固定資産課税台帳に登録されたその不動産の価額（固定資産税評価額）を基として計算されます。

特別土地保有税

土地の保有に対して課税されるものと土地の取得に対して課税されるものがあり、取得費に含められるのは土地の取得に対して課税される場合です。

土地の取得に対して課される特別土地保有税の税率は３％で、税額の計算は土地の取得価額等に税率（３％）を乗じた金額から不動産取得税に相当する額を差し引いて計算します。

なお、平成15年度以降、特別土地保有税の課税は停止され、新たな課税は実施されません。

1　保有分……平成15年度以降課税されません。

2　取得分……平成15年１月１日以後取得された土地については課税されません。

ロ　自分で建設、製作又は製造した資産

	取得費
①	建設等に要した原材料費、労務費及び経費
②	登録免許税（登録手数料を含みます。）
③	不動産取得税
④	その他取得に関連して支出した費用
⑤	業務の用に供するために直接要した費用

ハ　住宅や工場などの敷地を造成するために要した宅地造成費用

	土地の取得費に算入する費用
①	埋立て
②	土盛り
③	地ならし
④	切土
⑤	防壁工事
⑥	その他の土地の造成又は改良

チェックポイント

❶　土地について行った防壁、石垣積み等であっても、その規模、構造等からみて土地と区分して構築物とすることが適当と認められるものの費用の額は、構築物の取得費とすることができます（所基通38－10）。

上水道又は下水道の工事に要した費用の額についても同様です。

❷　専ら建物、構築物等の建設のために行う地質調査、地盤強化、地盛り、特殊な切土等土地の改良のためのものでない工事に要した費用の額は、その建物又は構築物等の取得費に算入されます（所基通38－10㈱１）。

❸　土地の測量費は、各種所得の金額の計算上、必要経費に算入されたものを除き、土地の取得費に算入されます（所基通38－10㈱２）。

ニ　所有権等を確保するために要した訴訟費用等

その取得に関し争いのある資産についてその所有権などを確保するために直接要した訴訟費用や和解費用などの額は、その支出した年分の各種所得の金額の計算上必要経費に算入されたものを除き、資産の取得に要した金額とします（所基通38－２）。

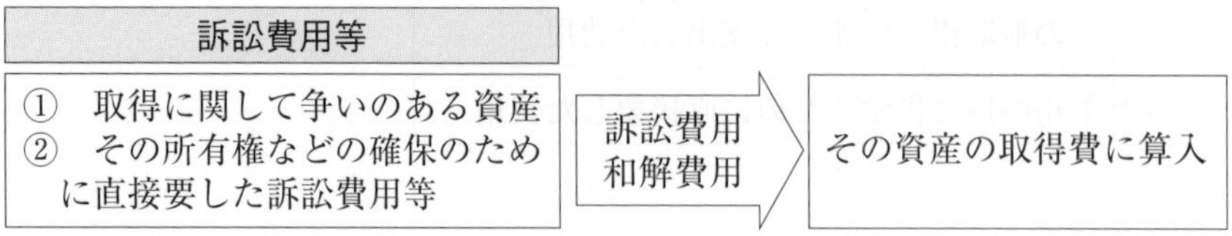

㈱　完全な所有権の取得後に生じたものは除きます。

チェックポイント

1　訴訟費用には、民事訴訟費用等に関する法律等の規定による訴訟費用のほか、弁護士に支払った報酬も含まれます。

また、和解費用には、裁判上の和解の成立により支払う場合の和解費用のほか、当事者間における事実上の和解の成立により支払った和解金も含まれます。

2　所有権の取得後において、その所有権について他からの権利侵害等を受けた場合でその完全な所有権を確保するために要した訴訟費用等は、その資産の維持・管理に要した費用に該当するものであるといえるため、取得費に含めることはできません。

ホ　土地等と共に取得した建物等の取壊し費用等

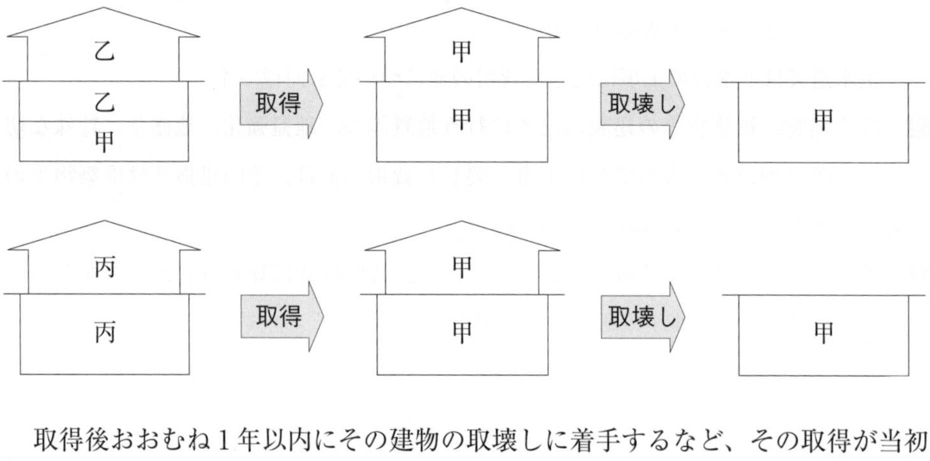

取得後おおむね１年以内にその建物の取壊しに着手するなど、その取得が当初からその建物を取り壊して土地（借地権を含みます。）を利用する目的であることが明らかであると認められる場合は、次の金額を取得費に算入します（所基通

38－1）。

取壊損失		発生資材の価額		取得費算入
建物の取得価額 取壊しに要した費用	－	発生資材の価額	＝	建物とともに取得した土地等の取得費に算入

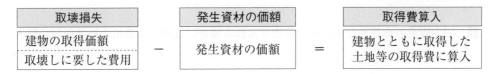

へ　土地建物等の取得費に算入する借入金の利子等

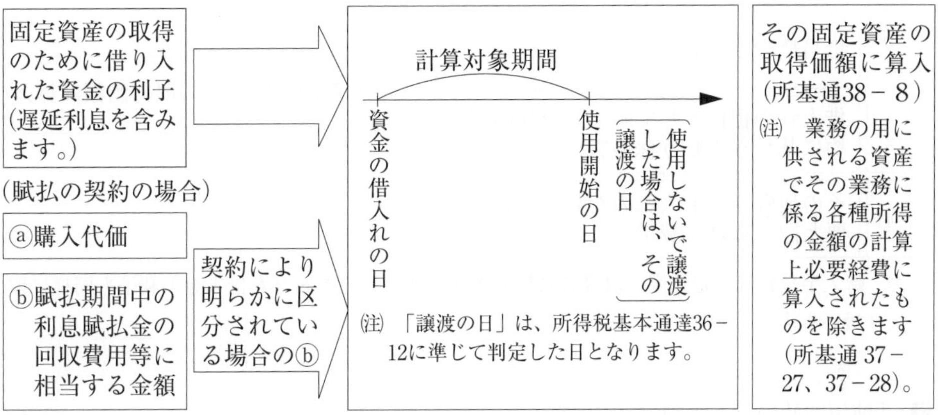

用語の解説

遅延利息

金銭消費貸借において、借主が所定の期日に弁済しない場合には、貸主は借主に対して、期日の翌日から支払日までの期間に応ずる、一定利率による損害賠償を請求することができます。この金銭消費貸借上の債務不履行による一種の損害金である賠償額を、利率と期間によって算定され、利息に類似していることから遅延利息といいます。また、損害金、遅延損害金又は遅延賠償金と称することもあります。

チェックポイント

1 固定資産の取得のために資金を借り入れる場合に支出する費用も取得価額に算入されます（所基通38－8）。

	資金を借り入れる場合に支出する費用
①	公正証書作成費用
②	抵当権設定登記費用
③	借入れの担保として締結した保険契約に基づき支払う保険料
④	その他資金の借入れのために通常必要と認められる費用

⇒ その固定資産の取得価額に算入

㈱ 購入手数料等固定資産の取得費に算入される費用に充てられた借入金の利子も同様に取り扱います。

2 「使用開始の日」の判定

使用開始の日は、資産の種類により次のように区分して判定します（所基通38－8の2）。

(1) 土地等の場合

使用の状況	使用開始の日
新たに建物、構築物等の敷地の用に供する土地	その建物、構築物等を［居住の用／事業の用／その他の用］に［供した日］
既に建物、構築物等の存する土地	その建物、構築物等を［居住の用／事業の用／その他の用］に［供した日］ ㈱ その建物、構築物等がその土地の取得の日前から、その者の居住の用、事業の用等に供されており、かつ、引き続きこれらの用に供される場合には、その土地の取得の日
建物、構築物等の施設を要しない土地	そのものの本来の目的のための［使用を開始した日］ ㈱ その土地がその取得の日前から、その者において使用されている場合には、その土地の取得の日

(2)　建物、構築物等並びに下記(3)以外の機械及び装置の場合

使用開始の日

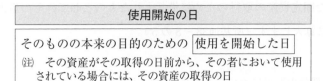

そのものの本来の目的のための 使用を開始した日

(注)　その資産がその取得の日前から、その者において使用されている場合には、その資産の取得の日

(3)　書画、骨とう、美術工芸品などその資産の性質上取得の時が使用開始の時と認められる資産の場合

使用開始の日

その 取得の日

3　使用を開始した資産について、その後に使用の中断があった場合のその中断期間中に対応する借入金の利子については、その固定資産の取得費に算入できません（所基通38－８の３）。

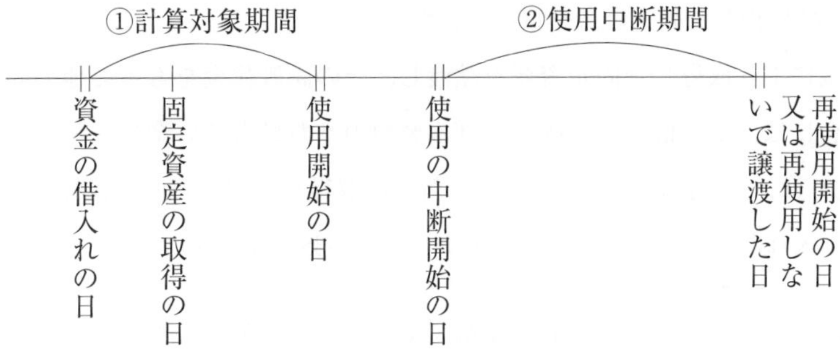

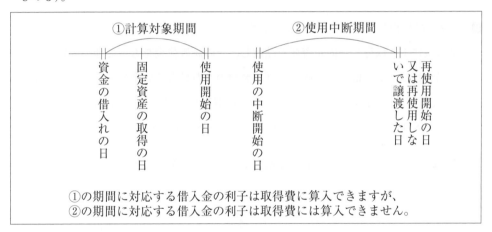

①の期間に対応する借入金の利子は取得費に算入できますが、
②の期間に対応する借入金の利子は取得費には算入できません。

4　固定資産を取得するために要した借入金を借り換えた場合には、次のようになります（所基通38－８の４）。

５　借入金で取得した固定資産の一部を譲渡した場合には、次により計算した金額を、その譲渡した固定資産の取得のために借り入れたものとして、その借入金に対応する利子を取得費に算入します（所基通38－８の５）。

〔譲渡した部分の取得に充てられた借入金の計算例〕

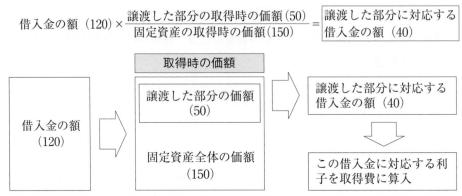

$$\text{借入金の額（120）} \times \frac{\text{譲渡した部分の取得時の価額（50）}}{\text{固定資産の取得時の価額（150）}} = \boxed{\text{譲渡した部分に対応する借入金の額（40）}}$$

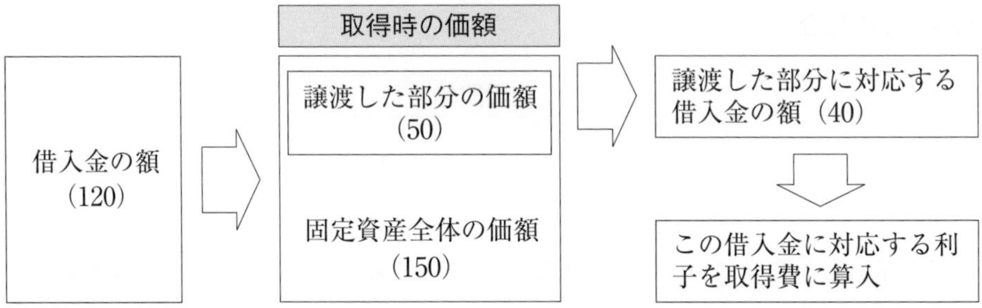

㈲　譲渡代金をもって借入金の返済を行っていない場合であっても、その譲渡した部分に対応する借入金の利子は譲渡されていない部分の取得費には算入されません。

６　借入金で取得した固定資産を買い換えた場合

借入金により取得した固定資産を譲渡し、その譲渡代金をもって他の固定資産を取得した場合には、その借入金（次に掲げる金額のうち最も低い金額に相当する金額に限られます。）は、その譲渡の日において、新たに取得した固定資産（代替資産）の取得のために借り入れたものとして取り扱います（所基通38－８の６）。

〔新たに取得した代替資産の取得のために借り入れた金額の取扱い〕

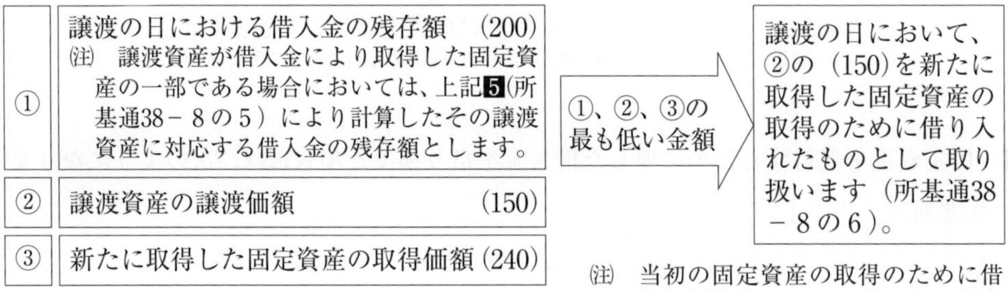

㈲　当初の固定資産の取得のために借り入れた資金については、その固定資産が取得後使用開始されたかどうかに関係なく、新たな固定資産の取得資金に充てられたものとして取り扱われます。

(注)　借入金により取得した固定資産の譲渡について、下記の譲渡所得の特例の適用を受けた場合には、図のようになります。

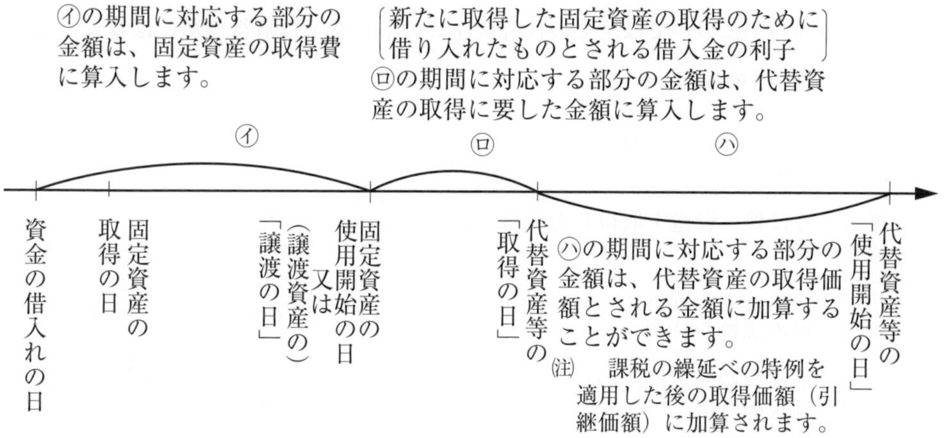

④の期間に対応する部分の金額は、固定資産の取得費に算入します。
〔新たに取得した固定資産の取得のために借り入れたものとされる借入金の利子〕
回の期間に対応する部分の金額は、代替資産の取得に要した金額に算入します。
④
回
八
資金の借入れの日
固定資産の取得の日
固定資産の使用開始の日又は（譲渡資産の）「譲渡の日」
代替資産等の「取得の日」
八の期間に対応する部分の金額は、代替資産の取得価額とされる金額に加算することができます。
(注)　課税の繰延べの特例を適用した後の取得価額（引継価額）に加算されます。
代替資産等の「使用開始の日」

〔主な譲渡所得の課税の繰延べの特例〕

収用等に伴い代替資産を取得した場合の課税の特例	措法33
交換処分等に伴い資産を取得した場合の課税の特例	措法33の２②
特定の居住用財産の買換えの場合の長期譲渡所得の課税の特例	措法36の２
特定の事業用資産の買換えの場合の譲渡所得の課税の特例	措法37
既成市街地等内にある土地等の中高層耐火建築物等の建設のための買換え及び交換の場合の譲渡所得の課税の特例	措法37の５

7　借入金で取得した固定資産を交換した場合等

借入金により取得した固定資産を交換により譲渡した場合には、交換の日におけるその借入金の残存額と交換取得資産の価額のうちいずれか低い金額は、その交換の日において、交換取得資産を取得するために借り入れたものとして取り扱います（所基通38－8の7）。

①	交換の日における借入金の残存額（100） (注)　交換譲渡資産が借入金により取得した固定資産の一部である場合においては、**5**（前ページ）（所基通38－8の5）により計算したその交換譲渡資産に対応する借入金の残存額とします。	①及び②のいずれか低い金額 ⇒	交換の日において、①の（100）を交換取得資産を取得するために借り入れたものとして取り扱います（所基通38－8の7）。
②	交換取得資産の価額　（200）		

(注)1　交換処分等に伴い資産を取得した場合の課税の特例（措法33の２）及び換地処分等に伴い資産を取得した場合の課税の特例（措法33の３）の適用を受けた場合も同様に取り扱われます。

2　交換差金を支払うために借り入れた資金は、交換取得資産を取得するために借り入れた資金となります。

8 代替資産等を借入金で取得した場合

下記の特例の適用を受けるときの代替資産とする固定資産を借入金で取得した場合のその借入金の利子については、その代替資産等の取得費又は取得価額には算入できません（所基通38－8の8）。

収用等に伴い代替資産を取得した場合の課税の特例	措法33
交換処分等に伴い資産を取得した場合の課税の特例	措法33の2②
特定の居住用財産の買換えの場合の長期譲渡所得の課税の特例	措法36の2
特定の事業用資産の買換えの場合の譲渡所得の課税の特例	措法37
既成市街地等内にある土地等の中高層耐火建築物等の建設のための買換え及び交換の場合の譲渡所得の課税の特例	措法37の5

代替資産又は買換資産の取得のために借り入れた資金の利子 → その取得した代替資産等の取得費又は取得価額には算入できません。

これらの課税の特例は、その譲渡代金をもって代替資産又は買換資産を取得した場合には、譲渡がなかったものとみなされて譲渡所得の課税が繰り延べられるものですから、例えば、譲渡代金を他に流用して代替資産等を取得するために現に借り入れた資金があるとしても、その資金の利子を代替資産の取得費等に算入することはできません。

なお、次に掲げる借入金の利子については、資産の取得との関連性が実質的に認められることから、資産の取得のために必要な支出であるとしてその代替資産等の取得費に算入することができます（所基通38－8の8ただし書）。

① 代替資産等を先行取得した場合（所基通38－8の8(1)）

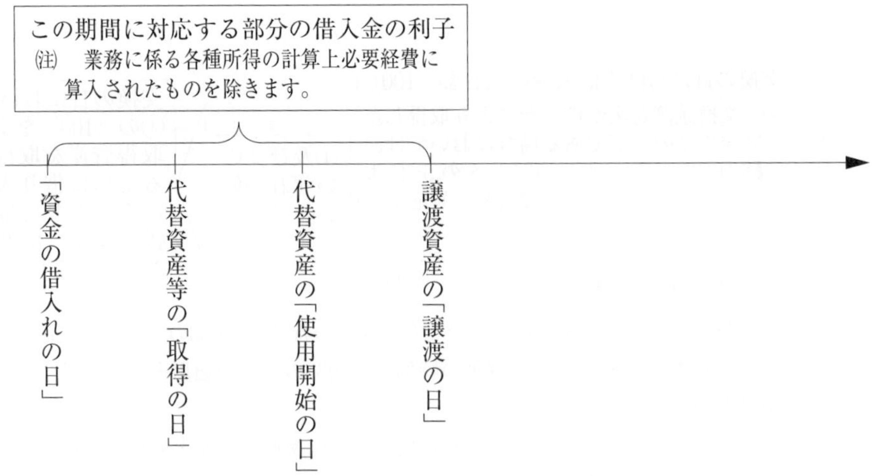

② 代替資産等の取得資金の持出しがある場合（所基通38－８の８(2)）

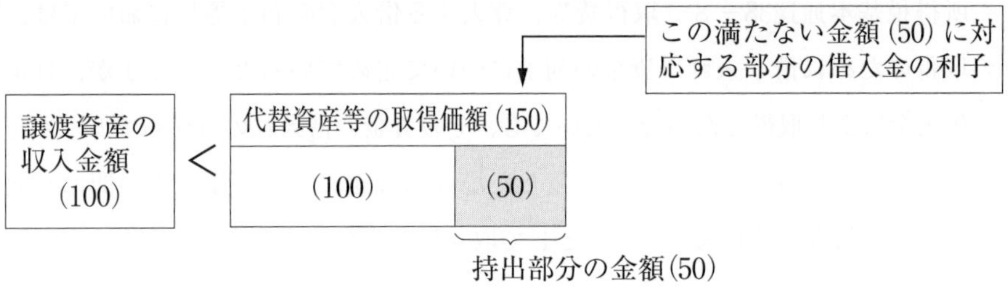

9 被相続人が借入金により取得した固定資産を相続により取得した場合

被相続人が借入金により取得した固定資産を相続人が相続又は遺贈により取得した場合において、その相続人がその借入金を承継したときは、相続開始の日において、次の①及び②のいずれか低い金額を固定資産の取得のために借り入れたものとして取り扱います（所基通38－８の９）。

① 相続人が承継した借入金の額

② 被相続人が借り入れた資金のうち相続開始日における残存額 × $\frac{\text{その固定資産のうち相続人が取得した部分の相続開始の日における価額}}{\text{その固定資産の相続開始の日における価額}}$

(注) 次のような場合には、この取扱いの適用はありません。
1 借入金により取得した固定資産であっても被相続人が既に使用開始していた場合
2 借入金により取得した固定資産を相続により取得した相続人とその借入金を承継した相続人とが異なる場合

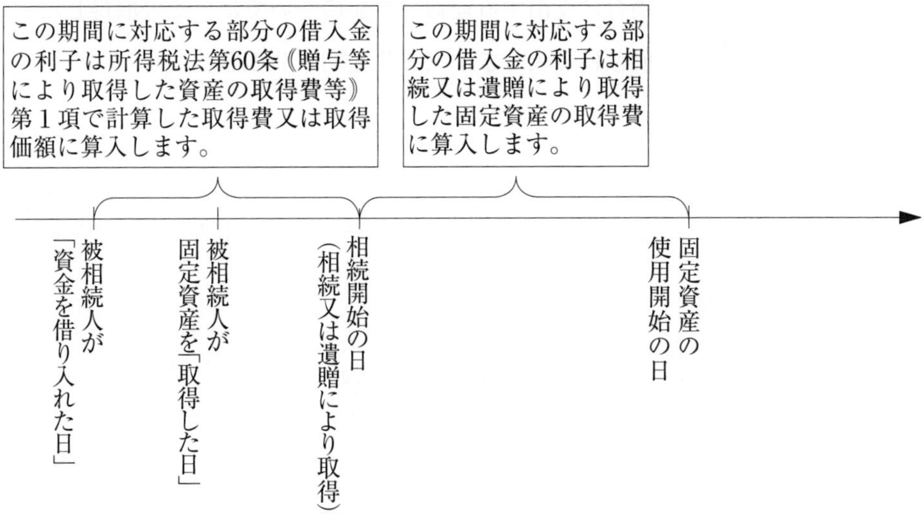

10　ゴルフ会員権を借入金により取得した場合

所得税基本通達38－８《取得費等に算入する借入金の利子等》においては、固定資産の取得のために借り入れた資金の利子について定めているところですが、ゴルフ会員権を借入金により取得した場合においても、その資金の借入れの日からプレーが可能となった日（プレーが可能となる前に譲渡した場合には譲渡の日）までの期間に対応する借入金の利子は取得費に算入するものとして取り扱われています。

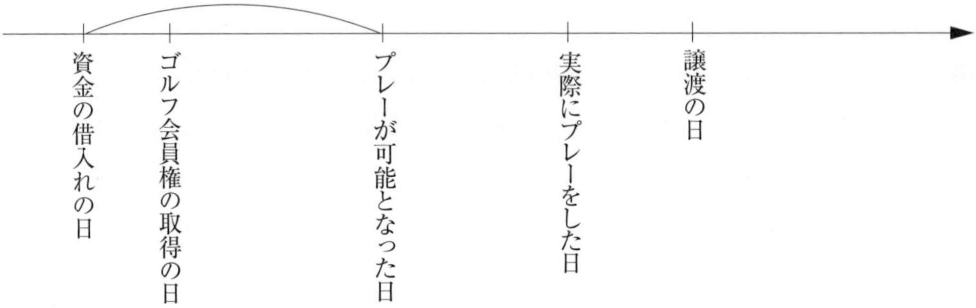

㈤　実際に会員権を行使しなかった場合又は実際に行使した日が、プレーが可能となった日（オープンの日）より後であったとしても、借入金の利子を取得費に算入できるのは、上記のとおり資金の借入れの日からプレーが可能となった日までです。

ト　契約解除に伴い支出する違約金

既に締結されている固定資産の取得に関する契約を解除して、他の固定資産を取得することとした場合に支出する違約金の額については、その取得した固定資産の取得費又は取得価額に算入します（所基通38－９の３）。

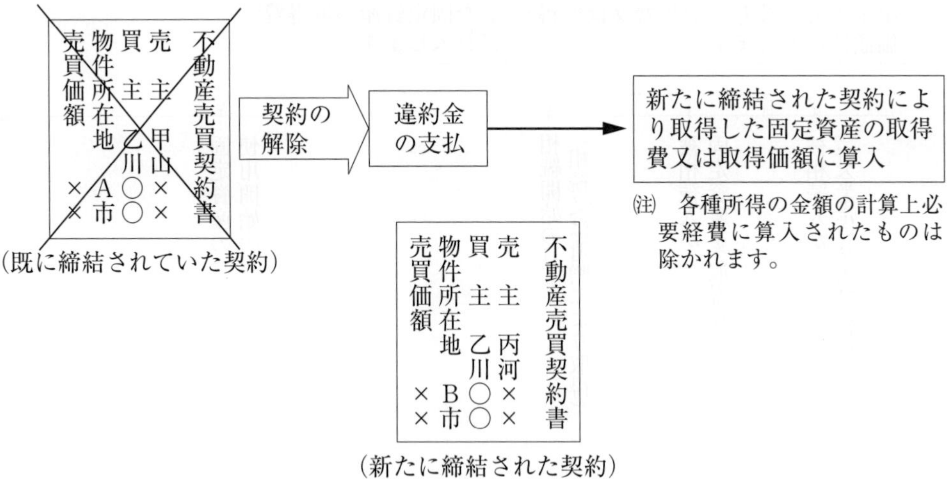

チ　一括して購入した一団の土地の一部を譲渡した場合の取得費

一括して購入した一団の土地を分割してその一部を譲渡した場合の譲渡所得の金額の計算上控除すべき取得費の額は、次によります（所基通38－１の２）。

〔面積の比による取得価額のあん分計算〕

取得価額（1,000）（一括して購入した一団の土地）× 譲渡した部分の面積(50) ／ 一括購入した一団の土地の面積(200) ＝ 譲渡した部分に係る譲渡所得の金額の計算上控除すべき取得費の額（250）

〔価額の比による取得価額のあん分計算〕

取得価額（1,000）（一括して購入した一団の土地）× 譲渡した部分の譲渡時の価額（1,000） ／ 一括購入した一団の土地の譲渡時の価額（2,000） ＝ 譲渡した部分に係る譲渡所得の金額の計算上控除すべき取得費の額（500）

㊟　譲渡した時の分割譲渡した部分の土地単価と、一括購入した一団の土地のうち残った部分の土地の単価が土地の形状や位置等の理由により、開差が生じるような場合には、この計算式を使っても差し支えないものとされています。

リ　借地権等の設定をした場合の譲渡所得に係る取得費

借地権等の設定の対価による所得が譲渡所得とされる場合（所法33①、所令79）における、その譲渡所得に係る収入金額から控除する取得費（所令174《借地権等の設定をした場合の譲渡所得に係る取得費》）は、次の区分により計算した金額となります（所基通38－４）。

	設定の区分	取得費の額の計算
(1)	その土地について初めて借地権等を設定した場合	その借地権等を設定した土地の取得費(A) × その借地権等の設定の対価として支払を受ける金額(B) ／ B＋その土地の底地としての価額(C) ㊟　算式中の「その土地の底地としての価額」が不明のときは、借地権の設定により支払を受ける地代の年額の20倍相当額をもって底地としての価額とします。
(2)	現に借地権等の設定されている土地について、更に借地権等を設定した場合	（A－現に設定されている借地権等につき上記(1)の計算により取得費とされた金額）× B ／ B＋C
(3)	先に借地権等の設定があった土地で、現に借地権等の設定されていないものについて借地権等を設定した場合 ㊟　所得税基本通達38－４の２の取扱いのある場合を除きます。	A × B ／ B＋C － 先に設定した借地権等につき上記(1)の計算により取得費とされた金額 ㊟　この算式で計算した金額が赤字となる場合には、その赤字はゼロとします。

〔設例1〕 土地について借地権等を初めて設定した場合の計算

○借地権等を設定させた土地の取得価額 600万円

○借地権等を設定させた土地の設定時における価額 3,000万円

○借地権等の設定の対価として受け取った金額 2,000万円

○借地権等を設定させた土地の底地としての価額 1,000万円

取得費の額の計算

$$600万円 \times \frac{2,000万円}{2,000万円+1,000万円}=400万円$$

〔設例2〕 設例1の土地について更に借地権等を設定した場合の計算

○借地権等の設定の対価として受け取った金額 1,200万円

○借地権等を設定させていた土地の設定時における価額 3,400万円

○借地権等を設定させた土地の底地としての価額 1,200万円

取得費の額の計算

$$(600万円-400万円) \times \frac{1,200万円}{1,200万円+1,200万円}=100万円$$

ヌ　借地権等を消滅させた後、土地を譲渡した場合等の譲渡所得に係る取得費

借地権等の設定されている土地の所有者が、対価を支払ってその借地権等を消滅させたり、あるいはその借地権等の贈与を受けたことによりその借地権等が消滅した後において、その土地を譲渡し、又はその土地に新たな借地権等の設定（その設定による所得が譲渡所得となる場合に限られます。）をした場合における譲渡所得の金額の計算上控除する旧借地権部分及び旧底地部分に係る取得費は、次の区分により計算した金額となります（所基通38－4の2）。

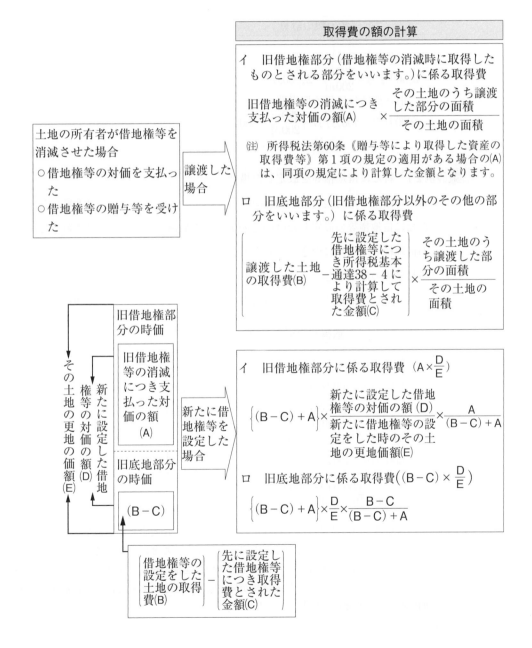

取得費の額の計算

土地の所有者が借地権等を消滅させた場合
○借地権等の対価を支払った
○借地権等の贈与等を受けた

→ 譲渡した場合

イ　旧借地権部分（借地権等の消滅時に取得したものとされる部分をいいます。）に係る取得費

$$\text{旧借地権等の消滅につき支払った対価の額(A)} \times \frac{\text{その土地のうち譲渡した部分の面積}}{\text{その土地の面積}}$$

(注)　所得税法第60条《贈与等により取得した資産の取得費等》第1項の規定の適用がある場合の(A)は、同項の規定により計算した金額となります。

ロ　旧底地部分（旧借地権部分以外のその他の部分をいいます。）に係る取得費

$$\left\{\text{譲渡した土地の取得費(B)} - \text{先に設定した借地権等につき所得税基本通達38－4により計算して取得費とされた金額(C)}\right\} \times \frac{\text{その土地のうち譲渡した部分の面積}}{\text{その土地の面積}}$$

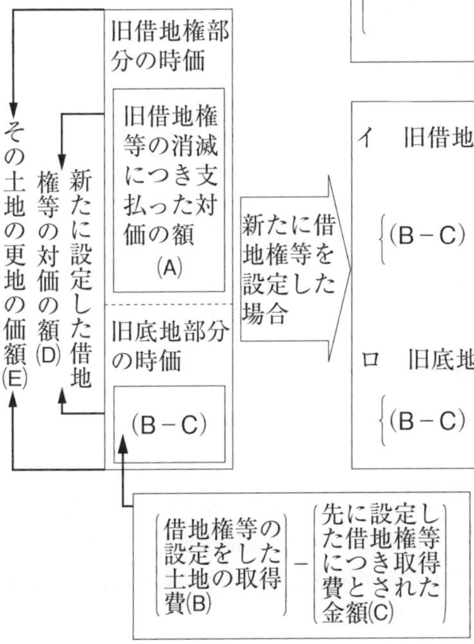

→ 新たに借地権等を設定した場合

イ　旧借地権部分に係る取得費 $\left(A \times \frac{D}{E}\right)$

$$\{(B-C)+A\} \times \frac{\text{新たに設定した借地権等の対価の額(D)}}{\text{新たに借地権等の設定をした時のその土地の更地価額(E)}} \times \frac{A}{(B-C)+A}$$

ロ　旧底地部分に係る取得費 $\left((B-C) \times \frac{D}{E}\right)$

$$\{(B-C)+A\} \times \frac{D}{E} \times \frac{B-C}{(B-C)+A}$$

〔設例1〕　譲渡した場合

○旧借地権等の消滅につき支払った対価の額(A)	2,500万円
○土地の面積	200㎡
○譲渡した面積	200㎡
○譲渡した土地の取得費(B)	600万円
○先に設定した借地権等につき取得費とされた金額(C)	400万円

(注)　設例中の(A)、(B)及び(C)は、前ページの取得費の額の計算式の略記号と同じことを示しています。設例2においても同様です。

取得費の額の計算

イ　旧借地権部分に係る取得費

$$2{,}500\text{万円}\times\frac{200\text{㎡}}{200\text{㎡}}=2{,}500\text{万円}$$

ロ　旧底地部分に係る取得費

$$(600\text{万円}-400\text{万円})\times\frac{200\text{㎡}}{200\text{㎡}}=200\text{万円}$$

〔設例2〕　新たに借地権等を設定した場合

○新たに設定した借地権等の対価(D)	2,800万円
○新たに借地権等の設定した時のその土地の更地価額(E)	3,400万円
○旧借地権等の消滅につき支払った対価の額(A)	2,500万円
○借地権等の設定をした土地の取得費(B)	600万円
○先に設定した借地権等につき取得費とされた金額(C)	400万円

取得費の額の計算

イ　旧借地権部分に係る取得費

$$\{(600\text{万円}-400\text{万円})+2{,}500\text{万円}\}\times\frac{2{,}800\text{万円}}{3{,}400\text{万円}}$$

$$\times\frac{2{,}500\text{万円}}{(600\text{万円}-400\text{万円})+2{,}500\text{万円}}\fallingdotseq 2{,}058\text{万円}$$

ロ　旧底地部分に係る取得費

$$\{(600\text{万円}-400\text{万円})+2{,}500\text{万円}\}\times\frac{2{,}800\text{万円}}{3{,}400\text{万円}}$$

$$\times\frac{(600\text{万円}-400\text{万円})}{(600\text{万円}-400\text{万円})+2{,}500\text{万円}}\fallingdotseq 164\text{万円}$$

(注)　旧借地権等の消滅につき支払った対価の額と新たに設定した借地権等の対価の額が同額の場合にあっては、借地権の内容に変更があったとは、経済的実態からみて認められません（旧借地権者から新借地権者への借地権の移転にすぎません。）。したがって、地主にとって実質的に収入金額が発生しないときにあっては、この取扱いを形式的に適用する必要はないと考えられます。

ル　底地を取得した後に土地を譲渡した場合等の譲渡所得に係る取得費

借地権等を有する者が、その借地権等に係る底地を取得した後にその土地を譲渡し又はその土地に借地権等の設定をした場合における譲渡所得の金額の計算上控除する取得費（所基通33－11の３《底地を取得した後、土地を譲渡した場合等の収入金額の区分》に定める旧底地部分及び旧借地権部分に係る取得費）は、次の区分により計算した金額となります（所基通38－４の３）。

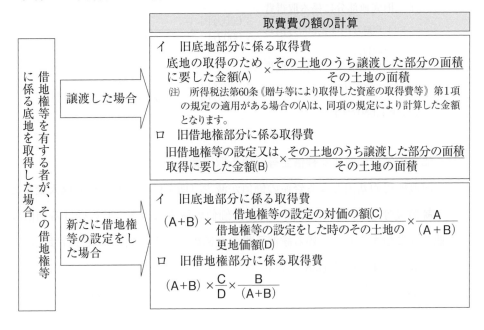

<table>
<tr><td rowspan="3">借地権等を有する者が、その借地権等に係る底地を取得した場合</td><td></td><td>取費費の額の計算</td></tr>
<tr><td>譲渡した場合</td><td>イ　旧底地部分に係る取得費
$\text{底地の取得のために要した金額(A)} \times \dfrac{\text{その土地のうち譲渡した部分の面積}}{\text{その土地の面積}}$
(注)　所得税法第60条《贈与等により取得した資産の取得費等》第1項の規定の適用がある場合の(A)は、同項の規定により計算した金額となります。
ロ　旧借地権部分に係る取得費
$\text{旧借地権等の設定又は取得に要した金額(B)} \times \dfrac{\text{その土地のうち譲渡した部分の面積}}{\text{その土地の面積}}$</td></tr>
<tr><td>新たに借地権等の設定をした場合</td><td>イ　旧底地部分に係る取得費
$(A+B) \times \dfrac{\text{借地権等の設定の対価の額(C)}}{\text{借地権等の設定をした時のその土地の更地価額(D)}} \times \dfrac{A}{(A+B)}$
ロ　旧借地権部分に係る取得費
$(A+B) \times \dfrac{C}{D} \times \dfrac{B}{(A+B)}$</td></tr>
</table>

〔設例１〕　譲渡した場合

○底地の取得のために要した金額(A)	1,600万円
○旧借地権等の設定に要した金額(B)	2,800万円
○土地の面積	200㎡
○譲渡した面積	200㎡

(注)　設例中の(A)～(D)は、上記の取得費の額の計算式の略記号と同じことを示しています。設例２においても同様です。

取得費の額の計算

イ　旧底地部分に係る取得費

$$1{,}600\text{万円} \times \frac{200㎡}{200㎡} = 1{,}600\text{万円}$$

ロ　旧借地権部分に係る取得費

$$2{,}800\text{万円} \times \frac{200㎡}{200㎡} = 2{,}800\text{万円}$$

〔設例2〕　新たに借地権等の設定をした場合

○底地の取得のために要した金額(A)	1,600万円
○旧借地権等の設定に要した金額(B)	2,800万円
○借地権等の設定の対価の額(C)	3,000万円
○借地権等の設定をした時のその土地の更地価額(D)	5,000万円

取得費の額の計算

イ　旧底地部分に係る取得費

$$(1{,}600\text{万円}+2{,}800\text{万円})\times\frac{3{,}000\text{万円}}{5{,}000\text{万円}}\times\frac{1{,}600\text{万円}}{(1{,}600\text{万円}+2{,}800\text{万円})}$$

＝960万円

ロ　旧借地権部分に係る取得費

$$(1{,}600\text{万円}+2{,}800\text{万円})\times\frac{3{,}000\text{万円}}{5{,}000\text{万円}}\times\frac{2{,}800\text{万円}}{(1{,}600\text{万円}+2{,}800\text{万円})}$$

＝1,680万円

ヲ　価値の減少に対する補償金等に係る取得費

譲渡所得の基因となる資産の価値が減少（所令95《譲渡所得の収入金額とされる補償金等》）したことに伴い、その価値の減少につき一時に受ける補償金その他これに類するものに係る譲渡所得の金額の計算上控除する取得費は、次のように計算します（所基通38－5）。

課税原因の発生	収入金額	取得費の計算
資産の価値の減少（譲渡所得の基因となる資産）（所令95）	一時に受ける補償金（その他、これらに類するものを含みます。）	$\left[\text{その価値の減少が生じた直前におけるその資産の取得費}\right]\times\dfrac{\text{補償金等の額}}{\left[\text{補償金等の額}\right]+\left[\text{その価値の減少があった直後におけるその資産の価額}\right]}$

ワ　分与財産の取得費

離婚に伴って、財産分与により取得した財産（民法第768条《財産分与》及び同法第749条、第771条において準用する場合を含みます。）

財産分与請求権の額　＝　分与財産の時価の額

⇒

取得費

分与を受けた時の価額（時価）により取得したこととなります（所基通38－6）。

カ　代償分割に係る資産の取得費

遺産を相続した者の資産の取得費 （代償分割により債務を負担した者）	代償分割債権の弁済として取得した者のその資産の取得費（代償分割の債務の履行として資産の取得者）
代償分割により負担した債務に相当する金額は、その代償分割に係る相続により取得した資産の取得費に算入されません（所基通38－7⑴）。 ㈥1　代償分割により負担した債務に相当する金額はその相続人の相続税の課税価格の計算上控除されます。 2　代償分割によって負担した債務の履行として、譲渡所得の課税対象となる資産を移転させた場合には、その移転の時の資産の時価が収入金額となります（所基通33－1の5）。	代償分割の債務の履行のあった時の資産の価額（時価）により取得したことになります（所基通38－7⑵）。

ヨ　借地権の取得費

借地権の取得費	土地の借地契約の時において、借地権の対価として支払った金額（所基通38－12） ㈥　借地契約とは、土地の賃貸借契約又は転貸借契約をいい、これらの契約の更新及び更改を含みます。
	土盛り、地ならし、埋立て等の整地に要した費用
	借地契約に当たり支出した手数料その他の費用
	建物等の増改築をするに当たり土地の所有者又は借地権者に対して支出した費用

（参考）

借地権と建物等を同時に取得した場合の区分

建物等の価額のうち借地権の対価として認められる部分の金額

（借地権価額の計算の例）

①　その土地の存する地域における一般的な借地権割合で計算

土地の更地価額 × 借地権割合

②　購入価額 － 建物の販売価額

チェックポイント

借地権の対価として認められる部分の金額が建物等の購入代価のおおむね10％以下の金額であるときは、強いて区分計算はしないで、全て建物等の取得費とすることができます（所基通38－12ただし書）。

タ 治山工事等の費用

区分		取扱い
天然林を人工林に転換するために必要な地ごしらえのために支出した金額	⇒	林地の取得費に算入します（所基通38－13）。 ㊟ 構築物の取得費に算入されるものを除きます。
治山の工事のために支出した金額	⇒	

チェックポイント

本来、植林のために要した地ごしらえ等の費用にあっては、山林の植林費としてその山林を伐採又は譲渡した場合の山林所得の計算上において必要経費として控除されるものですが、治山工事等の費用は、その林地の改良費に当たるとしてその林地の取得費とされたものです。

レ 土石等の譲渡に係る取得費

土地の地表又は地中にある土石、砂利等（この第1において、以下「土石等」といいます。）を譲渡した場合の譲渡所得の金額の計算上控除する取得費は、次に掲げる場合の区分に応じて計算します（所基通38－13の2）。

区分		取得費
土石等の譲渡後のその土地の価額 ≧ その土地の取得費に相当する金額	⇒	土石等の譲渡に係る取得費はないものとします。
土石等の譲渡後のその土地の価額 ＜ その土地の取得費に相当する金額	⇒	その土地の取得費のうち、土石等の譲渡後のその土地の価額を超える部分の金額 ［その土地の取得費 ㊟（土石等の譲渡前のその土地の価額（①） ＜ その土地の取得費（②） の場合は①の価額となります。）］ － ［土石等の譲渡後のその土地の価額］

㊟「土石等の譲渡後のその土地の価額」について、土石等の譲受者が、土石等の採取後において、その土地の原状回復を行う場合には原状回復後のその土地の価額をいいます。

チェックポイント

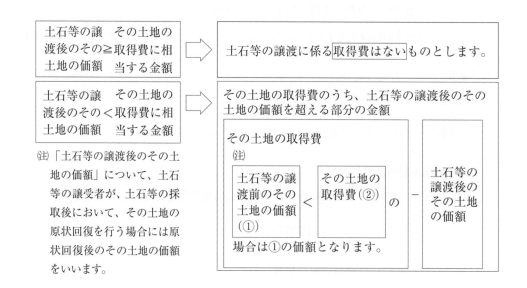

その土地の所有者が土石等の譲渡後の土地について、原状回復等の工事を行った場合には、その原状回復等に要した費用の額はその土地の取得費に算入します。

ソ　借家権の取得費

借家権の譲渡に係る譲渡所得の金額の計算上控除する取得費の額は、次の算式により計算します（所基通38－15）。

〔算式〕

$$\boxed{\text{借家権の取得に当たり支払った 権利金の額}} - \boxed{\text{権利金の額}} \times \frac{\text{借家権を取得した日から譲渡する日までの期間(A)}}{\text{権利金の支出の効果の及ぶ期間(B)}}$$

(注) 1　$\frac{A}{B}$が1を超えるときは、1とします。

2　算式中の権利金の支出の効果の及ぶ期間(B)については、所得税基本通達50－3に定める次の表の償却期間によります。

該当事項	種　類	項　目	償却期間
所得税法施行令第7条第1項第3号ロ《資産を賃借等するための権利金等》に掲げる費用	建物を賃借するために支出する権利金等（所基通2－27の(1)参照）	(1)　建物の新築に際しその所有者に対して支払った権利金等で、その権利金等の額がその建物の賃借部分の建設費の大部分に相当し、かつ、実際上その建物の存続期間中賃借できる状況にあると認められるものである場合	その建物の耐用年数の70％に相当する年数
		(2)　建物の賃借に際して支払った(1)以外の権利金等で、契約や慣習等によってその明渡しに際して借家権として転売できることになっているものである場合	その建物の賃借後の見積残存耐用年数の70％に相当する年数
		(3)　(1)及び(2)以外の権利金等である場合	5年（契約の賃借期間が5年未満であり、かつ、契約の更新をする場合に再び権利金等の支払を要することが明らかであるものについては、その賃借期間の年数）

チェックポイント

譲渡所得の基因となる資産が、家屋その他使用又は期間の経過により減価する資産である場合における事業所得等を生ずべき業務の用以外の用（例えば、自己の居住の用）に供されていた期間の減価の額の計算は、所得税法施行令第85条《非事業用資産の減価の額の計算》の規定によることとされています（所法38②二）。したがって、家屋等については、減価償却資産の耐用年数等に関する省令で定める耐用年数に1.5を乗じた年数を基に計算することとなります。

しかし、借家権（建物賃借権一債権）はその性格から、家屋等と同様に取り扱うべきものではなく、また事業所得等を生ずべき業務の用とそれ以外の用とで償却期間を異にすることには理由がないので、所得税法施行令第85条の規定を適用することはできません。

そこで、所得税基本通達38－15では、借家権の取得費についても用途を問わず、一律に同通達50－３に定める償却期間を基として計算することとしています。

⑵　償却費相当額

建物等や機械器具などのように、使用又は期間の経過によって価値が減少する資産である場合の取得費は、次のようになります（所法38②、所令85）。

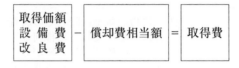

取得価額 設 備 費 改 良 費	－	償却費相当額	＝	取得費

イ　平成19年4月1日以後に取得する減価償却資産の償却費相当額

事業などに使用されていた資産の場合

不動産所得 / 事業所得 / 山林所得 / 雑所得 ⇨ 各所得を生ずる業務の用に供される資産 ⇨

償却費相当額

1　定額法（所令120の2①一イ(1)）

償却費の額	=	取得価額	×	定額法の償却率

※　耐用年数経過時点において1円まで償却します。

※　年の中途で事業の用に供した場合などには「本年中に事業に使用していた月数／12」を乗じます。

2　定率法（所令120の2①一イ(2)、②一、二）

(1)「調整前償却額≧償却保証額」の場合

償却費の額	=	期首未償却残高	×	定率法の償却率

※　年の中途で事業の用に供した場合などには「本年中に事業の用に使用していた月数／12」を乗じます。

(2)「調整前償却額＜償却保証額」の場合

償却費の額	=	改訂取得価額	×	改訂償却率

※　耐用年数経過時点において1円まで償却します。

※　年の中途で事業の用に供した場合などには「本年中に事業の用に使用していた月数／12」を乗じます。

〔用語の説明〕

未償却残高	=	取得価額	−	償却費の累積額

償却費の累積額：償却費の額として各年分の不動産所得、事業所得、山林所得又は雑所得の金額の計算上必要経費に算入された金額の累積額

調整前償却額	=	未償却残高	×	定率法の償却率

※　1年目は、取得価額×定率法の償却率

償却保証額	=	取得価額	×	保証率

改定取得価額：最初に「調整前償却額＜償却保証額」となる年の期首未償却残高

「定額法の償却率」「定率法の償却率」「保証率」「改定償却率」は耐用年数省令別表八に定められています。

なお、平成19年３月31日以前に取得した減価償却資産の償却費相当額は、次のとおりです。

事業などに使用されていた資産の場合

不動産所得／事業所得／山林所得／雑所得 ⇒ 各所得を生ずる業務の用に供される資産 ⇒

償却費相当額

譲渡時までの減価償却費の累積額

事業などの用に供していた期間内の各年分の所得の金額の計算上必要経費に算入された償却費の額の累積額となります。

1　旧定額法の場合（毎年の償却費が同額となります（所令120①一イ(1))。）

（取得価額、設備費、改良費の合計額(A) － 残存価額 A×10%）× その資産の耐用年数に応ずる旧定額法の償却率 × 経過総月数／12(注) ＝ 償却費相当額の累積額

(注)「経過総月数」に１か月未満の端数があるときは、１か月とします。

2　旧定率法（償却方法を届け出て選定）の場合（償却費が毎年一定の割合で逓減していきます（所令120①一イ(2))。）

1年目

A × その資産の耐用年数に応ずる旧定率法の償却率(B) ＝ その年分の償却費の額(C)

2年目

前年末の未償却残高（A－C）×B＝ その年分の償却費の額(D)
(注)　3年目は（A－C－D）

３年目以降についても２年目に準じて計算します。

償却費の額の累積額は、C＋D＋……の合計額となります。（償却費相当額の累積額）

ロ　減価償却資産

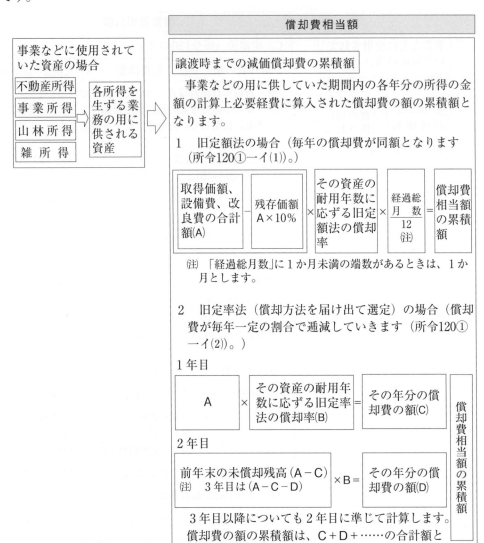

減価償却の対象とされる減価償却資産とは、次の業務等の用に供される資産をいいます（所法２①十九、所令６）。

不動産所得／雑所得 の基因となる資産

不動産所得／事業所得／山林所得／雑所得 を生ずる業務の用に供される資産

区分		範囲
減価償却資産	有形減価償却資産（所令6一～七）	①　建物及びその附属設備（暖冷房設備、照明設備、通風設備、昇降機その他建物に附属する設備をいいます。） ②　構築物（ドック、橋、岸壁、桟橋、軌道、貯水池、坑道、煙突その他土地に定着する土木設備又は工作物をいいます。） ③　機械及び装置　④ 船舶　⑤ 航空機 ⑥　車両及び運搬具 ⑦　工具、器具及び備品（観賞用、興行用その他これらに準ずる用に供する生物を含みます。）
	無形減価償却資産（所令6八）	⑧　鉱業権（租鉱権及び採石権その他土石を採掘し又は採取する権利を含みます。）、漁業権（入漁権を含みます。）、ダム使用権、水利権、特許権、実用新案権、意匠権、商標権、ソフトウエア、育成者権、営業権、専用側線利用権、鉄道軌道連絡通行施設利用権、電気ガス供給施設利用権、水道施設利用権、工業用水道施設利用権、電気通信施設利用権、樹木採取権
	生物（所令6九）	⑨　次に掲げる生物（⑦に掲げる生物を除きます。） ○牛、馬、豚、綿羊及びやぎ ○かんきつ樹、りんご樹、ぶどう樹、梨樹、桃樹、桜桃樹、びわ樹、くり樹、梅樹、柿樹、あんず樹、すもも樹、いちじく樹、キウイフルーツ樹、ブルーベリー樹及びパイナップル ○茶樹、オリーブ樹、つばき樹、桑樹、こりやなぎ、みつまた、こうぞ、もう宗竹、アスパラガス、ラミー、まおらん及びホップ

減価償却の対象とされない資産とは、次のようなものをいいます。

減価償却の対象とされない資産	少額の減価償却資産（所令138） ①　使用可能期間が１年未満 ②　取得価額が10万円未満の減価償却資産
	使用又は時の経過によって価値の減少（減耗）しない資産（所令６） ①　土地等（土地の上に存する権利を含みます。） ②　美術品等（所基通２－14） ③　貴金属の素材の価額が大部分を占める固定資産（所基通２－15） ④　電話加入権
	棚卸資産及び建設（製作）中の資産（所基通２－17）並びに現に稼働していない資産（所基通２－16）

チェックポイント

❶　非事業用資産

非事業用資産が所得税法施行令第６条第１号から第７号までに掲げる減価償却資産である場合の計算は、従前と同様です。

したがって、その非事業用資産の取得価額の95％に相当する金額を限度に計算することとなります。

上記以外（非事業用）の資産の場合	⇨	次の算式で計算した金額

取得価額 設備費 改良費の 合計額	×0.9×	譲渡資産の耐用年数の1.5倍の年数に対応する旧定額法の償却率	×	経過年数	＝	償却費相当額

㊟1　「耐用年数の1.5倍の年数」に1年未満の端数がある場合には、切り捨てて計算します。
2　「経過年数」の6か月以上は1年とし、6か月未満の端数は切り捨てて計算します。

2　平成19年3月31日以前に取得し事業などに使用されていた減価償却資産の償却費の計算

①　減価償却資産の償却方法

減価償却資産の償却費（所法49《減価償却資産の償却費の計算及びその償却の方法》①）の額の計算上、使用する償却の方法は減価償却資産の区分に応じて、次のようになります（所令120～125）。

減価償却資産の区分＼償却の方法		届出により選定できる償却の方法	法定償却方法（届出により選定しなかった場合に適用されます。）	特別な償却の方法（承認を受けた場合に採用できる償却方法）
イ	平成10年3月31日以前に取得した建物	旧定額法 旧定率法 （所令120①一イ 120①一イ）	旧定額法 （所令125一）	特別な償却方法 （所令120の3①）
ロ	イ以外の建物	／	旧定額法 （所令120①一ロ）	／
ハ	建物の附属設備、構築物、機械及び装置等の資産（鉱業用減価償却資産及び国外リース資産を除きます。）	旧定額法 旧定率法 （所令120①二）	旧定額法 （所令125一）	特別な償却方法 （所令120の3①）
上記の資産のうち	取替資産 （所規24の2）			取替法 （所令121①）
上記の資産のうち	特別な償却率によることができる減価償却資産（所規26）			特別な償却率によって償却する方法 （所令122①）
ニ	鉱業用減価償却資産（鉱業権及び国外リース資産を除きます。） ㊟　鉱業用減価償却資産とは、鉱業経営上直接必要な減価償却資産で、鉱業の廃止によって著しくその価値が減少するものをいいます。	旧定額法 旧定率法 旧生産高比例法 （所令120①三）	旧生産高比例法 （所令125一）	特別な償却方法 （所令120の3①）

ホ	無形固定資産（所令6八）（鉱業権及び営業権（平成10年3月31日以前に取得したもの）を除きます。）及び生物（所令6九）	／	旧定額法（所令120①四）	特別な償却方法（所令120の3①）
へ	鉱業権	旧定額法 旧生産高比例法（所令120①五）	旧生産高比例法（所令125一）	
ト	国外リース資産（リース取引の目的とされているもの）	／	旧国外リース期間定額法（所令120①六）	／

② 償却費の計算方法

償却費の計算方法を償却方法の区分別に示すと次のとおりです。

償却方法		計算方法等
イ	旧定額法（所令120①一イ(1)）	毎年の償却費が同額となるように、次の算式で計算する方法です。 ｛（取得価額）－（残存価額）｝×（その資産の耐用年数について定められている旧定額法による償却率）＝（その年分の償却費の額）
ロ	旧定率法（所令120①一イ(2)）	初期に償却費を多くし、年の経過に従って償却費が一定の割合で逓減するように、次の算式で計算する方法です。 （前年末の未償却残高）×（その資産の耐用年数について定められている旧定率法による償却率）＝（その年分の償却費の額）
ハ	旧生産高比例法（所令120①三ハ）	次の算式で計算する方法です。 $\dfrac{（取得価額）－（残存価額）}{（その資産の耐用年数の期間内におけるその資産の属する鉱区の採掘予定数量）}$×（その年の採掘数量）＝（その年分の償却費の額）
ニ	営業権の償却方法（所令120①四）	営業権の償却方法は旧定額法（5年均等償却）となります。 (注)　平成10年3月31日以前に取得した営業権の償却方法は、次のいずれかの方法となります（旧所令120①六）。 (イ)　任意に償却する方法 取得の日の属する年以後の各年において、任意にその取得価額の範囲内の金額で償却する方法です。 (ロ)　均等に償却する方法 取得価額の$\frac{1}{5}$に相当する金額を、各年分の償却費として償却する方法です。
ホ	特別な償却方法（所令120の3①）	減価償却資産の区分ごとに定められている償却方法に代え、納税地の所轄税務署長の承認を受けた方法です（トによるものは除きます。）。
へ	取替法（所令121②）	取替法は、取得価額の50％に達するまでは旧定額法、旧定率法、定額法又は定率法のうちのいずれかの方法によって償却費を計算し、使用に耐えなくなった資産を取り替えたとき、その取り替えた新たな資産の取得価額を償却費の額に合計する方法です。
ト	特別な償却率による償却方法（所令122①）	取得価額に、納税地の所轄国税局長に申請してその認定を受けた償却率を乗じて計算した金額を、その年分の償却費とする方法です。

※　平成19年3月31日以前に取得をした減価償却資産の償却率表は、減価償却資産の耐用年数等に関する省令の別表第7に、残存割合表は、同省令の別表第十一にあります。

③　耐用年数

耐用年数は、減価償却資産の耐用年数等に関する省令（この第1において、以下「耐用年数省令」といいます。）の別表第一から別表第六及び租税特別措置法施行令の別表に、減価償却資産の種類、構造又は用途及び細目ごとに区分してそれぞれ定められているものを使用します。

種　類		区　分
有形減価償却資産	機械及び装置以外のもの	別表第一
有形減価償却資産	機械及び装置	別表第二
無形減価償却資産		別表第三
生　物		別表第四
公害防止用減価償却資産		別表第五
開発研究用減価償却資産		別表第六
登録ホテル業等の減価償却資産		措令別表

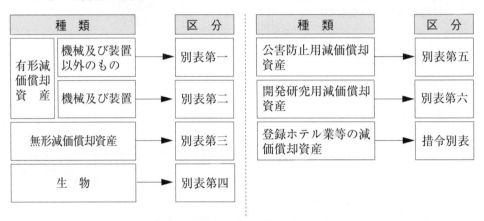

㊟1　一つの資産が二以上の用途に共用されている場合の用途の判定は、その使用目的、使用状況等を勘案して合理的に判定します（耐通1－1－1）。
　2　資本的支出に係る部分についても、本体と同じ耐用年数を適用します（耐通1－1－2）。

また、特殊な場合における耐用年数の取扱いは、それぞれ次のとおりです。

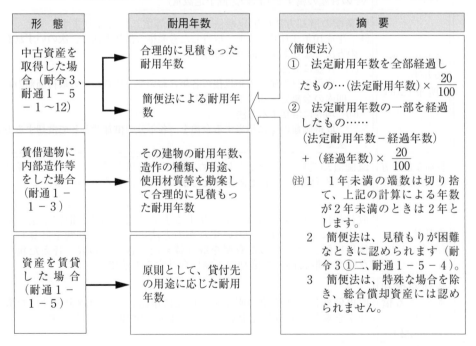

形　態	耐用年数	摘　要
中古資産を取得した場合（耐令3、耐通1－5－1～12）	合理的に見積もった耐用年数 簡便法による耐用年数	〈簡便法〉 ①　法定耐用年数を全部経過したもの…(法定耐用年数)×$\frac{20}{100}$ ②　法定耐用年数の一部を経過したもの…… (法定耐用年数－経過年数)＋(経過年数)×$\frac{20}{100}$ ㊟1　1年未満の端数は切り捨て、上記の計算による年数が2年未満のときは2年とします。 2　簡便法は、見積もりが困難なときに認められます（耐令3①二、耐通1－5－4）。 3　簡便法は、特殊な場合を除き、総合償却資産には認められません。
賃借建物に内部造作等をした場合（耐通1－1－3）	その建物の耐用年数、造作の種類、用途、使用材質等を勘案して合理的に見積もった耐用年数	
資産を賃貸した場合（耐通1－1－5）	原則として、貸付先の用途に応じた耐用年数	

④　残存価額

残存価額は、減価償却資産の種類及び細目ごとに、取得価額に対する一定の割合で次のように定められています（所令129、耐用年数省令６、別表11）。

種　類		残存価額
有形減価償却資産（ソフトウエアを除きます。）		取得価額の10％相当額
無形減価償却資産、ソフトウエア、鉱業権、坑道		０（残存価額なし）
生物（器具及び備品に該当するものを除きます。）	牛（細目ごとに）	取得価額の10％～50％相当額と10万円のいずれか少ない金額
	馬（細目ごとに）	取得価額の10％～30％相当額と10万円のいずれか少ない金額
	豚	取得価額の30％相当額
	綿羊及びやぎ	取得価額の５％相当額
	果樹その他の植物	取得価額の５％相当額

⑤　償却可能限度額

残存価額とは別に、償却可能限度額が減価償却資産の種類等ごとに次のように定められています（所令134、134の２）。

種類等		償却可能限度額
原　則（所令134①一イロハ）	有形減価償却資産（坑道を除きます。）	取得価額の95％相当額
	無形減価償却資産及び坑道	取得価額相当額
	生物（器具及び備品に該当するものを除きます。）	（取得価額－残存価額）相当額
特　例（所令134の２①②）	堅ろう建築物 （①　鉄骨鉄筋コンクリート造、鉄筋コンクリート造、れんが造、石造又はブロック造の建物 ②　鉄骨鉄筋コンクリート、鉄筋コンクリート造、コンクリート造、れんが造、石造又は土造の構築物又は装置）	$\dfrac{取得価額\times\frac{5}{100}-1円}{\left(耐用年数省令に定めるその資産の耐用年数\right)\times\frac{3}{10}}$ (注)１　（取得価額－１円）相当額を超えることはできません。 ２　耐用年数の10分の３の年数に１年未満の端数がある場合には、１年とします。

⑥　非事業用資産を業務の用に供した場合の償却費の計算

減価償却資産	非事業用資産		事業用資産
家屋等の使用又は期間の経過により減価する資産	不動産所得 事業所得 山林所得 雑所得 を生ずべき業務の用に供されていない資産	転用 →	その業務の用に供した場合

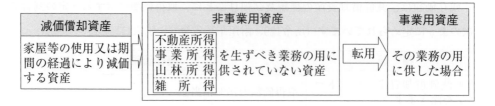

業務の用に転用した後のその資産の償却費は、その資産を業務の用に供した日に譲渡があったものとみなして計算した転用の日における未償却残額を基として計算します。

転用時における未償却残額の計算

昭和28年1月1日以後に取得した資産を転用した場合（所令135）

資産の当初の取得価額、設備費、改良費の合計額(A) － 転用の日までの償却費相当額〔A×0.9×法定耐用年数の1.5倍した年数による旧定額法の償却率（㊟　1年未満の端数は切り捨てます。）×経過年数（㊟　6か月以上は1年とし、6か月未満の端数は切り捨てます。）〕＝転用の日における未償却残額

昭和27年12月31日以前に取得した資産を転用した場合（所令136）

上記算式中のAを次のように読み替えて、上記の算式に準じて計算します。

①　昭和28年1月1日現在の相続税評価額
②　資産再評価法による再評価額
③　実際の取得価額 ＋ 昭和27年12月31日までに支出した設備費、改良費の合計額 － 昭和27年12月31日までの償却費相当額

㊟　①、②、③のうちいずれか多い金額

＋ 昭和28年1月1日以後に支出した設備費、改良費の合計額

3　特別償却等

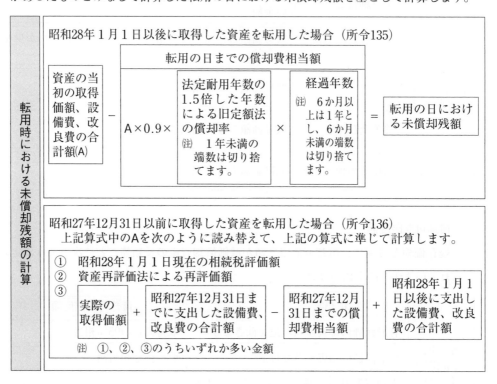

償却費の計算の特例としては、上記のほか、通常の使用時間を超えて使用される機械及び装置の償却費の特例（所令133）や、租税特別措置法における特別措置としての特別償却、割増償却の特例（措法11～15）があります。

2　取得費の特例等

(1)　昭和27年12月31日以前に取得した資産（土地建物等を除く。）の取得費の計算

昭和27年12月31日以前に取得した資産（土地建物等を除きます。）の取得費は、次によります（所法61②～④、所令172、173）。

なお、土地建物等以外の資産（通常、譲渡所得の金額の計算上控除する取得費がないものとされる土地の地表又は地中にある土石等、借家権、漁業権等を除きます。）を譲渡した場合の取得費についても、土地建物等の場合と同様に譲渡収入金額の５％に相当する金額によっても差し支えないこととされています（所基通38－16）。

譲渡所得の基因となる資産で使用又は期間の経過により減価しない場合（所法61②、所令172①②）	〔①　昭和28年１月１日現在の相続税評価額 ②　資産再評価法による再評価額 ③　（実際の取得価額）＋（昭和27年12月31日までに支出した設備費、改良費の合計額） 上記①から③のうちいずれか多い金額〕 ＋ 〔昭和28年以後に支出した設備費、改良費の合計額〕
譲渡所得の基因となる資産で使用又は期間の経過により減価する場合（所法61③、所令172①～③）	〔①　昭和28年１月１日現在の相続税評価額 ②　資産再評価法による再評価額 ③　（実際の取得価額）＋（昭和27年12月31日までに支出した設備費改良費の合計額）－ 昭和27年12月31日までの償却費相当額 上記①から③のうちいずれか多い金額〕 ＋ 〔昭和28年以後に支出した設備費、改良費の合計額〕 － 〔昭和28年１月１日から譲渡の日までの期間の償却費相当額〕
有価証券の場合（所法61④、所令173）	〈上場株式〉 $\dfrac{\text{昭和27年12月中における毎日の公表最終価格の合計額}}{\text{昭和27年12月中の日数（公表最終価格のない日を除く。）}}$ 〈気配相場のある株式又は出資〉 $\dfrac{\text{昭和27年12月中における毎日の最終の気配相場の価格の合計額}}{\text{昭和27年12月中の日数（最終の気配相場のない日を除く。）}}$ 〈非上場株式〉 $\dfrac{\text{（昭和28年１月１日現在における発行法人の資産の価額の合計額）－（昭和28年１月１日現在における負債の額の合計額）}}{\text{（発行済株式又は出資の総額）}}$

(注)　資本又は出資の増加により権利落ちがある場合の公表最終価格等（公表最終価格及び最終の気配相場の価格をいいます。）は次の区分により計算します（所令173二）。

昭和27年12月31日現在で新株の発行がある場合	昭和27年12月31日現在で新株の発行がない場合
権利落ち前の公表最終価格等－新株の権利の価額	権利落ち以後の公表最終価格等＋新株の権利の価額

⑵　土地建物等の取得費の特例

昭和27年12月31日以前から引き続き所有していた土地建物等の場合には、次のような取得費の特例があります（措法31の４）。

取得費の特例			
土地等の場合		建物等の場合	
①	収入金額×５％相当額	①	収入金額×５％相当額
②	取得価額 改　良　費　の合計額 ※①と②のいずれか多い金額	②	取得価額 設　備　費 改　良　費 の合計額　－　取得の日から譲渡の日までの償却費相当額 ※①と②のいずれか多い金額

チェックポイント

❶　昭和28年１月１日以後（短期譲渡所得も含みます。）に取得した土地建物等についても概算取得費控除（収入金額×５％相当額）の適用があります（措通31の４－１）。

❷　概算取得費控除を適用した建物等については、償却費相当額を控除する必要はありません。

❸　配偶者居住権又は配偶者居住権の目的となっている建物の敷地の用に供される土地をその配偶者居住権に基づき使用する権利が消滅した場合における譲渡所得の金額の計算上収入金額から控除する取得費についても、概算取得費控除（収入金額×５％相当額）の適用があります（所基通60－５）。

(3)　相続財産を譲渡した場合の取得費の特例

相続又は遺贈により取得した資産を相続開始のあった日の翌日から相続税の申告書の提出期限の翌日以後３年以内に譲渡（譲渡所得の基因となる不動産等の貸付けを含みます。以下、この(3)において同じです。）した場合には、その譲渡した資産の取得費については、一般の方法により計算した取得費に次の算式により算定した金額を加算することができます（措法39、措令25の16）。

［資産を譲渡した者の確定相続税額］×［譲渡資産の相続税の課税価格の計算の基礎に算入された価額］／［資産を譲渡した者の相続税の課税価格］

［譲渡資産の収入金額］－（［一般の方法により計算した譲渡資産の取得費］＋［譲渡費用］）

いずれか低い金額をその譲渡した資産の取得費に加算します。

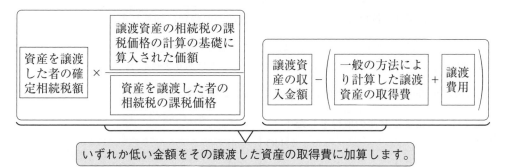

ただし、平成26年12月31日以前に開始した相続又は遺贈により取得した財産を譲渡した場合には、次の①及び②の算式によります（平成26年改正法附則63①）。

①　譲渡をした資産が土地等（土地又は土地の上に存する権利をいい、棚卸資産、雑所得の基因となる土地及び土地の上に存する権利を除きます。以下②において同じ。）である場合の加算額

［資産を譲渡した者の確定相続税額］×［資産を譲渡した者が相続又は遺贈により取得した土地等（相続税法第19条又は第21条の15若しくは第21条の16の規定の適用がある場合には、同法第19条第１項又は第21条の15第１項若しくは第21条の16第１項に規定する贈与により取得した財産に係る土地等を含むものとし、相続税法第42条第２項又は第48条の２第３項の許可を受けて物納した土地等及び物納申請中の土地等を除く。）の相続税の課税価格の計算の基礎に算入された価額の合計額］／［資産を譲渡した者の相続税の課税価格］

［譲渡資産の収入金額］－（［一般の方法により計算した譲渡資産の取得費］＋［譲渡費用］）

いずれか低い金額をその譲渡した資産の取得費に加算します。

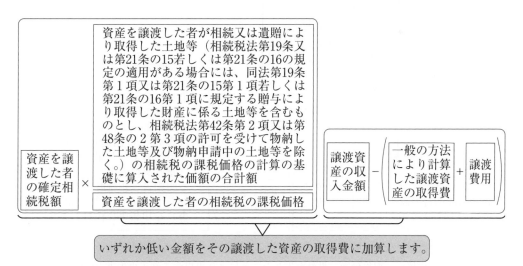

(注)「物納した土地等」、「物納申請中の土地等」は、物納の許可限度額に対応する部分。

② 譲渡をした資産が土地等以外の資産である場合の加算額

資産を譲渡した者の確定相続税額 × 譲渡資産の相続税の課税価格の計算の基礎に算入された価額 ／ 資産を譲渡した者の相続税の課税価格

譲渡資産の収入金額 －（一般の方法により計算した譲渡資産の取得費 ＋ 譲渡費用）

いずれか低い金額をその譲渡した資産の取得費に加算します。

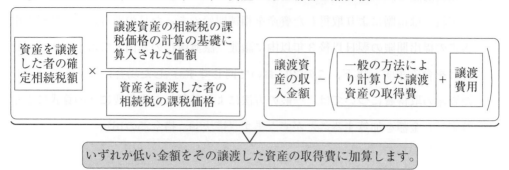

(注) 相続財産の取得費に加算される相続税は、譲渡した資産の譲渡益を上限とします（つまり、租税特別措置法第39条を適用することにより損失が出ることはありません。）。

特例適用条件の概要を図で示すと次のようになります。

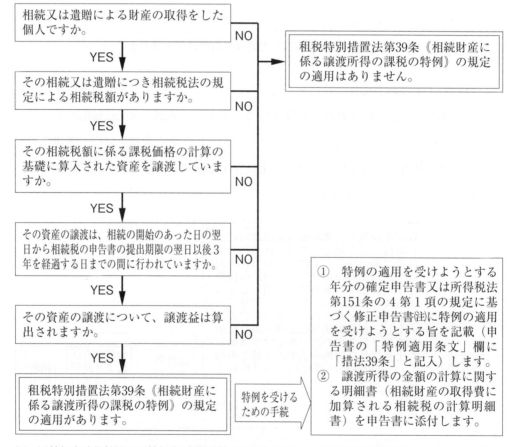

相続又は遺贈による財産の取得をした個人ですか。
→ NO：租税特別措置法第39条《相続財産に係る譲渡所得の課税の特例》の規定の適用はありません。
↓ YES

その相続又は遺贈につき相続税法の規定による相続税額がありますか。
→ NO：（同上）
↓ YES

その相続税額に係る課税価格の計算の基礎に算入された資産を譲渡していますか。
→ NO：（同上）
↓ YES

その資産の譲渡は、相続の開始のあった日の翌日から相続税の申告書の提出期限の翌日以後3年を経過する日までの間に行われていますか。
→ NO：（同上）
↓ YES

その資産の譲渡について、譲渡益は算出されますか。
→ NO：（同上）
↓ YES

租税特別措置法第39条《相続財産に係る譲渡所得の課税の特例》の規定の適用があります。

特例を受けるための手続
① 特例の適用を受けようとする年分の確定申告書又は所得税法第151条の4第1項の規定に基づく修正申告書(注)に特例の適用を受けようとする旨を記載（申告書の「特例適用条文」欄に「措法39条」と記入）します。
② 譲渡所得の金額の計算に関する明細書（相続財産の取得費に加算される相続税の計算明細書）を申告書に添付します。

(注) 国外転出時課税又は国外転出（贈与等）時課税の適用を受けた有価証券等について、その後の課税の取消しに伴い、取得価額に異動が生じたことにより提出する修正申告書をいいます。詳しくは、「第12章　有価証券の譲渡による所得の課税」の「第4　国外転出をする場合の譲渡所得等の特例（国外転出時課税）」（588ページ）及び「第5　贈与等により非居住者に資産が移転した場合の譲渡所得等の特例（国外転出（贈与等）時課税）」（610ページ）を参照してください。

イ　相続税の課税価格の計算の基礎に算入された資産の譲渡の範囲

相続財産に係る譲渡所得の課税の特例は、相続税の課税価格の計算の基礎に算入された資産を譲渡した場合に適用があります（措法39①⑦）。

具体的には、次表のとおりです。

特例の適用あり

①　相続税の課税価格の計算の基礎に算入された資産

- 相続又は遺贈（死因贈与を含みます。）により取得した財産
- 相続又は遺贈により財産を取得した者について、相続税法第19条又は同法第21条の14から第21条の18までの規定により相続税の課税価格に算入された財産
- 租税特別措置法第70条の５《農地等の贈与者が死亡した場合の相続税の課税の特例》の規定により相続又は遺贈により取得したものとみなされるもの
- 租税特別措置法第70条の６の９《個人の事業用資産の贈与者が死亡した場合の相続税の課税の特例》の規定により相続又は遺贈により取得したとみなされるもの
- 租税特別措置法第70条の７の３《非上場株式等の贈与者が死亡した場合の相続税の課税の特例》若しくは同法第70条の７の７《非上場株式等の特例贈与者が死亡した場合の相続税の課税の特例》の規定により相続又は遺贈により取得したものとみなされるもの

②　①の資産に含まれるもの

課税価格の計算の基礎に算入された資産について、租税特別措置法第33条の３《換地処分等に伴い資産を取得した場合の課税の特例》の規定の適用を受けた場合におけるその資産に係る同条第１項若しくは第８項の換地処分又は同条第２項、第４項若しくは第６項の権利変換により取得した資産

特例の適用なし

③　①の資産に含まれないもの

相続又は遺贈による資産の移転について所得税法第59条《贈与等の場合の譲渡所得等の特例》第１項又は同法第60条の３《贈与等により非居住者に資産が移転した場合の譲渡所得等の特例》第１項の規定の適用を受け譲渡所得等が課税された資産（同法第60条の３第６項前段の規定の適用を受け、課税の取消しを受けたものを除きます。）

(注)　相続財産等について、相続人が次のような譲渡所得の課税の特例などを適用して取得した資産については適用がありません。

○固定資産の交換（所法58）➡交換取得資産

○収用等に伴い代替資産を取得（措法33）➡代替取得資産

○交換処分等に伴い資産を取得（措法33の２）➡交換取得資産

○特定の居住用財産の買換え及び交換（措法36の２、36の５）➡買換（交換）取得資産

○特定の事業用資産の買換え及び交換（措法37、37の４）➡買換（交換）取得資産

○既成市街地等内にある土地等の中高層耐火建築物等の建設のための買換え及び交換（措法37の５）➡買換（交換）取得資産

○特定の交換分合により土地を取得（措法37の６）➡交換取得資産

ロ　所得税の納税義務の成立の時期

譲渡資産の取得費に加算される金額の計算の基礎となる確定相続税額は、資産の譲渡をした日の属する年分の所得税の納税義務の成立する時において確定している相続税とされています（措令25の16①一）。

この場合の「資産の譲渡した日の属する年分の所得税の納税義務の成立する時」とは次によります（措通39－2）。

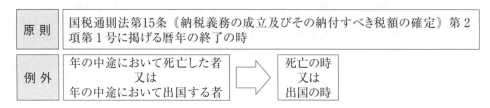

原則	国税通則法第15条《納税義務の成立及びその納付すべき税額の確定》第2項第1号に掲げる暦年の終了の時		
例外	年の中途において死亡した者 又は 年の中途において出国する者	⇨	死亡の時 又は 出国の時

チェックポイント

所得税の納税義務成立後に相続税額が確定する場合であっても、相続税の申告書の提出期限までに相続税額が確定した場合は相続税額の取得費の加算の規定の適用があります（措令25の16①一、措通39－1）。

ハ　資産を譲渡した者の相続税の課税価格

相続税の課税価格とは、相続税法第11条の2《相続税の課税価格》に規定するものをいいます（措令25の16①二）。

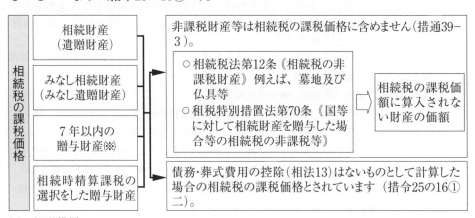

相続税の課税価格
- 相続財産（遺贈財産）
- みなし相続財産（みなし遺贈財産）
- 7年以内の贈与財産(※)
- 相続時精算課税の選択をした贈与財産

→ 非課税財産等は相続税の課税価格に含めません（措通39－3）。
- ○相続税法第12条《相続税の非課税財産》例えば、墓地及び仏具等
- ○租税特別措置法第70条《国等に対して相続財産を贈与した場合等の相続税の非課税等》

⇨ 相続税の課税価額に算入されない財産の価額

→ 債務・葬式費用の控除（相法13）はないものとして計算した場合の相続税の課税価格とされています（措令25の16①二）。

(※)　経過措置

令和8年12月31日以前の贈与により取得した財産に係る相続税については、相続開始前3年以内に取得した贈与財産が加算対象となります（令和5年改正法附則19①②）。

令和9年1月1日から令和12年12月31日までの間の贈与により取得した財産に係る相続税については、令和6年1月1日から相続開始日までの間に取得した贈与財産が加算対象となります（令和5年改正法附則19③）。

二　資産を譲渡した者の確定相続税額

(イ)　贈与税額控除や相次相続控除額等がある場合

相続開始前７年以内に贈与があった場合の相続税額の規定（相法19）、相次相続控除の規定（相法20）又は相続時精算課税の選択をした場合の贈与税（相法21の15、21の16）の適用がある場合には、次のようになります（措法39①、措令25の16①③、措通39－４）。

納付すべき相続税額がある場合

納付すべき相続税額（85）	＋	贈与税額控除額（75）（措通39－４(1)）
		相次相続控除額（25）
		相続時精算課税の選択をした場合の贈与税（15）
相続税額（200）		

納付すべき相続税額がない場合

贈与税額控除がないものとした場合に算出される相続税額

(注)　資産を譲渡した者に係る贈与税の額がないものとして相続税法第15条《遺産に係る基礎控除》から第20条の２《在外財産に対する相続税額の控除》及び第21条の14《相続時精算課税に係る相続税額》から第21条の18までの規定により算出した金額をいいます（措通39－４(2)）。

算出税額（160）	相続税額の２割加算の場合の加算金額（32）

税額控除等					
配偶者の税額軽減額（125）	未成年者控除額（10）	障害者控除額（10）	外国税額控除（10）	医療法人持分税額控除（0）	相続税額（37）

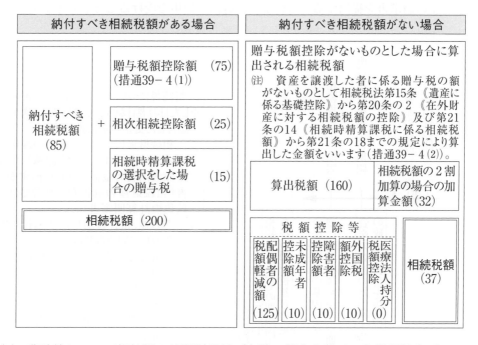

(ロ)　農地等について相続税の納税猶予及び免除の規定を受ける農業相続人がいる場合

同一の被相続人から相続又は遺贈により財産を取得した者のうち農地等について相続税の納税猶予及び免除（措法70の６）の規定を受ける農業相続人がある場合には、その相続又は遺贈により取得した者の相続税額は次のようになります（措法39⑥、70の６②）。

区　分	相続税額			
相続税の納税猶予等の規定の適用を受けた者	農業相続人の納付すべき相続税額 ＋ 農業相続人の納税猶予税額	贈与税額控除額	相次相続控除額	相続時精算課税の選択をした場合の贈与税
相続税の納税猶予等の規定の適用を受けない者	相続税の納税猶予特例農地等の価額を農業投資価格によって計算した場合の相続税のうちその者が納付すべき相続税額	贈与税額控除額	相次相続控除額	相続時精算課税の選択をした場合の贈与税

ホ　所得税の確定申告後に確定する相続税額

資産の譲渡の日の属する年分の所得税の確定申告書を提出した後にその資産の取得の基因となった相続又は遺贈に係る相続税の申告期限が到来し、かつ、その相続税について期限内申告書の提出を行い、相続税額が確定した場合には、その期限内申告書の提出をした日の翌日から2か月以内に、相続財産に係る譲渡所得の課税の特例の適用を受けたい旨を記載した書類その他一定の書類を添付した更正の請求書を提出することにより、特例の適用を受けることができます（措法39④⑤）。

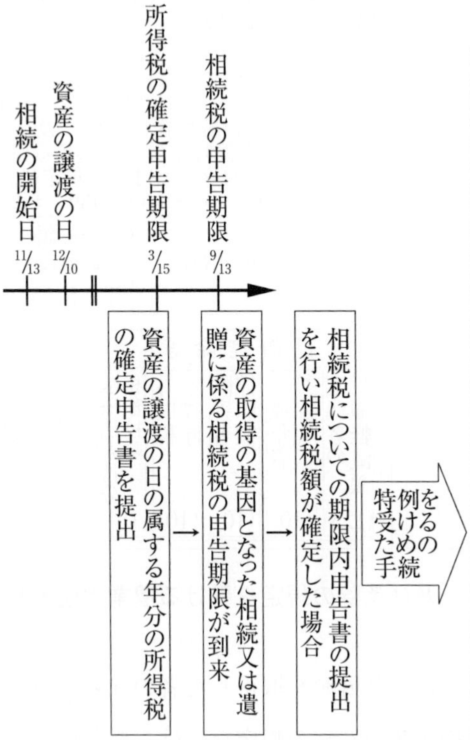

相続税についての期限内申告書の提出をした日の翌日から2か月以内に、次の書類を添付した更正の請求書を提出。

① 相続財産に係る譲渡所得の課税の特例の適用を受けたい旨を記載した書類
② 譲渡所得の金額の計算に関する明細書（相続財産の取得費に加算される相続税の計算明細書）
③ その他、租税特別措置法施行規則第18条の18に定める書類
　イ　相続税の申告書第1表の写し
　ロ　相続税の申告書第11表「相続税がかかる財産の明細」の写し
　ハ　相続税の申告書第11の2表「相続時精算課税適用財産の明細書」の写し
　ニ　相続税の申告書第14表「純資産価額に加算される贈与財産価額の明細」の写し
　ホ　相続税の申告書第15表「相続財産の種類別価額表」の写し

ヘ　所得税の確定申告後に取得費が異動した場合

国外転出（贈与等）時課税の特例の適用を受けたことにより有価証券等を譲渡したとみなされた場合において、次に掲げる事由が生じ、その譲渡が取り消されたときは、その更正のあった日の翌日から4か月以内に更正の請求をすることにより、この特例を適用することができます。

①	国外転出（贈与等）時課税の特例を適用した課税について、所得税法第60条の3第6項各号に掲げる事由（被相続人から相続により財産を取得した全ての非居住者がその相続の日から5年以内に帰国をしたことなど）により、譲渡等がなかったこととみなされ、修正申告書の提出又は更正の請求に基づく更正があったとき（措法39④二）。
②	国外転出（贈与等）時課税の特例を適用した課税について、所得税法第151条の6第1項に規定する遺産分割等の事由が生じたことにより、修正申告書の提出又は更正の請求に基づく更正があったとき（措法39④三）。

なお、更正の請求に際して必要な書類などは、上記ホと同様です。

ト　修正申告等により相続税額が異動した場合

譲渡資産の取得費に加算される金額の計算の基礎となる確定相続税額について、修正申告等により異動が生じた場合には、その譲渡資産の取得費に加算される金額は、その修正申告等による異動後の相続税額を基礎として再計算することになります（措令25の16②）。

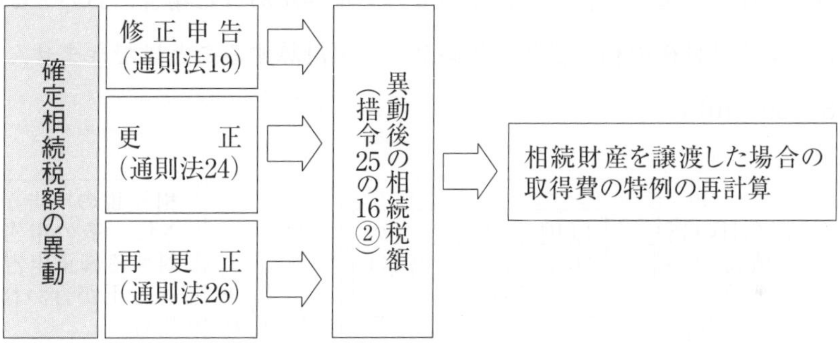

相続税額の異動の事由としては、修正申告又は更正の場合のほか、再調査の請求に係る決定、審査請求に係る裁決又は判決などの場合が考えられます。

このような場合にも、確定相続税額について更正があった場合に準じ、その異動後の相続税額を基礎として、譲渡資産の取得費に加算すべき金額の再計算を行うことになります（措通39－9）。

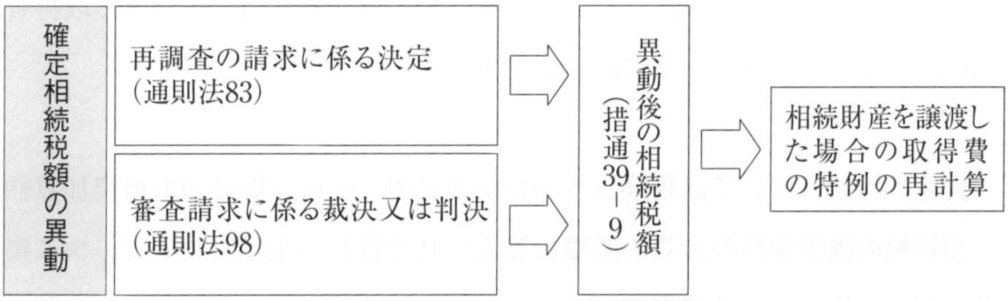

用語の解説

更　正

申告納税方式を採る租税において、税務署長が、申告された課税標準等又は税額等の計算が法律の規定に従っていなかったとき、その他その課税標準等又は税額等がその調査したところと異なるときに、その調査によりその申告書に係る課税標準等又は税額等を確定させることをいいます。

再更正

申告納税方式を採る租税において、税務署長が、更正又は決定をした後に、その更正又は決定による課税標準等又は税額等が過大又は過少であった場合に、その調査によりその更正又は決定に係る課税標準等又は税額等を確定させることをいいます。

チ　相続税額に異動が生ずる更正等であっても再計算をしない場合

次に掲げる理由により、相続税についての更正等があった場合においては、その更正等による異動後の相続税額を基礎として再計算することはできません（措通39－８、39－10）。

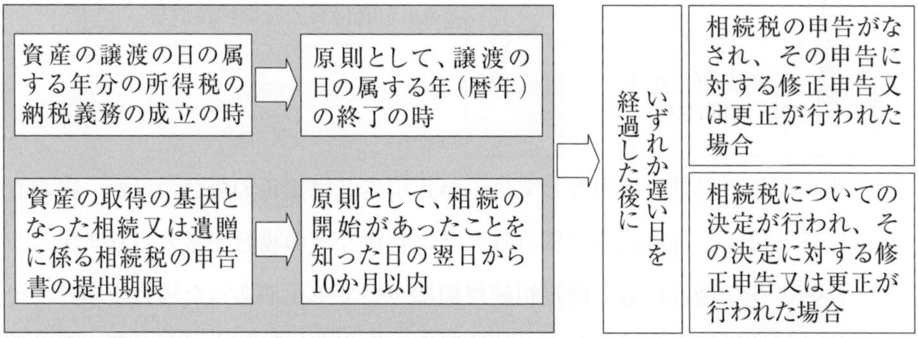

リ　相続又は遺贈により取得した資産の譲渡が二以上ある場合の取得費加算額

相続又は遺贈により取得した資産の譲渡が二以上ある場合における取得費加算額は、譲渡をした資産ごとに計算します（措法39⑧）。

ヌ　資産の譲渡について課税繰延べの特例の適用を受ける場合の取得費加算額

相続税の課税価格の計算の基礎に算入された資産の譲渡について、次に掲げる各特例の適用を受け譲渡資産の一部について譲渡があったものとされる部分又は租税特別措置法第35条第３項の規定の適用対象とならない部分がある場合の取得費に加算される金額は、資産を譲渡した者の確定相続税額に次に掲げる区分に応じて、それぞれ次に掲げる算式により計算した金額が資産を譲渡した者の相続税の課税価格のうちに占める割合を乗じて計算した金額となります（措通39－６）。

	区　分	算　式
A	交換差金等がある交換につき所得税法第58条の規定の適用を受けた場合	その譲渡資産の相続税の課税価格の計算の基礎に算入された価額（以下、この表及び下記ルにおいて「相続税評価額」といいます。）× 取得した交換差金等の額 ／（取得した交換差金等の額 ＋ 交換取得資産の価額）
B	収用等による資産の譲渡又は特定資産の譲渡につき租税特別措置法第33条、第36条の２、第36条の５、第37条の５の規定の適用を受けた場合（旧租税特別措置法第36条の２又は第36条の５の適用を受けた場合も含みます。）	その譲渡資産の相続税評価額 ×（その譲渡資産の譲渡による収入金額 － 代替資産又は買換資産の取得価額）／ その譲渡資産の譲渡による収入金額
C	交換処分等による譲渡につき租税特別措置法第33条の２第１項の規定を受けた場合	その譲渡資産の相続税評価額 × 取得した補償金等の額 ／（取得した補償金等の額 ＋ 交換取得資産の価額）
D	特定資産の譲渡につき租税特別措置法第37条又は第37条の４の規定の適用を受けた場合	その譲渡資産の相続税評価額 × その譲渡資産につき譲渡があったものとされる部分に対応する収入金額 ／ その譲渡資産の譲渡による収入金額
E	相続の開始の直前において、被相続人の居住の用に供されていた家屋又はその敷地等の譲渡につき租税特別措置法第35条第３項の規定の適用を受けた場合	その譲渡資産の相続税評価額 × その譲渡資産のうち同項の規定の適用対象とならない部分に対応する収入金額 ／ その譲渡資産の譲渡による収入金額

ル　代償金を支払って取得した相続財産を譲渡した場合の取得費加算額

代償分割とは、共同相続人又は包括受遺者のうち１人又は数人が相続又は包括遺贈により取得した財産の現物を取得し、その現物を取得した者が他の共同相続人又は包括受遺者に対して債務を負担する遺産分割の方法をいいますが、代償分割があった場合の取得費に加算する相続税額は、次の算式により計算します（措通39－７）。

$$\text{確定相続税額} \times \frac{\text{譲渡資産の相続税評価額B} - \text{支払代償金C} \times \dfrac{\text{B}}{\text{A}+\text{C}}}{\text{資産を譲渡した者の相続税の課税価格（債務控除前）A}}$$

〔計算例〕

○相続税の申告内容

財産の種類等	相続人　甲	相続人　乙
資　　産　　A	6,000万円	
資　　産　　B	4,000万円	
代償金（甲→乙）	△6,000万円	→6,000万円
債務・葬式費用		△1,000万円
課　税　価　格	4,000万円	5,000万円
確定相続税額	260万円	330万円

○資産Aを譲渡した場合の取得費加算額

$$260\text{万円} \times \frac{6{,}000\text{万円} - 6{,}000\text{万円} \times \dfrac{6{,}000\text{万円}}{4{,}000\text{万円} + 6{,}000\text{万円}}}{4{,}000\text{万円}} = 156\text{万円}$$

○資産Bを譲渡した場合の取得費加算額

$$260\text{万円} \times \frac{4{,}000\text{万円} - 6{,}000\text{万円} \times \dfrac{4{,}000\text{万円}}{4{,}000\text{万円} + 6{,}000\text{万円}}}{4{,}000\text{万円}} = 104\text{万円}$$

ヲ　第二次相続人が第一次相続に係る相続財産を譲渡した場合の取得費加算額の計算

相続税額の取得費加算の特例は、一定の期間内に相続又は遺贈により取得した資産を譲渡した場合に適用されることとされており、この期間は相続の開始があった日から3年10か月という比較的長期間であるため、この間に第二次相続が開始することも考えられます。

そこで、第一次相続人に相続が開始した場合において、第二次相続人が特例対象資産（第一次相続人の相続税の課税価格の計算の基礎に算入された譲渡所得の基因となる資産）を第一次相続に係る租税特別措置法第39条第1項に規定する期間内に譲渡したときは、第一次相続人が死亡する直前において取得費に加算できる金額（第一次限度額）を第二次相続人が承継しているものとみなして、相続税額の取得費加算の特例を適用して差し支えないこととされています（措通39－11）。

この場合において、譲渡した特例対象資産について取得費に加算する金額は次の算式により計算した金額となります。

〔算式〕

$$\text{譲渡した特例対象資産に係る取得費加算額} = \mathrm{A} \times \frac{\mathrm{C}}{\mathrm{B}}$$

上記算式中のＡは、第二次相続人の適用限度額であり、次の算式１により算出した第一次限度額を基に、次の算式２により計算します。

Ｂは、第二次相続に係る相続税の課税価格の計算の基礎に算入された特例対象資産の価額の合計額です。

Ｃは、第二次相続に係る相続税の課税価格の計算の基礎に算入された特例対象資産である譲渡資産の価額です。

〔算式１〕

$$\left(\text{第一次相続に係る相続税額} \times \frac{\text{第一次相続に係る特例対象資産の価額の合計額}}{\text{第一次相続に係る相続税の課税価格（債務控除前）}}\right) - \text{既に適用を受けた取得費加算額} = \text{第一次限度額}$$

〔算式２〕

$$\text{第一次限度額} \times \frac{\text{第二次相続人の第二次相続に係る相続税の課税価格の計算の基礎に算入された特例対象資産の価額の合計額}}{\text{第二次相続に係る相続税の課税価格の計算の基礎に算入された特例対象資産の価額の合計額}} = \text{第二次相続人の適用限度額}$$

第一次相続人が死亡する直前において取得費に加算できる金額（第一次限度額）を第二次相続人が承継しているものとみなす取扱いは、必ずしも、第二次相続について相続税の申告書の提出があった場合に限るものではありません。

上記の計算は、第二次相続について課税価格が相続税の基礎控除額に満たないことから相続税の申告義務がないことなどにより、第二次相続に係る相続税の申告書が提出されていない場合であっても、この取扱いの適用を受けようとする第二次相続人の第二次相続に係る相続税の課税価格の計算の基礎に算入すべき特例対象資産の価額を基に計算することになります。

特例対象資産は、第二次相続人が第二次相続により取得した資産でもあることから、「相続税額の取得費加算の特例」（措法39）の規定による取得費加算額の計算に当たっては、第一次相続に係る金額を基として行うか、又は第二次相続に係る金額を基として行うかは、譲渡した特例対象資産ごとにその資産を譲渡した第二次相続人の選択したところによります。

(4) 相続・遺贈・贈与により取得した資産の取得費

相続・遺贈・贈与により取得した資産の取得費は、相続・遺贈・贈与があったときに、その資産の相続・遺贈・贈与について、被相続人、遺贈者、贈与者にみなし譲渡課税が行われているかどうかの区分によって、次のように取り扱われます(所法60①④)。

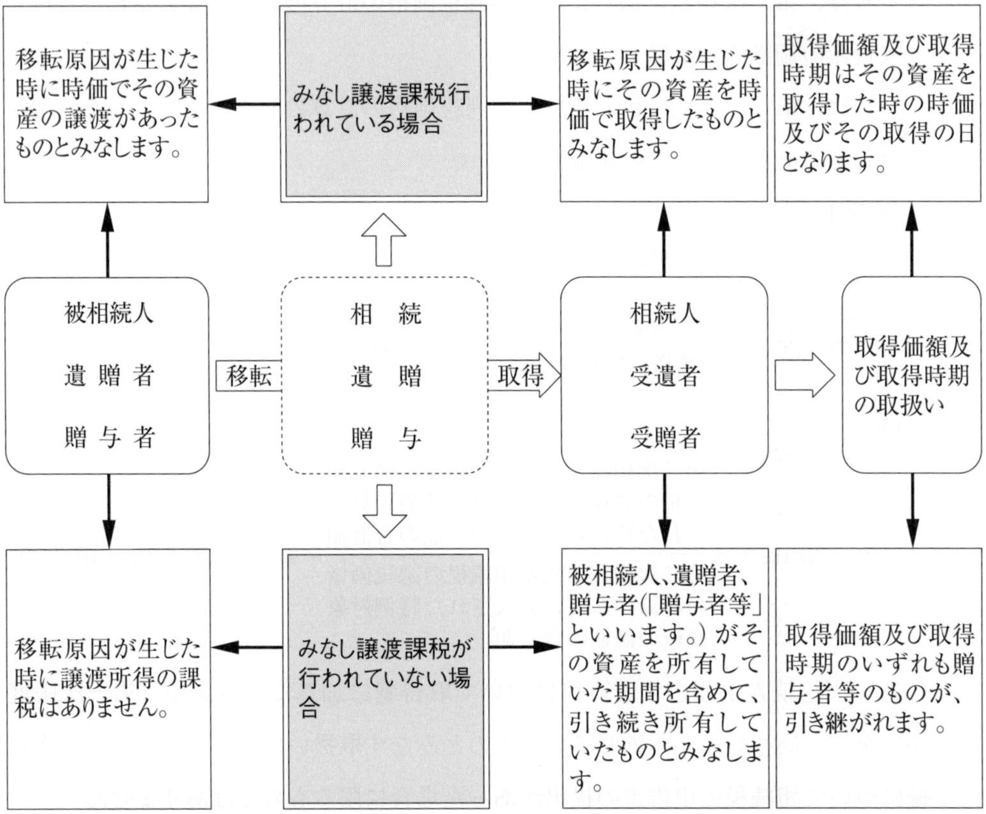

〔みなし譲渡課税が行われている場合〕

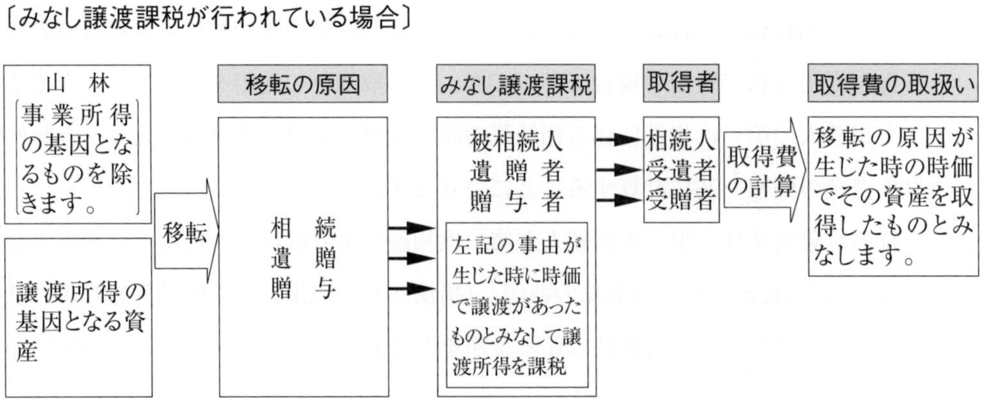

(注)　有価証券等又は未決済のデリバティブ取引等を相続若しくは遺贈又は贈与により移転した場合において、国外転出時課税又は国外転出（贈与等）時課税特例の適用を受け、譲渡所得等が課税されたときにおいても、取得費等の引継ぎが行われます。詳しくは、「第12章　有価証券の譲渡による所得の課税」の「第4　国外転出をする場合の譲渡所得等の特例（国外転出時課税）」（588ページ）及び「第5　贈与等により非居住者に資産が移転した場合の譲渡所得等の特例（国外転出（贈与等）時課税）」（610ページ）を参照してください。

みなし譲渡課税が行われている場合の取得費の計算は、次のようになります（所法60④）。

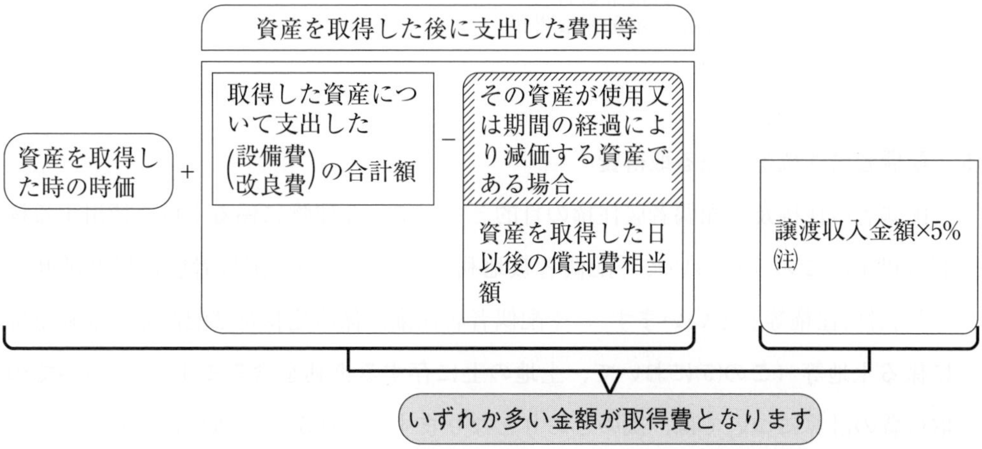

(注)　通常取得費がないものとされる資産（例：借家権）については、この概算取得費によることはできません（以下同じです。）。

〔みなし譲渡課税が行われていない場合〕

みなし譲渡課税が行われていない場合の取得費の計算は、次のようになります（所法60①一）。

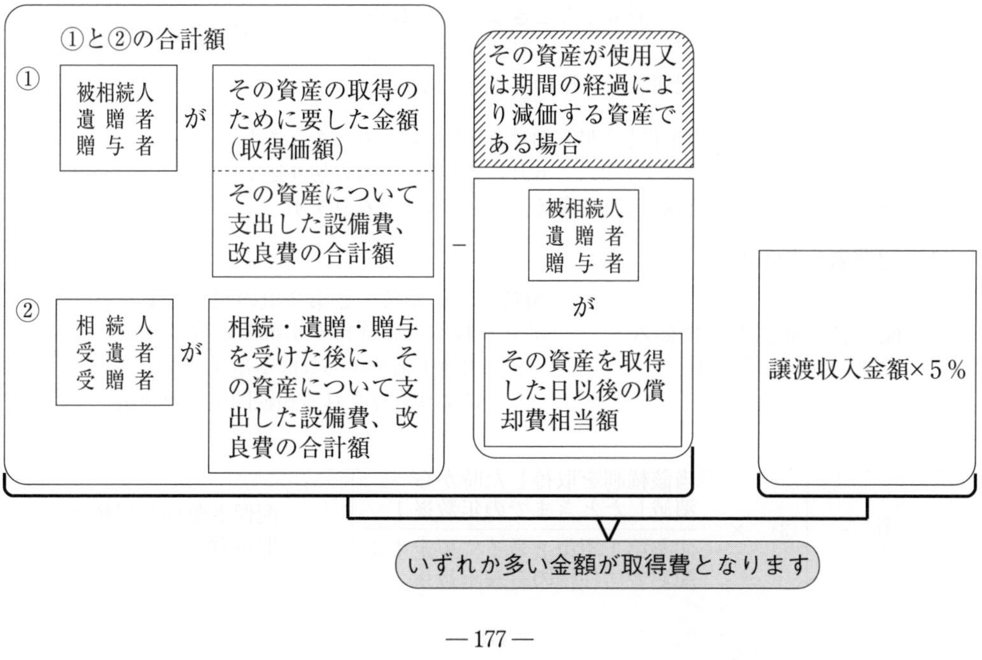

チェックポイント

贈与、相続又は遺贈により取得した資産を譲渡した場合の譲渡所得の取得費について、贈与、相続又は遺贈の際に取得者が通常支払う費用のうち、その資産を取得するための付随費用と認められるものについては、譲渡所得の取得費に算入することができます（所基通60－２）。

〔例〕
- ゴルフ会員権に係る名義書換手数料
- 不動産に係る登記費用及び不動産取得税
- 株式の名義書換手数料

(5)　配偶者居住権等に係る取得費

配偶者居住権及び配偶者居住権の目的となっている建物に係る土地を使用する権利（以下、この(5)において「配偶者敷地利用権」といい、配偶者居住権と併せて「配偶者居住権等」といいます。）や配偶者居住権に係る建物及び配偶者敷地利用権に係る土地等（この(5)において、土地の上に存する権利を含みます。）についての取得費の計算については、次のとおりとなります（所法60③、所令169の２①～④）。

イ　配偶者居住権

$$\text{配偶者居住権の目的となっている建物の取得費※1} \times \frac{\text{①相続税法第23条の2第1項の規定により計算される配偶者居住権の相続開始時の価額}}{\text{①} + \text{当該建物につき同条第2項の規定により計算される相続開始時の価額}} = \text{③}$$

$$\text{③} - \left(\text{③} \times \frac{\text{当該配偶者居住権を取得した時から消滅したときまでの年数※2}}{\text{同条第1項第2号イに規定する配偶者居住権の存続年数※3}} \right) = \text{配偶者居住権の取得費}$$

※１　配偶者居住権を取得した時における建物の取得費になります。
※２　６月以上の端数は１年とし、６月に満たない端数は切り捨てます。
※３　上記年数に係る割合が１を超える場合には１となります。

ロ　配偶者敷地利用権

$$\text{配偶者敷地利用権に係る土地等の取得費※1} \times \frac{\text{①相続税法第23条の2第3項の規定により計算される当該権利の相続開始時の価額}}{\text{①} + \text{当該土地等につき同条第4項の規定により計算される相続開始時の価額}} = \text{③}$$

$$\text{③} - \left(\text{③} \times \frac{\text{当該権利を取得した時から消滅したときまでの年数※1}}{\text{同条第1項第2号イに規定する配偶者居住権の存続年数※2}} \right) = \text{配偶者敷地利用権の取得費}$$

※1　配偶者敷地利用権を取得した時における土地等の取得費になります。
※2　6月以上の端数は1年とし、6月に満たない端数は切り捨てます。
※3　上記年数に係る割合が1を超える場合には1となります。

ハ　配偶者居住権の目的となっている建物

建物の取得費　－　上記イにより計算した配偶者居住権の取得費　＝　配偶者居住権の目的となっている建物の取得費

ニ　配偶者敷地利用権に供されている土地等

土地等の取得費　－　上記ロにより計算した配偶者敷地利用権の取得費　＝　配偶者敷地利用権に供されている土地等の取得費

ホ　過去に配偶者居住権に供されていた建物又は配偶者敷地利用権に供されていた土地等の取得費

配偶者居住権等が消滅した後にその建物又はその敷地の用に供される土地等を譲渡した場合には、上記イ又はロは適用されないことから、その建物又はその土地等の取得費は、被相続人から引き継いだ本来のその建物又はその土地等の取得費となります。

ただし、上記イ又はロにより計算した取得費とされた金額がある場合には、上記ハとニと同様に、その取得費とされた金額をその建物又は土地等の取得費から控除することとなります（所令169の2⑤一、⑥一）。

なお、配偶者居住権等を消滅させるにつき支払った対価があれば、その建物又は土地等の取得費にその対価を含めることができます（所令169の2⑤二、⑥二）。

ヘ　配偶者居住権等を有する居住者がその配偶者居住権の目的となっている建物及びその建物に係る土地等を取得した場合の取得費

配偶者居住権等を有する居住者が、その後において、その配偶者居住権の目的となっている建物又は配偶者敷地利用権の目的となっている土地等を取得した場合には、その建物又は土地等の取得の時における上記イ又はロにより計算した配偶者居住権等の消滅時の取得費をその建物又は土地等の取得費に加算することができます（所令169の2⑦）。

(6)　時価の2分の1より低い価額で譲り受けた資産の取得費

時価の2分の1より低い価額で譲り受けた資産の取得費は、譲渡を受けた時に譲渡者に対して①又は②の区分によって次のように取り扱われます（所法60①二）。

①　譲受代金が譲渡資産の前所有者のその資産の取得費と譲渡費用の合計額以上の場合

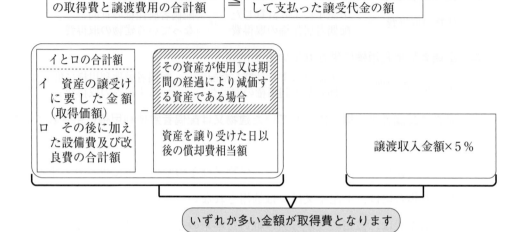

譲渡資産の前所有者のその資産の取得費と譲渡費用の合計額　≦　譲渡を受けた時の前所有者に対して支払った譲受代金の額

イとロの合計額

イ　資産の譲受けに要した金額（取得価額）

ロ　その後に加えた設備費及び改良費の合計額

－

その資産が使用又は期間の経過により減価する資産である場合

資産を譲り受けた日以後の償却費相当額

譲渡収入金額×5％

いずれか多い金額が取得費となります

②　譲受代金が譲渡資産の前所有者のその資産の取得費と譲渡費用の合計額未満の場合

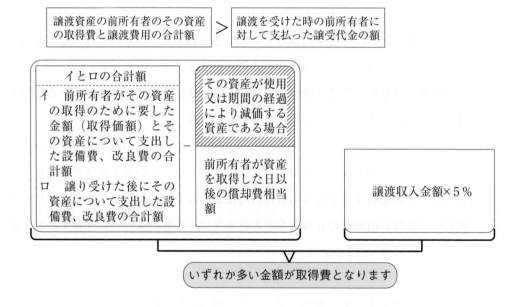

譲渡資産の前所有者のその資産の取得費と譲渡費用の合計額　＞　譲渡を受けた時の前所有者に対して支払った譲受代金の額

イとロの合計額

イ　前所有者がその資産の取得のために要した金額（取得価額）とその資産について支出した設備費、改良費の合計額

ロ　譲り受けた後にその資産について支出した設備費、改良費の合計額

－

その資産が使用又は期間の経過により減価する資産である場合

前所有者が資産を取得した日以後の償却費相当額

譲渡収入金額×5％

いずれか多い金額が取得費となります

(7) 交換や買換えなどにより取得した資産の取得費

交換や買換えなどの特例の適用を受けたことにより、譲渡所得の課税の繰延べが行われた場合の交換取得資産及び買換取得資産の取得費は、次のように計算します。

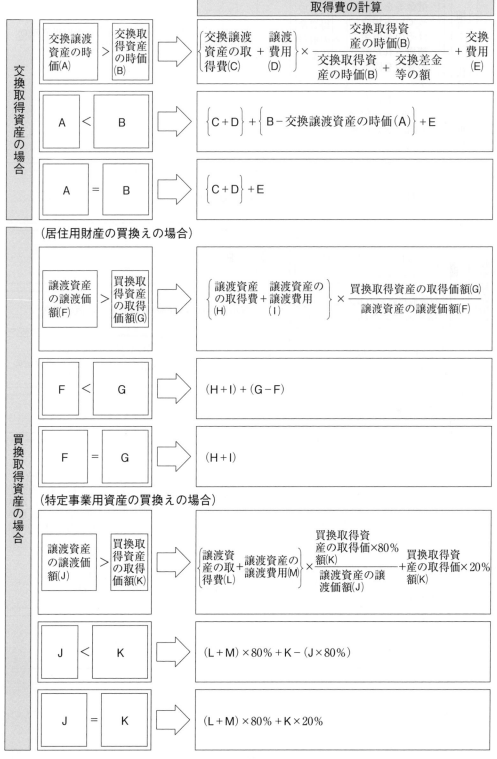

		取得費の計算
交換取得資産の場合	交換譲渡資産の時価(A) > 交換取得資産の時価(B)	{交換譲渡資産の取得費(C) + 譲渡費用(D)} × 交換取得資産の時価(B) ÷ (交換取得資産の時価(B) + 交換差金等の額) + 交換費用(E)
	A < B	{C＋D} ＋ {B－交換譲渡資産の時価(A)} ＋E
	A = B	{C＋D} ＋E
買換取得資産の場合（居住用財産の買換えの場合）	譲渡資産の譲渡価額(F) > 買換取得資産の取得価額(G)	{譲渡資産の取得費(H) + 譲渡資産の譲渡費用(I)} × 買換取得資産の取得価額(G) ÷ 譲渡資産の譲渡価額(F)
	F < G	(H＋I)＋(G－F)
	F = G	(H＋I)
買換取得資産の場合（特定事業用資産の買換えの場合）	譲渡資産の譲渡価額(J) > 買換取得資産の取得価額(K)	{譲渡資産の取得費(L) + 譲渡資産の譲渡費用(M)} × 買換取得資産の取得価×80%額(K) ÷ 譲渡資産の譲渡価額(J) + 買換取得資産の取得価×20%額(K)
	J < K	(L＋M)×80%＋K－(J×80%)
	J = K	(L＋M)×80%＋K×20%

区分		条件	取得価額
収用等の場合	補償金等で代替資産を取得した場合	譲渡資産の補償金等 − 譲渡費用※（※ 譲渡費用を補塡するための補償金等を受け取っている場合にはその補償金で補塡された部分の費用を除きます。）（この第1において、以下「純補償金等の額」といいます。）(N) ＞ 代替取得資産の取得価額(O)	$\text{収用等された資産の取得費(P)} \times \dfrac{\text{代替取得資産の取得価額(O)}}{\text{純補償金等の額(N)}}$
		N ＜ O	$P+\{O-N\}$
		N ＝ O	P
	換地処分等で取得した交換取得資産の場合	交換取得資産のみの取得の場合（清算金等は受け取っていない。）	収用等された資産の取得費(Q)＋譲渡費用(R)
		交換取得資産を取得するとともに清算金等を受け取った場合	$\{Q+R\} \times \dfrac{\text{交換取得資産の取得価額(T)}}{\text{清算金等の額(S)} + \text{交換取得資産の取得価額(T)}}$
		交換取得資産を取得して清算金等を支払った場合	$Q+R+S$
		交換取得資産を取得するとともに清算金等を受け取り、その清算金等で代替資産を取得した場合：清算金等の額(U) ＞ 代替取得資産の取得価額(V)	$\left\{\text{収用等された資産の取得費(X)} \times \dfrac{\text{清算金等の額(U)}}{\text{交換取得資産の取得価額(Y)} + \text{清算金等の額(U)}}\right\} \times \dfrac{\text{代替資産の取得価額(V)}}{\text{清算金等の額(U)} - \text{譲渡費用(Z)} \times \dfrac{\text{清算金等の額(U)}}{\text{交換取得資産の取得価額(Y)} + \text{清算金等の額(U)}}}$
		U ＜ V	$\left\{X \times \dfrac{U}{Y+U}\right\} + V - \left\{U - Z \times \dfrac{U}{Y+U}\right\}$
		U ＝ V	$\left\{X \times \dfrac{U}{Y+U}\right\} + \left\{Z \times \dfrac{U}{Y+U}\right\}$

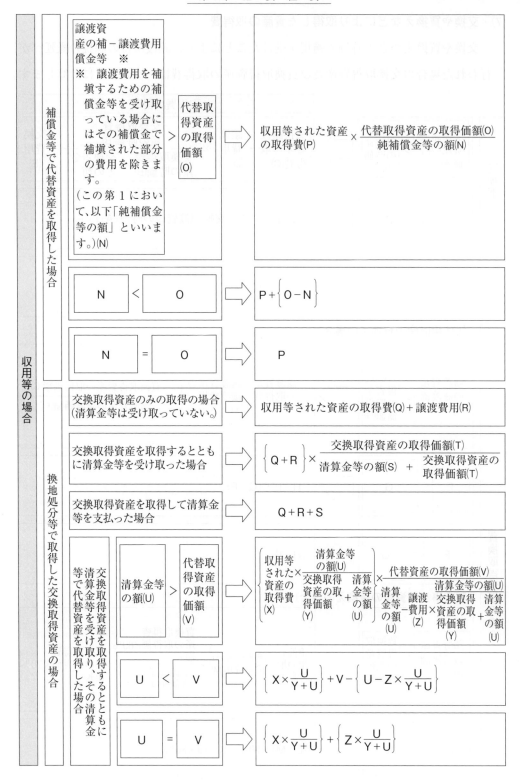

第2　譲　渡　費　用

1　譲渡費用の範囲

資産の譲渡に要した費用とは、資産を譲渡するために直接かつ通常必要と認められる費用で、次に掲げるものなどをいいます（所法33③、所基通33－７）。

<table>
<tr><th></th><th></th><th></th><th>資産の譲渡に要した費用</th></tr>
<tr><td rowspan="8">譲渡費用</td><td rowspan="8">○資産の譲渡に際して支出した費用
○資産の譲渡価額を増加させるために支出した費用
㈱ 取得費とされるものは除かれます。</td><td>①</td><td>支払った仲介手数料</td></tr>
<tr><td>②</td><td>運搬費</td></tr>
<tr><td>③</td><td>登記、登録に要する費用</td></tr>
<tr><td>④</td><td>その他その譲渡のために直接要した費用（売買契約書に貼付した印紙代など）</td></tr>
<tr><td>⑤</td><td>譲渡のために借家人を立ち退かせるための立退料</td></tr>
<tr><td>⑥</td><td>土地（土地の上に存する権利を含みます。）を譲渡するためにその土地等の上にある家屋等の取壊しに要する費用</td></tr>
<tr><td>⑦</td><td>既に売買契約をしていた資産を更に有利な条件で他に譲渡するため、その契約を解除したことに伴い支出する違約金</td></tr>
<tr><td>⑧</td><td>その他その資産の譲渡価額を増加させるためにその譲渡に際して支出した費用</td></tr>
</table>

チェックポイント

譲渡資産の修繕費、固定資産税その他その資産の維持又は管理に要した費用は、譲渡費用とはなりません（所基通33－７㈱）。

㈱　資産の保有期間中に支出した修繕費、固定資産税その他資産の維持管理に要した費用は、その資産の使用収益によって生ずる所得に対応する費用となり、資産の増加益である譲渡所得に対応する譲渡に要した費用とはなりません。

2　資産の譲渡に関連する資産損失

土地等の譲渡に際してその土地の上にある建物等を取り壊し、又は除却したような場合で、その取壊し又は除却がその譲渡のために行われたことが明らかであるときのその取壊し又は除却の損失は譲渡費用となります（所基通33－８）。

(1)　建物等の取壊し等における損失の取扱いフローチャート

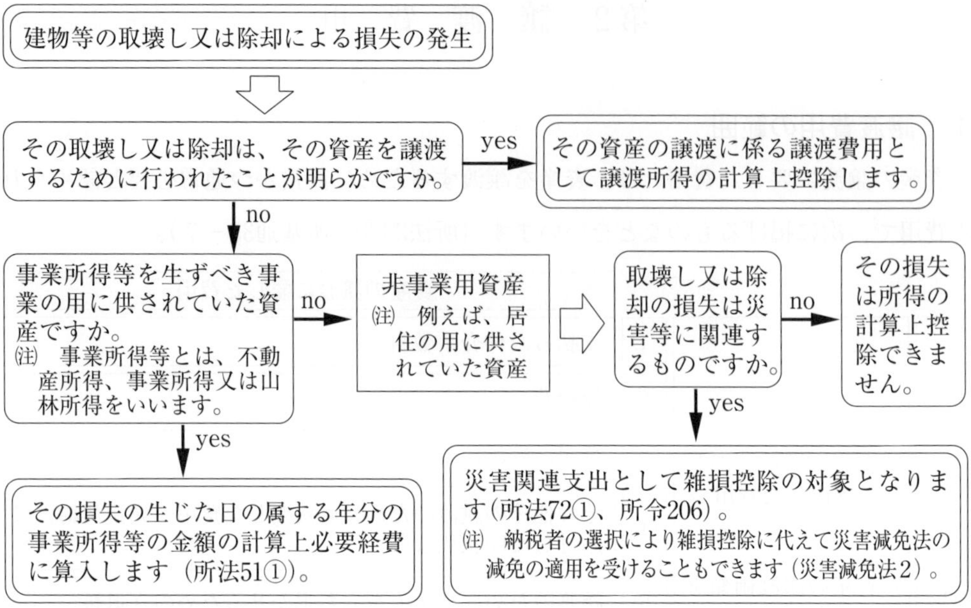

(2)　資産損失の金額の計算

譲渡費用に算入できる資産損失の金額は、その資産の取得の時期に応じて計算した次の金額から発生資材の価額を控除した残額に相当する金額とされています（所基通33－8）。

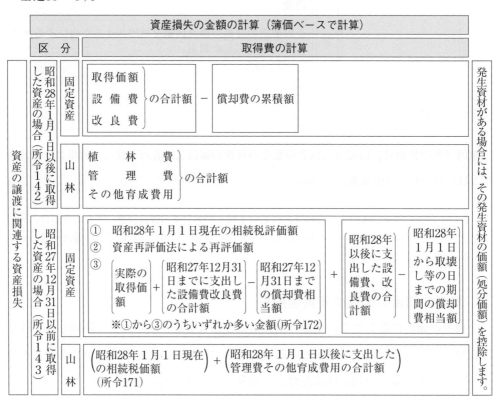

<table>
<tr><th colspan="4">資産損失の金額の計算（簿価ベースで計算）</th><th></th></tr>
<tr><th></th><th colspan="2">区　分</th><th>取得費の計算</th><th></th></tr>
<tr><td rowspan="4">資産の譲渡に関連する資産損失</td><td rowspan="2">昭和28年1月1日以後に取得した資産の場合（所令142）</td><td>固定資産</td><td>（取得価額・設備費・改良費）の合計額 － 償却費の累積額</td><td rowspan="4">発生資材がある場合には、その発生資材の価額（処分価額）を控除します。</td></tr>
<tr><td>山林</td><td>（植林費・管理費・その他育成費用）の合計額</td></tr>
<tr><td rowspan="2">昭和27年12月31日以前に取得した資産の場合（所令143）</td><td>固定資産</td><td>① 昭和28年1月1日現在の相続税評価額
② 資産再評価法による再評価額
③ （実際の取得価額）＋（昭和27年12月31日までに支出した設備費改良費の合計額）－（昭和27年12月31日までの償却費相当額）
※①から③のうちいずれか多い金額(所令172)
＋（昭和28年以後に支出した設備費、改良費の合計額）－（昭和28年1月1日から取壊し等の日までの期間の償却費相当額）</td></tr>
<tr><td>山林</td><td>（昭和28年1月1日現在の相続税価額（所令171））＋（昭和28年1月1日以後に支出した管理費その他育成費用の合計額）</td></tr>
</table>

第８章　分離課税の譲渡所得に対する所得税の計算方法

第１　分離課税の長期譲渡所得に対する所得税
（租税特別措置法第31条関係）

１　制度の概要

個人が所有する土地若しくは土地の上に存する権利（この第８章において、以下「土地等」といいます。）又は建物及びその附属設備若しくは構築物（この第８章において、以下「建物等」といいます。）のうち、その譲渡の年１月１日において所有期間が５年を超えるものを譲渡（譲渡所得の基因となる不動産の貸付けを含みます。）した場合には、その譲渡による譲渡所得については、他の所得と区分して、すなわち分離課税の長期譲渡所得として、その課税長期譲渡所得金額に対し15％の税率により所得税が課税されます（措法31①）。

区　分	所有期間	判　定
土地等	譲渡のあった年の１月１日において所有期間が５年を超えている場合	分離課税の長期譲渡所得
建物等		

チェックポイント

土地建物等以外の総合長期資産や総合短期資産の譲渡所得に対する所得税は、その譲渡所得の金額（総合長期資産の譲渡所得については、その金額の２分の１に相当する金額）を事業所得や給与所得などの他の所得の金額と合計し、一般の累進税率によって計算します（所法33、22、89）。

2　分離課税の対象資産の範囲

分離課税の対象となる資産は、土地等及び建物等に限られています。

区分		範囲
土地等	土地	土地とは、自然物としての土地そのものをいいます。 したがって、土地を構成している土石、砂利など、それだけを取り出して譲渡しても、土地の譲渡には該当しません。
	土地の上に存する権利	土地の上に存する権利とは、土地そのものを利用する権利をいいますので、地上権、借地権、地役権、永小作権、耕作権などがこれに該当します。 また、いわゆる転用未許可農地を譲渡した場合の所得は、分離課税の譲渡所得として取り扱われます（措通31・32共－１の２）。 しかし、鉱業権（租鉱権及び採石権その他土石を採掘し又は採取する権利を含みます。）、温泉を利用する権利、配偶者居住権（その配偶者居住権の目的となっている建物の敷地の用に供される土地（土地の上に存する権利を含みます。）をその配偶者居住権に基づき使用する権利を含みます。）、借家権などのように土地そのものを利用しない権利は、分離課税の対象となる資産には該当しません（措通31・32共－１）。
建物等	建物	建物とは、社会通念上建物といわれる全ての建築物をいいます。
	建物附属設備	建物附属設備とは、暖冷房設備、照明設備、通風設備、昇降機その他建物に附属する設備をいいます（所令６一）。
	構築物	構築物とは、ドック、橋、岸壁、さん橋、軌道、貯水池、坑道、煙突その他の土地に定着する土木設備又は工作物をいいます（所令６二）。

3　土地建物等の所有期間の判定

分離課税の長期譲渡所得に該当するかどうかは、その資産が土地等又は建物等であり、かつ、**その譲渡した年の１月１日において５年を超える期間所有**していたかどうかによって判定します（措法31①②、措令20②③）。

なお、所有期間を判定する場合の「取得の日」及び「譲渡の日」については、「第４章　譲渡所得の区分」の３（81ページ以下）を参照してください。

㊟１　配偶者居住権又はその配偶者居住権の目的となっている建物の敷地の用に供される土地等をその配偶者居住権に基づき使用する権利（以下この３において「配偶者居住権等」という。）の消滅後、その目的となっていた建物又はその土地等の譲渡につき所有期間を判定する場合における「その取得をした日」は、配偶者居住権等の消滅の時期にかかわらず、その建物又はその土地等の取得をした日によります（措通31・32共－７）。

２　配偶者居住権の目的となっている建物又はその土地等の取得・譲渡につき所有期間を判定する場合における「その取得をした日」は、配偶者居住権等の取得の時期にかかわらず、その建物又はその土地等の取得をした日によります（措通31・32共－８）。

チェックポイント

土地建物等以外の総合課税の対象になる譲渡所得の長期・短期の区分は、その資産の取得の日以後５年を超える期間所有していたかどうかにより判定します（所法33③）。

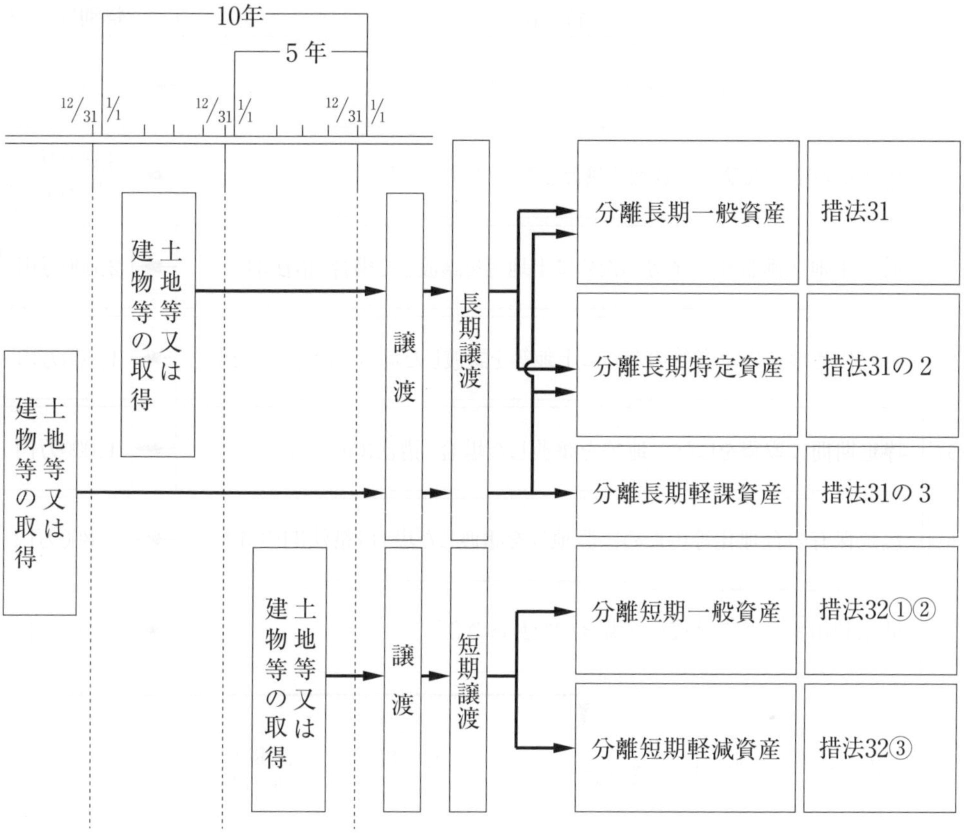

4　長期譲渡所得の金額の計算

長期譲渡所得の金額は、その年中の長期所有の土地建物等の譲渡による総収入金額から取得費と譲渡費用を控除した金額となります。

なお、租税特別措置法第32条第１項に規定する短期譲渡所得の金額の計算上生じた損失の金額がある場合には、長期譲渡所得の金額から控除します（措法31①）。

その年中の長期所有の土地建物等の譲渡による総収入金額		
取得費 ＋ 譲渡費用	短期譲渡所得の金額の計算上生じた損失の金額	長期譲渡所得の金額

5　課税長期譲渡所得金額の計算

課税長期譲渡所得金額は通常の場合、長期譲渡所得の金額と同額となります（措法31①）。

なお、次に掲げる譲渡に該当する場合は、それぞれ次に掲げる特別控除額が長期譲渡所得の金額を限度として控除されます。

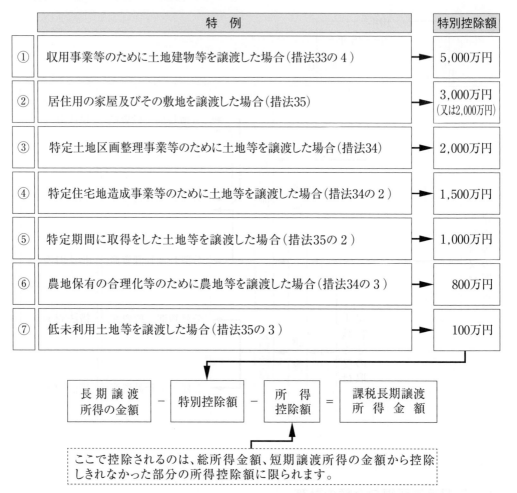

	特　例	特別控除額
①	収用事業等のために土地建物等を譲渡した場合（措法33の４）	5,000万円
②	居住用の家屋及びその敷地を譲渡した場合（措法35）	3,000万円 （又は2,000万円）
③	特定土地区画整理事業等のために土地等を譲渡した場合（措法34）	2,000万円
④	特定住宅地造成事業等のために土地等を譲渡した場合（措法34の２）	1,500万円
⑤	特定期間に取得をした土地等を譲渡した場合（措法35の２）	1,000万円
⑥	農地保有の合理化等のために農地等を譲渡した場合（措法34の３）	800万円
⑦	低未利用土地等を譲渡した場合（措法35の３）	100万円

長期譲渡所得の金額 － 特別控除額 － 所得控除額 ＝ 課税長期譲渡所得金額

ここで控除されるのは、総所得金額、短期譲渡所得の金額から控除しきれなかった部分の所得控除額に限られます。

6　長期譲渡所得に係る所得税額の計算

課税長期譲渡所得金額に係る所得税率は、15％（地方税５％）とされています（措法31①）。

なお、分離長期特定資産の譲渡所得金額又は分離長期軽課資産の譲渡所得金額に対する所得税率は、分離長期一般資産の譲渡所得金額に対する所得税率よりも軽減されています（措法31の２①、31の３①）。

〔計算例〕　課税長期譲渡所得金額が１億円の場合

10,000万円×15％＝1,500万円

課税長期譲渡所得金額に1,000円未満の端数があるとき又はその全額が1,000円未満であるときは、国税通則法第118条《国税の課税標準の端数計算等》第１項の規定により、その端数金額又はその全額を切り捨てることとなります。

また、課税長期譲渡所得金額の中に優良住宅地の造成等（特定資産、措法31の２）のために譲渡した土地等に係る部分の金額又は居住用財産（軽課資産、措法31の３）の譲渡に係る部分の金額とその他の土地建物等の譲渡に係る部分の金額とがある場合においても、それぞれの金額に1,000円未満の端数があるとき又はその全額が1,000円未満であるときは、その端数金額又はその全額を切り捨てます（措通31－２）。

用語の解説

課税総所得金額

課税総所得金額とは、総所得金額から所得控除額を差し引いた残額をいいます。

なお、総所得金額とは、事業所得や給与所得などの合計額をいいますが、分離課税とされている土地建物等の譲渡所得、山林所得、退職所得等は含まれません。

また、所得控除額とは、生命保険料控除、配偶者控除、扶養控除、基礎控除などの合計額をいいます。

第２　分離課税の短期譲渡所得に対する所得税
（租税特別措置法第32条第１項、第２項関係）

１　制度の概要

個人が有する土地建物等のうち、その譲渡の年の１月１日において所有期間が５年以下であるものを譲渡した場合には、その譲渡による譲渡所得については、他の所得と区分して、すなわち分離課税の短期譲渡所得として、その課税短期譲渡所得金額に対し30％の税率により所得税が課税されます（措法32①）。

２　分離課税の短期譲渡所得の対象資産の範囲

次の資産を譲渡した場合は、短期譲渡所得の課税の特例の対象となります（措法32①②）。

短期譲渡所得の対象資産	①	土地等又は建物等	譲渡した年の１月１日において所有期間が５年以下である土地等又は建物等（譲渡した年中に取得したものを含みます。）
	②	土地譲渡類似の有価証券の譲渡に該当する株式・出資	その有する資産の価額の総額のうちに占める短期保有土地等（その法人が取得した日の翌日からその株式等を譲渡した日の属する年の１月１日までの所有期間が５年以下である土地等及びその株式等を譲渡した日の属する年にその法人が取得した土地等をいいます。この第２において、以下同じです。）の価額の合計額の割合が100分の70以上である法人の株式等（措令21③一）
			その有する資産の価額の総額のうちに占める土地等の価額の合計額の割合が100分の70以上である法人の株式等のうち、次の株式等に該当するもの（措令21③二） イ　譲渡した年の１月１日において、その個人が、その株式等を取得した日の翌日から引き続き所有していた期間が５年以下である株式等 ロ　譲渡した年中に取得した株式等

チェックポイント

❶　土地建物等の範囲については、長期譲渡所得の場合と同じです。

❷　「土地譲渡類似の有価証券の譲渡」の詳細は次の４のとおりです。

❸　株式又は出資のうち次に掲げる出資、投資口又は受益権に該当するものは除かれます（措法32②）。

①　資産の流動化に関する法律に規定する一定の優先出資及び特定出資

②　投資信託及び投資法人に関する法律に規定する一定の投資口

③　法人課税信託のうち一定の特定目的信託に係る受益権

④　法人課税信託のうち一定の法人税法で定める投資信託に係る受益権

3　土地建物等の所有期間の判定

分離課税の短期譲渡所得に該当するかどうかは、その土地建物等を譲渡した年の1月1日における所有期間が5年以下かどうかにより判定します。

なお、所有期間を判定する場合の「取得の日」及び「譲渡の日」については、「第4章　譲渡所得の区分」の3（81ページ以下）を参照してください。

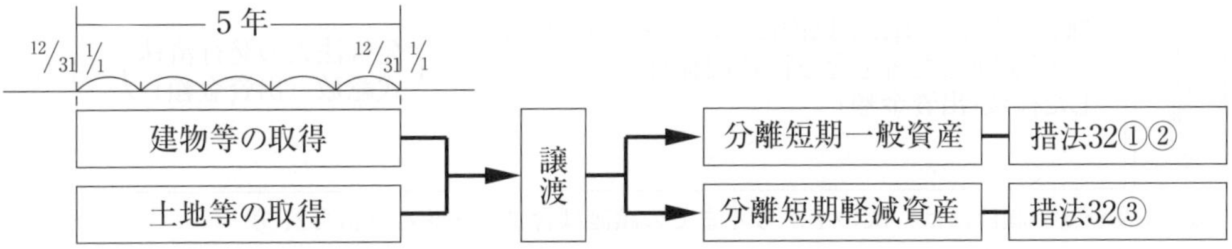

4　土地の譲渡に類似する株式・出資の譲渡

資産の大部分が土地であるような会社、いわゆる土地管理会社等の株式・出資はいわば「土地の塊」とも考えることができることから、次の要件を満たす株式・出資の譲渡については、その株式・出資を短期譲渡所得の対象となる土地建物等と同視し、分離短期譲渡所得の対象とされています。

(1)　法人資産及び株式・出資に関する要件（措令21③）

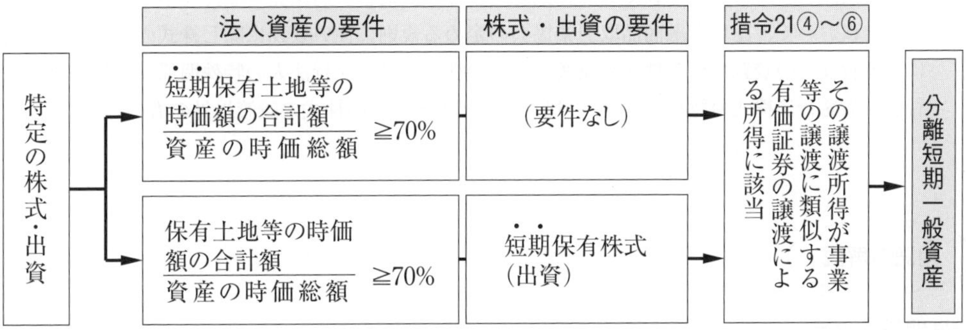

(2)　譲渡の態様に関する要件（措令21④⑤）

次の①から③までの全ての要件を満たす場合における株式（出資）の譲渡が分離短期譲渡に該当します。

①（持株割合）	譲渡した年以前3年内のいずれかの時において、 特殊関係株主等の持株数(出資金額)≧(発行法人の発行済株式総数(出資金額))×30% であり、かつ、その株式（出資）の譲渡をした者がその特殊関係株主等であること
②（譲渡割合）	譲渡した年において、その株式（出資）を譲渡した者を含む特殊関係株主等の譲渡した株数（出資金額）≧(発行法人の発行済株式総数（出資金額）)×５%
③（譲渡割合）	譲渡した年以前3年以内において、その株式(出資)を譲渡した者を含む特殊関係株主等の譲渡した株数(出資金額)≧(発行法人の発行済株式総数（出資金額）)×15%

㈱　②及び③の譲渡には、次の１から４までの譲渡は含まれません（措令21⑤）。

1　株式が金融商品取引所に上場されている場合において、取引所金融商品市場においてするその株式の譲渡

2　株式が店頭売買登録銘柄である場合において、店頭売買有価証券市場における金融商品取引業者の媒介、取次ぎ又は代理によってするその株式の譲渡（次の４の譲渡に該当する場合を除きます。）

3　金融商品取引所にその発行する株式が上場されていない発行法人に係る株式が最初に金融商品取引所に上場される場合において、金融商品取引所の定める規則に従って上場の申請の日から上場される日までの間に株式の公開の方法により行うこの上場に係る株式の譲渡で、この株式に係る発行法人の特殊関係株主等がその発行法人の発行済株式（発行法人が有する自己の株式を除きます。次の４において同じです。）の総数の100分の10以上に相当する数の株式の譲渡以外のもの

4　金融商品取引所に上場されている株式以外の株式が最初に店頭売買登録銘柄として登録された場合において、認可金融商品取引業協会の定める規則に従い登録に際し株式の売出しの方法により行うこの登録に係る株式の譲渡で、この株式に係る発行法人の特殊関係株主等がその発行法人の発行済株式の総数の100分の10以上に相当する数の株式の譲渡以外のもの

用語の解説

特殊関係株主等

発行法人の所得税法第２条第１項第８号の２に規定する株主等並びにその株主等と法人税法施行令第４条第１項及び第２項に規定する特殊の関係その他これに準ずる関係のある者をいいます（措令21⑥）。

（参考）　法人税法施行令

（同族関係者の範囲）

第４条　法第２条第10号（同族会社の意義）に規定する政令で定める特殊の関係のある個人は、次に掲げる者とする。

一　株主等の親族

二　株主等と婚姻の届出をしていないが事実上婚姻関係と同様の事情にある者

三　株主等（個人である株主等に限る。次号において同じ。）の使用人

四　前３号に掲げる者以外の者で株主等から受ける金銭その他の資産によって生計を維持しているもの

五　前３号に掲げる者と生計を一にするこれらの者の親族

２　法第２条第10号に規定する政令で定める特殊の関係のある法人は、次に掲げる会社とする。

一　同族会社であるかどうかを判定しようとする会社の株主等（当該会社が自己の株式又は出資を有する場合の当該会社を除く。以下この項及び第４項において「判定会社株主等」という。）の一人（個人である判定会社株主等については、その一人及びこれと前項に規定する特殊の関係のある個人。以下この項において同じ。）が他の会社を支配している場合における当該他の会社

二　判定会社株主等の一人及びこれと前号に規定する特殊の関係のある会社が他の会社を支配している場合における当該他の会社

三　判定会社株主等の一人及びこれと前２号に規定する特殊の関係のある会社が他の会社を支配している場合における当該他の会社

３　前項各号に規定する他の会社を支配している場合とは、次に掲げる場合のいずれかに該当する場合をいう。

一　他の会社の発行済株式又は出資（その有する自己の株式又は出資を除く。）の総数又は総額の100分の50を超える数又は金額の株式又は出資を有する場合

二　他の会社の次に掲げる議決権のいずれかにつき、その総数（当該議決権を行使することができない株主等が有する当該議決権の数を除く。）の100分の50を超える数を有する場合

イ　事業の全部若しくは重要な部分の譲渡、解散、継続、合併、分割、株式交換、株式移転又は現物出資に関する決議に係る議決権

ロ　役員の選任及び解任に関する決議に係る議決権

ハ　役員の報酬、賞与その他の職務執行の対価として会社が供与する財産上の利益に関する事項についての決議に係る議決権

ニ　剰余金の配当又は利益の配当に関する決議に係る議決権

三　他の会社の株主等（合名会社、合資会社又は合同会社の社員（当該他の会社が業務を執行する社員を定めた場合にあっては、業務を執行する社員）に限る。）の

総数の半数を超える数を占める場合

4　同一の個人又は法人（人格のない社団等を含む。以下同じ。）と第２項に規定する特殊の関係のある２以上の会社が、判定会社株主等である場合には、その２以上の会社は、相互に同項に規定する特殊の関係のある会社であるものとみなす。

5　法第２条第10号に規定する政令で定める場合は、同号の会社の株主等（その会社が自己の株主又は出資を有する場合のその会社を除く。）の３人以下並びにこれらと同号に規定する政令で定める特殊の関係のある個人及び法人がその会社の第３項第２号イからニまでに掲げる議決権のいずれかにつきその総数（当該議決権を行使することができない株主等が有する当該議決権の数を除く。）の100分の50を超える数を有する場合又はその会社の株主等（合名会社、合資会社又は合同会社の社員（その会社が業務を執行する社員を定めた場合にあっては、業務を執行する社員）に限る。）の総数の半数を超える数を占める場合とする。

6　個人又は法人との間で当該個人又は法人の意思と同一の内容の議決権を行使することに同意している者がある場合には、当該者が有する議決権は当該個人又は法人が有するものとみなし、かつ、当該個人又は法人（当該議決権に係る会社の株主等であるものを除く。）は当該議決権に係る会社の株主等であるものとみなして、第３項及び前項の規定を適用する。

なお、「その他これに準ずる関係のある者」には、会社以外の法人で法人税法施行令第４条第２項各号及び第４項に規定する特殊の関係のある者が含まれます。したがって、例えば、株主の１人及びこれと同条に規定する特殊の関係のある個人又は法人が有する会社以外の法人の出資の金額がその法人の出資の総額の50％超に相当する場合におけるその会社以外の法人はこれに該当します（措通32－６）。この会社以外の法人には、例えば、出資持分の定めのある医療法人等が該当します。

チェックポイント

1　「譲渡」には贈与が含まれますので、有償譲渡の他に贈与をしている場合の判定には注意する必要があります。

〔設例〕

短期保有土地等の価額が総資産価額の７割を超える法人である甲株式会社（この設例において、以下「甲社」といいます。）の令和６年１月１日現在の株主構成は次のとおりです。

Ａ	30,000株
Ｂ（Ａの妻）	10,000株
Ｃ（Ａの長男）	5,000株
Ｄ（Ａの二男）	2,000株
Ｅ（一般従業員）	1,000株
Ｆ（取引先）	2,000株
計	50,000株

Ａは令和６年３月１日、長男であるＣに対して甲社の株式5,000株（発行済株式総数に対する割合10%）を売り渡しましたが、この場合、租税特別措置法第32条第２項の規定に該当するものとして課税されますか。

なお、Ａは令和６年６月２日に妻であるＢに対して甲社の株式2,500株（同割合５％）を贈与していますが、令和６年以前３年以内において、他に同社の株式の異動はありません。

〔答〕

ＡのＣに対する甲社の株式5,000株の売渡しについては土地等の譲渡に類似する株式・出資の譲渡として分離短期譲渡所得が課税されます。

（Ｂが受贈した甲社の株式2,500株は、当然に贈与税の課税対象となります。）

〔理由〕

「譲渡」には、売買等の有償譲渡の他、贈与等の無償譲渡も含まれます。したがって、特殊関係株主等で①30%以上（３年内のいずれかの時における持株割合）②５％以上（本年の譲渡割合）③15%以上（３年内の譲渡割合）の各要件を全て満たします（③については、5,000株＋2,500株＝7,500株…発行済株式総数に対する割合15%）ので分離短期譲渡所得が課税されます。

なお、株式の贈与は、土地等の譲渡に類似する株式・出資の譲渡に該当するかどうかを判定する場合の譲渡に含まれますが、個人に対する贈与については、みなし譲渡所得（所法59）の規定の適用がありませんので、譲渡所得の課税は行われません。

㈱　居住者が有価証券等を非居住者に対して贈与したときは、その時の価額に相当する金額により譲渡があったものとみなされます。詳しくは、「第12章　有価証券の譲渡による所得の課税」の「第５　贈与等により非居住者に資産が移転した場合の譲渡所得等の特例（国外転出（贈与等）時課税）」（610ページ）を参照してください。

❷　特殊関係株主等に当たるかどうかの判定は、株式（出資）の譲渡をした者を中心にのみ行うわけではありません。株式（出資）の譲渡をした者及びこの者と特殊の関係その他これに準ずる関係のある者のうちの１人を中心に、その中心となる者及びこの者と特殊の関係等にある者により順次判定します。

❸　②及び③の「譲渡」には、譲渡した株式が金融商品取引所に上場されている場合において、取引所金融商品市場においてするその株式の譲渡などは含まれません（措令21⑤）。これは、金融商品市場の要請を背景に行われた譲渡であることが考慮されているからです。

　したがって、②及び③の譲渡割合の判定及び課税原因から「取引所金融商品市場においてするその株式の譲渡」は除外されますので、「取引所金融商品市場においてするその株式の譲渡」以外の株式の譲渡のみで判定基準に該当する場合でも「取引所金融商品市場においてするその株式の譲渡」による所得については分離短期譲渡所得としては課税されません。この場合に「取引所金融商品市場においてするその株式の譲渡」については申告分離課税又は源泉分離課税の対象とされ、「取引所金融商品市場においてするその株式の譲渡」以外の株式の譲渡による所得については分離短期譲渡所得として課税されます。

5　短期譲渡所得の金額の計算

　短期譲渡所得の金額は、その年中の短期所有の土地建物等の譲渡による総収入金額から取得費と譲渡費用の合計額を控除した金額となります。

　なお、租税特別措置法第31条第１項に規定する長期譲渡所得の金額の計算上生じた損失の金額がある場合には、短期譲渡所得の金額から控除します（措法32①）。

その年中の短期所有の土地建物等の譲渡による総収入金額		
取得費 ＋ 譲渡費用	長期譲渡所得の金額の計算上生じた損失の金額	短期譲渡所得の金額

6　課税短期譲渡所得金額の計算

課税短期譲渡所得金額は通常の場合、短期譲渡所得の金額と同額となります（措法32①）。

なお、次に掲げる譲渡に該当する場合は、それぞれ次に掲げる特別控除額が短期譲渡所得の金額を限度として控除されます。

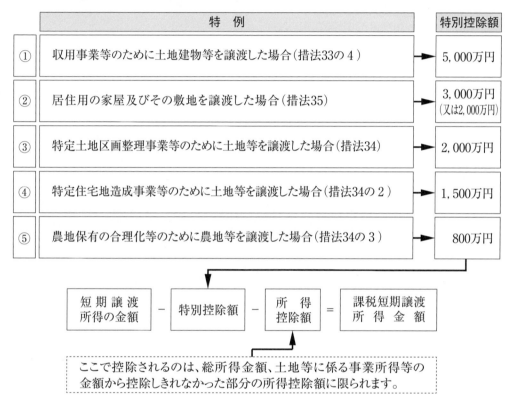

	特　例	特別控除額
①	収用事業等のために土地建物等を譲渡した場合（措法33の４）	5,000万円
②	居住用の家屋及びその敷地を譲渡した場合（措法35）	3,000万円（又は2,000万円）
③	特定土地区画整理事業等のために土地等を譲渡した場合（措法34）	2,000万円
④	特定住宅地造成事業等のために土地等を譲渡した場合（措法34の２）	1,500万円
⑤	農地保有の合理化等のために農地等を譲渡した場合（措法34の３）	800万円

短期譲渡所得の金額 － 特別控除額 － 所得控除額 ＝ 課税短期譲渡所得金額

ここで控除されるのは、総所得金額、土地等に係る事業所得等の金額から控除しきれなかった部分の所得控除額に限られます。

チェックポイント

分離短期譲渡所得のなかに、軽減税率対象土地等に係るもの（措法32③）と一般対象の土地建物等に係るものとがある場合には、分離短期譲渡所得に係る収用交換等の場合の5,000万円控除その他の特別控除の額及び所得控除額は、まず、一般対象の土地建物等に係る短期譲渡所得の金額から控除するものとして取り扱われています（措通32－10）。

7　短期譲渡所得に係る所得税額の計算

課税短期譲渡所得金額に係る所得税率は、30％（地方税９％）とされています（措法32①）。

第９章　特別控除の特例

第１　居住用財産を譲渡した場合の3,000万円の特別控除
（租税特別措置法第35条関係）

居住用財産を譲渡した場合の譲渡所得の課税の特例制度の主なものは次のとおりですが、中でも②の居住用財産の譲渡所得の特別控除の特例は最も適用事例が多く、質問も多いところです。

<table>
<tr><th></th><th></th><th>項　目</th><th>略　称</th><th>根拠条文</th><th>規定の設けられた趣旨</th></tr>
<tr><td rowspan="6">居住用財産を譲渡した場合の譲渡所得の課税の特例</td><td>①</td><td>居住用財産を譲渡した場合の長期譲渡所得の課税の特例</td><td>「居住用財産の軽減税率の特例」</td><td>措法31の３
（405ページ）</td><td rowspan="6">居住用財産を譲渡した者の所得税の軽減を図ることにより、居住用財産の買換えが円滑に行われ、かつ、より良い住環境を求めることができるよう税制面からバックアップするために設けられたものです。
※「空き家の特例」については、空き家発生の抑制という観点も考慮されており、他の居住用財産の特例とは趣旨が異なっています。</td></tr>
<tr><td rowspan="3">②</td><td rowspan="3">居住用財産の譲渡所得の特別控除</td><td>「居住用財産の特別控除の特例」</td><td>措法35
（199ページ）</td></tr>
<tr><td>「自己の居住用の特例」</td><td>措法35②</td></tr>
<tr><td>「空き家の特例」（※）</td><td>措法35③</td></tr>
<tr><td>③</td><td>特定の居住用財産の買換えの場合の長期譲渡所得の課税の特例</td><td>「特定の居住用財産の買換えの特例」</td><td>措法36の２～36の４
（308ページ）</td></tr>
<tr><td>④</td><td>特定の居住用財産を交換した場合の長期譲渡所得の課税の特例</td><td>「特定の居住用財産の交換の特例」</td><td>措法36の５
（337ページ）</td></tr>
</table>

㈱　略称は便宜上本書で使用するためのものです。なお、各特例の内容については根拠条文下のかっこ書に記載のある各ページを参照してください。

ここでは②の居住用財産の特別控除の特例について説明しますが、その前に①から③の特例の相違点等について概観しておくこととします。

なお、④の特定の居住用財産の交換の特例（措法36の５）は、基本的には、③の特定の居住用財産の買換えの特例（措法36の２）と同様です。

1　居住用財産の譲渡に係る軽減税率の特例・特別控除の特例及び買換えの特例の適用要件の主な相違点

	居住用財産の軽減税率の特例（措法31の３）	居住用財産の特別控除の特例（措法35）		特定の居住用財産の買換えの特例（措法36の２）
		自己の居住用の特例（措法35②）	空き家の特例（措法35③）	
譲渡資産	○長期保有資産のみ適用可能です。 ㈲　租税特別措置法第37条の５第５項に該当する場合には、例外として、短期保有資産であっても適用可能です。 ○所在地が国内にあるものに限られます。	○長期及び短期保有資産のいずれも適用可能です。 ○所在地の制限はありません。	○長期及び短期保有資産のいずれも適用可能です。 ○建物の区分所有等に関する法律第１条の規定に該当する建物を除く、昭和56年５月31日以前に建築された家屋 ○譲渡資産の譲渡に係る対価の額が１億円以下であること ㈲　その他一定の要件に該当する必要があります。詳しくは、後記１⑵（216ページ）を参照してください。	○長期保有資産のみ適用可能です。 ○国内にある居住用財産を譲渡した場合に限られます。 ○譲渡者自身のその場所での居住期間が10年以上のものであること ○譲渡資産の譲渡に係る対価の額が１億円以下であること
適用除外の譲渡	譲渡原因による除外規定はありません。	譲渡原因による除外規定はありません。	譲渡原因による除外規定はありません。	贈与、交換、現物出資及び代物弁済（金銭債務の弁済に代えてするものに限ります。）をした場合には、この特例を適用することはできません。
連年適用の制限	前年又は前々年において、この軽減税率の適用を受けている場合には適用することはできません。	前年又は前々年において、既に自己の居住用の特例又は特定の居住用財産の買換えの特例若しくは特定の居住用財産の交換の特例の適用を受けている場合には適用することはできません。	連年適用の制限はありません。 ㈲　譲渡の年に自己の居住用の特例と重複適用する場合は、特別控除の限度額は3,000万円となります。	譲渡の年、前年、前々年において居住用財産の軽減税率の特例、居住用財産の特別控除の特例を受けている場合には、この特例を適用することはできません。
買換資産	買換資産に関する要件規定はありません。	買換資産に関する要件規定はありません。	買換資産に関する要件規定はありません。	○買換資産（国内にあるもの）を一定の期限までに取得し、かつ、一定の期限までに居住の用に供する必要があります。 ○買換家屋の居住用部分の床面積が50㎡以上であり、かつ、その敷地の面積が500㎡以下のもの

※　居住用財産を譲渡した場合の譲渡所得の課税の特例において「長期保有資産」とは、譲渡の年の１月１日における所有期間が10年を超えるものをいいます。

２　所有期間からみた居住用財産の譲渡所得に関する特例の適用関係

<table>
<tr><th colspan="3">区　分</th><th rowspan="2">居住用財産の
軽減税率の特例
（措法31の３）</th><th rowspan="2">居住用財産の
特別控除の特例
（措法35①②）</th><th rowspan="2">特定の居住用財産の
買換え（交換）の特例
（措法36の２、36の５）</th></tr>
<tr><th rowspan="4">居住用財産の譲渡</th><th>所有期間</th><th>居住期間</th></tr>
<tr><td rowspan="2">10年超のもの</td><td>10年以上</td><td>※適用できる</td><td>※適用できる</td><td>適用できる
選択適用</td></tr>
<tr><td>10年未満</td><td>※適用できる</td><td>※適用できる</td><td>×</td></tr>
<tr><td>10年以下のもの</td><td></td><td>×</td><td>適用できる</td><td>×</td></tr>
</table>

(注)　※印の特例は、併用適用できることを示しています（措法35③は併用不可）。

居住用財産の特別控除の特例は、所有期間の長短に関係なくその適用を受けることができますが、居住用財産の軽減税率の特例又は特定の居住用財産の買換え（交換）の特例は、長期保有資産に限り適用を受けることができます。

なお、例外的に、既成市街地等又は都市計画に定められた一定の地区等に係る土地建物等で居住用財産に該当するものを特定民間再開発事業の用に供するために譲渡した場合で、この事業により建築された中高層耐火建築物等に係る構築物を取得することが困難である一定の事情があると都道府県知事が認定したときは、短期保有資産についても居住用財産の軽減税率の特例の適用を受けることができます（措法37の５⑤）。

（参考）

○　居住用財産を譲渡した場合の譲渡所得の課税の特例と住宅借入金等特別控除の適用関係

住宅借入金等特別控除は、次の場合には、入居した年以後10年間の各年分についてその適用を受けることができないことになっています（措法41㉒㉓）。

①	入居した年分の所得税について、③の㋑から㋭の特例の適用を受ける場合		
②	入居した年の前年分又は前々年分の所得税について、③の㋑から㋭の特例の適用を受けている場合		
③	入居した年の翌年以後３年以内の各年中にその家屋（その家屋の敷地を含みます。）以外の資産（従前の住宅及びその敷地に限られます。）の譲渡をした場合において、その資産の譲渡につき、次の特例の適用を受ける場合	㋑	居住用財産の軽減税率の特例（措法31の３）
		㋺	居住用財産の特別控除の特例（措法35） （空き家の特例を適用する場合を除きます。）
		㋩	特定の居住用財産の買換えの特例（措法36の２）
		㋥	特定の居住用財産の交換の特例（措法36の５）
		㋭	既成市街地等内にある土地等の中高層耐火建築物等の建設のための買換え及び交換の場合の譲渡所得の課税の特例（措法37の５）

また、住宅借入金等特別控除の適用を受けた後に、③に該当することとなった場合には、既に住宅借入金等特別控除の適用を受けた年分の所得税について、その該当することとなった年分の所得税の確定申告期限までに、修正申告書又は期限後申告書を提出して、その住宅借入金等特別控除の額に相当する所得税額を納付しなければなりません（措法41の３①）。

１　居住用財産の特別控除の特例の適用を受けることができる場合

この特例は、次の⑴及び⑵のいずれかの家屋等を譲渡した場合、又は⑴のいずれかの家屋等及び⑵の家屋等を譲渡した場合に、課税長期（短期）譲渡所得金額の計算上最高3,000万円までを控除し、それを基に所得税額を計算することにより所得税を軽減するものです。

⑴　自己の居住用の特例

イ　居住の用に供している家屋

現に自己の居住の用に供している家屋

用語の解説

家屋

人が居住するための建物をいいます。

チェックポイント

1 店舗併用(兼)住宅などについては、自己の居住の用に供している部分に限られます（措令20の３②、23①)。具体的な居住用部分の判定は次の算式により行います（措通31の３－７、35－６)。ここではその家屋の敷地の用に供されている土地等のうちその居住部分の判定についても併せて説明します。

〔算式〕

①　その家屋のうち居住の用に供している部分

$$\text{その家屋のうち居住の用に専ら供している部分の床面積　A} + \text{その家屋のうち居住の用と居住の用以外の用とに併用されている部分の床面積} \times \frac{\text{A}}{\text{A＋居住の用以外の用に専ら供されている部分の床面積}}$$

②　その土地等のうち居住の用に供している部分

$$\text{その土地等のうち居住の用に専ら供している部分の面積} + \text{その土地等のうち居住の用と居住の用以外の用とに併用されている部分の面積} \times \frac{\text{①の算式により計算した床面積}}{\text{その家屋の床面積}}$$

なお、①又は②の面積の全体に占める割合がおおむね90％以上である場合にはその全部が居住用部分に該当するものとして計算し申告しても差し支えありません（措通31の３－８、35－６)。

また、居住の用に供されなくなった後において譲渡した場合の居住の用に供している部分の判定は、居住の用に供されなくなった時の直前における利用状況に基づいて行い、その後における利用状況は、この判定には関係がありません（措通31の３－７㈴、35－６)。

2 自己の居住の用に供している家屋を二以上有する場合には、主として居住の用に供している一つの家屋のみがこの特例の適用対象となります（措令20の３②、23①)。

3 「居住の用に供している家屋」の意義は次のとおりです（措通31の３－２、35－６)。

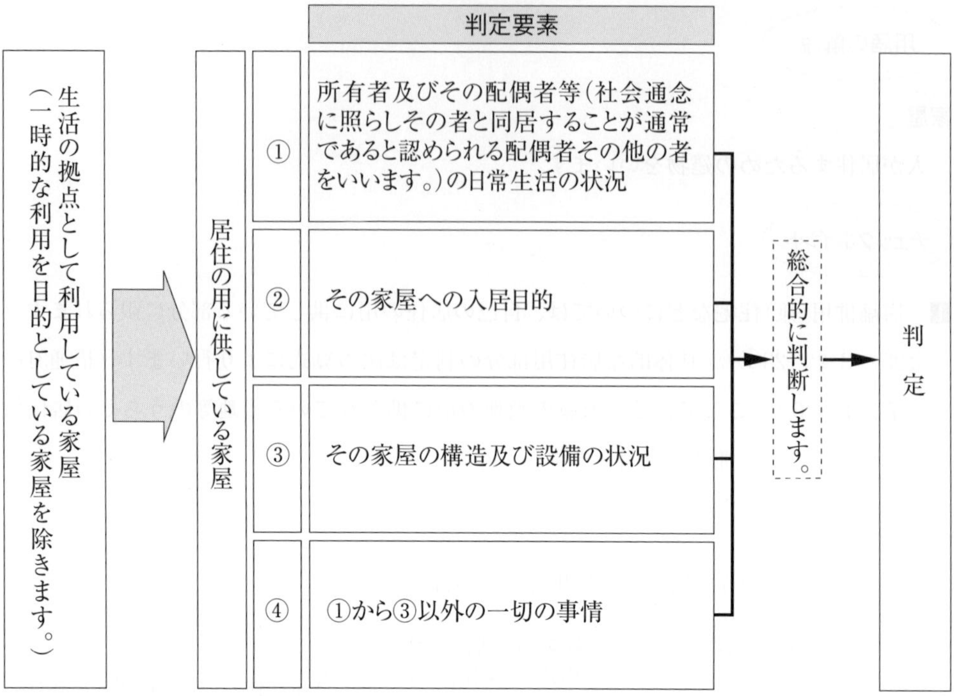

したがって、転勤、転地療養等の事情のため、所有者がその配偶者等と離れ単身で他に起居している場合であっても、その事情が解消したときには配偶者等と起居を共にすることとなると認められるときは、配偶者等が居住の用に供している家屋は、所有者にとっても、居住の用に供している家屋に該当することとなります。これにより、居住の用に供している家屋を二以上所有することとなる場合には、所有者が主として居住の用に供していると認められる一つの家屋のみが、この特例の適用対象となります。

なお、次に掲げるような家屋は、居住の用に供している家屋には該当しません。

		例　示	注意点
居住の用に供している家屋に該当しないもの	①	この特例の適用を受けるためのみの目的で入居したと認められる家屋	—
	②	家屋の新築期間中だけの仮住まいである家屋その他一時的な目的で入居したと認められる家屋	譲渡した家屋における居住期間が短期間であっても、その家屋への入居目的が一時的なものでない場合には、その家屋は左記に掲げる家屋には該当しません。
	③	主として趣味、娯楽又は保養の用に供する目的で有する家屋（別荘など）	—

4　上記**3**で説明した「居住の用に供している家屋」に該当しない場合であっても、一定の要件（以下の①から④まで全ての要件）を満たす場合には、家屋の所有者にとって「居住の用に供している家屋」に該当するものとして取り扱うことができることとされています（措通31の３－６、35－６）。

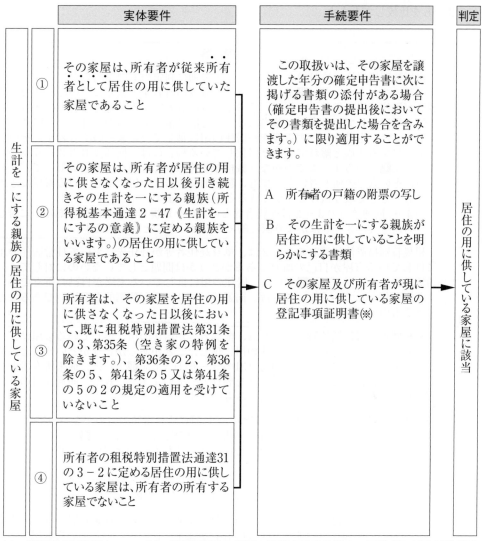

		実体要件	手続要件	判定
生計を一にする親族の居住の用に供している家屋	①	その家屋は、所有者が従来所有者として居住の用に供していた家屋であること	この取扱いは、その家屋を譲渡した年分の確定申告書に次に掲げる書類の添付がある場合（確定申告書の提出後においてその書類を提出した場合を含みます。）に限り適用することができます。 A　所有者の戸籍の附票の写し B　その生計を一にする親族が居住の用に供していることを明らかにする書類 C　その家屋及び所有者が現に居住の用に供している家屋の登記事項証明書(※)	居住の用に供している家屋に該当
	②	その家屋は、所有者が居住の用に供さなくなった日以後引き続きその生計を一にする親族（所得税基本通達２－47《生計を一にするの意義》に定める親族をいいます。）の居住の用に供している家屋であること		
	③	所有者は、その家屋を居住の用に供さなくなった日以後において、既に租税特別措置法第31条の３、第35条（空き家の特例を除きます。）、第36条の２、第36条の５、第41条の５又は第41条の５の２の規定の適用を受けていないこと		
	④	所有者の租税特別措置法通達31の３－２に定める居住の用に供している家屋は、所有者の所有する家屋でないこと		

(※)　登記事項証明書については、「譲渡所得の特例の適用を受ける場合の不動産に係る不動産番号等の明細書」（以下「不動産番号等明細書」といいます。）を提出することなどにより、その添付を省略することができます（情報通信技術を活用した行政の推進等に関する法律11、同法施行令５）。

なお、実体要件の②に関して、生計を一にする親族が居住の用に供さなくなった日又は生計を一にする親族に該当しなくなった日のいずれか早い日から１年を経過した日以後に譲渡が行われた場合には、この取扱いを適用することができません。

ここで、参考として、❸で説明した租税特別措置法通達31の３－２と上記の同通達31の３－６を比較してみます。

	内　容
イ	租税特別措置法通達31の３－２は、まず最初に判定の原則を明らかにしつつ、同通達31の３－２⑴（上記❸①）で単身赴任者等の所有する家屋についてはその配偶者等が居住の用に供していれば、その家屋は所有者である単身赴任者等にとっても居住の用に供している家屋に該当すると留意的に定めているのに対して、同通達31の３－６は、生計を一にする親族が居住の用に供している家屋の所有者が、その生計を一にする親族と離れて妻等と居住している場合には、同通達31の３－６⑴から⑷（上記❹①から④）までのかなり厳格な要件の全てを満たすときに限って、その家屋はその家屋の所有者にとっても、特例的に、居住の用に供している家屋に該当するものとして取り扱うことができると定めています。 つまり、同通達31の３－２は配偶者等との関係を重視して無制限的であるのに対して、同通達31の３－６はかなり限定的であるということができます。
ロ	租税特別措置法通達31の３－２は、単身赴任者等が赴任先において日常居住の用に供している家屋が自己の所有であるかどうかは問題としていないのに対して、同通達31の３－６⑷（上記❹④）は、居住の用に供している家屋が自己の所有でないことを要件としています。これは、同通達31の３－６が特例的な取扱いであることによるものです。
ハ	租税特別措置法通達31の３－２は、配偶者等が居住の用に供している家屋は、その所有者が従来所有者として居住の用に供したことがあるかどうかということは問題としていないのに対して、同通達31の３－６⑴（上記❹①）は、従来所有者として居住の用に供していたということを要件としています。これも、同通達31の３－６が特例的な取扱いであることによるものです。
ニ	租税特別措置法通達31の３－２については特に添付書類の定めがないのに対して、同通達31の３－６㈱２は、所有者の戸籍の附票の写しなど（上記❹の手続要件）の書類の確定申告書への添付を要求しています。これも同通達31の３－６が特例的な取扱いであることによるものです。 なお、同通達31の３－２についても、同通達に該当する旨の説明書（説明に必要な書類を含みます。）等を確定申告書に添付することが必要です。
ホ	租税特別措置法通達31の３－２が当然解釈であることは、同通達31の３－６が㈱１において、同通達31の３－６⑴の所有者が従来居住の用に供していた家屋であるかどうか及び同通達31の３－６⑵の生計を一にする親族が居住の用に供している家屋であるかどうかの判定に同通達31の３－２を準用していることからも明らかです。

〔設例〕

次の場合、甲は、この特例の適用を受けることができるでしょうか。

① 甲は妻子とともにＡ社の社宅（東京都台東区所在）に居住し、同社の本店に勤務していた。

② 令和２年４月、甲は札幌支店に転勤となったが、子供の学校の関係から妻子を社宅に残したまま単身で赴任し、札幌市内の社宅に転居した。

③　令和２年９月、甲が東京都中央区に居宅を取得したので、この居宅に妻子が入居した。

④　令和６年７月、甲本人は居住しないまま中央区所在の居宅を売却した。

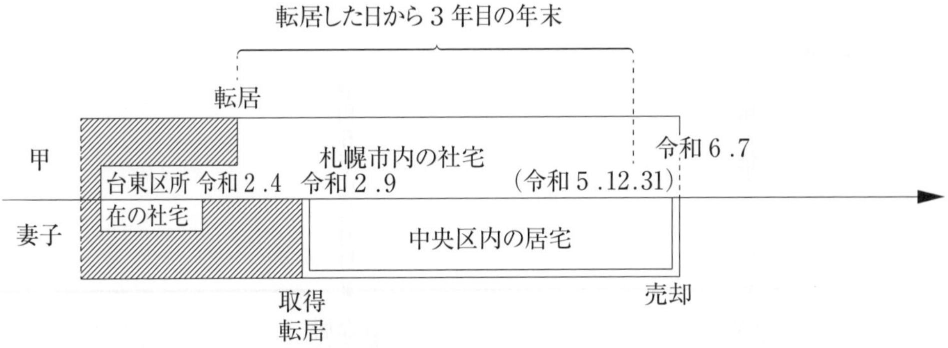

甲が、次に掲げる要件（租税特別措置法通達31の３－２でいう要件）を満たせば、この特例の適用を受けることができます。

①　妻子が居住の用に供していた中央区所在の居宅（以下単に「居宅」といいます。）が次の家屋に該当しないこと。

○　この特例の適用を受けるためのみの目的で妻子が入居したと認められる家屋、仮住まいなど一時的な目的で妻子が入居したものと認められる家屋

○　主として趣味、娯楽又は保養の用に供する目的で所有した家屋（別荘など）

②　居宅は、妻子が生活の拠点として利用していたものであること。具体的には妻子の日常生活の状況、その居宅への入居目的その他の事情を総合勘案して判定します。

③　居宅が、甲及び甲の妻子の全員が居住の用に供することを前提とした構造及び設備等を有していたこと（甲も居住するという前提での家屋であったこと。）。

④　転勤という事情が解消したときには甲は妻子と起居を共にすることとなると認められたこと（例えば、離婚を前提としての別居ではないこと。）。

5　居住用家屋の一部のみを譲渡した場合には、譲渡した部分以外の部分（残存した部分）が機能的にみて独立した居住用の家屋と認められない場合に限り、この特例の適用対象となります（措通31の３－10、35－６）。これは家屋の全部の譲渡があったものと同視することができるからです。

ロ　３年目の年末までに譲渡した家屋

「イの家屋」で、居住の用に供されなくなった日から同日以後３年を経過する日の属する年の12月31日までの間に譲渡したもの

〔設例１〕

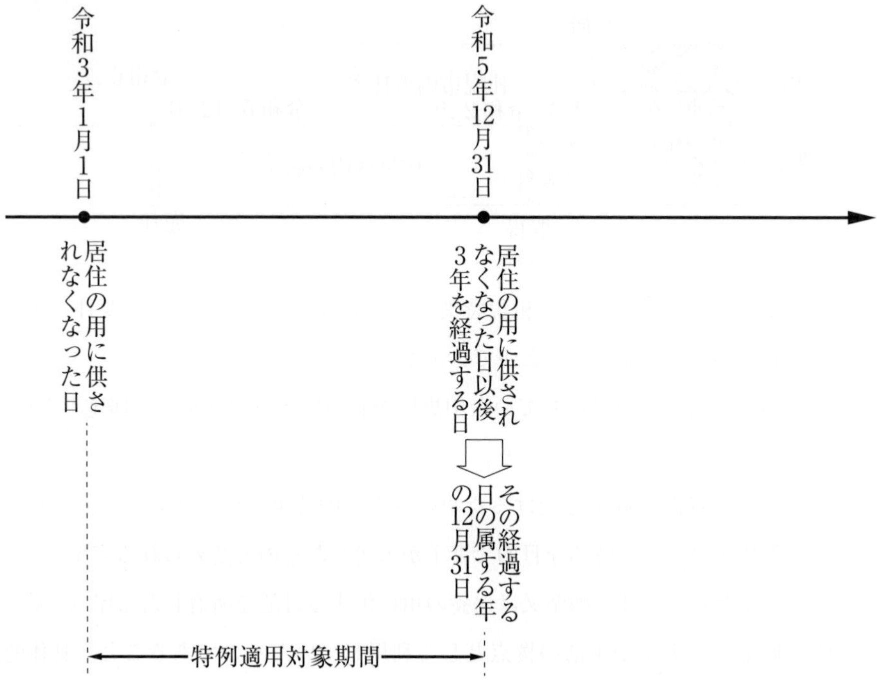

〔設例２〕

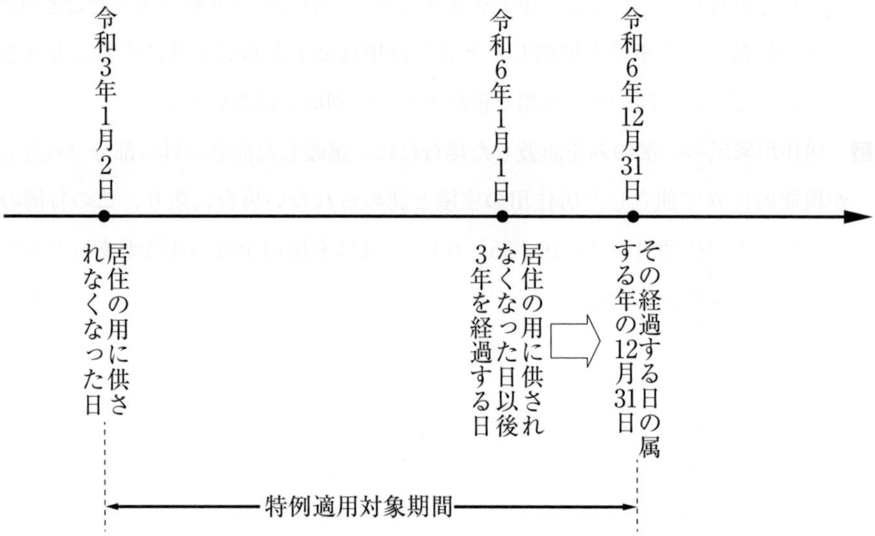

チェックポイント

1　上記設例１及び設例２のとおり、令和６年分の譲渡でこの特例の適用対象となるのは、令和３年１月２日以後に居住の用に供されなくなった場合に限られます。令和３年１月１日に居住の用に供されなくなった場合で、令和６年中に譲渡したときには、この特例の適用を受けることができません。１日の相違が適用の可否に影響を与えますので注意する必要があります。

なお、３年を経過する日の属する年の12月31日までとされたのは、不動産取引の実情を考慮した譲渡猶予期間ということができます。

2　その家屋が居住の用に供されなくなった日以後どのような用途に供されていた場合であっても、この特例の適用を受けることができます（措通31の３－14、35－６）。

これは、租税特別措置法に居住の用に供されなくなった日以後の用途について、制約が付されていないからです。

ハ　家屋とともに敷地を譲渡した場合

「イの家屋」や「ロの家屋」の敷地の用に供されている土地等でその家屋とともに譲渡したもの

チェックポイント

土地等で家屋とともに譲渡されるものは、この特例の適用対象となります（家屋はイ又はロで説明したとおり、当然に、この特例の適用対象となります。つまり、家屋とその敷地である土地等は、全体として、この特例の適用を受けることができます。）が、この規定は土地等の所有者が家屋の所有者と同一であることを前提としています。そのため、次の図のような場合の土地の所有者（乙）については、原則としてこの特例の適用を受けられません。

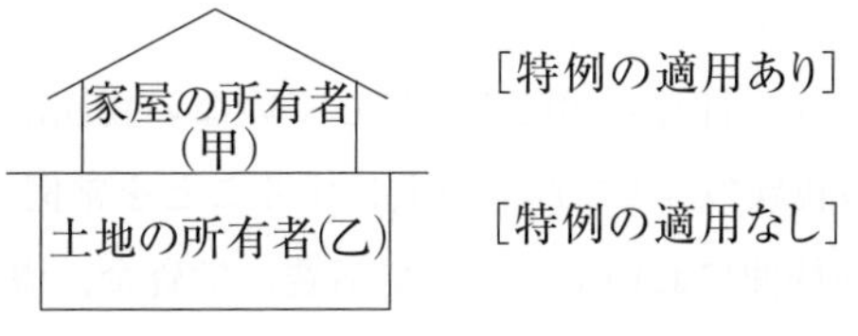

しかし、甲と乙が夫婦である場合などは、この原則を貫くことで、当事者の一体としての利用形態を無視することになるので、一の生活共同体を構成していることに着目して一定の要件を満たす場合には、土地の所有者である乙についても、この特例の適用を認めることとしています（措通35－４）。

前　提

- その家屋（家屋の所有者が所有するその敷地の用に供されている土地等を含みます。）の譲渡に係る長期（短期）譲渡所得の金額が３０００万円に満たないとき
- 居住用家屋の所有者以外の者がその家屋の敷地の用に供されている土地等の全部（図１）又は一部（図２）を所有している場合

要　件

①	その家屋とともにその敷地の用に供されている土地等の譲渡があったこと
②	その家屋の所有者とその土地等の所有者とが親族関係を有し、かつ、生計を一にしていること
③	その土地等の所有者は、その家屋の所有者とともにその家屋を居住の用に供していること

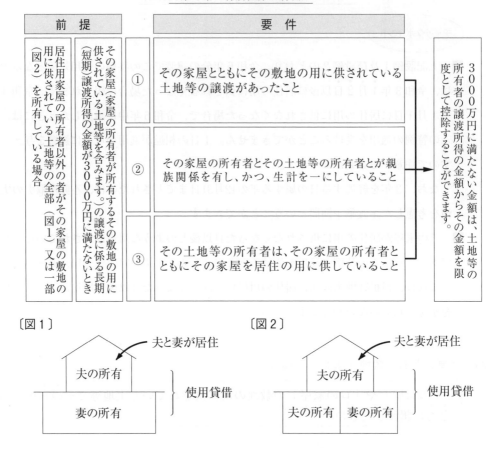

→ ３０００万円に満たない金額は、土地等の所有者の譲渡所得の金額からその金額を限度として控除することができます。

〔図１〕

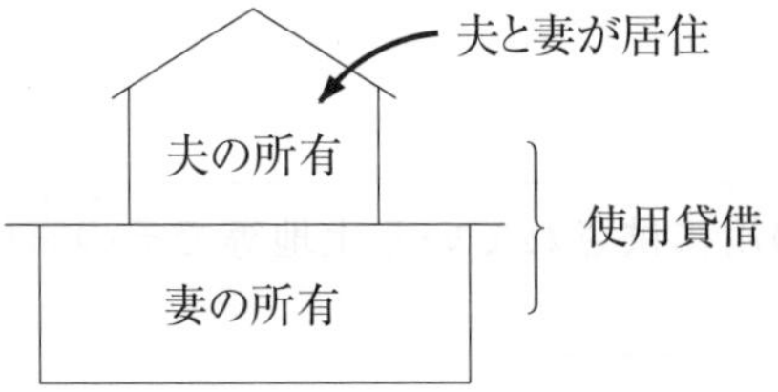

〔図２〕

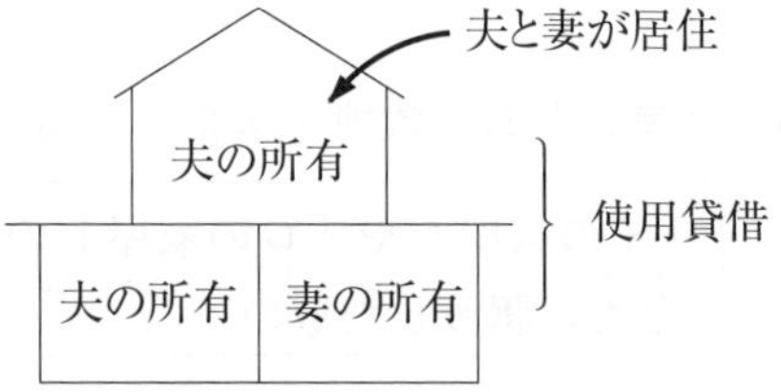

この場合の「生計を一にする」とは、必ずしも一方が他方を扶養する関係にあることをいうものではありません。

（参考）所得税基本通達

（生計を一にするの意義）

２－47　法に規定する「生計を一にする」とは、必ずしも同一の家屋に起居していることをいうものではないから、次のような場合には、それぞれ次による。

⑴　勤務、修学、療養等の都合上他の親族と日常の起居を共にしていない親族がいる場合であっても、次に掲げる場合に該当するときは、これらの親族は生計を一にするものとする。

イ　当該他の親族と日常の起居を共にしていない親族が、勤務、修学等の余暇には当該他の親族のもとで起居を共にすることを常例としている場合

ロ　これらの親族間において、常に生活費、学資金、療養費等の送金が行われている場合

⑵　親族が同一の家屋に起居している場合には、明らかに互いに独立した生活を営んでいると認められる場合を除き、これらの親族は生計を一にするものとする。

なお、この取扱いに関しては、次の点に注意する必要があります。

○　②及び③の要件に該当するかどうかは、その家屋の譲渡の時の状況により判定します。ただし、その家屋がその所有者の居住の用に供されなくなった日から同日以後３年を経過する日の属する年の12月31日までの間に譲渡されたものであるときは、②の要件に該当するかどうかは、その家屋がその所有者の居住の用に供されなくなった時からその家屋の譲渡の時までの間の状況により、③の要件に該当するかどうかは、その家屋がその所有者の居住の用に供されなくなった時の直前の状況により判定します。

○　①から③の要件を具備する家屋の所有者が２人以上いる場合には、その家屋の譲渡に係るその満たない金額の合計額の範囲内（①から③の要件を具備する土地等の所有者が１人の場合には最高3,000万円を限度とし、その土地等の所有者が２人以上の場合にはその合計額の範囲内でその土地等の所有者各人に配分した金額はその土地等の所有者各人ごとに最高3,000万円を限度とします。）で、その土地等の所有者についてこの取扱いを適用します。

○　この取扱いにより、居住用家屋の所有者以外の者が、その家屋の敷地の譲渡について租税特別措置法第35条第２項の規定（自己の居住用の特例）の適用を受ける場合には、その家屋の所有者に係るその家屋の譲渡について、同法第41条の５の規定又は同法第41条の５の２の規定の適用を受けることはできません。

〔設例１〕

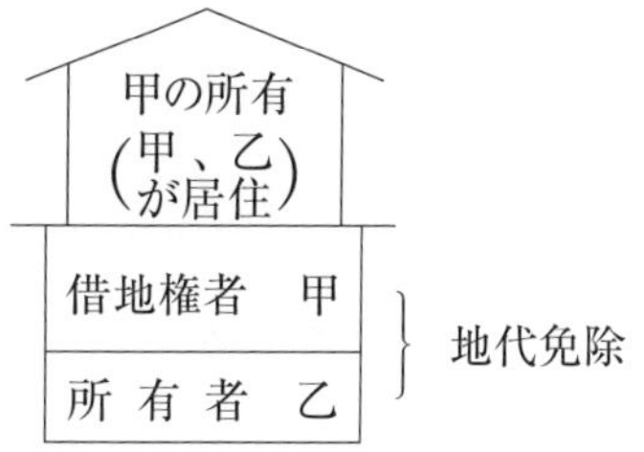

借地権者である甲は、借地上に家屋を有し、乙（長男）とともにその家屋に居住し、生計を一にしていました。その後、乙はその借地権に係る底地を地主から買い取りましたが、甲は引き続き借地権を有するものとして、甲、乙連署の上「借地権者の地位に変更がない旨の申出書」（次ページ参照）を税務署に提出しています。

今回、上記建物とともにその敷地である土地を譲渡しました。

この場合、この特例の適用を受けることができるでしょうか。

（答）

甲が家屋と借地権の譲渡所得について、この特例の適用を受ける場合で、かつ、甲について、この特例の控除不足額があり、底地の所有者である乙が租税特別措置法通達35－４の要件を満たす限りにおいては、乙の底地部分の譲渡についても、甲の控除不足額を限度としてこの特例の適用を受けることができます。

借地権者の地位に変更がない旨の申出書

令和　　年　　月　　日

＿＿＿＿＿＿税務署長

（土地の所有者）

＿＿＿＿＿＿＿＿＿＿＿＿は、令和　　年　　月　　日に借地権の目的となっている

（借地権者）

下記の土地の所有権を取得し、以後その土地を＿＿＿＿＿＿＿＿＿＿＿＿に無償で貸し付けることになりましたが、借地権者は従前の土地の所有者との間の土地の賃貸借契約に基づく借地権者の地位を放棄しておらず、借地権者としての地位には何らの変更をきたすものでないことを申し出ます。

記

土地の所在＿＿＿＿＿＿＿＿＿＿＿＿＿＿＿＿＿＿＿＿＿＿＿＿

地　　積＿＿＿＿＿＿＿＿＿＿＿＿＿㎡

土地の所有者（住所）＿＿＿＿＿＿＿＿＿＿＿＿＿＿（氏名）＿＿＿＿＿＿＿＿＿＿＿＿

借 地 権 者（住所）＿＿＿＿＿＿＿＿＿＿＿＿＿＿（氏名）＿＿＿＿＿＿＿＿＿＿＿＿

（理由）

利用形態から判断すると、底地部分も居住用家屋の敷地として利用されていると認められ、また、借地権の存する土地であったとしても、この特例の適用上、あえて底地部分について居住用家屋の敷地から除外するとの取扱いは形式的すぎることから、実情に即した取扱いを行うこととなったものです。

〔設例２〕

丁の死亡（平成24年死亡）により、甲（丁の妻）は家屋の３分の２の持分を、乙（甲の長男）は家屋の３分の１及びその敷地の３分の１の持分を、丙（甲の二男）はその敷地の３分の２の持分を、それぞれ相続しました。

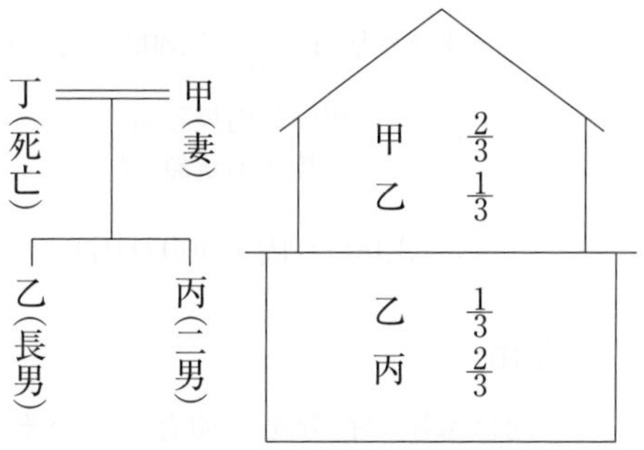

なお、相続後における甲、乙及び丙間の土地の利用関係は使用貸借で地代の授受はなく、また、これらの者は相続開始前から引き続きその家屋に居住しています。

今回、この家屋とその敷地を一括して不動産業者に譲渡し、その譲渡代金を持分に従って分配しました。

家屋の譲渡価額は2,000万円で、その譲渡益は600万円、その敷地の譲渡価額は4,500万円で、その譲渡益は4,200万円です。

この場合、この特例の適用関係はどのようになるでしょうか。

（答）

① 甲は、自己の持分に係る家屋について、この特例の適用を受けることができます。

② 乙は、自己の持分に係る家屋と敷地について、この特例の適用を受けることができます。

③ 丙の自己の持分に係る敷地についてのこの特例の適用関係は、次のとおりです。

甲又は乙の譲渡所得について、この特例の適用を受けた場合には、甲及び乙の控除不足額を丙の譲渡所得の金額からその金額の範囲内（3,000万円を限度とします。）で控除することができます（措通35－４）。

設例により、課税長期譲渡所得金額を計算すると、次のようになります。

甲

（家屋分）　（特別控除）

$600万円 \times \frac{2}{3} - 400万円 = 0$

乙

（家屋分）　（土地分）　（特別控除）

$(600万円 \times \frac{1}{3} + 4,200万円 \times \frac{1}{3}) - 1,600万円 = 0$

丙

（土地分）　（特別控除）㊟

$4,200万円 \times \frac{2}{3} - 2,800万円 = 0$

㊟　（甲の特別控除額の控除不足額）　（乙の特別控除額の控除不足額）　（丙の敷地の共有持分の譲渡所得の金額）

（3,000万円－400万円）＋（3,000万円－1,600万円）＞ 2,800万円

（理由）

丙は家屋の持分を一切有していませんが、租税特別措置法通達35－4の要件を具備していますので特例の適用を受けることができます。

二　災害により滅失した家屋の敷地の譲渡

災害により滅失した「イの家屋」や「ロの家屋」の敷地の用に供されていた土地等で、その家屋が居住の用に供されなくなった日から同日以後3年を経過する日の属する年の12月31日までの間に譲渡したもの

用語の解説

災害

震災、風水害、火災、冷害、雪害、干害、落雷、噴火その他の自然現象の異変による災害及び鉱害、火薬類の爆発その他の人為による異常な災害並びに害虫、害獣その他の生物による異常な災害をいいます（措通31の3－13・35－6、所法2①二十七、所令9）。

チェックポイント

❶　災害により滅失した「イの家屋」の敷地の用に供されていた土地等で、その家屋が居住の用に供されなくなった日から同日以後3年を経過する日の属する年の12月31日までの間に譲渡したものについては、法令上この特例を適用することができると定めていま

すから問題は生じません。しかし、災害により滅失した「ロの家屋」の敷地の用に供されていた土地等、つまり、居住の用に供されなくなった家屋が災害で滅失した場合におけるその家屋の敷地の用に供されていた土地等について、この特例を適用することができるかどうかという疑問が生じますが、この土地等についても、災害という特殊性及び前者との権衡を考慮して、特例を適用することができるものとして取り扱っています（措通31の3－15、35－6）。

2　災害により滅失したその居住の用に供していた家屋の敷地の用に供されていた土地等の譲渡については、その家屋が居住の用に供されなくなった日以後、その敷地をどのような用途に供していたとしても、この特例の適用を受けることができます（措通31の3－14、35－6）。

ホ　居住用土地等のみの譲渡

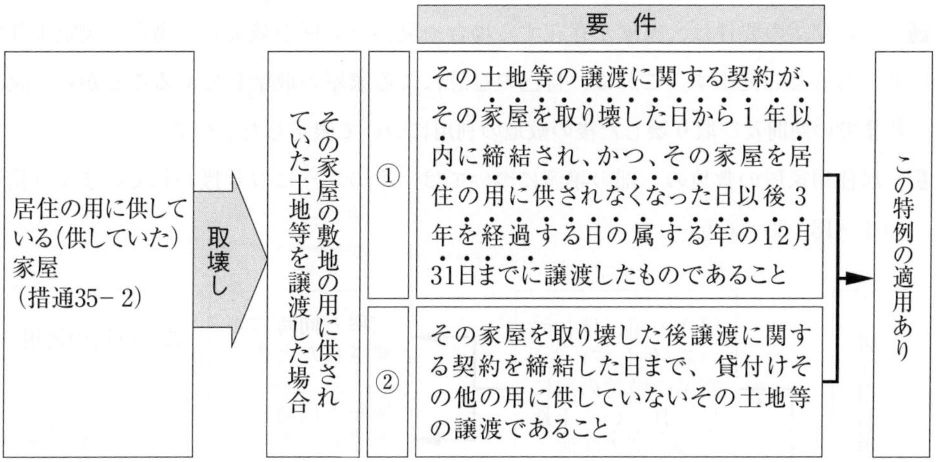

チェックポイント

1　家屋の取壊し後、その土地等の上にその土地等の所有者が建物等を建築し、その建物等とともにその土地等を譲渡する場合には、この特例の適用を受けることができません。これは新たな用に供された後の譲渡に該当するからです。

2　家屋の取壊し後、その土地等を貸駐車場等その他の用に供した後に譲渡した場合も新たな用に供したことになりますので、この特例の適用を受けることはできません（措通35－2⑵）。

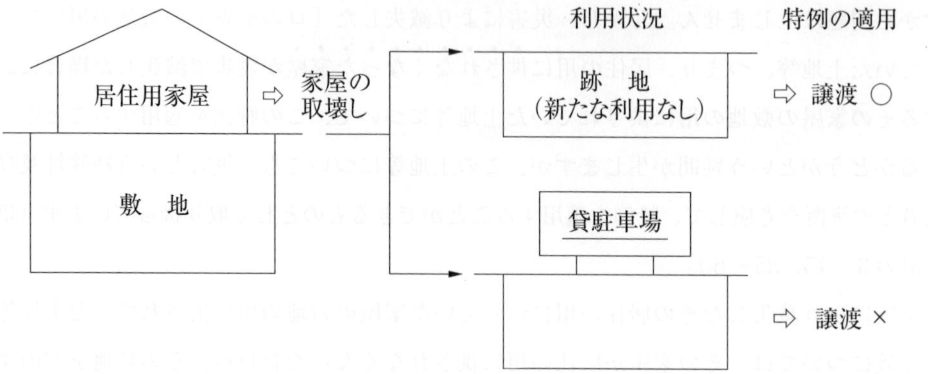

3 その居住の用に供している家屋の敷地の用に供されている土地等のみの譲渡であっても、その家屋を引き家してその土地等を譲渡する場合には、この特例の適用を受けることができません（措通35－２）。これは、居住の用に供している家屋が存在しているからです。

4 ①及び②の要件は、家屋が存在する場合や災害で家屋が滅失した場合の規定より限定的であるといえます。これは、自己の意思による家屋の取壊しであることから、譲渡契約までの期間及び取り壊した後の敷地の利用について限定したものです。

5 居住用家屋の敷地の一部の譲渡については、次のように取り扱われています（措通31の３－18、35－６）。

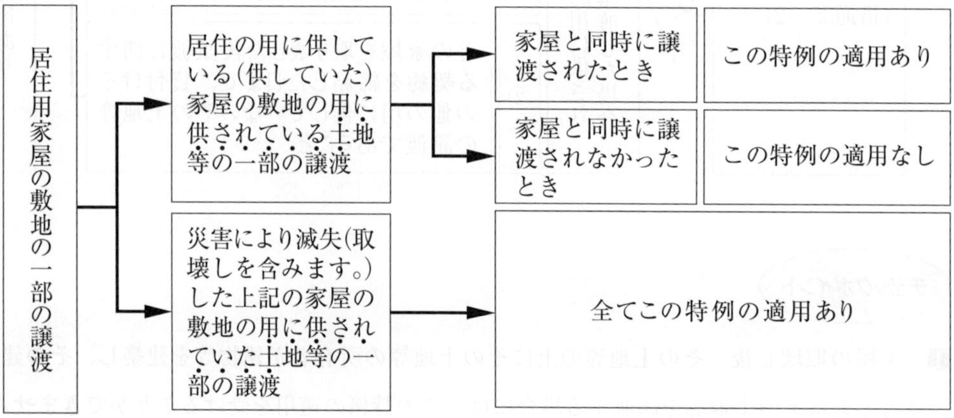

⑵　空き家の特例

相続又は遺贈（贈与者の死亡により効力を生ずる贈与を含みます。この⑵において、相続と併せて「相続等」といいます。）による被相続人居住用家屋及びその敷地等の取得をした相続人（包括受遺者を含みます。この⑵において同じです。）がその取得をした被相続人居住用家屋又はその敷地を譲渡した場合、次のイに掲げる資産で、ロ及びハに掲げる要件に該当するとき、居住用財産を譲渡したとみなして、3,000万円の特別控除の適用を受けることができます（措法35③）。

ただし、相続財産に係る譲渡所得の課税の特例（措法39）の適用とは選択適用とされ、その被相続人居住用家屋又はその敷地等の譲渡について、既に空き家の特例の適用を受けていないことを要します。

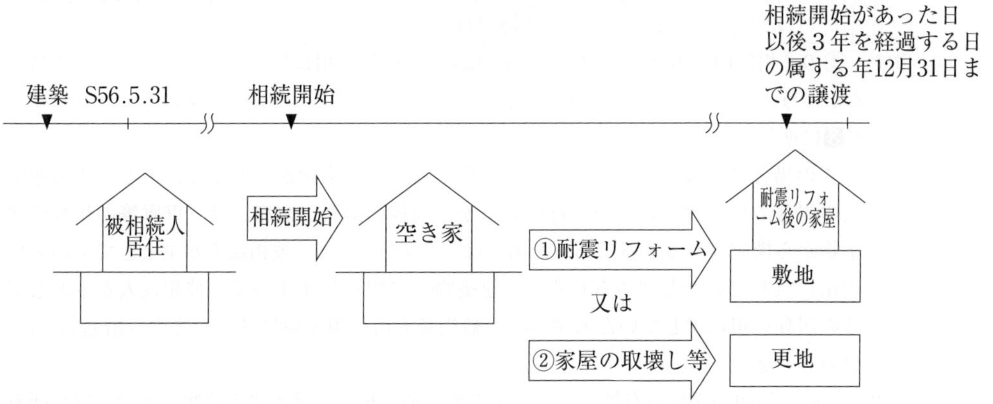

チェックポイント

この特例の適用を受けることができるのは、相続等により「被相続人居住用家屋」と「被相続人居住用家屋の敷地等」との両方を取得した個人に限られます（措通35－９）。

したがって、相続等により「被相続人居住用家屋」のみ又は「被相続人居住用家屋の敷地等」のみを取得した者は適用を受けることができません。

イ　空き家の特例の対象となる被相続人居住用家屋又はその敷地等

(イ)　被相続人居住用家屋

被相続人居住用家屋は、次のいずれにも該当する家屋をいい、相続等の時後にその家屋につき行われた増築、改築、修繕又は模様替え（この(2)において、これらを併せて「増築等」といいます。）に係る部分を含みます（措法35③一、④、措令23⑧）。

しかし、改築のうち、その家屋の全部が取り壊された後、全部が除却された後及びその全部が滅失した後にするものを除きます。

被相続人居住用家屋		
被相続人居住用家屋	①	相続開始の直前において、被相続人（包括遺贈者を含みます。この(2)において、以下同じです。）の居住の用に供されていた家屋（注1）
	②	建物の区分所有等に関する法律第1条の規定に該当する建物（区分所有建築物）（注2）を除く、昭和56年5月31日以前に建築された家屋
	③	相続開始の直前において、被相続人以外に居住をしていた者がいなかった家屋（注3）
	④	相続開始の直前において、被相続人が主としてその居住の用に供していたと認められる一の建築物（注4）

㈱1　①の「相続開始の直前において、被相続人の居住の用に供されていた家屋」に該当するかどうかは、相続の開始の直前における現況に基づき、203ページのチェックポイント❸に準じて判定します。

この場合に、被相続人の居住の用に供されていた家屋が、例えば、主として被相続人の居住の用に供されていた母屋のほか、別棟の離れ、倉庫、蔵、車庫等の複数の建築物から構成される家屋であった場合は、④のとおり、「被相続人が主としてその居住の用に供していたと認められる一の建築物」に限られますので、被相続人が主としてその居住の用に供していた家屋のみが被相続人居住用家屋に該当します（措通35－10、31の3－2）。

2　②の「建物の区分所有等に関する法律第1条の規定に該当する建物」とは、区分所有建物である旨の登記がされている建物をいいますので、二世帯住宅やマンションなど構造上区分所有可能な建物であっても、区分所有建物である旨の登記がされていない場合や、区分所有建物である登記がされておらず単に共有の登記がされている建物は含みません（措通35－11）。

3　③の「被相続人以外に居住をしていた者」とは、相続開始の直前において、被相続人の居住の用に供されていた家屋を生活の拠点として利用していた被相続人以外の者のことをいいますので、被相続人の親族のほか、賃借等により被相続人の居住の用に供されていた家屋の一部に居住していた者も含まれます（措通35－12）。

4　④の「被相続人が主としてその居住の用に供していたと認められる一の建築物」と他の建築物とが用途上不可分の関係にあるかどうかは、社会通念に従い、相続開始の直前における現況において判定し、これらの建築物の所有者が同一であるかどうかは関係ありません（措通35－14）。

なお、被相続人の居住の用に供することができない一定の事由（以下「特定事由」といいます。）により、相続開始の直前においてその被相続人の居住の用に供されていなかった場合でも、一定の要件を満たす場合は、その特定事由により居住の用に供されなくなる直前にその被相続人の居住の用に供されていた家屋も被相続人居住用家屋に含まれます。

チェックポイント

❶　特定事由とは次の事由をいいます（措令23⑥）。

①　介護保険法に規定する要介護認定等を受けていた被相続人が、次の施設に入居又は入

所していたこと。

㋑　老人福祉法に規定する認知症対応型老人共同生活援助事業が行われる住居、養護老人ホーム、特別養護老人ホーム、軽費老人ホーム又は有料老人ホーム

㋺　介護老人保健施設又は介護医療院

㋩　高齢者の居住の安定確保に関する法律に規定するサービス付高齢者向け住宅（上記㋑の有料老人ホームを除きます）

②　障害者の日常生活及び社会生活を総合的に支援するための法律に規定する障害支援区分の認定を受けていた被相続人が、同法に規定する障害者支援施設（施設入所支援が行われるものに限ります。）又は共同生活援助を行う住居に入所又は入居していたこと。

2　一定の要件とは、特定事由により被相続人居住用家屋が被相続人の居住の用に供されなくなった時から相続の開始の直前まで、①その被相続人居住用家屋が被相続人の物品の保管その他の用に供されていたこと、かつ、②事業の用、貸付けの用又は被相続人以外の者の居住の用に供されていたことがないこと、③チェックポイント**1**の住居又は施設への入居又は入所をした時から相続の開始の直前までの間において、被相続人が主としてその居住の用に供していたと認められる家屋がその施設等であることをいいます（措令23⑦）。

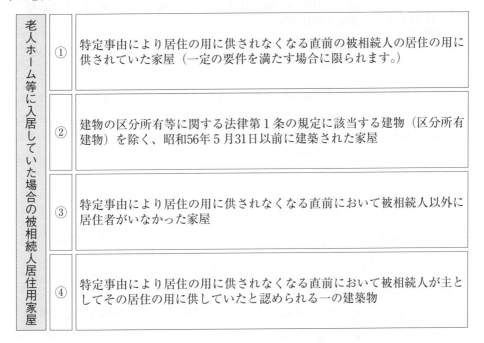

老人ホーム等に入居していた場合の被相続人居住用家屋		
	①	特定事由により居住の用に供されなくなる直前の被相続人の居住の用に供されていた家屋（一定の要件を満たす場合に限られます。）
	②	建物の区分所有等に関する法律第１条の規定に該当する建物（区分所有建物）を除く、昭和56年５月31日以前に建築された家屋
	③	特定事由により居住の用に供されなくなる直前において被相続人以外に居住者がいなかった家屋
	④	特定事由により居住の用に供されなくなる直前において被相続人が主としてその居住の用に供していたと認められる一の建築物

㈺　被相続人居住用家屋の敷地等

被相続人居住用家屋の敷地等とは、相続開始の直前（又は特定事由により被相続人の居住の用に供されなくなる直前。以下この項において同じです。）において被相続人居住用家屋の敷地の用に供されていた土地又は土地の上に存す

る権利（この⑵において、以下「土地等」といいます。）をいいます（措法35④）。

また、「被相続人居住用家屋の敷地等」に該当するかどうかは、社会通念に従い、その土地等が相続開始の直前において被相続人居住用家屋と一体として利用されていた土地等であったかどうかにより判定します（措通35－13）。

A　被相続人居住用家屋の敷地等が２以上の建築物のある一団の土地であった場合

相続開始の直前において、被相続人居住用家屋の敷地等が用途上不可分の関係にある２以上の建築物のある一団の土地であった場合には、この特例の対象となるのは、次の算式により計算した面積に係る土地の部分に限られます（措令23⑨）。

なお、これらの建築物について相続の時後に、増築や取壊し等があった場合であっても、次の算式における床面積は、相続開始の直前における現況によります（措通35－13）。

〔算式〕

$$\left(\text{一団の土地の面積（注１）Ⓐ} \times \frac{\text{相続の開始の直前における一団の土地にあった被相続人居住用家屋の床面積 Ⓑ}}{\text{Ⓑ}+\text{相続の開始の直前における一団の土地にあった被相続人居住用家屋以外の建築物（注２）の床面積}}\right) \times \frac{\text{譲渡した土地等の面積（注３）}}{\text{Ⓐ}}$$

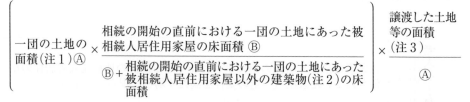

㈱１　被相続人以外の者が相続の開始の直前において所有していた土地等の面積も含まれます。

２　被相続人以外の者が所有していた建築物も含まれます。

３　被相続人から相続等により取得した被相続人の居住の用に供されていた家屋の敷地の用に供されていた土地等の面積のうち、譲渡した土地等の面積によります。

〔設例１〕

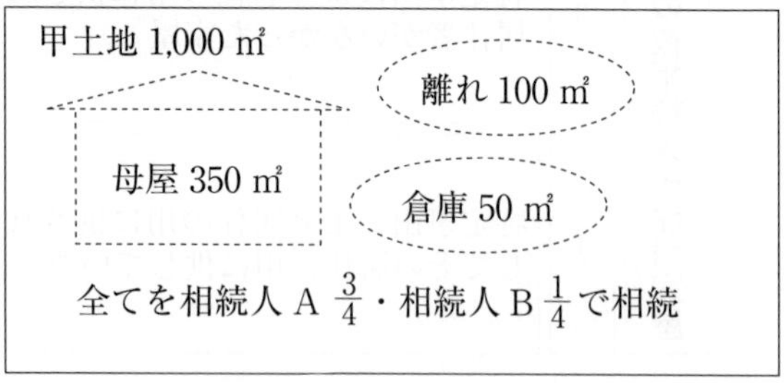

相続開始の直前において、被相続人が所有していた甲土地（1,000㎡）が、用途上不可分の関係にある２以上の建築物（被相続人が所有していた母屋：350㎡、離れ：100㎡、倉庫：50㎡）のある一団の土地であった場合（甲土地及びこれらの建築物について相続人Ａが４分の３を、相続人Ｂが４分の１を相続し、相続人Ａと相続人Ｂが共に譲渡したケース）

⑴　相続人Ａが譲渡した土地（1,000㎡×$\frac{3}{4}$＝750㎡）のうち、被相続人居住用家屋の敷地等に該当する部分の計算

$$\left(1{,}000㎡ \times \frac{350㎡}{350㎡+(100㎡+50㎡)}\right) \times \frac{750㎡}{1{,}000㎡} = 525㎡$$

⑵　相続人Ｂが譲渡した土地 $\left(1{,}000㎡ \times \frac{1}{4} = 250㎡\right)$ のうち、被相続人居住用家屋の敷地等に該当する部分の計算

$$\left(1{,}000㎡ \times \frac{350㎡}{350㎡+(100㎡+50㎡)}\right) \times \frac{250㎡}{1{,}000㎡} = 175㎡$$

〔設例２〕

相続開始の直前において、被相続人が所有していた甲土地（800㎡）と乙土地（200㎡）が、用途上不可分の関係にある２以上の建築物（被相続人が所有していた母屋：350㎡、離れ100㎡、倉庫：50㎡）のある一団の土地であった場合

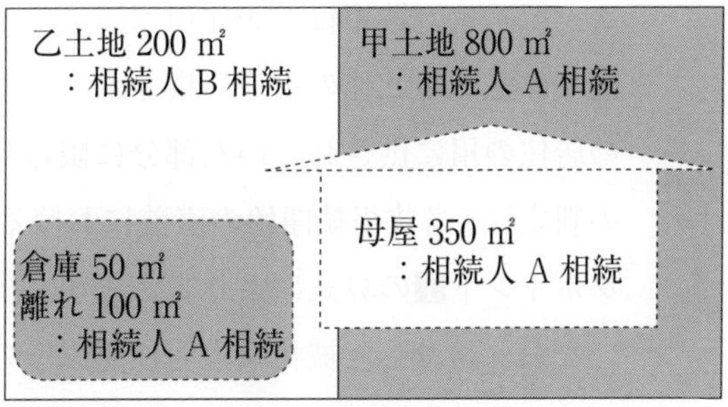

（甲土地は相続人Ａが、乙土地は相続人Ｂが、これらの建築物は相続人Ａのみが相続し、相続人Ａと相続人Ｂが共にその全てを譲渡したケース）

⑴　相続人Ａが譲渡した甲土地（800㎡）のうち、被相続人居住用家屋の敷地等に該当する部分の計算

$$\left(1{,}000㎡ \times \frac{350㎡}{350㎡+(100㎡+50㎡)}\right) \times \frac{800㎡}{1{,}000㎡} = 560㎡$$

⑵　相続人Ｂは、被相続人からの相続により乙土地（200㎡）は取得していますが、被相続人居住用家屋を取得していないため、空き家の特例の適用を受けることはできません。

〔設例３〕

相続開始の直前において、被相続人が所有していた甲土地（400㎡）と相続人Ａが所有していた乙土地（600㎡）が、用途上不可分の関係にある２以上の建築物（被相続人と相続人Ａが共有（それぞれ２分の１）で所有していた母屋：350㎡、被相続人が単独で所有していた離れ：100㎡、倉庫：50㎡）のある一団の土地であった場合（相続人Ａが全てを相続し、更地とした上、甲土地及び乙土地を譲渡したケース）

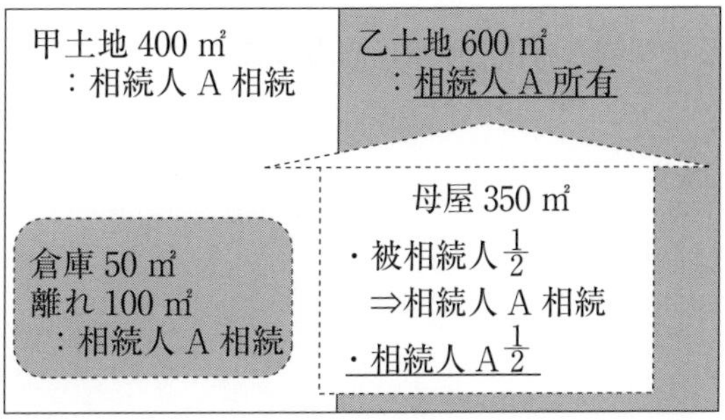

⑴　相続人Ａが譲渡した甲土地（400㎡）及び乙土地（600㎡）のうち、被相続人居住用家屋の敷地等に該当する部分の計算

$$\left(1{,}000㎡ \times \frac{350㎡}{350㎡+(100㎡+50㎡)}\right) \times \frac{400㎡}{1{,}000㎡} = 280㎡$$

⑵　相続人Ａが譲渡した乙土地（600㎡）については、被相続人から相続等により取得したものではないため、空き家の特例の適用を受けることはできません。

Ｂ　被相続人居住用家屋又はその敷地等が店舗兼住宅等の場合

上記イ(イ)の被相続人居住用家屋又はイ(ロ)の被相続人居住用家屋の敷地等が店舗兼住宅等など他の用途に供されていた場合は、空き家の特例対象は被相続人の居住の用に供されていた部分に限られます。具体的な被相続人の居住用部分の判定は、当該相続開始の直前における利用状況に基づき、203ページのチェックポイント❶の算式により行います（措通35－15、31の３－７）。

なお、譲渡した被相続人居住用家屋の床面積が、相続の時後（又は特定事由によりその家屋が被相続人の居住の用に供されなくなった時後）に行われた増築等により増減した場合であっても、当該相続開始の直前におけるその被相続人居住用家屋の床面積を基に行います。

また、203ページのチェックポイント❶の算式の①又は②の面積の全体に占める割合がおおむね90％以上となるときは、全部が居住用部分に該当するものとして計算しても差し支えありません（措通35－15、31の３－８）。

チェックポイント

上記イ(イ)の表④のとおり、被相続人居住用家屋は一の建築物に限られますので、例えば、被相続人が主として居住の用に供していた母屋とは別の建築物である離れ、別棟の倉庫、蔵、車庫などがある場合には、たとえ、その離れ、別棟の倉庫、蔵、車庫などをその母屋と一体として居住の用に供していたときであっても、その母屋部分のみがこの特例の対象となる被相続人居住用家屋に該当します。

ロ　空き家の特例の対象となる譲渡の要件

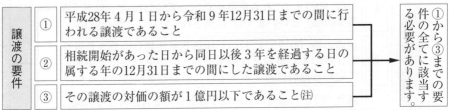

譲渡の要件	①	平成28年4月1日から令和9年12月31日までの間に行われる譲渡であること	→①から③までの要件の全てに該当する必要があります。
	②	相続開始があった日から同日以後3年を経過する日の属する年の12月31日までの間にした譲渡であること	
	③	その譲渡の対価の額が1億円以下であること(注)	

(注)　下記ニのとおり、その相続等により被相続人居住用家屋又はその敷地等の譲渡をした価額を合算して1億円を超える場合には、この特例を適用できません。

チェックポイント

1　この特例の対象となる被相続人居住用家屋及びその敷地等の譲渡の対価の額は、以下の算式により計算した金額になります（措令23③④）。

①　特例の対象となる被相続人居住用家屋の譲渡の対価の額＝Ⓐ×$\frac{Ⓒ}{Ⓑ}$

(注)　符号の説明

Ⓐ　被相続人居住用家屋の譲渡の対価の額

Ⓑ　相続の開始の直前（又は特定事由により被相続人の居住の用に供されなくなる直前）における被相続人居住用家屋の床面積

Ⓒ　相続の開始の直前（又は特定事由により被相続人の居住の用に供されなくなる直前）における被相続人の居住の用に供されていた部分の床面積

②　特例の対象となる被相続人居住用家屋の敷地等の譲渡の対価の額＝Ⓐ×$\frac{Ⓒ}{Ⓑ}$

(注)　符号の説明

Ⓐ　被相続人居住用家屋の敷地等の譲渡の対価の額

Ⓑ　相続の開始の直前（又は特定事由により被相続人の居住の用に供されなくなる直前）における被相続人居住用家屋の敷地等の面積

Ⓒ　相続の開始の直前（又は特定事由により被相続人の居住の用に供されなくなる直前）における被相続人の居住の用に供されていた部分の面積

2　「譲渡の対価の額」とは、例えば譲渡協力金、移転料等のような名義のいかんを問わず、その実質においてその譲渡をした被相続人居住用家屋又は被相続人居住用家屋の敷地等の譲渡の対価たる金額をいいます（措通35－19）。

ハ　譲渡資産の要件

次の(イ)から(ハ)のいずれかの被相続人居住用家屋又はその敷地等であること

(イ)　相続等により取得をした被相続人居住用家屋（措法35③一、三、措令23⑤）

譲渡資産の要件	①	相続の時から譲渡の時まで事業の用、貸付けの用又は居住の用（㊟1）（これらを併せて、この(2)において、以下「事業等の用」といいます。）に供されていたことがないもの	①及び②の要件又は①及び③の要件（注3）に該当する必要があります。
	②	譲渡の時（㊟2）において建築基準法施行令第3章及び第5章の4の規定又は国土交通大臣が財務大臣と協議して定める地震に対する安全性に係る基準に適合するもの	
	③	譲渡の時から譲渡の日の属する翌年の2月15日までの間に被相続人居住用家屋の全部が取り壊され、若しくは除却されていること又はその全部が滅失していること（㊟3）	

㊟1　「事業の用、貸付けの用又は居住の用」とは、相続の時から譲渡の時までの間に、事業の用、貸付けの用又は居住の用として一時的に利用されていた場合も含まれます。また、この貸付けの用には、無償による貸付けも含まれます。次の(ロ)及び(ハ)において同じです（措通35－16）。

㊟2　令和6年1月1日以後に行う被相続人居住用家屋又は被相続人居住用家屋の敷地等の譲渡については、当該譲渡の時から、当該譲渡の日の属する年の翌年の2月15日までの間となります。

㊟3　令和6年1月1日以後に行う被相続人居住用家屋又は被相続人居住用家屋の敷地等の譲渡に限ります。

(ロ)　相続等により取得した(イ)の家屋の敷地等で、その家屋とともに譲渡されるものであり、かつ、相続等の時から譲渡の時まで事業等の用に供されていたことがないもの（措法35③一、三）

(ハ)　相続等により取得をした被相続人居住用家屋の全部の取壊し、除却又は滅失した後における相続等により取得をした被相続人居住用家屋の敷地等（措法35③二）

家屋の要件	①	譲渡の前に被相続人居住用家屋が全部取り壊され、若しくは除却されていること又はその全部が滅失していること	①から④までの要件全てに該当する必要があります。
	②	相続の時から取壊し、除却又は滅失の時まで事業等の用に供されたことがないこと	
家屋の敷地等の要件	③	相続の時から譲渡の時まで事業等の用に供されたことがないこと	
	④	被相続人居住用家屋の取壊し、除却又は滅失の時から譲渡の時まで建物又は構築物の敷地の用に供されていたことがないこと	

チェックポイント

被相続人居住用家屋の敷地等の一部を区分して譲渡をした場合には、次の1から3に留意する必要があります（措通35－17）。

1　譲渡が上記(ハ)の土地等の譲渡に該当するときであっても、被相続人居住用家屋の敷地等の一部の譲渡について既に空き家の特例の適用を受けているときは、この特例の適用を受けることはできません。

2 現に存する被相続人居住用家屋に係る被相続人居住用家屋の敷地等の一部の譲渡である場合

(1) 譲渡が被相続人居住用家屋の譲渡とともに行われたものであるときは、その譲渡は上記(イ)及び(ハ)の資産の譲渡に該当します。

(2) 譲渡が被相続人居住用家屋の譲渡とともに行われたものでないときは、その譲渡は空き家の特例の対象となる譲渡には該当しません。

3 被相続人居住用家屋の全部の取壊し、除却又は滅失をした後におけるその被相続人居住用家屋の敷地等の一部の譲渡である場合

(1) 被相続人居住用家屋の敷地等を単独で取得した個人がその取得した敷地等の一部を譲渡したときは、その個人が相続等により取得した被相続人居住用家屋の敷地等の全部について上記(ハ)の要件を満たしておく必要があることから、被相続人居住用家屋の敷地等のうち譲渡していない部分についても、上記(ハ)の表③及び④の要件を満たさない限り、当該譲渡は上記(ハ)の資産の譲渡には該当しません。

(注) 被相続人居住用家屋の敷地等のうちその個人以外の者が相続等により単独で取得した部分があるときは、その部分の利用状況にかかわらず、その個人が相続等により取得した被相続人居住用家屋の敷地等の全部について上記(ハ)の表③及び④の要件を満たしていれば、当該譲渡は上記(ハ)の資産の譲渡に該当します。

(2) 被相続人居住用家屋の敷地等を複数の相続人の共有で取得した個人らがその共有に係る一の敷地について、共有のまま分筆した上、その一部を譲渡したときは、その個人らが相続等により共有で取得した分筆前の被相続人居住用家屋の敷地等の全部について上記(ハ)の要件を満たしておく必要があることから、被相続人居住用家屋の敷地等のうち譲渡していない部分についても上記(ハ)の表③及び④の要件を満たさない限り、その譲渡は上記(ハ)の資産の譲渡に該当しません。

(注) 譲渡した土地等が被相続人居住用家屋の敷地の用に供されていた土地等に該当するかどうかは、租税特別措置法通達35－13により判定します（上記イ(ロ)参照）。

ニ　空き家の特例の対象となる譲渡の対価の額と適用前譲渡又は適用後譲渡の対価の額との合計額が１億円を超える場合の特例不適用

（参考）　適用前譲渡又は適用後譲渡に係る対価の額と空き家の特例の対象となる譲渡に係る対価の額との合算対象範囲

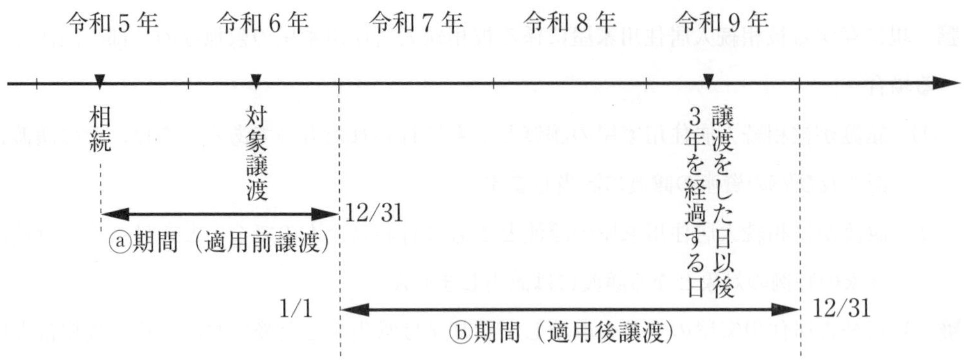

⑴　対象譲渡の対価の額及び適用前譲渡の対価の額との合計額が１億円を超える場合

相続等による被相続人居住用家屋又は被相続人居住用家屋の敷地等の取得をした相続人（包括受遺者を含みます。以下「居住用家屋取得相続人」といいます。）が、相続の時からこの特例の適用を受ける者の譲渡（以下「対象譲渡」といいます。）をした日の属する年の12月31日までの間（上の図のⓐ期間）に、対象譲渡をした資産と相続の開始の直前において一体として被相続人の居住の用（特定事由により相続の開始の直前において被相続人の居住の用に供されていなかった場合には、被相続人の物品の保管その他の用）に供されていた家屋（被相続人が主としてその居住の用に供していたと認められる一の建築物に限ります。このニにおいて同じです。）又はその家屋の敷地の用に供されていたと認められる土地若しくは土地の上に存する権利（以下これらを「対象譲渡資産一体家屋等」といいます。）の譲渡（以下「適用前譲渡」といいます。）をしている場合において、適用前譲渡に係る対価の額と対象譲渡に係る対価の額との合計額が１億円を超えることとなるときは、この特例は適用できません（措法35⑥、措令23⑩～⑬）。

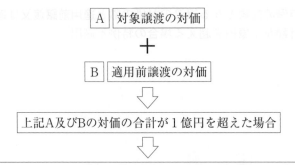

Ａ　対象譲渡の対価

＋

Ｂ　適用前譲渡の対価

⇩

上記Ａ及びＢの対価の合計が１億円を超えた場合

⇩

Ａの譲渡について空き家の特例（措法35③）の適用を受けることはできません。

(ロ)　対象譲渡の対価の額、適用前譲渡の対価の額及び適用後譲渡の対価の額との合計額が１億円を超える場合

居住用家屋取得相続人が、この特例の適用を受ける者の対象譲渡をした日の属する年の翌年１月１日からその対象譲渡をした日以後３年を経過する日の属する年の12月31日までの間（前ページの図のⓑ期間）に、対象譲渡資産一体家屋等の譲渡（以下「適用後譲渡」といいます。）をした場合において、適用後譲渡に係る対価の額と対象譲渡に係る対価の額（適用前譲渡がある場合には、適用前譲渡に係る対価の額と対象譲渡に係る対価の額との合計額）との合計額が１億円を超えることとなったときは、この特例は適用できません（措法35⑦）。

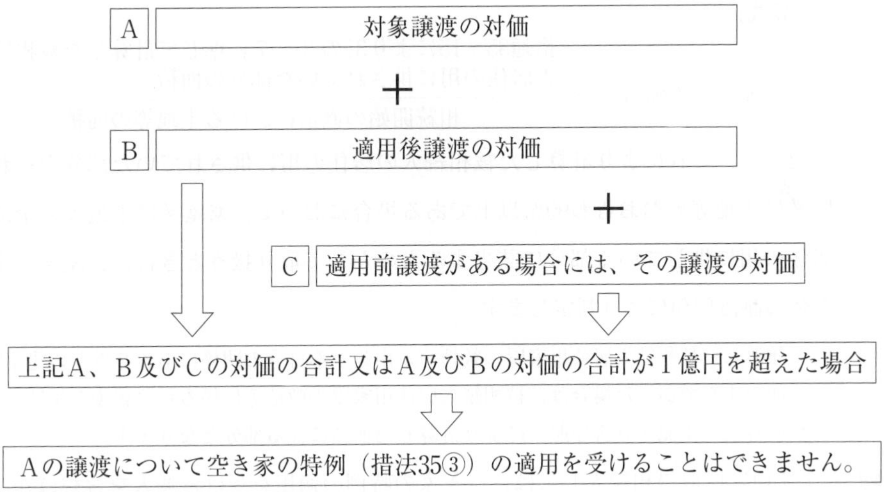

チェックポイント

❶　相続等により、被相続人居住用家屋及びその敷地等の取得をした個人が譲渡した相続人居住用家屋又は被相続人居住用家屋の敷地等（以下、この❶において「譲渡資産」といいます。）の対象譲渡の額が１億円を超えるかどうかの判定は、次により行います。

また、居住用家屋取得相続人が対象譲渡資産一体家屋等の適用前譲渡又は適用後譲渡をしているときにおいて、上記(イ)及び(ロ)における１億円を超えるかどうかについては、対象譲渡の額と適用前譲渡の額との合計額又は適用後譲渡の額と対象譲渡の額又は対象譲渡の額、適用前譲渡の額及び適用後譲渡との合計額とで判定します（措通35－20）。

(1)　譲渡資産が共有である場合は、被相続人から相続等により取得した共有持分に係る対象譲渡の額により判定します。

(注)　譲渡資産に係る他の共有持分のうち居住用家屋取得相続人の共有持分については、適用前譲渡の額となります。

⑵　譲渡資産が相続開始の直前（又は特定事由により被相続人の居住の用に供されなくなる直前。以下⑵において同じ。）において店舗兼住宅等に供されていた場合は、被相続人の居住の用に供されていた部分に対応する譲渡対価の額により対象譲渡の額を判定し、この場合の対象譲渡の額の計算については、次の算式により行います。

イ　家屋のうち相続開始の直前において被相続人の居住の用に供されていた部分の譲渡対価の額の計算

〔算式〕

$$\text{家屋の譲渡価額} \times \frac{\text{措通35－15により31の３－７に準じて計算した被相続人の居住の用に供されていた床面積}}{\text{相続開始の直前における家屋の床面積}}$$

ロ　土地等のうち相続開始の直前において被相続人の居住の用に供されていた部分の譲渡対価の額の計算

〔算式〕

$$\text{土地等の譲渡価額} \times \frac{\text{措通35－15により31の３－７に準じて計算した被相続人の居住の用に供されていた部分の面積}}{\text{相続開始の直前における土地等の面積}}$$

ただし、これにより計算した被相続人の居住の用に供されていた部分がそれぞれ家屋又は土地等のおおむね90％以上である場合において、家屋又は土地等の全部をその居住の用に供している部分に該当するものとして取り扱うときは、家屋又は土地等の全体の譲渡価額により判定します。

㈨　譲渡した被相続人居住用家屋の敷地等が用途上不可分の関係にある２以上の建築物のある一団の土地であった場合は、被相続人居住用家屋の敷地等に係る対象譲渡の額は、措通35－13の算式（上記イ㈫A参照）により計算した面積に係る部分となります。

❷「居住用家屋取得相続人」には、空き家の特例の適用を受ける個人を含むほか、相続等により被相続人居住用家屋のみ又は被相続人居住用家屋の敷地等のみの取得をした相続人も含まれます。したがって、例えば、被相続人居住用家屋の敷地等のみを相続等により取得した者が、相続の時から空き家の特例の適用を受ける者の対象譲渡をした日以後３年を経過する日の属する年の12月31日までに行った被相続人居住用家屋の敷地等の譲渡は、適用前譲渡又は適用後譲渡に該当します（措通35－21）。

❸　居住用家屋取得相続人が相続の時から空き家の特例の適用を受ける者の対象譲渡をした日以後３年を経過する日の属する年の12月31日までの間に譲渡をした資産（この❸において、以下「譲渡資産」といいます。）が「対象譲渡資産一体家屋等」に該当するかどうかは、社会通念に従い、対象譲渡をした資産と一体として被相続人の居住の用（特定事由により相続の開始の直前において被相続人の居住の用に供されていなかった場合には、被相続人の物品の保管その他の用）に供されていたものであったかどうかを、相続開始の直前の利用状況により判定します。また、この判定に当たっては、次の⑴から⑸に留意します（措通35－22）。

⑴　居住用家屋取得相続人が相続開始の直前において所有していた譲渡資産もこの判定の対象に含まれます。

⑵　譲渡資産の相続の時後における利用状況はこの判定に影響しません。

⑶　空き家の特例の適用を受けるためのみの目的で相続開始の直前に一時的に居住の用以外の用に供したと認められる部分については、「対象譲渡資産一体家屋等」に該当します。

⑷　譲渡資産が対象譲渡をした資産と相続開始の直前において一体として利用されていた家屋の敷地の用に供されていた土地等であっても、その土地等が用途上不可分の関係にある２以上の建築物のある一団の土地等であった場合は、租税特別措置法施行令第23条第11項において準用する同条第９項の規定により計算した面積に係る土地等の部分のみが、「対象譲渡資産一体家屋等」に該当します。

㈱　対象譲渡をした資産と相続開始の直前において一体として利用されていた家屋は、被相続人が主として居住の用に供していた一の建築物に限られます。

⑸　譲渡資産が相続開始の直前において、被相続人の店舗兼住宅等に供されていた場合における非居住用部分もこの判定に含まれます。

4　居住用家屋取得相続人が行った譲渡が適用前譲渡及び適用後譲渡に該当するかどうかの判定は、空き家の特例の適用を受ける個人が複数いるときは、各人の対象譲渡ごとに行います（措通35－23）。

5　居住用家屋取得相続人が、適用前譲渡又は適用後譲渡をした場合において、その適用前譲渡又は適用後譲渡が贈与（適用前譲渡又は適用後譲渡に係る対価の額が、対象譲渡資産一体家屋等のその適用前譲渡又は適用後譲渡の時における価額の２分の１に満たない金額である場合を含みます。）による場合においては、その贈与の時における価額に相当する金額をその適用前譲渡又は適用後譲渡に対する対価の額とします（措法35⑥⑦、措令23⑬、措規18の２④、措通35－24）。

なお、「その贈与の時における価額」とは、その贈与の時における通常の取引価額をいいます（措通35－24）。

6　適用前譲渡及び適用後譲渡の家屋には、相続の時以後にその家屋につき行われた増築等（全部の取壊し、除却又は滅失をした後にした改築は除きます。）に係る部分を含みます（措法35⑥）。

7　適用前譲渡及び適用後譲渡には、譲渡所得の基因となる不動産等の貸付けを含み、租税特別措置法第33条の４第１項に規定する収用交換等、同法第34条第１項に規定する特定土地区画整理事業等による譲渡及び同法第34条の２第１項に規定する特定住宅地造成事業等による譲渡を除きます（措法35⑥⑦、措令23⑫、24の２⑧）。

２　居住用財産の特別控除の特例の適用を受けることができない場合

(1)　居住用財産（空き家の特例の適用財産を含みます。）を配偶者等に譲渡した場合

		譲受者	注意点
適用除外の譲渡先	①	その個人の配偶者及び直系血族	(22ページの親族・親等図表を参照してください。)
	②	その個人の親族（①に掲げる者を除きます。）でその個人と生計を一にしているもの及びその個人の親族（①に掲げる者を除きます。）で家屋の譲渡がされた後その個人とその家屋に居住をするもの	「個人の親族で家屋の譲渡がされた後その個人とその家屋に居住をするもの」とは、その家屋の譲渡がされた後において、その家屋の譲渡者である個人及びその家屋の譲受者であるその個人の親族（その個人の配偶者及び直系血族並びにその譲渡の時においてその個人と生計を一にしている親族を除きます。）が共にその家屋に居住する場合におけるその譲受者をいいます（措通31の３－22、35－６、35－27）。
	③	その個人と婚姻の届出をしていないが事実上婚姻関係と同様の事情にある者及びその者の親族でその者と生計を一にしているもの	「その個人と婚姻の届出をしていないが事実上婚姻関係と同様の事情にある者」とは、いわゆる内縁の配偶者をいいます。
	④	①から③に掲げる者及びその個人の使用人以外の者でその個人から受ける金銭その他の財産によって生計を維持しているもの及びその者の親族でその者と生計を一にしているもの	「その個人から受ける金銭その他の財産によって生計を維持しているもの」とは、その個人から給付を受ける金銭その他の財産又は給付を受けた金銭その他の財産の運用によって生ずる収入を日常生活の資の主要部分としている者をいいますが、その個人から離婚に伴う財産分与、損害賠償その他これらに類するものとして受ける金銭その他の財産によって生計を維持している者は含まれないものとして取り扱われます（措通31の３－23、35－６、35－27）。
（措35②一、措令23②、20の３①）	⑤	その個人、その個人の①及び②に掲げる親族、その個人の使用人若しくはその使用人の親族でその使用人と生計を一にしているもの又はその個人に係る③及び④に掲げる者を判定の基礎となる所得税法第２条第１項第８号の２に規定する株主等とした場合に法人税法施行令第４条第２項（193ページ参照）に規定する特殊の関係その他これに準ずる関係のあることとなる会社その他の法人	○「株主等」とは、株主名簿又は社員名簿に記載されている株主等をいいますが、株主名簿又は社員名簿に記載されている株主等が単なる名義人であって、その名義人以外の者が実際の権利者である場合には、その実際の権利者をいいます（措通31の３－24、35－６、35－27）。 ○「会社その他の法人」には、例えば、出資持分の定めのある医療法人のようなものがあります（措通31の３－25、35－６、35－27）。

このような規定が設けられたのは、親族等への譲渡、例えば夫から妻へ居住用財産が譲渡されても、夫は新たに居住用財産を取得する必要がない（通常、妻と同居しているからです。）ので、夫には担税力があり所得税の軽減を図る必要がないからです。

なお、この適用除外の譲渡先に該当するかどうかは、その譲渡をした時において判定します。ただし、②の「その個人とその家屋に居住をするもの」に対する譲渡に該当するかどうかは、その譲渡がされた後の状況により判定します（措通31の３－20、35－６、35－27）。

〔設例〕

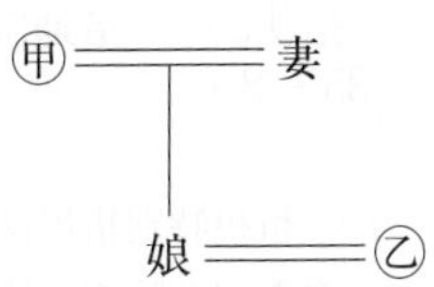

甲は、老朽化した家屋に居住していましたが、たまたま乙（娘の夫で生計は別です。）が居宅を新築すべく、その敷地とする土地を求めていたので、その居住の用に供している家屋を取り壊し、その家屋の敷地の用に供されていた土地を乙に譲渡しました。なお、乙は、その土地の上に居宅を新築し、甲とともに居住の用に供します。

この場合、この特例の適用を受けることができるでしょうか。

（答）

この特例の適用を受けることができます。

（理由）

乙は、①に掲げる者には該当しません。また、乙は、②でいう「その家屋に居住をするもの」には該当せず、かつ、土地を譲渡した時において「生計を一にしているもの」にも該当しませんので（その後、たとえ生計を一にする親族に該当することとなっても）、この特例の適用を受けることができます。

⑵　他の特例の適用を受ける場合

		特　例	
適用除外の特例（措法35②、措通35－1、35－8）	①	固定資産の交換の特例	所法58
	②	収用等に伴い代替資産を取得した場合の課税の特例	措法33
	③	交換処分等に伴い資産を取得した場合の課税の特例	措法33の2
	④	換地処分等に伴い資産を取得した場合の課税の特例	措法33の3
	⑤	収用交換等の場合の特別控除の特例	措法33の4
	⑥	特定の事業用資産の買換えの特例	措法37
	⑦	特定の事業用資産の交換の特例	措法37の4
	⑧	特定普通財産とその隣接する土地等の交換の場合の課税の特例	措法37の8

㈱　租税特別措置法第39条《相続財産に係る譲渡所得の課税の特例》の適用を受ける場合には、空き家の特例の適用はできません（措法35③）。

チェックポイント

■1　譲渡した資産が自己の居住用部分（または、空き家の特例の対象となる被相続人の居住用部分）とそれ以外の非居住用部分（例えば、租税特別措置法第37条の適用対象部分）とからなる家屋及びその敷地の用に供されている土地等である場合には次のようになります（措通35－1、35－8）。

譲渡した資産	居住用部分	⇒	租税特別措置法第35条の適用対象
	非居住用部分	⇒	租税特別措置法第37条の適用対象

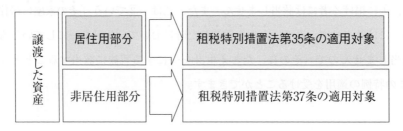

なお、租税特別措置法第35条第2項の適用において、自己の居住の用に供されなくなった後に譲渡した家屋又は土地等に係る居住用部分及び非居住用部分の判定は、居住の用に供されなくなった時の直前におけるその家屋又は土地等の利用状況に基づいて行い、居住の用に供されなくなった後における利用状況はその判定において関係ありません（措通35－1㈱1）。

また、上記の居住の用に供されなくなった後に居住用部分の全部又は一部を他の用途に転用した場合、その譲渡につきその転用後の用途に基づいて租税特別措置法第33条、

第33条の２第１項、第37条、第37条の４又は第37条の９の規定の適用を受けるときには、その居住用部分の譲渡については、この特例の適用はありません（措通35－１㈱２）。

2 同一年分において、空き家の特例の適用対象である家屋等及び自己の居住用の特例の適用対象である家屋等をいずれも売却した場合には、これらの家屋等いずれも特例適用が可能ですが、この場合の特別控除は3,000万円が限度となります（措通35－７）。

⑶　前年又は前々年に一定の特例の適用を受けている場合

イ　自己の居住用の特例

前年又は前々年において既に自己の居住用の特例（措法35②）、特定の居住用財産の買換えの特例（措法36の２）、特定の居住用財産の交換の特例（措法36の５）、居住用財産の買換え等の場合の譲渡損失の損益通算及び繰越控除（措法41の５）又は特定居住用財産の譲渡損失の損益通算及び繰越控除の適用（措法41の５の２）を受けている場合には、自己の居住用の特例の適用はできません（措法35②）。

これは、生活の本拠としている居住用財産の譲渡が毎年行われることはまれであること及び特別控除方式を採用していること（課税繰延方式ではありません。）から最高３年に一度と限定したものです。

ロ　空き家の特例

前年又は前々年において既に上記イの各特例を受けていた場合においても、空き家の特例の適用を受けることができます（措法35②）。

３　特例の内容

居住用財産（空き家の特例の適用財産を含みます。）の譲渡に係る課税長期（短期）譲渡所得金額の計算上3,000万円（居住用財産の譲渡益の額が3,000万円未満の場合には、その譲渡益の額とします。）を差し引きます。

なお、令和６年１月１日以後の被相続人居住用家屋又は被相続人居住用家屋の敷地等の譲渡において当該被相続人居住用家屋及び被相続人居住用家屋の敷地等の取得をした相続人の数が３人以上である場合は差し引くことができる金額は2,000万円となります。

この場合、次の点に注意する必要があります。

⑴　居住用財産の特別控除額は、次の順に、これらの資産の譲渡益から差し引きます。

これは納税者が有利となるように税率の低い資産の譲渡益が残るものと擬制したものです。

なお、同一年分において、自己の居住用の特例及び空き家の特例を受ける場合において、これらの特例に係る譲渡が、分離短期譲渡所得又は分離長期譲渡所得と区分が同じ場合には、空き家の特例の対象となる譲渡に対応する金額から先に特別控除額の控除をします（措通35－７）。

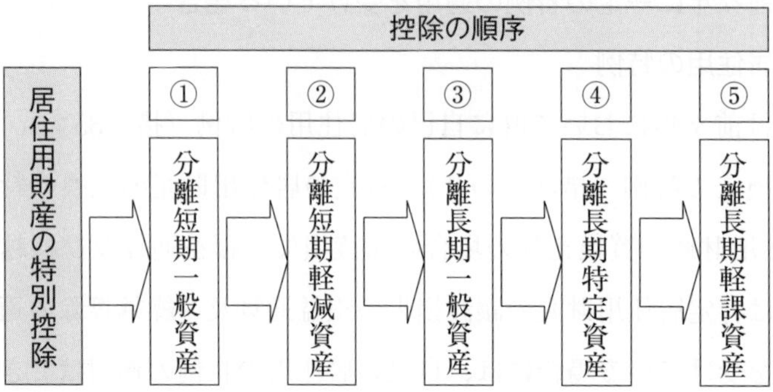

⑵　その年中の譲渡について、下記の各特別控除の規定のうち２以上の規定の適用を受けることにより、特別控除の合計額が5,000万円を超える場合には5,000万円が限度額になります（措法36）。その場合の控除の順序は、次の規定の順になります（措令24）。

	内　容
①	収用交換等の場合の特別控除（措法33の４）
②	居住用財産を譲渡した場合の特別控除（措法35）
③	特定土地区画整理事業等の場合の特別控除（措法34）
④	特定住宅地造成事業等の場合の特別控除（措法34の２）
⑤	特定期間に取得をした土地等を譲渡した場合の長期譲渡所得の特別控除（措法35の２）
⑥	農地保有の合理化等の場合の特別控除（措法34の３）
⑦	低未利用土地等を譲渡した場合の長期譲渡所得の特別控除（措法35の３）

5,000万円が限度額（措法36）

4　譲渡所得の金額の計算

譲渡所得の金額は、次の算式によって計算します。

〔算式〕

収入金額－（取得費＋譲渡費用）＝長期（短期）譲渡所得の金額

長期（短期）譲渡所得の金額－特別控除額（3,000万円）＝課税長期（短期）譲渡所得金額

〔設例〕

甲は平成27年から引き続き所有していた自己の居住用の土地家屋（取得費（減価償却後）3,000万円）を、令和６年３月に7,000万円で他人に譲渡し、譲渡費用として300万円を支払いました。

この場合の譲渡所得に係る所得税の額はいくらでしょうか。

（答）

収入金額		取得費		譲渡費用		特別控除額		税率
{7,000万円	−	(3,000万円	＋	300万円)	−	3,000万円}	×	15％

＝105万円………譲渡所得に係る所得税の額

5　申告手続

居住用財産の特別控除の特例の特別控除額を差し引いた結果、譲渡所得の金額がなくなる場合であっても、必ず申告書を提出しなければなりません（措法35⑫）。

⑴　自己の居住用の特例

この特例は、居住用財産を譲渡した日の属する年分の確定申告書（所得税及び復興特別所得税の確定申告書（分離課税用）第三表を使用します。）の「特例適用条文」欄に「措法35条第１項」と記載するとともに、譲渡所得計算明細書（「譲渡所得の内訳書（確定申告書付表兼計算明細書）」（707ページ参照））の添付がある場合に限って適用されます（措法35⑫、措規18の２①一、②一）

ただし、資産を譲渡した時において、この特例の適用を受けようとする者の住民票に記載されていた住所とその譲渡をした資産の所在地が異なる場合には、戸籍の附票の写し、消除された戸籍の附票の写しその他これに類する書類で、その者がその資産を居住の用に供していたことを明らかにする書類を添付しなければなりません。

チェックポイント

空き家の特例を適用することができる個人が、被相続人居住用家屋又は被相続人居住用家屋の敷地等の一部の対象譲渡（以下この⑵において「当初対象譲渡」といいます。）をした場合において、個人の選択により、当初対象譲渡について空き家の特例の適用をしないで確定申告書を提出したときは、例えば、その後において個人が行った被相続人居住用家屋又は被相続人居住用家屋の敷地等の一部の対象譲渡について空き家の特例の適用を受けないときであっても、個人が更正の請求をし、又は修正申告書を提出するときにおいて、当初対象譲渡について空き家の特例の適用を受けることはできません（措通35－18）。

⑵　空き家の特例

この特例を適用するためには、確定申告書に次の①から⑥の記載をするとともに、イ又はロの書類を確定申告書に添付して提出する必要があります（措法35⑫、措規18の2①二、②二）。

①	租税特別措置法第35条第3項の規定により同条第1項の規定の適用を受けようとする旨
②	対象譲渡に該当する事実
③	被相続人の氏名、死亡時の住所、死亡年月日
④	居住用家屋取得相続人がいる場合には、その者の氏名及び住所、相続の開始の時における被相続人居住用家屋又はその敷地等の持分の割合
⑤	適用前譲渡がある場合における適用前譲渡をした居住用家屋取得相続人の氏名、その者が行った適用前譲渡の年月日及び対価の額
⑥	その他参考となるべき事項

イ　被相続人居住用家屋又は被相続人居住用家屋とその敷地等を共に譲渡した場合

①	譲渡所得の金額の計算に関する明細書
②	被相続人居住用家屋及びその敷地の登記事項証明書㈱その他の書類で次に掲げる事項を明らかにするもの i　対象譲渡をした者がその被相続人居住用家屋及びその敷地等を被相続人から相続等により取得したこと ii　被相続人居住用家屋が上記1⑵イ(イ)の②の要件を満たすこと
③	被相続人居住用家屋の所在地の市区町村長が次の事項を確認した旨を記載した書類（被相続人が老人ホーム等に入居していた場合以外については、i及びiiの事項） i　相続開始の直前（又は特定事由により被相続人の居住の用に供されなくなる直前）において、被相続人がその家屋を居住の用に供しており、かつ、その家屋に被相続人以外に居住をしていた者がいなかったこと ii　その家屋又はその敷地等が相続開始の時から譲渡の時まで事業等の用に供されていたことがないこと iii　その家屋が特定事由により相続開始の直前において被相続人の居住の用に供されていなかったこと iv　特定事由により被相続人の居住の用に供されなくなった時から、相続開始の直前まで引き続き、その家屋が被相続人の物品の保管その他の用に供されていたこと v　特定事由により被相続人の居住の用に供されなくなった時から相続開始の直前まで、その家屋が、事業の用、貸付けの用又は被相続人以外の者の居住の用に供されたことがないこと vi　被相続人が、218ページのチェックポイント❶の住居又は施設に入居又は入所した時から相続開始の直前までの間において被相続人が主としてその居住の用に供していたと認められる家屋が、その施設等であること
④	耐震基準に適合する家屋である旨を証する書類
⑤	売買契約書の写しその他の書類で、譲渡対価の額が1億円以下であることを明らかにする書類

㈱　登記事項証明書については、不動産番号等明細書を提出することなどにより、その添付を省略することができます（205ページ参照）。

ロ　被相続人居住用家屋の敷地等のみを譲渡した場合

①	上記イ①の書類
②	上記イ②の書類
③	被相続人居住用家屋の敷地等の所在地の市区町村長が次の事項を確認した旨を記載した書類（被相続人が老人ホーム等に入居していた場合以外については、ⅰないしⅳの事項） ⅰ　相続開始の直前において、被相続人が被相続人居住用家屋を居住の用に供しており、かつ、被相続人居住用家屋に被相続人以外に居住をしていた者がいなかったこと ⅱ　被相続人居住用家屋が相続の時からその全部の取壊し、除却又は滅失の時まで事業等の用に供されていたことがないこと ⅲ　被相続人居住用家屋の敷地等が相続の時から譲渡の時まで事業等の用に供されていたことがないこと ⅳ　被相続人居住用家屋の敷地等がⅱの取壊し、除却又は滅失の時から譲渡の時まで建物又は構築物の敷地の用に供されていたことがないこと ⅴ　被相続人居住用家屋が特定事由により相続開始の直前において被相続人の居住の用に供されていなかったこと ⅵ　特定事由により被相続人の居住の用に供されなくなった時から、相続開始の直前まで引き続き、被相続人居住用家屋が被相続人の物品の保管その他の用に供されていたこと ⅶ　特定事由により被相続人の居住の用に供されなくなった時から相続開始の直前まで、被相続人居住用家屋が、事業の用、貸付けの用又は被相続人以外の者の居住の用に供されたことがないこと ⅷ　被相続人が、218ページのチェックポイント❶の住居又は施設に入居又は入所した時から相続開始の直前までの間において被相続人が主としてその居住の用に供していたと認められる家屋が、その施設等であること
④	上記イ⑤の書類

チェックポイント

登記事項証明書により、上記イの表の②ⅰ及びⅱを証明することができない場合には、例えば、次に掲げる書類で上記イの表の②ⅰ及びⅱに該当するものであることを明らかにするものを確定申告書に添付した場合に限り、空き家の特例を適用することができます（措通35－26）。

❶　対象譲渡をした者が被相続人居住用家屋及びその敷地等を被相続人から相続等により取得したこと

遺産分割協議書

❷　被相続人居住用家屋が昭和56年５月31日以前に建築されたこと

確認済証（昭和56年５月31日以前に交付されたもの）、検査済証（当該検査済証に記載された確認済証交付年月日が昭和56年５月31日以前であるもの）、建築に関する請負契約書

❸　被相続人居住用家屋が建物の区分所有等に関する法律第１条の規定に該当する建物でないこと

固定資産課税台帳の写し

○　居住用財産（マイホーム）を売った場合の3,000万円の特別控除の特例チェックシート

居住用財産（マイホーム）を売った場合の「3,000万円の特別控除の特例」を受けるためには、いろいろな適用要件を満たす必要がありますので、次のこの特例の基本的な要件のチェックシートにより、ご自分でチェックしてみてください。

	チェック項目等	判　定		本書の該当ページ
1	**現に自己の居住の用に供している家屋ですか。** 〔お売りになった建物、土地の全てをあなたの「住まい」として利用していましたか？　人に貸したり、お店などに使っていませんでしたか？〕	はい	いいえ	202～207
2	**生活の拠点として利用していた家屋ですか。** 〔お売りになった建物に、あなた自身が生活の拠点として住んでいましたか？　お売りになった建物以外に「住まい」はありませんか？〕	はい	いいえ	202～207
3	**居住の用に供されなくなった日から３年目の年末までに譲渡しましたか。** 〔売った「住まい」は、引っ越した日から３年を経過する日の属する年の12月31日までに売れましたか？〕 ＊　例えば令和２年１月２日以後に住まなくなった「住まい」を令和５年12月31日までに売った場合には特例の適用を受けられます。	はい	いいえ	208、209
4	**家屋の敷地の用に供されていた土地等でその家屋とともに譲渡しましたか。** 〔建物と土地を一緒にお売りになりましたか？〕 ＊　例えば「住まい」の敷地の一部、又は土地だけを売ったものではありませんか？	はい	いいえ	209～214
5	**居住用の土地等のみの譲渡ではありませんか。** ＊　例えば、建物はあなた以外の方が所有していませんか？	はい	いいえ	215、216
6	**居住用財産を配偶者等以外の方に譲渡しましたか。** 〔お売りになった相手の方(会社)は、配偶者、親族などや、あるいは特殊の関係のある会社(自分や親族が経営する会社)以外の方(会社)でしたか？〕	はい	いいえ	230、231
7	**前年又は前々年において既に居住用財産の特別控除の特例、特定の居住用財産の買換えの特例又は特定の居住用財産の交換の特例を受けていませんか。** ＊　例えばお売りになった年（令和６年）の前年（令和５年）、前々年（令和４年）に「住まい」を売って居住用財産の特別控除の特例、特定の居住用財産の買換えの特例又は特定の居住用財産の交換の特例を受けていませんか？	はい 受けていません	いいえ 受けました	233

●　「いいえ」のある方は、この特例が受けられない場合がありますので、本書の該当ページを参考として更に詳しく要件を検討する必要があります。

●　この特例を受けた場合には、住宅借入金等特別控除及び認定長期優良住宅の新築等をした場合の特別控除を受けることができませんので注意してください。

○　被相続人の居住用財産を譲渡した場合の3,000万円の特別控除の特例チェックシート

被相続人の居住用財産を売った場合の「3,000万円の特別控除の特例」を受けるためには、いろいろな適用要件を満たす必要がありますので、次のこの特例の基本的な要件のチェックシートにより、ご自分でチェックしてみてください。

	チェック項目等	判　定		本書の該当ページ
1	あなたは、譲渡（売却）資産の前所有者（被相続人）の相続人又は包括受遺者ですか。	はい	いいえ	216、217
2	その相続又は遺贈（死因贈与を含み、以下「相続等」といいます。）により、被相続人の住まいとして利用されていた家屋（母屋）とその敷地の両方を取得しましたか。 ＊　家屋のみ取得又は家屋の敷地のみの取得や、母屋と別棟となっている、離れ、倉庫、蔵、車庫等のみの取得ではないですか？	はい	いいえ	217～222
3	あなたは、その家屋又は敷地の譲渡（売却）について既にこの特例を受けていませんか。	はい	いいえ	―
4	その家屋は昭和56年５月31日以前に建築されたものですか。	はい	いいえ	218
5	その家屋は、区分所有登記がされた建物（マンションなど）以外のものですか。 ＊　区分所有登記がされた家屋（マンションなど）ではないですか？	はい	いいえ	218
6	被相続人は、相続開始の直前（又は特定事由により被相続人の居住の用に供されなくなる直前）においてその家屋に一人でお住まいでしたか。 ＊　賃借人や同居人がいませんか？	はい	いいえ	218
7	その家屋又は敷地を配偶者等以外の方に譲渡しましたか。 ＊　お売りになった相手の方（会社）は、配偶者、親族などや、あるいは特殊関係のある会社（自分や親族が経営する会社）以外の方（会社）でしたか？	はい	いいえ	230、231
8	その家屋又は敷地の譲渡（売却）は、平成29年４月１日以後で、かつ、相続開始のあった日から同日以後３年を経過する日の属する年の12月31日までの間に行われていますか。	はい	いいえ	223
9	譲渡（売却）の対価の額（＝譲渡（売却）の対価の総額×母屋のうち被相続人の居住の用に供されていた部分の割合×相続等で取得した持分の割合）は１億円を超えていませんか。 ＊　譲渡(売却)の対価の額が１億円を超えませんか？共有者がいる場合又は一部を譲渡した場合で、他の譲渡と合わせて１億円を超えませんか？	はい	いいえ	223、225～229
10	家屋又は家屋とともにその敷地を譲渡（売却）した場合⇒項目「11」へ 家屋を全て取り壊した後にその家屋の敷地のみを譲渡（売却）した場合⇒項目「13」へ ＊　家屋の取壊しが一部の場合、「Ⅱ」には該当しません。			
Ⅰ	家屋又は家屋とともにその敷地を譲渡（売却）した場合			

11	項目１～９が全て「はい」であることを確認してください。 **家屋又はその敷地は、いずれも相続開始の時から譲渡（売却）の時まで、事業の用、貸付けの用又は居住の用に供されていませんでしたか。** ＊　一時的な利用や無償の貸付けの用に供していませんか？	はい	いいえ	222～225
12	**その家屋は、譲渡（売却）の時において耐震基準に適合していますか。**	はい	いいえ	217、224
空き家の特例の適用を受けることができます（留意事項へ）。				
Ⅱ　家屋を取り壊した後にその家屋の敷地のみを譲渡（売却）した場合				
13	項目１～９が全て「はい」であることを確認してください。 **その家屋は、相続の時から取壊しの時まで、事業の用、貸付けの用又は居住の用に供されていませんでしたか。** ＊　一時的な利用や無償の貸付けの用に供していませんか？	はい	いいえ	224
14	**その家屋の敷地の全てについて、相続開始の時から譲渡（売却）の時まで、事業の用、貸付けの用又は居住の用に供されていませんでしたか？また、家屋の取壊しの時から譲渡（売却）の時まで、建物又は構築物の敷地の用に供されていませんでしたか。** ＊　一時的な利用や無償の貸付けの用に供した場合又は建物などの敷地の用に供していませんか？	はい	いいえ	224、225
空き家の特例の適用を受けることができます（留意事項へ）。				

● 「いいえ」のある方は、この特例が受けられない場合がありますので、本書の該当ページを参考として更に詳しく要件を検討する必要があります。

【留意事項】

１　他の特例との関係について

所得税法第58条、租税特別措置法第33条から第33条の４まで、第37条、第37条の４、第37条の８、第39条の特例を適用する譲渡については、空き家の特例の適用を受けることはできません。

２　他の相続人等への通知等について（項目「９」の判断に必要な事項です。）

⑴　この特例を受けようとする場合、あなたは、居住用家屋取得相続人に対して、あなたが対象譲渡をした旨、対象譲渡の日、その他参考となる事項を通知しなければなりません（措法35⑧）。

なお、上記の通知を受けた居住用家屋取得相続人は、①適用前譲渡していた場合、その通知を受けた後遅滞なく、適用前譲渡をした旨、適用前譲渡をした日、適用前譲渡の対価の額（特例対象外の部分を含みます。）、その他参考となるべき事項を通知しなければならないこととされ、②通知を受けた居住用家屋取得相続人で、適用後譲渡をした場合には、適用後譲渡をした後遅滞なく、同通知をしなければならないこととされています（同項）。

⑵　相続開始の時から対象譲渡の日以後３年を経過する日の属する年の12月31日ま

での間に、あなたの対象譲渡に係る対価の額と⑴に記載の譲渡に係る対価の額の合計額が１億円を超えることとなった場合、この特例は適用できません。この場合の取扱いは次のとおりです（措法35⑨）。

A　上記⑴①の通知により、１億円を超える場合

この申告において本特例の適用はありません。

B　上記⑴②の通知により、１億円を超える場合

通知をした居住用家屋取得相続人が、その譲渡をした日から４か月を経過する日までに、修正申告及び納税をする必要があります。

6　通知義務

⑴　空き家の特例（措法35③）の適用を受けようとする者の通知義務（措法35⑧）

①	通知先	居住用家屋取得相続人
②	通知内容	対象譲渡した旨、譲渡した日その他参考となる事項

⑵　上記⑴の通知を受けた者の通知義務（措法35⑧）

イ　上記⑴の通知を受けた居住用家屋取得相続人が、相続の時から上記⑴の通知者が対象譲渡をした日の属する年の12月31日までの間に被相続人居住用家屋又はその敷地を譲渡（適用前譲渡）した場合

①	通知先	上記⑴の通知をしてきた者
②	通知の時期	通知を受けた後遅滞なく
③	通知内容	適用前譲渡をした旨、適用前譲渡をした日、適用前譲渡の対価の額その他参考となるべき事項

ロ　上記⑴の通知を受けた居住用家屋取得相続人が、上記⑴の通知者が対象譲渡をした日の属する年の翌年１月１日からその対象譲渡をした日以後３年を経過する日の属する年の12月31日までの間に被相続人居住用家屋又はその敷地を譲渡（適用後譲渡）した場合

①	通知先	上記⑴の通知をしてきた者
②	通知の時期	適用後譲渡をした後遅滞なく
③	通知内容	適用後譲渡をした旨、適用後譲渡をした日、適用後譲渡の対価の額その他参考となるべき事項

チェックポイント

空き家の特例の適用を受けようとする者から上記⑴の通知を受けた居住用家屋取得相続人で適用前譲渡をしている者又は適用後譲渡をした者から、上記⑵イ又はロの通知がなかったとしても、適用前譲渡の額と対象譲渡の額との合計額又は適用後譲渡の額と対象譲渡の額又は対象譲渡の額、適用前譲渡の額及び適用後譲渡との合計額が１億円を超えることとなったときは、空き家の特例を適用することはできません（措通35－25）。

７　修正申告

空き家の特例（措法35③）の適用を受けた者は、居住用家屋取得相続人又は本人が対象譲渡資産一体家屋等を譲渡して、これらの譲渡の対価の額が１億円を超えることとなった場合（上記１⑵ニ(ロ)に該当することとなった場合）には、適用後譲渡をした日から４か月を経過する日までに空き家の特例の適用を受けた年分の所得税についての修正申告書を提出し、かつ、その期限内にその申告書の提出により納付すべき税額を納付しなければなりません（措法35⑨）。

なお、修正申告書が上記の提出期間内に提出された場合には、その修正申告書は、期限内申告書とみなされますので、加算税は賦課されません（措法35⑪）。

また、その期間内に修正申告により納付すべき税額を納付した場合には、延滞税も課されません（措法35⑪）。

第２　収用交換等の場合の譲渡所得の5,000万円の特別控除（租税特別措置法第33条の４関係）

資産を収用交換等により譲渡した場合には、①収用交換等の場合の課税の繰延べの特例又は②収用交換等の場合の5,000万円の特別控除の特例のいずれか一方を選択して譲渡所得の金額を計算することができます（措法33の４①）。

ここでは、収用等の場合の5,000万円の特別控除の特例について説明します。収用等の場合の課税の繰延べの特例は281ページを参照してください。

１　5,000万円の特別控除の適用要件

5,000万円の特別控除の特例は、次に掲げる適用要件の全てを満たす場合に限り適用を受けることができます（措法33の４）。

	適用要件	留意点
①	その年中に収用交換等された資産の全部について、租税特別措置法第33条《収用等に伴い代替資産を取得した場合の課税の特例》又は第33条の２《交換処分等に伴い資産を取得した場合の課税の特例》の適用を受けないこと（措法33の４①）	対価補償金をもって代替資産を取得する見込みで租税特別措置法第33条の規定の適用を受けた場合において、その代替資産を所定の期間内に取得できなかったために修正申告書を提出することとなったときは、その修正申告の際に、5,000万円の特別控除の特例の要件を満たす場合は5,000万円の特別控除の適用を受けることができます。
②	収用交換等された資産について、公共事業の施行者から、最初に買取り等の申出を受けた日から６か月以内に譲渡したこと（措法33の４③一）	資産の譲渡につき、土地収用法第15条の７第１項の規定による仲裁の申請（同法第15条の11第１項に規定する仲裁判断があった場合に限ります。）、同法第46条の２第１項の規定による補償金の支払請求、農地転用等の許可申請又は届出が買取り等の申出のあった日から６か月以内にされているときは、この申請等に係る資産の譲渡が６か月を経過した後に行われた場合であっても、5,000万円の特別控除の適用を受けることができます（措令22の４②、措通33の４－２）。

③	一の収用交換等に係る事業につき、資産の譲渡が二以上の年に分けて行われた場合には、最初の年に譲渡した資産に限られること（措法33の4③二）	一の収用交換等に係る事業が、次に掲げる場合に該当することとなった場合において、その事業の施行につき合理的と認められる事情があるときは、次に掲げる地域ごとにそれぞれ別個の事業として取り扱われます（措通33の4－4）。 イ　事業の施行地について計画変更があり、その変更に伴い拡張された部分の地域について事業を施行する場合　変更に伴い拡張された部分の地域 ロ　事業を施行する営業所、事務所その他の事業場が二以上あり、その事業場ごとに地域を区分して事業を施行する場合　その区分された地域 ハ　事業が1期工事、2期工事と地域を区分して計画されており、その計画に従って地域ごとに時期を異にして事業を施行する場合　その区分された地域
④	公共事業の施行者から買取り等の申出を最初に受けた者が譲渡したものであること（措法33の4③三）	買取り等の申出を受けた者が死亡した場合において、その申出を受けた者から相続又は遺贈（死因贈与を含みます。）によりその買取り等の申出に係る資産を取得した相続人等が、上記②及び③の適用要件を満たす買取りに応じた場合には、それぞれの相続人等について、それぞれ5,000万円の特別控除の適用を受けることができます（措通33の4－6）。
⑤	5,000万円の特別控除の適用を受けても、なお確定申告をする義務のある者については、確定申告書に5,000万円の特別控除の特例を適用する旨を記載し、「買取り申出証明書」、「買取り証明書」、「収用証明書」、「譲渡所得計算明細書」等を添付して申告すること（措法33の4④）	5,000万円の特別控除の適用を受けると確定申告書を提出する義務のなくなる者については申告は不要です。

チェックポイント

「最初に買取り等の申出があった日」とは、事業施行者等が資産の所有者等に対して、地権者説明会や個別交渉などにより、最初に買取り等の意思表示をした日となります。

しかし、事業施行者等が資産の所有者等に個別に会って交渉している場合には、その資産について買取り等の意思表示をした上で、買取り等の対象となっている資産についての対価（補償金等）の金額（最終の買取金額である必要はありません。）を具体的に最初に提示した日を「最初に買取り等の申出があった日」としても差し支えないものと考えられます（資産の所有者等が金額の提示を拒むなどのケースを除きます。）。

なお、例えば、地権者説明会等で、個々の資産の所有者等に買取り等の対象となっている資産についての対価（補償金等）の金額を提示した場合には、その日が「最初に買取り等の申出があった日」とされますので、それぞれのケースに応じて判断する必要があります。

また、買取り等の対象となっている資産についての対価（補償金等）の金額の提示は、書面での申出に限られていませんから、口頭での申出も当然に含まれます。

2　譲渡所得の金額の計算

(1)　土地建物等のみの場合（分離課税）

収用等をされた資産が土地建物等のみである場合には、次の算式により課税長期（短期）譲渡所得金額を計算します。

〔算式〕

収入金額－（取得費＋譲渡費用）＝長期（短期）譲渡所得の金額

長期(短期)譲渡所得の金額－特別控除額(5,000万円※)＝課税長期(短期)譲渡所得金額

※　特別控除前の金額が5,000万円未満の場合は、その金額。以下、第２において同じです。

(2)　山林所得の基因となる山林である場合（分離課税）

収用等をされた資産が５年を超えて保有していた山林（立木）の場合には、次の算式により山林所得の金額を計算します。

〔算式〕

収入金額－必要経費－特別控除額（5,000万円）－特別控除額（50万円）

＝山林所得の金額

(3)　土地建物等以外の資産のみの場合（総合課税）

収用等をされた資産が土地建物等以外の資産、例えば借家権や漁業権などの場合には、次の算式により総合課税の譲渡所得の金額を計算します。

〔算式〕

総合課税	①	〔長期譲渡所得の場合〕 {収入金額－(取得費＋譲渡費用)－特別控除額（5,000万円） －特別控除額(50万円)} $\times \frac{1}{2}$＝総合課税される譲渡所得の金額
	②	〔短期譲渡所得の場合〕 収入金額－(取得費＋譲渡費用)－特別控除額（5,000万円） －特別控除額(50万円)＝総合課税される譲渡所得の金額

チェックポイント

長期譲渡所得と短期譲渡所得の両方がある場合の5,000万円の特別控除額と50万円の譲渡所得の特別控除額は、まず、短期譲渡所得の譲渡益から控除し、控除不足がある場合には、長期譲渡所得の譲渡益から控除します（措令22の４①、所法33⑤）。

3　収用等をされた資産が二以上の種類の場合の特別控除の適用順序

同一年中に収用等をされた資産が二以上ある場合の5,000万円の特別控除額は、これらの資産の譲渡による所得を通じて5,000万円が限度となります。

なお、この場合の特別控除の順序は、次のようになります（措法33の４②、措令22の４①）。

特別控除の順序		所得の区分
	①	分離課税となる土地建物等に係る短期譲渡所得の金額
	②	分離課税となる土地等に係る短期軽減譲渡所得の金額
	③	総合課税となる土地建物等以外の資産の短期譲渡益の金額
	④	総合課税となる土地建物等以外の資産の長期譲渡益の金額
	⑤	山林所得金額
	⑥	分離課税となる土地建物等に係る長期譲渡所得の金額
	⑦	分離課税となる土地建物等に係る長期軽課譲渡所得の金額

４　申告手続

次の「申告を要する場合」に該当する場合には、収用等による資産の譲渡益が5,000万円に満たない場合でも、その年分の確定申告書に次の「申告書に添付する書類」を添付して、申告する必要があります（措法33の４④）。

		要　件
申告を要する場合	①	総所得金額、特別控除後の長期譲渡所得の金額、特別控除後の短期譲渡所得の金額、退職所得金額又は山林所得金額の合計額から、雑損控除等の所得控除額を控除した金額をそれぞれ課税総所得金額、課税長期譲渡所得金額、課税短期譲渡所得金額、課税退職所得金額及び課税山林所得金額とみなして計算した算出税額の合計額が配当控除額を超えるとき（控除しきれなかった外国税額控除の額、源泉徴収税額又は予納税額がある一定の場合を除きます。）（所法120①、措令20④、21⑦）。
	②	その年中に支払を受けるべき給与等の収入金額が年2,000万円以下の給与所得者の場合は、その年分の給与所得及び退職所得以外の所得の合計額が20万円を超える場合（所法121①、措令20④、21⑦）。
	③	年金所得者のうち、その年中の公的年金等に係る収入金額が400万円以下であり、かつ、その公的年金等の全部が源泉徴収の対象である者の場合は、その年分の公的年金等に係る雑所得以外の所得の合計額が20万円を超える場合（所法121③、措令20④、21⑦）。

確定申告書又は修正申告書の「特例適用条文」欄に、「措法33の４」と記載し、次の書類を添付します。

申告書に添付する書類	①	「公共事業用資産の買取り等の申出証明書」（公共事業の施行者から交付されます。）
	②	「公共事業用資産の買取り等の証明書」（公共事業の施行者から交付されます。）
	③	買取り等に係る事業が、土地収用法第３条の規定による事業の認定を受けている事業であること等を証する「収用証明書」（公共事業の施行者から交付されます。）等
	④	「譲渡所得計算明細書」（「譲渡所得の内訳書（確定申告書付表兼計算明細書）【土地・建物用】」）

チェックポイント

この特例の適用対象となる土地等の譲渡のうち長期譲渡所得に該当するものについて、この特例の適用を受ける場合には「優良住宅地の造成等のために土地等を譲渡した場合の長期譲渡所得の課税の特例（措法31の２）」の適用は受けられません（措法31の２④）。

第３　特定土地区画整理事業等のために土地等を譲渡した場合の譲渡所得の2,000万円の特別控除（租税特別措置法第34条関係）

１　制度の概要

国、地方公共団体又は独立行政法人都市再生機構等が行う土地区画整理法による土地区画整理事業、大都市地域住宅等供給促進法による住宅街区整備事業、都市再開発法による第一種市街地再開発事業又は密集市街地における防災街区の整備の促進に関する法律による防災街区整備事業として行う公共施設の整備改善、宅地の造成、共同住宅の建設又は建築物及び建築敷地の整備に関する事業等のために、これらの者に土地等が買い取られた場合には、譲渡所得の金額の計算上2,000万円の特別控除額を控除することができます（措法34①②）。

チェックポイント

借地権の設定については、その設定が所得税法施行令第79条《資産の譲渡とみなされる行為》の規定により資産の譲渡とみなされる場合であっても、この特例の適用はありません（措通34－３）。

２　特例の適用要件

個人の所有している土地等が、特定土地区画整理事業等のために買い取られる場合には、その買い取られる土地等（租税特別措置法第35条の規定する居住用財産の特別控除の特例の適用を受ける部分を除きます。）の全部又は一部につき次の特例の適用を受ける場合を除き、この特例の適用を受けることができます（措法34①）。

適用除外の特例	①	特定の居住用財産の買換えの特例	措法36の２
	②	特定の居住用財産の交換の特例	措法36の５
	③	特定の事業用資産の買換えの特例	措法37
	④	特定の事業用資産の交換の特例	措法37の４

なお、同一事業の事業用地として二以上の年にわたって買取りが行われたときは、最初の買取りが行われた年以外の買取りはこの特例の対象となりません（措法34③）。同一事業かどうかの判定は、租税特別措置法通達33の４－４に準じて取り扱います（措通34－４、244ページ表の③参照）。

3　特定土地区画整理事業等の範囲

「特定土地区画整理事業等のために土地等が買い取られる場合」とは、次の⑴から⑽の譲渡をいいます。

⑴　土地等が次の法律に規定する事業のために、国又は地方公共団体等に買い取られる場合（措法34②一）

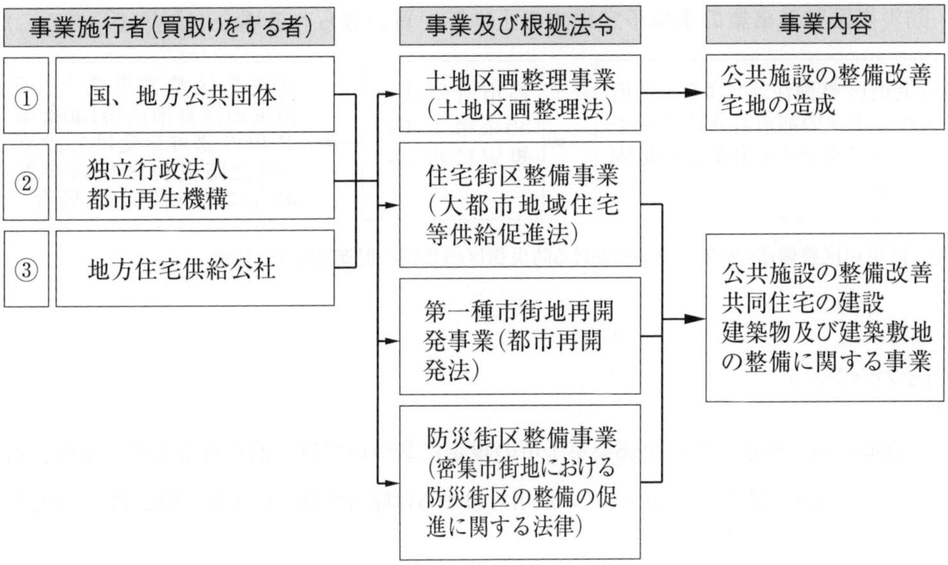

チェックポイント

土地等の買取りをする者には、地方公共団体が財産を提供して設立した団体（その地方公共団体とともに国、地方公共団体及び独立行政法人都市再生機構以外の者が財産を提供して設立した団体を除きます。）で、都市計画その他市街地の整備の計画に従って宅地の造成を行うことを主たる目的とするものが含まれます（措令22の７①）が、この団体は、事業施行者にはなれません（措通34－１⑴）。

⑵　都市再開発法による第一種市街地再開発事業の事業予定地内の土地等が買い取られる場合（措法34②二）

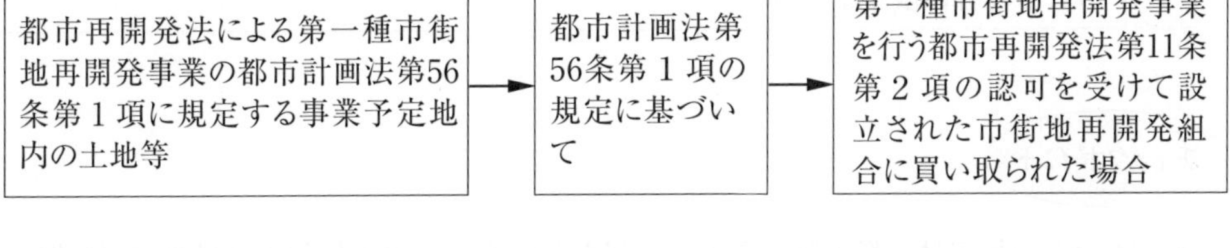

チェックポイント

この買取りは、都市計画法第56条第１項の規定に基づいて買い取られるものですが、収用等の課税の特例（措法33、33の４）の適用対象からは除外されています（措法33①三の四)。

⑶　防災街区整備事業の事業予定地内の土地等が買い取られる場合（措法34②二の二）

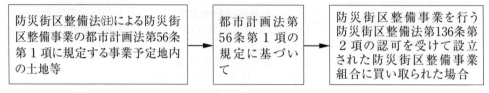

防災街区整備法㈱による防災街区整備事業の都市計画法第56条第１項に規定する事業予定地内の土地等	→	都市計画法第56条第１項の規定に基づいて	→	防災街区整備事業を行う防災街区整備法第136条第２項の認可を受けて設立された防災街区整備事業組合に買い取られた場合

㈱　防災街区整備法＝密集市街地における防災街区の整備の促進に関する法律

チェックポイント

この買取りは、都市計画法第56条第１項の規定に基づいて買い取られるものですが、収用等の課税の特例（措法33、33の４）の適用対象からは除外されています（措法33①三の四)。

⑷　土地等が次の法律の規定により買い取られる場合（措法34②三）

①	古都における歴史的風土の保存に関する特別措置法第12条第１項
②	都市緑地法第17条第１項又は第３項
③	特定空港周辺航空機騒音対策特別措置法第８条第１項
④	航空法第49条第４項（同法第55条の２第３項において準用する場合を含みます。）
⑤	防衛施設周辺の生活環境の整備等に関する法律第５条第２項
⑥	公共用飛行場周辺における航空機騒音による障害の防止等に関する法律第９条第２項
⑦	都市緑地法第17条第３項（都道府県、町村又は緑地保全・緑化推進法人に買い取られる場合に限ります。）

チェックポイント

上記⑷の⑦の規定は、都市緑地法等の一部を改正する法律の施行の日以後に買い取られた場合は、都道府県及び町村に買い取られた場合に限られます。

(5)　次の土地が一定の要件を満たす都市緑化支援機構に買い取られる場合（措法34②三の二、措令22の７②）

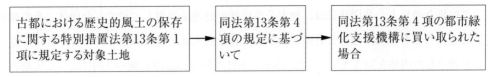

古都における歴史的風土の保存に関する特別措置法第13条第１項に規定する対象土地 → 同法第13条第４項の規定に基づいて → 同法第13条第４項の都市緑化支援機構に買い取られた場合

チェックポイント

上記(5)の規定は、都市緑地法等の一部を改正する法律の施行の日から適用されます。

(6)　次の土地が都市緑地法第17条の２第４項の規定により一定の要件を満たす都市緑化支援機構に買い取られる場合（措法34②三の三、措令22の７③）

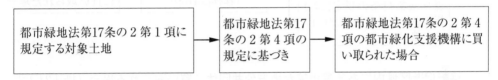

都市緑地法第17条の２第１項に規定する対象土地 → 都市緑地法第17条の２第４項の規定に基づき → 都市緑地法第17条の２第４項の都市緑化支援機構に買い取られた場合

チェックポイント

上記(6)の規定は、都市緑地法等の一部を改正する法律の施行の日から適用されます。

(7)　次の土地が国又は地方公共団体に買い取られる場合（措法34②四、措令22の７①、④、⑤）

①	文化財保護法第27条第１項の規定により重要文化財として指定された土地
②	文化財保護法第109条第１項の規定により史跡、名勝又は天然記念物として指定された土地
③	自然公園法第20条第１項の規定により特別地域として指定された区域内の土地
④	自然環境保全法第25条第１項の規定により特別地区として指定された区域内の土地

(注)　独立行政法人国立文化財機構、独立行政法人国立科学博物館、地方独立行政法人又は文化財保存活用支援団体に買い取られる場合は、①及び②（租税特別措置法第33条第１項第２号の規定の適用がある場合を除きます。）に限られます。

チェックポイント

この場合の地方公共団体には、地方公共団体が財産を提供して設立した団体（その地方公共団体とともに国、地方公共団体及び独立行政法人都市再生機構以外の者が財産を提供して設立した団体を除きます。）で、都市計画その他市街地の整備の計画に従って宅地の造成を行うことを主たる目的とするものが含まれます（措令22の７①）。

⑻　保安林等に係る土地が保安施設事業のために国又は地方公共団体に買い取られる場合（措法34②五）

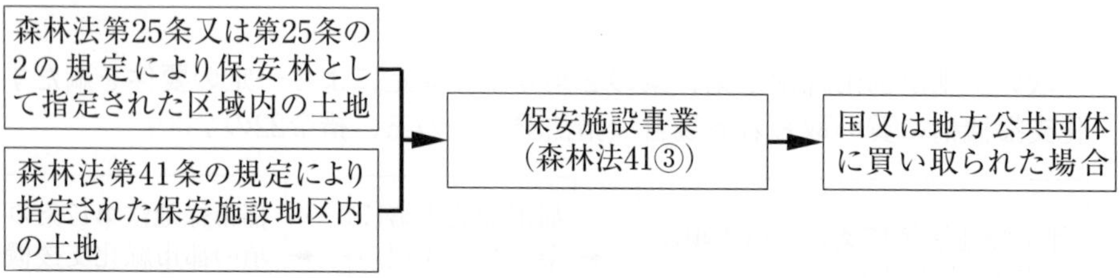

⑼　移転促進区域内にある農地等が地方公共団体に買い取られる場合（措法34②六）

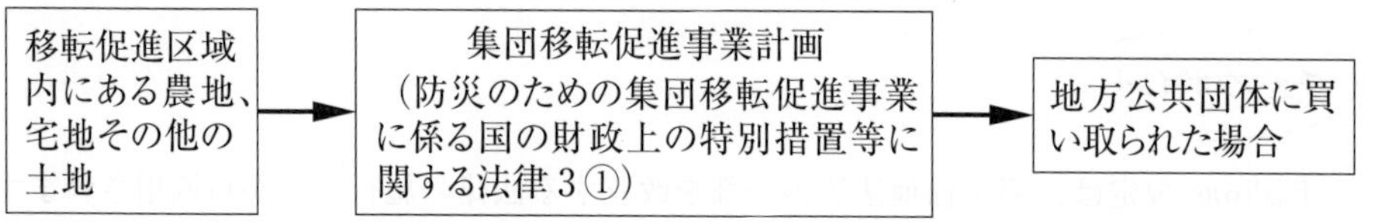

チェックポイント

この買取りについて租税特別措置法第33条第１項第２号の規定の適用がある場合は、この特例の適用対象からは除かれます。

⑽　一定の区域内にある農用地が農地中間管理機構に買い取られる場合（措法34②七、措令22の７⑥）

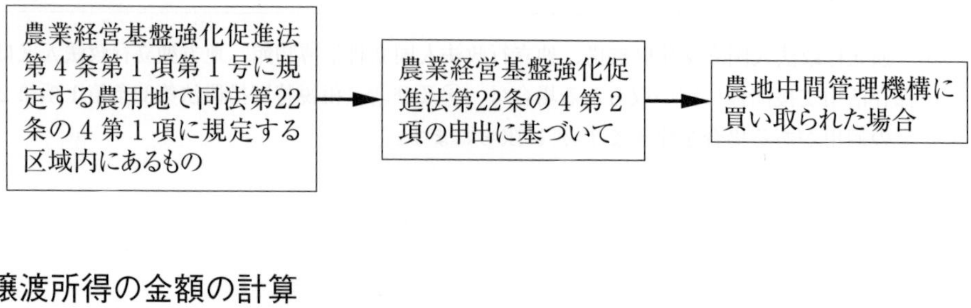

４　譲渡所得の金額の計算

譲渡所得の金額は、次の算式により計算します。

〔算式〕

収入金額－(取得費＋譲渡費用)＝長期（短期）譲渡所得の金額

長期(短期)譲渡所得の金額－特別控除額(2,000万円※)＝課税長期(短期)譲渡所得金額

※　特別控除前の金額が2,000万円未満の場合は、その金額。以下、第３において同じです。

チェックポイント

長期譲渡所得と短期譲渡所得の両方がある場合には、まず短期譲渡所得の金額から2,000万円の特別控除額を控除します（措法34①一）。

5　申告手続

「申告を要する場合」に該当する場合（247ページの４の表参照）には、特定区画整理事業等のための資産の譲渡益が2,000万円に満たない場合でも、次の申告手続をする必要があります（措法34④、措規17）。

申告手続	①	確定申告書の「特例適用条文」欄に「措法34」と記載します。
	②	それぞれの買取り区分に応じた「証明書」を添付します。
	③	「譲渡所得計算明細書」(「譲渡所得の内訳書（確定申告書付表兼計算明細書）【土地・建物用】」)

第４　特定住宅地造成事業等のために土地等を譲渡した場合の譲渡所得の1,500万円の特別控除（租税特別措置法第34条の２関係）

１　制度の概要

特定住宅地造成事業等のために土地等を譲渡した場合で、一定の要件を満たすときには、譲渡所得の金額の計算上1,500万円の特別控除額を控除することができます（措法34の２）。

チェックポイント

借地権の設定については、その設定が所得税法施行令第79条《資産の譲渡とみなされる行為》の規定により資産の譲渡とみなされる場合であっても、この特例の適用はありません（措通34－３）。

２　特例の適用要件

個人の所有している土地等が、特定住宅地造成事業等のために買い取られる場合に、その買い取られる土地等（租税特別措置法第35条の規定する居住用財産の特別控除の特例の適用を受ける部分を除きます。）の全部又は一部につき次の特例の適用を受けるときには、この特例の適用を受けることができません（措法34の２①）。

適用除外の特例	①	特定の居住用財産の買換えの特例	措法36の２
	②	特定の居住用財産の交換の特例	措法36の５
	③	特定の事業用資産の買換えの特例	措法37
	④	特定の事業用資産の交換の特例	措法37の４

なお、下記３⑴から⑶、下記⑷の③から⑭、⑰、㉑又は㉒の買取りに該当する場合で同一事業の事業用地として２以上の年にわたって買取りが行われたときは、最初の買取りが行われた年以外の買取りはこの特例の対象となりません（措法34の２④）。

同一事業かどうかの判定は、租税特別措置法通達33の４－４に準じて取り扱われます（244ページ表の③参照）。

３　特定住宅地造成事業の範囲

「特定住宅地造成事業等のために土地等が買い取られる場合」とは、次の⑴から⑷の譲渡をいいます。

⑴　土地等が次の事業のために、地方公共団体等に買い取られる場合（措法34の２②一）

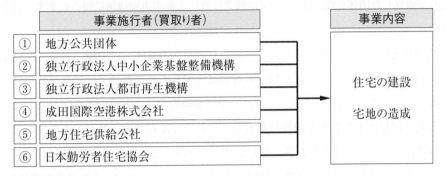

	事業施行者（買取り者）	事業内容
①	地方公共団体	住宅の建設 宅地の造成
②	独立行政法人中小企業基盤整備機構	
③	独立行政法人都市再生機構	
④	成田国際空港株式会社	
⑤	地方住宅供給公社	
⑥	日本勤労者住宅協会	

チェックポイント

１　事業の施行者には、地方公共団体が財産を提供して設立した団体（その地方公共団体とともに国、地方公共団体及び独立行政法人都市再生機構以外の者が財産を提供して設立した団体を除きます。）で、都市計画その他市街地の整備の計画に従って宅地の造成を行うことを主たる目的とする団体が含まれます（措令22の８①）。

２　土地開発公社が行う公有地の拡大の推進に関する法律第17条第１項第１号ニに掲げる土地の取得に係る事業は、この特例の適用の対象となる事業には該当しません（措法34の２②一、措令22の８①）。

３　これらの買取りからは、租税特別措置法第33条第１項第２号若しくは第４号、第33条の２第１項第１号又は第34条第２項第１号の規定に該当する場合が除かれます。

⑵　土地等が次の事由により買い取られる場合（措法34の２②二）

	事業内容
①	土地収用法等に基づく収用（買取り及び使用を含みます。以下この⑵において同じです。）を行う者又はその者に代わってその収用の対償に充てられる土地等を買い取るべき旨の契約を締結した者によって、収用の対償に充てるために買い取られる場合
②	住宅地区改良法第２条第６項に規定する改良住宅を同条第３項に規定する改良地区の区域外に建設するために買い取られる場合
③	公営住宅法第２条第４号に規定する公営住宅の買取りにより地方公共団体に買い取られる場合

チェックポイント

❶　①の「その者に代わってその収用の対償に充てられる土地等を買い取るべき旨の契約を締結した者」は、地方公共団体若しくは地方公共団体が財産を提供して設立した団体（その地方公共団体とともに国、地方公共団体及び独立行政法人都市再生機構以外の者が財産を提供して設立した団体を除きます。）又は独立行政法人都市再生機構に限られます（措令22の８②）。

❷　農地法の規定により、収用を行う者（①の代行者を含みます。この❷において、以下「公共事業施行者」といいます。）が収用の対償に充てるための農地又は採草放牧地（この❷において、以下「農地等」といいます。）を直接取得することができないため、公共事業施行者、収用により資産を譲渡した者及び農地等の所有者の三者が①農地等の所有者は、収用により資産を譲渡した者に対し農地等を譲渡すること、②公共事業施行者は、農地等の所有者に対し農地等の譲渡の対価を直接支払うことを内容とする契約を締結し、この契約に基づき、農地等の所有者が農地等を譲渡した場合には、上の表①の「収用の対償に充てるために買い取られる場合」に該当するものとして取り扱われます（措通34の２－４）。

（図１）

〔三者契約〕

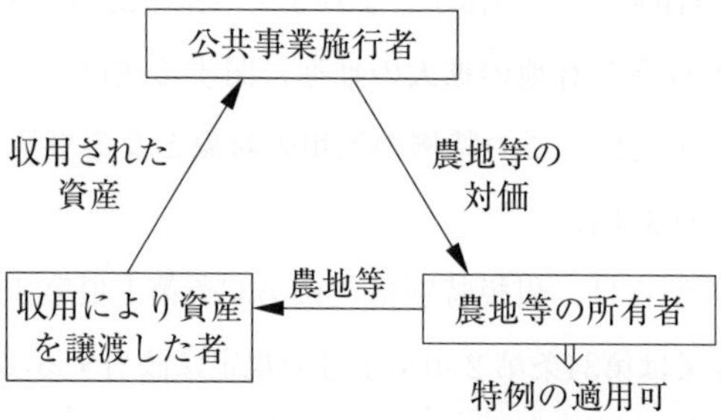

❸　次に掲げる方式による契約に基づき、収用の対償に充てられることとなる土地等（この❸において、以下「代替地」といいます。）が公共事業施行者（土地収用法等に基づく収用等を行う者をいいます。この❸において、以下同じです。）に買い取られる場合は、①の「収用の対償に充てるために買い取られる場合」に該当するものとされています（措通34の２－５）。

⑴　公共事業施行者、収用により譲渡する土地等（この❸において、以下「事業用地」といいます。）の所有者及び代替地の所有者の三者が次に掲げる事項を約して契約を締結する方式

イ　代替地の所有者は公共事業施行者に代替地を譲渡すること

ロ　事業用地の所有者は公共事業施行者に事業用地を譲渡すること

ハ　公共事業施行者は代替地の所有者に対価を支払い、事業用地の所有者には代替地を譲渡するとともに事業用地の所有者に支払うべき補償金等（事業用地の譲渡に係る補償金又は対価に限られます。この❸において、以下同じです。）の額から代替地の所有者に支払う対価の額を控除した残額を支払うこと

㈲　上記契約方式における代替地の譲渡について①の「収用の対償に充てるために買い取られる場合」に該当するのは、代替地のうち事業用地の所有者に支払われるべき事業用地の譲渡に係る補償金又は対価に相当する部分に限られるので、例えば、上記契約方式に基づいて公共事業施行者が取得する代替地であってもこの事業用地の上にある建物につき支払われるべき移転補償金に相当する部分は該当しません。

（図２）

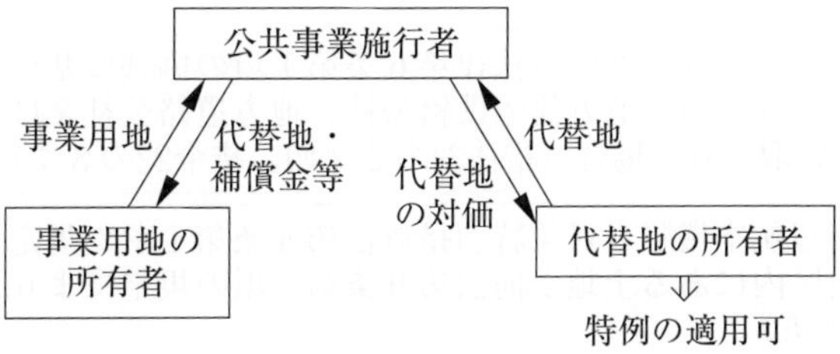

⑵　公共事業施行者と事業用地の所有者が次に掲げる事項を約して契約を締結する方式

イ　事業用地の所有者は公共事業施行者に事業用地を譲渡し、代替地取得を希望する旨の申出をすること

ロ　公共事業施行者は事業用地の所有者に代替地の譲渡を約すとともに、事業用地の所有者に補償金等を支払うこと

ただし、その補償金等の額のうち代替地の価額に相当する金額については公共事業施行者に留保し、代替地の譲渡の際にその対価に充てること

❹　これらの買取りからは、租税特別措置法第33条第１項第２号若しくは第４号、第33条の２第１項第１号の規定に該当する場合又は都市再開発法第50条の２第３項に規定する再開発会社によって収用の対償に充てるために買い取られる場合が除かれます。

⑶　土地等が特定の民間住宅地造成事業の用に供するために買い取られる場合（措法34の２②三）

「土地等が特定の民間住宅地造成事業の用に供するために買い取られる場合」とは、次に掲げる住宅地造成事業の用に供するために、平成６年１月１日から令和８年12月31日までの間に土地等が買い取られる場合です。

土地区画整理法による土地区画整理事業として行われる一団の宅地造成事業で、

次の①から③までの全ての要件を満たすものであることについて、国土交通大臣の認定を受けたもの（措法34の２②三イ～ハ、措令22の８④⑥、措規17の２③）

	適用要件
①	土地区画整理事業として行われる一団の宅地造成事業で、その施行地区の全部が都市計画法上の市街化区域に含まれるもの
②	その造成に係る一団の土地の面積が５ha以上であることなど一定の要件を満たすもの
③	造成宅地の分譲が、公募の方法により行われること

(4)　土地等が次の法律等により買い取られる場合（措法34の２②四～二十五）

①	公有地の拡大の推進に関する法律第６条第１項の協議に基づき地方公共団体、土地開発公社、港務局、地方住宅供給公社、地方道路公社又は独立行政法人都市再生機構に買い取られる場合（措法34の２②四、措令22の８⑦）
②	特定空港周辺航空機騒音対策特別措置法第４条第１項に規定する航空機騒音障害防止特別地区内にある土地が同法第９条第２項の規定により買い取られる場合（措法34の２②五）
③	地方公共団体又は幹線道路の沿道の整備に関する法律に規定する沿道整備推進機構で一定のもの㈲が同法に掲げる沿道整備道路の沿道の整備のために行う公共施設若しくは公用施設の整備、宅地の造成又は建築物及び建築敷地の整備に関する事業で次に掲げるもの（その事業が沿道整備推進機構により行われるものである場合には、地方公共団体の管理の下に行われるものに限られます。）の用に供するために、都市計画法に掲げる沿道地区計画の区域内にある土地等が、これらの者に買い取られる場合（措法34の２②六、措令22の８⑧） 一　道路、公園、緑地その他の公共施設又は公用施設の整備に関する事業 二　都市計画法第４条第７項に規定する市街地開発事業、住宅地区改良法第２条第１項に規定する住宅地区改良事業又は流通業務市街地の整備に関する法律第２条第２項に規定する流通業務団地造成事業 三　遮音上有効な機能を有する緩衝建築物の整備に関する事業で、所定の要件を満たすもの ㈲「一定のもの」とは、公益社団法人（その社員総会における議決権の総数の２分の１以上の数が地方公共団体により保有されているものに限ります。）又は公益財団法人（その設立当初において拠出をされた金額の２分の１以上の金額が地方公共団体により拠出をされているものに限ります。）であって、その定款において、その法人が解散した場合にその残余財産が地方公共団体又はその法人と類似の目的をもつ他の公益を目的とする事業を行う法人に帰属する旨の定めがあるものをいいます（以下、④から⑧及び㉕までにおいて同じです。）。

④	地方公共団体又は密集市街地における防災街区の整備の促進に関する法律に規定する防災街区整備推進機構で一定のものが同法に掲げる防災街区としての整備のために行う公共施設若しくは公用施設の整備、宅地の造成又は建築物及び建築敷地の整備に関する事業で次に掲げるもの（その事業が防災街区整備推進機構により行われるものである場合には、地方公共団体の管理の下に行われるものに限られます。）の用に供するために、都市計画法に掲げる特定防災街区整備地区又は防災街区整備地区計画の区域内にある土地等が、これらの者に買い取られる場合（措法34の２②七、措令22の８⑨、措規17の２⑤） 一　道路、公園、緑地その他の公共施設又は公用施設の整備に関する事業 二　都市計画法第４条第７項に規定する市街地開発事業又は住宅地区改良法第２条第１項に規定する住宅地区改良事業 三　密集市街地における防災街区の整備の促進に関する法律第２条第２号に掲げる延焼防止建築物の整備に関する事業で、所定の要件を満たすもの
⑤	地方公共団体又は中心市街地の活性化に関する法律に規定する中心市街地整備推進機構で一定のものが同法に規定する認定中心市街地の整備のために同法に規定する認定基本計画の内容に即して行う公共施設若しくは公用施設の整備、宅地の造成又は建築物及び建築敷地の整備に関する事業で次に掲げるもの（その事業が中心市街地整備推進機構により行われるものである場合には、地方公共団体の管理の下に行われるものに限られます。）の用に供するために、認定中心市街地の区域内にある土地等が、これらの者に買い取られる場合(措法34の２②八、措令22の８⑩) 一　道路、公園、緑地その他の公共施設又は公用施設の整備に関する事業 二　都市計画法第４条第７項に規定する市街地開発事業 三　都市再開発法第129条の６に規定する認定再開発事業計画に基づいて行われる同法第129条の２第１項に規定する再開発事業
⑥	地方公共団体又は景観法に規定する景観整備機構で一定のものが同法に規定する景観計画に定められた同法に規定する景観重要公共施設㈱の整備に関する事業（その事業が景観整備機構により行われるものである場合には、地方公共団体の管理の下に行われるものに限られます。）の用に供するために、景観計画の区域内にある土地等が、これらの者に買い取られる場合（措法34の２②九、措令22の８⑪）
⑦	地方公共団体又は都市再生特別措置法に規定する都市再生推進法人で一定のものが同法に規定する都市再生整備計画又は立地適正化計画に記載された公共施設の整備に関する事業（その事業が都市再生推進法人により行われるものである場合には、地方公共団体の管理の下に行われるものに限られます。）の用に供するために、都市再生整備計画又は立地適正化計画の区域内にある土地等が、これらの者に買い取られる場合（措法34の２②十、措令22の８⑫）
⑧	地方公共団体又は地域における歴史的風致の維持及び向上に関する法律に規定する歴史的風致維持向上支援法人で一定のものが同法に規定する認定重点区域における認定歴史的風致維持向上計画に記載された公共施設又は公用施設の整備に関する事業（その事業が歴史的風致維持向上支援法人により行われるものである場合には、地方公共団体の管理の下に行われるものに限られます。）の用に供するために、認定重点区域内にある土地等が、これらの者に買い取られる場合（措法34の２②十一、措令22の８⑬）

⑨	国又は都道府県が作成した総合的な地域開発に関する計画に基づき、主として工場、住宅又は流通業務施設の用に供する目的で行われる一団の土地の造成に関する事業で、次に掲げる要件に該当するものとして都道府県知事が指定したものの用に供するために、地方公共団体又は国若しくは一定の法人（注）に買い取られる場合（措法34の2②十二、措令22の8⑭⑮） 一　その計画に係る区域の面積が300ha以上であり、かつ、その事業の施行区域の面積が30ha以上であること 二　その事業の施行区域内の道路、公園、緑地その他の公共の用に供する空地の面積がその施行区域内に造成される土地の用途区分に応じて適正に確保されるものであること ㈱「一定の法人」とは、その発行済株式又は出資の総数又は総額の2分の1以上が国（国の全額出資に係る法人を含みます。）又は地方公共団体により所有され又は出資をされている法人をいいます。
⑩	次に掲げる事業の用に供するために、地方公共団体の出資に係る法人等に買い取られる場合（措法34の2②十三、措令22の8⑯⑰、措規17の2⑮） 一　商店街の活性化のための地域住民の需要に応じた事業活動の促進に関する法律に規定する認定商店街活性化事業計画に基づく商店街活性化事業又は認定商店街活性化支援事業計画に基づく商店街活性化支援事業 二　中心市街地の活性化に関する法律に規定する認定特定民間中心市街地活性化事業計画に基づく中小小売商業高度化事業（同法第7条第7項第1号から第4号又は第7号に掲げるものに限ります。） ㈱　都市計画その他の土地利用に関する国又は地方公共団体の計画に適合して行われるものであること等について証明がされたものに限ります。
⑪	農業協同組合法に規定する宅地等供給事業のうち同法第10条第5項第3号に掲げるもの又は独立行政法人中小企業基盤整備機構法に規定する他の事業者との事業の共同化若しくは中小企業の集積の活性化に寄与する事業の用に供する土地の造成に関する事業で、都市計画その他の土地利用に関する国又は地方公共団体の計画に適合した計画に従って行われるものであることなど一定の要件に該当するものとして都道府県知事が指定したものの用に供するために買い取られる場合（措法34の2②十四、措令22の8⑱）
⑫	総合特別区域法に規定する共同して又は一の団地若しくは主として一の建物に集合して行う事業の用に供する土地の造成に関する事業で、都市計画その他の土地利用に関する国又は地方公共団体の計画に適合した計画に従って行われるものであることなど一定の要件に該当するものとして市町村長又は特別区の区長が指定したものの用に供するために買い取られる場合（措法34の2②十四の二、措令22の8⑲）
⑬	政令で定める特定法人が行う産業廃棄物の処理に係る特定施設の整備の促進に関する法律に規定する特定施設（建設廃棄物処理施設を含むものを除きます。）の整備の事業（その事業が同法第4条第1項の規定による認定を受けた整備計画に基づいて行われるものであること等一定の要件に該当することにつき証明されたものに限られます。）の用に供するために、地方公共団体又は特定法人に買い取られる場合（措法34の2②十五、措令22の8⑳㉑、措規17の2⑯）
⑭	広域臨海環境整備センター法の規定による認可を受けた基本計画に基づいて行われる廃棄物の搬入施設の整備の事業の用に供するために、広域臨海環境整備センターに買い取られる場合（措法34の2②十六）
⑮	生産緑地法に規定する生産緑地地区内にある土地が、同法第11条第1項、第12条第2項又は第15条第2項の規定に基づき、地方公共団体、土地開発公社、港務局、地方住宅供給公社、地方道路公社及び独立行政法人都市再生機構に買い取られる場合（措法34の2②十七、措令22の8⑦）

⑯	国土利用計画法の規定により規制区域として指定された区域内の土地等が同法第19条第２項の規定により買い取られる場合（措法34の２②十八）
⑰	国、地方公共団体など一定の法人が作成した地域の開発、保全又は整備に関する事業に係る計画で、国土利用計画法の規定による土地利用基本計画に定められた一定の計画に基づき、その事業の用に供するために土地等が国又は地方公共団体等に買い取られる場合（措法34の２②十九、措令22の８㉒）
⑱	都市再開発法第７条の６第３項、大都市地域住宅等供給促進法第８条第３項（同法第27条において準用する場合を含みます。）、地方拠点都市地域の整備及び産業業務施設の再配置の促進に関する法律第22条第３項又は被災市街地復興特別措置法第８条第３項の規定により土地等が買い取られる場合（措法34の２②二十）
⑲	土地区画整理法による土地区画整理事業（同法第３条第１項の規定によるものを除きます。）が施行された場合において、土地等の上に存する建物等が建築基準法第３条第２項に規定する建築物など一定の要件に該当していることにより換地を定めることが困難であることにつき証明がされた土地等について土地区画整理法第90条の規定により換地が定められなかったことに伴い同法第94条の規定による清算金を取得するとき（措法34の２②二十一、措令22の８㉓㉔、措規17の２⑰）
⑳	土地等につき被災市街地復興土地区画整理事業が施行された場合において、被災市街地復興特別措置法第17条第１項の規定により保留地が定められたことに伴いその土地等に係る換地処分によりその土地等のうちその保留地の対価の額に対応する部分の譲渡があったとき（措法34の２②二十一の二）
㉑	土地等につきマンションの建替え等の円滑化に関する法律に規定するマンション建替事業が施行された場合において、その土地等に係る同法の権利変換により、同法第75条の規定による補償金を取得するとき（個人がやむを得ない事情により同法第56条第１項の申出をしたと認められる場合として、一定の要件に該当していると認められる場合におけるその申出に基づき支払われるものに限ります。）、又はその土地等が同法第15条第１項若しくは第64条第１項若しくは第３項の請求（個人にやむを得ない事情があったと認められる場合として一定の要件に該当すると認められる場合にされたものに限ります。）により買い取られたとき（措法34の２②二十二、措令22の８㉕）
㉒	建築物の耐震改修の促進に関する法律に規定する通行障害既存耐震不適格建築物に該当する決議特定要除却認定マンションの敷地の用に供されている土地等につきマンションの建替え等の円滑化に関する法律に規定するマンション敷地売却事業が実施された場合において、同法の認可を受けた分配金取得計画に基づき分配金を取得するとき、又はその土地等が同法第124条第１項の請求により買い取られたとき（措法34の２②二十二の二）
㉓	絶滅のおそれのある野生動植物の種の保存に関する法律の規定により管理地区として指定された区域内の土地が国若しくは地方公共団体に買い取られる場合又は鳥獣の保護及び管理並びに狩猟の適正化に関する法律の規定により環境大臣が特別保護地区として指定した区域内の土地のうち文化財保護法の規定により天然記念物として指定された鳥獣等の生息地で、国若しくは地方公共団体において保存すべきものとして定められたものが、国若しくは地方公共団体に買い取られる場合（措法34の２②二十三、措令22の８㉖）
㉔	自然公園法に規定する都道府県立自然公園の区域内のうち特別地域として指定された地域で、環境大臣が認定した地域内の土地又は自然環境保全法に規定する都道府県自然環境保全地域のうち特別地区として指定された地区で、環境大臣が認定した地区内の土地が、地方公共団体に買い取られる場合（措法34の２②二十四）

㉕	農業経営基盤強化促進法に規定する農用地で農業振興地域の整備に関する法律に規定する農用地区域として定められている区域内にあるものが、農業経営基盤強化促進法第22条第２項の協議に基づき、同項の農地中間管理機構で一定のものに買い取られる場合（措法34の２②二十五、措令22の８⑧㉗）

(5)　上記(4)の⑳に該当する場合に保留地が定められた場合（措法34の２③）

個人の有する土地等で被災市街地復興推進地域内にあるものが上記(4)の⑳に該当することとなった場合において、⑳の保留地が定められたときは租税特別措置法第33条の３第１項に規定する保留地が定められた場合に該当するものとみなし、⑳の保留地の対価の額は、同項に規定する保留地の対価の額に該当するものとみなして、同項の規定を適用します。

4　譲渡所得の金額の計算

譲渡所得の金額は、次の算式により計算します。

〔算式〕

収入金額－（取得費＋譲渡費用）＝長期（短期）譲渡所得の金額

長期(短期)譲渡所得の金額－特別控除額(1,500万円(※))＝課税長期(短期)譲渡所得金額

(※)　特別控除前の金額が1,500万円未満の場合は、その金額。第４において同じです。

チェックポイント

長期譲渡所得と短期譲渡所得の両方がある場合には、まず、短期譲渡所得の金額から1,500万円の特別控除額を控除します（措法34の２①一)。

5　申告手続

「申告を要する場合」に該当する場合（247ページの４の表参照）には、特定住宅地造成事業等のための土地等の譲渡益が1,500万円に満たない場合でも、次の申告手続をする必要があります（措法34の２⑤、34④、措規17の２①)。

申告手続		
	①	確定申告書の「特例適用条文」欄に「措法34の２」と記載します。
	②	買取りの対象となる事業等の区分に応じた「証明書」を添付します。
	③	「譲渡所得の内訳書（確定申告書付表兼計算明細書）【土地・建物用】」

なお、上記３の(3)に掲げた土地等が一団の宅地造成事業の用に供するために買い取

られる場合の確定申告書に添付する証明書は次のとおりです。

事業区分	証明書	
上記３(3)の事業（措規17の２①三）	①	土地等の買取りをする者の買取り等を証する書類、土地等の買取りをした年の前年以前にその土地等の所有者からその事業のために土地等を買い取ったことがない旨及び土地等が買取りをする者の有する土地と併せて一団の土地に該当することとなる旨を証する書類
	②	土地区画整理事業の施行者の仮換地の指定がない旨又は最初に行われた仮換地の指定の効力発生の日の年月日を証する書類
	③	一団の宅地の造成に関する事業について上記３(3)に掲げた国土交通大臣の認定をした旨を証する書類（土地区画整理事業に係る認可申請書の受理年月日の記載のあるものに限られます。）の写し

第５　農地保有の合理化等のために農地等を譲渡した場合の譲渡所得の800万円の特別控除（租税特別措置法第34条の３関係）

１　制度の概要

農地保有の合理化等のために農地等を譲渡した場合で、一定の要件を満たすときには、譲渡所得の金額の計算上800万円の特別控除額を控除することができます（措法34の３）。

チェックポイント

借地権の設定については、その設定が所得税法施行令第79条《資産の譲渡とみなされる行為》の規定により資産の譲渡とみなされる場合であっても、この適用を受けることができません（措通34－３）。

２　特例の適用要件

個人の所有している土地等が、農地保有の合理化等のために譲渡した場合に該当することとなった場合には、その該当することとなった土地等の全部又は一部につき次の特例の適用を受けるときには、この特例の適用を受けることができません（措法34の３①）。

		特　例	
適用除外の特例	①	特定の事業用資産の買換えの特例	措法37
	②	特定の事業用資産の交換の特例	措法37の４

３　農地保有の合理化等のための土地等の譲渡の範囲

「農地保有の合理化等のために土地等を譲渡した場合」とは、次の①から⑦までに掲げる場合をいいます（措法34の３②）。

農地保有の合理化等のために農地等を譲渡した場合	①	農業振興地域の整備に関する法律第23条に規定する勧告に係る協議、調停又はあっせんにより土地等を譲渡した場合（措法34の３②一）
	②	農業経営基盤強化促進法に規定する農地中間管理機構に対して、同法第７条の規定により農地中間管理機構が行う農地売買等事業のために農地若しくは採草放牧地で農業振興地域の整備に関する法律に規定する農用地区域内にあるもの、その区域内の土地で開発して農地とすることが適当なもの若しくはその区域内の土地で農業上の用途区分が同法第３条４号に規定する農業用施設の用に供されるもの（一定の土地(※)を含みます。）又はこれらの土地の上に存する権利を譲渡した場合（措法34の３②一、措令22の９） (※)一定の土地とは、農地の保全又は利用上必要な施設で、農用地区域内にある農地を保全し、又は耕作（農地法第43条第１項の規定により耕作に該当するものとみなされる農作物の栽培を含みます。）の用に供するために必要なかんがい排水施設、ため池、排水路、又はその農地の地すべり若しくは風害を防止するために直接必要な施設の用に供する土地をいいます（措規18①）。
	③	農業振興地域の整備に関する法律に規定する農用地区域内にある土地等を農地中間管理事業の推進に関する法律の規定による公告があった農用地利用集積等促進計画の定めるところにより譲渡した場合（措法34の３②二）
	④	農村地域への産業の導入の促進等に関する法律に規定する実施計画において定められた産業導入地区内の土地等（農業振興地域の整備に関する法律に規定する農用地等及びその上に存する権利に限られます。）を、その実施計画に係る農村地域への産業の導入の促進等に関する法律に規定する施設用地の用に供するため譲渡した場合（措法34の３②三）
	⑤	土地等（土地改良法に規定する農用地及びその農用地の上に存する権利に限られます。）につき同法に掲げる土地改良事業が施行された場合において、その土地等に係る換地処分により同法第54条の２第４項に規定する清算金を取得するとき（措法34の３②四）
	⑥	林業経営の規模の拡大、林地の集団化など林地保有の合理化に資するため、森林組合法に規定する一定の事業を行う森林組合又は森林組合連合会に委託して森林法の規定による地域森林計画の対象とされた山林に係る土地を譲渡した場合（措法34の３②五）
	⑦	土地等（農業振興地域の整備に関する法律に規定する農用地等及び同法に規定する農用地等とすることが適当な土地並びにこれらの土地の上に存する権利に限られます。）につき、同法第13条の２第１項又は第２項の事業が施行され、同法第13条の３の規定による清算金を取得する場合（措法34の３②六）

チェックポイント

1　上記①、②及び③は、租税特別措置法第34条第２項第７号又は同法第34条の２第２項第25号の規定の適用がある場合を除きます。

2　上記②の「農地中間管理機構」については、公益社団法人（社員総会における議決権の総数の２分の１以上の数が地方公共団体により保有されているもの）又は公益財団法人（設立当初において拠出をされた金額の２分の１以上の金額が地方公共団体により拠出をされているもの）であって、定款に法人が解散した場合に残余財産が地方公共団体又はその法人と類似の目的をもつ他の公益を目的とする事業を行う法人に帰属する旨の定めがあるものに限られます（措令22の９①）。

4　譲渡所得の金額の計算

譲渡所得の金額は、次の算式により計算します。

〔算式〕

収入金額－（取得費＋譲渡費用）＝長期（短期）譲渡所得の金額

長期（短期）譲渡所得の金額－特別控除額（800万円※）＝課税長期（短期）譲渡所得金額

※　特別控除前の金額が800万円未満の場合は、その金額。第５において同じです。

チェックポイント

長期譲渡所得と短期譲渡所得の両方がある場合には、まず、短期譲渡所得の金額から800万円の特別控除額を控除します（措法34の３①一）。

5　申告手続

この特例の適用を受けようとする場合には、次の申告手続をする必要があります（措法34の３③、措規18②）。

申告手続	①	確定申告書の「特例適用条文」欄に「措法34の３」と記載します。
	②	農地保有の合理化等のために譲渡した場合に該当する旨の証明書等を添付します。
	③	「譲渡所得の内訳書（確定申告書付表兼計算明細書）【土地・建物用】」

第６　特定期間に取得をした土地等を譲渡した場合の長期譲渡所得の1,000万円の特別控除
（租税特別措置法第35条の２関係）

１　制度の概要

個人が、平成21年１月１日から平成22年12月31日までの間に取得した国内にある土地等で、譲渡した年の１月１日において所有期間が５年を超えるものを譲渡した場合には、これらの全部の土地等の譲渡に対する長期譲渡所得の金額から1,000万円の特別控除額を控除することができます（措法35の２①）。

２　特例の適用要件

⑴　適用除外の特例

その年中に上記１の譲渡㈱をした土地等の全部又は一部につき次の特例の適用を受ける場合には、この特例の適用を受けることができません（措法35の２①）。

		特　例	
適用除外の特例	①	収用等に伴い代替資産を取得した場合の課税の特例	措法33
	②	交換処分等に伴い資産を取得した場合の課税の特例	措法33の２
	③	換地処分等に伴い資産を取得した場合の課税の特例	措法33の３
	④	特定の居住用財産の買換えの特例	措法36の２
	⑤	特定の居住用財産の交換の特例	措法36の５
	⑥	特定の事業用資産の買換えの特例	措法37
	⑦	特定の事業用資産の交換の特例	措法37の４
	⑧	特定普通財産とその隣接する土地等の交換の場合の譲渡所得の課税の特例	措法37の８

㈱　ここでいう譲渡には、譲渡所得の基因となる不動産等の貸付けは含まれますが、所得税法第58条の規定又は租税特別措置法第33条の４若しくは第34条から第35条までの規定の適用を受ける譲渡は含まれません（措法35の２②）。

⑵　特例の対象となる取得の範囲（措法35の２①、措令23の２①②、措通35の２－１）

対象となる取得の範囲		
	①	平成21年１月１日から平成22年12月31日までの間に取得していること
	②	その取得は、配偶者その他の特別の関係がある者からの取得でないこと、又は相続、遺贈、贈与、交換、代物弁済及び所有権移転外リース取引による取得（この第６において、以下「相続等による取得」といいます。）並びにその取得をした者からの相続等による取得ではないこと

⑶　特例の対象となる譲渡の範囲（措法35の２①②）

対象となる譲渡の範囲		
	①	譲渡の年の１月１日において所有期間が５年を超えた土地等を譲渡していること
	②	所得税法第58条の規定又は租税特別措置法第33条の４若しくは第34条から第35条までの規定の適用を受ける譲渡でないこと

⑷　所有期間の判定

平成21年１月１日から平成22年12月31日までの間に、収用等に伴い代替資産を取得した場合の課税の特例（措法33）、交換処分等に伴い資産を取得した場合の課税の特例（措法33の２）、換地処分等に伴い資産を取得した場合の課税の特例（措法33の３）の適用を受け取得した土地等（交換により取得したものを除きます。）の所有期間は、その土地等を実際に取得した日の翌日から引き続き所有していた期間により判定します（措令20②③、23の２③）。

⑸　取得した土地等の用途

土地等の取得後の用途は問いません。

チェックポイント

1　特別の関係がある者とは以下の者をいいます（措令23の２①）。

なお、この特別の関係がある者に該当するかどうかは、取得をした時において判定します（措通35の２－３）。

⑴　その個人の配偶者及び直系血族

⑵　その個人の親族（⑴に掲げる者を除きます。）でその個人と生計を一にしているもの

⑶　その個人と婚姻の届出をしていないが事実上の婚姻関係と同様の事情にある者及びその者の親族でその者と生計を一にしているもの

⑷　⑴から⑶に掲げる者及びその個人の使用人以外の者でその個人から受ける金銭その

他の財産によって生計を維持しているもの及びその者の親族でその者と生計を一にしているもの

その個人から離婚に伴う財産分与、損害賠償その他これらに類するものとして受ける金銭その他の財産によって生計を維持している者は含みません（措通35の２－５）。

(5)　その個人、その個人の(1)及び(2)に掲げる親族、その個人の使用人若しくはその使用人の親族でその使用人と生計を一にしているもの又はその個人に係る(3)及び(4)に掲げる者を判定の基礎となる所得税法第２条第１項第８号の２に規定する株主等とした場合に法人税法施行令第４条第２項（193ページ参照）に規定する特殊の関係その他これに準ずる関係のあることとなる会社その他の法人

❷　譲渡には、譲渡所得の基因となる不動産等の貸付けを含みます（措法35の２②）。

❸　譲渡の年の１月１日において所有期間が５年を超えていることが要件とされているので平成21年中に取得した土地であれば平成27年１月１日以後に譲渡した場合にこの特例の適用があります。

3　譲渡所得の金額の計算

譲渡所得の金額は、次の算式により計算します。

〔算式〕

収入金額－（取得費＋譲渡費用）＝長期譲渡所得の金額

長期譲渡所得の金額－特別控除額（1,000万円）＝課税長期譲渡所得金額

4　申告手続

この特例の適用を受けようとする場合には、次の申告手続をする必要があります（措法35の２③、措規18の３）。

申告手続	①	確定申告書の「特例適用条文」欄に「措法35の２」と記載します。
	②	譲渡した土地等に係る登記事項証明書(※)、売買契約書の写し等で、その土地が前記２(2)の対象となる取得をされたものであることを明らかにする書類を添付します。
	③	「譲渡所得の内訳書（確定申告書付表兼計算明細書）【土地・建物用】」

(※)　登記事項証明書については、不動産番号等明細書を提出することなどにより、その添付を省略することができます（205ページ参照）。

第７　低未利用土地等を譲渡した場合の長期譲渡所得の100万円の特別控除（租税特別措置法第35条の３関係）

１　制度の概要

個人が、令和２年７月１日から令和７年12月31日までの間に、譲渡した年の１月１日における所有期間が５年を超える低未利用土地等を譲渡した場合には、長期譲渡所得の金額から100万円の特別控除額を控除することができます（措法35の３①）。

チェックポイント

低未利用土地等とは、居住の用、事業の用その他の用に供されておらず、又はその利用の程度が周辺の地域における同一の用途若しくはそれに類する用途に供されている土地の利用の程度に比し、著しく劣っていると認められる土地等をいいます（土地基本法13④）。

２　特例の適用要件

この特例は、次に掲げる要件の全てを満たす場合に限り適用することができます（措法35の３①～③、措令23の３、23の２①）。

①	その低未利用土地等は譲渡の年の１月１日において所有期間が５年を超えているものであること
②	譲渡先が配偶者その他の特別の関係がある者でないこと
③	譲渡の対価（低未利用土地等の譲渡とともにするその土地上にある資産の譲渡の対価を含みます。）の額が500万円以下であること （当該低未利用土地等が次に掲げる区域内にある場合は800万円以下であること） ⑴　都市計画法の市街化区域と定められた区域 ⑵　都市計画に規定する区域区分に関する都市計画が定められていない都市計画区域のうち、用途地域が定められている区域 ⑶　所有者不明土地の利用の円滑化等に関する特別措置法に規定する所有者不明土地対策計画を作成した市町村の区域（⑴及び⑵の区域を除く）
④	その低未利用土地等が都市計画区域内に所在すること
⑤	譲渡後に低未利用土地等の利用がされること
⑥	低未利用土地等と一筆であった土地を譲渡の年の前年又は前々年に分筆し、その分筆した土地等を前年又は前々年に譲渡（譲渡所得の基因となる不動産等の貸付けを含みます。）した場合において、その譲渡についてこの特例を受けていないこと
⑦	所得税法第58条、租税特別措置法第33条の４、同法第34条から第35条の２までの規定の適用を受ける譲渡でないこと

チェックポイント

❶ 低未利用土地等の譲渡には、譲渡所得の基因となる不動産等の貸付けを含みます（措法35の３②）。

❷ 特別の関係がある者とは、次の者をいいます（措令23の３、23の２①）。

１　その個人の配偶者及び直系血族

２　その個人の親族（上記１の者を除きます。）でその個人と生計を一にしているもの

３　その個人と婚姻の届出をしていないが事実上婚姻関係と同様の事情にある者及びその親族でその者と生計を一にしているもの

４　上記１ないし３の者及びその個人の使用人以外の者でその個人から受ける金銭その他の財産によって生計を維持しているもの及びその者の親族でその者と生計を一にしているもの

５　その個人、その個人の上記１及び２の親族、その個人の使用人若しくはその使用人の親族でその使用人と生計を一にしているもの又はその個人に係る上記３及び４の者を判定の基礎となる株主等とした場合に、法人税法施行令第４条第２項に規定する特殊の関係その他これに準ずる関係のあることとなる会社その他の法人

❸ 譲渡の対価の額とは、例えば譲渡協力金、移転料等のような名義のいかんを問わず、その実質においてその譲渡をした低未利用土地等の譲渡の対価たる金額をいいます（措通35の３－１）。

❹ 譲渡の対価の額（譲渡対価）が500万円（又は800万円）を超えるかどうかの判定は、次により行います（措通35の３－２）。

１　低未利用土地等が共有である場合は、所有者ごとの譲渡対価により判定する。

２　低未利用土地等と当該低未利用土地等の譲渡とともにした当該低未利用土地の上にある資産の所有者が異なる場合は、低未利用土地等の譲渡対価により判定する。

３　低未利用土地と当該低未利用土地の上に存する権利の所有者が異なる場合は、所有者ごとの譲渡対価により判定する。

４　同一年中に措置法第35条の３第１項の規定の適用を受けようとする低未利用土地等が２以上ある場合は、当該低未利用土地等ごとの譲渡対価により判定する。

3　適用除外の特例

その年中の低未利用土地等の全部又は一部の譲渡について、次の特例の適用を受けるときには、この特例の適用を受けることはできません（措法35の３①）。

		特　例	
適用除外の特例	①	収用等に伴い代替資産を取得した場合の課税の特例	措法33
	②	交換処分等に伴い資産を取得した場合の課税の特例	措法33の２
	③	換地処分等に伴い資産を取得した場合の課税の特例	措法33の３
	④	特定の居住用財産の買換えの特例	措法36の２
	⑤	特定の居住用財産の交換の特例	措法36の５
	⑥	特定の事業用資産の買換えの特例	措法37
	⑦	特定の事業用資産の交換の特例	措法37の４
	⑧	特定普通財産とその隣接する土地等の交換の場合の譲渡所得の課税の特例	措法37の８

4　譲渡所得の金額の計算

譲渡所得の金額は、次の算式により計算します。

〔算式〕

収入金額－（取得費＋譲渡費用）＝長期譲渡所得の金額

長期譲渡所得の金額－特別控除額（100万円）＝課税長期譲渡所得金額

５　申告手続

この特例を受けようとする場合には、次の申告手続をする必要があります（措法35の３④、措規18の３の２）。

<table>
<tr><td rowspan="11">申告手続</td><td>①</td><td colspan="2">確定申告書の「特例適用条文」欄に「措法35の３」と記載します。</td></tr>
<tr><td rowspan="8">②</td><td colspan="2">譲渡した土地等の所在地の市区町村長の次のイないしニを確認した旨並びにホ及びトを記載した書類</td></tr>
<tr><td>イ</td><td>譲渡した土地等が都市計画区域内にあること</td></tr>
<tr><td>ロ</td><td>譲渡した土地等が譲渡の時において低未利用土地等に該当すること</td></tr>
<tr><td>ハ</td><td>譲渡した土地等が譲渡後に利用されていること又は利用される見込みであること</td></tr>
<tr><td>ニ</td><td>譲渡した土地等の所有期間が５年を超えていること</td></tr>
<tr><td>ホ</td><td>譲渡した土地等と一筆であった土地等からその年の前年又は前々年に分筆された土地等の有無</td></tr>
<tr><td>ヘ</td><td>上記ホで分筆された土地等がある場合、その土地等につきこの②の書類の譲渡者への交付の有無</td></tr>
<tr><td>ト</td><td>譲渡した土地等が以下の区域内にある場合は、いずれの区域内にあるかの別
(1)　都市計画法の市街化区域と定められた区域
(2)　都市計画法に規定する区域区分に関する都市計画が定められていない都市計画区域のうち、用途地域が定められている区域
(3)　所有者不明土地の利用の円滑化等に関する特別措置法に規定する所有者不明土地対策計画を作成した市町村の区域（(1)、(2)の区域は除く）</td></tr>
<tr><td>③</td><td colspan="2">売買契約書の写しその他の書類で譲渡の対価が500万円以下（譲渡した土地が②トの区域内にある場合は800万円以下）であることを明らかにするもの</td></tr>
<tr><td>④</td><td colspan="2">「譲渡所得の内訳書（確定申告書付表兼計算明細書）【土地・建物用】</td></tr>
</table>

第８　譲渡所得の特別控除額の累積限度額
（租税特別措置法第36条関係）

個人が、同一年中に、複数の資産を譲渡し、その中に5,000万円の特別控除額（収用交換等の場合の特別控除額）、3,000万円の特別控除額（居住用財産の特別控除）、2,000万円の特別控除額（特定土地区画整理事業等のために土地等を譲渡した場合の特別控除）、1,500万円の特別控除額（特定住宅地造成事業等のために土地等を譲渡した場合の特別控除）、1,000万円の特別控除額（特定期間に取得をした土地等を譲渡した場合の長期譲渡所得の特別控除）、800万円の特別控除額（農地保有の合理化等のために農地等を譲渡した場合の特別控除）又は100万円の特別控除（低未利用土地等を譲渡した場合の長期譲渡所得の特別控除）の対象となるものがあるときは、その年分の特別控除の総額は、5,000万円が限度となります（措法36）。

なお、5,000万円の範囲内での特別控除額は、次表に掲げる順序により控除することになります（措令24、措通36－1）。

所得の区分／特別控除額の区分	分離課税		総合課税		山林所得
	土地建物等の譲渡		その他の譲渡		
	短期譲渡所得	長期譲渡所得	短期譲渡所得	長期譲渡所得	
収用交換等の場合の5,000万円控除	①	⑤	②	③	④
居住用財産を譲渡した場合の3,000万円控除	⑥	⑦			
特定土地区画整理事業等の場合の2,000万円控除	⑧	⑨			
特定住宅地造成事業等の場合の1,500万円控除	⑩	⑪			
特定期間に取得をした土地等を譲渡した場合の長期譲渡所得の1,000万円控除		⑫			
農地保有の合理化等の場合の800万円控除	⑬	⑭			
低未利用土地等を譲渡した場合の長期譲渡所得の100万円控除		⑮			

第10章　交換・買換えの特例

第１　固定資産を交換した場合の課税の特例（所得税法第58条関係）

１　制度の概要

個人が、１年以上所有していた特定の固定資産を、他の者が１年以上所有していた同種の固定資産と交換し、その交換取得資産を交換譲渡資産の譲渡直前の用途と同一の用途に供した場合で、交換取得資産の時価と交換譲渡資産の時価との差額が、これらのうちいずれか高い方の金額の20％以内のときは、譲渡所得の課税上、交換に伴って受け取った交換差金等の価額に相当する部分を除き、その譲渡がなかったものとみなされます（所法58①）。

２　特例の適用要件

⑴　交換譲渡資産及び交換取得資産は、いずれも固定資産であること

⑵　交換譲渡資産及び交換取得資産は、いずれも次に掲げる資産の区分に応ずる同種の資産であること

資産の区分		
	①	土地、借地権及び耕作権（権利の移転又は解約について農地法の許可等が必要なものに限られます。）㈲
	②	建物、建物附属設備及び構築物
	③	機械及び装置
	④	船舶
	⑤	鉱業権（租鉱権及び採石権その他土石を採掘し、又は採取する権利が含まれます。）

㈲　農業経営基盤強化促進法等の一部を改正する法律の施行日（平成30年11月16日）以後に行う交換には、農作物栽培高度化施設の用に供される農地の上に存する農作物の栽培に関する権利も含みます（所法58①、平成30年改正法附則７）。

チェックポイント

建物に附属する設備及び構築物が、建物から分離して交換された場合には、それぞれ単独では交換の特例の適用を受けることができません（所基通58－３）。

⑶　交換譲渡資産は、１年以上所有していたものであること

チェックポイント

❶ 贈与、相続又は遺贈等により取得した資産の所有期間は、贈与者又は被相続人がその資産を取得した日から交換の日までの期間により判定し、また、収用等に伴い代替資産を取得した場合の課税の特例（措法33）の適用を受けて取得した代替資産の所有期間は、収用等により譲渡した資産を取得した日から交換の日までの期間により判定します（所基通58－１の２⑴）。

❷ この交換の特例の適用を受けた交換取得資産を１年以内に交換譲渡した場合には、その資産を１年以上所有していたことになりませんので、後の交換については、この特例の適用を受けることはできません（所基通58－１の２⑵）。

⑷　交換取得資産は、交換の相手が１年以上所有していたものであり、かつ、交換のために取得したものでないこと

⑸　交換取得資産は、交換譲渡資産の譲渡直前の用途と同一の用途に供すること

交換譲渡資産の譲渡直前の用途とは、譲渡資産が交換の時において現に供されていた用途をいいますが、その者が他の用途に転用するため、その譲渡資産に相当の改造を加え、他の用途に供することとしていたものについては、その改造後の用途をいいます（所基通58－７）。

また、交換取得資産を交換譲渡資産の譲渡直前の用途と同一の用途に供したかどうかは、次の表に掲げる資産の種類及び用途の区分に応じて判定します（所基通58－６）。例えば、交換譲渡した土地が宅地として使用されていたものであれば、交換取得した土地も宅地として使用するという場合が資産の種類と用途の区分を同一にすることとなります。

交換譲渡資産の種類	区　分
土　　地	宅地、田畑、鉱泉地、池沼、山林、牧場又は原野、その他
建　　物	居住用、店舗又は事務所用、工場用、倉庫用、その他用
機械装置	耐用年数省令別表第二に掲げる設備の種類の区分
船　　舶	漁船、運送船、作業船、その他

したがって、それぞれがいずれも宅地の用途に使用されていれば、交換譲渡資産が借地権で、交換取得資産が底地であったとしても、資産の種類と用途が同一のものということができます（次の図を参照してください。）。

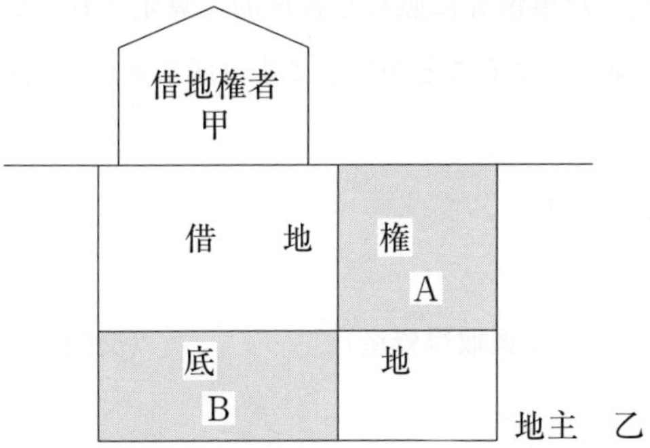

借地権者甲が借地権の一部（図のA）を地主乙に交換譲渡し、地主乙は、借地権者甲に底地の一部（図のB）を交換譲渡した場合は、資産の種類と用途が同一のものということができます。

チェックポイント

店舗と住宅とに併用されている建物は、店舗専用の建物としても、又は、居住専用の建物としても差し支えありません。事務所と住宅とに併用されている建物についても、事務所専用又は居住専用の建物のいずれとしても差し支えありません（所基通58－６⑵㈡）。

⑹　交換の時における交換取得資産の時価と交換譲渡資産の時価との差額が、これらのうちいずれか高い方の価額の100分の20に相当する金額を超えないこと

	交換差金となるものの例示
①	交換取得資産の時価と交換譲渡資産の時価との差額
②	二以上の資産（土地建物と土地建物）を交換した場合には、土地と土地、又は建物と建物とが等価でない場合の差額（所基通58－４）
③	交換取得資産のうち譲渡直前の用途に供さなかった資産の時価（所基通58－５）
④	一の資産につき一部交換、一部売買とした場合の売買代金（所基通58－９）

チェックポイント

固定資産の交換の場合、当事者間において合意された資産の価額が、通常の取引価額と異なるときであっても、交換に至った事情等に照らし合理的に算定されていると認められるときは、その合意された資産の価額によることができます（所基通58－12）。

〔設例〕　交換の特例に該当するケース

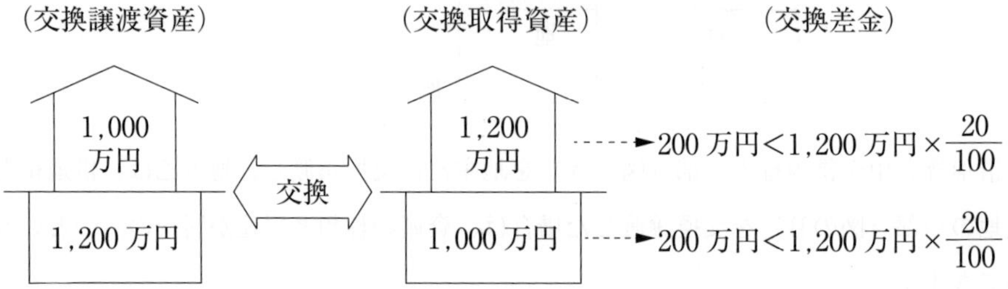

（答）　交換の特例の適用を受けることができますが、土地の交換譲渡によって取得した200万円の交換差金の部分については、譲渡所得が課税されます。

〔設例〕　交換の特例に該当しないケース

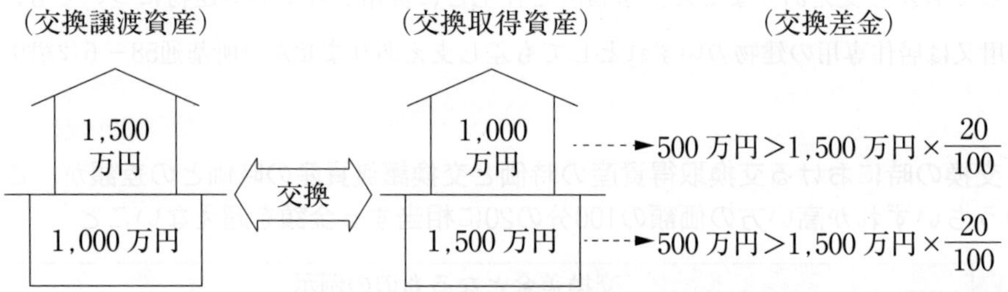

（答）　交換の特例の適用を受けることができません。

3　譲渡所得の金額の計算

交換譲渡資産の価額が交換取得資産の価額よりも高いため、交換譲渡資産の価額の100分の20以下の交換差金等を受けたときは、その交換差金等についてのみ譲渡所得が課税されます（所法58①）。

交換譲渡資産の時価額 － 交換取得資産の時価額 ＝ 交換差金等の金額

交換差金等の金額 － 必要経費 ＝ 長期（短期）譲渡所得の金額

必要経費：

$$\left(\text{交換譲渡資産の取得費} + \text{譲渡費用}\right) \times \frac{(\text{交換差金等の金額})}{\left(\text{交換取得資産の時価}\right) + \left(\text{交換差金等の金額}\right)}$$

4　申告手続

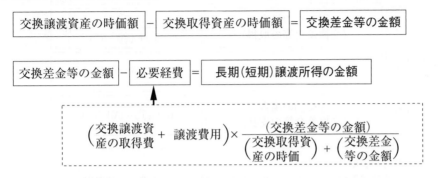

この特例の適用を受けようとする場合には、次の申告手続をする必要があります（所法58③、所規37）。

申告手続	①	確定申告書の「特例適用条文」欄に「所法58」と記載します。
	②	「譲渡所得の内訳書（確定申告書付表兼計算明細書）【土地・建物用】」を添付します。

5　交換取得資産の取得価額の計算

固定資産の交換の特例の適用を受けて取得した資産について、償却費の額を計算する場合及び交換取得資産をその取得の日以後譲渡した場合における譲渡所得の金額の計算については、次のようになります（所法58⑤、所令168）。

(1)　取得時期

交換の特例の適用を受けた場合の交換取得資産の取得時期は、交換譲渡資産の取得時期をそのまま引き継ぎます（所令168、措令20②）。

(2) 取得価額

交換取得資産の取得価額は、次に掲げる交換の態様に応じ、それぞれ次に掲げる金額となります（所令168）。

		交換の態様	交換取得資産の取得価額
取得価額	①	Ⓐ＞Ⓒの場合 （交換差金等の取得）	$Ⓑ \times \frac{Ⓒ}{Ⓒ+(Ⓐ-Ⓒ)} = Ⓓ$
	②	Ⓐ＝Ⓒの場合	Ⓑ＝Ⓓ
	③	Ⓐ＜Ⓒの場合 （交換差金等の支払）	Ⓑ＋（Ⓒ－Ⓐ）＝Ⓓ

㊟　符号の説明
Ⓐ　交換譲渡資産の時価　　Ⓑ　交換譲渡資産の取得費・譲渡費用
Ⓒ　交換取得資産の時価　　Ⓓ　交換取得資産の取得価額

第2　収用等の場合の課税の繰延べの特例
（租税特別措置法第33条～第33条の３関係）

資産を収用交換等により譲渡した場合には、①収用等の場合の課税の繰延べの特例又は②収用等の場合の5,000万円の特別控除の特例のうちいずれか一方を選択して譲渡所得の金額を計算することができます。ここでは、①の収用等の場合の課税の繰延べの特例について説明します。

１　制度の概要

収用等の場合の課税の繰延べの特例は、資産を収用交換等により譲渡し補償金等の交付を受け、その補償金等で代替資産を取得した場合や補償金等の代わりに譲渡した資産と同種の資産の交付を受けた場合に、収用交換等により譲渡した資産の取得費を代替資産や補償金等の代わりに交付を受けた資産の取得価額に引き継ぐことによって課税の繰延べを行うというものです。

この特例の適用を受けられる場合は、次のとおりです。

特例の態様別分類	①	収用等に伴い代替資産を取得した場合の課税の特例（措法33）	土地、借地権及び建物などが、土地収用法等の規定により特定の公共事業のために収用、買取り、消滅及び取壊しなどをされて補償金を取得し、その補償金で収用等のあった年中又は収用等のあった日から一定の期間内に代替資産を取得し若しくは取得する見込みである場合
	②	交換処分等に伴い資産を取得した場合の課税の特例（措法33の２）	上記①の収用等により、補償金の代わりに収用等をされた資産と同種の資産を取得した場合
	③	換地処分等に伴い資産を取得した場合の課税の特例（措法33の３）	土地区画整理事業や土地改良事業による換地処分、市街地再開発事業及びマンション建替事業による権利変換などにより、代わりの土地や建物の一部を取得する権利を取得した場合

２　収用等に伴い代替資産を取得した場合の課税の特例（措法33）

個人の有する資産で、棚卸資産（事業所得の基因となる山林並びに雑所得の基因となる土地及び土地の上に存する権利を含みます。）以外の資産（この第２において、以下「棚卸資産等以外の資産」といいます。）を収用等により譲渡し、その補償金等で代替資産を取得した場合には、①その補償金等の額が代替資産の取得価額以下であるときは、その譲渡した資産の譲渡がなかったものとし、②その補償金等の額が代替資産の取得価額を超えるときは、その超える金額に相当する部分の譲渡があったものとして、譲渡所得又は山林所得の金額の計算をします（措法33①、措令22②）。

(1)　収用等による譲渡の範囲

この特例は、個人の有する資産で棚卸資産等以外の資産が次に掲げる場合に該当し、それぞれの場合に掲げる補償金、対価又は清算金を取得したときに適用されます。

イ　資産が、土地収用法、河川法、都市計画法、首都圏の近郊整備地帯及び都市開発区域の整備に関する法律、近畿圏の近郊整備区域及び都市開発区域の整備及び開発に関する法律、新住宅市街地開発法、都市再開発法、新都市基盤整備法、流通業務市街地の整備に関する法律、水防法、土地改良法、森林法、道路法、住宅地区改良法、所有者不明土地の利用の円滑化等に関する特別措置法、測量法、鉱業法、採石法、日本国とアメリカ合衆国との間の相互協力及び安全保障条約第6条に基づく施設及び区域並びに日本国における合衆国軍隊の地位に関する協定の実施に伴う土地等の使用等に関する特別措置法（この第2において、以下、これらを「土地収用法等」といいます。）の規定に基づいて収用されて補償金を取得する場合（措法33①一、措令22①）

ロ　資産の買取りの申出を拒むときは、土地収用法等の規定に基づいて収用されることが確実であると認められる場合に、その買取りの申出に応じて資産が買い取られ対価を取得するとき（措法33①二）

ハ　土地又は土地の上に存する権利（この第2において、以下「土地等」といいます。）について土地区画整理法による土地区画整理事業、大都市地域における住宅及び住宅地の供給の促進に関する特別措置法による住宅街区整備事業、新都市基盤整備法による土地整理又は土地改良法による土地改良事業が施行され、その土地等に係る清算金を取得する場合（本人の申出により換地が定められなかったために支払われるものを除きます。）（措法33①三、措令22⑩）

ニ　都市再開発法による第一種市街地再開発事業が施行され、資産の権利変換により補償金（施設建築物の一部等若しくは施設建設物の一部についての借家権が与えられないように定められたこと又は建築施設の部分若しくは施設建築物の一部についての借家権が与えられないように定められたことにより支払われるもの等に限られます。）を取得する場合（措法33①三の二、措令22⑪⑫）

ホ　密集市街地における防災街区の整備の促進に関する法律による防災街区整備事業が施行された場合において、資産の権利変換により補償金（防災施設建築物の一部等若しくは防災施設建築物の一部についての借家権が与えられないように定められたこと又は防災建築施設の部分若しくは防災施設建築物の一部についての借家権が与えられないように定められたことにより支払われるもの等に限ります。）を取得するとき（措法33①三の三、措令22⑬～⑮）

へ　土地等が都市計画法第52条の4第1項（市街地開発事業等予定区域に関する都市計画において定められた区域内の土地所有者の土地の買取請求）又は同法第56条第1項（都市計画事業施行予定地内における一定の土地の買取り）の規定に基づいて買い取られ、対価を取得する場合（租税特別措置法第34条第2項第2号及び第2号の2に該当する場合を除きます。）（措法33①三の四）

ト　土地区画整理法による土地区画整理事業で減価補償金を交付すべきこととなるものが施行され、公共施設の用地に充てるべきものとして土地等が買い取られ、対価を取得する場合（措法33①三の五）

チ　地方公共団体又は独立行政法人都市再生機構が被災市街地復興推進地域において施行する被災市街地復興土地区画整理事業で減価補償金を交付すべきこととなるものの施行区域内にある土地等が公共施設の整備改善に関する事業の用に供するために買い取られ、対価を取得する場合（措法33①三の六）

リ　地方公共団体又は独立行政法人都市再生機構が被災市街地復興特別措置法に規定する住宅被災市町村の区域において施行する都市再開発法による第二種市街地再開発事業の施行区域内にある土地等が、その事業の用に供するために買い取られ、対価を取得する場合（措法33①三の七）

ヌ　国、地方公共団体、独立行政法人都市再生機構又は地方住宅供給公社が行う50戸以上の一団地の住宅経営のために土地等が買い取られ、対価を取得する場合（措法33①四）

ル　資産が土地収用法等の規定に基づいて収用された場合に、その資産に係る所有権以外の権利が消滅し、補償金や対価を取得するとき（措法33①五）

ヲ　都市再開発法に規定する権利変換により新たな権利に変換をすることのない資産に関する権利が消滅し、補償金を取得する場合（措法33①六）

ワ　密集市街地における防災街区の整備の促進に関する法律に規定する権利変換により新たな権利に変換をすることのない資産に関する権利が消滅し、補償金を取得する場合（措法33①六の二）

カ　国や地方公共団体等が行い、又は土地収用法に規定する事業施行者が事業の用に供するために行う公有水面の埋立て等に伴い、漁業権、入漁権、漁港水面施設運営権その他水の利用に関する権利又は鉱業権の消滅（これらの権利の価値の減少を含みます。）により補償金や対価を取得する場合（措法33①七、措令22⑯）

ヨ　国や地方公共団体が建築基準法、漁業法、漁港及び漁場の整備等に関する法律、港湾法、鉱業法、海岸法、水道法、電気通信事業法の規定に基づいて行う処分に伴う資産の買取りや消滅（価値の減少を含みます。）により補償金や対価を取得する場合又はこれらの規定に基づいて行う買収処分により補償金や対価を取得する場合（措法33①八、措令22①）

タ　土地等が土地収用法等の規定に基づいて使用されて補償金を取得する場合又は土地等について使用の申出を拒むときは土地収用法等の規定に基づいて使用されることとなる場合において、契約によってその土地等が使用されて対価を取得するとき（その土地等を使用させることが譲渡所得の基因となる不動産の貸付けに該当する場合に限ります。）（措法33④一、措令22㉑）

レ　土地等が土地収用法等の規定等に該当することとなったことに伴い、その土地の上にある資産が収用されたり、取壊しや除去をしなければならなくなった場合又は大深度地下の公共的使用に関する特別措置法第11条の規定に基づき行う国や地方公共団体の処分に伴い、その土地の上にある資産の取壊しや除去をしなければならなくなった場合において、これらの資産や配偶者居住権（配偶者居住権に基づき使用する権利を含みます。）の対価又はこれらの資産や配偶者居住権の損失に対する補償金を取得するとき（措法33④二、措令22㉒㉓）

ソ　被災市街地復興推進地域内にある土地等について被災市街地復興土地区画整理事業が施行された場合に、その土地の上にある資産が土地区画整理法第77条の規定により除却される場合において、その資産又は配偶者居住権の損失に対する補償金を取得するとき（措法33④三）

ツ　配偶者居住権の目的となっている建物の敷地の用に供される土地等が上記イ、ロ、ニ、ホ若しくはタに該当することとなったことに伴いその土地等を配偶者居住権に基づき使用する権利の価値が減少した場合又は配偶者居住権の目的となっているその建物が上記イ、ロ若しくはルに該当することとなったことに伴いその建物の敷地の用に供される土地等を配偶者居住権に基づき使用する権利が消滅した場合において、これらの権利の対価又はこれらの権利の損失に対する補償金を取得するとき（措法33④四、措令22㉔㉕）

チェックポイント

1 国や地方公共団体が、市街地において道路や公園など公共施設の新設・変更を目的として土地区画整理事業を施行することがあります。このような事業は、公共施設用地に充てるべき土地を相当量必要としますから、その事業施行後の民有地の価額の総額が、事業施行前の民有地の価額の総額より減少する場合があります。この場合に、その減少した差額相当額が金銭で各土地所有者に支払われますが、これを「減価補償金」といいます（土地区画整理法109①）。

2 「収用」又は「使用」には、本体事業の施行をするために必要な土地収用法第16条に規定する関連事業のための収用や使用が含まれます（措通33－１）。

3 市街地再開発事業の施行者が再開発会社の場合

イ　特例の適用対象となる次の場合から、第二種市街地再開発事業（施行者が再開発会社であるものに限られます。）の施行に伴い、その再開発会社の株主又は社員である者が、資産等の収用等により補償金又は対価を取得する場合は除かれます。

①　上記⑴イの資産が都市再開発法の規定に基づき収用され補償金を取得する場合（措法33①一、措令22⑨）

②　上記⑴ロの資産についての買取りの申出を拒むときには、都市再開発法の規定に基づいて収用されることとなる場合において、その資産が買取りの申出に応じて買い取られ対価を取得するとき（措法33①二、措令22⑨）

③　上記⑴ルの資産が都市再開発法の規定に基づいて収用された場合において、その資産に関して有する所有権以外の権利（借地権等）が消滅し、補償金又は対価を取得するとき（措法33①五、措令22⑨）

ロ　特例の適用対象となる次の場合から、第一種市街地再開発事業（施行者が再開発会社であるものに限られます。）の施行に伴い、その再開発会社の株主若しくは社員である者がその有する資産に係る権利変換により、又はその資産に関して有する権利で権利変換により新たな権利に変換することのないものが消滅したことにより、補償金を取得する場合は除かれます。

①　上記⑴ニの資産について第一種市街地再開発事業が施行された場合において、その資産に係る権利変換により補償金（過小床のため施設建築物の一部等が与えられない場合又はやむを得ない事情により権利変換を希望しない旨の申出をしたと認められる一定の場合に支払われるものに限られます。）を取得するとき（措法33①三の二、措令22⑫）

②　上記⑴ヲの従前の土地又は建物等に関する権利が権利変換により新たな権利に変換をすることのないもの（地役権や工作物を所有するための賃借権等）であるため、

その権利が権利変換日に消滅することにより支払われる補償金を取得する場合（措法33①六、措令22⑫）

ハ　特例の適用対象となる次の場合から、第二種市街地再開発事業（施行者が再開発会社であるものに限られます。）の施行に伴い、その再開発会社の株主又は社員の有する土地等が使用され、補償金又は対価を取得する場合は除かれます。

土地等が都市再開発法の規定に基づき使用され補償金を取得する場合又は土地等について使用の申出を拒むときは都市計画法の規定により適用される土地収用法の規定に基づいて使用されることとなるときに、その土地等が契約により使用され、対価を取得する場合（措法33④一、措令22㉑）

ニ　上記⑴レの適用対象から、市街地再開発事業（施行者が再開発会社であるものに限られます。）の施行に伴い、土地等が収用され、又は買い取られることとなったことにより、その再開発会社の株主又は社員の有するその土地の上にある資産又は配偶者居住権につき、収用をし、又は取壊し若しくは除去をしなければならなくなった場合において、これらの資産の対価又は損失につき補償金を取得するときは除かれます（措法33④二、四、措令22㉓一、㉕一）。

4　土地区画整理事業の施行者が区画整理会社の場合

イ　上記⑴ハの適用対象から、土地区画整理事業（施行者が区画整理会社であるものに限られます。）の施行に伴いその区画整理会社の株主又は社員が、その有する土地等につき土地等に係る換地処分による清算金（換地を定められなかったことにより取得するものに限ります。）を取得する場合は除かれます（措法33①三、措令22⑩）。

ロ　上記⑴レの適用対象から、土地区画整理事業（施行者が区画整理会社であるものに限られます。）の施行に伴い、その区画整理会社の株主又は社員（換地処分により土地等又は建築物の一部及びその建築物の存する土地の共有持分を取得する者は除きます。）の有する資産又は配偶者居住権について、取壊し又は除去をしなければならなくなった場合において、これらの資産の損失につき補償金を取得するときは除かれます（措法33④二、措令22㉓二）。

5　防災街区整備事業の施行者が事業会社の場合

防災街区整備事業（施行者が事業会社であるものに限られます。）の施行に伴い、その事業会社の株主又は社員である者が一定の補償金を取得するときは、上記⑴ホ、ワ、レは適用できません（措法33①三の三、六の二、33④二、四、措令22⑮、㉓三、㉕二）。

⑵　収用と事業認定

土地収用法は、公共の利益となる事業の用に供するために土地が必要である場合に、その土地をその事業の用に供することが土地の利用上適正かつ合理的であるときに限って、これを収用し、又は使用することができるとして、公共の利益となる事業と認められるものを限定的に規定しています（土地収用法２、３）が、これらに該当する事業であっても、国土交通大臣や都道府県知事の事業認定を受けないと現実に土地を収用したり使用したりすることはできないこととされています（土地収用法16、17）。

しかし、特に租税特別措置法施行規則第14条第５項第３号で限定列挙した事業のための資産の買取りについては、その事業が事業認定を受けていない場合でも、この特例の適用を受けることができます。

(3)　補償金の種類と課税上の取扱い

収用等に伴い取得する補償金には種々の名目の補償金がありますが、これらの補償金の課税関係を整理すると、次のようになります（措通33－９）。

	補償金の種類		課税上の取扱い
①	対価補償金		譲渡又は山林所得の金額の計算上、収用等の場合の特例が適用されます。
②	収益補償金		交付の基因となった事業の態様に応じて不動産、事業又は雑所得の金額の計算上、総収入金額に算入します。 ㈱　対価補償金として取り扱うことができる場合があります（措通33－11）。
③	経費補償金	休廃業等により生ずる事業上の費用の補填に充てるもの	交付の基因となった事業の態様に応じて不動産、事業又は雑所得の金額の計算上、総収入金額に算入します。
		収用等による譲渡の目的となった資産以外の資産（棚卸資産を除きます。）について実現した損失の補填に充てるもの	譲渡又は山林所得の金額の計算上、総収入金額に算入します。 ㈱　対価補償金として取り扱うことができる場合があります（措通33－13）。
④	移転補償金	交付の目的に従って支出した場合	各種所得の金額の計算上、総収入金額に算入されません（所法44）。
		交付の目的に従って支出しなかった場合又は支出後残額が生じた場合	一時所得の金額の計算上、総収入金額に算入します。 ㈱　対価補償金として取り扱うことができる場合があります（措通33－14、33－15、33－30）。
⑤	その他対価補償金としての実質を有しない補償金		その実態に応じて、各種所得の金額の計算上、総収入金額に算入します。ただし、所得税法第９条《非課税所得》第１項の規定に該当するものは非課税となります。

㈱　収益補償金のうち対価補償金として取り扱うことができる金額の計算は、規定された様式ではありませんが、参考様式に掲げた「収用された資産等の計算明細書」を使用して行うと便利です。

（参考）１　補償金の区分と課税上の取扱い

対価補償		収益補償	
種類	摘要	種類	摘要
土地の取得	土地の附加物を含みます。（土留施設等）	建物等の使用	
土地の上の権利の消滅	借地権、耕作権等	漁業権等の制限	一時的な立入り制限
建物の取得取壊し		鉱業権等の制限	一時的な立入り制限
配偶者居住権の消滅及び価値の減少	配偶者居住権の目的となっている建物の敷地の用に供される土地等をその配偶者居住権に基づいて使用する権利を含みます。	事業の休廃業	所得に対する補償（商品等の売却損補償を含みます。）
立木等の伐採、除去	土地の上に定着する物件（立木、工作物等）	家賃減収	不動産所得の減少
漁業権等の消滅	入漁権等を含みます。	養殖物	移植に伴う減収、移植不可能な場合
鉱業権等の消滅	租鉱権等を含みます。	立毛	
温泉利用権等の消滅		借地権等の設定	時価の50％以下のとき
借地権等の設定	設定直前の時価の50％を超えるとき	空間、地下の使用	時価の25％以下のとき
空間、地下の使用	送電線、高架施設、地下鉄等（時価の25％を超えるとき）		
漁業権等の制限	工作物の設置で漁獲量の減少等（権利の価値の減少）		
鉱業権等の制限	一部について鉱業権行使不可能等（権利の価値の減少）		
残地	土地の一部を収用された残地の価値の低下		
借家人補償金	転居先の家屋賃借のための権利金等		
移設困難な機械等除去	事業の廃止等に伴い転用不能で処分する売却損を含みます。		
○　原則として、収用等の特例の対象となりますが、収用等の対象が棚卸資産である場合には、収益補償となり、収用等の特例の対象となりません。 （譲渡所得 山林所得）		○　収用等の特例の対象となりません。 （事業所得 不動産所得 雑所得）	

移転補償		経費補償		精神補償	
種　類	摘　要	種　類	摘　要	種　類	摘　要
建物等移転料		店　舗	移転に伴う広告費や通常生ずる損失	祭し料	
動産移転料		公　課	休業等の場合の固定資産税等	改葬料	遺体、遺骨の掘起こしや再埋葬
仮住居費用	仮住居の権利金、賃貸料	仮店舗設置	仮店舗の設置に関する費用の補償	非　課　税	
立木等の移植費用		解雇手当	従業員を解雇するため必要な解雇手当相当額	**その他の補償**	
墳墓移動	遺体の改葬等の費用は精神補償	休業手当	転業準備期間中の従業員の休業手当相当額	立木等の伐採譲渡	
養殖物	移植に要する経費			○　収用等の特例の対象となりません。（山林所得）	
				㈱　その他の補償については、その補償の実態的内容に応じて課税関係を判断します。	
○　収用等の特例の対象となりません（交付の目的に従って支出した部分の金額は総収入金額に算入しません。）（所法44）。（一時所得）		○　収用等の特例の対象となりません。（事業所得　不動産所得　雑所得）			

（参考）2　補償金の課税関係フローチャート

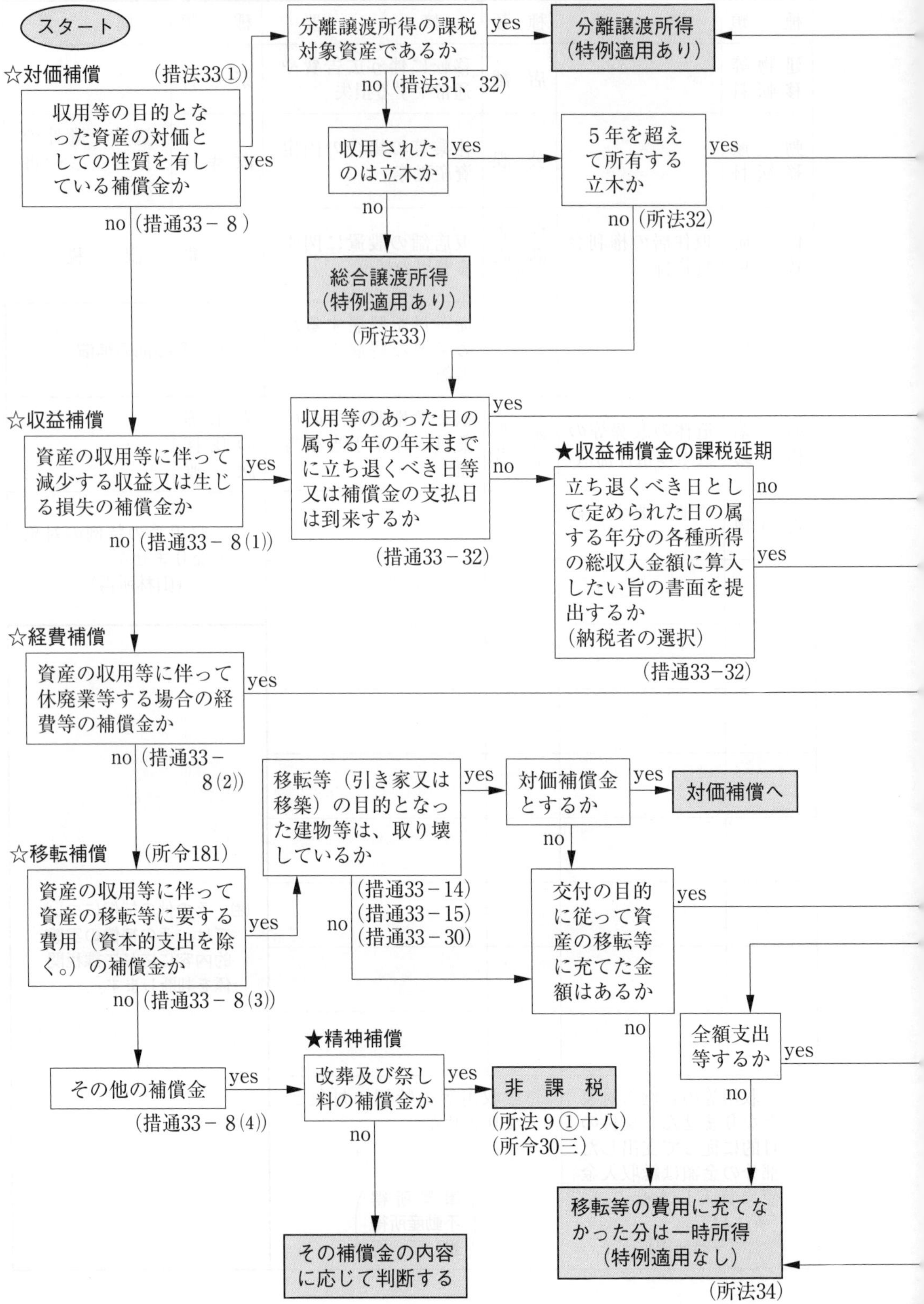

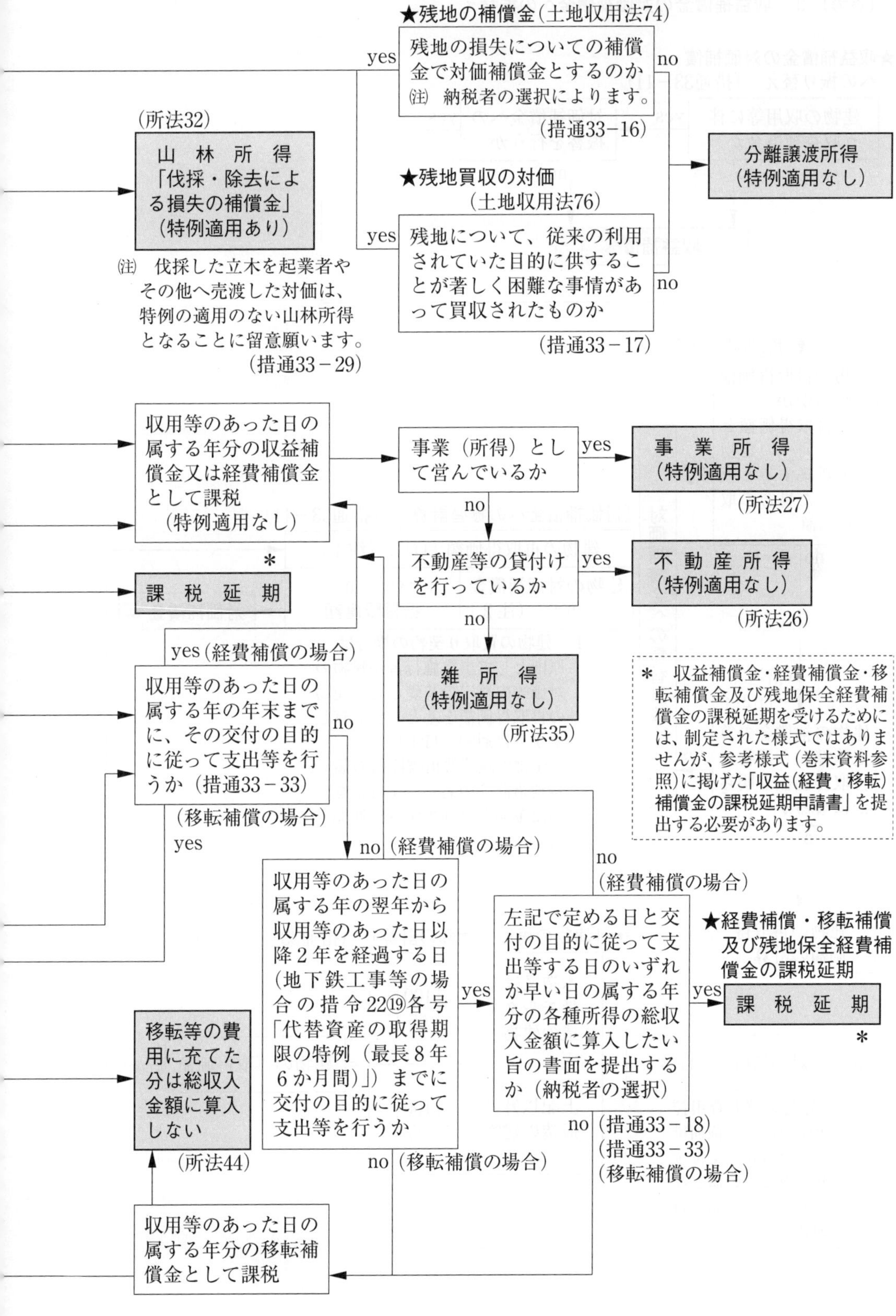
★残地の補償金（土地収用法74）
残地の損失についての補償金で対価補償金とするのか
㈱　納税者の選択によります。
（措通33−16）
yes
no
★残地買収の対価
（土地収用法76）
残地について、従来の利用されていた目的に供することが著しく困難な事情があって買収されたものか
（措通33−17）
yes
no
分離譲渡所得
（特例適用なし）
（所法32）
山　林　所　得
「伐採・除去による損失の補償金」
（特例適用あり）
㈱　伐採した立木を起業者やその他へ売渡した対価は、特例の適用のない山林所得となることに留意願います。
（措通33−29）
収用等のあった日の属する年分の収益補償金又は経費補償金として課税
（特例適用なし）
事業（所得）として営んでいるか
yes
事　業　所　得
（特例適用なし）
（所法27）
no
不動産等の貸付けを行っているか
yes
不　動　産　所　得
（特例適用なし）
（所法26）
no
雑　所　得
（特例適用なし）
（所法35）
＊
課　税　延　期
yes（経費補償の場合）
収用等のあった日の属する年の年末までに、その交付の目的に従って支出等を行うか（措通33−33）
no
（移転補償の場合）
yes
＊　収益補償金・経費補償金・移転補償金及び残地保全経費補償金の課税延期を受けるためには、制定された様式ではありませんが、参考様式（巻末資料参照）に掲げた「収益（経費・移転）補償金の課税延期申請書」を提出する必要があります。
no（経費補償の場合）
収用等のあった日の属する年の翌年から収用等のあった日以降２年を経過する日（地下鉄工事等の場合の措令22⑲各号「代替資産の取得期限の特例（最長８年６か月間）」までに交付の目的に従って支出等を行うか
yes
no（移転補償の場合）
no
（経費補償の場合）
左記で定める日と交付の目的に従って支出等する日のいずれか早い日の属する年分の各種所得の総収入金額に算入したい旨の書面を提出するか（納税者の選択）
no
（措通33−18）
（措通33−33）
（移転補償の場合）
yes
★経費補償・移転補償及び残地保全経費補償金の課税延期
課　税　延　期
＊
移転等の費用に充てた分は総収入金額に算入しない
（所法44）
収用等のあった日の属する年分の移転補償金として課税

（参考）３　収益補償金の対価補償金への振替え

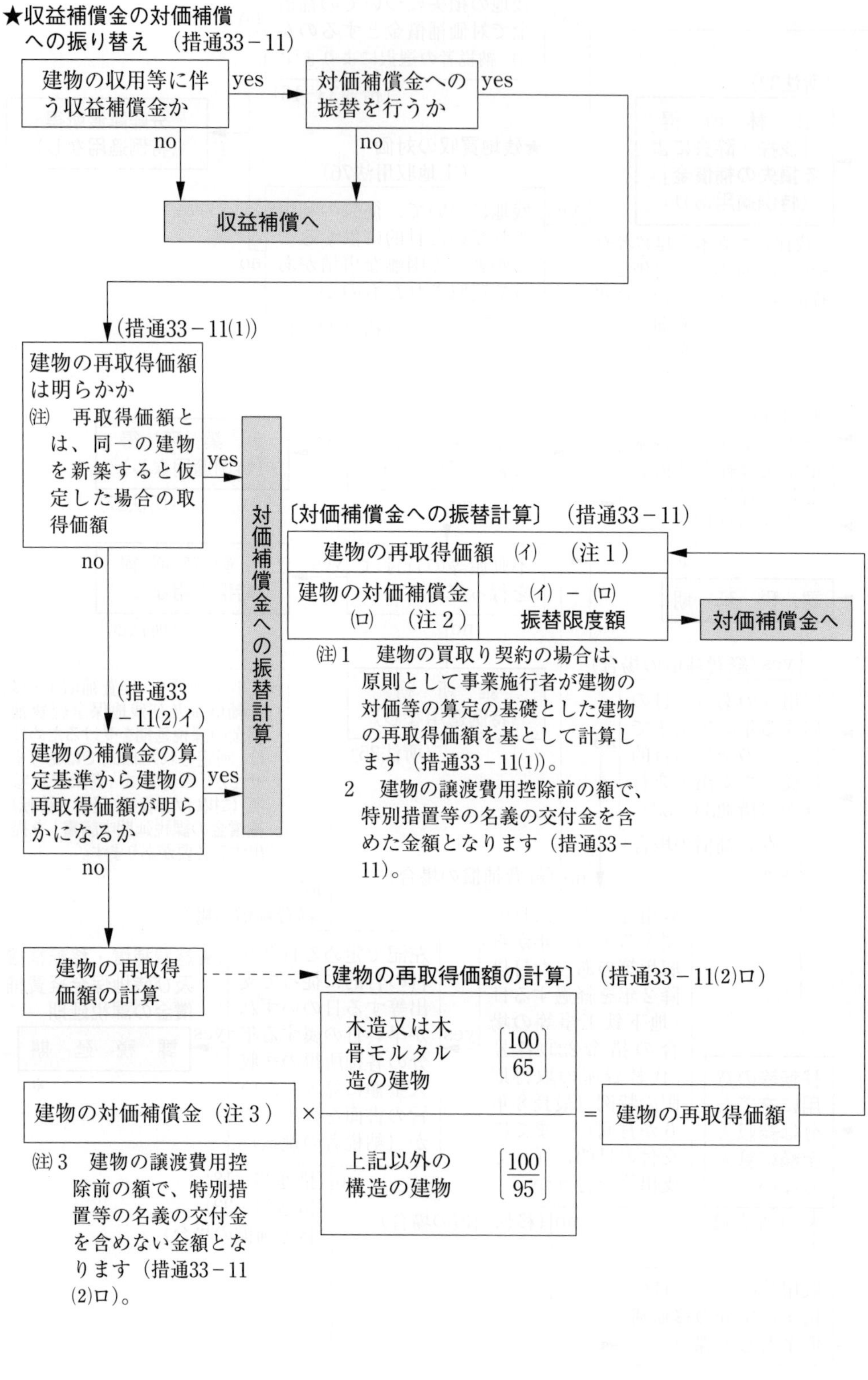
★収益補償金の対価補償への振り替え　（措通33－11）
建物の収用等に伴う収益補償金か
yes
no
対価補償金への振替を行うか
yes
no
収益補償へ
（措通33－11⑴）
建物の再取得価額は明らかか
㈲　再取得価額とは、同一の建物を新築すると仮定した場合の取得価額
yes
no
対価補償金への振替計算
〔対価補償金への振替計算〕（措通33－11）
建物の再取得価額　㈠　（注１）
建物の対価補償金　㈡　（注２）
㈠　－　㈡
振替限度額
対価補償金へ
㈲１　建物の買取り契約の場合は、原則として事業施行者が建物の対価等の算定の基礎とした建物の再取得価額を基として計算します（措通33－11⑴）。
２　建物の譲渡費用控除前の額で、特別措置等の名義の交付金を含めた金額となります（措通33－11）。
（措通33－11⑵イ）
建物の補償金の算定基準から建物の再取得価額が明らかになるか
yes
no
建物の再取得価額の計算
〔建物の再取得価額の計算〕（措通33－11⑵ロ）
建物の対価補償金（注３）
×
木造又は木骨モルタル造の建物　〔100/65〕
上記以外の構造の建物　〔100/95〕
＝
建物の再取得価額
㈲３　建物の譲渡費用控除前の額で、特別措置等の名義の交付金を含めない金額となります（措通33－11⑵ロ）。

⑷　代替資産の範囲

イ　個別法

収用等された資産が、次に掲げる資産である場合、それぞれの資産の区分に応じて取得した資産が代替資産となります（措法33①、措令22④、措規14②）。

資産の区分	①	土地又は土地の上に存する権利（借地権など）
	②	建物又は建物に附属する門、塀、庭園、煙突、貯水槽若しくはその他これらに類する構築物
	③	②以外の構築物
	④	配偶者居住権（この場合の代替資産は、配偶者居住権を有していた者の居住の用に供する建物又はその建物の賃借権に限られます。）
	⑤	配偶者居住権の目的となっている建物の敷地の用に供される土地等を配偶者居住権に基づき使用する権利（この場合の代替資産は、その権利を有していた者の居住の用に供する建物の敷地の用に供される土地又はその土地の上に存する権利に限られます。）
	⑥	その他の資産（この場合の代替資産は、収用等された資産と種類及び用途を同じくする資産に限られます。）

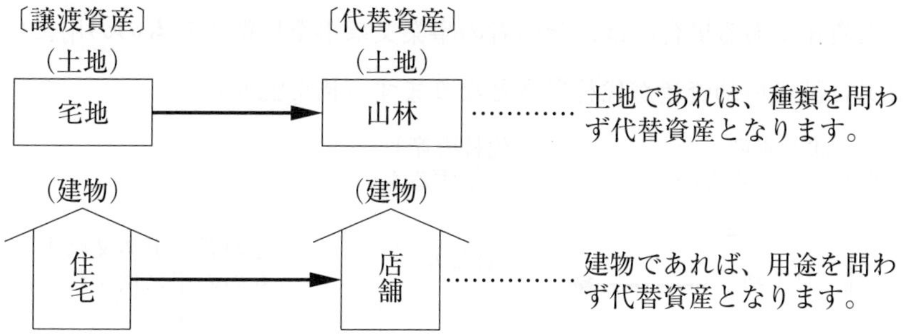

ロ　一組法

収用等された資産が、異なる二以上の資産で、一の効用を有する一組の資産となっているもの、例えば、居住用の土地建物である場合には、その効用と同じ効用を有する資産を代替資産とすることができます（措令22⑤）。

この場合の一組の資産として適用されるのは、次の用途に供されるものに限られます（措規14③）。

一組の資産の用途	①	居住の用
	②	店舗又は事務所の用
	③	工場、発電所又は変電所の用
	④	倉庫の用
	⑤	劇場の用、運動場の用、遊技場の用又はその他これらの用の区分に類する用

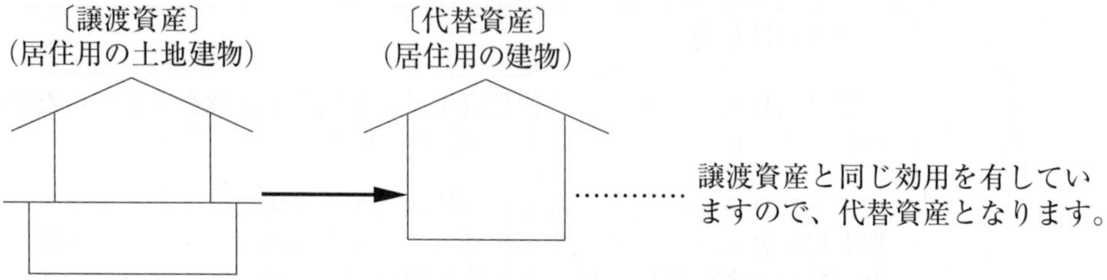

ハ　事業継続法

収用等された資産が、その者の営む事業又は事業に準ずるものの用に供されていた資産である場合には、その者の事業又は事業に準ずるものの用に供する土地等又は減価償却資産が代替資産となります（措令22⑥）。

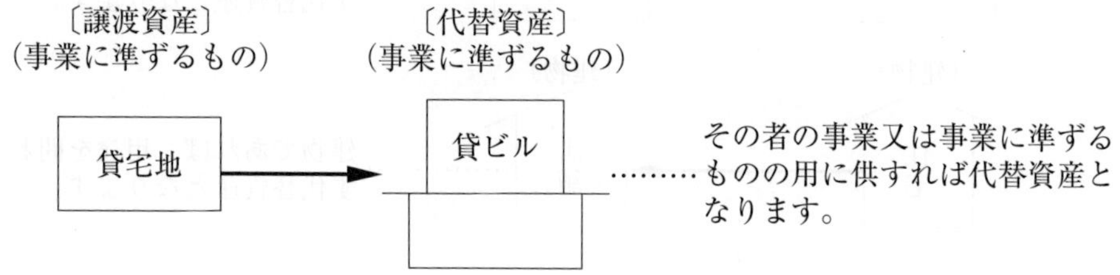

チェックポイント

収用等された資産が、その所有者と生計を一にする親族の事業の用に供されている場合には、その収用等された資産は、その所有者にとっても事業の用に供されていたものとして取り扱われます（措通33－43）。

(5)　代替資産の取得期間

代替資産の取得期間は、原則として収用等の日の属する年の12月31日まで（措法33①）のほか、次のとおりです。

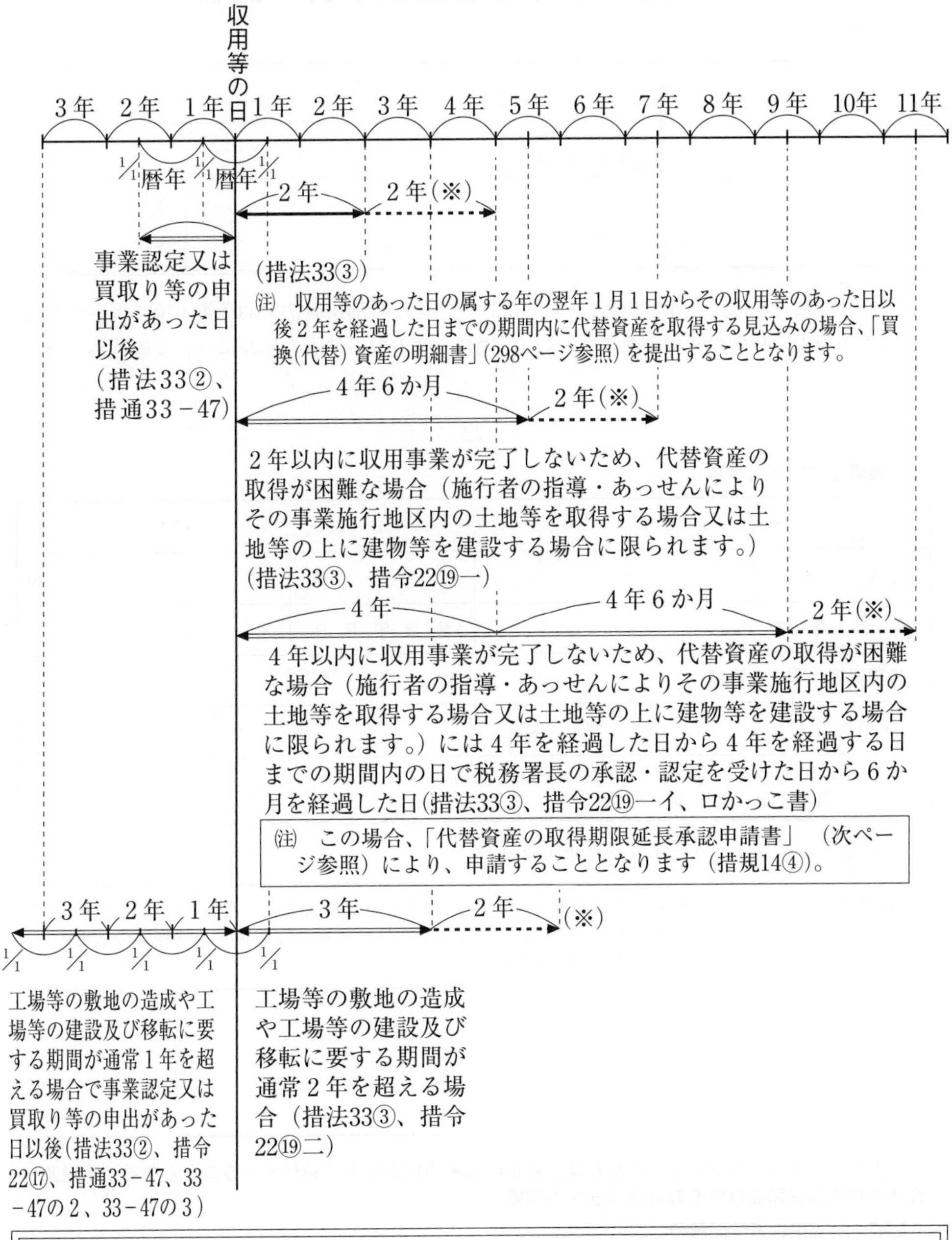

収用等の日
3年　2年　1年　1年　2年　3年　4年　5年　6年　7年　8年　9年　10年　11年
1/1　暦年　1/1　暦年　1/1
2年　2年(※)
事業認定又は買取り等の申出があった日以後（措法33②、措通33－47）
(措法33③)
㊟　収用等のあった日の属する年の翌年１月１日からその収用等のあった日以後２年を経過した日までの期間内に代替資産を取得する見込みの場合、「買換(代替）資産の明細書」(298ページ参照）を提出することとなります。
4年6か月　2年(※)
2年以内に収用事業が完了しないため、代替資産の取得が困難な場合（施行者の指導・あっせんによりその事業施行地区内の土地等を取得する場合又は土地等の上に建物等を建設する場合に限られます。）(措法33③、措令22⑲一)
4年　4年6か月　2年(※)
4年以内に収用事業が完了しないため、代替資産の取得が困難な場合（施行者の指導・あっせんによりその事業施行地区内の土地等を取得する場合又は土地等の上に建物等を建設する場合に限られます。）には4年を経過した日から4年を経過する日までの期間内の日で税務署長の承認・認定を受けた日から6か月を経過した日(措法33③、措令22⑲一イ、ロかっこ書)
㊟　この場合、「代替資産の取得期限延長承認申請書」（次ページ参照）により、申請することとなります（措規14④)。
3年　2年　1年　3年　2年　(※)
1/1　1/1　1/1　1/1　1/1
工場等の敷地の造成や工場等の建設及び移転に要する期間が通常1年を超える場合で事業認定又は買取り等の申出があった日以後(措法33②、措令22⑰、措通33－47、33－47の２、33－47の３)
工場等の敷地の造成や工場等の建設及び移転に要する期間が通常２年を超える場合（措法33③、措令22⑲二)

(※)　上記「---►」は、特定非常災害として指定された非常災害に基因するやむを得ない事情により取得指定期間（上記図の「収用等の日」の右側の期間）内に代替資産を取得することが困難となった場合において、税務署長の承認を受けたときは、その取得指定期間が、その取得指定期間の末日から２年以内の日で税務署長が認定した日まで延長されます(措法33⑧、措令22㉗)。

なお、税務署長の承認申請は取得指定期間の末日の属する年の翌年の３月15日(同日が、租税特別措置法第33条の５第１項に規定する提出期限後である場合には、当該提出期限)までに行われなければなりません(措規 14⑧)。

また、この取扱いは、取得指定期間の末日が平成29年４月１日以後である代替資産について適用されます（平成29年改正法附則51⑦)。

この欄には書かないでください。

税務署整理欄	通信日付印の年月日	(確認)	名簿番号
	年　月　日		

代替資産の取得期限延長承認申請書

税務署受付印

＿＿＿＿税務署長	申請者	住所	〒	
		＿＿年分 申告時の住所		
		フリガナ		電話 ( )
令和＿＿年＿＿月＿＿日提出		氏名		

下記の譲渡資産に係る譲渡所得につき、引き続き租税特別措置法第33条第１項に規定する譲渡所得の課税の特例の適用を受けたいので、代替資産の取得期限の延長についての承認申請をします。

記

1　譲渡資産に関する事項

所在地			
資産の種類		数量	㎡
譲渡価額	円	譲渡年月日	年　月　日

2　代替資産に関する事項

資産の種類		構造		数量	㎡
既に提出済の「買換（代替）資産の明細書」による取得予定年月日			年　月　日		
新たに承認を受けようとする取得予定年月日			年　月　日		

3　既に提出済の「買換(代替)資産の明細書」による取得予定年月日までに、租税特別措置法施行令第22条第19項第１号イに規定する土地等の取得をすること、又は同号ロに規定する建物等の敷地の用に供することができないこととなった事情の詳細

4　この承認を受けられないとしたならば、修正申告書の提出により納付すべきこととなる所得税及び復興特別所得税額並びにその計算に関する明細

別添　修正申告書に記載のとおり

関与税理士		電話番号	

(資６－８－１－Ａ４統一)

(令和４年分以降用)

R5. 11

代替資産の取得期限延長承認申請書

１　使用目的

この申請書は、租税特別措置法施行令第22条第19項第１号の規定により代替資産の取得期限の延長を申請するために使用するものです。

２　記載要領等

「３　既に提出済の「買換(代替)資産の明細書」による取得予定年月日までに、租税特別措置法施行令第22条第19項第１号イに規定する土地等の取得をすること、又は同号ロに規定する建物等の敷地の用に供することができないこととなった事情の詳細」欄には、代替資産の取得期限の延長を受けることとなった事情その他参考となるべき事項を詳細に記載してください。

……………………税務署
令和……年……月……日提出

名簿番号	

買換（代替）資産の明細書

住　所			
フリガナ		電話番号	（　　）
氏　名			

交換・買換え（代替）の特例（租税特別措置法第33条、第36条の2、第37条、第37条の5又は震災特例法第12条）を受ける場合の、譲渡した資産の明細及び取得される予定の資産の明細について記載します。

1　特例適用条文

〔租税特別措置法／震災特例法〕　第……条……第……項

2　譲渡した資産の明細

所在地			
資産の種類		数量	㎡
譲渡価額	円	譲渡年月日	年　月　日

3　買い換える（取得する）予定の資産の明細

資産の種類		数量	㎡
取得資産の該当条項	1　租税特別措置法 (1)　第37条第1項の表の	第……号 第 3 号（23区・23区以外の集中地域・集中地域以外の地域） （主たる事務所資産）	
	(2)　第37条の5第1項の表の	第 1 号（中高層耐火建築物・中高層の耐火建築物） 第 2 号（中高層の耐火共同住宅）	
	2　震災特例法 ・　第12条第1項の表の	第……号（……………………）	
取得価額の見積額	円	取得予定年月日	年　月　日
付記事項			

(注)　3に記載した買換（取得）予定資産を取得しなかった場合や買換（代替）資産の取得価額が見積額を下回っている場合などには、修正申告が必要になります。

関与税理士		電話番号	

（資6－8－4－A4統一）
R5. 11

買換（代替）資産の明細書

1　使用目的

この申請書は、交換・買換え（代替）の特例（租税特別措置法（以下「措置法」といいます。）第33条、第36条の２、第37条、第37条の５又は震災特例法第12条）の適用を受ける場合に、買換（代替）資産の取得が譲渡の年の翌年以後となるときに使用するものです。

2　記載要領等

⑴　「１　特例適用条文」の括弧内については、該当する文字を○で囲みます。

⑵　「３　買い換える（取得する）予定の資産の明細」欄の「取得資産の該当条項」欄については、措置法第37条、第37条の５又は震災特例法第12条の規定の適用を受ける場合に限り、該当する取得資産の所在地又は種類を○で囲むか、該当する号数を記載します。

なお、措置法第37条第１項の表の第３号の規定の適用を受ける場合で、個人の主たる事務所として使用される建物及び構築物並びにこれらの敷地の用に供される土地等の買換え（東京都23区の地域内から集中地域以外の地域内にある資産への買換え又は集中地域以外の地域内から東京都23区の地域内にある資産への買換えの場合に限ります。）のときには、括弧内の「主たる事務所資産」を○で囲みます。

また、「２　震災特例法」の括弧内については、震災特例法第12条第１項の表の第１号の下欄に該当する場合に、「復興推進区域」又は「被災区域」のいずれかを記載します。

㈲１　「復興推進区域」とは、東日本大震災復興特別区域法施行令第２条各号に掲げる区域をいいます。

２　「被災区域」とは、東日本大震災に起因して事業又は居住の用に供することができなくなった建物（その附属設備を含みます。以下同じです。）又は構築物の敷地及び当該建物又は構築物と一体的に事業の用に供される附属施設の用に供されていた土地の区域をいいます。

⑶　「３　買い換える（取得する）予定の資産の明細」欄の「付記事項」欄には、租税特別措置法施行令第22条第19項各号に掲げる場合に該当する事情などを記載します。

3　交換処分等により資産を取得した場合の課税の特例（措法33の２）

土地収用法等の規定により、個人の有する資産を他の資産と交換した場合には、交換取得資産を代替資産の取得と同様に取り扱い、①交換取得資産のみを取得する場合には交換譲渡資産の譲渡がなかったものとして課税を繰り延べることとし、②交換取得資産とともに補償金等を取得した場合には、その補償金に対応する部分の譲渡があったものとして譲渡所得の金額を計算します（措法33の２①）。

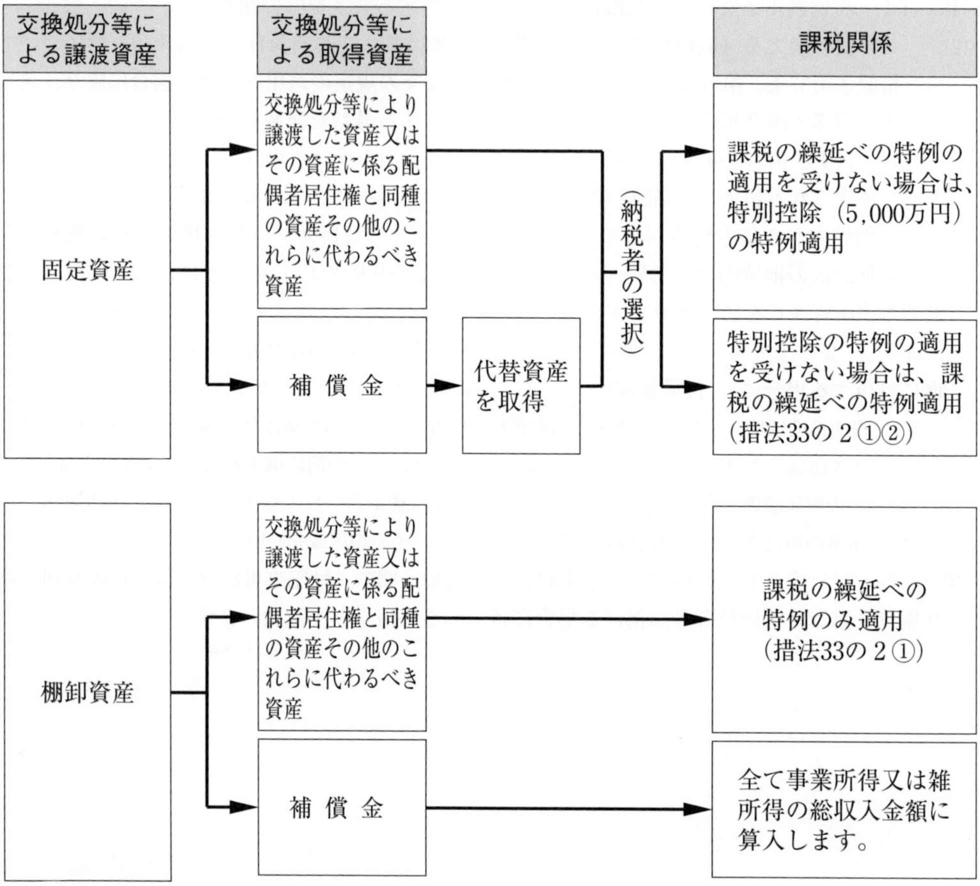

チェックポイント

交換処分等により資産を取得した場合の課税の特例の適用を受けた者が、特定非常災害として指定された非常災害に基因するやむを得ない事情により、代替資産を取得指定期間内に取得することが困難となった場合には、税務署長の承認を受けることにより、その取得指定期間を、その取得指定期間の末日から２年以内の日で、税務署長が認定した日まで延長することができます（措法33の２⑤、措令22㉗）。

なお、税務署長への承認申請は、取得指定期間の末日の属する年の翌年の３月15日（同日が租税特別措置法33条の５第１項に規定する提出期限後である場合には、当該提出期限）

までに行わなければなりません（措規14の２②）。

また、この取扱いは、取得指定期間の末日が平成29年４月１日以後である代替資産について適用されます（平成29年改正法附則51⑦）。

４　換地処分等に伴い資産を取得した場合の課税の特例（措法33の３）

個人の有する資産（一部を除き棚卸資産を含みます。）について、次に掲げる事業により換地処分等があった場合には、納税者の選択の有無に関係なく土地等の譲渡はなかったものとみなされます（措法33の３）。

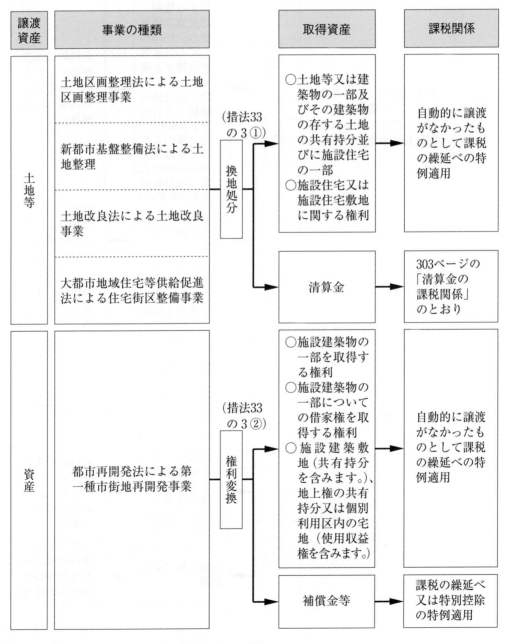

譲渡資産	事業の種類		取得資産	課税関係
土地等	土地区画整理法による土地区画整理事業 新都市基盤整備法による土地整理 土地改良法による土地改良事業 大都市地域住宅等供給促進法による住宅街区整備事業	（措法33の３①） 換地処分	○土地等又は建築物の一部及びその建築物の存する土地の共有持分並びに施設住宅の一部 ○施設住宅又は施設住宅敷地に関する権利	自動的に譲渡がなかったものとして課税の繰延べの特例適用
			清算金	303ページの「清算金の課税関係」のとおり
資産	都市再開発法による第一種市街地再開発事業	（措法33の３②） 権利変換	○施設建築物の一部を取得する権利 ○施設建築物の一部についての借家権を取得する権利 ○施設建築敷地（共有持分を含みます。）、地上権の共有持分又は個別利用区内の宅地（使用収益権を含みます。）	自動的に譲渡がなかったものとして課税の繰延べの特例適用
			補償金等	課税の繰延べ又は特別控除の特例適用

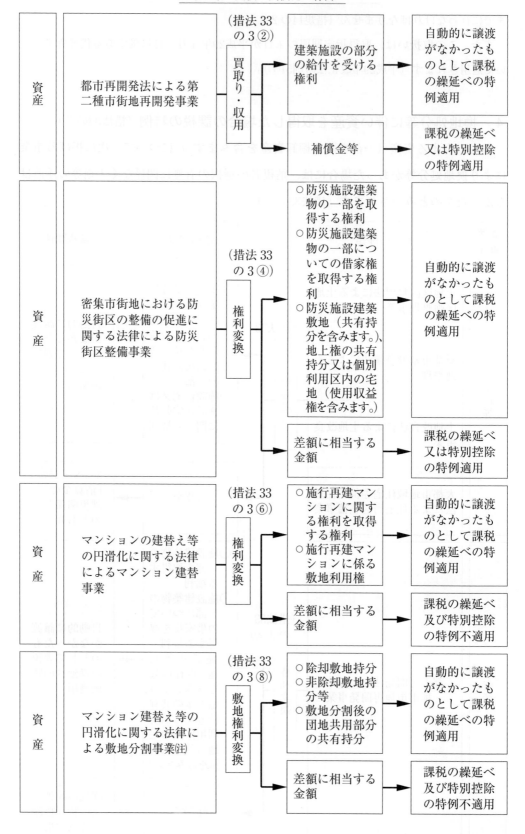

資産	都市再開発法による第二種市街地再開発事業	（措法33の3②）買取り・収用	建築施設の部分の給付を受ける権利	自動的に譲渡がなかったものとして課税の繰延べの特例適用
			補償金等	課税の繰延べ又は特別控除の特例適用
資産	密集市街地における防災街区の整備の促進に関する法律による防災街区整備事業	（措法33の3④）権利変換	○防災施設建築物の一部を取得する権利 ○防災施設建築物の一部についての借家権を取得する権利 ○防災施設建築敷地（共有持分を含みます。）、地上権の共有持分又は個別利用区内の宅地（使用収益権を含みます。）	自動的に譲渡がなかったものとして課税の繰延べの特例適用
			差額に相当する金額	課税の繰延べ又は特別控除の特例適用
資産	マンションの建替え等の円滑化に関する法律によるマンション建替事業	（措法33の3⑥）権利変換	○施行再建マンションに関する権利を取得する権利 ○施行再建マンションに係る敷地利用権	自動的に譲渡がなかったものとして課税の繰延べの特例適用
			差額に相当する金額	課税の繰延べ及び特別控除の特例不適用
資産	マンション建替え等の円滑化に関する法律による敷地分割事業(注)	（措法33の3⑧）敷地権利変換	○除却敷地持分 ○非除却敷地持分等 ○敷地分割後の団地共用部分の共有持分	自動的に譲渡がなかったものとして課税の繰延べの特例適用
			差額に相当する金額	課税の繰延べ及び特別控除の特例不適用

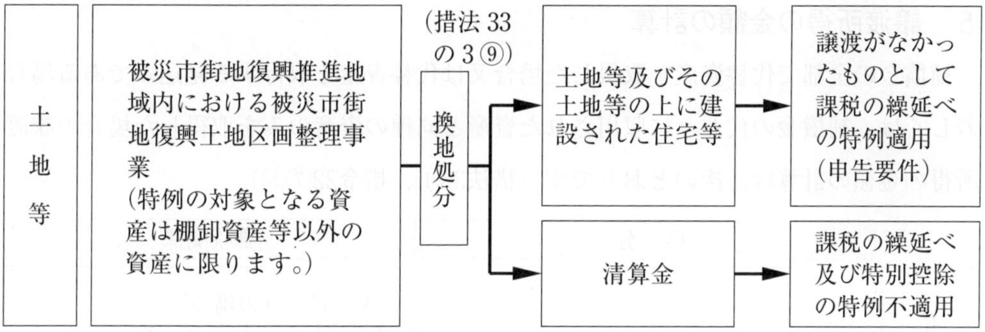

〔土地区画整理事業及び土地改良事業の施行に伴う清算金の課税関係〕

		清算金の種類（土地区画整理法94、土地改良法54の２④）	課税関係：譲渡所得の基因となる土地	課税関係：棚卸資産である土地等
清算金の課税関係	①	過小宅地につき換地が定められない場合の清算金（土地区画整理法91④）	課税の繰延べ又は特別控除の特例適用（措法33①三又は33の４）	課税の繰延べ及び特別控除の特例不適用（事業所得又は雑所得の総収入金額に算入）
	②	過小借地につき換地が定められない場合の清算金（土地区画整理法92③）	〃	〃
	③	公共施設用地（例えば私道）につき換地が定められない場合の清算金（土地区画整理法95⑥）	〃	〃
	④	所有者の申出等により換地が定められない場合の清算金（土地区画整理法90、土地改良法53の２の２）	課税の繰延べ及び特別控除の特例不適用（措法33①三又は33の４）	〃

5　譲渡所得の金額の計算

補償金の全部で代替資産を取得した場合又は代替資産を取得する見込みである場合若しくは、補償金の代わりに収用された資産と同種の資産のみを取得した場合の譲渡所得の金額の計算は、次のとおりです（措法33①、措令22⑦⑧）。

<table>
<tr><th colspan="3">区　分</th><th>課税関係</th></tr>
<tr><td rowspan="6">譲渡所得の金額の計算</td><td rowspan="2">①</td><td rowspan="2">収用による対価補償金で代替資産を取得した場合
㈱　代替資産は、上記2(5)の取得期間内に取得又は取得する見込みのものに限られます。</td><td>〔Ⓐ－Ⓒ≦Ⓓの場合〕
譲渡がなかったものとされます。</td></tr>
<tr><td>〔Ⓐ－Ⓒ＞Ⓓの場合〕
長期（短期）譲渡所得の金額
＝{Ⓐ－Ⓒ－Ⓓ}
$-\left\{Ⓑ\times\frac{(Ⓐ-Ⓒ)-Ⓓ}{Ⓐ-Ⓒ}\right\}$</td></tr>
<tr><td rowspan="2">②</td><td rowspan="2">収用された資産と同種の資産を取得した場合
㈱　同種の資産とともに取得した補償金で代替資産を取得したり又は取得する見込みの場合には、その補償金につき更に①の特例の適用を受けることができます。</td><td>〔同種の資産だけを取得した場合〕
譲渡がなかったものとされます。</td></tr>
<tr><td>〔補償金とともに収用された資産と同種の資産を取得した場合〕
長期（短期）譲渡所得の金額
＝Ⓐ－（Ⓑ＋Ⓒ）
$\times\frac{Ⓐ}{Ⓐ+\text{取得資産の時価}}$</td></tr>
<tr><td>③</td><td>土地区画整理事業や土地改良事業による換地処分、市街地再開発事業による権利変換により、代わりの土地や権利などを取得した場合</td><td>②に準じて取り扱われます。</td></tr>
</table>

㈱　符号の説明
Ⓐ　対価補償金の額　　Ⓑ　譲渡資産の取得費の額
Ⓒ　譲渡費用の額（補償金で補填された部分を除きます。）　　Ⓓ　代替資産の取得価額

6　申告手続

収用等の課税の繰延べの特例の適用を受けようとする場合には、収用等のあった年分の確定申告書に次の事項を記載するとともに、次に掲げる書類を添付しなければなりません（措法33⑥⑦、33の２③④、措規14⑤～⑦）。

申告手続	確定申告書の「特例適用条文」欄に記載する条項	①	補償金の全部又は一部で代替資産を取得した場合…………「措法33」
		②	交換処分等により同種の資産を取得した場合…………「措法33の２」
		③	交換処分等により同種の資産と補償金等を取得し、 その補償金等で更に代替資産を取得した場合……「措法33、33の２」
	添付書類	①	譲渡所得の内訳書（確定申告書付表兼計算明細書）【土地・建物用】
		②	その資産が収用等されたものであることを証する公共事業の施行者から交付された書類
		③	代替資産の取得を証する登記事項証明書(※)その他の代替資産の租税特別措置法第33条第１項に規定する取得を証する書類
		④	代替資産の取得予定の日が、収用等のあった翌年以後の場合には、「買換（代替）資産の明細書」 (注)　取得予定の日が、収用等のあった日から２年を経過した日後となる特別の事情（措令22⑲）がある場合には、２年以内に代替資産を取得することが困難な事情及び代替資産を取得することができる日を「代替資産の取得期限延長承認申請書」に付記（租税特別措置法施行令第22条第19項第１号に該当する場合には、付記した事項についての事実を証する書類を添付）

(※)　登記事項証明書については、不動産番号等明細書を提出することなどにより、その添付を省略することができます（205ページ参照）。

7　更正の請求と修正申告

収用等のあった年の翌年以後に代替資産を取得する見込みで、収用等の課税の繰延べの特例の適用を受けた後、収用等に伴う対価補償金等で取得した代替資産の取得価額が、取得価額の見積額と異なる場合又は代替資産を取得しなかった場合には、収用等のあった年分の所得税について、更正の請求又は修正申告をすることになります（措法33の５①④、措通33の５－１）。

	態　様		期　限	行為の別
代替資産	取得指定期間内に取得した場合	見積取得価額＜取得価額	→ 代替資産を取得した日から４か月以内	→ 更正の請求
		見積取得価額＞取得価額	→ 代替資産の取得指定期間を経過した日から４か月以内	→ 修　正　申　告
	取得指定期間内に取得しない場合		→ （同上）	

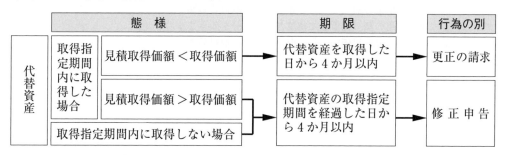

なお、修正申告書が上記の提出期間内に提出された場合には、その修正申告書は、期限内申告書とみなされますので、過少申告加算税は賦課されません。

また、その期間内に修正申告により納付すべき税額を納付した場合には、延滞税も課税されません（措法33の5③）。

8　代替資産等の取得価額の計算

収用等の課税の繰延べの特例の適用を受けた者が、その代替資産をその後譲渡、相続、遺贈若しくは贈与した場合における譲渡所得の金額の計算又はその資産について減価償却資産の償却費の額の計算をする場合には、次のようになります（措法33の6）。

(1)　取得時期

収用等により譲渡した資産の取得時期がそのまま代替資産の取得時期として引き継がれます（措法33の6①）。

(2)　取得価額

代替資産の取得価額は、代替資産等の実際の取得価額ではなく、次に掲げる場合に応じ、それぞれ次に掲げる金額となるほか、長期譲渡所得の概算取得費の規定（措法31の4①）を準用して計算した金額とすることもできます（措通33の6－1）。

イ　対価補償金等により取得した代替資産の場合（措法33の6、措令22の6）

		取得の態様	代替資産の取得価額
収用等の特例	①	(Ⓐ－Ⓒ)＞Ⓓの場合	$Ⓑ \times \frac{Ⓓ}{(Ⓐ-Ⓒ)} = Ⓔ$
	②	(Ⓐ－Ⓒ)＜Ⓓの場合	Ⓑ＋｛Ⓓ－(Ⓐ－Ⓒ)｝＝Ⓔ
	③	(Ⓐ－Ⓒ)＝Ⓓの場合	Ⓑ＝Ⓔ

㈱　符号の説明
Ⓐ　対価補償金の額　　Ⓑ　譲渡資産の取得費の額
Ⓒ　譲渡費用の額（補償金で補填された部分を除きます。）
Ⓓ　代替取得の取得価額　Ⓔ　引き継がれる取得価額

ロ　換地処分等により取得した資産の場合（措法33の６、措令22の６）

		取得の態様	取得した資産の取得価額
換地処分等の特例	①	資産のみを取得した場合	Ⓐ＋Ⓑ＝Ⓕ
	②	資産と補償金を取得した場合	(Ⓐ＋Ⓑ)×Ⓒ／(Ⓒ＋Ⓓ)＝Ⓕ
	③	清算金を支払って資産を取得した場合	(Ⓐ＋Ⓑ)＋Ⓔ＝Ⓕ

㊟　符合の説明
Ⓐ　譲渡資産の取得費の額　Ⓑ　譲渡費用の額
Ⓒ　取得した資産の取得価額　Ⓓ　補償金の額
Ⓔ　支払った清算金の額　Ⓕ　引き継がれる取得価額

チェックポイント

収用等により譲渡した資産に係る代替資産等が二以上あるときは、これらの代替資産等の取得価額は、代替資産等の価額にあん分して計算します（措規16）。

第３　特定の居住用財産の買換えの特例
（租税特別措置法第36条の２関係）

居住用財産を譲渡した場合の譲渡所得の課税の特例制度の主なもののうち「居住用財産の特別控除の特例」については先（199ページ）に説明しましたので、ここでは、「特定の居住用財産の買換えの特例」について説明します。大部分の事項については「居住用財産の特別控除の特例」と同じですので、それらの説明も併せて参照してください。

１　特例の適用を受けることができる場合

この特例の適用要件の概要は、次のとおりです。

適用要件		
譲渡資産及びその譲渡	イ	譲渡の年の１月１日における所有期間が10年超の国内にある居住用財産であること
	ロ	譲渡者の居住の用に供している期間が10年以上の居住用財産であること
	ハ	平成５年４月１日から令和７年12月31日までの間に行われる譲渡であること
	ニ	譲渡資産の譲渡対価の額（その年以前３年内又はその翌年若しくは翌々年に、譲渡資産と一体利用していた家屋又は土地等の譲渡がある場合それらの譲渡対価の額との合計額）が１億円を超えないこと
買換資産及びその取得	イ	国内にある居住部分の床面積が50㎡以上である個人の居住の用に供する家屋 ①その家屋が建築後使用されたことのある耐火建築物の場合には、その取得の日以前25年以内に建築されたもの又は建築基準法施行令第３章及び第５章の４の規定若しくは国土交通大臣が財務大臣と協議して定める地震に対する安全性に係る基準（この第３において、以下「建築基準等」といいます。）に適合することが証明されたものに限られます。 ②その家屋が建築後使用されたことのある家屋で耐火建築物でない場合には、その取得の日以前25年以内に建築されたもの又は取得期限（後記ハ）までに建築基準等に適合することが証明されたものに限られます。㈴
	ロ	イに掲げる家屋の敷地の用に供する土地又は土地の上に存する権利（その面積が500㎡以下であるもの）
	ハ	譲渡の日の属する年の前年１月１日からその譲渡の日の属する年の12月31日まで又は譲渡の年の翌年中に取得すること
	ニ	買換資産を一定の期限までに自己の居住の用に供すること

㈴　平成30年１月１日以後に譲渡資産の譲渡をし、かつ、同年４月１日以後に買換資産の取得をする場合について適用します（平成30年改正措令附則８②）。

一般的な取引を前提に考えれば、次の順序で各要件の該当・非該当を判定すると便利です。

譲渡資産の要件 ⇒ 買換資産取得の要件 ⇒ 居住の用に供する要件 ⇒ 特定の居住用財産の買換えの特例の適用

次に、各適用要件について順に説明します。

⑴　譲渡資産の範囲

譲渡資産は、国内にあるイからホまでに掲げる資産でへ及びトの要件を満たすものです。

イ　居住の用に供している長期保有家屋

> 現に自己の居住の用に供している家屋で長期保有資産に該当するもの
>
> （措法36の２①）

長期保有資産とは、その所有者が居住の用に供している家屋やその敷地（土地の上に存する権利（借地権）が含まれます。）でその譲渡の年の１月１日において、所有期間が10年を超えるものをいいます。

所有期間とは次のとおりとなります。

所有期間	原則	譲渡者がその居住用家屋や敷地を取得（建設を含みます。）した日の翌日から引き続き所有していた期間（措法31②、措令20②）
	例外	①　交換により取得した土地等又は建物等で所得税法第58条第１項の規定の適用を受けたものは、交換譲渡資産を取得した日を「取得の日」として、その者の所有期間を判定（措法31②、措令20③一） ②　昭和47年12月31日以前に所得税法の一部を改正する法律（昭和48年法律第８号）による改正前の所得税法第60条第１項各号に該当する贈与、相続、遺贈又は譲渡により取得した土地等又は建物等は、その贈与をした者、その相続に係る被相続人、その遺贈に係る遺贈者又はその譲渡をした者がその土地等又は建物等の取得をした日を「取得の日」として、その者の所有期間を判定（措法31②、措令20③二） ③　昭和48年１月１日以後に贈与（公益信託の受託者に対するもの（その信託財産とするためのものに限ります。）(※)を除きます。）、相続（限定承認に係る相続を除きます。）、遺贈（公益信託の受託者に対するもの（その信託財産とするためのものに限ります。）(※)及び包括遺贈のうち限定承認に係るものを除きます。）又は譲渡（所得税法第59条第２項に該当するものに限ります。）により取得した資産の所有期間の計算は、その贈与、相続、遺贈又は譲渡により取得した日ではなく、その贈与者、被相続人、遺贈者又は譲渡者がその資産を取得した日を「取得の日」として、その者の所有期間を判定（措法31②、措令20③三、所法60①一） (※)　公益信託に関する法律（令和６年法律第30号）の施行日から適用

資産の「取得の日」の判定は、81ページ以降を参照してください。

チェックポイント

❶　長期保有資産に該当するものという限定に注意する必要があります。これは居住用財産の特別控除の特例にはない要件です（措通36の２－１）。

❷　その居住用家屋の建替えが行われている場合には、その家屋の所有期間の判定は、その家屋の建替えの後の所有期間により行うことになります。

❸　家屋については、その家屋のうちにその所有者の居住の用以外の用に供している部分があるときは、その居住の用に供している部分だけが「居住用財産」に該当し、また、その所有者が居住の用に供している家屋を二以上有している場合には、そのうちその者が主としてその居住の用に供していると認められる一の家屋のみが「居住用財産」に該当します（措令24の２⑦、20の３②）。

ロ　居住の用に供されなくなった長期保有家屋

「イの家屋」で、居住の用に供されなくなった日から同日以後３年を経過する日の属する年の12月31日までの間に譲渡したもの　（措法36の２①二）

チェックポイント

その家屋が居住の用に供されなくなった日以後その家屋をどのような用途に供した場合においても、この特例の適用を受けることができます（措通36の２－23、31の３－14）。

ハ　家屋と長期保有敷地

「イの家屋」や「ロの家屋」とその敷地の用に供されている土地等で長期保有資産に該当するもの　（措法36の２①三）

チェックポイント

❶　家屋もその敷地も共に長期保有資産（譲渡の年の１月１日において、所有期間が10年を超えているもの）であることが必要です（措通36の２－１）。

これは、居住用財産の特別控除の特例の内容を包含するこの特例についてその適用範囲を限定したものです。つまり、まず、家屋について長期保有資産であることを要求した結果、その存立基盤である土地や借地権も当然に長期保有資産に該当するものであるということが前提になっています。

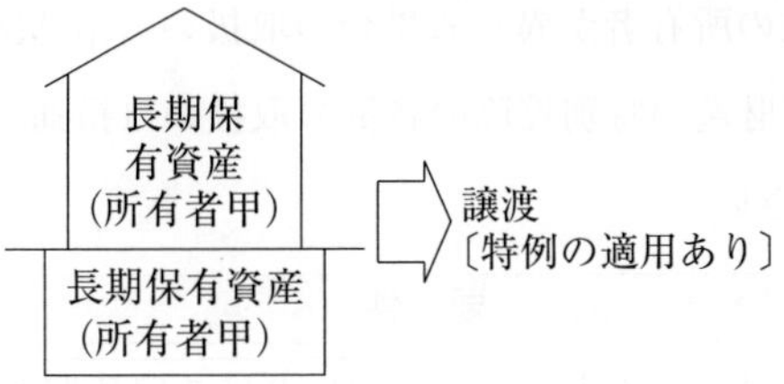

したがって、次の図の場合には、その全部について、この特例の適用を受けることができません（措通36の２－１㈡２）。

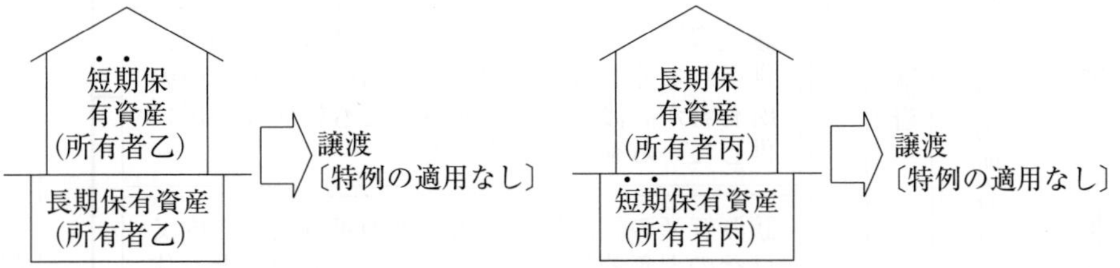

また、この場合、いずれか一方の資産（①家屋、②その敷地の用に供されている土地等）についてのみこの特例の適用を受けるということもできません（措通36の２－１㈡１）。これを認めると一部について自由に特例を適用することができるという結果を招来することになるからです。

2 次の図の場合には、それぞれ次のように取り扱われます（措通36の２－23、31の３－４《敷地のうちに所有期間の異なる部分がある場合》）。

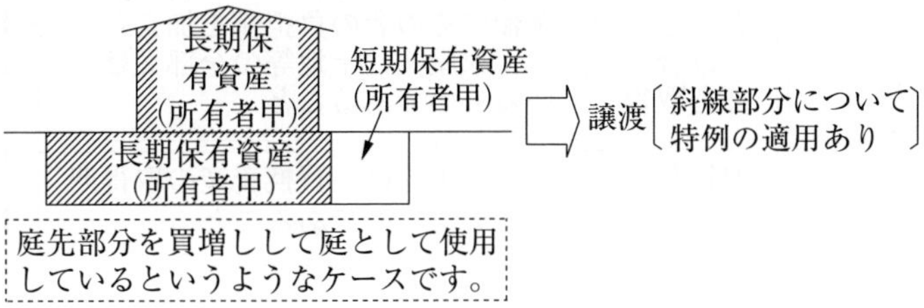

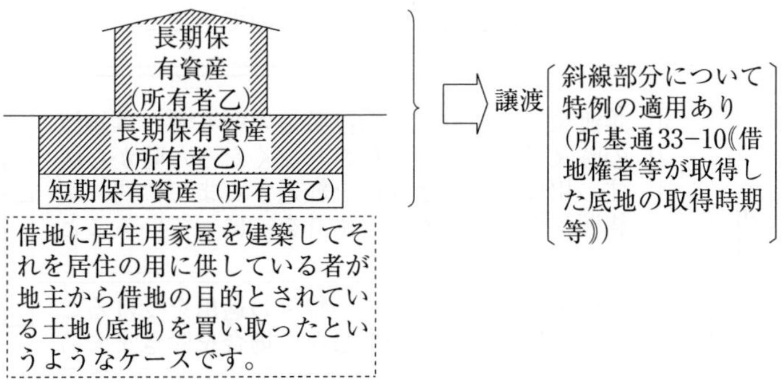

3　居住用家屋の所有者とその敷地の所有者が異なる場合の取扱い（措通36の２－19）は次のとおりとなりますが、居住用財産の特別控除の特例の取扱い（措通35－４）とは要件が異なりますので注意してください。

前提		要件			
譲渡家屋（長期保有資産）の所有者以外の者がその譲渡家屋の敷地の用に供されている土地等（使用借権以外で長期保有資産に限られます。）の全部（図1）又は一部（図2）を所有している場合	譲渡家屋の所有者と譲渡敷地の所有者がともにこの特例の適用を受ける旨の申告をしたとき	譲渡資産	①	譲渡敷地の所有者の譲渡家屋における居住期間が10年以上であること	両者の「居住用財産の買換えの特例」が認められます。
			②	譲渡敷地は、譲渡家屋とともに譲渡されているものであること	
			③	譲渡家屋は、譲渡の時において又は居住の用に供されなくなった時の直前においてその家屋の所有者が譲渡敷地の所有者とともに居住の用に供している家屋であること	
			④	譲渡資産の譲渡対価の額（その年以前３年内又はその翌年若しくは翌々年に、譲渡資産と一体利用していた家屋又は土地等の譲渡がある場合それらの譲渡対価の額との合計額）が１億円を超えないこと	
		買換資産	⑤	これらの者が取得した資産は、国内にある居住の用に供する一の家屋又はそれとともに取得した家屋の敷地の用に供する一の土地等であること	
			⑥	これらの者が、おおむねその者の譲渡収入金額（追加持出額がある場合には、それを負担した者の譲渡収入金額にその者の負担額を加えた額）の割合に応じて、家屋又は土地等の全部又は一部を取得しているものであること	
			⑦	取得した家屋又は土地等は、買換資産の取得期間内に取得されているものであること	
			⑧	取得した家屋は、居住の用に供すべき期間までに、譲渡家屋の所有者が譲渡敷地の所有者とともに居住の用に供しているものであること	
		当事者	⑨	譲渡家屋の所有者と譲渡敷地の所有者とは譲渡の時又は居住の用に供されなくなった時から居住の用に供すべき期間を経過するまでの間、親族関係を有し、かつ、生計を一にしていること	
			⑩	譲渡家屋の所有者がこの特例の適用を受けること（長期譲渡所得が生じない場合を除きます。）	

〔図１〕

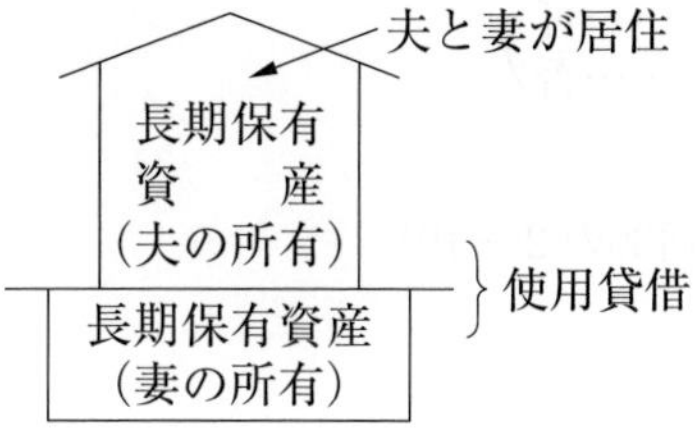

〔図２〕

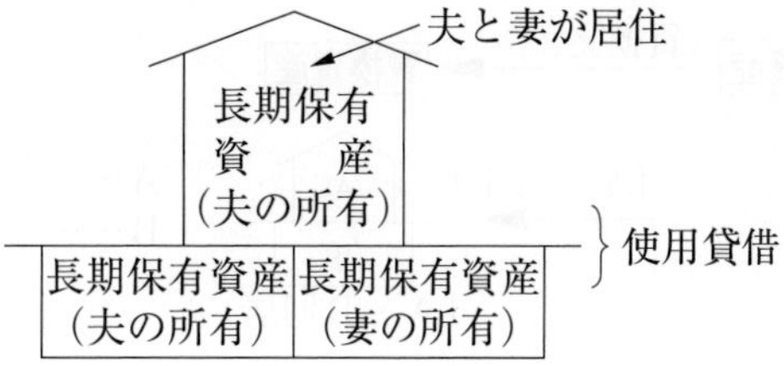

この取扱いは、居住用財産の特別控除の特例の場合（措通35－４）と同一の考慮により、譲渡家屋の所有者と譲渡敷地の所有者が異なる場合であっても、一体としての利用形態であったものの譲渡であること及び買換資産取得後は従来とほぼ同様の所有状態が再現されることから、特例の適用を認めることとしたものです。

家屋とその敷地の用に供されている土地等の所有者が異なる場合において、特例の適用を受けることができるかどうかの判定を例示すると次のとおりです。

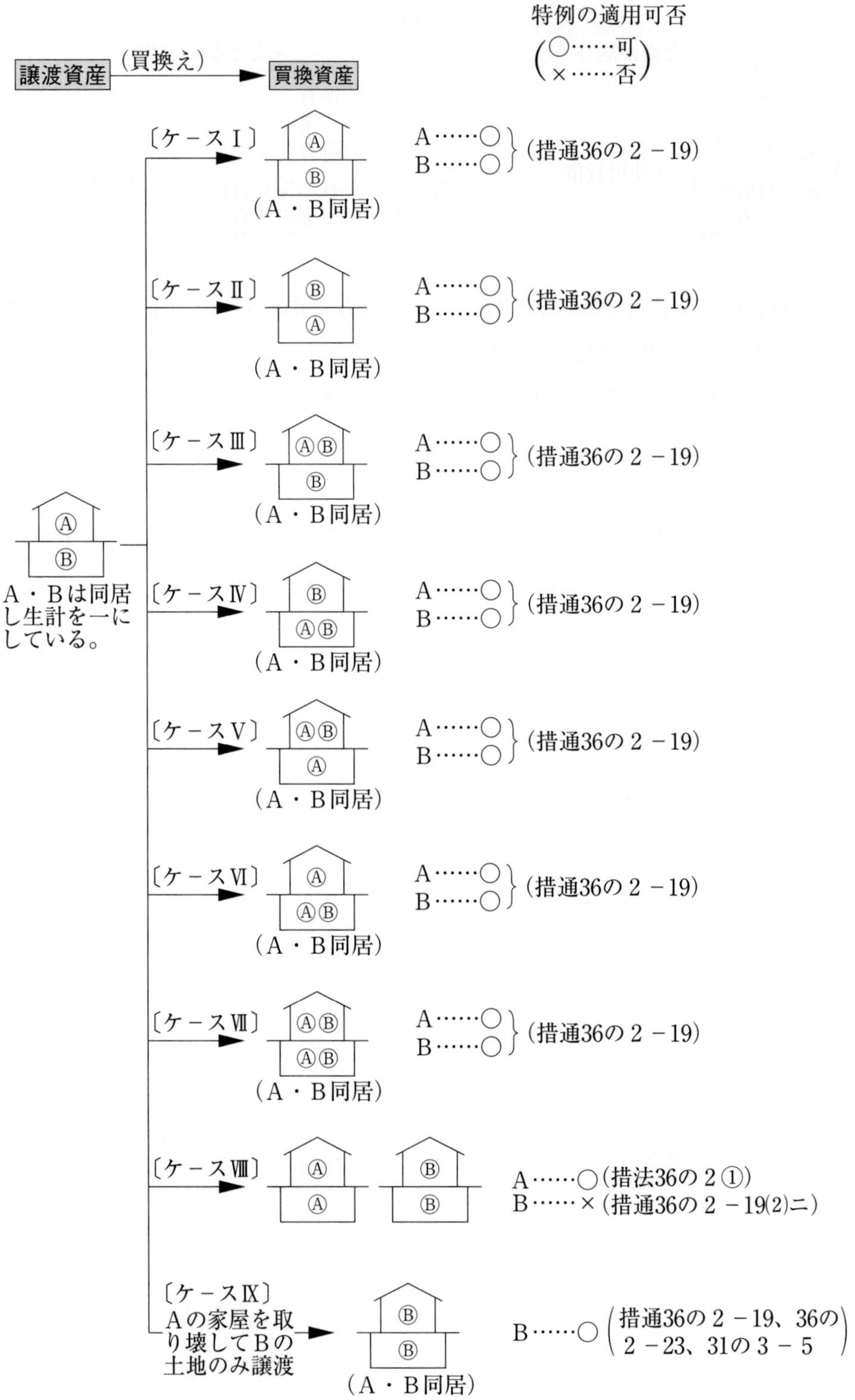

㈱1　Ⓐ、Ⓑは所有関係を示します。

2　A、Bは親族関係にあります。

3　ケースⅠからⅦ及びⅨにおいてAとBは、居住期間要件を満たしているとともに、生計を一にしています。

ニ　災害により滅失した家屋の長期保有敷地

> 災害により滅失した「イの家屋」の敷地の用に供されていた土地等（長期保有資産に限られます。）で災害があった日から同日以後３年を経過する日の属する年の12月31日までの間に譲渡したもの　（措法36の２①四）

チェックポイント

居住用財産の特別控除の特例で説明したチェックシート（238ページ）は、そのまま、この特例に準用することができます（措通36の２－23、35－６、31の３－14、31の３－15）。

なお、この取扱いを整理すると次のとおりです。

① 減失した家屋が仮に現存するとした場合には、長期保有資産に該当し、譲渡した土地等はその敷地の用に供されていたものであること

② その土地等は長期保有資産であること

③ 災害があった日から同日以後３年を経過する日の属する年の12月31日までの間に譲渡したものであること（居住用財産の特別控除の特例では、居住の用に供されなくなった日からと規定しています。）

ホ　居住用土地等のみの譲渡

居住の用に供している（供していた）家屋

（措通36の２－23、31の３－５《居住用土地等のみの譲渡》）

→ 取壊し →

その家屋の敷地の用に供されていた土地等を譲渡した場合

	要　件
①	その土地等は、その家屋が取り壊された日の属する年の１月１日において所有期間が10年を超えるものであること（措通31の３－５(1)）
②	その土地等は、その土地等の譲渡に関する契約がその家屋を取り壊した日から１年以内に締結され、かつ、その家屋をその居住の用に供さなくなった日以後３年を経過する日の属する年の12月31日までに譲渡したものであること（措通31の３－５(2)）
③	その土地等は、その家屋を取り壊した後譲渡に関する契約を締結した日まで、貸付けその他の用に供していないものであること（措通31の３－５(3)）

→ 特例の適用あり

チェックポイント

❶　この取扱いは、租税特別措置法施行令第24条の２第11項の規定（取り壊した日の属する年中に譲渡した場合を前提にしています。）を取引の実態に即して拡大し、居住用財産の特別控除の特例の取扱い（措通35－２）との権衡を図ったものです。

❷　取壊しの日の属する年の１月１日において所有期間が10年を超えない家屋の敷地の用に供されていた土地等については、この特例の適用を受けることができません（措通31の３－5㈱）。

❸　この取扱いを時系列に沿って整理すると次のようになります。

〔図１〕

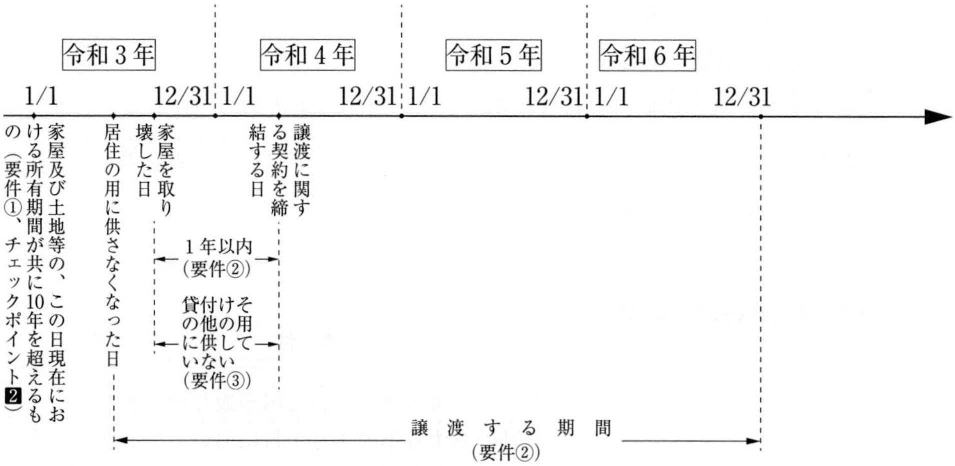

〔図２〕

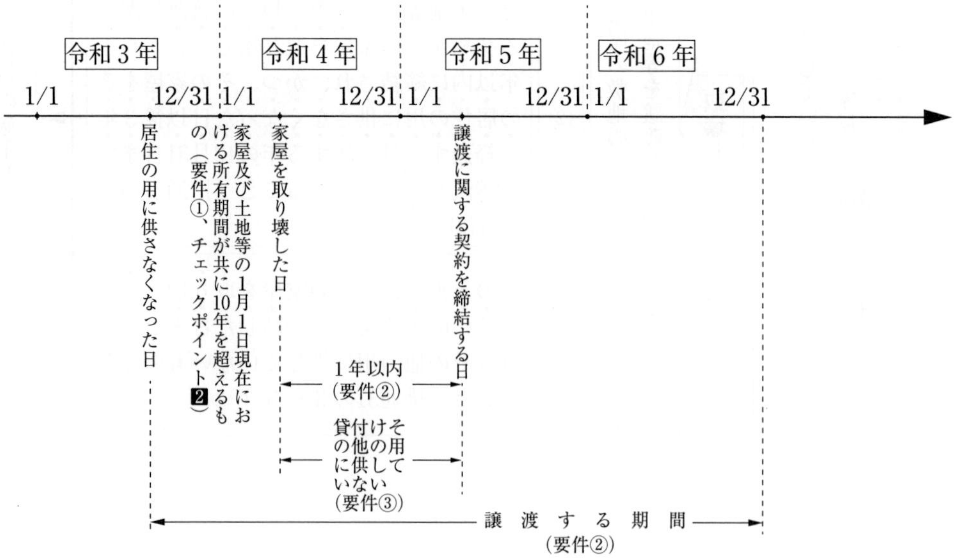

4 上記ニで説明した災害により家屋が滅失した場合の規定は、滅失した家屋が仮に現存するとしたら長期保有資産に該当するかどうかを要件の一つとしていますが、この取扱いでは、取壊しをする直前の状態で長期保有資産に該当するかどうかを要件の一つとしています。これは災害によるものか任意の取壊しによるものかの違いです。

5 家屋の取壊し後、その土地等の上にその土地等の所有者が建物等を建築し、その建物等とともにその土地等を譲渡する場合には、この特例の適用を受けることができません。これは、これらの譲渡については、新たな用途に供された後に譲渡されたとみるからです。

なお、この場合の所得は、原則として、事業所得又は雑所得となります（所基通33－４、33－５）。

また、家屋の取壊し後、その土地等を貸駐車場等の用に供した場合も新たな用途に供したことになりますから、この特例の適用を受けることはできません（措通36の２－23、31の３－５(3)）。

6 その居住の用に供している家屋の敷地の用に供されている土地等のみの譲渡であっても、その家屋を引き家してその土地等を譲渡する場合には、この特例の適用を受けることができません（措通36の２－23、31の３－５ただし書）。

7 要件③は、家屋が存在する場合や災害で家屋が滅失した場合の規定より限定的であるといえます。これは、災害で家屋が滅失した場合とは異なり、自己の意志による家屋の取壊しであることから、用途について制限したものです。

8 居住用家屋の敷地の一部の譲渡については、居住用財産の特別控除の特例と同じです（措通36の２－23、35－６、31の３－18）。

ヘ　譲渡者の居住の用に供している期間が10年以上である居住用財産（居住期間の要件）

この特例の適用要件である居住の用に供している期間は、譲渡資産である居住用家屋の存する場所に、譲渡者が居住していた期間をいい、譲渡した居住用家屋の存する場所に居住していなかった期間がある場合には、その居住していなかった期間を除き、その前後の居住していた期間を合計します（措通36の２－２）。

また、譲渡した土地等が、土地区画整理法による土地区画整理事業、新都市基盤整備法による土地整理若しくは大都市地域住宅等供給促進法による住宅街区整備事業又は都市再開発法による第一種市街地再開発事業若しくは密集市街地における防災街区の整備の促進に関する法律による防災街区整備事業による換地処分等によって取得したものであっても、譲渡者がその換地処分等に係る従前の家屋の存した場所に居住していた期間は、居住期間に含まれません（措通36の２－３）。

ト　譲渡期間

この特例は、平成５年４月１日から令和７年12月31日までの間に行われた居住用財産の譲渡に適用することとされています（措法36の２①）。

(2)　買換資産の範囲

イ　買換資産の範囲

次に掲げる居住用の家屋又はその敷地の用に供される土地等のうち国内にあるものが買換資産となります（措法36の２①、措令24の２③）。

資産の区分	居住用の家屋	
	譲渡資産の譲渡者が取得をしたその者の居住の用に供される家屋 ①　建築後使用されたことのない家屋で、その家屋を令和６年１月１日以後に居住の用に供した場合又は供する見込みである場合は、特定居住用家屋（注１）に該当するものを除きます。（注２） ②　建築後使用されたことのある耐火建築物である場合には、その取得の日以前25年以内に建築されたもの又は建築基準等に適合することが証明されたものに限ります。 ③　建築後使用されたことのある非耐火建築物である場合には、その取得の日以前25年以内に建築されたもの又は取得期限までに建築基準等に適合することが証明されたものに限られます。（注３）	
面積制限	一棟の家屋を所有する場合	一棟の家屋のうち その独立部分を区分所有する場合
	その家屋の床面積のうちその個人が居住の用に供する部分の床面積が50㎡以上であるもの	その独立部分の床面積のうちその個人が居住の用に供する部分の床面積が50㎡以上であるもの

資産の区分	居住用の家屋の敷地	
面積制限	一棟の家屋を所有する場合	一棟の家屋のうち その独立部分を区分所有する場合
	その土地等の面積が500㎡以下であるもの	次の算式により計算した面積が500㎡以下であるもの $\text{その一棟の家屋の敷地の用に供する土地の面積} \times \frac{\text{区分所有する部分の床面積}}{\text{その家屋の床面積}}$

(注)１　特定居住用家屋とは、住宅の用に供する家屋のうち省エネルギー基準に適合するもの以外のもので、次に掲げる要件のいずれにも該当しないものをいいます（措法41㉕、措令26㊲）。

イ　その家屋が令和５年12月31日以前に建築基準法第６条第１項の規定による確認を受けているものであること。

ロ　その家屋が令和６年６月30日以前に建築されたものであること。

２　①の要件は、令和４年１月１日以後に行う譲渡資産の譲渡に係る買換資産について適用します（令和４年改正措令附則８②）。

3　平成30年１月１日以後に譲渡資産の譲渡をし、かつ、同年４月１日以降に買換資産の取得をする場合について適用します（平成30年改正措令附則８②）。

この場合における買換資産となる居住用の家屋の床面積は、１棟の家屋を所有する場合にあっては各階ごとに壁その他の区画の中心線で囲まれた部分の水平投影面積（登記簿上表示される面積）によるものとし、１棟の家屋のうちその独立部分を区分所有する場合にあっては、壁その他の区画の内側線で囲まれた部分の水平投影面積（登記簿上表示される面積）によります。したがって、１棟の家屋のうちその独立部分を区分所有する場合の床面積には、数個の独立部分に通ずる階段、エレベーター室等共用部分の面積は含まれません（措通36の２－14）。

チェックポイント

❶　耐火建築物とは、建物の登記簿に記録されたその建物の構造のうち、主たる部分の構成材料が石造、れんが造、コンクリートブロック造、鉄骨造、鉄筋コンクリート造又は鉄骨鉄筋コンクリート造のものである建物をいいます（措令24の２③一ロ、措規18の４①）。

❷　独立部分とは、１棟の家屋でその構造上区分された数個の部分を独立してその住居その他の用途に供することができるもののその部分をいいます（措令24の２③一イ⑵）。

ロ　買換資産の取得期間

⑴　買換資産は、譲渡資産の譲渡の日の属する年の前年１月１日から譲渡の日の属する年の12月31日まで、又は、譲渡の年の翌年中に取得する見込みである場合において取得価額の見積額をもって申告したときは、その譲渡の日の属する年の翌年中に取得しなければなりません（措法36の２①②）。

⑵　個人が、特定非常災害の被害者の権利利益の保全等を図るための特別措置に関する法律第２条第１項の規定により、特定非常災害として指定された非常災害に基因するやむを得ない事情により譲渡をした日の属する年の翌年12月31日までに買換資産の取得をすることが困難となった場合において、同日後２年以内に買換資産の取得をする見込みであり、かつ、納税地の所轄税務署長の承認を受けたときは、同日の属する年の翌々年の12月31日となります（措法36の２②）。

なお、税務署長への承認申請は、取得期限の属する年の翌年の３月15日までに行わなければなりません（措規18の４③）。

また、この取扱いは、租税特別措置法第36条の２第２項に規定する取得期限が平成29年４月１日以後である買換資産について適用されます（平成29年改正法附則51⑬）。

チェックポイント

1　やむを得ない事情により買換資産の取得が遅れた場合には、次の取扱い（措通36の２－16）の適用を受けることができるかどうかについて検討する必要があります。

			要　件	
翌年中に取得する見込みである者	買換資産である家屋・（建売住宅等の土地等を含みます。）を取得期間内に取得できなかった場合	①	買換資産に該当する家屋を買換資産の取得期間内に取得する契約を締結していたにもかかわらず、その契約の締結後に生じた災害その他その者の責めに帰せられないやむを得ない事情によりその契約に係る家屋をその期間内に取得できなかったこと（措通36の２－16⑴）	①及び②のいずれも満たすときは、取得期間内に取得していたものとして取り扱います。
		②	買換資産に該当する家屋を譲渡資産の譲渡の日の属する年の翌々年12月31日までに取得し、かつ、同日までにその取得した家屋をその者の居住の用に供していること（措通36の２－16⑵）	

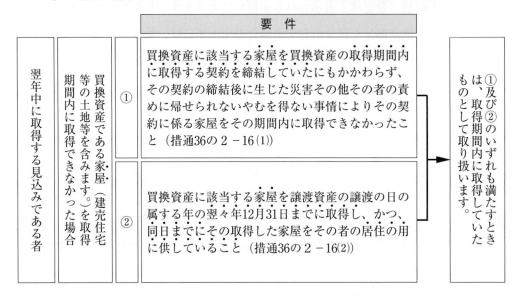

なお、次の点に注意する必要があります。

○　原則として、土地等についての取扱いを定めたものではありません。土地等は取得期間内に既に取得されていることが前提となっています。

○　「取得期間内に取得する契約」とは、売買契約や請負契約の締結がなされ、かつ、その契約条項（内容）として取得期間内に取得することを合理的に取り決めている場合のその契約をいいます。したがって、契約の締結日が取得期間内であっても、取得すべき日がその期間後に定められている契約などはこれに該当しません。

○　①の要件の「その他その者の責めに帰せられないやむを得ない事情」とは、例えば、次のようなものです。

その他のやむを得ない事情	
	新たな法令や条例などによる規制により家屋の建設計画の変更を余儀なくされたこと
	契約の相手方である建設業者が倒産したこと、又は倒産に至らないまでも建設業者側に生じた事情により建設工事が遅滞したこと

2　長期保有資産である居住用財産を譲渡した場合に、居住用財産の特別控除の特例の適用を受けるか、又は特定の居住用財産の買換えの特例の適用を受けるかは、納税者の選

択に委ねられています。したがって、譲渡の年の翌年中に買換資産を取得する見込みで特定の居住用財産の買換えの特例を選択して申告した場合には、その後、買換資産をその取得期限までに取得できなかったとしても、当初の申告は適法であるため、その申告を撤回し、又は更正の請求などにより改めて居住用財産の特別控除の特例を適用して申告し直すことは認められていません。

しかし、災害その他その者の責めに帰せられないやむを得ない事情により、買換資産を取得できなかった場合についてまで、居住用財産の特別控除の特例の適用を受けられないとすることは適当でないと考えられます。

そこで、災害その他その者の責めに帰せられないやむを得ない事情により、譲渡の日の属する年の翌年12月31日までに買換資産を取得できなかったため、特定の居住用財産の買換えの特例を受けられなかったこととなった場合には、その者が譲渡の日の属する年の翌々年４月30日までに修正申告書の提出をするときに限り居住用財産の特別控除の特例及び居住用財産を譲渡した場合の長期譲渡所得の課税の特例の適用を受けることができることとされています（措通35－６、31の３－27）。

なお、この「その他その者の責めに帰せられないやむを得ない事情」とは、例えば、次のようなものです。

その他のやむを得ない事情	震災、風水害、火災などの災害
	新たな法令などによる規制により買換資産の取得ができなかったこと
	買換資産の契約相手である建設業者などの倒産

(3)　居住の用に供する期限

買換資産は、買換資産の取得の日から譲渡資産の譲渡の日の属する年の翌年12月31日（翌年中に買換資産を取得する場合には、その取得の日の属する年の翌年12月31日）までにその買換資産を居住の用に供さなければなりません。

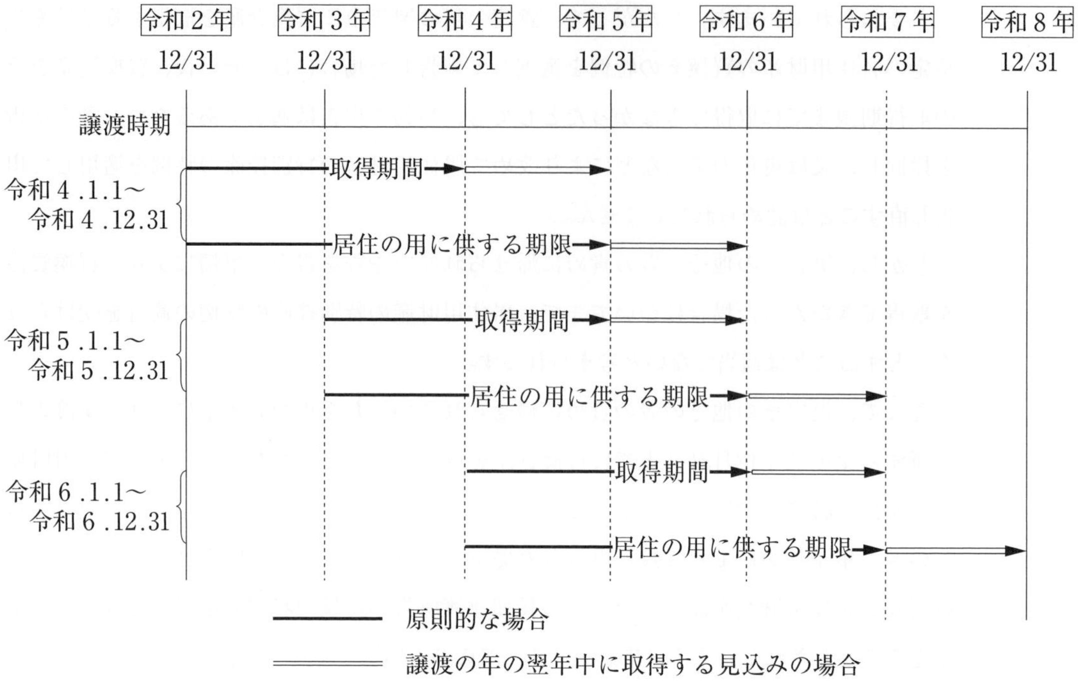

チェックポイント

1　買換資産を居住の用に供する期限までに居住の用に供しないとき、又は供しなくなったときには、この特例の適用を受けることができません（措法36の２①②、36の３①、②二）。

2　**1**の例外として居住の用に供しないことについて特別の事情がある場合には特例の適用が認められることとされています（措通36の３－２）。

居住の用に供しないことについて特別の事情がある場合	①	買換資産について、租税特別措置法第33条の４第１項に規定する収用交換等に該当する譲渡をすることとなったこと	この特例の適用が認められます。
	②	買換資産が災害により滅失又は損壊したこと	
	③	買換資産の取得をした者について海外勤務その他これに類する事情が生じたこと	
	④	買換資産の取得をした者が死亡したこと（買換資産を相続により取得した者がその取得後譲渡資産の譲渡の日の属する年の翌年12月31日までに買換資産を居住の用に供しないことにつきやむを得ない事情がある場合に限られます。）	

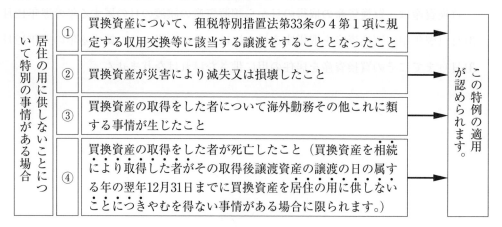

なお、租税特別措置法施行令第24条の２第13項で、買換資産の取得をした者が死亡した後、相続人が居住の用に供しているときは、この特例を認める旨規定していますので、

④の要件のかっこ書は、これ以外の場合、つまり買換資産の取得をした者が死亡し、かつ、相続人が居住の用に供しない場合について特例的に定めたものです。

３　買換資産を居住の用に供したかどうかについては、租税特別措置法通達31の３－２に準じて判定することとして取り扱われます（措通36の２－17《買換資産を当該個人の居住の用に供したことの意義》）。

この場合において、買換資産である土地等については、その土地等の上にあるその者の有する家屋をその者が居住の用に供したときに、その者の居住の用に供したことになること及び買換資産に租税特別措置法通達31の３－６《生計を一にする親族の居住の用に供している家屋》の取扱いは準用されていないことに注意する必要があります（措通36の２－17㈲）。

租税特別措置法通達31の３－６の取扱いを買換資産についてのその判定に準用しない理由は、譲渡資産であれば過去の使用事実等が明らかになることからそれらの要素を加味して判定することが合理的であるのに対し、買換資産についてはそれが将来にわたるものであり、要素として考慮することができないからです。

〔設例〕

甲は、Ａ市の家屋に10年間居住していましたが、本年、その家屋及びその家屋の敷地を6,000万円で譲渡しました。

甲は、その譲渡代金でＢ市の土地を取得しましたが、家屋の建築資金がないため、長男に資金を調達させ同人に家屋を建築させました。甲は、長男とともにその家屋に居住していますが、この特例の適用を受けることができるでしょうか。

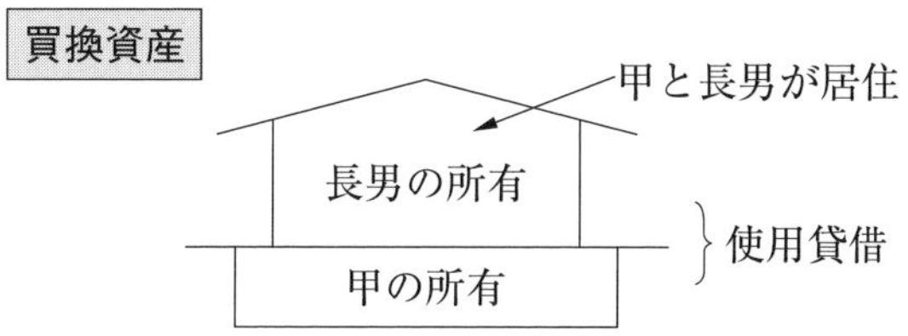

（答）

買い換えた土地は甲の居住の用に供したことにはなりませんので、この特例の適用を受けることはできません。

なお、土地と家屋の所有者が異なり、これらの所有者が親族関係にある場合において、その家屋と敷地を一体として譲渡し、その譲渡代金でそれぞれ家屋とその敷地を取得して従前と同様に一体として利用してその家屋にこれらの者が居住（同居）した場合で一定の要件を満たしている場合には、上記の例外として、その土地の所有者についても（その土地の上にある家屋の所有者が自己以外の者であっても）、この特例を適用することができることとされています（措通36の２－19）。

㈱　詳しくは、312ページのチェックポイント❸を参照してください。
　なお、事例の場合、居住用財産の特別控除の特例及び居住用財産の軽減税率の特例の適用を受けることができます。

❹　買換資産を本人が日常居住の用に供していない場合のこの特例の適用関係は次のようになります。

⑴　単身赴任等の場合

この買換えの特例の適用可否
（○……可
×……否）

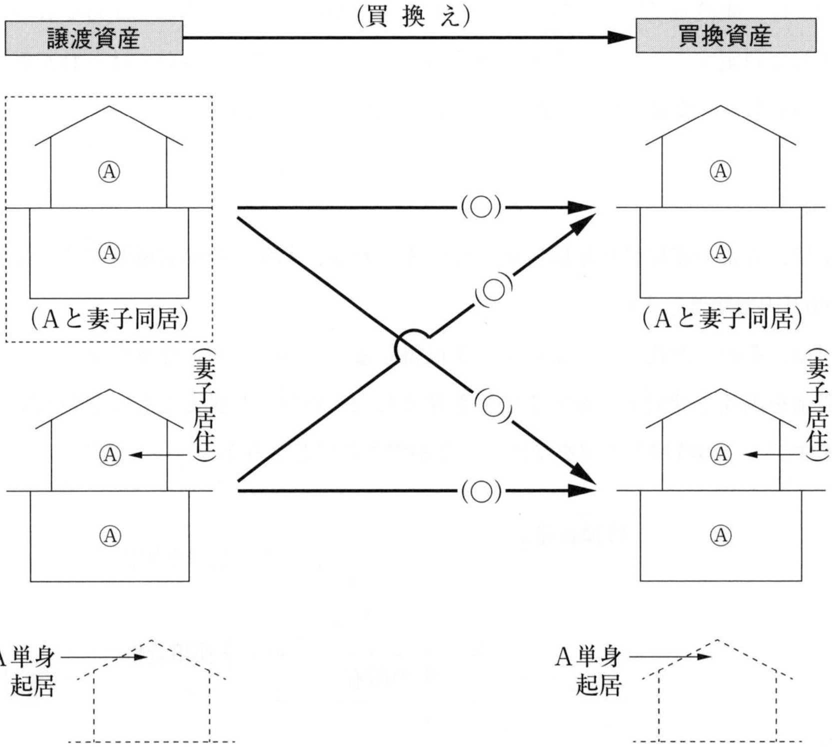

措通36の2－23による31の3－2準用

措通36の2－17による31の3－2準用

　このように、家屋の所有者Aが単身赴任等で他の家屋に起居している場合には、譲渡資産、買換資産共に租税特別措置法通達31の３－２に準じて居住の用に供しているかどうかを判定しますから、この図で示した範囲では、全てこの特例の適用を受けることができます。

㈱　Ⓐは所有関係を示します。

⑵　生計を一にする親族のみが居住している場合

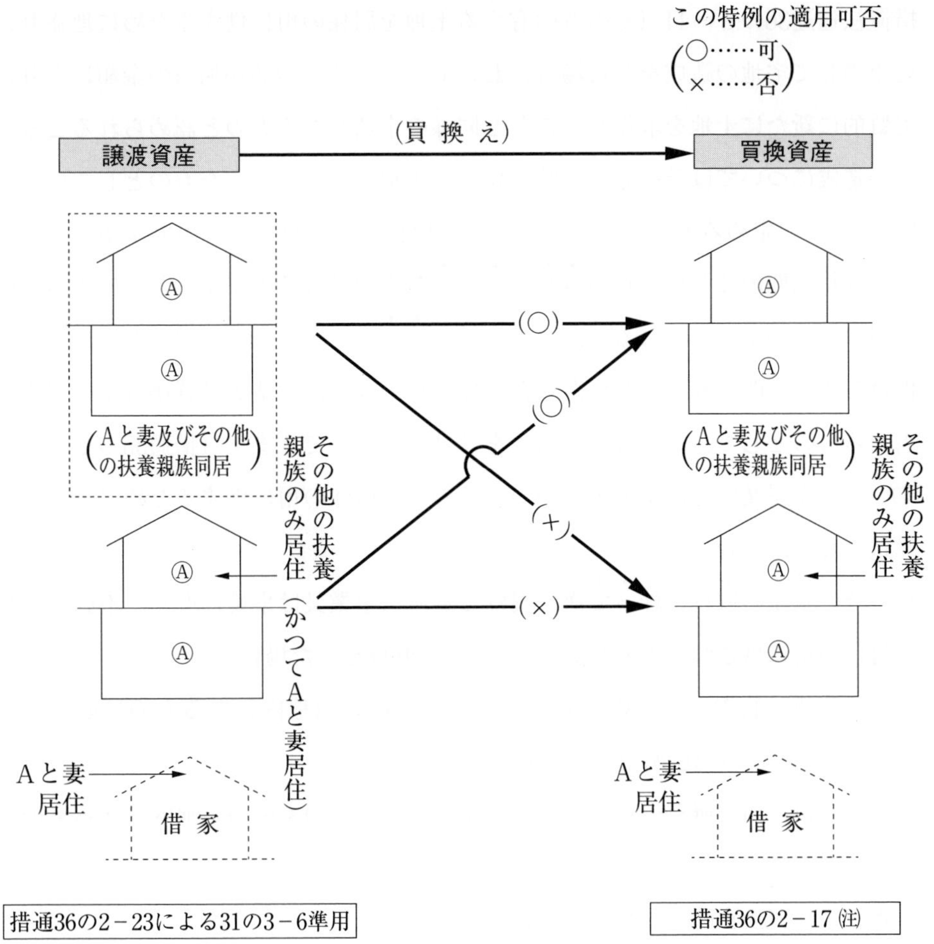

図の左下の譲渡資産の判定については、租税特別措置法通達31の３－６が準用されていますから、譲渡資産について同通達で定める要件を満たす場合には、図の右上への買換えは、この特例の適用を受けることができます（租税特別措置法通達31の３－６の要件については、205ページのチェックポイント❹を参照してください。）。

しかし、図の右下の買換資産の判定については、租税特別措置法通達31の３－６は準用されておらず、譲渡者が買換資産を居住の用に供したことにはなりませんから、図の右下への買換えは、この特例の適用を受けることはできません（措通36の２－17㈱）。

なお、この場合でも居住用財産の特別控除の特例の適用を受けることができます。

㈱　Ⓐは所有関係を示します。

⑷　特例の適用に関しての留意点

イ　買換資産の改良改造等

既に有する家屋又はその家屋の敷地の用に供する土地等について、その者の居住の用に供するため改良、改造等を行った場合のその改良、改造等は、租税特別措置法通達36の２－11（その者の有する土地を居住の用に供するために地盛り、切土等して宅地の造成をした場合において、その費用の額が相当の金額に上り、実質的に新たに土地を取得したことと同様の事情があるものと認められるときは、その造成についてはその完成の時に新たな土地の取得があったものとして取り扱います。）に定めるものを除き買換資産の取得には当たらないのですが、買換資産の取得期間内にされた買換資産に該当する家屋又はその家屋とともにするその家屋の敷地の用に供される土地等の取得に伴って、買換資産の取得期間内に次に掲げる改良、改造等が行われた場合には、その改良、改造等は買換資産の取得に当たるものとして、この特例の適用を受けることができます（措通36の２－12）。

(イ)　その家屋又はその土地等についてその者の居住の用に供するために改良、改造を行った場合

(ロ)　その家屋の取得に伴って次に掲げる資産（事業又は事業に準ずる不動産の貸付けの用に供されるものを除きます。）の取得をした場合

①　車庫、物置その他の附属建物（その家屋の敷地内にあるものに限られます。）又はその建物に係る建物附属設備

②　石垣、門、塀その他これらに類するもの（その家屋の敷地内にあるものに限られます。）

ロ　相続人が買換資産を取得した場合

譲渡資産の譲渡をした者が買換資産を取得しないで死亡した場合であっても、その死亡前に買換資産の取得に関する売買契約又は請負契約を締結しているなど買換資産が具体的に確定しており、その買換資産をその相続人が買換資産の取得期間内に取得し、かつ、その居住の用に供すべき期間内にその買換資産をその相続人の居住の用に供したときは、譲渡資産の譲渡をした者のその譲渡に係る譲渡所得についてこの特例の適用を受けることができることとされています（措通36の２－21）。

2　特例の適用を受けることができない場合

(1)　譲渡資産の譲渡に係る対価の額が１億円を超える譲渡

譲渡資産の譲渡に係る対価の額が１億円を超える場合、この特例を適用することはできません（措法36の２①）。

また、次のような場合にもこの特例を適用することはできません。

イ　譲渡資産の譲渡をした日の属する年又はその前年若しくは前々年に、その譲渡資産と一体として居住の用に供されていた家屋又は土地若しくは土地の上に存する権利の譲渡（収用等による譲渡を除きます。この第３において、以下「前３年以内の譲渡」といいます。）をしている場合において、その前３年以内の譲渡に係る対価の額と譲渡資産の譲渡に係る対価の額との合計額が１億円を超えている場合（措法36の２③）

ロ　譲渡資産の譲渡をした日の属する年の翌年又は翌々年に、その譲渡資産と一体として居住の用に供されていた家屋又は土地若しくは土地の上に存する権利の譲渡（収用等による譲渡を除きます。）をした場合において、その家屋又は土地若しくは土地の上に存する権利の譲渡の対価の額と譲渡資産の譲渡に係る対価の額（前３年以内の譲渡がある場合には、上記イの合計額）との合計額が１億円を超えている場合（措法36の２④）

㈱　上記イ及びロの譲渡に係る対価の額は、これらの譲渡が贈与（著しく低い金額での譲渡を含みます。）によるものである場合は、その贈与の時における価額に相当する金額をもって譲渡に係る対価の額とされます（措令24の２⑨、措規18の４④）。

⑵　譲渡者の配偶者、直系血族等特別関係者に対する譲渡

特別関係者に対する譲渡については「居住用財産を譲渡した場合の3,000万円の特別控除の特例」の場合と同様にこの特例を適用することはできません（措法36の２①、措令24の２①、20の３①）。

特別関係者の範囲については、230ページを参照してください。

⑶　適用除外の譲渡と適用除外の取得

		異動原因	
適用除外の譲渡	①	贈　与(措法36の２①)	適用除外の取得
適用除外の譲渡	②	交　換(措法36の２①)	適用除外の取得
適用除外の譲渡	③	金銭債務の弁済に代えてする代物弁済(措令24の２②④)	適用除外の取得
適用除外の譲渡	④	出　資(措法36の２①)	

上表①から④までに該当する場合には、「買換え」ではないため、この特例を適用することができません。

チェックポイント

この特例の適用から除外される取得先の制約は付されていませんので、親族等から買換資産を取得するということも可能です。

(4)　他の居住用財産の譲渡所得に係る特例との適用関係

この特例の適用対象となる居住用財産を譲渡した場合には、通常、居住用財産の特別控除の特例（措法35②）や居住用財産の軽減税率の特例（措法31の３）の適用対象にも該当することとなります。

しかし、その年分の譲渡所得についてこの特例とこれらの特例を重複して適用することは認められていません。

つまり、ある年に居住用財産を譲渡した場合には、その年の譲渡所得について、①居住用財産の特別控除の特例や居住用財産の軽減税率の特例、②特定の居住用財産の買換えの特例のいずれの適用要件にも該当する場合にあっては、その選択したいずれか一つの特例だけしか適用できないこととされています。

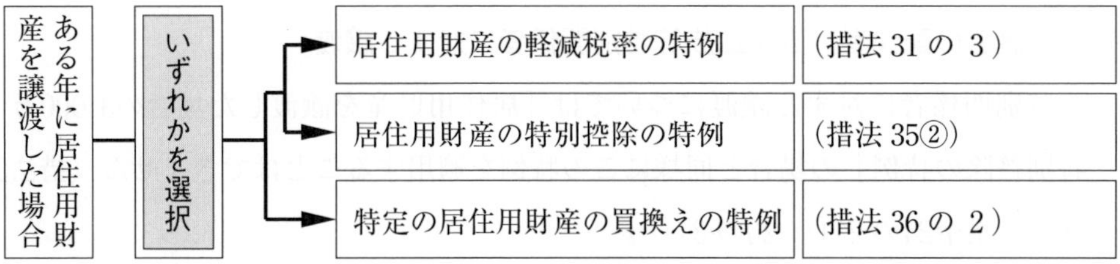

チェックポイント

❶　この買換えの特例と居住用財産の特別控除や軽減税率の特例のいずれの適用要件にも該当する譲渡の場合には、そのいずれを適用するかは納税者の選択に委ねられています。

選択に当たっては、譲渡代金のうち買換資産の取得に要した金額などを総合勘案し、いずれか有利な特例を適用して差し支えありません。

❷　譲渡する居住用財産が長期保有資産に該当する場合には、原則として、「居住用財産の特別控除の特例」と「居住用財産の軽減税率の特例」とを重複適用することが可能です。

また、この特例の適用対象となる居住用財産を譲渡した年の前年、前々年の資産の譲渡について居住用財産の軽減税率の特例（措法31の３）、居住用財産の特別控除の特例（措法35②。同条第３項の規定（空き家の特例）により適用する場合を除きます。)、居住用財産の買換え等の場合の譲渡損失の損益通算及び繰越控除（措法41の５)、及び特定居住用財産の譲渡損失の損益通算及び繰越控除（措法41の５の２）を適用している場合にはその居住用財産の譲渡についてこの特例を適用することはできません（措法36の２①)。

(5)　他の特例の適用を受ける場合

次に掲げる特例の適用を受ける場合には、この特例を受けることはできません（措法36の２①)。

		特　例	
適用除外の特例	①	収用等に伴い代替資産を取得した場合の課税の特例	措法33
	②	交換処分等に伴い資産を取得した場合の課税の特例	措法33の２
	③	換地処分等に伴い資産を取得した場合の課税の特例	措法33の３
	④	収用交換等の場合の特別控除の特例	措法33の４
	⑤	特定の事業用資産の買換えの特例	措法37
	⑥	特定の事業用資産の交換の特例	措法37の４
	⑦	特定普通財産とその隣接する土地等の交換の特例	措法37の８
	⑧	固定資産の交換の特例	所法58

3　特例の内容

(1)　譲渡所得の金額の計算

特定の居住用財産の買換えの特例の適用を受ける場合の譲渡所得の金額の計算は、次のようになります（措法36の２①、措令24の２⑤)。

①　譲渡資産の譲渡価額≦買換資産の取得価額の場合

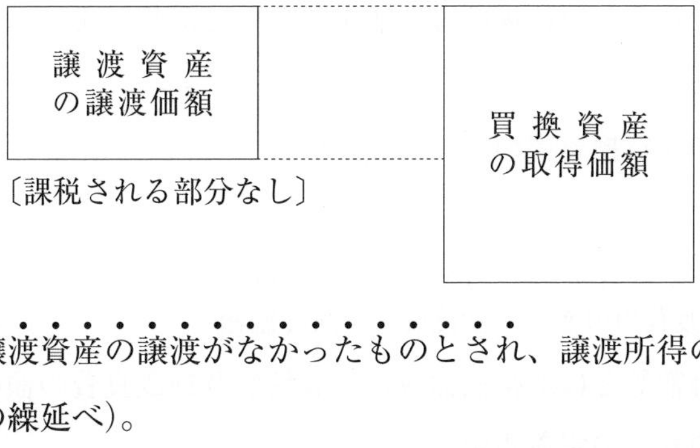

譲渡資産の譲渡がなかったものとされ、譲渡所得の金額は生じません（全額課税の繰延べ)。

② 譲渡資産の譲渡価額＞買換資産の取得価額の場合

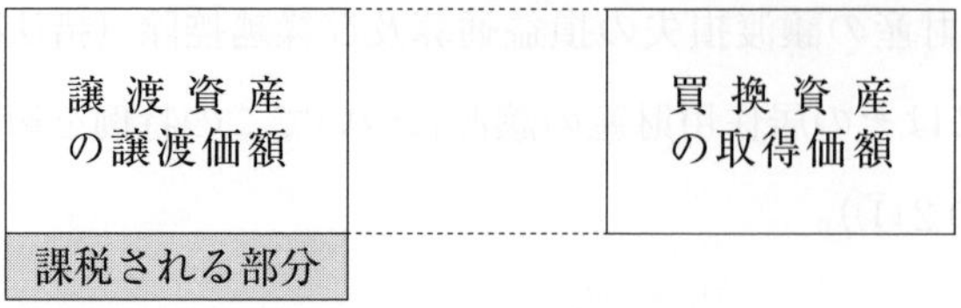

その超過額に対応する部分（網かけ部分）の譲渡資産の譲渡があったものとされ、次のようにして計算した長期譲渡所得の金額について課税されます（一部課税、残額課税の繰延べ）。

〔算式〕

㋑ 収入金額＝譲渡資産の譲渡価額－買換資産の取得価額

㋺ 必要経費＝（譲渡資産の取得費の額＋譲渡費用の額）× $\dfrac{㋑}{譲渡資産の譲渡価額}$

㋩ ㋑－㋺＝長期譲渡所得の金額

チェックポイント

❶ この特例の適用を受けた場合には、居住用財産の3,000万円の特別控除の特例を適用することはできません。

❷ この特例の適用を受けられる場合（譲渡資産の譲渡価額≦買換資産の取得価額の場合）には、譲渡資産の取得費及び譲渡費用の額の100％が、買換資産の取得価額に引き継がれます。

(2) 買換資産の取得価額の計算

イ 取得価額等

この特例の適用を受けた買換資産をその後譲渡した場合における譲渡所得の金額の計算上控除する取得費は、実際の取得価額を基とするのではなく、次に掲げる場合の区分に応じ、それぞれ次に掲げる金額を基として計算します（措法36の4、措令24の3④）。

① 譲渡資産の譲渡価額＞買換資産の取得価額の場合

〔算式〕

$$\left(\text{譲渡資産の取得価額等の合計額} + \text{譲渡資産の譲渡費用の額}\right) \times \frac{\text{買換資産の取得価額}}{\text{譲渡資産の譲渡価額}}$$

上記の算式の取得価額等とは取得価額並びに設備費及び改良費の額の合計額をいいます（措法33の6①の定義規定）。

② 譲渡資産の譲渡価額＝買換資産の取得価額の場合

〔算式〕

譲渡資産の取得価額等の合計額＋譲渡資産の譲渡費用の額

③　譲渡資産の譲渡価額＜買換資産の取得価額の場合

〔算式〕

（譲渡資産の取得価額等の合計額＋譲渡資産の譲渡費用の額）＋（買換資産の取得価額－譲渡資産の譲渡価額）

買換資産が二以上ある場合、例えば、家屋とその敷地である場合には、全体として引継取得価額を計算し、買換資産である家屋、敷地それぞれの実際の取得価額の比によりあん分して、個々の資産ごとの引継取得価額を計算することになります（措令24の３②）。

上記①から③までの算式を整理すると次のようになります。

	買換えの態様	買換取得資産の取得価額
①	Ⓐ＞Ⓓ	（Ⓑ＋Ⓒ）×Ⓓ/Ⓐ＝Ⓔ
②	Ⓐ＝Ⓓ	Ⓑ＋Ⓒ＝Ⓔ
③	Ⓐ＜Ⓓ	（Ⓑ＋Ⓒ）＋（Ⓓ－Ⓐ）＝Ⓔ

㈱　符号の説明
Ⓐ　譲渡資産の譲渡価額　　Ⓑ　譲渡資産の取得価額等の合計額
Ⓒ　譲渡資産の譲渡費用の額　Ⓓ　買換資産の実際の取得価額
Ⓔ　買換資産の取得価額

チェックポイント

買換資産に該当する家屋と土地等を一の契約により取得した場合におけるそれぞれの取得価額については、次によるものとされています（措通36の２－９）。

①　家屋及び土地等の価額が当事者間の契約において区分されており、かつ、その区分された価額がその家屋及び土地等の取得時の価額（時価額）としておおむね適正なものであるときは、その契約により明らかにされている価額によります。

②　家屋及び土地等の価額が当事者間の契約において区分されていない場合であっても、例えば、その家屋及び土地等が建設業者から取得したものであってその建設業者の帳簿書類にその家屋及び土地等のそれぞれの価額が区分して記載されている等家屋及び土地等のそれぞれの価額がその取得先等において確認され、かつ、その区分された価額がその家屋及び土地等の取得時の価額としておおむね適正なものであるときは、その確認された価額によることができます。

③　①及び②により難いときは、一括して取得した家屋及び土地等の取得時における価額の比によりあん分して計算した金額を、それぞれの取得価額とします。

なお、この基準は、この特例にのみ適用されるべきものではなく、一般的な基準として妥当するものです。

ロ　取得時期

買換資産の取得の日は、買換資産の実際の取得の日により、いわゆる取得時期の引継ぎはしないこととされています。

4　申告手続

この特例の適用を受けるためには、確定申告書の「特例適用条文」欄に「措法36条の2」と記載するほか、次に掲げる書類を添付しなければなりません（措法36の2⑤⑦、措規18の4②⑤⑥）。

<table>
<tr><td rowspan="5">譲渡資産に関するもの</td><td>①</td><td colspan="2">「譲渡所得の内訳書（確定申告書付表兼計算明細書）【土地・建物用】」（707ページ参照）</td></tr>
<tr><td></td><td>態様区分</td><td>添付書類</td></tr>
<tr><td>②</td><td>譲渡資産の譲渡に係る契約を締結した日の前日においてその譲渡をした者の住民票に記載されていた住所とその譲渡をした譲渡資産の所在地とが異なる場合、その譲渡の日前10年内において住民票に記載されていた住所を異動したことがある場合などには、その譲渡をした者がその譲渡資産を居住の用に供していた期間が10年以上であることを明らかにするもの（措規18の４⑤）</td><td>戸籍の附票の写し、消除された戸籍の附票の写しその他これらに類する書類</td></tr>
<tr><td>③</td><td>譲渡資産の譲渡をした者がその譲渡をした年の１月１日における所有期間が10年を超えるものであることを明らかにするもの(措規18の４⑤一)</td><td>譲渡資産に係る登記事項証明書(※)その他これらに類する書類</td></tr>
<tr><td>④</td><td>譲渡資産の対価の額（その年以前３年以内に、譲渡資産と一体利用していた家屋又は土地等の譲渡がある場合それらの譲渡対価の額との合計額）が１億円以下であることを明らかにするもの（措規18の４⑤二）</td><td>譲渡資産に係る売買契約書の写し等</td></tr>
<tr><td>買換資産に関するもの</td><td>⑤</td><td>買換資産の取得をしたこと、その買換資産に係る家屋の床面積が50㎡以上であること及びその買換資産に係る土地の面積が500㎡以下であること並びにその買換資産に係る家屋の区分に応じた次のもの（措規18の４⑥）
イ　令和６年１月１日以後にその者の居住用に供した又は供する見込みである建築後使用されたことのない家屋である場合には、特定居住用家屋以外のものであることを明らかにするもの
ロ　建築後使用されたことのある耐火建築物である場合にはその取得の日以前25年以内に建築されたものであること又は建築基準等に適合することを明らかにするもの</td><td>取得をした買換資産に係る登記事項証明書、売買契約書の写しその他の書類（取得をした家屋が地震に対する安全性に係る基準に適合することの証明書）
なお、上記の他、左記イを証する書類は、住宅ローン税額控除と同様で、確認済証の写し又は、検査済証の写し（318ページ㊟１のイを証するもの）、登記事項証明書（318ページ㊟１のロを証するもの）及び住宅省エネルギー性能証明書その他の書類</td></tr>
</table>

		ハ　建築後使用されたことのある非耐火建築物である場合には、その取得の日以前25年以内に建築されたものであること又は取得期限までに建築基準等に適合することを明らかにするもの
	⑥	確定申告書の提出の日まで又は買換資産の取得をした日から４か月を経過する日までに居住の用に供していない場合には、その旨及びその居住の用に供する予定年月日その他の事項を記載した書類（措規18の４⑥）

(※)　登記事項証明書については、不動産番号等明細書を提出することなどにより、その添付を省略することができます（205ページ参照）。

チェックポイント

特例の対象となる譲渡資産であることについての証明としては、原則として、登記事項証明書(※)等（この第３において、以下「公的書類」といいます。）が必要とされていますが、これら公的書類では証明することができない場合には、公的書類に類する書類で、特例の対象となる譲渡資産に該当することを明らかにする必要があります（措通36の２－22）。

公的書類に類する書類には、例えば、次のようなものが含まれます（例示列挙）。

(※)　登記事項証明書については、不動産番号等明細書を提出することなどにより、その添付を省略することができます（205ページ参照）。

		証明事項	証明書類
公的書類に類する書類	1	譲渡資産が長期保有資産であることを証するため	①　固定資産課税台帳の写し ②　取得に関する契約書
	2	譲渡した者の居住期間を証するため	①　学校の在籍証明書 ②　郵便書簡 ③　町内会等の居住者名簿

(注)１　公的書類で特例の対象となる譲渡資産に該当することを証明することができない場合には、戸籍の附票の消除や家屋が未登記である等の事由により公的書類の交付を受けることができない場合も含まれます（措通36の２－22のかっこ書）。

２　譲渡契約の締結日の前日において、譲渡者の住民基本台帳に登載されていた住所が、譲渡資産の所在地と異なる場合については、次に掲げる書類を確定申告書に添付する必要があります（措通36の２－22、31の３－26）。

添付書類	①	譲渡者の戸籍の附票の写し又は消除された戸籍の附票の写し (注)　譲渡した日から２か月を経過した日後に交付を受けたものに限られます。
	②	譲渡者の住民基本台帳に登載されていた住所が譲渡資産の所在地と異なっていた事情の詳細を記載した書類
	③	譲渡者が譲渡資産に居住していた事実を明らかにする書類

なお、買換資産の全部又は一部を譲渡資産の譲渡の年の翌年中に取得し、居住の用に供する見込みである場合は、このほかに買換資産の取得予定年月日及び取得価額の見積額に関する明細書を添付しなければなりません（措法36の２②、措規18の４⑤）。

また、買換資産の取得については、確定申告書の提出の日まで、翌年中に取得する見込みで確定申告書を提出した場合には買換資産の取得をした日から４か月を経過する日までに、333ページの「買換資産に関するもの」の⑤と⑥に掲げる書類を提出しなければなりません（措法36の２②⑦⑧、措令24の２⑩、措規18の４⑥）。

この特例も、居住用財産の特別控除の特例と同じように、申告することを要件としてその適用が認められます（措法36の２⑤）が、確定申告書の提出がなかったり、確定申告書は提出したものの、確定申告書の「特例適用条文」欄に「措法36条の２」との記載や譲渡所得計算明細書等の書類の添付がなかった場合であっても、税務署長が、提出又は記載若しくは添付がなかったことについてやむを得ない事情があると認めるときは、その記載をした書類及び明細書等の書類の提出があった場合に限り、この特例の適用を受けることができます（措法36の２⑥）。

５　更正の請求と修正申告

(1)　更正の請求

譲渡資産の譲渡の年の翌年中に取得する見込みの買換資産の取得価額の見積額を譲渡資産の譲渡価額よりも少なく見積もってこの特例を受けた場合には、買換資産の実際の取得価額がその見積額を上回ることとなり、当初申告した所得税額が本来納付すべき所得税額に比して過大になることがあります。この場合には、買換資産の取得をした日から４か月以内に更正の請求をし、その過大となった所得税額の還付を受けることができます（措法36の３②）。

態　様	更正の請求の期限
買換資産の取得価額の見積額 ＜ 買換資産の実際の取得価額	買換資産を取得した日から４か月以内

(2)　修正申告

この特例の適用を受けて申告した者が本来納付すべき所得税額に不足額を生ずることとなった場合等には下記イからハの表の修正申告の期限までに修正申告書を提出し、かつ、修正申告書の提出により納付すべき税額を納付しなければなりません（措法36の３①～③、措通36の３－１）。

イ　譲渡の年中に買換資産の全部を取得した場合

態　様	修正申告の期限
譲渡資産の譲渡の年の12月31日までに買換資産の全部の取得を了していた者が、譲渡の年の翌年12月31日までに、買換資産をその者の居住の用に供しなかったため、又は供しなくなったために納付すべきこととなる所得税の額	譲渡の年の翌年12月31日の翌日から４か月以内

ロ　買換資産の全部又は一部を譲渡資産の譲渡の年の翌年中に取得する見込みで申告した場合

次の区分に応じ、それぞれ次に掲げる日となります。

	態　様	修正申告の期限
①	その者が譲渡資産の譲渡の年の翌年中に買換資産の取得をしていなかったため納付すべきこととなる所得税の額	譲渡資産の譲渡の年の翌年12月31日の翌日から４か月以内
②	その者が譲渡資産の譲渡の年の翌年中に買換資産を取得し、かつ、その取得価額が見積額に満たないため納付すべきこととなるその取得価額と見積額との差額に対応する所得税の額	譲渡資産の譲渡の年の翌年12月31日の翌日から４か月以内
③	その者が取得した買換資産を譲渡資産の譲渡の年の翌々年12月31日までに、その者の居住の用に供しなかったため、又は供しなくなったため納付すべきこととなるその譲渡資産の譲渡に係る所得税の額（上記①又は②により納付すべきこととなる所得税の額を除きます。）	譲渡資産の譲渡の年の翌々年12月31日の翌日から４か月以内

ハ　譲渡資産の譲渡をした日の属する年の翌年又は翌々年に、その譲渡資産と一体として居住の用に供されていた家屋又は土地等の譲渡をした場合

態　様	修正申告の期限
譲渡資産の譲渡をした日の属する年の翌年又は翌々年に、譲渡資産と一体として居住の用に供していた家屋又は土地等の譲渡の対価の額と譲渡資産の譲渡の対価の額（前３年以内の譲渡がある場合その譲渡対価の額との合計額）の合計額が１億円を超えたために納付すべきこととなる所得税の額	譲渡の対価の額の合計額が１億円を超えることとなった譲渡をした日から４か月以内

第４　特定の居住用財産の交換の特例
（租税特別措置法第36条の５関係）

「特定の居住用財産の交換の特例」は、「特定の居住用財産の買換えの特例」と兄弟（姉妹）の関係にある特例です。この特例では、交換の時において交換譲渡資産又は交換取得資産をその時の時価額で譲渡又は取得したものとみなして特定の居住用財産の買換えの特例のレールに乗せることとしたものです。

ここでは、「特定の居住用財産の交換の特例」について説明しますが、大部分の事項は、先の「特定の居住用財産の買換えの特例（措法36の２）」と同じですので、そちらの説明も併せて参照してください。

１　特例の内容

個人の有する家屋又は土地等で特定の居住用財産の買換えの特例（措法36の２①）の適用対象となる譲渡資産に該当するもの（この第４において、以下「交換譲渡資産」といいます。）とその個人の居住の用に供する家屋又は土地等で特定の居住用財産の買換えの特例の適用対象となる買換資産に該当するもの（この第４において、以下「交換取得資産」といいます。）との交換をした場合（その交換に伴い交換差金を取得し、又は支払った場合を含みます。）又は交換譲渡資産と交換取得資産に該当しない資産との交換をし、かつ、交換差金を取得した場合（この第４において、以下「他資産との交換の場合」といいます。）には、次のようにみなして、特定の居住用財産の買換えの特例の規定を適用します（措法36の５、措令24の４②）。

⑴　交換譲渡資産（他資産との交換の場合にあっては、交換差金に対応する部分に限られます。）は、その個人が、その交換の日において、その日におけるその資産の価額に相当する金額で譲渡をしたものとみなします。

⑵　交換取得資産は、その個人が、その交換の日において、その日におけるその資産の価額に相当する金額で取得をしたものとみなします。

〔図１〕

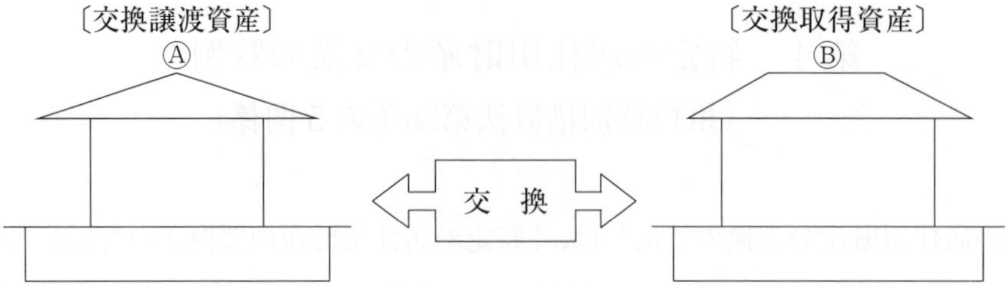

Ⓐを時価額で譲渡し、Ⓑを時価額で取得したものとみなして、特定の居住用財産の買換えの特例（措法36の２）を適用することができます。

〔図２〕

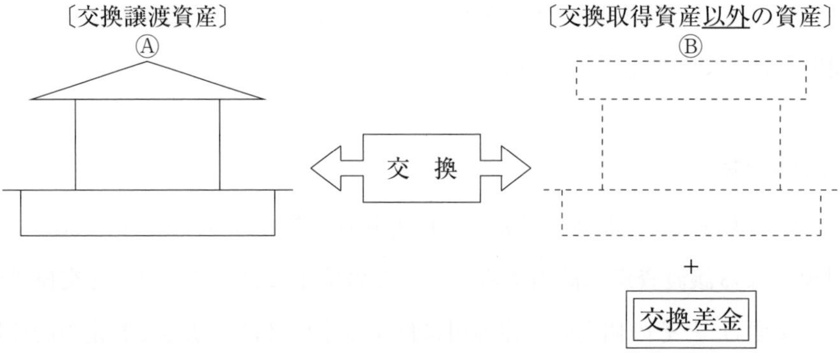

Ⓐの価額のうち交換差金に対応する部分（次の算式により算出します。）については、時価額で譲渡したものとみなされます。

$$\text{Ⓐの価額} \times \frac{\text{交換差金の額}}{\text{交換差金の額}+\text{Ⓑの価額}}$$

この場合、取得した交換差金をもって居住用財産（特定の居住用財産の買換えの特例（措法36の２）の対象となる買換資産）を取得しなければ、同特例の適用は受けられません。

なお、Ⓐの価額のうち、交換差金に対応する部分以外の部分（Ⓑの価額に対応する部分）については、特定の居住用財産の買換えの特例の適用は受けられません。

２　適用除外

この特例は、次に掲げる特例の適用を受ける交換には、適用がありません（措法36の５、措令24の４①）。

		特　例	
適用除外の特例	①	租税特別措置法第33条の２第１項第２号に規定する土地改良事業の施行による交換	措法33の２①二
	②	特定の事業用資産の交換の特例	措法37の４
	③	中高層耐火建築物等の建設のための交換の特例	措法37の５⑤
	④	特定普通財産とその隣接する土地等の交換の特例	措法37の８
	⑤	固定資産の交換の特例	所法58①

３　その他

この特例の適用を受けるための申告手続、更正の請求と修正申告及び交換取得資産を譲渡した場合の取得価額の計算などについては、特定の居住用財産の買換えの特例の場合と同じです。

第５　特定の事業用資産の買換えの特例
（租税特別措置法第37条関係）

１　制度の概要

個人が、事業の用に供している特定の地域内にある土地建物等を譲渡し一定期間内に特定地域内にある土地等の特定の資産を取得し、その取得の日から１年以内に買換資産を事業の用に供した場合には、買換えの特例の適用を受けることができます（措法37①③④⑩）。

２　特定の事業用資産の買換えの特例の適用が認められる場合

特定の事業用資産の買換えの特例の適用を受けることができるのは、次のとおりです。

		態様別分類		買換えの内容
買換えの特例が認められる場合	(1)	追出し促進のための土地を中心とする買換え	①	飛行場の航空機騒音障害区域内から航空機騒音障害区域外への買換え
	(2)	既成市街地等内での土地の有効利用のための買換え	②	土地等が土地の計画的かつ効率的な利用に資する施策の実施に伴って取得される場合の既成市街地等内での買換え
	(3)	長期間保有の土地建物等から特定の資産への買換え	③	譲渡の日の属する年の１月１日において所有期間が10年を超える国内にある土地等、建物又は構築物から国内にある土地等、建物又は構築物への買換え
	(4)	船舶から船舶の買換え	④	日本船舶（漁業の用を除きます。）から一定の日本船舶への買換え

㈱　○内の数字は租税特別措置法第37条第１項の表の号数と符合します。

３　特例の適用要件

次の⑴から⑻までに掲げる全ての要件を満たす場合には、特定の事業用資産の買換えの特例の適用を受けることができます（措法37、措令25）。

なお、令和６年４月１日以後に特定の事業用資産を譲渡し、同日以後に一定の買換資産を取得した場合でこの特例の適用を受ける場合には、譲渡資産の譲渡の日（同日より前に買換資産の取得をした場合には、その取得の日）を含む三月期間㈱の末日の翌日から２か月以内に、納税地の所轄税務署長にこの特例の適用を受ける旨の届出を要することとされました（措法37①、措令25③）。

㈱　三月期間とは、１月１日から３月31日まで、４月１日から６月30日まで、７月１日から９月30日まで及び10月１日から12月31日までの各期間をいいます。

⑴　所有期間

原則として、その年の１月１日における所有期間が５年を超える土地等の譲渡であることが必要です（措法37⑤、措令25⑲）。

ただし、平成10年１月１日から令和８年３月31日までの間の譲渡に限り、平成10年１月１日以後に譲渡資産の譲渡をし、かつ、同日以後に買換資産を取得する場合には、所有期間が５年以下の土地等の譲渡であってもこの特例の適用を受けることができます（措法37⑫）。

⑵　譲渡資産及び買換資産の「地域・事業の種類」の範囲

この特例は、次表の「譲渡資産」の欄に掲げる特定の資産を譲渡し、その譲渡資産に対応する「買換資産」の欄に掲げる特定の資産を取得した場合に適用を受けることができます（措法37①）。

区分	譲　渡		買換え	
	資　産	事　業	資　産	事　業
1号	航空機騒音障害区域内にある土地等、建物（その附属設備を含みます。）又は構築物	全ての事業	航空機騒音障害区域外にある土地等、建物、建築物又は機械及び装置 （ただし、農業又は林業の用に供されるものにあっては、市街化区域以外の地域にあるもの）	一般商工業 ㈲1「一般商工業」とは、農林業以外の事業をいいます。 （全ての事業） ㈲2「全ての事業」とは、農林業を含めた全ての事業をいいます。
2号	既成市街地等及びこれに類する区域内にある土地等、建物又は構築物	全ての事業	既成市街地等及びこれに類する区域内にある土地等、建物、構築物又は機械及び装置で、土地の計画的かつ効率的な利用に資する一定の施策の実施に伴い、その施策に従って取得をされるもの（中高層耐火建築物以外の建物及び住宅の用に供される部分が含まれる建物（その敷地も含みます。）を除きます。）	全ての事業
3号	国内にある土地等、建物又は構築物で、譲渡の日の属する年の1月1日において所有期間が10年を超えるもの	全ての事業	国内にある土地等（特定施設の敷地の用に供されるもの又は駐車場の用に供されるもので、その面積が300㎡以上のものに限ります。）、建物又は構築物	全ての事業

具体的な地域等
イ 「航空機騒音障害区域」とは、次の区域をいいます（措法37①一）。 (イ) 特定空港周辺航空機騒音対策特別措置法第４条第１項に規定する航空機騒音障害防止特別地区（令和５年４月１日以後に譲渡資産の譲渡をし、かつ、同日以後に買換資産の取得をする場合における譲渡資産の譲渡については、令和２年４月１日前に当該区域となった区域を除きます。次のロについても同じです。） (ロ) 公共用飛行場周辺における航空機騒音による障害の防止等に関する法律第９条第１項に規定する第２種区域 (ハ) 防衛施設周辺の生活環境の整備等に関する法律第５条第１項に規定する第２種区域 ロ 「市街化区域」とは、都市計画法第７条第１項に規定する市街化区域をいいます（措法37①一）。
イ 「既成市街地等」とは、次に掲げる区域をいいます。ただし、譲渡した年の10年前の年の翌年１月１日以後に公有水面埋立法による竣功認可のあった埋立地の区域は含まれません（措法37①二、措令25⑥）。 (イ) 首都圏整備法第２条第３項に規定する既成市街地 (ロ) 近畿圏整備法第２条第３項に規定する既成都市区域 (ハ) 首都圏、近畿圏及び中部圏の近郊整備地帯等の整備のための国の財政上の特別措置に関する法律施行令別表に掲げられている区域 ロ 「既成市街地等に類する区域」とは、都市計画法第４条第１項に規定する都市計画に都市再開発法第２条の３第１項第２号に掲げる地区若しくは同条第２項に規定する地区の定められた市又は道府県庁所在の市の区域の都市計画法第４条第２項に規定する都市計画区域のうち最近の国勢調査の結果による人口集中地区の区域（既成市街地等を除きます。）をいいます（措令25⑦）。 ハ 「土地の計画的かつ効率的な利用に資する一定の施策」とは、都市再開発法による市街地再開発事業に関する都市計画をいいます（措令25⑧）。
イ 「特定施設の用に供されるもの」は、「事務所、事業所その他の政令（措令25⑩）で定める施設（「特定施設」といいます。）の敷地の用に供されるもの（特定施設に係る事業の遂行上必要な駐車場の用に供されるものを含みます。）」をいいます（措法37①三）。 ロ 「駐車場の用に供されるもの」は、建物又は構築物の敷地の用に供されていないことについて政令（措令25⑪）で定めるやむを得ない事情があるものをいいます（措法37①三）。

区分	譲　渡		買換え	
	資　産	事　業	資　産	事　業
4号	日本船舶（船舶法第1条に規定する日本船舶に限り、漁業の用に供されるものを除きます。）のうち、その進水の日から譲渡の日までの期間が一定期間に満たないもの（令和5年4月1日以後に譲渡資産の譲渡をし、かつ、同日以後に買換資産の取得をする場合における譲渡資産の譲渡については、建設業又はひき船業の用に供される船舶について、平成23年1月1日以後に建造されたものを除きます。）	漁業（水産動植物の採捕又は養殖の事業をいいます。）を除く事業	日本船舶のうち、①建造後事業の用に供されたことのないもの、②船齢が耐用年数以下のもので船齢が譲渡船舶の進水の日から譲渡船舶の譲渡の日までの期間に満たないもの（環境への負荷の低減に資する船舶として国土交通大臣が財務大臣と協議して指定するものに限ります。）	譲渡船舶に係る事業と同一(注)の事業

(注)　令和5年4月1日以後に譲渡資産の譲渡をし、かつ、同日以後に買換資産の取得をする場合における譲渡資産の譲渡について適用され、これ以外の場合（同日前に譲渡資産の譲渡をした場合など）には、このような限定はありません。

具体的な地域等
譲渡船舶の進水の日から譲渡の日までの期間が「一定期間に満たないもの」について、「一定期間」とは、次の船舶の区分に応じ、それぞれ次の期間とされています（令和５年４月１日以後に譲渡をし、かつ、同日以後に買換資産を取得する場合におけるその譲渡に適用される船齢要件です。）。 イ　海洋運輸業の用に供されている船舶　20年（措令25⑫一） ロ　沿海運輸業の用に供されている船舶　23年（措令25⑫二） ハ　建設業又はひき船業の用に供されている船舶　30年（措令25⑫三）

(3)　事業の範囲

この特例の適用を受けることができる譲渡資産及び買換資産は、事業又は事業に準ずるものの用に供されているものに限られます。

イ　事業に準ずるものの範囲

「事業に準ずるもの」とは、事業と称するに至らない不動産又は船舶の貸付けその他これに類する行為で、相当の対価を得て継続的に行われるものをいいます(措法37①、措令25②、措通37－３)。

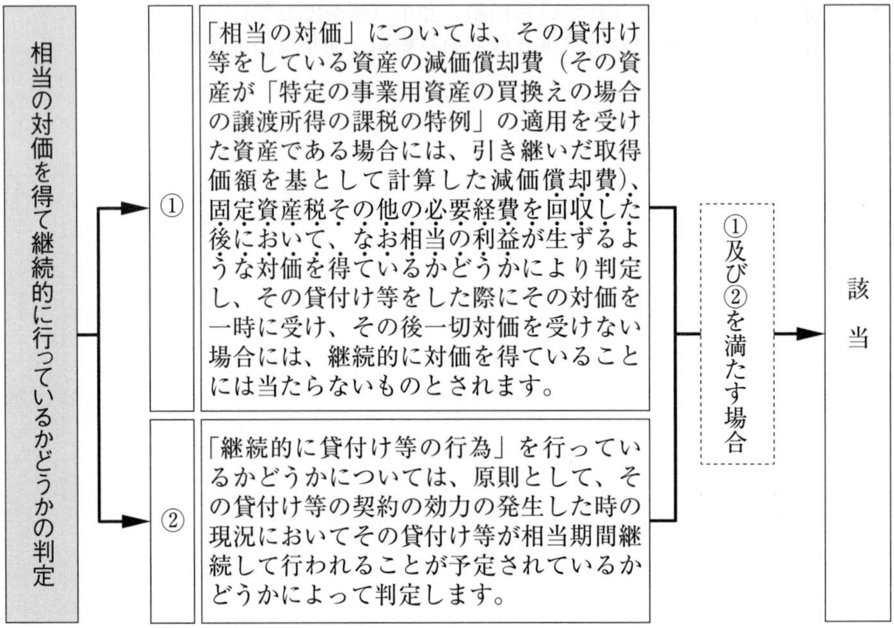

ロ　買換資産を事業の用に供したかどうかの判定（措通37－21）

		留意点
事業の用に供したかどうかの判定	①	土地の上にその個人の建物、構築物等の建設をする場合において、その建物、構築物等がその個人の事業の用に供されていないときのその土地は、事業の用に供したものに該当しません。
	②	空閑地（運動場、物品置場、駐車場等として利用している土地であっても、特別の施設を設けていないものを含みます。）である土地、空き家である建物等は、その個人の事業の用に供したものに該当しません。ただし、特別の施設を設けていない場合であっても、物品置場、駐車場等として常時使用している土地等で、その個人の事業の遂行上通常必要なものとして合理的であると認められる程度のものは、事業の用に供したものに該当します。
	③	工場等の用地としている土地であっても、その工場等の生産方式、生産規模等の状況からみて必要なものとして合理的であると認められる部分以外の部分の土地は、事業の用に供したものに該当しません。
	④	農場又は牧場等としている土地であっても、その農場又は牧場で行っている耕作、牧畜等の行為が社会通念上農業、牧畜業等に至らない程度のものであると認められる場合におけるその土地又は耕作能力、牧畜能力等から推定して必要以上に保有されていると認められる場合のその必要以上に保有されている土地は、事業の用に供したものに該当しません。
	⑤	植林されている山林を相当の面積にわたって取得し、社会通念上林業と認められる程度に到る場合のその土地は、事業の用に供したものに該当しますが、例えば、雑木林を取得して保有しているに過ぎず、林業と認められるに至らない場合のその土地は、その者の事業の用に供したものに該当しません。
	⑥	事業に関し貸し付ける次のものは、相当の対価を得ていない場合であっても、事業の用に供したものに該当します。 イ　工場、事業所等の作業員社宅、売店等として貸し付けているもの ロ　自己の商品等の下請工場、販売特約店等に対し、その商品等について加工販売等をするために必要な施設として貸し付けているもの

チェックポイント

次のような資産は、事業の用に供していた資産に該当しません（措通37－21㈱）。

① この特例の適用を受けるためのみの目的で一時的に事業の用に供したと認められる資産

② たまたま運動場、物品置場、駐車場等として利用し、又はこれらの用のために一時的に貸し付けていた空閑地

(4) 譲渡の範囲

譲渡資産の譲渡の方法が次の場合には、この買換えの特例の適用を受けることができません（措法37①、措令25②）。

		譲渡の態様
適用除外の譲渡	①	収用等による譲渡（措法33）
	②	交換処分等による譲渡（措法33の２）
	③	換地処分等による譲渡（措法33の３）
	④	贈与による譲渡
	⑤	交換による譲渡
	⑥	出資による譲渡
	⑦	代物弁済（金銭債務の弁済に代えてするものに限ります。）としての譲渡

チェックポイント

上記①から③までの譲渡に該当する場合には、これらの譲渡について「収用等の場合の課税の特例」（措法33～33の４）の適用を受けないときにおいても、特定の事業用資産の買換えの特例の適用を受けることができません（措通37－１）。

(5) 取得の範囲

買換資産の取得の方法が次の場合には、この買換えの特例の適用を受けることができません（措法37①、措令25②）。

		取得の態様
適用除外の取得	①	贈与による取得
	②	交換による取得
	③	現物分配による取得
	④	所有権移転外リース取引による取得
	⑤	代物弁済（金銭債務の弁済に代えてするものに限ります。）による取得
	⑥	既に有する資産に行った改良又は改造等（措通37－15）

(6) 買換資産の土地等の面積制限

買換資産として土地等を取得した場合、その土地等の面積が、譲渡資産の土地等の面積の５倍を超えるときは、原則として、その５倍を超える部分の面積に対応する部分は、買換資産に該当しないことになります（措法37②、措令25⑭）。

⑺　買換資産の取得期間

買換資産の取得期間は、次のとおりとなります。

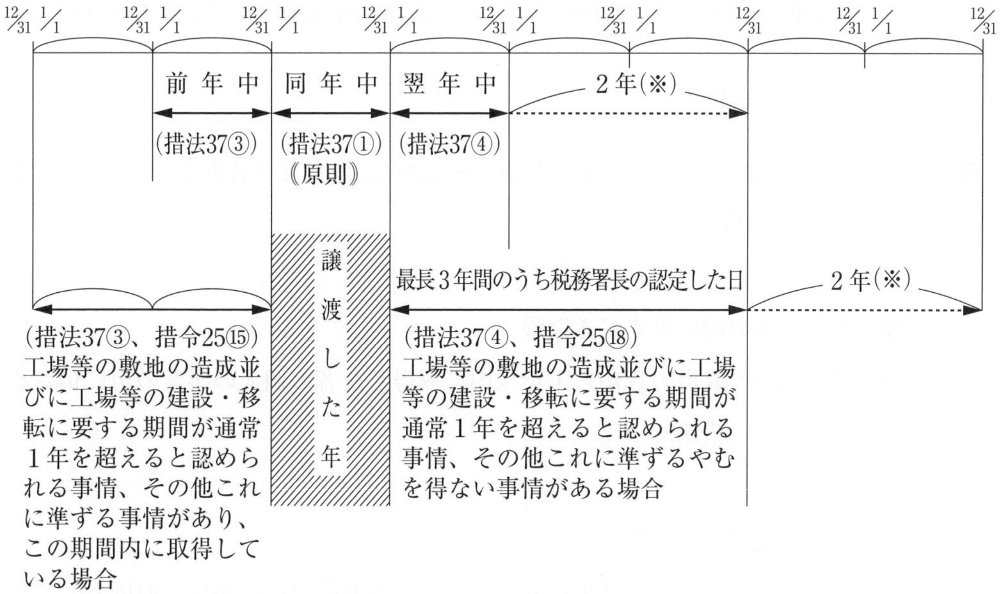

> （※）上記「- - -▶」は、特定非常災害として指定された非常災害に基因するやむを得ない事情により、買換資産を取得指定期間内に取得することが困難となった場合に、税務署長の承認を受けたときは、その取得指定期間が、その取得指定期間の末日から２年以内の日で、税務署長が認定した日まで延長されます（措法 37⑧、措令25㉑）。
>
> なお、税務署長の承認申請は、取得指定期間の末日の属する年の翌年の３月15日（同日が租税特別措置法第37条の２第２項に規定する提出期限後である場合には、当該提出期限）までに行われなければなりません（措規18の５⑥）。

チェックポイント

❶　先行取得した資産を買換資産として特定の事業用資産の買換えの場合の譲渡所得の課税の特例の適用を受ける場合には、その先行取得した資産を取得した年の翌年３月15日までに次に掲げる事項を記載した届出書を納税地の所轄税務署長に提出する必要があります（措法37③、措令25⑯）。

	届出書の記載事項
①	先行取得した資産は、この特例の適用を受ける資産である旨
②	届出者の氏名及び住所
③	その先行取得した資産の種類、構造又は用途、規模（面積)、所在地、取得年月日及び取得価額
④	譲渡をする見込みである資産の種類、所在地及び譲渡予定年月日
⑤	その先行取得した資産のこの特例の適用に係る租税特別措置法第37条第１項の表の各号の区分
⑥	その他参考となる事項

❷　工場等とは、工場、事務所その他の建物、構築物又は機械及び装置で事業の用に供するものをいいます（措令25⑮)。

⑻　買換資産を事業の用に供すべき期限

買換資産は、その取得の日から１年以内に取得した者の個人の事業の用に供さなければなりません（措法37①)。

4　譲渡所得の金額の計算

特定の事業用資産の買換えの適用を受けた場合の譲渡所得の金額は、原則として次の算式によって計算します（措法37①、措令25④⑤)。

		買換えの態様	譲渡所得の課税関係
買換えの特例	①	Ⓐ>Ⓒの場合	Ⓐ－(Ⓒ×80%)－Ⓑ×{Ⓐ－(Ⓒ×80%)}/Ⓐ＝Ⓓ
	②	Ⓐ＝Ⓒの場合	Ⓐ×20%－Ⓑ×20%＝Ⓓ
	③	Ⓐ<Ⓒの場合	

㊟　符号の説明
Ⓐ　譲渡収入金額　　Ⓑ　譲渡資産の取得費・譲渡費用の額
Ⓒ　買換資産の取得価額　　Ⓓ　課税長期（短期）譲渡所得金額

※　租税特別措置法第37条第１項第１号に規定する譲渡資産（同号ハの区域内にあるものに限ります。）を譲渡し、同号に規定する買換資産を取得した場合の課税の繰延割合は、70%となりますので、上記算式中の「80%」及び「20%」をそれぞれ「70%」及び「30%」に置き換えます（措法37①、措令25④一、⑤)。

※　租税特別措置法第37条第１項第３号の規定を適用する場合において、譲渡資産及び買換資産が

次表の地域内にある資産に該当するときは、課税の繰延割合がそれぞれ異なりますので、上表の算式中の「80%」及び「20%」を次表のとおり置き換えます（措法37⑩、措令25④二、⑤）。

	譲渡資産	買換資産	置き換え
①	東京都特別区の区域内にある主たる事務所資産	集中地域以外の地域内にある主たる事務所資産	「80%」→「90%」 「20%」→「10%」
②	地域再生法第５条第４項第５号イに規定する集中地域以外の地域内にある資産（③に掲げる場合を除きます。）	集中地域（東京都特別区の区域を除きます。）にある資産	「80%」→「75%」 「20%」→「25%」
		東京都特別区の区域内にある資産	「80%」→「70%」 「20%」→「30%」
③	集中地域以外の地域内にある主たる事務所資産	東京都特別区の区域内にある主たる事務所資産	「80%」→「60%」 「20%」→「40%」

㈱１　「主たる事務所資産」とは、個人の主たる事務所として使用される建物（その附属設備を含みます。）及び構築物並びにこれらの敷地の用に供される土地等をいいます（措法37⑩）。
２　令和５年４月１日以前に譲渡資産の譲渡をした場合及び同日以後に譲渡をし、かつ、同日前に買換資産の取得をした場合におけるこれらの譲渡についての繰延割合は、次のとおりです。
⑴　次の⑵及び⑶以外の場合　80%
⑵　集中地域以外の地域内にある資産から集中地域（東京都特別区の区域を除きます。）にある資産への買換え　75%
⑶　集中地域以外の地域内にある資産から東京都特別区の区域内にある資産への買換え　70%

チェックポイント

譲渡した資産のうちに、長期保有資産と短期保有資産がある場合には、買換えに伴い生じた買換差金（譲渡資産の収入金額が買換資産の取得価額を超える場合のその超過額をいいます。）の額を譲渡したそれぞれの資産の譲渡の時の価額（契約等によりそれぞれの資産の譲渡による収入金額が明らかであり、かつ、その額が適正であると認められる場合には、それぞれの収入金額）の比によりあん分して計算した金額をそれぞれの資産に係る買換差金とします（措通37－25）。

５　申告手続

特定の事業用資産の買換えの特例の適用を受けようとする場合には、次の申告手続をする必要があります（措法37⑥⑨、措令25⑳、措規18の５④⑤⑧）。

申告手続	確定申告書の「特例適用条文」欄に「措法37条」と記載します。		
	申告書に添付する書類	①	「譲渡所得の内訳書（確定申告書付表兼計算明細書）【土地・建物用】」
		②	買換資産の登記事項証明書(※)その他の買換資産の取得を証する書類
		③	譲渡資産及び買換資産の区分に応じ、措置法規則第18条の５第４項及び第５項にそれぞれ規定する書類

(※)　登記事項証明書については、不動産番号等明細書を提出することなどにより、その添付を省略することができます（205ページ参照）。

6　更正の請求と修正申告

特定の事業用資産の買換えの特例の適用を受けた後、特例の適用要件に該当しなくなった場合又は買換資産の取得価額が見積額と異なることとなった場合には、譲渡資産を譲渡した年分の所得税について、更正の請求又は修正申告をすることになります（措法37の２、措通37の３－１の２）。

		態　様	期　限	手続の別
更正の請求と修正申告	①	Ⓐ<Ⓑの場合	買換資産を取得した日から４か月以内	更正の請求
	②	Ⓐ>Ⓑの場合	買換資産の取得期間を経過する日から４か月以内	修正申告
	③	買換資産を取得期間中に取得しなかった場合		
	④	取得した買換資産を取得した日から１年以内に事業の用に供さない場合又は供さなくなった場合	買換資産が左の事情に該当することとなった日から４か月以内	

(注)　符号の説明
　Ⓐ　買換資産の取得価額の見積額　　Ⓑ　買換資産の実際の取得価額

※　租税特別措置法第37条第１項第３号の買換資産について、同条第10項に規定する地域の区分や主たる事務所資産の判定が、事業の用に供する見込みであった資産の地域の区分や主たる事務所資産の判定と異なることとなった場合には、次表のとおり、譲渡資産を譲渡した年分の所得税について、更正の請求又は修正申告をすることとなります。

態　様	期　限	手続の別
・事業の用に供する見込みであった買換資産の地域が異なることとなった場合 ・事業の用に供する見込みであった買換資産の主たる事務所資産に該当するかどうかの判定が異なることとなった場合	買換資産を取得した日から４か月以内	更正の請求
	買換資産の取得期間を経過する日から４か月以内	修正申告

7　買換資産の取得価額の計算

特定の事業用資産の買換えの特例の適用を受けた者が、買換えによって取得した資産をその後譲渡、相続、遺贈若しくは贈与した場合における譲渡所得の金額の計算又はその資産について償却費の額を計算する場合には、次のようになります（措法37の３）。

⑴　取得時期

買換資産の取得の時期は、その資産を実際に取得した時期となります（措通31・32共－５⑵）。

⑵　取得価額

買換資産の取得価額は、買換資産の実際の取得価額ではなく、次に掲げる場合に応じ、原則として、それぞれ次に掲げる金額となります（措法37の３①、措令25の２④⑤⑥）。

		買換えの態様	買換資産の取得価額	
		買換資産の取得価額の区分	算　式	根拠条文
買換えの特例	①	Ⓐ＞Ⓒの場合	$Ⓑ\times\frac{Ⓒ\times 80\%}{Ⓐ}+Ⓒ\times 20\%=Ⓓ$	措法37の３①一 措令25の２④
	②	Ⓐ＝Ⓒの場合	Ⓑ×80％＋Ⓐ×20％＝Ⓓ	措法37の３①二 措令25の２⑤
	③	Ⓐ＜Ⓒの場合	Ⓑ×80％＋Ⓐ×20％＋（Ⓒ－Ⓐ）＝Ⓓ	措法37の３①三 措令25の２⑤

㈲　符号の説明
Ⓐ　譲渡資産の収入金額　　Ⓑ　譲渡資産の取得費・譲渡費用の額
Ⓒ　買換資産の取得価額　　Ⓓ　買換資産の引き継がれる取得価額

※　繰延割合の置き換えについては上記４（350ページ）の㈱を参照してください。

チェックポイント

❶ 買換資産が２以上ある場合の、それぞれの買換資産の取得価額とされる金額は、上記の①から③までにより計算した金額に次の割合を乗じて算出した金額となります（措通37の３－１）。

$$\frac{\text{個々の買換資産の価額}}{\text{買換資産の価額の合計額}}$$

❷ 平成19年４月１日以後に取得した買換資産の減価償却費の額又は減価の額を計算する場合には、上記により計算した金額を取得価額とし、その買換資産について「減価償却資産の耐用年数等に関する省令」において定められた耐用年数により１円まで償却することとなります。

8　申告に当たっての注意点

特定の事業用資産の買換えの特例の適用を受ける場合には、次の点に注意してください。

		注意点
買換えの特例の適用を受けた場合	①	この特例の適用を受けた場合には、買換資産の取得価額は、譲渡資産の取得価額を引き継ぎ、一方買換資産の取得時期は、買換資産の実際の取得時期となります。
	②	この特例の適用を受けた場合には、買換資産について租税特別措置法第19条第１項各号に規定する特別償却の特例は適用されません（措法37の３④）。
	③	譲渡した年の前年以前に買換資産を取得し、その資産を前年以前から事業の用に供していた場合において、その減価償却資産を買換資産としてこの特例の適用を受けた場合には、前年分以前の事業所得や不動産所得などの必要経費に算入されている減価償却費のうち、買換えによって引き継がれた取得価額を基に計算した減価償却費との差額は、譲渡した年分の事業所得や不動産所得などの総収入金額に算入します（措法37③、措令25⑰）。

第６　特定の事業用資産の交換の特例
（租税特別措置法第37条の４関係）

１　制度の概要

個人が、その有する特定の事業用資産を他の特定の資産と交換した場合で一定の要件を満たすときは、その交換による資産の譲渡について、特定の事業用資産の買換えの場合の課税の特例（措法37①）の適用を受けることができます（措法37の４）。

２　特例の適用要件

特定の事業用資産の交換の特例は、次に掲げるいずれかの要件を満たす場合に限り適用を受けることができます。

特例の適用対象	①	交換譲渡資産及び交換取得資産が、共に特定の事業用資産の買換えの特例（措法37①）の適用を受けることができる場合のいずれかのグループ内にある場合
	②	①以外の場合で、その交換により取得した交換差金で買換資産を取得した場合（交換譲渡資産と買換資産とが、共に特定の事業用資産の買換えの特例の適用を受けることができる場合のいずれか一のグループ内にある場合に限られます。）

チェックポイント

上記①の交換取得資産、②の買換資産を事業の用に供すべき時期及び②の買換資産の取得期間等については、特定の事業用資産の買換えの特例の場合と同じです。

なお、この特例は、次の特例の適用を受ける交換については適用を受けることができません（措法37の４、措令25の３①）。

		特　例	
適用除外の特例	①	土地等につき土地改良法による土地改良事業等が施行された場合において、その土地等に係る交換により土地を取得するとき	措法33の２①二
	②	固定資産の交換の特例	所法58①

3　譲渡所得の金額の計算

特定の事業用資産の交換の特例の適用を受ける場合には、交換譲渡資産の時価額を譲渡収入金額とし、交換取得資産の時価額（上記２の②の場合は、交換差金で取得した買換資産の取得価額）を買換資産の取得価額とし、原則として次の算式により、譲渡所得の金額を計算します。

		交換の態様	譲渡所得の課税関係
特定の事業用資産の交換	①	Ⓐ＞Ⓒの場合	Ⓐ－（Ⓒ×80％）－Ⓑ×(Ⓐ－Ⓒ×80％)/Ⓐ＝Ⓓ
	②	Ⓐ＝Ⓒの場合	Ⓐ×20％－Ⓑ×20％＝Ⓓ
	③	Ⓐ＜Ⓒの場合	

㈲　符号の説明
Ⓐ　交換譲渡資産の時価額　　Ⓑ　交換譲渡資産の取得費・譲渡費用の額
Ⓒ　交換取得資産の時価額（交換差金で取得した買換資産の取得価額を含みます。）
Ⓓ　課税長期（短期）譲渡所得金額

※　繰延割合の置き換えについては第５の４（350ページ）の㈱を参照してください。

4　申告手続

特定の事業用資産の交換の特例の適用を受けようとする場合には、次の申告手続をする必要があります（措法37の４、37⑥⑨、措令25⑳、措規18の５④⑤⑧）。

申告手続			
	確定申告書の「特例適用条文」欄に「措法37条の４」と記載します。		
	申告書に添付する書類	①	「譲渡所得の内訳書（確定申告書付表兼計算明細書）【土地・建物用】」
		②	登記事項証明書㈱その他の交換取得資産の取得を証する書類
		③	交換譲渡資産及び交換取得資産の区分に応じ、措置法規則第18条の５第４項及び第５項にそれぞれ規定する書類

㈱　登記事項証明書については、不動産番号等明細書を提出することなどにより、その添付を省略することができます（205ページ参照）。

5　交換取得資産の取得価額の計算

特定の事業用資産の交換の特例の適用を受けた者が、交換取得資産をその後譲渡、相続、遺贈若しくは贈与した場合における譲渡所得の計算及びその資産の減価償却費の額を計算する場合には、次のようになります（措法37の３）。

⑴　取得時期

交換取得資産の取得の時期は、その資産を実際に取得した時期となります（措通

31・32共－５(2))。

(2)　取得価額

交換取得資産の取得価額は、交換取得資産の実際の取得価額ではなく、次に掲げる場合に応じ、原則として、それぞれ次に掲げる金額となります（措法37の３①、措令25の２④⑤⑥)。

		交換の態様	交換取得資産の取得価額
交換の特例	①	Ⓐ＞Ⓒの場合 (交換差金等の取得)	Ⓑ×$\frac{Ⓒ\times 80\%}{Ⓐ}$＋Ⓒ×20％＝Ⓓ
	②	Ⓐ＝Ⓒの場合	Ⓑ×80％＋Ⓐ×20％＝Ⓓ
	③	Ⓐ＜Ⓒの場合 (交換差金等の支払)	Ⓑ×80％＋Ⓐ×20％＋(Ⓒ－Ⓐ)＝Ⓓ

㈱　符号の説明
Ⓐ　交換譲渡資産の時価額　　Ⓑ　交換譲渡資産の取得費・譲渡費用の額
Ⓒ　交換取得資産の時価額（交換差金で取得した買換資産の取得価額を含みます。）
Ⓓ　交換取得資産の取得価額

※　繰延割合の置き換えについては第５の４（350ページ）の(※)を参照してください。

第７　既成市街地等内にある土地等の中高層耐火建築物等の建設のための買換えの特例（租税特別措置法第37条の５関係）

１　制度の概要

個人が、次の表の譲渡資産を譲渡して、所定の期間内にそれぞれ次の表の買換資産の取得をし、かつ、その取得の日から１年以内に買換資産をその個人の事業の用又は居住の用に供したとき又はこれらの用に供する見込みであるときは、譲渡価額と買換資産の取得価額との差額について、長期（短期）譲渡所得の課税が行われます（措法37の５①）。

			譲渡資産	買換資産
中高層耐火建築物等の建設のための買換え	①	特定民間再開発事業の施行地区内における中高層耐火建築物への買換えの特例	次に掲げる区域又は地区内にある土地等又は建物等で、その土地等又は建物等の敷地の用に供されている土地等の上に地上階数４以上の中高層の耐火建築物の建築をする特定民間再開発事業の用に供するために譲渡されるもの（その個人の事業の用に供しているものを除きます。）（措法37の５①一、措令25の４③） イ　租税特別措置法第37条第１項の表の第２号上欄に規定する既成市街地等（同欄のニに掲げる区域（既成市街地等に類する区域）を除きます。） ロ　都市計画法第４条第１項に規定する都市計画に都市再開発法第２条の３第１項第２号に掲げる地区として定められた地区 ハ　都市計画法第８条第１項第３号に掲げる高度利用地区として定められた地区 ニ　都市計画法第12条の４第１項第２号に掲げる防災街区整備地区計画及び同項第４号に掲げる沿道地区計画の区域のうち、一定の要件に該当する区域 ホ　中心市街地の活性化に関する法律第16条第１項に規定する認定中心市街地の区域 ヘ　都市再生特別措置法第２条第３項に規定する都市再生緊急整備地域 ト　都市再生特別措置法第99条に規定する認定誘導事業計画の区域 チ　都市の低炭素化の促進に関する法律第12条に規定する認定集約都市開発事業計画の区域のうち一定の要件に該当する区域	①　特定民間再開発事業の施行により、譲渡した土地等の上に建築された中高層耐火建築物（その敷地を含みます。）又はその中高層耐火建築物に係る構築物 ②　その特定民間再開発事業の施行される地区内（左記のロからチの地区内に限ります。）で行われる他の特定民間再開発事業等の施行によりその地区内に建築された中高層の耐火建築物で建築後使用されたことのないもの（その敷地を含みます。）又はその中高層の耐火建築物に係る構築物 （措法37の５①一、措令25の４④）

中高層耐火建築物等の建設のための買換え	②	既成市街地等内における中高層耐火共同住宅への買換えの特例	次に掲げる区域内にある土地等又は建物等で、その土地等又は建物等の敷地の用に供されている土地等の上に地上階数３以上の中高層の耐火共同住宅（主として住宅の用に供される建築物に限ります。）の建築をする事業の用に供するために譲渡されるもの（措法37の５①二、措令25の４⑤⑥） イ　①のイに掲げる区域（既成市街地等） ロ　首都圏整備法第２条第４項に規定する近郊整備地帯、近畿圏整備法第２条第４項に規定する近郊整備区域又は中部圏開発整備法第２条第３項に規定する都市整備区域のうち、上記イに掲げる既成市街地等に準ずる区域 ハ　中心市街地の活性化に関する法律第12条第１項に規定する認定基本計画に基づいて行われる中心市街地共同住宅供給事業（同条第４項に規定する都市福利施設の整備を行う事業と一体的に行われるものに限ります。）の区域	左記の事業の施行によりその土地等の上に建築された耐火共同住宅（その敷地を含みます。）又はその耐火共同住宅に係る構築物

なお、この表の譲渡資産と買換資産とを交換し、交換差金を取得したときには、その交換差金にのみ譲渡所得が課税されることになります（措法37の５⑤）。

チェックポイント

表の①の譲渡資産を譲渡した場合において、①の買換資産を取得することが困難である特別な事情があるため、特定民間再開発事業の施行区域外に転出する場合には、一定の要件の下で、居住用財産の軽減税率の特例（措法31の３）の適用を受けることができます（措法37の５⑥、措令25の４⑰～⑳）。

2　特定民間再開発事業の施行地区内における中高層耐火建築物への買換えの場合の特例（措法37の５①一）

(1)　特例の適用要件

特定民間再開発事業の施行地区内における土地建物等から中高層耐火建築物への買換えの特例は、次のイからへの全ての要件を満たす場合に限り適用を受けることができます（措法37の５①一）。

イ　譲渡資産の範囲

譲渡資産は、上記１の表①（前ページ）のイからチまでに掲げる区域（地区）内で行われる特定民間再開発事業の用に供するための土地等、建物又は構築物

（棚卸資産、棚卸資産に準ずる資産及び事業の用に供している資産を除きます。）であることが必要です。

また、短期譲渡所得となる場合であっても適用の対象となります（措法37の５①、措令25の４③）。

ロ　買換資産の範囲

特定民間再開発事業の施行により、譲渡した土地等の上に建築された地上階数４以上の中高層耐火建築物（その敷地の用に供されている土地等を含みます。）又はその建築物に係る構築物の全部又は一部で、かつ、その取得の日から１年以内に居住の用（親族の居住の用を含みます。）に供する、又は供する見込みのもののほか、次に掲げる地区内で施行される特定民間再開発事業のための譲渡にあっては、次に掲げる事業によりその地区内に建築された地上階数４以上の中高層の耐火建築物でその建築後使用されたことのないもの（その敷地の用に供されている土地等を含みます。）又はその建築物に係る構築物の全部又は一部で、かつ、その取得の日から１年以内に居住の用（親族の居住の用を含みます。）に供する、又は供する見込みのものが買換資産となります（措法37の５①、措令25の４③④）。

	特定民間再開発事業が実施される地区	中高層の耐火建築物を建築する事業
買換資産	都市計画に都市再開発法第２条の３第１項第２号に掲げる地区として定められた地区 都市計画に高度利用地区として定められた地区 都市計画に防災街区整備地区計画及び沿道地区計画の区域として定められた一定の区域 認定中心市街地の区域として定められた一定の地区 都市再生緊急整備地域として定められた地域 認定誘導事業計画の区域として定められた区域 認定集約都市開発事業計画の区域として定められた一定の区域	その地区内で施行される他の特定民間再開発事業 第一種市街地再開発事業又は第二種市街地再開発事業

チェックポイント

中高層耐火建築物等が地上階数４以上である建物かどうかを判定する場合、その建築物の一部分が、日照権やその建築物に面する道路幅等の制限から部分的に２階又は３階とされているときであっても、その建築物の他の部分が地上階数４以上であれば、その建築物の全部を地上階数４以上の建築物に該当するものとして取り扱うこととされています（措通37の５－２）。

なお、この取扱いは、後で説明する「既成市街地等内にある土地等の中高層耐火共同住宅の建設のための買換えの場合の特例」（措法37の５①二）の場合にも適用されます。

ハ　特定民間再開発事業の範囲

この特例の対象となる特定民間再開発事業は、民間が行う再開発事業のうち、次の①から④までに掲げる全ての要件を満たすもので、その事業に係る中高層耐火建築物の建築主の申請に基づき、都道府県知事（都市再生特別措置法第25条に規定する認定計画に係る都市再生事業又は同法第99条に規定する認定誘導事業計画に係る誘導施設等整備事業の場合は国土交通大臣）の認定を受けたものをいいます（措令25の４②、措規18の６①）。

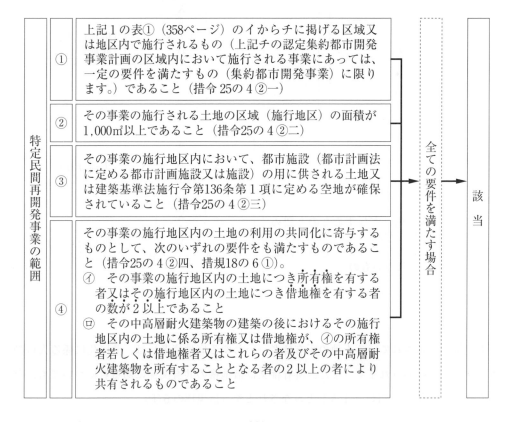

特定民間再開発事業の範囲				
	①	上記１の表①（358ページ）のイからチに掲げる区域又は地区内で施行されるもの（上記チの認定集約都市開発事業計画の区域内において施行される事業にあっては、一定の要件を満たすもの（集約都市開発事業）に限ります。）であること（措令25の４②一）	全ての要件を満たす場合 →	該当
	②	その事業の施行される土地の区域（施行地区）の面積が1,000㎡以上であること（措令25の４②二）		
	③	その事業の施行地区内において、都市施設（都市計画法に定める都市計画施設又は施設）の用に供される土地又は建築基準法施行令第136条第１項に定める空地が確保されていること（措令25の４②三）		
	④	その事業の施行地区内の土地の利用の共同化に寄与するものとして、次のいずれの要件をも満たすものであること（措令25の４②四、措規18の６①）。 ㋑　その事業の施行地区内の土地につき所有権を有する者又はその施行地区内の土地につき借地権を有する者の数が２以上であること ㋺　その中高層耐火建築物の建築の後におけるその施行地区内の土地に係る所有権又は借地権が、㋑の所有権者若しくは借地権者又はこれらの者及びその中高層耐火建築物を所有することとなる者の２以上の者により共有されるものであること		

前ページの④の㋑及び㋺について図示すると次のようになります。

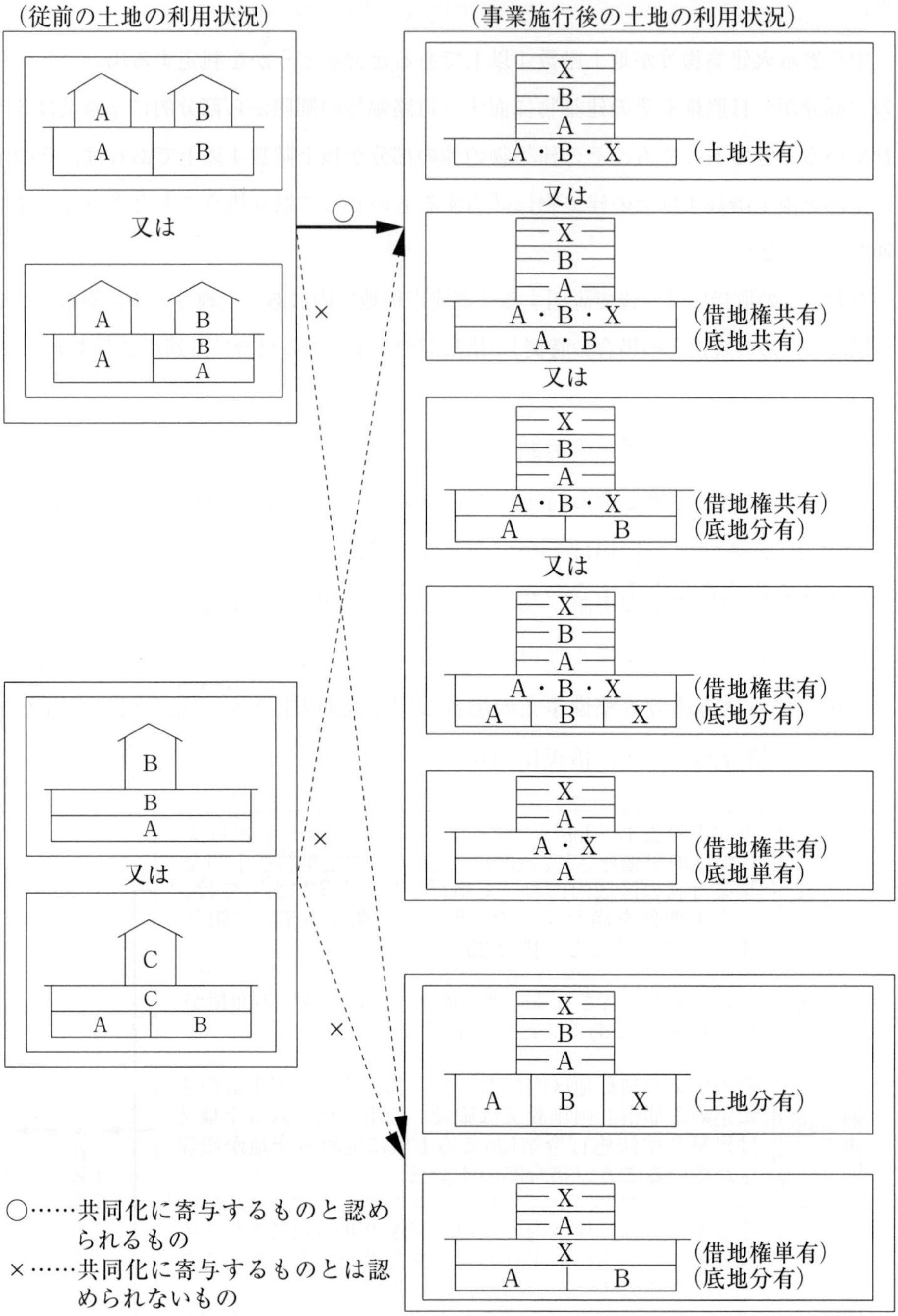

チェックポイント

借地権が設定されている土地の所有権者（いわゆる底地権者）は、共同化に係る人員のカウントから除外されます。また、所有権又は借地権の共有関係にある者についても、そのカウントに当たっては、「１人」とみなされます（措規18の６①）。

ニ　譲渡の範囲

譲渡資産の譲渡が、次の譲渡である場合又は次の特例の適用を受ける場合には、この買換えの特例の適用を受けることはできません（措法37の５①）。

		譲渡原因・特例
適用除外の譲渡等	①	贈与による譲渡
	②	交換による譲渡
	③	出資による譲渡
	④	収用等に伴い代替資産を取得した場合の課税の特例（措法33）
	⑤	交換処分等に伴い資産を取得した場合の課税の特例（措法33の２）
	⑥	換地処分等に伴い資産を取得した場合の課税の特例（措法33の３）
	⑦	収用交換等の場合の特別控除の特例（措法33の４）
	⑧	特定土地区画整理事業等の場合の特別控除の特例（措法34）
	⑨	特定住宅地造成事業等の場合の特別控除の特例（措法34の２）
	⑩	農地保有の合理化等の場合の特別控除の特例（措法34の３）
	⑪	居住用財産の特別控除の特例（措法35）
	⑫	特定期間に取得をした土地等を譲渡した場合の長期譲渡所得の特別控除の特例（措法35の２）
	⑬	低未利用土地等を譲渡した場合の長期譲渡所得の特別控除の特例（措法35の３）
	⑭	特定の居住用財産の買換えの特例（措法36の２）
	⑮	特定の事業用資産の買換えの特例（措法37）

ホ　取得の範囲

買換資産の取得の方法が、①贈与による取得、②交換による取得又は③所有権移転外リース取引による場合には、この買換えの特例の適用を受けることができません（措法37の５①）。

ヘ　買換資産の取得期間

買換資産の取得期間は、次のとおりです（措法37の５②）。

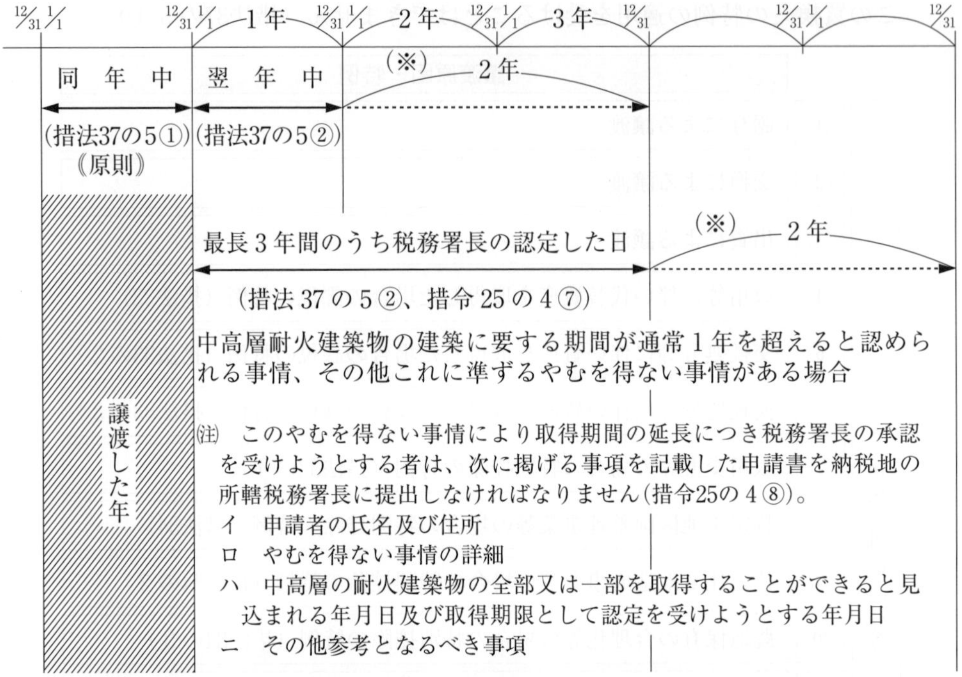

（※）上記「‥‥►」は、特定非常災害として指定された非常災害に基因するやむを得ない事情により、買換資産を取得指定期間内に取得することが困難となった場合に、税務署長の承認を受けたときは、その取得指定期間を、その取得指定期間の末日から２年以内の日で税務署長が認定した日まで延長されます（措法 37の５③、措令25の４⑩）。

なお、税務署長の承認申請は、取得指定期間の末日の属する年の翌年の３月15日（同日が租税特別措置法第37条の２第２項に規定する提出期限後である場合には、当該提出期限）までに行われなければなりません（措規18の６③）。

また、この取扱いは、取得指定期間の末日が平成29年４月１日以後である買換資産について適用されます（平成29年改正法附則51⑲）。

チェックポイント

この特例には、特定の事業用資産の買換えの特例の場合のような先行取得（措法37③）の制度はありません。

(2) 申告手続

上記(1)のロの「中高層耐火建築物等」を取得する場合においてこの特例の適用を受けようとする場合には、次の申告手続をする必要があります（措法37の５③、37⑥、措令25の４⑨、措規18の６②一イ）。

<table>
<tr><td rowspan="4">申告手続</td><td colspan="3">確定申告書の「特例適用条文」欄に「措法37条の５」と記載します。</td></tr>
<tr><td rowspan="3">申告書に添付する書類</td><td>①</td><td>「譲渡所得の内訳書（確定申告書付表兼計算明細書）【土地・建物用】」</td></tr>
<tr><td>②</td><td>譲渡資産の所在地において行われる事業が、特定民間再開発事業として認定されたものである旨の都道府県知事又は国土交通大臣の証明書</td></tr>
<tr><td>③</td><td>買換資産として取得した土地、建物等に関する登記事項証明書(※)その他これらの資産を取得した旨を証する書類</td></tr>
</table>

(※)　登記事項証明書については、不動産番号等明細書を提出することなどにより、その添付を省略することができます（205ページ参照）。

また、上記(1)のロの「中高層の耐火建築物等」を取得する場合においてこの特例の適用を受けるときには、上記の②の書類に代えて都道府県知事の次に掲げる事項を証する書類を提出する必要があります（措法37の５②、37⑥、措令25の４⑨、措規18の６②一ロ）。

<table>
<tr><td></td><td colspan="3">都道府県知事の証明事項</td></tr>
<tr><td>①</td><td colspan="3">譲渡資産の譲渡に係る中高層耐火建築物等の建築をする事業について特定民間再開発事業として認定をした旨</td></tr>
<tr><td>②</td><td colspan="3">取得する中高層の耐火建築物が①の特定民間再開発事業の施行される地区内にある旨</td></tr>
<tr><td rowspan="2">③</td><td rowspan="2">取得する中高層の耐火建築物の建築に係る事業の区分に応じ、それぞれ右に掲げる旨</td><td>その地区内で施行される他の特定民間再開発事業</td><td>特定民間再開発事業として認定をした旨</td></tr>
<tr><td>第１種市街地再開発事業又は第２種市街地再開発事業</td><td>中高層の耐火建築物が左の事業により建築されたものである旨</td></tr>
</table>

(3) その他

特定の民間再開発事業の施行地区内における土地建物等から中高層耐火建築物への買換えの特例の適用を受けた場合、①更正の請求と修正申告、②買換資産の特別償却等の不適用については、「特定の事業用資産の買換えの特例」（措法37）の場合と同様です（措法37の５③④）。

チェックポイント

❶ この特例の適用を受けた場合の「譲渡所得の金額の計算方法」は、「特定の事業用資産の買換えの特例」と異なり、繰延割合は定められていません（措法37の5①）。

❷ 譲渡所得の金額の計算及び買換資産の取得価額は次のとおりとなります（措法37の5①④、措令25の4①⑫⑬⑭）。

		買換えの態様	譲渡所得の金額の計算	買換資産の取得価額
中高層耐火建築物の買換え	①	Ⓐ＜Ⓒの場合	(Ⓐ－Ⓒ)≦0 譲渡所得は生じません。	Ⓑ＋(Ⓒ－Ⓐ)＝Ⓔ
	②	Ⓐ＝Ⓒの場合		Ⓑ＝Ⓔ
	③	Ⓐ＞Ⓒの場合	$(Ⓐ-Ⓒ)-Ⓑ\times\frac{Ⓐ-Ⓒ}{Ⓐ}=Ⓓ$	$Ⓑ\times\frac{Ⓒ}{Ⓐ}=Ⓔ$

㈨　符号の説明
Ⓐ　譲渡資産の収入金額　　Ⓑ　譲渡資産の取得費・譲渡費用の額
Ⓒ　買換資産の取得価額　　Ⓓ　課税長期（短期）譲渡所得金額
Ⓔ　買換資産に引き継がれる取得価額

3　やむを得ない事情により特定民間再開発事業の施行地外に転出する場合の居住用財産の軽減税率の特例（措法37の5⑥）

(1)　特例の概要

既成市街地等内又はこれに類する一定の地域内において、地上階数4以上の中高層耐火建築物の建設をする特定民間再開発事業の用に供するために、個人が自己の居住用家屋又はその敷地である土地等で、その譲渡の年の1月1日現在において所有期間が10年以下のものを譲渡した場合において、その特定民間再開発事業の施行により建築された中高層耐火建築物を取得することが困難である特別な事情があるため、その事業の施行地区外に転出する場合には、その譲渡した資産の所有期間が10年以下であっても、租税特別措置法第31条の3第2項に規定する居住用財産に該当する資産については、居住用財産の軽減税率の特例（措法31の3）の適用を受けることができます（措法37の5⑥）。

(2)　譲渡資産の範囲

この特例の適用対象となる譲渡資産は、次の①から③のいずれにも該当するものです。

譲渡資産の範囲			全てを満たす場合	軽減税率の特例適用対象
	①	特定民間再開発事業の施行地区内にあって、その事業の用に供するために譲渡されたもの（措法37の５①一）		
	②	租税特別措置法第31条の３第２項の各号に規定する居住用財産のうち、その年の１月１日において所有期間が10年以下のもの（措法37の５⑥）		
	③	譲渡資産の譲渡が、特定民間再開発事業により建築される中高層耐火建築物に係る建築確認済証の交付のあった日の翌日から、同日以後６か月を経過する日までの間に行われた場合で、その譲渡資産の一部について租税特別措置法第37条の５第１項（同条第２項を含みます。）の適用を受けていないもの（措令25の４⑳）		

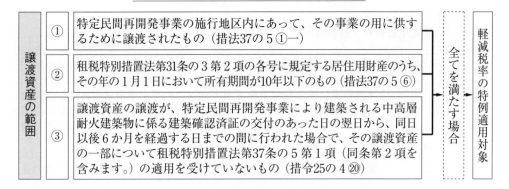

(3)　中高層耐火建築物の取得が困難である特別な事情

「中高層耐火建築物の取得が困難である特別な事情」がある場合とは、上記(2)に該当する資産を譲渡した者及び中高層耐火建築物の建築主の申請に基づき、上記(2)に該当する資産を譲渡した者が、次の①から③までに掲げるいずれかの事情に該当するため、特定民間再開発事業により建築される中高層耐火建築物を取得してそれらを居住の用に供することが困難であると都道府県知事が認定した場合をいいます（措令25の４⑰、措規18の６⑤）。

特別の事情		
	①	その者又はその者と同居を常況とする者が老齢であるか又はその者に身体上の障害があること（措令25の４⑰）
	②	特定民間再開発事業により建築される中高層耐火建築物が専ら業務の用に供する目的で設計されたものであること（措規18の６⑤一）
	③	中高層耐火建築物が住宅の用に供するのに不適当な構造、配置及び利用状況にあると認められるものであること（措規18の６⑤二）

(4)　申告手続

この特例の適用を受けようとする場合には、次の申告手続をする必要があります（措令25の４⑱、措規13の４、18の６⑥）。

申告手続			
申告手続	確定申告書の「特例適用条文」欄に「措法37の5⑥」と記載します。		
	確定申告書に添付する書類	①	「譲渡所得の内訳書（確定申告書付表兼計算明細書）【土地・建物用】」
		②	譲渡資産に係る登記事項証明書(※)（この登記事項証明書に記された事項で租税特別措置法第31条の3第2項に規定する譲渡資産に該当するかどうかが明らかでないときは、その他これに類する書類で譲渡資産が居住用財産に該当することを明らかにする書類）
		③	譲渡に係る契約を締結した日の前日においてその譲渡をした者の住民票に記載されていた住所とその譲渡をした土地建物等の所在地とが異なる場合その他これに類する場合には、上記②の書類及び戸籍の附票の写し、消除された戸籍の附票の写しその他これらに類する書類でその譲渡をした者がその土地建物等を居住用に供していたことを明らかにするもの
		④	譲渡資産の所在地において行われる事業が、特定民間再開発事業として認定されたものである旨の都道府県知事の証明書（その事業の施行により建築される中高層耐火建築物に係る建築確認済証の交付のあった年月日が記載されたものに限られます。）
		⑤	その譲渡者について上記(3)の特別の事情があるとして認定したものである旨の都道府県知事の証明書

(※)　登記事項証明書については、不動産番号等明細書を提出することなどにより、その添付を省略することができます（205ページ参照）。

4　既成市街地等内にある土地等の中高層の耐火共同住宅の建設のための買換えの場合の特例（措法37の5①二）

(1)　特例の適用要件

既成市街地等内にある土地等の中高層の耐火共同住宅の建設のための買換えの特例は、次のイからハの全ての要件を満たす場合に限り適用を受けることができます（措法37の5①二）。

イ　譲渡資産の範囲

譲渡資産は、次の(イ)から(ハ)に掲げる区域内にある土地等、建物又は構築物（棚卸資産又は棚卸資産に準ずる資産を除きます。）であることが必要です。

なお、譲渡した土地等、建物又は構築物の用途は問いません。

また、短期譲渡所得となる場合であっても適用の対象となります（措法37の5①二、措通37の5－1）。

⑴　既成市街地等の区域

既成市街地等の区域	①	首都圏の既成市街地（東京都の特別区及び武蔵野市の全域、三鷹市、横浜市、川崎市及び川口市の区域の特定の区域）
	②	近畿圏の既成都市区域（大阪市の全域、京都市、守口市、東大阪市、堺市、神戸市、尼崎市、西宮市及び芦屋市の区域の特定の区域）
	③	中部圏の名古屋市の特定の区域

⑵　既成市街地等に準ずる区域として指定された区域（⑴の区域を除きます。）

都道府県	市　名
埼 玉 県	川口市、さいたま市、所沢市、岩槻市、春日部市、上尾市、草加市、越谷市、蕨市、戸田市、朝霞市、志木市、和光市、新座市、八潮市、富士見市、三郷市
千 葉 県	千葉市、市川市、船橋市、松戸市、野田市、佐倉市、習志野市、柏市、流山市、八千代市、我孫子市、鎌ケ谷市、浦安市、四街道市
東 京 都	八王子市、立川市、三鷹市、青梅市、府中市、昭島市、調布市、町田市、小金井市、小平市、日野市、東村山市、国分寺市、国立市、西東京市、福生市、狛江市、東大和市、清瀬市、東久留米市、武蔵村山市、多摩市、稲城市、羽村市
神奈川県	横浜市、川崎市、横須賀市、平塚市、鎌倉市、藤沢市、茅ケ崎市、逗子市、相模原市、厚木市、大和市、海老名市、座間市、綾瀬市
愛 知 県	名古屋市、春日井市、小牧市、尾張旭市、豊明市
京 都 府	京都市、宇治市、向日市、長岡京市、八幡市
大 阪 府	堺市、岸和田市、豊中市、池田市、吹田市、泉大津市、高槻市、貝塚市、守口市、枚方市、茨木市、八尾市、泉佐野市、富田林市、寝屋川市、河内長野市、松原市、大東市、和泉市、箕面市、柏原市、羽曳野市、門真市、摂津市、高石市、藤井寺市、東大阪市、四条畷市、交野市、大阪狭山市
兵 庫 県	神戸市、尼崎市、西宮市、芦屋市、伊丹市、宝塚市、川西市

㈱　上記の市の区域（首都圏整備法の近郊整備地帯、近畿圏整備法の近郊整備区域又は中部圏開発整備法の都市整備区域内の区域に限ります。）のうち、都市計画法第７条第１項の市街化区域として定められている区域に限られます（措令25の４⑥、昭和58年３月31日国土庁建設省告示第１号、平成４年３月31日改正）。

⑶　中心市街地共同住宅供給事業の区域

中心市街地の活性化に関する法律に規定する認定基本計画に基づいて行われる中心市街地共同住宅供給事業の区域で、同法に規定する都市福利施設の整備を行う事業と一体的に行われるものに限られます。

ロ　買換資産の範囲

買換資産は、その譲渡した土地等又は建物若しくは構築物の敷地の用に供されている土地等の上に建築された地上階数３以上の中高層の耐火共同住宅（その敷地の用に供されている土地等を含みます。）又はその住宅に係る構築物の全部又は一部で、次に掲げる要件の全てに該当するものでなければなりません。また、譲渡資産を譲渡した者は、買換資産を取得した日から１年以内にその者の事業の用若しくは居住の用（その者の親族の居住の用を含みます。）に供しなければ、この買換えの特例の適用を受けることができません（措法37の５①、措令25の４⑤）。

買換資産の範囲				
	①	その中高層の耐火共同住宅は、譲渡資産を取得した者、又は譲渡資産を譲渡した者が建築したものであること	全ての要件を満たす場合	該当
	②	その中高層の耐火共同住宅は、耐火建築物又は準耐火建築物であること		
	③	その中高層の耐火共同住宅の床面積の２分の１に相当する部分が、専ら居住の用（居住の用に供される部分に係る廊下、階段その他その共用に供されるべき部分を含みます。）に供されるものであること		

ハ　その他

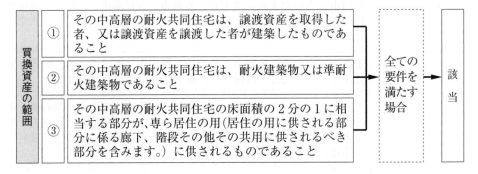

譲渡の範囲、取得の範囲及び買換資産の取得期間については前記２の「特定民間再開発事業の施行地区内における中高層耐火建築物への買換えの場合の特例」の場合と同じですので、359ページを参照してください。

⑵　申告手続

この特例の適用を受けようとする場合には、次の申告手続をする必要があります（措法37の５③、37⑥、措令25の４⑨、措規18の６②二）。

<table>
<tr><td rowspan="6">申告手続</td><td colspan="2">確定申告書の「特例適用条文」欄に「措法37の５」と記載します。</td></tr>
<tr><td rowspan="5">確定申告書に添付する書類</td><td>①　「譲渡所得の内訳書(確定申告書付表兼計算明細書)【土地・建物用】」</td></tr>
<tr><td>②　譲渡資産の所在地を管轄する市町村長のその譲渡資産の所在地が既成市街地等内である旨を証する書類（東京都の特別区の存する区域、武蔵野市の区域又は大阪市の区域内にあるものを除きます。）又は、中心市街地共同住宅供給事業の区域内である旨並びに中心市街地共同住宅供給事業の実施に関する計画を認定した旨及び同事業が都市福利施設の整備を行う事業を一体として行うものである旨を証する書類</td></tr>
<tr><td>③　買換資産に該当する中高層の耐火共同住宅に係る建築基準法第７条第５項に規定する検査済証の写し</td></tr>
<tr><td>④　中高層の耐火共同住宅に係る事業概要書又は各階平面図その他の書類でその中高層の耐火共同住宅が上記⑴のロの②及び③に掲げる要件に該当するものであることを明らかにする書類</td></tr>
<tr><td>⑤　登記事項証明書㈱その他の買換資産の取得を証する書類</td></tr>
</table>

㈱　登記事項証明書については、不動産番号等明細書を提出することなどにより、その添付を省略することができます（205ページ参照）。

⑶　更正の請求と修正申告

既成市街地等内における中高層の耐火共同住宅の買換えの特例の適用を受けた場合、①更正の請求と修正申告、②買換資産の特別償却等の不適用については、「特定の事業用資産の買換えの特例」（措法37）の場合と同様です（措法37の５③④）。

チェックポイント

この特例の適用を受けた場合の「譲渡所得の金額の計算方法」は、「特定の民間再開発事業の施行地内における中高層耐火建築物等への買換えの場合の特例（措法37の５①一）」の適用を受けた場合と同様です（計算式等詳細については、366ページを参照してください。）。

第８　既成市街地等内にある土地等の中高層耐火建築物等の建設のための交換の特例
（租税特別措置法第37条の５第５項関係）

１　特例の内容

第７で説明しました既成市街地等内にある土地等の中高層耐火建築物等の建設のための買換えの場合の譲渡所得の課税の特例でいう「譲渡資産」（交換譲渡資産）と「買換資産」（交換取得資産）との交換をした場合には、

①　交換譲渡資産は、その交換の日において、その交換の日におけるその資産の価額に相当する金額（時価額）で譲渡があったものとし、

②　交換取得資産は、その交換の日において、その交換の日におけるその資産の価額に相当する金額（時価額）で取得したものとして、

既成市街地等内にある土地等の中高層耐火建築物等の建設のための買換えの場合の譲渡所得の課税の特例の適用を受けることができます。

また、交換譲渡資産と交換取得資産以外の資産を交換し、かつ、交換差金を取得した場合において、その交換差金で一定の要件に該当する中高層耐火建築物等を取得したときにも、その交換差金部分につきこの買換えの特例の適用を受けることができます（措法37の５⑤）。

２　その他

①譲渡所得の金額の計算、②交換取得資産の取得価額の計算及び③申告手続等については、既成市街地等内にある土地等の中高層耐火建築物等の建設のための買換えの場合の譲渡所得の課税の特例（措法37の５）と基本的に同様です。

第９　特定の交換分合により土地等を取得した場合の特例
（租税特別措置法第37条の６関係）

１　制度の概要

個人が所有する土地等について、農業振興地域の整備に関する法律又は農住組合法の規定による交換分合が行われた場合、これらの交換分合により土地等の譲渡をし、かつ、これらの交換分合により土地等を取得したとき（土地等とともに清算金を取得した場合を含みます。）は、これらの交換分合により譲渡した土地等（清算金の額に対応する部分は除きます。）の譲渡がなかったものとされます（措法37の６①）。

２　土地等の範囲

この特例の適用対象となる土地等は、土地又は土地の上に存する権利（棚卸資産や雑所得の基因となる土地等は除きます。）となります（措法37の６①、措令25の５①）。

なお、農住組合法の規定による交換分合の場合には、農住組合の組合員又はその組合員以外の者で、同法第９条第１項の規定による認可があった交換分合計画において定める土地等の所有者が有する土地等に限られます（措令25の５④）。

３　譲渡の範囲

この特例の適用対象となる土地等の譲渡は、次に掲げる交換分合による土地等の譲渡をいい、この譲渡には借地権や地役権の設定等による対価が譲渡所得とされる場合（所令79）の設定等の行為も含まれます。

		譲渡の範囲	適用条文
特定の交換分合	①	農業振興地域の整備に関する法律第13条の２第２項に規定する交換分合（林地等交換分合及び協定関連交換分合に限ります。）による譲渡	措法37の６①一
	②	農住組合法第７条第２項第３号に規定する交換分合による譲渡 ㈱　平成３年１月１日において次に掲げる区域に該当する区域内で行われるものに限り特例の適用対象となります（措令25の５③）。 １　東京都の区域（特別区の存する区域に限ります。） ２　首都圏整備法に規定する首都圏、近畿圏整備法に規定する近畿圏又は中部圏開発整備法に規定する中部圏内にある地方自治法第252条の19第１項の市の区域 ３　２に該当する市以外の市でその区域の全部又は一部が首都圏整備法に規定する既成市街地若しくは近郊整備地帯、近畿圏整備法に規定する既成都市区域若しくは近郊整備区域又は中部圏開発整備法に規定する都市整備区域内にあるものの区域	措法37の６①二 措令25の５③

しかし、次の特例の適用を受ける場合には、この特例の適用を受けることができません（措法37の６①、31の３①）。

区分			特例	
上記①の交換分合	上記②の交換分合	①	居住用財産の軽減税率の特例	措法31の３
		②	特定土地区画整理事業等の場合の特別控除の特例	措法34
		③	特定住宅地造成事業等の場合の特別控除の特例	措法34の２
		④	農地保有の合理化等の場合の特別控除の特例	措法34の３
		⑤	特定期間に取得した土地等を譲渡した場合の長期譲渡所得の特例控除の特例	措法35の２
		⑥	低未利用土地等を譲渡した場合の長期譲渡所得の特別控除の特例	措法35の３
		⑦	特定の事業用資産の買換えの特例	措法37
		⑧	特定の事業用資産の交換の特例	措法37の４
		⑨	収用等に伴い代替資産を取得した場合の課税の特例	措法33
		⑩	収用交換等の場合の特別控除の特例	措法33の４
		⑪	居住用財産の特別控除の特例	措法35
		⑫	特定の居住用財産の買換えの特例	措法36の２
		⑬	特定の居住用財産の交換の特例	措法36の５
		⑭	中高層耐火建築物等の建設のための買換え（交換）の特例	措法37の５

4　取得の範囲

この特例の適用対象となる土地等の取得は、上記３の交換分合により行われる土地等の取得をいいますが、土地と併せて清算金を取得する場合も含まれます（措法37の６①）。

5　譲渡所得金額及び交換分合により取得した土地の取得価額の計算

この特例を適用する場合の譲渡所得金額及び取得価額の計算は、次のとおりとなります（措法37の６①④、措令25の５②⑤）。

		交換分合の態様	譲渡所得の課税関係	交換分合により取得した土地の取得価額	取得時期
特定の交換分合	①	Ⓐ＝Ⓓの場合	譲渡がなかったものとみなされ、課税関係は発生しません。	(Ⓑ＋Ⓒ)＝Ⓖ	交換分合により譲渡した資産の取得時期を引き継ぎます。
	②	Ⓐ＜Ⓓの場合 (清算金の支払)		(Ⓑ＋Ⓒ＋Ⓕ)＝Ⓖ	
	③	Ⓐ＞Ⓓの場合 (清算金の取得)	イ　Ⓐ×$\frac{\text{Ⓓ}}{\text{Ⓓ}+\text{Ⓔ}}$すなわちⒹの部分については譲渡がなかったものとみなされます。 ロ　しかし、Ⓐ×$\frac{\text{Ⓔ}}{\text{Ⓓ}+\text{Ⓔ}}$すなわちⒺ部分については、譲渡所得として課税対象となります。 ハ　Ⓔ－(Ⓑ＋Ⓒ)×$\frac{\text{Ⓔ}}{\text{Ⓓ}+\text{Ⓔ}}$＝課税長期(短期)譲渡所得金額	(Ⓑ＋Ⓒ)×$\frac{\text{Ⓓ}}{\text{Ⓓ}+\text{Ⓔ}}$＝Ⓖ	

㈴　符号の説明
Ⓐ　譲渡した土地の価額　Ⓑ　譲渡した土地の取得価額　Ⓒ　譲渡費用の額
Ⓓ　取得した土地の価額　Ⓔ　取得した清算金　Ⓕ　支払った清算金
Ⓖ　取得した土地の引き継がれる取得価額

6　申告手続

この特例の適用を受けようとする場合は、次の申告手続をする必要があります（措法37の６②、措規18の７）。

申告手続	確定申告書の「特例適用条文」欄に「措法37の６」と記載します。			上記３②の交換分合	上記３①の交換分合
	添付書類	①	交換分合により譲渡・取得した土地等の登記事項証明書(※)		
		②	交換分合計画の写し		
		③	交換分合が特例適用対象となる区域内で行われたことを明らかにする書類		

(※)　登記事項証明書については、不動産番号等明細書を提出することなどにより、その添付を省略することができます（205ページ参照）。

第10　特定普通財産とその隣接する土地等の交換の場合の特例
（租税特別措置法第37条の８関係）

1　制度の概要

国有財産特別措置法の規定により、国有財産のうち普通財産である土地等で、財務局長等による一定の証明がされたもの（特定普通財産）に隣接する土地等（棚卸資産及び雑所得の基因となる土地等を除きます。）と、特定普通財産との交換をしたときは、次に掲げる部分を除いて、その土地等の交換がなかったものとして課税を繰り延べる特例です（措法37の８①、措令25の６①②、措規18の８①）。

	交換の態様	課税の繰延べが認められない部分
交換 （措法37の８）	個人が有する国有財産特別措置法第９条第２項に規定する土地等に隣接する土地等と、その隣接国有財産である土地等との交換（租税特別措置法37条の４の規定の適用を受ける交換を除きます。）をしたとき	交換差金を取得するときは、その交換差金に相当する部分

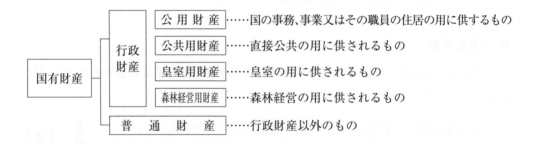

用語の解説

- 国有財産
  - 行政財産
    - 公用財産……国の事務、事業又はその職員の住居の用に供するもの
    - 公共用財産……直接公共の用に供されるもの
    - 皇室用財産……皇室の用に供されるもの
    - 森林経営用財産……森林経営の用に供されるもの
  - 普通財産……行政財産以外のもの

チェックポイント

1　国有財産のうち普通財産に隣接する土地等には、国有財産の上に存する権利（借地権等）が含まれます。

2　国有財産との交換は、交換に係る財産の価額の差額（交換差金）が交換譲渡資産又は交換譲受資産のいずれか大きいものの４分の１を超えるときは行うことができないこととされています（国有財産特別措置法９③）。

3　国有財産のうち普通財産に隣接する土地等であることについては、その普通財産である土地等が国有財産特別措置法に基づき円滑に売り払うため必要があると認められるものに該当する旨の財務局長等の証明が必要です。

2　譲渡所得の金額の計算

用地とともに交換差金を取得した場合の交換差金に相当する部分については、譲渡があったものとして次の算式により計算した金額が譲渡所得として課税されます（措法37の８①、措令25の６③）。

〔算式〕

$$\left(\text{交換差金の額}-\left(\begin{array}{l}\text{交換譲渡した土}\\\text{地等の取得価額}\end{array}+\begin{array}{l}\text{交換に要}\\\text{した費用}\end{array}\right)\times\frac{\text{交換差金の額}}{\begin{array}{l}\text{交換取得した}\\\text{用地の価額}\end{array}+\text{交換差金の額}}\right)$$

チェックポイント

交換の特例（所法58）のような、差金等の金額について20％以内であることという制限はありません。

3　申告手続

この特例を適用するためには、確定申告書の「特例適用条文」欄に「措法37の８」と記載するとともに、次の書類を確定申告書に添付して提出する必要があります（措法37の８③、措規18の８②③）。

確定申告書に添付する書類	①	「譲渡所得の内訳書（確定申告書付表兼計算明細書）【土地・建物用】」
	②	特定普通財産との交換契約書の写し
	③	財務局長等から交付を受けた国有財産特別措置法第９条第２項の規定に基づき交換をした旨を証する書類
	④	財務局長等から交付を受けた交換により取得した特定普通財産が国有財産特別措置法第９条第２項に規定する土地等に該当する旨を証する書類
	⑤	交換により取得した特定普通財産の登記事項証明書(※)その他その特定普通財産を取得した旨を証する書類の写し

(※)　登記事項証明書については、不動産番号等明細書を提出することなどにより、その添付を省略することができます（205ページ参照）。

第11章　その他の特例

第１　優良住宅地の造成等のために土地等を譲渡した場合の長期譲渡所得の課税の特例（租税特別措置法第31条の２関係）

１　制度の概要

個人が、譲渡した年の１月１日における所有期間が５年を超える土地等を令和７年12月31日までに①優良住宅地等又は②確定優良住宅地等予定地のために譲渡した場合は、次のとおり、分離課税の譲渡所得に対する税率が軽減されます（措法31の２①③）。

〔一般の長期譲渡所得〕　⟹　〔軽減税率の長期譲渡所得〕

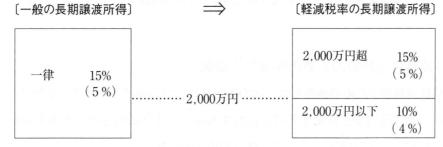

〔一般の長期譲渡所得〕		〔軽減税率の長期譲渡所得〕	
一律	15%（５%）	2,000万円超	15%（５%）
		2,000万円以下	10%（４%）

（境界：2,000万円）

(注)　かっこ書は住民税の税率です。

２　特例の適用要件（他の特例の適用を受ける場合）

優良住宅地の造成等のために譲渡した土地等につき、次の特例の適用を受けるときは、この特例の適用を受けることはできません（措法31の２④）。

		特　例	関係条文
適用除外の特例	①	収用等に伴い代替資産を取得した場合の課税の特例	措法33
	②	交換処分等に伴い資産を取得した場合の課税の特例	措法33の２
	③	換地処分等に伴い資産を取得した場合の課税の特例	措法33の３
	④	収用交換等の場合の特別控除の特例	措法33の４
	⑤	特定土地区画整理事業等のために土地等を譲渡した場合の特別控除の特例	措法34
	⑥	特定住宅地造成事業等のために土地等を譲渡した場合の特別控除の特例	措法34の２
	⑦	農地保有の合理化等のために農地等を譲渡した場合の特別控除の特例	措法34の３
	⑧	居住用財産の特別控除の特例	措法35

適用除外の特例	⑨	特定期間に取得をした土地等の特別控除の特例	措法35の２
	⑩	低未利用土地等を譲渡した場合の特別控除の特例	措法35の３
	⑪	特定の居住用財産の買換えの特例	措法36の２
	⑫	特定の居住用財産の交換の特例	措法36の５
	⑬	特定の事業用資産の買換えの特例	措法37
	⑭	特定の事業用資産の交換の特例	措法37の４
	⑮	既成市街地等内にある土地等の中高層耐火建築物等の建設のための買換え及び交換の特例	措法37の５
	⑯	特定の交換分合により土地等を取得した場合の特例	措法37の６
	⑰	特定普通財産とその隣接する土地等の交換の特例	措法37の８

3　「優良住宅地等のための譲渡」の範囲

優良住宅地等のための譲渡とは、次の⑴から⒄までに掲げる土地等の譲渡で、それぞれ次に掲げる書類を確定申告書に添付することにより証明されたものをいいます（措法31の２②、措令20の２①～㉗、措規13の３①～⑮）。

チェックポイント

確定申告書に書類の添付がない場合でも、その添付がなかったことについてやむを得ない事情があると認められるときは、その書類の提出があった場合に限り、この特例が認められます（措通31の２－30）。

⑴　国、地方公共団体等に対する土地等の譲渡

譲渡要件	証明書（書類）
国、地方公共団体その他これらに準ずる法人に対する土地等の譲渡で次に掲げるもの（措法31の2②一、措令20の2①） イ　国又は地方公共団体に対する土地等の譲渡 ロ　地方道路公社、独立行政法人鉄道建設・運輸施設整備支援機構、独立行政法人水資源機構、成田国際空港株式会社、東日本高速道路株式会社、首都高速道路株式会社、中日本高速道路株式会社、西日本高速道路株式会社、阪神高速道路株式会社又は本州四国連絡高速道路株式会社に対する土地等の譲渡	イ　国又は地方公共団体に対する土地等の譲渡の場合 その土地等を買い取った国又は地方公共団体のその土地等を買い取った旨を証する書類（措規13の３①一イ） ロ　左記の地方道路公社等の法人に対する土地等の譲渡の場合 その土地等を買い取った法人のその土地等を収用の対償に充てるために買い取った旨を証する書類（措規13の３①一ロ）

でその譲渡に係る土地等がこれらの法人の行う租税特別措置法第33条第１項第１号に規定する土地収用法等に基づく収用（同項第２号の買取り及び同条第４項第１号の使用を含みます。）の対償に充てられるもの	

チェックポイント

❶　上記イの国又は地方公共団体に対する土地等の譲渡は、収用等による譲渡、一般の任意譲渡にかかわらず、地域、地目等の区分に関係なく証明書の添付があれば全て特例の適用対象となります。

❷　上記ロの地方道路公社等に対する土地等の譲渡は、その法人が行う収用の対償に充てられるものをいいますから、その法人が土地等を買い取った場合であっても、収用に係る事業の施行者に代わり土地等を買い取ったときには、この特例の適用対象となる土地等の譲渡に該当しないこととなります（措通31の２－１）。

(2)　独立行政法人都市再生機構等が行う宅地若しくは住宅の供給又は土地の先行取得の業務の用に供するための土地等の譲渡

譲渡要件	証明書（書類）
宅地若しくは住宅の供給又は土地の先行取得の業務を行うことを目的とする次に掲げる法人に対する譲渡で、その譲渡に係る土地等がその業務を行うために直接必要であると認められるもの（公有地の拡大の推進に関する法律第17条第１項第１号ニに掲げる譲渡に該当するものを除きます。）（措法31の２②二、措令20の２②） イ　独立行政法人都市再生機構、土地開発公社、成田国際空港株式会社、独立行政法人中小企業基盤整備機構、地方住宅供給公社及び日本勤労者住宅協会 ロ　宅地若しくは住宅の供給又は土地の先行取得の業務を主たる目的とし、地方公共団体の管理の下に業務を行っている公益社団法人又は公益財団法人 ハ　幹線道路の沿道の整備に関する法律第13条の３第３号に掲げる業務を行う沿道整備推進機構又は公益財団法人 ニ　密集市街地における防災街区の整備の促進に関する法律第301条第３号に掲げる業務を行う防災街区整備推進機構 ホ　中心市街地の活性化に関する法律第62条第３号に掲げる業務を行う中心市	次に掲げる場合の区分に応じ、それぞれ次に掲げる書類（措規13の３①二） イ　土地の買取りをする者が左記のイとロである場合 土地等の買取りをする法人（公益社団法人又は公益財団法人の買取りの場合には、その法人の議決権等を有する地方公共団体の長）のその土地等を宅地若しくは住宅の供給又は土地の先行取得の業務の用に直接供するために買い取った旨を証する書類 ロ　土地等の買取りをする法人が左記のハからへである場合 それぞれの法人に該当する旨の市町村長又は特別区の区長の証明書及びその土地等がこれらの法人によりその業務の用に直接供するために買い取られた旨を証する書類

街地整備推進機構 へ　都市再生特別措置法第119条第４号に掲げる業務を行う都市再生推進法人	

チェックポイント

❶「その譲渡に係る土地等がその業務を行うために直接必要であると認められるもの」とは、独立行政法人都市再生機構等上記に掲げる法人に対する次の土地等の譲渡をいうことから、これらの法人に対する土地等の譲渡であっても、例えば、その法人が職員宿舎の敷地の用として取得する土地等は、これに該当しないことになります（措通31の２－4⑴）。

⑴　宅地又は住宅の供給業務を行う法人によりその宅地又は住宅の用に供するために取得されるもの

⑵　土地の先行取得の業務を行う法人によりその先行取得の業務として取得されるもの

㈱　土地の先行取得の業務とは、国又は地方公共団体等が将来必要とする公共施設又は事業用地等をその国又は地方公共団体等に代わって取得することを業務の範囲としている法人が行うその業務をいいます。例えば、土地開発公社にあっては、公有地の拡大の推進に関する法律第17条第１項第１号イからハ、ホ及び第３号（第１号ロ、ハ及びホの業務に附帯する業務に限ります。）に掲げる業務をいうことから、公共施設用地等の取得に際してその対償地を取得することも先行取得の業務に該当することとなります。

❷　独立行政法人都市再生機構又は地方住宅供給公社が租税特別措置法第34条《特定土地区画整理事業等のために土地等を譲渡した場合の譲渡所得の特別控除》第２項第１号に規定する宅地の造成、共同住宅の建設又は建築物及び建築敷地の整備に関する事業の用に供するために取得する土地等は、「その業務を行うために直接必要であると認められるもの」に該当するものとされています（措通31の２－４⑵）。

❸　公益社団法人（社員総会における議決権の全部が地方公共団体により保有されているものに限ります。）又は公益財団法人（拠出をされた金額の全額が地方公共団体により拠出をされているものに限ります。）は、次に掲げる要件を満たすものとなります（措令20の２②二）。

⑴　宅地若しくは住宅の供給又は土地の先行取得の業務を主たる目的とすること

⑵　その地方公共団体の管理の下に⑴に規定する業務を行っていること

また、沿道整備推進機構、防災街区整備推進機構、中心市街地整備推進機構、都市再生推進法人については、公益社団法人（社員総会における議決権の総数の２分の１以上が地方公共団体により保有されているものに限ります。）又は公益財団法人（設立当初に拠出をされた金額の２分の１以上が地方公共団体により拠出をされているものに限ります。）であって、定款にその法人が解散した場合の残余財産が地方公共団体又はその法人と類似の目的を持つ他の公益を目的とする事業を行う法人に帰属する旨の定めがあるものに限ります（措令20の２②三～六）。

(3)　独立行政法人都市再生機構が施行する事業の用に供されるための土地開発公社に対する土地等の譲渡

譲渡要件	証明書（書類）
土地開発公社に対する土地等の譲渡で、独立行政法人都市再生機構が施行する次に掲げる事業の用に供されるもの（措法31の２②二の二） イ　被災市街地復興推進地域内において施行する被災市街地復興土地区画整理事業 ロ　住宅被災市町村の区域内において施行する第二種市街地再開発事業	土地開発公社に買い取られた土地等が左記のイ又はロの事業の用に供するために買い取られた旨を証する書類（その土地等の所在地の記載があるものに限ります。）（措規13の３①二の二）。

(4)　収用交換等による土地等の譲渡

譲渡要件	証明書（書類）
収用交換等による土地等の譲渡（(1)から(3)までの譲渡又は市街地再開発事業の施行者である再開発会社に対するその再開発会社の株主又は社員である個人の有する土地等の譲渡に該当するものを除きます。）（措法31の２②三、措令20の２③）	その譲渡に係る土地等についての収用等の証明書（措規13の３①三）

チェックポイント

収用交換等による土地等の譲渡については、その収用交換等による譲渡について租税特別措置法第33条《収用等に伴い代替資産を取得した場合の課税の特例》又は第33条の２《交換処分等に伴い資産を取得した場合の課税の特例》若しくは第33条の４《収用交換等の場合の譲渡所得等の特別控除》の規定の適用を受けた場合には、この特例の適用がありません（措法31の２④）。

⑸　第一種市街地再開発事業の施行者に対するその事業の用に供するための土地等の譲渡

譲渡要件	証明書（書類）
都市再開発法による第一種市街地再開発事業の施行者に対する土地等の譲渡で、その譲渡に係る土地等がその事業の用に供されるもの（⑴から⑷までの譲渡又は市街地再開発事業の施行者である再開発会社に対するその再開発会社の株主又は社員である個人の有する土地等の譲渡に該当するものを除きます。）（措法31の2②四、措令20の2③）	土地等の買取りをする第一種市街地再開発事業の施行者のその土地等をその事業の用に供するために買い取った旨を証する書類（措規13の3①四）

⑹　防災街区整備事業の施行者に対するその事業の用に供するための土地等の譲渡

譲渡要件	証明書（書類）
密集市街地における防災街区の整備の促進に関する法律による防災街区整備事業の施行者に対する土地等の譲渡で、その譲渡に係る土地等がその事業の用に供されるもの（⑴から⑷までの譲渡又は防災街区整備事業の施行者である事業会社に対するその事業会社の株主又は社員である個人の有する土地等の譲渡に該当するものを除きます。）（措法31の2②五、措令20の2④）	土地等の買取りをする防災街区整備事業の施行者のその土地等をその事業の用に供するために買い取った旨を証する書類（措規13の3①五）

⑺　防災再開発促進地区内における認定建替計画に従って建築物の建替えの事業を行う認定事業者に対するその事業の用に供するための土地等の譲渡

譲渡要件	証明書（書類）
密集市街地における防災街区の整備の促進に関する法律に規定する防災再開発促進地区内における認定建替計画（次のイ及びロに該当するものに限ります。）に従って建築物の建替えの事業を行う認定事業者に対する土地等の譲渡で、その譲渡に係る土地等がその事業の用に供されるもの（⑵から⑹までの譲渡又は認定事業者である法人に対するその法人の株主又は社員である個人の有する土地等の譲渡に該当するものを除きます。）（措法31の2②六、措令20の2⑤⑥） イ　新築する建築物の敷地面積がそれぞれ100㎡以上であり、かつ、その敷地面積の合計が500㎡以上であること	土地の買取りをする認定事業者から交付を受けた次に掲げる書類（措規13の3①六） イ　所管行政庁の認定建替計画が左に掲げる要件を満たすものである旨を証する書類の写し ロ　土地等の買取りをする者の認定建替計画に係る建築物の建替えを行う事業の用に供するために買い取った旨を証する書類

ロ　建替事業区域内に密集市街地における防災街区の整備の促進に関する法律に規定する公共施設が確保されていること（建替事業区域の周辺区域からの避難に利用可能な通路（幅員４m以上）を確保する場合には、その確保する通路が密集市街地における防災街区の整備の促進に関する法律第289条第４項の認可を受けた避難経路協定において避難経路として定められていること）	

(8)　都市再生事業の認定業者に対するその事業の用に供するための土地等の譲渡

譲渡要件	証明書(書類)
都市再生特別措置法に規定する認定計画に係る都市再生事業（次のイからハに該当するものに限ります。）の認定事業者（その認定事業者と事業の施行される区域内の土地等の取得に関する協定を締結した独立行政法人都市再生機構を含みます。）に対する土地等の譲渡で、その譲渡に係る土地等がその都市再生事業の用に供されるもの（(2)から(7)に掲げる譲渡に該当するものを除きます。）（措法31の２②七、措令20の２⑦、措規13の３③） イ　認定計画に建築面積が1,500㎡以上の建築物の建築をすることが定められており、その認定計画に定められた建築物の建築がされること ロ　建築物の建築をする事業の施行される区域の面積が１ha（その事業が都市再生特別措置法施行令第７条第１項ただし書に規定する場合に該当するときは0.5ha）以上であること ハ　都市再生特別措置法に規定する公共施設の整備がされること	土地等の買取りをする認定事業者から交付を受けた次に掲げる書類（措規13の３①七） イ　国土交通大臣の都市再生事業が都市再生特別措置法第25条に規定する認定事業である旨及びその事業が左記に掲げる要件を満たすものである旨を証する書類の写し ロ　土地等の買取りをする者の都市再生事業の用に供するために買い取った旨を証する書類（土地等の買取りをする者が独立行政法人都市再生機構である場合には、その書類及びその認定事業者との協定に基づき買い取った旨を証する書類）

⑼　国家戦略特別区域法に規定する認定区域計画の特定事業又は特定事業の実施に伴う施設整備事業を行う者に対するその事業を行うための土地等の譲渡

譲渡要件	証明書（書類）
国家戦略特別区域法に規定する認定区域計画に定められている特定事業又は特定事業の実施に伴い必要となる施設を整備する事業（国家戦略特別区域法施行規則第12条各号に掲げる要件の全てを満たす事業に限ります。）を行う者に対する土地等の譲渡で、その譲渡に係る土地等がその事業の用に供されるもの（⑵から⑻に掲げる譲渡に該当するものを除きます。）（措法31の２②八、措規13の３④）	土地の買取りをする特定事業又は特定事業の実施に伴い必要となる施設を整備する事業を行う者から交付を受けた次に掲げる書類（措規13の３①八） イ　国家戦略特別区域担当大臣の特定事業が認定区域計画に定められている旨及び特定事業又はその特定事業の実施に伴い必要となる施設を整備する事業が国家戦略特別区域法施行規則第12条各号に掲げる要件の全てを満たすものである旨を証する書類の写し ロ　土地等の買取りをする者の特定事業又はその特定事業の実施に伴い必要となる施設を整備する事業の用に供するために買い取った旨を証する書類

⑽　所有者不明土地の利用の円滑化等に関する特別措置法の規定による裁定申請書に記載された事業を行う事業者に対する土地等の譲渡

譲渡要件	証明書（書類）
所有者不明土地の利用の円滑化等に関する特別措置法の規定による裁定に係る裁定申請書に記載された事業を行う事業者に対する次に掲げる土地等の譲渡で、その事業の用に供されるもの（⑴から⑶及び⑸から⑼に掲げる譲渡に該当するものを除きます。）（措法31の２②九、措令20の２⑧） イ　裁定申請書に記載された特定所有者不明土地等 ロ　裁定申請書に添付された事業計画書の権利取得計画にその事業者が取得するものとして記載された特定所有者不明土地以外の土地等（裁定申請書に記載された事業が、上記イと一体として使用する必要性が高い事業と認められないものとして、事業区域の面積が500㎡以上であり、かつ、上記イの面積の事業区域の面積に対する割合が４分の１未満である事業に該当するものを除きます。）	イ　都道府県知事が所有者不明土地の利用の円滑化等に関する特別措置法の規定による裁定をした旨を同法第14条の規定により通知した文書の写し（措規13の３①九イ） ロ　次の区分に応じそれぞれ次に定める書類（措規13の３①九ロ） ①　左記イの場合 裁定申請書（事業者及び事業並びに特定所有者不明土地の記載がされたものに限ります。）の写し及びその土地等をその事業の用に供するために買い取った旨を証する書類 ②　左記ロの場合 裁定申請書（事業者及び事業の記載がされたものに限ります。）の写し、その裁定申請書に添付された事業計画書（その事業者がその土地等を取得するものとして記載されたものに限ります。）の写し及びその土地等をその記載された事業の用に供するために買い取った旨を証する書類

チェックポイント

上記⑽は、個人が令和元年６月１日以後に行う譲渡について適用されます（平成31年改正法附則34①）。

⑾　マンション建替事業の施行者に対する土地等の譲渡

譲渡要件	証明書（書類）
マンションの建替え等の円滑化に関する法律に規定する請求又は申出に基づくマンション建替事業（良好な居住環境の確保に資するものとして一定の基準に適合する事業であるものに限ります。この表において、以下同じです。）の施行者に対する土地等の譲渡又は同法に規定する施行マンションが、いわゆる既存不適格建築物に該当し、かつ、同法に規定する施行再建マンションの延べ面積がその施行マンションの延べ面積以上であるマンション建替事業の施行者に対する土地等（同法に規定する隣接施行敷地に係るものに限ります。）の譲渡で、これらの譲渡に係る土地等がこれらのマンション建替事業の用に供されるもの（⑺から⑽に掲げる譲渡に該当するものを除きます。）（措法31の２②十、措令20の２⑨⑩）	次の区分に応じそれぞれ次に定める書類（措規13の３①十） イ　請求又は申出に基づくマンション建替事業の施行者に譲渡する場合 ①　マンション建替事業に係る施行再建マンションが良好な居住環境の確保に資するものとして一定の基準に適合することにつき都道府県知事（市の区域内にあってはその市長）の証明を受けた旨を証する書類 ②　土地等の買取りをするマンション建替事業の施行者のその土地等を請求又は申出に基づきマンション建替事業の用に供するために買い取った旨を証する書類 ロ　いわゆる既存不適格マンションのマンション建替事業の施行者に隣接施行敷地を譲渡する場合 ①　施行マンションが既存不適格建築物に該当すること及びマンション建替事業に係る施行再建マンションが良好な居住環境の確保に資するものとして一定の基準に適合し、かつ、施行再建マンションの延べ面積が施行マンションの延べ面積以上であることにつき都道府県知事（市の区域内にあってはその市長）の証明を受けた旨を証する書類 ②　その隣接施行敷地に係る土地等をそのマンション建替事業に係るその施行再建マンションの敷地とするために買い取った旨を証する書類

チェックポイント

「マンション建替事業」の良好な居住環境の確保に資する一定の要件を満たす事業とは、次の施行再建マンション（マンション建替事業により建設される再建マンションをいいます。）の区分に応じ、それぞれ次の要件を満たすものをいいます（措令20の２⑨㉗、平成26年国土交通省告示第1183号）。

❶　マンションの建替え等の円滑化に関する法律施行規則第15条第２項の規定の適用を受けるものであり、かつ、各住戸の専有部分の床面積を変更することができる構造の施行

再建マンション

この施行再建マンションの住戸の専有部分の床面積の平均は、次に掲げる住戸の区分に応じ、それぞれ次に掲げる面積以上であることが必要です。

住戸の区分		面積
①	建て替えられるマンションに現に居住する単身者（同居し、又は同居しようとする親族がいない者をいいます。以下、この❶及び❷において同じです。）が入居すべき住戸	25㎡
②	建て替えられるマンションに現に居住する60歳以上の者（単身者を除き、施行再建マンションの住戸の専有部分の床面積を50㎡以上とするための費用負担が困難であると都道府県知事が認める者に限ります。）が入居すべき住戸	30㎡
③	上記①及び②の者以外の者が入居すべき住戸	50㎡

❷　上記❶以外の施行再建マンション

その施行再建マンションの各住戸の床面積が、次に掲げる住戸の区分に応じ、それぞれ次に掲げる面積以上であること

住戸の区分		面積
①	単身者	25㎡
②	入居すべき者の年齢、所得その他の特別の事情によりやむを得ないと認められる住戸（単身者を除きます。）	30㎡
③	上記①及び②の者以外の者が入居すべき住戸	50㎡

⑿　マンション敷地売却事業を実施する者に対する土地等の譲渡

譲渡要件	証明書（書類）
マンションの建替え等の円滑化に関する法律に規定する請求に基づくマンション敷地売却事業（そのマンション敷地売却事業に係る認定買受計画に一定の事項の記載があるものに限ります。）を実施する者に対する土地等の譲渡又はそのマンション敷地売却事業に係る分配金取得計画（分配金取得計画の変更に係る認可を受けた場合には、その変更後のもの）に基づくマンション敷地売却事業を実施する者に対する土地等の譲渡で、これらの譲渡に係る土地等がこれらのマンション敷地売却事業の用に供されるもの（措法31の2②十一、措令20の2⑪）	マンション敷地売却事業を実施する者から交付を受けた次に掲げる書類（措規13の3①十一、⑤） イ　認定買受計画に一定の事項の記載があること及びその記載がされた施設が整備されることにつき都道府県知事（市の区域内にあってはその市長）の証明を受けた旨を証する書類 ロ　請求又は分配金取得計画に基づきそのマンション敷地売却事業の用に供するために買い取った旨を証する書類

チェックポイント

認定買受計画に記載が必要な「一定の事項」とは、次に掲げるいずれかの事項をいいます（措法31の２②十一、措令20の２⑪、措規13の３⑤、平成26年国土交通省告示第1183号）。

①　決議特定要除却認定マンションを除却した後の土地に新たに建築されるマンション（良好な居住環境を備えたものとしてそのマンションの住戸の規模及び構造が国土交通大臣が財務大臣と協議して定める基準に適合する場合におけるそのマンションに限ります。）に関する事項

②　その土地において整備される道路、公園、広場、下水道、緑地、防水若しくは防砂の施設又は消防の用に供する貯水施設に関する事項

③　その土地において整備される社会福祉施設、公共賃貸住宅、公共公益施設、特定優良賃貸住宅又は登録サービス付き高齢者向け住宅に関する事項

⒀　優良な建築物の建築をする事業を行う者に対するその事業を行うための土地等の譲渡

譲渡要件	証明書（書類）
次に掲げる要件を満たす建築物の建築をする事業を行う者に対する土地等の譲渡で、土地等がその事業の用に供されるもの（⑺から⑾、⒁から⒄に掲げる譲渡に該当するものを除きます。）（措法31の２②十二、措令20の２⑫⑬⑭、措規13の３⑥） イ　建築物の建築面積（通常１階部分の床面積、建坪）が150㎡以上であること ロ　建築物の建築をする事業の施行される区域の面積が500㎡以上であること ハ　次に掲げるいずれかの要件を満たしていること ①　その事業の施行地区内において都市施設（都市計画法第４条第６項に規定する都市計画施設又は同法第12条の５第２項第１号に規定する施設をいいます。）の用に供される土地（その事業の施行地区が再開発等促進区内又は開発整備促進区内である場合は、その都市施設又は同条第５項第１号に規定する施設の用に供される土地、幹線道路の沿道の整備に関する法律第９条第３項に規定する沿道再開発等促進区内である場合は、その都市計画施設又は沿道地区施設若しくは同条第４項第１号に規定する施設の用に供される土地）が確保	土地等の買取りをする者から交付を受けた次に掲げる書類（措規13の３①十二） イ　国土交通大臣のその建築物が優良な建築物に該当するものである旨及びその建築物の建築をする事業が左記に掲げる要件を満たすものである旨を証する書類の写し ロ　土地等の買取りをする者のその土地等が市街化区域又は都市計画区域のうち用途地域が定められている区域内に所在し、かつ、その土地等を優良な建築物の建築をする事業の用に供する旨を証する書類

されていること ②　次の算式により計算した空地率を超える空地が確保されていること $$空地率=\left(1-\frac{建蔽率の}{最高限度}\right)+\frac{1}{10}$$ ※　算式中の建蔽率とは、建築基準法第53条第１項に規定する建蔽率をいいます。 ③　その事業の施行地区内の土地の所有権者又は借地権者（土地等が共有である場合は、１名とカウント）の数が２名以上であること ニ　その事業は次に掲げる区域内で行われること ①　都市計画法第７条第１項の市街化区域と定められた区域 ②　都市計画法第７条第１項に規定する区域区分に関する都市計画が定められていない同法第４条第２項に規定する都市計画区域（未線引の都市計画区域）のうち同法第８条第１項第１号に規定する用途地域が定められている区域	

⒁　都市計画法の開発許可を受けて行う個人又は法人の一団の住宅地造成の用に供するための土地等の譲渡

譲渡要件	証明書（書類）
都市計画法の開発許可（同法第４条第２項に規定する都市計画区域のうち一定の区域内において行われる同条第12項に規定する開発行為に限ります。）を受けて行われる1,000㎡（都市計画法施行令第19条第２項の規定により読み替えて適用される同条第１項本文の適用がある場合には500㎡とし、同項ただし書の都道府県が条例を定めている場合には、その条例で定める規模に相当する面積）以上の住宅建設の用に供する一団の宅地の造成（その開発許可の内容に適合して行われると認められるものに限ります。）を行う者（都市計画法第44条又は第45条に規定する開発許可に基づく地位の承継等を受けた個人又は法人を含みます。）に対する土地等の譲渡で、その譲渡した土地等がその一団の宅地の用に供されるもの（⑺から⑽に掲げる譲渡に該当するものを除きます。）（措法31の２②十三、措令20の２⑮⑯）	土地等の買取りをする者から交付を受けた次に掲げる書類（措規13の３①十三） イ　開発許可申請書の写し（事業概要書及び設計説明書並びに一団の宅地の位置、区域等を明らかにする地形図の添付があるものに限ります。）及び開発許可通知書の写し ロ　土地等の買取りをする者のその買い取った土地等が開発許可の通知に係る開発区域に所在し、かつ、その土地等をその一団の宅地の用に供する旨を証する書類

チェックポイント

■1 この場合の宅地の造成を行う者には、宅地の造成を事業として行っていない個人又は法人も含まれます（措通31の２－14）。

■2 住宅建設の用に供される一団の宅地の造成とは、公共施設及び公益的施設の敷地の用に供される部分の土地を除き、その事業の施行地域内の土地の全部を住宅建設の用に供する目的で行う一団の宅地の造成をいいます。

したがって、都市計画法第29条第１項の許可（同法第４条第２項に規定する都市計画区域内において行われる開発行為に係るものに限られます。）を受けて行われる宅地の造成が、例えば、住宅地の造成と工業団地の造成とである場合のその造成を行う者に対する土地等の譲渡については、この特例の適用はないこととなります（措通31の２－15）。

(注) 都市計画法第29条第１項の許可（同法第４条第２項に規定する都市計画区域内において行われる開発行為に係るものに限られます。）を受けて住宅地の造成と工業団地の造成とが行われた場合においては、その造成された住宅地に⒃の「一団の住宅又は中高層の耐火共同住宅」が建設される場合であっても⒃の場合には該当しないこととなります。

なお、公共施設及び公益的施設については、次に掲げるとおりです。

	公共施設		公益的施設
①	道路	①	教育施設
②	公園	②	医療施設
③	広場	③	官公庁施設
④	緑地	④	購買施設
⑤	下水道	⑤	その他の施設で居住者の共同の福祉、利便のために必要なもの
⑥	その他の公共の用に供する施設		

■3 一団の宅地の面積が所定の面積以上のものであるかどうかの判定は、都市計画法第29条第１項の許可（同法第４条第２項に規定する都市計画区域内において行われる開発行為に係るものに限られます。）の申請時の面積により行います（措通31の２－16）。

また、次の場合の一団の面積の判定は、それぞれに掲げるところにより行います。

	宅地造成の形態等	判　定
①	宅地造成事業がその施行者を異にして隣接する地域において施行される場合	その事業の施行者ごとに判定します。
②	宅地造成事業の施行者が取得した土地とその事業の施行者が他の者から造成を請け負った土地とを一括して宅地造成する場合	その事業の施行者が所有する土地の面積のみで行います。
③	宅地造成事業の施行地域内に公共施設又は公益的施設を設置する場合	その施設の敷地の用に供される土地を含めて判定します。
④	宅地造成事業を施行する一団の土地のうちに所得税基本通達33－6の6《法律の規定に基づかない区画形質の変更に伴う土地の交換分合》又は33－6の7《宅地造成契約に基づく土地の交換等》の定めにより譲渡がなかったものとして取り扱う土地がある場合	譲渡がなかったものとして取り扱う土地を除いて判定します。

なお、定期借地権設定地を含めて一体的に行われる一団の宅地造成事業等で一定の要件を満たすものに係る一団の宅地の面積要件については、その定期借地権設定地を含めて判定することとされています。

⒂　都市計画区域内の宅地の造成につき開発許可を要しない場合において、個人又は法人が造成する面積1,000㎡以上（既成市街地等の都市計画法施行令第19条第２項の適用を受ける区域にあっては500㎡以上）の一団の住宅地の用に供するための土地等の譲渡

譲渡要件	証明書(書類)
都市計画区域内の宅地の造成につき開発許可を要しない場合において、住宅建設の用に供される優良な宅地の供給に寄与するものであることにつき都道府県知事の認定を受けて行われる一団の宅地の造成（その認定の内容に適合して行われる面積1,000㎡以上のものに限りますが、都市計画法施行令第19条第２項の適用を受ける区域にあっては500㎡以上のものを含みます。）を行う者（造成を行う個人の死亡によりその造成に関する事業を承継した相続人等又は合併により消滅した法人の造成に関する事業を引き継いだ法人税法第２条第12号に規定する合併法人並びに分割により造成に関する事業を引き継いだ法人税法第２条第12号の３に規定する分割承継法人を含みます。）に対する土地等の譲渡で、その譲渡に係る土地等がその一団の宅地の用に供されるもの（⑺から⑽に掲げる譲渡又は区画整理会社に対するその区画整理会社の株主又は社員である個人の有する土地等の譲	土地等の買取りをする者から交付を受けた次に掲げる書類（措規13の３①十四） イ　その一団の宅地の造成の面積要件及び地域要件に関する事項の記載のある都道府県知事に対する優良な宅地の供給に寄与するものであることの認定申請書の写し（その造成に関する事業概要書及び設計説明書並びに一団の宅地の位置及び区域等を明らかにする地形図の添付のあるものに限ります。）及び都道府県知事のその申請書に基づき、その認定をしたことを証する書類の写し ロ　土地等の買取りをする者のその買い取った土地等がイの都道府県知事の認定に係る区域内に所在し、かつ、その土地等をその一団の宅地の用に供する旨を証する書類 ハ　都道府県知事のその一団の宅地の造成がイの認定の内容に適合して行われている旨を証する書類の写し（その一団の宅地の造成が土地区画整理法による土地区画整理事業として行われる場

渡に該当するものを除きます。）（措法31の２②十四、措令20の２⑰⑱⑲）	合には、都道府県知事の土地区画整理法による認可をしたことを証する書類の写し）

チェックポイント

❶　この場合の一団の宅地の面積が所定の面積以上のものであるかどうかの判定は、都道府県知事に対する優良宅地の認定申請時（土地区画整理法による土地区画整理事業についてはその事業の施行に係る認可時）の面積により行う点を除き、宅地の造成を行う者の範囲、住宅建設の用に供される一団の宅地の造成の意義については、上記⒁のチェックポイントに掲げたところと同様に取り扱われます（措通31の２－16）。

❷　住宅建設の用に供される優良な宅地の供給に寄与するものであることについての都道府県知事の認定事項は次のとおりとなっています（措令20の２⑲、昭和54年３月31日建設省告示第767号、平成13年改正国土交通省告示第３号）。

	都道府県知事の認定事項
①	宅地の用途に関する事項
②	宅地としての安全性に関する事項
③	給水施設、排水施設その他住宅建設の用に供される宅地に必要な施設に関する事項
④	その他住宅建設の用に供される優良な宅地の供給に関し必要な事項

❸　一団の宅地の造成が土地区画整理法による土地区画整理事業として行われる場合の一団の宅地の造成を行う者、すなわち土地等の買取りをする者は、その土地区画整理事業の同法第２条第３項に規定する施行者又は同法第25条第１項に規定する組合員である個人又は法人に限られています（措規13の３①十四）。

なお、この施行者又は組合員には、土地区画整理法による土地区画整理事業として行われる住宅建設の用に供される一団の宅地の造成事業について、確定優良住宅地等予定地のための土地等の買取りに該当する事業である旨の国土交通大臣の証明を受けた者で、土地区画整理事業の施行認可や土地区画整理組合の設立認可前における土地区画整理法第２条第３項に規定する施行者又は同法第25条第１項に規定する組合員となることが確実と認められる個人又は法人が含まれます（措通31の２－17）。

❹　土地区画整理法による土地区画整理事業として行われる住宅建設の用に供される一団の宅地の造成事業を行う土地区画整理法第２条第３項に規定する施行者又は同法第25条第１項に規定する組合員である個人又は法人に対して、国土交通大臣の証明の日前に土地等を譲渡した場合には、その土地等の買取りをする者は、この特例を適用することが

できる場合の土地等の買取りをする者としての要件を満たさないこととなりますので、その土地等の譲渡については確定優良住宅地等予定地の譲渡としての特例の適用はありません（措通31の２－18）。

5 「証明書（書類）」欄に掲げた書類のうちハの「イの認定の内容に適合して行われている旨を証する書類の写し」については、土地等の買取りをする者からイの申請書の内容に適合して造成を行う旨及び都道府県知事の証する書類の交付を受けたときは、その写しを遅滞なく提出する旨を約する書類がその造成に関する事業に係る事務所等の所在地の所轄税務署長に提出されている場合には、その書類の写しとすることができます（措規13の３②）。

6 都市計画法施行令第19条第２項の適用を受ける区域とは、次の区域に所在する市町村（三大都市圏の特定市町村）の区域をいいます。

① 首都圏整備法に規定する既成市街地又は近郊整備地帯

② 近畿圏整備法に規定する既成都市区域又は近郊整備区域

③ 中部圏開発整備法に規定する都市整備区域

⒃ 都市計画区域内において、個人又は法人が行う25戸以上の一団の住宅又は15戸若しくは延床面積1,000㎡以上の中高層耐火共同住宅の建設の用に供するための土地等の譲渡

譲渡要件	証明書（書類）
都市計画区域内において、優良住宅の供給に寄与するものであることにつき都道府県知事（中高層の耐火共同住宅の敷地の面積が1,000㎡未満のものにあっては市町村長）の認定を受けて行われる25戸以上の一団の住宅又は次に掲げる要件を満たす中高層の耐火共同住宅の建設を行う者（建設を行う個人の死亡によりその建設に関する事業を承継した相続人等又は合併により消滅した法人の建設に関する事業を引き継いだ法人税法第２条第12号に規定する合併法人並びに分割により建設に関する事業を引き継いだ同条第12号の３に規定する分割承継法人等を含みます。）に対する土地等の譲渡で、その一団の住宅又は中高層の耐火共同住宅の敷地の用に供されるもの（⑺から⑾、⒁、⒂に掲げる譲渡に該当するものを除きます。）（措法31の２②十五、措令20の２⑳㉑、措規13の３⑦） イ　住居の用途に供する独立部分が15以上のものであること又は床面積が1,000㎡以上のものであること ロ　耐火構造又は準耐火構造を有する建	土地等の買取りをする者から交付を受けた次に掲げる書類（措規13の３①十五） イ　その一団の住宅又は中高層の耐火共同住宅の建設に係る規模、地域等の要件に関する事項の記載のある都道府県知事（又は市町村長）に対する優良な住宅の供給に寄与するものであることの認定申請書の写し（その建設に関する事業概要書（中高層の耐火共同住宅にあっては、建設に関する事業概要書及び各階平面図）、建設を行う場所や区域等を明らかにする地形図の添付のあるものに限られます。）及び都道府県知事（一定の場合は市町村長）のその認定をしたことを証する書類の写し ロ　土地等の買取りをする者のその買い取った土地等がイの都道府県知事（一定の場合は市町村長）の認定に係る一団の住宅又は中高層の耐火共同住宅の建設を行う区域内に所在し、かつ、その土地等をその一団の住宅又は中高層の耐火共同住宅の用に供する旨を証する書類 ハ　その一団の住宅又は中高層の耐火共

築物であること ハ　地上階数３以上の建築物であること ニ　その建築物の床面積の４分の３以上に相当する部分が専ら居住の用（その居住の用に供される部分に係る廊下、階段その他その共用に供されるべき部分を含みます。）に供されるものであること ホ　住居の用途に供する独立部分の床面積が200㎡以下で、かつ、50㎡以上（寄宿舎にあっては18㎡以上）であること	同住宅に係る検査済証の写し

チェックポイント

❶　この場合の住宅又は中高層の耐火共同住宅の建設を行う者には、住宅又は中高層の耐火共同住宅の建設を事業として行っていない個人又は法人も含まれます（措通31の２－14）。

❷「住宅又は中高層の耐火共同住宅」は、これらを建設するために土地等を買い取った個人又は法人が建設したものに限られますので、この土地等を買い取った個人又は法人がその住宅又は中高層の耐火共同住宅の建設を行わずに転売した場合には、この特例の適用はありません（措通31の２－19）。

❸　中高層の耐火共同住宅の住居の用途に供する独立部分が15以上あるかどうか又は中高層の耐火共同住宅の床面積が1,000㎡以上あるかどうかの判定は、その中高層の耐火共同住宅の１棟ごとの独立部分の戸数又は１棟ごとの床面積により行います（措通31の２－20）。

なお、定期借地権設定地を含めて一体的に行われる一団の宅地造成事業等で一定の要件を満たすものに係る一団の宅地の面積要件及び一団の住宅の戸数要件については、その定期借地権設定地を含めて判定することとされています。

❹　優良住宅の供給に寄与するものであることについての都道府県知事の認定事項は次のとおりとなっています（昭和54年３月31日建設省告示第768号、平成12年改正建設省告示第2485号）。

	都道府県知事の認定事項	
①	建築基準法その他住宅の建設に関する法令の遵守に関する事項	
②	住宅の床面積に関する事項	住宅の床面積が50㎡（寄宿舎は18㎡）以上200㎡以下であること

③	その他優良な住宅の供給に関し必要な事項	A	台所、水洗便所、洗面設備及び浴室（寄宿舎にあっては、共同の食堂、水洗便所、洗面設備及び浴室）並びに収納設備を備えた住宅であること
		B	別荘の用に供される住宅でないこと
		C	住宅（その住宅が、一棟の家屋でその構造上区分された数個の部分を独立して人の居住の用その他の用に供することができるものの一部分（この表において、以下「一棟の家屋の一部分」といいます。）である場合にあっては、その家屋をいいます。）の床面積の敷地面積に対する割合が、10分の１未満でないこと
		D	住宅の建築費が3.3㎡当たり95万円（耐火建築物である住宅にあっては、100万円）以下であること
		E	住宅が一棟の家屋の一部分である場合にあっては、その家屋の②並びに③のＡ及びＢの要件に該当する住宅の床面積の合計のその家屋の床面積に占める割合が、２分の１以上であること

5 「証明書（書類）」欄に掲げた書類のうちハの検査済証の写しについては、土地等の買取りをする者から、イの申請書の内容に適合して住宅又は中高層の耐火共同住宅の建設を行う旨並びにハの検査済証の交付を受けたときは、遅滞なくその写しを提出する旨を約する書類がその建設に関する事業に係る事務所等の所在地の所轄税務署長に提出されている場合には、その書類の写しとすることができます（措規13の３②）。

⒄　個人又は法人に対する土地区画整理事業の施行地区内の土地等の譲渡で仮換地指定日から３年を経過する日の属する年の12月31日までに一定の住宅又は中高層耐火共同住宅の建設の用に供するための土地等の譲渡

譲渡要件	証明書(書類)
土地区画整理法による土地区画整理事業の施行地区内の土地等で、仮換地指定の効力の発生の日（使用又は収益を開始できる日が別途定められている場合には、その日）から３年を経過する日の属する年の12月31日までの間に、建築基準法その他住宅の建築に関する法令に適合するものであると認められる住宅（その建設される一の住宅の床面積が50㎡以上200㎡以下であり、かつ、その住宅の用に供される土地等の面積が100㎡以上500㎡以下であるものに限ります。）又は中高層の耐火共同住宅（上記⒃の譲渡要件のロからホに掲げる要件を満たすものである場合に限ります。）の建設を行う者に対して行われた譲渡で、その譲渡をした土地等がその住宅又は中高層の耐火共同住宅の用に供されるもの（⑺から⑾、⒁から⒃に掲げる譲渡に該当するものを除き	土地等の買取りをする者から交付を受けた次に掲げる書類（措規13の３①十六） イ　その住宅又は中高層の耐火共同住宅（中高層の耐火共同住宅にあっては、その床面積が500㎡以上のものに限ります。）の建設に係る規模要件に関する事項の記載のある建築確認申請書の写し（その建設に関する事業概要書、建設を行う場所及び区域等を明らかにする地形図の添付のあるものに限られます。） ロ　土地等の買取りをする者のその買い取った土地等につき仮換地の指定がされた土地等をイの確認申請書に係る住宅又は中高層の耐火共同住宅の用に供する旨を証する書類 ハ　その住宅又は中高層の耐火共同住宅に係る検査済証の写し

ます。）（措法31の２②十六、措令20の２㉒）	ニ　その譲渡に係る土地等につき土地区画整理法第98条第５項又は第６項の規定により通知（同法第99条第２項の規定による通知を含みます。）を受けた文書の写し

チェックポイント

❶　この場合の住宅又は中高層の耐火共同住宅の建設を行う者には、住宅又は中高層の耐火共同住宅の建設を事業として行っていない個人又は法人も含みます（措通31の２－14）。

❷　土地等を買い取った個人又は法人が、住宅又は中高層の耐火共同住宅を建設した場合に限りこの特例の適用があります（上記⒃のチェックポイントの❷参照）。

❸　その建設される住宅が二以上ある場合における住宅の床面積及び住宅の用に供される土地等の面積要件を満たすかどうかの判定は次によります（措通31の２－22）。

①　住宅の床面積が50㎡以上200㎡以下であるかどうかの判定は、１棟の家屋ごとに行いますが、１棟の家屋で、その構造上区分された数個の部分を独立して住居の用途に供することができるものの床面積要件の判定は、それぞれその区分された住居の用途に供することができる部分（この第１において、以下「独立住居部分」といいます。）の床面積と共用部分の床面積を各独立住居部分の床面積に応じてあん分した面積との合計面積により行います。

②　住宅の用に供される土地等の面積が100㎡以上500㎡以下であるかどうかの判定は、その建設される一の住宅の用に供される土地等の面積により行い、また、１棟の家屋が独立住居部分からなる場合の敷地面積要件の判定は、その１棟の家屋の敷地面積をその１棟の家屋の全体の床面積に占める床面積の判定の基礎となる各独立住居部分の床面積の割合に応じてあん分した面積により行います。

なお、各独立住居部分の一部分が床面積の要件又は敷地面積の要件に該当しない場合には、住宅建設を行う者に対する譲渡の全体についてこの特例の適用はないことになります。

4　「確定優良住宅地等予定地のための譲渡」の範囲

(1)　確定優良住宅地等予定地と特例期間

確定優良住宅地等予定地のための譲渡とは、宅地の造成又は住宅の建設を行う者に対する土地等の譲渡で、その譲渡の日から同日以後２年を経過する日の属する年の12月31日までの期間（この第１において、以下「特例期間」といいます。）内に前記３の「『優良住宅地等のための譲渡』の範囲」に掲げた⒁から⒄までの土地等の譲渡に該当することとなることが確実であると認められ、かつ、土地等の買取りをする者から交付を受けた次に掲げる書類が提出されたものをいいます（措法31の２③、措規13の３⑧）。

	確定優良住宅地等予定地のための譲渡	証明書（書類）
①	⒁　都市計画法の開発許可を受けて行う個人又は法人の一団の住宅地造成の用に供するための土地等の譲渡 ⒂　都市計画区域内の宅地の造成につき開発許可を要しない場合において、個人又は法人が造成する面積1,000㎡以上の一団の住宅地の用に供するための土地等の譲渡（一団の宅地の造成を土地区画整理法による土地区画整理事業として行う個人又は法人に対するもの（次の②に該当するもの）を除きます。） ⒃　都市計画区域内において、個人又は法人が行う25戸以上の一団の住宅又は15戸若しくは延床面積1,000㎡以上の中高層耐火共同住宅の建設の用に供するための土地等の譲渡	その土地等の買取りをする者から交付を受けた次に掲げる書類（措規13の３⑧一） １　次の各場合に掲げる書類 ⑴　国土利用計画法第14条第１項の許可を受けてその土地等が買い取られる場合　許可通知書の写し ⑵　国土利用計画法第27条の４第１項（第27条の７第１項において準用する場合を含みます。）の届出をしてその土地等が買い取られる場合　都道府県知事等のその届出につき国土利用計画法第27条の５第１項又は第27条の８第１項の勧告をしなかった旨を証する書類の写し ⑶　⑴又は⑵以外の場合　国土交通大臣の次に掲げる事項を認定したことを証する書類 イ　土地等の買取りをする者の資力、信用、過去の事業実績等からみて土地等の買取りをする者の行う一団の宅地の造成又は一団の住宅若しくは中高層の耐火共同住宅の建設が完成すると認められること ロ　イの一団の宅地の造成又は一団の住宅若しくは中高層の耐火共同住宅の建設が左記の⒁若しくは⒂の一団の宅地の造成又は⒃の一団の住宅若しくは中高層の耐火共同住宅の建設に該当することと見込まれること ２　左記の⒁若しくは⒂の一団の宅地の造成又は⒃の一団の住宅若しくは中高層の耐火共同住宅の建設に関する事業概要書及びその土地等の所在地を明らかにする地形図 ３　土地等の買取りをする者のその買い取った土地等を買い取った日以後２年を経過する日の属する年の12月31日までに左記の⒁若しくは⒂の一団の宅地又は⒃の一団の住宅若しくは中高層の耐火共同住宅の用に供することを約する書類
	⒂　都市計画区域内の宅地の造成につき開発許可を要しない場合において、個人又は法人が造成する面積1,000㎡以上の一団の住宅地の用に供する	その土地等の買取りをする者から交付を受けた次に掲げる書類（措規13の３⑧二） １　次の場合に掲げる書類 ⑴　国土利用計画法第14条第１項の許可を受けてその土地等が買い取られる場

②	ための土地等の譲渡（一団の宅地の造成を土地区画整理法による土地区画整理事業として行う個人又は法人に対するものに限ります。）	合　許可通知書の写し (2)　国土利用計画法第27条の４第１項（第27条の７第１項において準用する場合を含みます。）の届出をしてその土地等が買い取られる場合　都道府県知事等のその届出につき国土利用計画法第27条の５第１項又は第27条の８第１項の勧告をしなかった旨を証する書類の写し ２　国土交通大臣の次に掲げる事項を認定したことを証する書類 (1)　土地等の買取りをする者の資力、信用、過去の事業実績等からみて土地等の買取りをする者の行う一団の宅地の造成が完成すると認められること (2)　(1)の一団の宅地の造成が左記の一団の宅地の造成に該当することと見込まれること ３　左記の一団の宅地の造成に関する事業概要書及びその土地等の所在地を明らかにする地形図 ４　土地等の買取りをする者のその買い取った土地等を買い取った日以後２年を経過する日の属する年の12月31日までに左記の一団の宅地の用に供することを約する書類
③	(17)　個人又は法人に対する土地区画整理事業の施行地区内の土地等の譲渡で仮換地指定日（使用又は収益を開始する日が別途定められている場合には、その日）から３年を経過する日の属する年中までに一定の住宅又は中高層耐火共同住宅の建設の用に供するための土地等の譲渡	その土地等の買取りをする者から交付を受けた次に掲げる書類（措規13の３⑧三） １　左記の一定の住宅又は中高層の耐火共同住宅の建設に関する事業概要書及びその土地等の所在地を明らかにする地形図 ２　土地等の買取りをする者のその買い取った土地等を買い取った日以後２年を経過する日の属する年の12月31日までに左記の一定の住宅又は中高層の耐火共同住宅の用に供することを約する書類 ３　その譲渡に係る土地等につき土地区画整理法第98条第５項又は第６項の規定により通知（同法第99条第２項の規定による通知を含みます。）を受けた文書の写し

(注)　上記(14)から(17)までの番号は、前記３に掲げた「優良住宅地等のための譲渡」の範囲の番号です。

(2)　特例期間の延長が認められる場合

前記３の(14)若しくは(15)の造成又は(16)若しくは(17)の建設に関する事業（この第１において、以下「確定優良住宅地造成等事業」といいます。）について、造成規模や建築戸数等により住宅建設の用に供される宅地の造成に要する期間が通常２年を超えると見込まれる場合や災害が生じた場合のように「やむを得ない事情がある場合」には、確定優良住宅地造成等事業を行う者の申請に基づき、原則として、特例期間の末日から同日以後２年を経過する日までの期間内の日でその事業に係る事業所の所在地の所轄税務署長が認定した日の属する年の12月31日まで特例期間が延長されます（措法31の２③、措令20の２㉓㉔㉕、措規13の３⑩⑪）。

	事業等の区分	特例期間の延長が認められるやむを得ない事情
①	⒁の造成事業のうち造成に係る住宅建設の用に供される一団の宅地の面積が１ha以上のもの	その事業に係る都市計画法第32条第１項に規定する同意を得、同条第２項に規定する協議をするために要する期間が通常２年を超えると見込まれること（措令20の２㉓一）
②	⒂の造成事業のうち土地区画整理法による土地区画整理事業として行われるもので、かつ、造成に係る住宅建設の用に供される一団の宅地の面積が１ha以上のもの	その事業に係る土地区画整理法第４条第１項、第14条第１項、第３項若しくは第51条の２第１項の認可を受けるために要する期間又は土地区画整理事業の施行に要する期間が通常２年を超えると見込まれること（措令20の２㉓二）
③	⒃の建設事業のうち建設される住宅の戸数又は住居の用途に供する独立部分が50戸以上のもの	その事業に係る一団の住宅又は中高層の耐火共同住宅の建設に要する期間が通常２年を超えると見込まれること（措令20の２㉓三）
④	確定優良住宅地造成等事業のうち①から③に掲げる事由以外のもの	次に掲げる事情が生じたことにより開発許可等を受けるために要する期間が通常２年を超えると見込まれること（措令20の２㉓四、措規13の３⑪） イ　震災、風水害、雪害等の自然現象の異変による災害又は火災が生じたこと ロ　埋蔵文化財の調査のための発掘を行うこととなったこと ハ　土地等の買取りをする者の責めに帰せられない事由で、買取りの日においては予測できなかった事由に該当するものとして税務署長が認めた事情が生じたこと
⑤	①から③に掲げる事業で、①から③に掲げる事由により既に特例期間の延長の承認を受けているもの（再延長）	上記④のイからハの事情が生じたことにより、又はその事業が大規模住宅地等開発事業（①又は②の事業のうちその造成に係る住宅建設の用に供される一団の宅地の面積が５ha以上のものをいいます。）であることにより、税務署長の当初認定した日の属する年の12月31日までに開発許可等を受けることが困難になったと見込まれること（措令20の２㉕、措規13の３⑩）

チェックポイント

1　上記の①及び②に掲げる事業（その造成に係る住宅建設の用に供される一団の宅地の面積が10ha以上のものに限ります。）にあっては、最高４年を経過する日の属する年の12月31日まで特例期間が延長されます（措令20の２㉔）。

また、上記⑤に該当する場合には、当初延長が承認された特例期間の末日の属する年の12月31日から更に最高２年を経過する日の属する年の12月31日まで特例期間が再延長されます（措令20の２㉕）。

２　各確定優良宅地造成等事業ごとの延長可能期間を表にすると次のとおりとなります。

確定優良住宅地造成等事業の種類	面積要件	特例適用期間（根拠条項）					合計可能延長期間
		措法31の２③	措令20の２㉓一〜三㉔	措令20の２㉓四	措令20の２㉕ 災害	措令20の２㉕ 大規模(注)	
⑭〜⑰	原　則	２年	−	２年	−	−	４年
⑭の事業	１ha以上５ha未満	２年	２年	−	２年	−	６年
	５ha以上10ha未満	２年	２年	−	−	２年	６年
	10ha以上	２年	４年	−	−	２年	８年
⑮の事業〔土地区画整理事業の場合に限ります。〕	１ha以上５ha未満	２年	２年	−	２年	−	６年
	５ha以上10ha未満	２年	２年	−	−	２年	６年
	10ha以上	２年	４年	−	−	２年	８年
⑯の事業	50戸以上	２年	２年	−	２年	−	６年

(注)　大規模とは、⑭又は⑮の事業について面積５ha以上のものをいいます。

(3)　期間延長承認申請等の手続

確定優良住宅地造成等事業を行う者は、その事業につき上記(2)の所轄税務署長の承認を受けようとする場合には、譲渡の日以後２年を経過する日の属する年の12月31日（再延長の承認を受けようとする場合には、最初の延長により承認された特例期間の末日の属する年の12月31日）の翌日から15日を経過する日までに次のⅠに掲げる事項を記載した申請書に次のⅡに掲げる書類を添付して提出する必要があります（措令20の２㉓㉕、措規13の３⑩）。

なお、確定優良住宅地等予定地のための譲渡として特例の適用を受けていた個人は、確定優良住宅地造成等事業を行う者から特例期間の延長に係る上記(2)の税務署長の認定通知の写しの交付を受けた場合には、遅滞なく、その納税地を所轄する税務署長にその交付を受けた認定通知の写しを提出する必要があります（措規13の３⑨）。

期間延長承認申請等の手続		
Ⅰ 申請書に記載する事項	①	申請者の氏名及び住所又は名称、本店若しくは主たる事務所の所在地及び法人番号並びにその確定優良住宅地造成等事業に係る事業所等の名称、所在地及びその代表者その他の責任者の氏名
	②	その確定優良住宅地造成等事業について延長申請事由がある旨及びその事由の詳細（再延長の場合には、再延長申請事由がある旨及びその事由の詳細並びに最初に延長された年月日）
	③	承認を受けようとする確定優良住宅地造成等事業の着工予定年月日及び完成予定年月日
	④	承認を受けようとする確定優良住宅地造成等事業について開発許可等を受けることができると見込まれる年月日及び税務署長の認定を受けようとする年月日
Ⅱ 申請書の添付書類	承認を受けようとする確定優良住宅地造成等事業の前記３の⒁から⒄までの区分に応じ、それぞれに掲げた申請書に準じて作成した書類並びに事業概要書、設計説明書又は各階平面図及び地形図等	

また、この特例の適用を受けた譲渡に係る土地等の買取りをした確定優良住宅地造成等事業を行う者は、その譲渡の全部又は一部が一定の期間内に優良住宅地等の譲渡に該当することとなった場合には、この特例の適用を受けた者に対し、遅滞なく、その該当することとなった譲渡についてその該当することとなったことを証する前記３の⒁から⒄までに掲げた証明書（書類）（既に交付されている書類を除きます。）を交付しなければなりません（措法31の２⑤、措規13の３⑫）。

更に、確定優良住宅地等予定地の譲渡があったものとしてこの特例の適用を受けた者は、上記の書類の交付を受けた場合には、遅滞なく、次に掲げる事項を記載した書類にその交付を受けた証明書（書類）（この特例の適用を受けた年分の確定申告書に添付している書類を除きます。）を添付してその納税地の所轄税務署長に提出しなければなりません（措法31の２⑥、措規13の３⑬）。

延長期間内に優良住宅地造成等事業のための譲渡に該当することになった場合の提出書類	①	確定優良住宅地等予定地として特例の適用を受けた土地等の譲渡の年月日、面積及び所在地
	②	その土地等の買取りをした者の氏名又は名称及び住所又は本店若しくは主たる事務所の所在地
	③	上記①の土地等のうち、その交付を受けた書類を提出することにより前記３の⒁から⒄までに掲げる優良住宅地等のための譲渡に該当することとなったものの面積及び所在地
	④	確定優良住宅地等予定地として特例の適用を受けた年分の確定申告書の提出後、氏名又は住所を変更している場合には、その確定申告書に記載した氏名又は住所及びその確定申告書を提出した税務署の名称
	⑤	その他参考となるべき事項

⑷　特定非常災害により確定優良住宅地等予定地のための譲渡に該当することが困難となった場合

確定優良住宅地等予定地のための譲渡に該当するものとして、この特例の適用を受けた場合において、特定非常災害として指定された非常災害に基因するやむを得ない事情により、租税特別措置法第31の２第３項に規定する予定期間内に確定優良住宅地造成等事業につき開発許可等を受けることが困難となった場合には、税務署長の承認を受けることにより、その予定期間が、予定期間の末日から同日以後２年を経過する日までの期間内で税務署長が認定した日の属する年の12月31日まで延長されます（措法31の２⑦、措令20の２㉖）。

なお、税務署長への承認申請は、事業者が予定期間の末日の属する年の翌年１月15日までに行わなければなりません（措規13の３⑭）。

５　課税される所得税等の税額の計算方法

個人が有する土地等が優良住宅地の造成等のための譲渡に該当し、かつ、その譲渡の年の１月１日において所有期間が５年を超えるものである場合には、長期譲渡所得について、次の二段階税率による課税方式が適用されます（措法31の２①）。

〔算式〕

イ　課税長期譲渡所得⑷が2,000万円以下である場合

Ａ×10％＝税額

ロ　課税長期譲渡所得⑷が2,000万円を超える場合

（Ａ－2,000万円）×15％＋200万円＝税額

㈱　平成25年分から令和19年分までは、復興特別所得税として各年分の基準所得税額の2.1％を所得税と併せて申告・納付することになります。

チェックポイント

同一年中の長期譲渡所得に該当するもののうち、優良住宅地等のための譲渡に係る長期譲渡所得と一般の長期譲渡所得とがある場合には、優良住宅地等のための譲渡に係る長期譲渡所得の税額は、一般の譲渡に係る長期譲渡所得とは、区分して計算することになります。

６　修正申告等

確定優良住宅地等予定地のための土地等の譲渡につき、この特例の適用を受けていた場合において、その全部又は一部が一定の期間内に前記３の⒁から⒄に掲げる土地

等の譲渡に該当しないこととなった場合には、その期間経過後４か月以内に、土地等を譲渡した日の属する年分の所得税につき修正申告書を提出して、差額の所得税を納付しなければなりません（措法31の２⑧）。

なお、修正申告書が上記の提出期間内に提出された場合には、その修正申告書は、期限内申告書とみなされますので、過少申告加算税は賦課されません。

また、その期間内に修正申告により納付すべき税額を納付した場合には、延滞税も課されません（措法31の２⑩）。

第２　居住用財産を譲渡した場合の長期譲渡所得の課税の特例（租税特別措置法第31条の３関係）

１　制度の概要

個人が、その有する長期保有資産（譲渡した年の１月１日における所有期間が10年を超えるもの）で一定の要件（原則として「居住用財産の3,000万円の特別控除」の適用要件）に該当する居住用財産を譲渡した場合のその課税長期譲渡所得金額については、他の土地建物等に係る譲渡所得と区分し、次のように適用される税率が軽減されます（措法31の３①）。

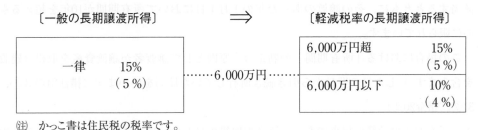

〔一般の長期譲渡所得〕　⟹　〔軽減税率の長期譲渡所得〕

一般の長期譲渡所得		軽減税率の長期譲渡所得	
一律	15%（５%）	6,000万円超	15%（５%）
		6,000万円以下	10%（４%）

（境界：……6,000万円……）

㈱　かっこ書は住民税の税率です。

２　特例の適用要件

この特例の適用要件の概要を示すと次のようになります。

		適用要件
居住用財産の軽減税率の特例	①	譲渡した年の１月１日における所有期間が10年を超えるもの（長期保有資産）であること
	②	国内にある資産のうち、現に自己の居住の用に供している家屋やその敷地の譲渡又は自己の居住の用に供していた家屋で居住の用に供されなくなったものやその敷地の譲渡で居住の用に供されなくなった日から３年を経過する日の属する年の12月31日までに譲渡すること（居住用財産であること）
	③	譲渡先がその個人の配偶者その他の特別の関係のある者でないこと
	④	所得税法第58条の特例等の適用を受けないこと
	⑤	この軽減税率の特例を前年又は前々年において受けていないこと

この軽減税率の特例は、長期保有の居住用財産の譲渡所得については、他の土地建物等の譲渡所得と区分し、その課税長期譲渡所得金額に対して、二段階方式の軽減税率を適用することにより所得税の負担の緩和を図ろうとするもので、その具体的な適用要件は次のとおりです。

⑴　長期保有の土地建物等であること

譲渡した年の１月１日における所有期間が10年を超える土地建物等（長期保有資産）のうち居住用財産に該当するものであること　(措法31の３①)

チェックポイント

❶　長期保有資産の要件は、特定の居住用財産の買換えの特例（措法36の２）等と同様です。なお、居住用財産の特別控除の特例（措法35②）にはこの要件はありません。

❷　所有期間の判定

この軽減税率の特例の適用を受けることができるのは、譲渡した資産が居住用財産に該当するとともに、その譲渡のあった年の１月１日において所有期間が10年を超えるものに限られています。

この場合における「所有期間」の判定は、原則として譲渡者が譲渡資産を取得（建設を含みます。）した日の翌日から引き続き所有していた期間をいいます（措法31の３①、31②、措令20②）。

⑴　所有期間の計算の起点である「資産の取得の日」は、次の区分に応じてそれぞれ次に掲げる日となります（所基通33－９）。

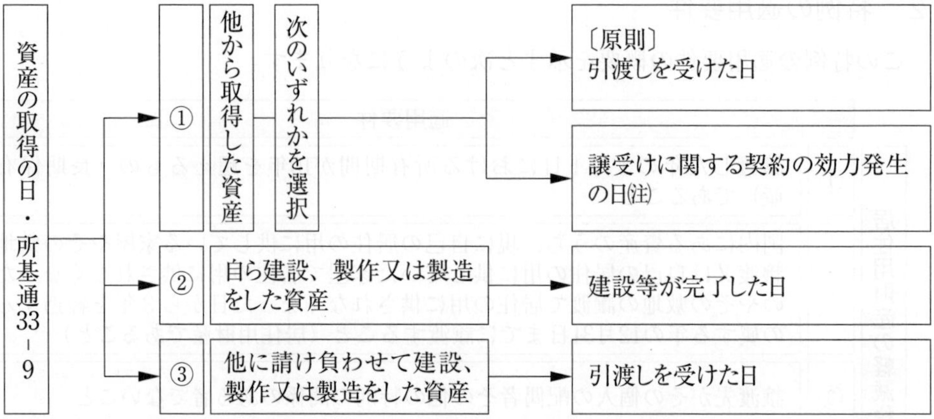

㈡　ただし、譲渡者が譲渡資産を所有していない場合（例えば、譲渡資産が譲渡者の建築中の物件等である場合）を除きます。

⑵　上記⑴の原則的取扱いのほか、相続・遺贈又は贈与や交換・買換え（代替）等により取得した資産の場合には、所有期間の起点となる「取得の日」の判定について特例があります（措法31②、措令20③、措通31・32共－５）。

㈡　これら例外的取得原因の場合の「取得の日」の判定については、81ページ第４章「３　資産の「取得の日」と「譲渡の日」」を参照してください。

❸　中高層耐火建築物等の建設のための買換え（交換）の特例（措法37の５）の規定の「やむを得ない事情により特定民間再開発事業の施行地外に転出する場合の居住用財産の軽減税率の特例」に該当する場合（366ページ　第10章第７　３参照）にあっては、譲渡した年の１月１日において所有期間が10年以下であっても、この特例の適用があります（措法37の５⑤）。

⑵　居住用財産であること

イ　現に居住の用に供している家屋又は土地等

> 個人が有する国内にある現に自己の居住の用に供している家屋又はその家屋の敷地の用に供されている土地等（居住用財産）であること
>
> （措法31の３②一、三）

チェックポイント

❶　店舗併用（兼）住宅などの場合の特例の適用対象となる部分は、自己の居住の用に供している部分に限られます（措令20の３②、措通31の３－７）。

㈱　具体的な居住用部分の判定及び計算等については、413ページ以下を参照してください。

❷　自己の居住の用に供している家屋を二以上有する場合には、主として居住の用に供している一の家屋のみが特例の適用対象となること（措令20の３②）も、他の居住用財産の特例の場合と同様です（措通31の３－２）。

❸　「居住の用に供している家屋」の意義についても、他の居住用財産の特例の場合と同様です（203ページ参照）（措通31の３－２、31の３－６）。

❹　居住用土地等のみの譲渡の場合の取扱い

個人が居住の用に供している家屋を取り壊し、その家屋の敷地の用に供されていた土地等を譲渡した場合（その取壊し後、その土地等の上にその土地等の所有者が建物等を建設し、その建物等とともに譲渡する場合を除きます。）において、その譲渡した土地等が次に掲げる要件の全てを満たすときは、その土地等は軽減税率の特例の対象となる居住用財産に該当するものとして取り扱うこととされています（措通31の３－５）。

	適用要件
①	土地等は、その家屋が取り壊された日の属する年の１月１日において所有期間が10年を超えるものであること
②	土地等は、その土地等の譲渡に関する契約がその家屋を取り壊した日から１年以内に締結され、かつ、その家屋をその居住の用に供さなくなった日以後３年を経過する日の属する年の12月31日までに譲渡したものであること
③	土地等は、その家屋を取り壊した後譲渡に関する契約を締結した日まで、貸付けその他の用に供していないものであること

(注)　その取壊しの日の属する年の１月１日において所有期間が10年を超えない家屋の敷地の用に供されていた土地等については、軽減税率の特例の適用はありません。

5　居住用家屋の敷地の一部の譲渡の場合の取扱い

居住の用に供している家屋（居住の用に供されなくなった家屋を含みます。）の敷地の用に供されている土地等又は災害により滅失したその家屋（措通31の３－５に定める取り壊した家屋を含みます。この5において、以下同じです。）の敷地の用に供されていた土地等の一部を区分して譲渡した場合には、次の点に注意する必要があります（措通31の３－18）。

(1)　現に存するその家屋の敷地の用に供されている土地等の一部の譲渡である場合

その譲渡がその家屋の譲渡と同時に行われたものであるときは、その譲渡は軽減税率の特例の適用の対象となる譲渡に該当しますが、その譲渡がその家屋の譲渡と同時に行われたものでないときは、その譲渡は軽減税率の特例の適用の対象となる譲渡には該当しません。

(2)　災害により滅失したその家屋の敷地の用に供されていた土地等の一部の譲渡である場合

その譲渡は、全て軽減税率の特例の適用の対象となる譲渡に該当します。

(注)　譲渡した土地等がその家屋の敷地の用に供されている土地又はその家屋の敷地の用に供されていた土地に該当するかどうかは、社会通念に従い、その土地等がその家屋と一体として利用されている土地であったかどうかにより判定することとなります（措通31の３－12）。

6　居住用家屋の所有者とその敷地の所有者が異なる場合の取扱い

個人が居住の用に供している家屋（この6において、以下「譲渡家屋」といいます。）の所有者以外の者がその譲渡家屋の敷地の用に供されている土地等（この6において、以下「譲渡敷地」といいます。）でその譲渡の年の１月１日における所有期間が10年を超えているものの全部又は一部を有している場合において、譲渡家屋の所有者と譲渡敷地の所有者の行った譲渡が次に掲げる要件の全てを満たすときは、これらの者がともに軽減税率の特例の適用を受ける旨の申告をしたときに限り、その申告を認めることとして取り扱うこととされています（措通31の３－19）。

	適用要件
①	譲渡敷地は、譲渡家屋とともに譲渡されているものであること
②	譲渡家屋の所有者と譲渡敷地の所有者とが親族関係を有し、かつ、生計を一にしていること
③	譲渡家屋は、その家屋の所有者が譲渡敷地の所有者とともにその居住の用に供している家屋であること

㈱１　②及び③の要件に該当するかどうかは、譲渡家屋の譲渡の時の状況により判定します。ただし、その家屋がその所有者の居住の用に供されなくなった日から同日以後３年を経過する日の属する年の12月31日までの間に譲渡されたものであるときは、②の要件に該当するかどうかは、その家屋がその所有者の居住の用に供されなくなった時からその家屋の譲渡の時までの間の状況により、③の要件に該当するかどうかは、その家屋がその所有者の居住の用に供されなくなった時の直前の状況により判定します。

２　この取扱いは、譲渡家屋の所有者がその家屋（譲渡敷地のうちその者が有している部分を含みます。）の譲渡につき軽減税率の特例の適用を受けない場合（その譲渡に係る長期譲渡所得金額がない場合を除きます。）には、譲渡敷地の所有者について適用することはできません。

３　この取扱いにより、譲渡敷地の所有者がその敷地の譲渡につき軽減税率の特例の適用を受ける場合には、譲渡家屋の所有者の居住用財産の譲渡損失の金額について居住用財産の買換え等の場合の譲渡損失の損益通算及び繰越控除の特例（措法41の５）又は特定居住用財産の譲渡損失の損益通算及び繰越控除の特例（措法41の５の２）の規定を適用することはできません。

ロ　居住の用に供されなくなった家屋又は土地等

居住の用に供されなくなった日から同日以後３年を経過する日の属する年の12月31日までの間に譲渡したものであること　（措法31の3②二、三）

チェックポイント

他の居住用財産の特例の場合と同様、その家屋が居住の用に供されなくなった日以後、その家屋をどのような用途に供した場合であっても、この特例の適用を受けることができます（措通31の３－１㈱１）。

ハ　災害により滅失した家屋の敷地

災害により滅失した家屋の敷地の用に供されていた土地等（長期保有資産に限られます。）で災害のあった日から同日以後３年を経過する日の属する年の12月31日までの間に譲渡したものであること　（措法31の3②四）

チェックポイント

1 居住用財産の特別控除の特例で説明したチェックシート（238ページ参照）は、この特例においても準用することができますが、準用する場合の要件を整理すると次のとおりとなります。

(1) 災害により滅失した家屋をその個人が引き続き所有していたとしたならば（現存すると仮定した場合）、その譲渡の年の１月１日において長期保有資産に該当し、譲渡した土地等は、その敷地の用に供されていたものであること

(2) その土地等は長期保有資産に該当するものであること

(3) 災害のあった日から同日以後３年を経過する日の属する年の12月31日までの間に譲渡したものであること

2 この規定は、災害跡地についての特例で、災害により滅失した家屋の敷地として使用されていた土地等のみをもって居住用財産に該当することとして取り扱うものです。

したがって、災害の後、その敷地の利用状況を問わず（例えば、災害跡地に居住用家屋を新築して住んでいたとしても、その災害跡地である敷地が長期保有資産に該当していれば、その災害跡地についてのみこの特例の適用を受けることができます。）、その敷地の譲渡が災害のあった日（居住の用に供されなくなった日）から３年後の年の12月31日までの間に行われていれば特例の適用を受けることができます（措通31の３－14）。

(3) 特別関係者に対する譲渡でないこと

居住用財産を配偶者その他の特別の関係のある者に対して譲渡した場合は、この特例の適用を受けることはできません　（措法31の３①、措令20の３①）

チェックポイント

適用除外の譲渡先については、他の居住用財産の特例の場合と同様です（230ページ参照）。

(4) 他の特例の適用を受けていないこと

次のいずれかの特例の適用を受ける場合には、この軽減税率の特例の適用を受けることはできません（措法31の３①、措通31の３－１）。

第２　居住用財産を譲渡した場合の長期譲渡所得の課税の特例

		特　例	関係条文
適用除外の特例	①	固定資産の交換の特例	所法58
	②	優良住宅地の造成等のために土地等を譲渡した場合の特例	措法31の２
	③	収用等に伴い代替資産を取得した場合の課税の特例	措法33
	④	交換処分等に伴い資産を取得した場合の課税の特例	措法33の２
	⑤	換地処分等に伴い資産を取得した場合の課税の特例	措法33の３
	⑥	低未利用土地等を譲渡した場合の長期譲渡所得の特別控除の特例	措法35の３
	⑦	特定の居住用財産の買換えの特例	措法36の２
	⑧	特定の居住用財産の交換の特例	措法36の５
	⑨	特定の事業用資産の買換えの特例	措法37
	⑩	特定の事業用資産の交換の特例	措法37の４
	⑪	中高層耐火建築物等の建設のための買換え（交換）の特例（措法37の５⑥の規定に該当するものを除きます。）	措法37の５
	⑫	特定の交換分合により土地等を取得した場合の課税の特例	措法37の６
	⑬	特定普通財産とその隣接する土地等の交換の特例	措法37の８

㈱　令和３年12月31日までに居住用財産の譲渡をした場合には、「平成21年及び平成22年に土地等の先行取得をした場合の特例（措法37の９）」もこの軽減税率の特例と同時に適用することはできません。

チェックポイント

1　この軽減税率の特例は、その譲渡資産が譲渡の年の１月１日現在において、所有期間が10年を超えており、かつ、その譲渡者の居住用財産に該当すれば、次に掲げるいずれかの特別控除の特例との併用適用が可能です。

		特　例	適用条文
併用適用可能な特例	①	収用交換等の場合の譲渡所得等の特別控除（5,000万円控除）	措法33の４
	②	特定土地区画整理事業等のために土地等を譲渡した場合の譲渡所得の特別控除（2,000万円控除）	措法34
	③	特定住宅地造成事業等のために土地等を譲渡した場合の譲渡所得の特別控除（1,500万円控除）	措法34の２
	④	居住用財産の譲渡所得の特別控除（3,000万円控除）	措法35②

2　この軽減税率の特例は、居住用財産の特別控除の特例の適用の有無に関係なく適用できます。

例えば、長期保有に係る居住用財産を譲渡した年の前年又は前々年において、短期保有の居住用財産を譲渡したために、その短期保有の譲渡所得について居住用財産の特別控除の特例の適用を受けている場合には、本年分の長期譲渡所得の居住用財産の譲渡について、居住用財産の特別控除の特例の適用を受けることはできませんが、この軽減税率の特例の適用を受けることはできます。

3　この軽減税率の特例は、居住用財産の買換えの場合の長期譲渡所得の課税の特例の適用を受けた場合には適用することができませんが、買換えの特例の適用を受けた者が、災害その他その者の責めに帰せられないやむを得ない事情により、居住用財産を譲渡した年の翌年12月31日までに買換資産を取得できなかったため、買換えの特例を受けられないこととなった場合には、その者がその譲渡の日の属する年の翌々年４月30日までに買換えができなかったことに伴う修正申告書の提出をするときに限り、軽減税率の特例の適用を受けることができます（措通31の３－27）。

(5)　前年又は前々年において軽減税率の特例の適用を受けていないこと

その前年又は前々年の譲渡所得について、既に軽減税率の特例の適用を受けている場合は、この特例の適用を受けることはできません　　　　（措法31の３①）

この規定は、生活の本拠として利用している居住用財産の譲渡が毎年連続して行われることはまれであること及び他の同種の特例とのバランスを考慮して、３年に一度の適用と限定したものです。

(6)　その他の注意点

イ　生計を一にする親族の居住の用に供している家屋の場合の取扱い

その有する家屋が居住の用に供している家屋に該当しない場合であっても、次に掲げる要件の全てを満たしているときは、その家屋はその所有者にとってその居住の用に供している家屋に該当するものとして取り扱うことができるものとされています。ただし、その家屋の譲渡、その家屋とともにするその敷地の用に供されている土地等の譲渡又は災害により滅失（措通31の３－５に定める取壊しを含みます。）した家屋の敷地の用に供されていた土地等の譲渡が次の②の要件を欠くに至った日から１年を経過した日以後に行われた場合には、この特例の適用はありません（措通31の３－６）。

	適用要件
①	その家屋は、その所有者が従来その所有者としてその居住の用に供していた家屋であること
②	その家屋は、その所有者がその家屋をその居住の用に供さなくなった日以後引き続きその生計を一にする親族（所得税基本通達２－47《生計を一にするの意義》に定める親族をいいます。この第２において、以下同じです。）の居住の用に供している家屋であること
③	その所有者は、その家屋をその居住の用に供さなくなった日以後において、既に租税特別措置法第31条の３、第35条第１項（同条第３項の規定により適用する場合を除きます。）、第36条の２、第36条の５、第41条の５又は第41条の５の２の規定の適用を受けていないこと
④	その所有者が現に生活の拠点として利用している家屋は、その所有者の所有する家屋でないこと

㈱１　その家屋が、上記①のその所有者が従来その居住の用に供していた家屋であるかどうか及び上記②の生計を一にする親族がその居住の用に供している家屋であるかどうかは、その所有者及び配偶者等の日常生活の状況、その家屋への入居目的、その家屋の構造及び設備の状況その他の事情を総合勘案して判定します（措通31の３－６㈱１、31の３－２）。

２　この取扱いは、その家屋を譲渡した年分の確定申告書に次に掲げる書類の添付がある場合（その確定申告書の提出後において添付すべき書類を提出した場合を含みます。）に限り適用されます（措通31の３－６㈱２）。

	添付書類
①	所有者の戸籍の附票の写し
②	家屋又は家屋の敷地の用に供されていた土地の所在地を管轄する市区町村長から交付を受けた生計を一にする親族の住民票の写し（家屋又は土地を譲渡した日から２か月を経過した日後に交付を受けたものに限ります。）
③	譲渡した家屋及び所有者が現に生活の拠点として利用している家屋の登記事項証明書(※)

(※)　登記事項証明書については、不動産番号等明細書を提出することなどにより、その添付を省略することができます（205ページ参照）。

ロ　店舗兼住宅等の居住部分の判定

居住の用に供している家屋のうちに居住の用以外の用に供されている部分のある家屋に係るその居住の用に供している部分及びその家屋の敷地の用に供されている土地等のうちその居住の用に供している部分は、次により判定するものとされています（措通31の３－７）。

(イ)　家屋のうちその居住の用に供している部分は、次の算式により計算した面積に相当する部分となります。

〔算式〕

$$\text{その家屋のうちその居住の用に専ら供している部分の床面積(A)} + \text{その家屋のうちその居住の用と居住の用以外の用とに併用されている部分の床面積} \times \frac{\text{A}}{\text{A} + \text{居住の用以外の用に専ら供されている部分の床面積}}$$

(ロ)　土地等のうちその居住の用に供している部分は、次の算式により計算した面積に相当する部分となります。

〔算式〕

$$\text{その土地等のうちその居住の用に専ら供している部分の面積} + \text{その土地等のうちその居住の用と居住の用以外の用とに併用されている部分の面積} \times \frac{\text{その家屋の床面積のうち(イ)の算式により計算した床面積}}{\text{その家屋の床面積}}$$

(注)　居住の用に供している家屋のうちに居住の用以外の用に供されている部分のある家屋又はその家屋の敷地の用に供されている土地等をその居住の用に供されなくなった後において譲渡した場合におけるその家屋又はその土地等のうちその居住の用に供している部分の判定は、その家屋又はその土地等をその居住の用に供されなくなった時の直前における利用状況に基づいて行い、その居住の用に供されなくなった後における利用状況は、この判定には関係がありません。

ハ　店舗等部分の割合が低い家屋

居住の用に供している家屋又はその家屋の敷地の用に供されている土地等のうち租税特別措置法通達31の３－７（上記ロの算式）により計算したその居住の用に供している部分がそれぞれその家屋又はその土地等のおおむね90％以上である場合には、その家屋又はその土地等の全部がその居住の用に供している部分に該当するものとして取り扱って差し支えないこととされています(措通31の３－８)。

ニ「主としてその居住の用に供していると認められる一の家屋」の判定時期

譲渡した家屋が「その者が主としてその居住の用に供していると認められる一の家屋」に該当するかどうかは、次に掲げる場合の区分に応じ、それぞれ次に掲げる時の現況により判定することとなります（措通31の３－９）。

	区　分	判定時期
①	譲渡した家屋がその譲渡の時においてその者の居住の用に供している家屋である場合	譲渡の時
②	譲渡した家屋がその者の居住の用に供していた家屋でその譲渡の時においてその者の居住の用に供されていないものである場合	家屋がその者の居住の用に供されなくなった時

(注)　譲渡した家屋が、上記②により、「その者が主としてその居住の用に供していると認められる一の家屋」に該当すると判定された場合には、その譲渡の時においてその者が他にそ

の居住の用に供している家屋を有している場合であっても、その譲渡した家屋は、軽減税率の特例の適用対象となる家屋に該当します。

ホ　居住用家屋の一部の譲渡

居住の用に供している家屋又はその家屋でその居住の用に供されなくなったものを区分して所有権の目的としその一部のみを譲渡した場合又は２棟以上の建物から成る一構えのその居住の用に供している家屋（その家屋でその居住の用に供されなくなったものを含みます。）のうち一部のみを譲渡した場合には、その譲渡した部分以外の部分が機能的にみて独立した居住用の家屋と認められない場合に限り、その譲渡は、軽減税率の特例の適用対象となる譲渡に該当するものと取り扱われます（措通31の３－10）。

ヘ　居住用家屋を共有とするための譲渡

居住の用に供している家屋（その家屋でその居住の用に供されなくなったものを含みます。）を他の者と共有にするため譲渡した場合又はその家屋について有する共有持分の一部を譲渡した場合には、その譲渡は、軽減税率の特例の適用対象となる譲渡には該当しないこととなります（措通31の３－11）。

ト　災害滅失家屋の跡地等の用途

災害により滅失したその居住の用に供している家屋の敷地の用に供されていた土地等の譲渡、その居住の用に供している家屋でその居住の用に供されなくなったものの譲渡又はその家屋とともにするその家屋の敷地の用に供されている土地等の譲渡が、これらの家屋をその居住の用に供されなくなった日から同日以後３年を経過する日の属する年の12月31日までの間に行われている場合には、その譲渡した資産は、その居住の用に供されなくなった日以後どのような用途に供されている場合であっても、軽減税率の特例の適用対象となる居住用財産に該当することとされています（措通31の３－14）。

㈲１　所得税基本通達33－４《固定資産である土地に区画形質の変更等を加えて譲渡した場合の所得》及び33－５《極めて長期保有していた土地に区画形質の変更等を加えて譲渡した場合の所得》により、その譲渡による所得が事業所得又は雑所得となる場合には、その事業所得又は雑所得となる部分については、軽減税率の特例の適用はありません。

２　その居住の用に供している家屋の敷地の用に供されている土地等を譲渡するため、その家屋を取り壊した場合における取扱いについては、407ページのチェックポイント❹を参照してください（措通31の３－５）。

チ　居住の用に供されなくなった家屋が災害により滅失した場合

居住の用に供している家屋でその居住の用に供されなくなったものが、災害により滅失した場合において、その居住の用に供されなくなった日から同日以後3年を経過する日の属する年の12月31日までの間に、その家屋の敷地の用に供されていた土地等を譲渡したときは、その譲渡は、軽減税率の特例の適用対象となる居住用財産の譲渡に該当するものとして取り扱うこととされています。

この場合において、その家屋の所有期間の判定に当たっては、その譲渡の時までその家屋を引き続き所有していたものとされます（措通31の3－15）。

3　課税される所得税等の税額の計算方法

この軽減税率の特例の適用を受ける長期保有に係る居住用財産の長期譲渡所得については、他の土地建物等の譲渡所得と区分した上で、その長期保有に係る居住用財産の長期譲渡所得に課税される所得税等の税額を計算することとなります（措法31の3①）。

イ　長期保有に係る居住用財産の課税長期譲渡所得金額が6,000万円以下である場合

〔算式〕

長期保有に係る居住用財産の課税長期譲渡所得金額 × 10%（住民税4％） ＝税額

ロ　長期保有に係る居住用財産の課税長期譲渡所得金額が6,000万円を超える場合

〔算式〕

（長期保有に係る居住用財産の課税長期譲渡所得金額 － 6,000万円） × 15%（住民税5％） ＋ 600万円（住民税240万円） ＝税額

㈱　平成25年分から令和19年分までは、復興特別所得税として各年分の基準所得税額の2.1％を所得税と併せて申告・納付することになります。

4　申告手続

この軽減税率の特例の適用を受けようとする場合には、確定申告書の「特例適用条文」欄に、「措法31条の3」と記入するとともに、次に掲げる書類を確定申告書に添付して提出しなければなりません（措法31の3③、措規13の4）。

	添付書類	添付の目的
①	譲渡した居住用財産の登記事項証明書(※)	譲渡した土地建物等の所有期間が10年を超えるものであることを証明するため
②	譲渡に係る契約を締結した日の前日においてその譲渡をした者の住民票に記載されていた住所とその譲渡をした土地建物等の所在地とが異なる場合には、戸籍の附票の写し、消除された戸籍の附票の写しその他これに類する書類	譲渡者が居住の用に供していたことを証明するため

(※)　登記事項証明書については、不動産番号等明細書を提出することなどにより、その添付を省略することができます（205ページ参照）。

チェックポイント

1　確定申告書を提出しなかったこと又は確定申告書に所定の事項を記載しなかったこと若しくは所定の書類を添付しなかった場合であっても、そのことについて、税務署長がやむを得ない事情があると認めるときで確定申告書に記載すべきであった事項を記載した書類及び添付すべきであった書類の提出があった場合には、この特例の適用を受けることができることとされています（措法31の３④）。

2　住民基本台帳に登載されていた住所が譲渡資産の所在地と異なる場合

居住用財産を譲渡した者の住民基本台帳に登載されていた住所が譲渡に係る契約を締結した日の前日において居住用財産の所在地と異なる場合には、次に掲げる書類を確定申告書に添付する必要があります（措通31の３－26）。

	添付書類
①	その者の戸籍の附票の写し（譲渡をした日から２か月を経過した日後に交付を受けたものに限ります。）又は消除された戸籍の附票の写し
②	その者の住民基本台帳に登載されていた住所がその資産の所在地と異なっていた事情の詳細を記載した書類
③	その者が譲渡資産に居住していた事実を明らかにする書類

第３　短期譲渡所得の税率の特例（租税特別措置法第32条第３項関係）

１　制度の概要

個人が、譲渡した年の１月１日において所有期間が５年以下の土地等を国や地方公共団体に譲渡した場合又は収用等により譲渡した場合には、短期譲渡所得に対する税率が30％から15％に軽減されます（措法32③、28の４③一～三）。

２　特例の適用要件

次に掲げる土地等の譲渡については、税率が軽減されます（措法32③、28の４③一～三、措令19⑧～⑩）。

		譲渡要件		留意点
特例適用対象	①	国又は地方公共団体に対する譲渡		
	②	独立行政法人都市再生機構、土地開発公社、成田国際空港株式会社、独立行政法人中小企業基盤整備機構、地方住宅供給公社、日本勤労者住宅協会及び公益社団法人（地方公共団体が議決権の全部を有するもの）又は公益財団法人（地方公共団体が金銭の全額を拠出したもの）に対する土地等の譲渡で、その譲渡した土地等が宅地や住宅の供給、土地等の先行取得の業務を行うために直接必要であると認められるもの	イ	土地開発公社に対するもので、公有地の拡大の推進に関する法律第17条第１項第１号ニに掲げる土地の譲渡は除かれます。
			ロ	左記に掲げる譲渡のうち特定のもので、その譲渡した土地等の面積が1,000㎡以上であるときは、その譲渡価額が適正な価額（予定対価の額）以下である譲渡に限られます（措法28の４③二、三、四イ、措令19⑨⑩⑫）。
	③	収用交換等による譲渡		

チェックポイント

この特例は、建物や建物の附属設備、構築物の譲渡による譲渡所得には、適用されません（措通32－７）。

３　課税される所得税等の税額の計算方法

短期譲渡所得に対する税額は、次の算式により計算した金額となります（措法32③）。

〔算式〕

分離短期軽減資産の譲渡所得の金額×15％＝税額

㈱　平成25年分から令和19年分までは、復興特別所得税として各年分の基準所得税額の2.1％を所得税と併せて申告・納付することになります。

チェックポイント

この税額は、分離短期一般資産（措法32①②）の有無にかかわらず、別個独立して計算します。

４　申告手続

確定申告書の「特例適用条文」欄に、「措法32条３項」と記入するとともに、前記２の①から③までに掲げる土地等の譲渡に該当することを証明する書類を添付しなければなりません（措規13の５①、11①一～三）。

なお、前記２に掲げた留意点ロに該当する場合には、「土地等の譲渡に係る対価の額等の明細書」その他その譲渡価額が適正な価額（予定対価の額）以下であることを証明する一定の書類を添付しなければなりません。

ただし、この適正価格要件に係る証明規定については、令和８年３月31日まで適用を停止されています（措規13の５③）。

第4　生活に通常必要でない資産の災害による損失
（所得税法第62条関係）

1　制度の概要

災害、盗難、横領により、生活に通常必要でない資産について受けた損失がある場合には、その損失の金額は、譲渡所得の金額の計算上控除することができます（所法62）。

	区　分		発生原因
損失の発生原因	①	災害	震災や風水害などの自然現象の異変による災害
			火災や鉱害など人為による異常な災害
			害虫や害獣などの生物による異常な災害
	②	盗難	自己の意に反して財物を窃取又は強取されたこと
	③	横領	自己の財物を占有する第三者によってその財物を不正に領取されたこと

資産の範囲 〔所令178①〕	①	○　競走馬 ㈱　その規模、収益の状況その他の事情に照らし事業と認められるものを除きます。 ○　その他射こう的行為の手段となる動産
	②	○　主として趣味、娯楽又は保養の用に供する目的で所有する家屋 ○　その他主として趣味、娯楽、保養又は鑑賞の目的で所有する資産（①又は③に掲げる動産を除きます。）
	③	○　生活の用に供する動産の一部

生活用動産			
	生活に通常必要でない動産		→ 生活に通常必要でない資産（対象となる資産）
生活に通常必要な動産	1個又は1組の価値が30万円を超える次のもの ○　貴石、半貴石、貴金属、真珠及びこれらの製品、べっこう製品、さんご製品、こはく製品、ぞうげ製品並びに七宝製品 ○　書画、骨とう及び美術工芸品		→ 生活に通常必要でない資産（対象となる資産）
生活に通常必要な動産	上記以外のもの		→ 対象外の資産（所令25）

2　損失の金額の計算の基礎となる資産の価額等

⑴　資産の価額の計算（所令178③）

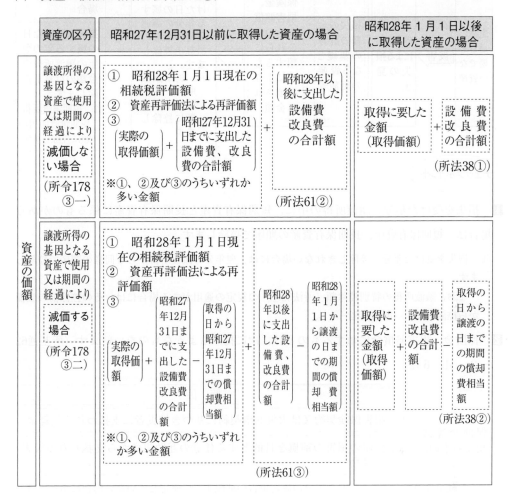

	資産の区分	昭和27年12月31日以前に取得した資産の場合	昭和28年1月1日以後に取得した資産の場合
資産の価額	譲渡所得の基因となる資産で使用又は期間の経過により減価しない場合 （所令178③一）	①　昭和28年1月1日現在の相続税評価額 ②　資産再評価法による再評価額 ③　（実際の取得価額）＋（昭和27年12月31日までに支出した設備費、改良費の合計額） ※①、②及び③のうちいずれか多い金額 ＋（昭和28年以後に支出した）設備費改良費の合計額 （所法61②）	取得に要した金額（取得価額）＋設備費改良費の合計額 （所法38①）
資産の価額	譲渡所得の基因となる資産で使用又は期間の経過により減価する場合 （所令178③二）	①　昭和28年1月1日現在の相続税評価額 ②　資産再評価法による再評価額 ③　（実際の取得価額）＋（昭和27年12月31日までに支出した設備費改良費の合計額）－（取得の日から昭和27年12月31日までの償却費相当額） ※①、②及び③のうちいずれか多い金額 ＋（昭和28年以後に支出した設備費、改良費の合計額）－（昭和28年1月1日から譲渡の日までの期間の償却費相当額） （所法61③）	取得に要した金額（取得価額）＋設備費改良費の合計額－取得の日から譲渡の日までの期間の償却費相当額 （所法38②）

⑵　損失額の計算（所基通62－2、51－2）

損失の金額 ⇒ 損失を受けた資産の価額（所令142、143）－｛（損失を受けた直後の資産の価額）＋（発生資材の価額（時価））｝

生活に通常必要でない資産について受けた損失の金額は、次の順序で譲渡所得の金額の計算上控除することができます（所令178②）。

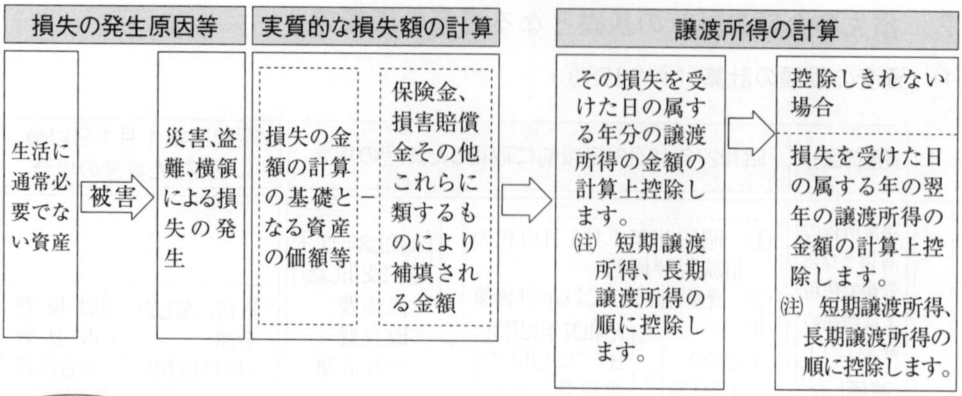

チェックポイント

1　損失を受けた年分の譲渡所得の中に、短期保有資産と長期保有資産に係るものがある場合は、短期保有資産、長期保有資産の順序で控除します。

(注)　損失を受けた年分で控除しきれない場合には、翌年分の譲渡所得からも同様の順序で控除します。

なお、譲渡所得の特別控除額（所法33④）の規定の適用がある場合には、その控除前の金額から控除します（所基通62－１）。

2　保険金、損害賠償金に類するものとは、次に掲げるようなものをいいます（所基通62－２、51－６）。

		範　囲
保険金等に類するもの	①	損害保険契約又は火災共済契約に基づき被災者に支払われる見舞金
	②	資産の損害の補填を目的とする任意の互助組織から支払われる災害見舞金

(注)　保険金等の額が損失の生じた年分の確定申告の期限までに確定していない場合にあっては、保険金等の見積額に基づいて控除します。

この場合において、後日保険金等の確定金額と見積額が異なる場合は、遡及して所得金額を訂正することになります（所基通62－２、51－７）。

3　盗難又は横領によって損失が生じた場合において、その盗難又は横領に係る資産の返還を受けたときは、遡及して所得金額を訂正することになります（所基通62－２、51－８）。

4　災害等によって損失が発生した場合で、その加害者等（例えば、火災や鉱害など人為的な災害や盗難又は横領の当事者等）に対して損害賠償等の請求権を行使して、その損失の金額の全部又は一部について補填された金額がある場合には、その部分の金額については、この特例の対象となる損失の金額から除かれます。

第５　譲渡代金が貸倒れとなった場合等及び保証債務を履行するために資産を譲渡した場合の譲渡所得の課税の特例
（所得税法第64条関係）

１　譲渡代金が貸倒れとなった場合の課税の特例

⑴　収入がなかったとみなされる譲渡代金の額

譲渡代金が貸倒れとなった場合には、次に掲げる金額のうち最も低い金額は、資産を譲渡した年分の譲渡所得の金額の計算上収入がなかったものとみなされます（所法64①、所令180②、所基通64－２の２）。

①	貸倒れとなった金額
②	貸倒れが生じた時の直前において確定している資産を譲渡した年分の総所得金額、上場株式等に係る配当所得等の金額、土地等に係る事業所得等の金額、分離長期譲渡所得の金額、分離短期譲渡所得の金額、一般株式等に係る譲渡所得等の金額、上場株式等に係る譲渡所得等の金額、先物取引に係る雑所得等の金額、退職所得金額及び山林所得金額の合計額
③	その貸倒れに係る②に掲げる金額の計算の基礎とされる譲渡所得の金額

→ 最も低い金額 → 収入がなかったものとみなされます。

〔設例〕

イ　その年分の各種所得の金額（特例適用前の金額）

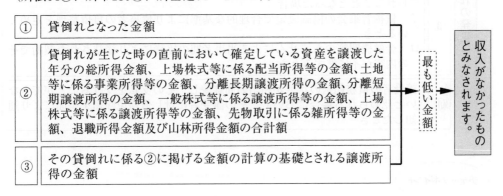

不動産所得の金額	100
山林所得の金額	300
譲渡所得の金額	200

譲渡価額（A）	取得費・譲渡費用（B）	所得金額（A－B）
700	500	200

ロ　その年分の課税標準の合計額　600

ハ　貸倒れとなった金額（イの譲渡所得について生じたもの）　400

ニ　譲渡所得の金額の計算上収入がなかったものとみなされる金額……次の金額のうち最も低い金額

①　貸倒れとなった金額　400
②　課税標準の合計額　600
③　譲渡所得の金額　200

……200

(2)　譲渡代金の貸倒れの判定基準

譲渡代金が貸倒れになったかどうかは、資産の譲受者の支払能力の有無によって判定しますが、譲受者が次に掲げる理由によってその譲渡代金を支払うことができなくなった場合には、原則として譲渡代金の貸倒れが生じたものとして取り扱われます（所基通64－1、51－11）。

貸倒れの発生	①	会社更生法等の規定による更生計画の認可の決定又は民事再生法の規定による再生計画の認可の決定があった場合でこれらの決定により切り捨てられることとなったとき
	②	会社法の規定による特別清算に係る協定の認可の決定があった場合で、この決定により切り捨てられることとなったとき
	③	法令の規定による整理手続によらない関係者の協議決定で、次により切り捨てられることとなった場合 イ　債権者集会の協議決定で合理的な基準により債務者の負債整理を定めているとき ロ　金融機関等のあっせんによる当事者間の協議により締結された契約でその内容がイに準ずるとき
	④	譲受者の債務超過の状態が相当期間継続し、その支払を受けることができないと認められる場合において、その譲受者に対し債務免除額を書面により通知したとき

チェックポイント

譲渡があった年分の譲渡所得の申告後に貸倒れが生じた場合には、貸倒れのあった日の翌日から２か月以内に「更正の請求書」を所轄の税務署長に提出して、譲渡があった年分の所得税の減額（還付）を受けることができます（所法152)。

2　保証債務を履行するために資産を譲渡した場合の課税の特例

(1)　特例の前提となる債権債務関係等

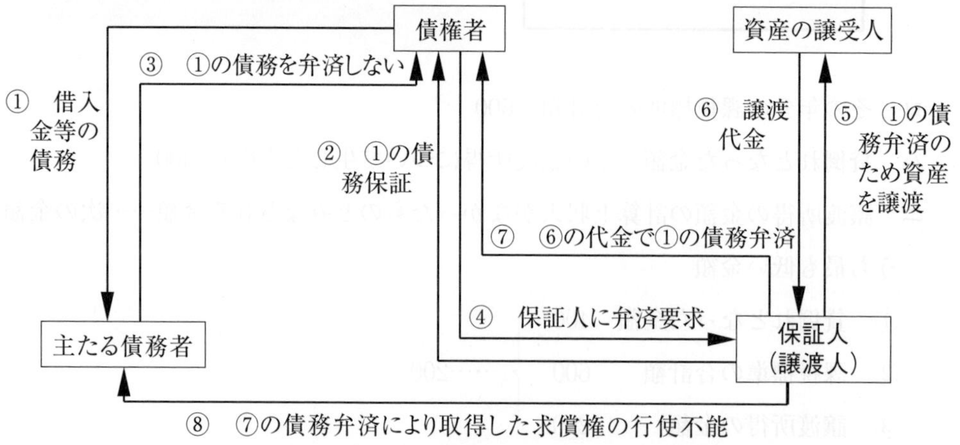

チェックポイント

❶ 債務保証をした時点（上記(1)の②）で、既に主たる債務者に資力がなく、保証債務の履行が確実であり求償権の行使不能なものは、債務者に対する利益供与、債務引受け又は私財提供となるので保証債務の特例の適用を受けることができません。

❷ 債務保証であるか又は私財提供であるかの判断は、債務保証した時点以前の主たる債務者の財産状況、財務内容及び営業成績から行うことになります。

(2)　譲渡がなかったとみなされる金額

保証債務を履行するために資産を譲渡した場合で、保証債務の履行に伴う求償権の全部又は一部を行使することができないこととなったときには、**次に掲げる金額のうち最も低い金額**については、譲渡所得の金額の計算上、譲渡がなかったものとみなされます（所法64②）。

①	求償権の行使不能額
②	求償権の行使ができないこととなった時の直前において確定している資産を譲渡した年分の総所得金額、上場株式等に係る配当所得等の金額、土地等に係る事業所得等の金額、分離長期譲渡所得の金額、分離短期譲渡所得の金額、一般株式等に係る譲渡所得等の金額、上場株式等に係る譲渡所得等の金額、先物取引に係る雑所得等の金額、退職所得金額及び山林所得金額の合計額
③	求償権の行使不能額に係る②に掲げる金額の計算の基礎とされる譲渡所得の金額

→ 最も低い金額 → 譲渡がなかったものとみなされます。

(3)　保証債務の範囲

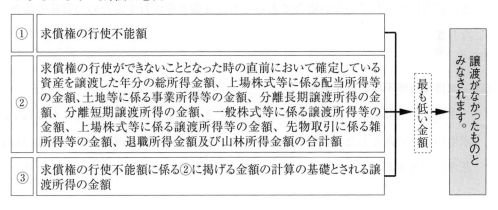

保証債務の履行があった場合とは、次に掲げる場合をいいます（所基通64－４）。

保証債務の履行があった場合		
	①	民法第446条《保証人の責任等》に規定する保証人の債務の履行があった場合
	②	民法第454条《連帯保証の場合の特則》に規定する連帯保証人の債務の履行があった場合
	③	不可分債務の債務者の債務の履行があった場合
	④	連帯債務者の債務の履行があった場合
	⑤	合名会社又は合資会社の無限責任社員による会社の債務の履行があった場合
	⑥	身元保証人の債務の履行があった場合
	⑦	他人の債務を担保するため質権若しくは抵当権を設定した者がその債務を弁済し又は質権若しくは抵当権を実行された場合
	⑧	法律の規定により連帯して損害賠償の責任がある場合において、その損害賠償金の支払があったとき

チェックポイント

事業の遂行上保証した債務を履行するため資産を譲渡し、主たる債務者に対して求償権の行使ができなくなった場合には、その行使できなくなった金額は事業所得などの金額の計算上必要経費に算入されますので、譲渡所得について重ねてこの特例の適用を受けることはできません（所法51②、所令141二）。

(4)　保証債務を履行するための資産の譲渡

保証債務を履行するために資産を譲渡した場合とは、主たる債務者の債務等（主たる債務に関する利息、違約金、損害賠償金その他主たる債務に従属するものは、特約がない限り含まれます。）を弁済するために自己の資産を譲渡した場合であれば足り、譲渡した資産が弁済する債務等の担保に供されている場合はもちろんのこと、担保に供されていない場合であっても保証債務を履行するための資産の譲渡となります。

(5)　求償権行使不能の判定基準

求償権の全部又は一部を行使することができないこととなったかどうかの判定は、求償の相手である主たる債務者等について、前記１の(2)の譲渡代金の貸倒れの判定基準に該当するかどうかにより行います（所基通64－１、51－11）。

チェックポイント

主たる債務者に支払能力があると認められる場合には、たとえ求償権を放棄した場合であっても、この特例の適用を受けることができません。

(6)　申告手続

保証債務を履行するために資産を譲渡した場合の課税の特例の適用を受けようとする場合には、次の申告手続をする必要があります（所法64③、所規38）。

<table>
<tr><td rowspan="2">申告手続</td><td colspan="2">確定申告書（修正申告書、更正の請求書を含みます。）の「特例適用条文」欄に「所法64条２項」と記載します。</td></tr>
<tr><td>確定申告書等に添付する書類</td><td>保証債務の履行のための資産の譲渡に関する計算明細書（確定申告書付表）（次ページ参照）</td></tr>
</table>

【令和　　年分】保証債務の履行のための資産の譲渡に関する計算明細書（確定申告書付表）

譲渡者	住所		氏名		電話番号（　）
関与税理士	住所		氏名		電話番号（　）

保証債務の明細

主たる債務者	住所又は所在地		氏名又は名称
債権者	住所又は所在地		氏名又は名称
保証債務の内容	債務を保証した年月日 年　月　日	保証債務の種類	保証した債務の金額 円
保証債務の履行に関する事項	保証債務を履行した年月日 年　月　日	保証債務を履行した金額 円	求償権の額 Ⓐ　円
求償権の行使に関する事項	求償権の行使不能となった年月日 年　月　日	求償権の行使不能額 Ⓑ　円	Ⓐのうち既に支払を受けた金額 円

保証債務を履行するため譲渡した資産の明細

短期・長期の区分		短期・長期		短期・長期		短期・長期
資産の所在地番						
資産の種類						
資産の利用状況	資産の数量		㎡（株（口）・㎥）		㎡（株（口）・㎥）	㎡（株（口）・㎥）
譲渡先	住所又は所在地					
譲渡先	氏名又は名称	（職業）		（職業）		（職業）
譲渡した年月日		年　月　日		年　月　日		年　月　日
譲渡資産を取得した時期		年　月　日		年　月　日		年　月　日
譲渡価額の総額		円		円		円

譲渡所得（山林所得）のうちないものとみなされる金額

求償権の行使不能額（上のⒷの金額）		Ⓒ	円
所得税法第64条第2項適用前の各種所得の合計額	総所得金額（申告書第一表の⑫に相当する金額）（注）	Ⓓ	円
	山林所得金額（申告書第三表の㊵に相当する金額）	Ⓔ	円
	退職所得金額（申告書第三表の㊶に相当する金額）	Ⓕ	円
	小計（Ⓓ＋Ⓔ＋Ⓕ。赤字のときは0）	Ⓖ	円
	分離課税の短期・長期譲渡所得の金額（申告書第三表の㊿に相当する金額。赤字のときは0）	Ⓗ	円
	分離課税の一般株式等・上場株式等に係る譲渡所得等の金額（繰越控除後）（申告書第三表の㉑＋㉒に相当する金額。それぞれ赤字のときは0）	Ⓘ	円
	分離課税の上場株式等に係る配当所得等の金額（損益通算及び繰越控除後）（申告書第三表の㉓に相当する金額）	Ⓙ	円
	分離課税の先物取引に係る雑所得等の金額（繰越控除後）（申告書第三表の㉔に相当する金額。赤字のときは0）	Ⓚ	円
	合計（Ⓖ＋Ⓗ＋Ⓘ＋Ⓙ＋Ⓚ）	Ⓛ	円

所得税法第64条第2項適用前の譲渡所得又は山林所得の金額	総合課税の短期・長期譲渡所得の金額（申告書第一表の㋘＋㋙に相当する金額。赤字のときは0）	Ⓜ	円
	分離課税の短期・長期譲渡所得の金額（Ⓗの金額）	Ⓝ	円
	分離課税の一般株式等・上場株式等に係る譲渡所得の金額（繰越控除後）（Ⓘの金額のうち、譲渡所得の金額。それぞれ赤字のときは0）	Ⓞ	円
	分離課税の先物取引に係る譲渡所得の金額（繰越控除後）（Ⓚの金額のうち、譲渡所得の金額。赤字のときは0）	Ⓟ	円
	合計（Ⓜ＋Ⓝ＋Ⓞ＋Ⓟ）	Ⓠ	円
	山林所得金額（Ⓔの金額。赤字のときは0）	Ⓡ	円
譲渡所得又は山林所得のうちないものとみなされる金額（Ⓒ・Ⓛ・Ⓠのうち低い金額又はⒸ・Ⓛ・Ⓡのうち低い金額）		Ⓢ	円

求償権が行使不能となった事情の説明	

（注）１　総合課税の長期譲渡所得又は一時所得のある人の「Ⓓ」の金額は、申告書第一表の「⑫＋（㋙＋㋚）× $\frac{1}{2}$」の金額となります。
　２　「所得税法第64条第2項適用前の各種所得の合計額」欄は損益通算後の金額を、「所得税法第64条第2項適用前の譲渡所得又は山林所得の金額」欄は損益通算前の金額を、それぞれ記載してください。
　３　「Ⓢ」の金額は、譲渡所得、株式等に係る譲渡所得又は山林所得に関する各計算明細書の「必要経費」欄の上段に「㊗×××円」と二段書きしてください。詳しくは、税務署にお尋ねください。

（資６－12－Ａ４統一）
（令和４年分以降用）
R5.11

第6　居住用財産の買換え等の場合の譲渡損失の損益通算及び繰越控除（租税特別措置法第41条の5関係）

土地等、建物等の譲渡所得の計算上生じた損失の金額については、土地等、建物等の譲渡による所得以外の所得との損益通算が認められていませんが、令和7年12月31日までの間に行われる譲渡について生じた一定の居住用財産の譲渡損失の金額については、土地等、建物等の譲渡による所得以外の所得との損益通算が認められるとともに、通算後譲渡損失の金額がある場合には、一定の要件の下で、その通算後譲渡損失の金額についてその譲渡の年の翌年以後3年内の各年分の分離長期譲渡所得の金額、分離短期譲渡所得の金額、総所得金額、退職所得金額又は山林所得金額（この第6において、以下「総所得金額等」といいます。）からの繰越控除が認められます。

1　制度の概要

各年分の譲渡所得の金額の計算上生じた居住用財産の譲渡損失の金額については、土地等、建物等の譲渡による所得以外の所得との損益通算をすることができます。ただし、その年の前年以前3年内の年において、他の居住用財産の譲渡損失の金額について損益通算の特例の適用を受けている場合を除きます（措法41の5①⑦）。

また、繰越控除を受けようとする年の前年以前3年内の年において生じた通算後譲渡損失の金額について、次の要件を満たすときには、その年の総所得金額等から繰越控除することができます（措法41の5④⑦）。

	要　件
①	その年の12月31日において、その譲渡損失を生じた資産の買換資産に係る住宅借入金等の金額を有すること
②	その年分の合計所得金額が3,000万円を超えないこと

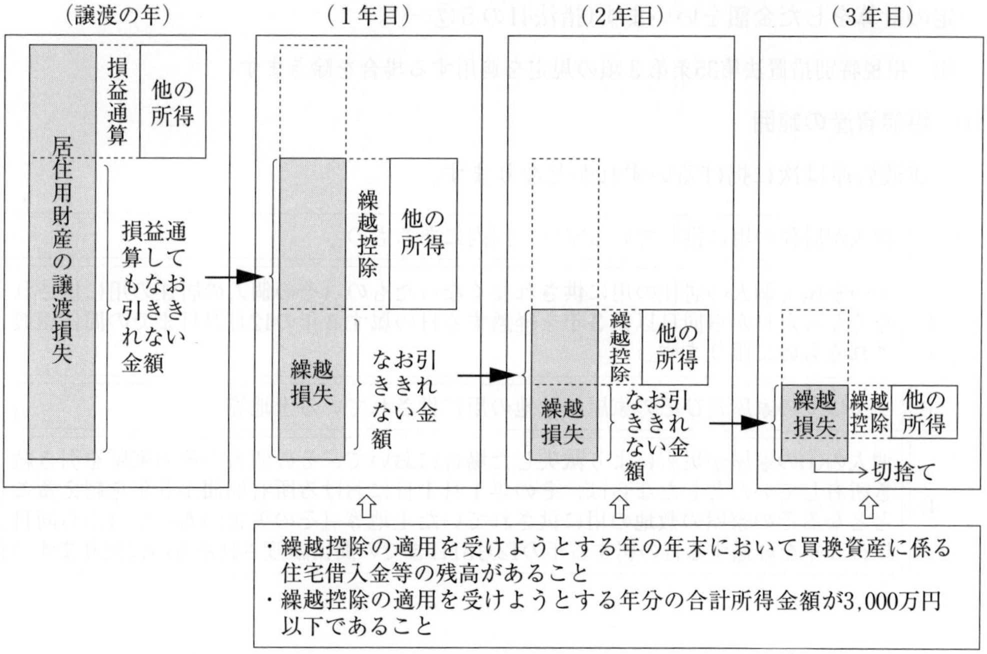

チェックポイント

譲渡の年は、合計所得金額が3,000万円を超えていても損益通算をすることができます。

2　居住用財産の譲渡損失の金額

居住用財産の譲渡損失の金額とは、個人が、令和７年12月31日までに、居住の用に供する家屋又はその家屋の敷地の用に供する土地等で、譲渡の年の１月１日における所有期間が５年を超えるもののうち次に掲げるもの（譲渡資産）の譲渡をした場合(その年の前年若しくは前々年における資産の譲渡につき居住用財産の譲渡に係る特例(措法31の３、35①㈱、36の２、36の５)の適用を受けている場合又はその年若しくはその年の前年以前３年内における資産の譲渡につき特定居住用財産の譲渡損失の損益通算の特例(措法41の５の２①)の適用を受け、若しくは受けている場合を除きます。)において、譲渡の日の属する年の前年１月１日からその譲渡の日の属する年の翌年12月31日までの間に、その個人の居住の用に供する家屋又は土地等で国内にあるもの（買換資産）の取得をして、その取得をした日の属する年の12月31日において買換資産に係る住宅借入金等の金額を有し、かつ、その取得の日からその取得の日の属する年の翌年12月31日までの間にその個人の居住の用に供したとき、又は供する見込みであるときにおける譲渡資産に係る譲渡所得の金額の計算上生じた損失の金額として一定の計算をした金額をいいます（措法41の５⑦一）。

㈱　租税特別措置法第35条第３項の規定を適用する場合を除きます。

⑴　譲渡資産の範囲

譲渡資産は次に掲げるいずれかとなります。

①	個人が居住の用に供している家屋で国内にあるもの
②	①の家屋で個人の居住の用に供されなくなったもの（その個人の居住の用に供されなくなった日から同日以後３年を経過する日の属する年の12月31日までの間に譲渡されるものに限ります。）
③	①又は②の家屋及びその家屋の敷地の用に供されている土地等
④	個人の①の家屋が災害により滅失した場合において、その個人がその家屋を引き続き所有していたとしたならば、その年１月１日における所有期間が５年を超えることとなるその家屋の敷地の用に供されていた土地等（その災害があった日から同日以後３年を経過する日の属する年の12月31日までの間に譲渡されるものに限ります。）

チェックポイント

❶「譲渡」には、建物又は構築物の所有を目的とする地上権又は賃借権の設定、一定の地役権の設定の対価として支払を受ける金額が譲渡所得の対象になる場合は含まれますが、贈与又は出資による譲渡及び次に掲げる者に対する譲渡は除かれます（措法41の５⑦一、措令26の７④⑤）。

イ　その個人の配偶者及び直系血族

ロ　その個人のイ以外の親族でその個人と生計を一にしているもの及びその個人の親族で居住用家屋が譲渡された後その個人とその家屋に居住するもの

ハ　その個人と婚姻の届出をしていないが事実上婚姻関係と同様の事情にある者及びその者の親族でその者と生計を一にしているもの

ニ　イからハに掲げる者及びその個人の使用人以外の者でその個人から受ける金銭その他の財産によって生計を維持しているもの及びその者の親族でその者と生計を一にしているもの

ホ　その個人、その個人のイ及びロに掲げる親族、その個人の使用人若しくはその使用人の親族でその使用人と生計を一にしているもの又はその個人に係るハ及びニに掲げる者を判定の基礎となる株主等とした場合に、法人税法施行令第４条第２項に規定する特殊の関係その他これに準ずる関係のあることとなる会社その他の法人

❷　居住の用に供する家屋を二以上有する場合には、その者が主として居住の用に供すると認められる一の家屋のみが特例の適用対象とされます（措法41の５⑦一、措令26の７⑩）。

(2) 居住用財産の譲渡損失の金額の計算

居住用財産の譲渡損失の金額は、特例の対象となる譲渡資産の譲渡による譲渡所得の金額の計算上生じた損失の金額のうち、その譲渡をした日の属する年分の分離長期譲渡所得の金額の計算上生じた損失の金額（分離長期譲渡損失の金額のうちに、分離短期譲渡所得の金額の計算上控除する金額がある場合には、分離長期譲渡損失の金額からその控除する金額に相当する金額を控除した金額）に達するまでの金額とされます（措令26の７⑨）。

(3) 通算後譲渡損失の金額

通算後譲渡損失の金額は、個人のその年において生じた純損失の金額のうち、居住用財産の譲渡損失の金額に係るもの（譲渡資産である土地等のうちその面積が500㎡を超える部分に相当する金額を除きます。）として一定の計算をした金額をいいます（措法41の５⑦三）。

(4) 通算後譲渡損失の金額の計算

通算後譲渡損失の金額は、居住用財産の譲渡損失の金額のうち、次に掲げる場合の区分に応じそれぞれ次に定める金額に達するまでの金額とされます（措令26の７⑫）。

	区　分	通算後譲渡損失の金額
①	青色申告書を提出する場合で、その年分の不動産所得の金額、事業所得の金額、山林所得の金額又は譲渡所得の金額（分離長期譲渡所得の金額及び分離短期譲渡所得の金額を除きます。）の計算上生じた損失の金額がある場合	その年において生じた純損失の金額から、左の損失の金額の合計額（その合計額がその年において生じた純損失の金額を超えるときは、純損失の金額とします。）を控除した金額
②	①以外の場合で、変動所得の金額の計算上生じた損失の金額又は被災事業用資産の損失の金額がある場合	その年において生じた純損失の金額から、左の損失の金額の合計額（その合計額がその年において生じた純損失の金額を超えるときは、純損失の金額とします。）を控除した金額
③	①又は②に掲げる場合以外の場合	その年において生じた純損失の金額

イ　白色申告者に居住用財産の譲渡損失の金額がある場合

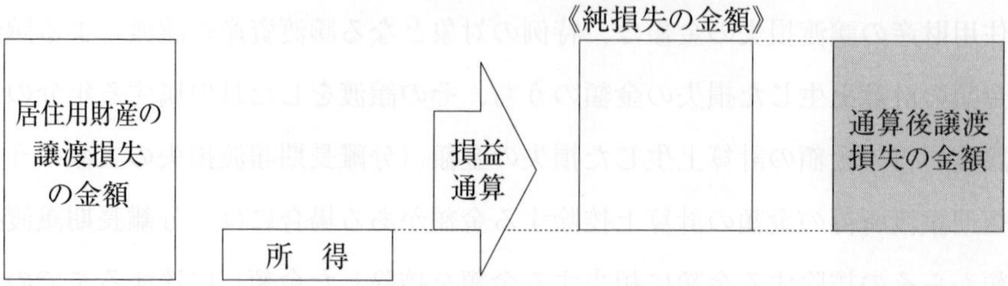

ロ　青色申告者に居住用財産の譲渡損失の金額がある場合①

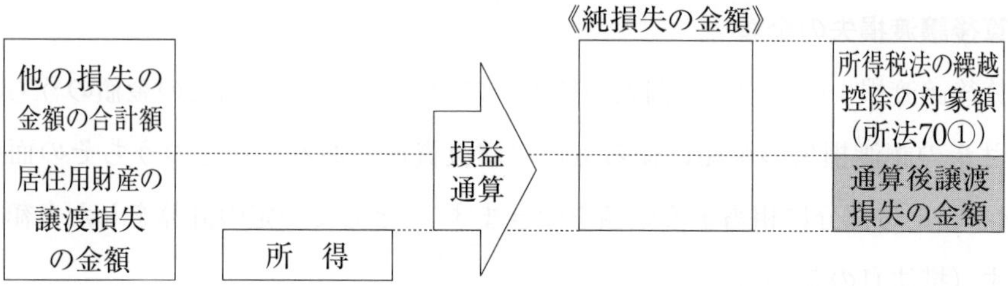

ハ　青色申告者に居住用財産の譲渡損失の金額がある場合②

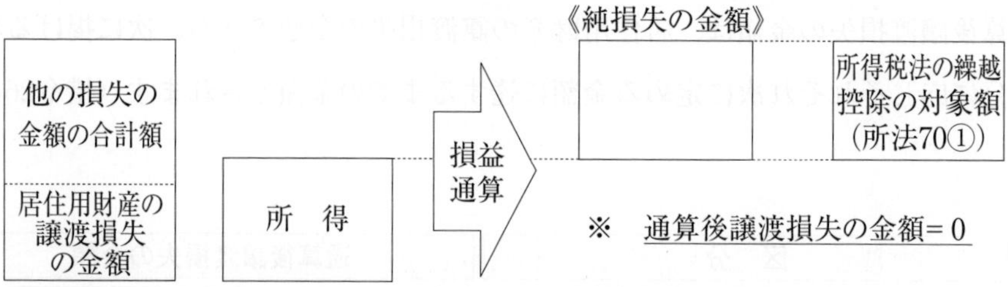

ニ　変動所得に係る損失・被災事業用資産の損失の金額がある者に居住用財産の譲渡損失の金額がある場合

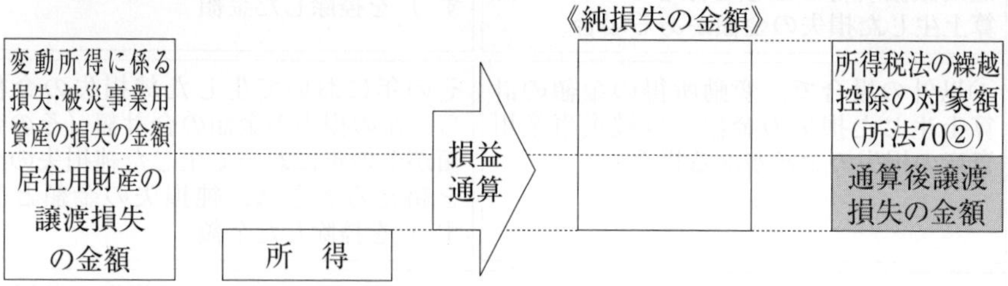

チェックポイント

■1　譲渡資産のうちに、500㎡を超える土地等が含まれている場合には、500㎡を超える部分に相当する金額を除きます（措法41の５⑦三、措令26の７⑫）。

2　純損失の金額のうちに特定純損失の金額（適用期間内に譲渡があった譲渡資産の譲渡損失の金額に係る純損失の金額として一定の方法により計算した金額）がある場合における所得税法第70条《純損失の繰越控除》第１項の規定の適用については、その特定純損失の金額は、同項に規定する純損失の金額から除かれることとされています（措法41の５⑧、措令26の７⑭）。

また、繰戻しによる還付制度（所法140、141）の対象となる純損失の金額のうちに特定純損失の金額がある場合においても、その純損失の金額から、その特定純損失の金額を除いたところで繰戻しによる還付を受けるべき金額の計算の基礎とすることとされています（措法41の５⑨⑩）。

3　買換資産の取得

譲渡資産に係る買換資産は、国内にある居住の用に供する家屋又はその家屋の敷地の用に供する土地等で、次に掲げる要件の全てを満たすものであることが必要とされます。

(1)　買換資産の範囲

買換資産の対象となる家屋は次に掲げる家屋とされ、その個人が居住の用に供する家屋を二以上有する場合には、これらの家屋のうち、その者が主として居住の用に供すると認められる一の家屋に限られます（措法41の５⑦一、措令26の７⑥）。

①	１棟の家屋の床面積のうちその個人が居住の用に供する部分の床面積が50㎡以上であるもの
②	１棟の家屋のうちその構造上区分された数個の部分を独立して住居その他の用途に供することができるものにつきその各部分（独立部分）を区分所有する場合には、その独立部分の床面積のうちその個人が居住の用に供する部分の床面積が50㎡以上であるもの

(2)　取得期間及び居住期限

買換資産は、譲渡の日の属する年の前年１月１日からその譲渡の日の属する年の翌年12月31日までの間に取得をし、かつ、その取得の日からその取得の日の属する年の翌年12月31日までの間にその個人の居住の用に供したこと、又は供する見込みであることが必要とされています。

なお、特定非常災害として指定された非常災害に基因するやむを得ない事情により、買換資産を譲渡の日の属する年の翌年12月31日までに取得することが困難となり、税務署長の承認を受けた場合には、その取得期限が２年間延長されます（措法41の５⑦一）。この承認申請は、その取得期限の属する年の翌年３月15日までに行わなければなりません（措規18の25④）。

〔譲渡の年と取得期間の関係〕

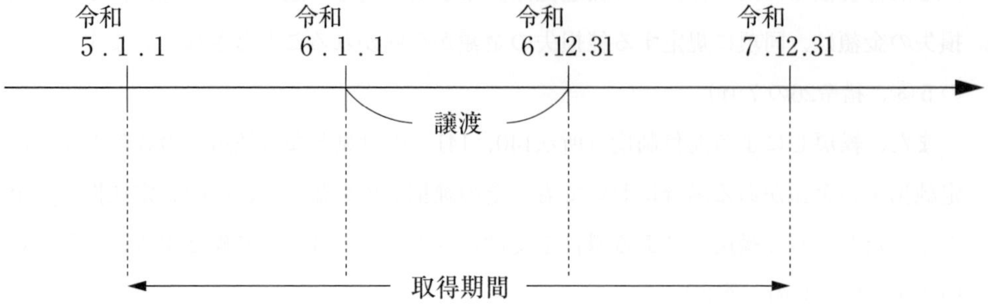

〔居住の用に供する期限〕

（ケース１）買換資産を先行取得した場合

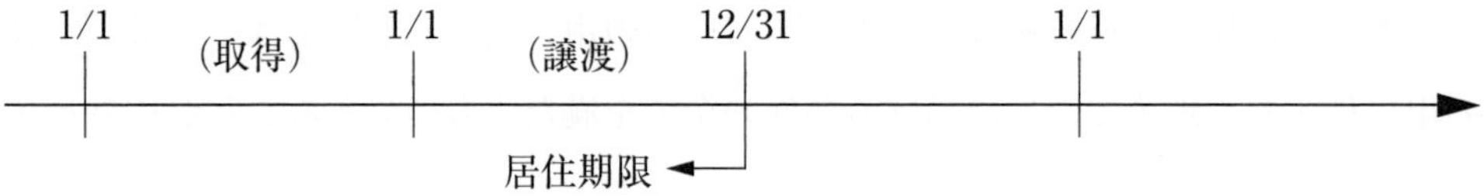

（ケース２）譲渡した年に買換資産を取得した場合

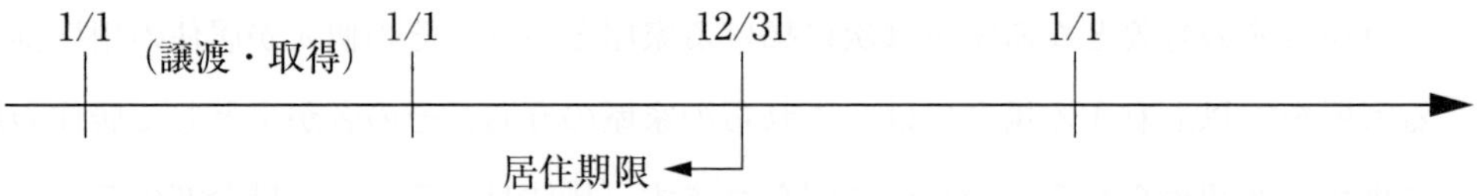

（ケース３）譲渡した翌年に買換資産を取得した場合

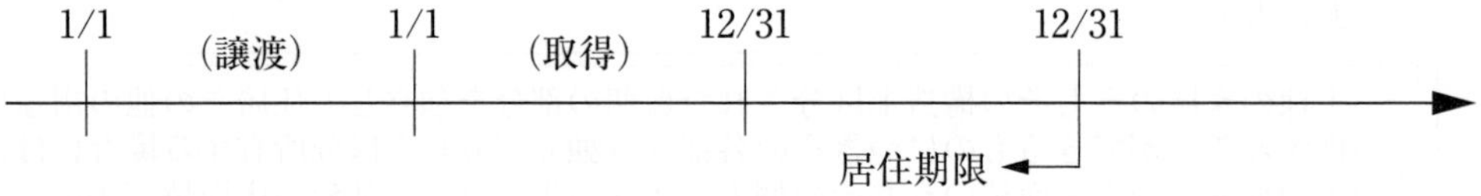

チェックポイント

買換資産の「取得」には、建設を含みますが、贈与及び代物弁済（金銭債務に代えてするものに限ります。）は含みません（措法41の５⑦一、措令26の７⑦）。

⑶　買換資産に係る住宅借入金等の金額

特例の対象となる譲渡資産の譲渡による譲渡所得の計算上生じた損失の金額を、その譲渡資産の譲渡による所得以外の所得との通算をするためには、買換資産を取得した日の属する年の12月31日において、その買換資産に係る住宅借入金等の金額を有することが必要です（措法41の５⑦一）。

また、通算後譲渡損失の金額について、その譲渡の年の翌年以後３年内の各年分の総所得金額等から繰越控除するためには、控除する年の12月31日（その者が死亡した日の属する年分については、その死亡した日）において買換資産に係る住宅借入金等の金額を有することが必要です（措法41の５④）。

この場合の「住宅借入金等」とは、住宅の用に供する家屋の新築若しくは取得又はその家屋の敷地の用に供される土地等の取得に要する資金に充てるために国内に営業所を有する次に掲げる金融機関又は独立行政法人住宅金融支援機構から借り入れた借入金で、契約において償還期間が10年以上の割賦償還の方法により返済することとされているものなどをいいます（措法41の５⑦四、措令26の７⑬）。

	金融機関の範囲
①	銀行、信用金庫、労働金庫、信用協同組合、農業協同組合、農業協同組合連合会、漁業協同組合、漁業協同組合連合会、水産加工業協同組合、水産加工業協同組合連合会及び株式会社商工組合中央金庫
②	生命保険会社、損害保険会社、信託会社、農林中央金庫、信用金庫連合会、労働金庫連合会、共済水産業協同組合連合会、信用協同組合連合会及び株式会社日本政策投資銀行

チェックポイント

この特例の適用を受けた場合においても、その適用に係る買換資産の取得については、住宅借入金等特別控除（措法41、41の２の２）との併用が認められています。

４　所得控除の判定

次に掲げる所得控除の要件を判定する場合の合計所得金額は、居住用財産の買換え等の場合の譲渡損失の繰越控除の特例の適用を受けて控除した金額はないものとして判定されます（措法41の５⑫一）。

①	寡婦控除
②	ひとり親控除
③	勤労学生控除
④	配偶者控除
⑤	扶養控除

5　申告手続

(1)　譲渡損失が生じた年分（損益通算の特例の適用を受ける場合）

居住用財産の譲渡損失の金額について土地等、建物等の譲渡所得以外の所得との損益通算の特例の適用を受けようとする場合には、その年分の確定申告書に特例の適用を受けようとする旨を記載し、かつ、その居住用財産の譲渡損失の金額の計算に関する明細書その他次に掲げる書類を添付する必要があります(注)（措法41の5②、措令26の7⑰、措規18の25①⑪）。

(注)　買換資産に係る添付書類の提出期限は、次の区分に応じます（措令26の7⑰）。
(1)　譲渡の日の属する年の12月31日までに買換資産を取得する場合……その確定申告書の提出の日
(2)　譲渡の日の属する年の翌年1月1日から取得期限までの間に買換資産を取得する場合……買換資産の取得をした日の属する年分の確定申告書の提出期限

	態様区分		添付書類
譲渡資産関係	①	譲渡した土地建物等の所有期間が5年を超えるものであること及び譲渡した土地等の面積を明らかにするもの（措規18の25①二）	譲渡した土地建物等に係る登記事項証明書(※)、売買契約書の写しその他の書類
	②	譲渡に係る契約をした日の前日において、その譲渡をした者の住民票に記載されていた住所とその譲渡をした譲渡資産の所在地が異なる場合は、その譲渡をした者がその譲渡資産を居住の用に供していたことを明らかにするもの	戸籍の附票の写し、消除された戸籍の附票の写しその他これらに類する書類

	態様区分		添付書類
買換資産関係	①	取得をした買換資産に係る住宅取得資金等に係る債権者に、当該個人の氏名及び住所等を記載した書類（以下この項において「適用申請書」といいます。）を提出した個人で、買換資産を取得したこと、その取得した年月日及び買換資産に係る家屋の床面積が50㎡以上であることを明らかにするもの（措規18の25⑪一）	取得した買換資産（土地建物等）に係る登記事項証明書（※1）、売買契約書の写しその他の書類
	②（①以外の個人）	適用申請書を提出した個人（①）以外の個人で、買換資産を取得したこと、その取得した年月日及び買換資産に係る家屋の床面積が50㎡以上であること、買換資産に係る住宅借入金等を有することを明らかにするもの（措規18の25⑪二）	取得した買換資産（土地建物等）に係る登記事項証明書（※1）、売買契約書の写しその他の書類、取得した買換資産の住宅借入金等の残高証明書（※2）

買換資産関係	③	期限までに居住の用に供していない場合に、買換資産を居住の用に供することを明らかにするもの	その旨及び居住の用に供する予定年月日その他の事項を記載した書類

（※１）　登記事項証明書については、不動産番号等明細書を提出することなどにより、その添付を省略することができます（205ページ参照）。

（※２）　住宅取得資金に係る借入金の年末残高証明書が法定調書化された（措法41の２の３）ことから、住宅取得資金に係る債権者に適用申請書の提出をした個人については、残高証明書の添付は不用とされました（令和６年１月１日以後に行う譲渡について適用されます。）（措規18の25②、⑪）。

チェックポイント

確定申告書を提出しなかったこと又は特例の適用を受けようとする旨の記載若しくは損益通算の明細書等の添付がない確定申告書の提出があった場合でも、そのことについてやむを得ない事情があると税務署長が認めるときで特例の適用を受けようとする旨を記載した書類及び損益通算の明細書等の提出があった場合には、損益通算の特例の適用を受けることができることとされています（措法41の５③）。

⑵　譲渡損失が生じた年分以後の年分（繰越控除の特例の適用を受ける場合）

通算後譲渡損失の金額について繰越控除の特例の適用を受けるには、損益通算の特例の適用を受けた年について期限内申告書を提出した場合であって、その後において連続して確定申告書を提出し、かつ、繰越控除の特例の適用を受ける年の確定申告書に控除を受ける金額の計算に関する明細書その他次に掲げる書類を添付する必要があります（措法41の５⑤、措規18の25②③）。

①	その年において控除すべき通算後譲渡損失の金額及びその金額の計算の基礎その他参考となる事項を記載した明細書
②	控除を受けようとする年の12月31日（その者が死亡した日の属する年にあっては、その死亡した日）における買換資産の住宅借入金等の残高証明書(※)

(※)　住宅取得資金に係る借入金の年末残高証明書が法定調書化された（措法41の２の３）ことから、住宅取得資金に係る債権者に適用申請書の提出をした個人については、残高証明書の添付は不要とされました（令和６年１月１日以後に行う譲渡について適用されます。）（措規18の25②、⑪）。

チェックポイント

①損益通算の特例の適用を受けた年の確定申告書がその提出期限までに提出されなかった場合で、提出がなかったことについてやむを得ない事情があると税務署長が認めるとき、②繰越控除の特例の適用を受ける年において控除を受ける金額の計算に関する明細書その他一定の書類の添付がない確定申告書の提出があった場合で、添付がなかったことについてやむを得ない事情があると税務署長が認めるときで控除を受ける金額の計算に関する明細書その他一定の書類の提出があったときには、繰越控除の特例の適用を受けることができることとされています（措法41の5⑥)。

6　修正申告等

(1)　買換資産を居住の用に供しない場合等

損益通算の特例の適用を受けた者が、譲渡資産の譲渡の日の属する年の翌年12月31日（特定非常災害として指定された非常災害に基因するやむを得ない事情により、買換資産の取得期限について税務署長の承認を受けたときには、同日の属する年の翌々年12月31日）までに買換資産の取得をしない場合、買換資産の取得をした日の属する年の12月31日においてその買換資産に係る住宅借入金等の金額を有しない場合又は買換資産の取得をした日の属する年の翌年12月31日までにその買換資産をその者の居住の用に供しない場合には、その買換資産の取得期限又は買換資産の取得をした日の属する年の翌年12月31日から４か月を経過する日までに特例の適用を受けた年分の所得税についての修正申告書を提出し、かつ、その修正申告書の提出により納付すべき税額を納付しなければなりません（措法41の5⑬)。

また、繰越控除の特例の適用を受けた者が、買換資産の取得をした日の属する年の翌年12月31日までに、その買換資産をその者の居住の用に供しない場合には、同日から４か月を経過する日までに特例の適用を受けた年分の所得税についての修正申告書を提出し、かつ、その修正申告書の提出により納付すべき税額を納付しなければなりません（措法41の5⑭)。

チェックポイント

買換資産の取得の日からその年の翌年12月31日までに一旦居住の用に供した後に、その後生じた事情によって居住の継続ができなくなった場合であっても、特例の適用を受けることができます。

〔修正申告書の提出が必要な場合〕

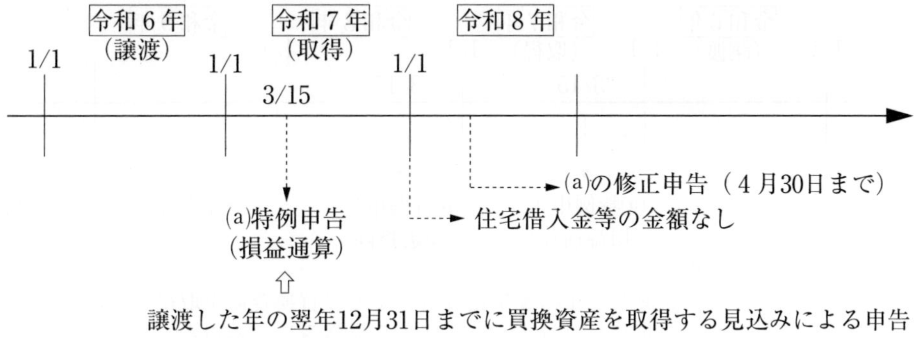

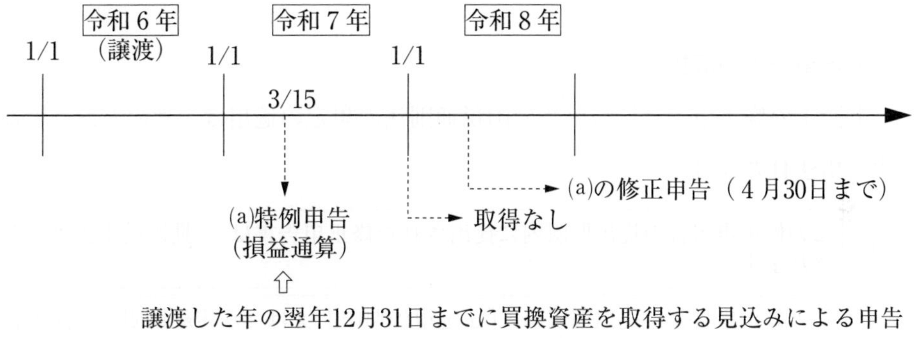

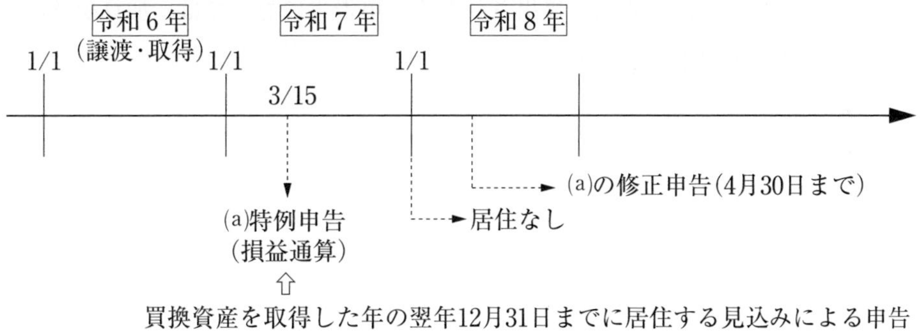

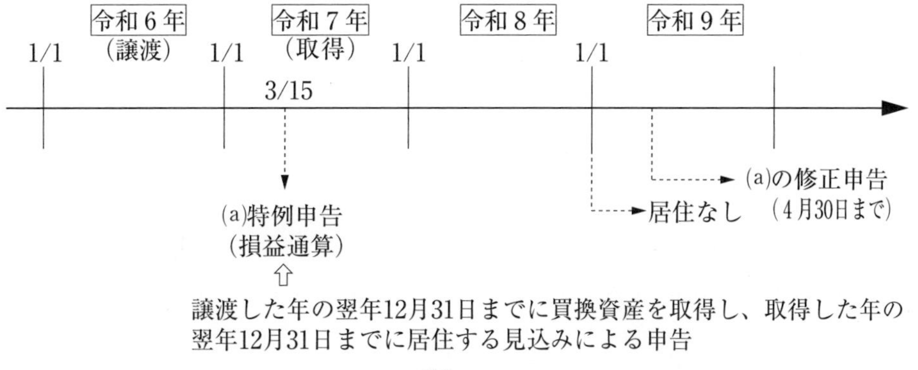

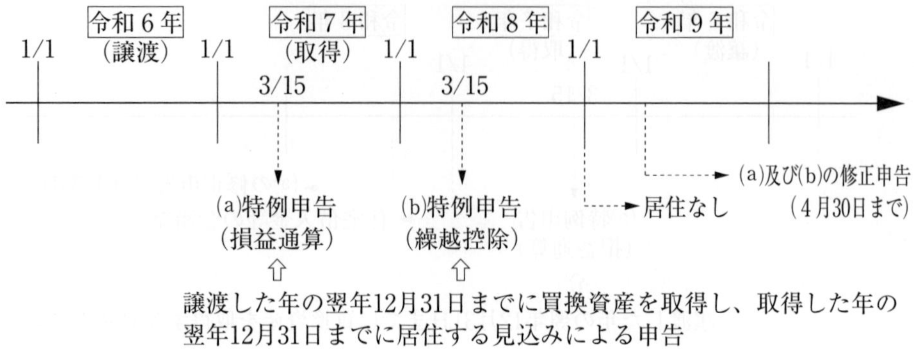

⑵　修正申告書の取扱い

上記⑴の修正申告書についての国税通則法の規定の適用は、次のとおりとなります（措法41の５⑯）。

①	この修正申告書の提出期限内に提出された修正申告書は、「期限内申告書」とみなされます。
②	この修正申告書の提出期限は、「法定申告期限」又は「法定納期限」と読み替えられます。

したがって、提出期限内に提出された修正申告書に対しては、加算税及び延滞税が課されることはありません。

第７　特定居住用財産の譲渡損失の損益通算及び繰越控除（租税特別措置法41条の５の２関係）

個人が令和７年12月31日までに、その有する家屋又は土地等でその年の１月１日において所有期間が５年を超えるもののうち居住の用に供しているものの譲渡をした場合（その譲渡に係る契約を締結した日の前日においてその譲渡資産に係る一定の住宅借入金等の金額を有する場合に限ります。）において、その譲渡の日の属する年に特定居住用財産の譲渡損失の金額があるときは、その特定居住用財産の譲渡損失の金額の損益通算及び繰越控除が認められます。

１　制度の概要

各年分の譲渡所得の金額の計算上生じた特定居住用財産の譲渡損失の金額については、土地等、建物等の譲渡による所得以外の所得との損益通算をすることができます。ただし、その年の前年以前３年内の年において、他の特定居住用財産の譲渡損失の金額について損益通算の特例の適用を受けている場合を除きます（措法41の５の２①⑦）。

また、通算後譲渡損失の金額がある場合には、その通算後譲渡損失の金額についてその譲渡の年の翌年以後３年内の各年分（合計所得金額が3,000万円以下である年分に限ります。）の総所得金額等から繰越控除をすることができます（措法41の５の２④⑦）。

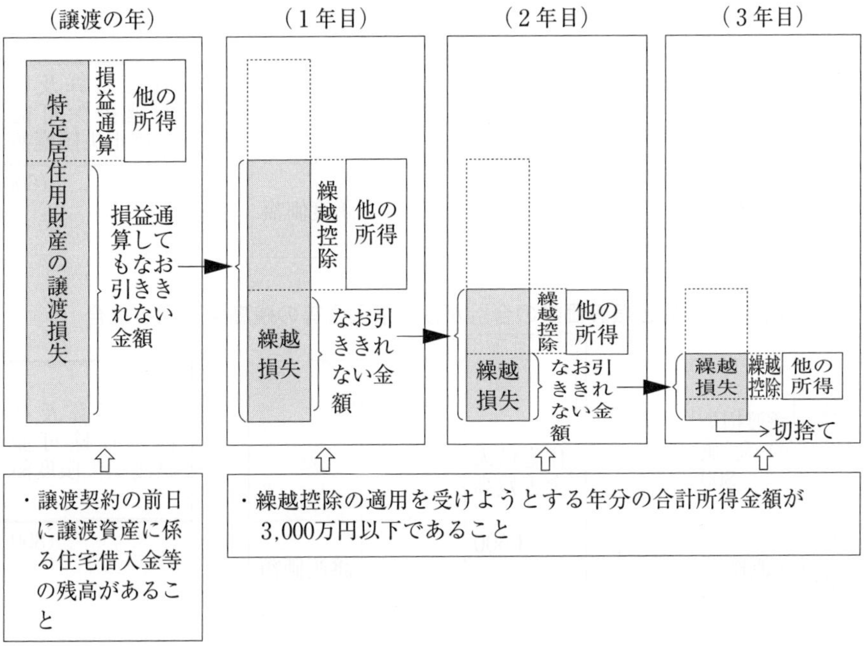

チェックポイント

譲渡の年は、合計所得金額が3,000万円を超えていても損益通算をすることができます。

2　特定居住用財産の譲渡損失の金額

特定居住用財産の譲渡損失の金額とは、個人が、令和７年12月31日までに、居住の用に供する家屋又はその家屋の敷地の用に供する土地等で、譲渡の年の１月１日における所有期間が５年を超えるもののうち430ページの(1)に掲げるもの（譲渡資産）の譲渡をした場合（譲渡資産に係る一定の住宅借入金等がある場合に限られ、また、その年の前年又は前々年の資産の譲渡につき居住用財産の譲渡に係る特例（措法31の３、35①㈡、36の２、36の５）の適用を受けている場合又はその年若しくはその年の前年以前３年内における資産の譲渡につき居住用財産の買換え等の場合の譲渡損失の損益通算の特例（措法41の５①）の適用を受け、若しくは受けている場合を除きます。）における譲渡資産に係る譲渡所得の金額の計算上生じた損失の金額として一定の計算をした金額（その譲渡に係る契約を締結した日の前日におけるその譲渡資産に係る住宅借入金等の金額の合計額からその譲渡資産の譲渡の対価の額を控除した残額を限度とします。）をいいます（措法41の５の２⑦一）。

㈡　租税特別措置法第35条第３項の規定を適用する場合を除きます。

○　譲渡損失の金額と譲渡価額の合計が住宅借入金等の残高を上回る場合

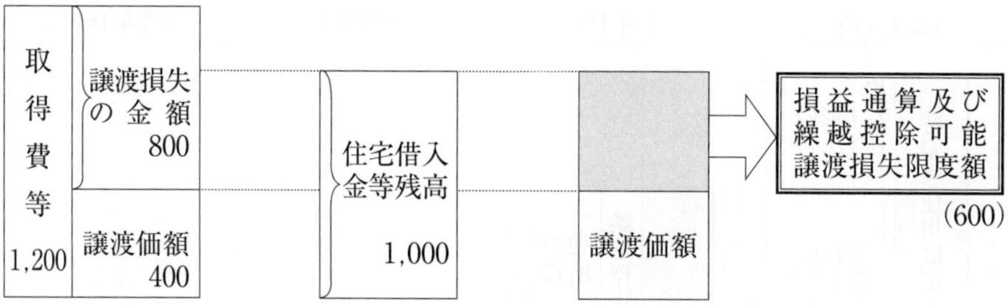

○　譲渡損失の金額と譲渡価額の合計が住宅借入金等の残高を下回る場合

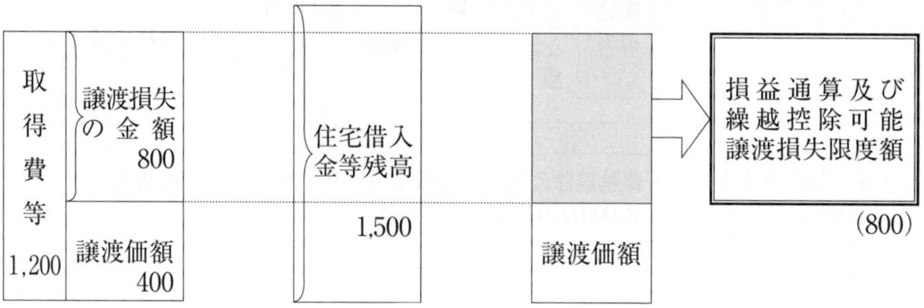

⑴　特定居住用財産の譲渡損失の金額の計算

特定居住用財産の譲渡損失の金額は、特例の対象となる譲渡資産の譲渡による譲渡所得の金額の計算上生じた損失の金額のうち、その譲渡をした日の属する年分の分離長期譲渡所得の金額の計算上生じた損失の金額（分離長期譲渡損失の金額のうちに、分離短期譲渡所得の計算上控除する金額がある場合には、分離長期譲渡損失の金額からその控除する金額に相当する金額を控除した金額）に達するまでの金額とされます（措令26の７の２⑦）。

⑵　譲渡資産に係る住宅借入金等の金額

譲渡資産に係る住宅借入金等の金額は、譲渡に係る契約を締結した日の前日において有していなければなりません（措法41の５の２⑦一）。

この場合の「住宅借入金等」とは、住宅の用に供する家屋の新築若しくは取得又はその家屋の敷地の用に供される土地等の取得に要する資金に充てるために国内に営業所を有する金融機関（435ページ参照）又は独立行政法人住宅金融支援機構から借り入れた借入金で、契約において償還期間が10年以上の割賦償還の方法により返済することとされているものなどをいいます（措法41の５の２⑦四、措令26の７の２⑩）。

⑶　通算後譲渡損失の金額

通算後譲渡損失の金額は、個人のその年において生じた純損失の金額のうち、特定居住用財産の譲渡損失の金額に係るものとして一定の計算をした金額をいいます（措法41の５の２⑦三）。

⑷　通算後譲渡損失の金額の計算

通算後譲渡損失の金額は、特定居住用財産の譲渡損失の金額のうち、次に掲げる場合の区分に応じそれぞれ次に定める金額に達するまでの金額とされます（措令26の７の２⑨）。

	区　分	通算後譲渡損失の金額
①	青色申告書を提出する場合で、その年分の不動産所得の金額、事業所得の金額、山林所得の金額又は譲渡所得の金額（分離長期譲渡所得の金額及び分離短期譲渡所得の金額を除きます。）の計算上生じた損失の金額がある場合	その年において生じた純損失の金額から、左の損失の金額の合計額（その合計額がその年において生じた純損失の金額を超えるときは、純損失の金額とします。）を控除した金額
②	①以外の場合で、変動所得の金額の計算上生じた損失の金額又は被災事業用資産の損失の金額がある場合	その年において生じた純損失の金額から、左の損失の金額の合計額（その合計額がその年において生じた純損失の金額を超えるときは、純損失の金額とします。）を控除した金額
③	①又は②に掲げる場合以外の場合	その年において生じた純損失の金額

※　詳しくは、432ページの図を参照してください。

チェックポイント

純損失の金額のうちに特定純損失の金額（適用期間内に譲渡があった譲渡資産の譲渡損失の金額に係る純損失の金額として一定の方法により計算した金額）がある場合における所得税法第70条《純損失の繰越控除》第１項の規定の適用については、その特定純損失の金額は、同項に規定する純損失の金額から除かれることとされています（措法41の５の２⑧、措令26の７の２⑪）。

また、繰戻しによる還付制度（所法140、141）の対象となる純損失の金額のうちに特定純損失の金額がある場合においても、その純損失の金額から、その特定純損失の金額を除いたところで繰戻しによる還付を受けるべき金額の計算の基礎とすることとされています（措法41の５の２⑨⑩）。

3　所得控除の判定

次に掲げる所得控除の要件を判定する場合の合計所得金額は、特定居住用財産の譲渡損失の繰越控除の特例の適用を受けて控除した金額はないものとして判定されます（措法41の５の２⑫一）。

①	寡婦控除
②	ひとり親控除
③	勤労学生控除
④	配偶者控除
⑤	扶養控除

４　申告手続

⑴　譲渡損失が生じた年分（損益通算の特例の適用を受ける場合）

特定居住用財産の譲渡損失の金額について土地等、建物等の譲渡所得以外の所得との損益通算の特例の適用を受けようとする場合には、その年分の確定申告書に特例の適用を受けようとする旨を記載し、かつ、特定居住用財産の譲渡損失の金額の計算に関する明細書その他次に掲げる書類を添付する必要があります（措法41の５の２②、措規18の26①②）。

	態様区分	添付書類
①	譲渡した土地建物等の所有期間が５年を超えるものであることを明らかにするもの（措規18の26①二）	譲渡した土地建物等に係る登記事項証明書(※)、売買契約書の写しその他の書類
②	譲渡に係る契約を締結した日の前日において、その譲渡をした者の住民票に記載されていた住所とその譲渡をした譲渡資産の所在地が異なる場合は、その譲渡をした者がその譲渡資産を居住の用に供していたことを明らかにするもの	戸籍の附票の写し、消除された戸籍の附票の写しその他これらに類する書類
③	譲渡した土地建物等に係る住宅借入金等を有することを明らかにするもの（措規18の26①三）	譲渡した土地建物等に係る譲渡契約を締結した日の前日における住宅借入金等の残高証明書

(※)　登記事項証明書については、不動産番号等明細書を提出することなどにより、その添付を省略することができます（205ページ参照）。

チェックポイント

確定申告書を提出しなかったこと又は特例の適用を受けようとする旨の記載若しくは損益通算の明細書等の添付がない確定申告書の提出があった場合でも、そのことについてやむを得ない事情があると税務署長が認めるときで特例の適用を受けようとする旨を記載した書類及び損益通算の明細書等の提出があった場合には、損益通算の特例の適用を受けることができることとされています（措法41の５の２③）。

⑵　譲渡損失が生じた年分以後の年分（繰越控除の特例の適用を受ける場合）

通算後譲渡損失の金額について繰越控除の特例の適用を受けるには、損益通算の特例の適用を受けた年について期限内申告書を提出した場合であって、その後において連続して確定申告書を提出し、かつ、繰越控除の特例を受ける年の確定申告書に控除を受ける金額の計算に関する明細書その他その年において控除すべき通算後譲渡損失の金額及びその金額の計算の基礎その他参考となる事項を記載した明細書を添付する必要があります（措法41の５の２⑤、措規18の26③）。

チェックポイント

①損益通算の特例の適用を受けた年の確定申告書がその提出期限までに提出されなかった場合で、提出がなかったことについてやむを得ない事情があると税務署長が認めるとき、②繰越控除の特例の適用を受ける年において控除を受ける金額の計算に関する明細書その他一定の書類の添付がない確定申告書の提出があった場合で、添付がなかったことについてやむを得ない事情があると税務署長が認めるときで控除を受ける金額の計算に関する明細書その他一定の書類の提出があったときには、繰越控除の特例の適用を受けることができることとされています（措法41の５の２⑥）。

第12章　有価証券の譲渡による所得の課税

有価証券の譲渡による所得の課税については、原則として次のとおりとなっています。

	課税方法の区分		根拠法令
有価証券の譲渡	申告分離課税	一般株式等に係る譲渡所得等	措法37の10
		上場株式等に係る譲渡所得等	措法37の11
	分離短期譲渡所得課税		措法32②
	総合課税		所法41の２
	非課税		措法37の15

用語の解説

有価証券

金融商品取引法（この第12章において、以下「金商法」といいます。）第２条第１項に規定する有価証券その他これに準ずるものをいいます（所法２①十七、所令４、措法２①五）。

金商法第２条第１項に規定する有価証券	1	国債証券
	2	地方債証券
	3	特別の法律により法人の発行する債券（４及び11に掲げるものを除きます。）
	4	資産の流動化に関する法律に規定する特定社債券
	5	社債券（相互会社の社債券を含みます。）
	6	特別の法律により設立された法人の発行する出資証券（７、８及び11に掲げるものを除きます。）
	7	協同組織金融機関の優先出資に関する法律に規定する優先出資証券
	8	資産の流動化に関する法律に規定する優先出資証券又は新優先出資引受権を表示する証券
	9	株券又は新株予約権証券
	10	投資信託及び投資法人に関する法律（この第12章において、以下「投信法」といいます。）に規定する投資信託又は外国投資信託の受益証券
	11	投信法に規定する投資証券、新投資口予約権証券若しくは投資法人債権又は外国投資証券
	12	貸付信託の受益証券

	13	資産の流動化に関する法律に規定する特定目的信託の受益証券
	14	信託法に規定する受益証券発行信託の受益証券
	15	法人が事業に必要な資金を調達するために発行する約束手形のうち、一定のもの
	16	担当証券法に規定する担当証券
	17	外国又は外国の者の発行する証券又は証書で1から9まで又は12から16までに掲げる証券又は証書の性質を有するもの（18に掲げるものを除きます。）
	18	外国の者の発行する証券又は証書で銀行業を営む者その他の金銭の貸付けを業として行う者の貸付債権を信託する信託の受益権又はこれに類する権利を表示するもののうち、一定のもの
	19	金融商品市場において金融商品市場を開設する者の定める基準及び方法に従い行う金商法第2条第21項第3号に掲げる取引に係る権利、外国金融商品市場において行う取引であって同号に掲げる取引と類似の取引又は金融指標に係る権利又は金融商品市場及び外国金融商品市場によらないで行う同条第22項第3号若しくは第4号に掲げる取引に係る権利を表示する証券又は証書
	20	上記1から19までに掲げる証券又は証書の預託を受けた者がその証券又は証書の発行された国以外の国において発行する証券又は証書で、その預託を受けた証券又は証書に係る権利を表示するもの
	21	上記1から20までに掲げるもののほか、流通性その他の事情を勘案し、公益又は投資者の保護を確保することが必要と認められる一定の証券又は証書
上記に準ずるもの（所令4）	1	金商法第2条第1項第1号から第15号までに掲げる有価証券及び同項第17号に掲げる有価証券（同項第16号に掲げる有価証券の性質を有するものを除きます。）に表示されるべき権利（これらの有価証券が発行されていないものに限ります。）
	2	合名会社、合資会社又は合同会社の社員の持分、法人税法第2条第7号に規定する協同組合等の組合員又は会員の持分その他法人の出資者の持分
	3	株主又は投資主となる権利、優先出資者となる権利、特定社員又は優先出資社員となる権利その他法人の出資者となる権利

第1　申告分離課税制度

居住者又は恒久的施設を有する非居住者（この第12章において、以下「居住者等」といいます。）が、一般株式等の譲渡又は上場株式等の譲渡をした場合には、一般株式等の譲渡による事業所得、譲渡所得若しくは雑所得（この第12章において、以下「一般株式等に係る譲渡所得等」といいます。）又は上場株式等の譲渡による事業所得、譲渡所得若しくは雑所得（この第12章において、以下「上場株式等に係る譲渡所得等」といいます。）について、他の所得とは区分して、15%の税率により所得税が課税されます（措法37の10①、37の11①）。

この場合において、一般株式等に係る譲渡所得等と上場株式等に係る譲渡所得等についても完全分離（区分）して課税されることから、一定の場合を除き、一般株式等に係る譲渡所得等の金額の計算上生じた赤字の金額は、上場株式等に係る譲渡所得等の金額の計算上控除することはできず、また、上場株式等に係る譲渡所得等の金額の計算上生じた赤字の金額は、一般株式等に係る譲渡所得等の金額の計算上控除することはできません。

なお、一般株式等に係る譲渡所得等又は上場株式等に係る譲渡所得等の対象となる譲渡からは、有価証券先物取引の方法により行うもの並びに法人の自己の株式又は出資の取得（一定のものを除きます。）及び公社債の買入れの方法による償還に係るものが除かれます（措法37の10①、37の11①）。

	対象者	原　因	課税区分	課税方法
申告分離課税	①　居住者 ②　恒久的施設を有する非居住者	一般株式等の譲渡	一般株式等に係る譲渡所得等	それぞれ他の所得と完全分離（区分）して、15%（地方税5%）の税率で課税
		上場株式等の譲渡	上場株式等に係る譲渡所得等	

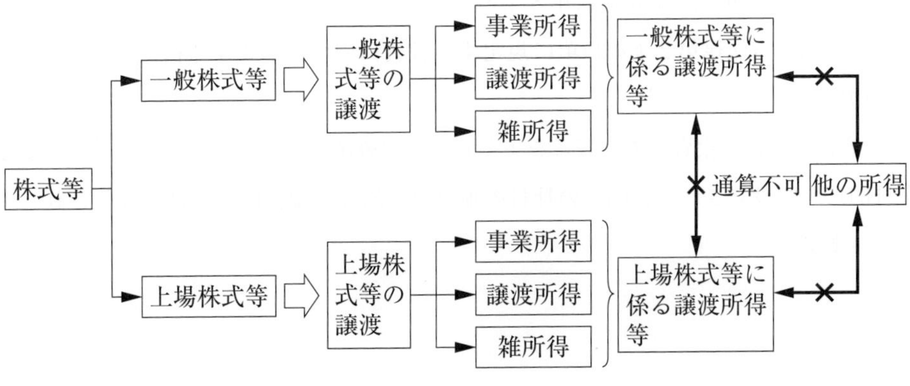

株式等の範囲（措法37の10②、措令25の８③）

①	株式 ㊟　株主又は投資主となる権利、株式の割当てを受ける権利、新投資口予約権を含む新株予約権及び新株予約権の割当てを受ける権利を含みます。
②	特別の法律により設立された法人の出資者の持分 合名会社、合資会社又は合同会社の社員の持分 法人税法第２条第７号に規定する協同組合等の組合員又は会員の持分 その他法人の出資者の持分 ㊟　出資者、社員、組合員又は会員となる権利及び出資の割当てを受ける権利を含み、下記③に掲げるものを除きます。
③	協同組織金融機関の優先出資に関する法律に規定する優先出資 ㊟　優先出資者となる権利及び優先出資の割当てを受ける権利を含みます。 資産の流動化に関する法律第２条第５項に規定する優先出資 ㊟　優先出資社員となる権利及び引受権を含みます。
④	投資信託の受益権
⑤	特定受益証券発行信託の受益権
⑥	社債的受益権
⑦	公社債 ㊟　預金保険法第２条第２項第５号に規定する長期信用銀行債等、農水産業協同組合貯金保険法第２条第２項第４号に規定する農林債及び租税特別措置法第41条の12第７項に規定する償還差益につき同条第１項の規定を受ける同条第７項に規定する割引債を除きます。

チェックポイント

❶　「株式等」からは、ゴルフ場の所有又は経営に係る法人の株式又は出資を所有することがそのゴルフ場を一般の利用者に比して有利な条件で継続的に利用する権利を有する者となるための要件とされている場合におけるその株式又は出資者の持分を除きます（措令25の8②）。

❷　「株式等」には、外国法人に係る株式等が含まれます（措法37の10②）。

❸　「株式」には、租税特別措置法第８条の４第１項第１号の規定により、投資信託及び投資法人に関する法律第２条第14項に規定する投資口が含まれます（措通37の10・37の11共－19）。

「投資口」とは、投資法人（資産を主として特定資産に対する投資として運用することを目的として設立された社団）の社員の地位で、均等の割合的単位に細分化されたものをいいます。

4　株主又は投資主となる権利とは、次の期間における株式引受人の地位のことをいいます。

〈会社の設立又は増資の場合〉

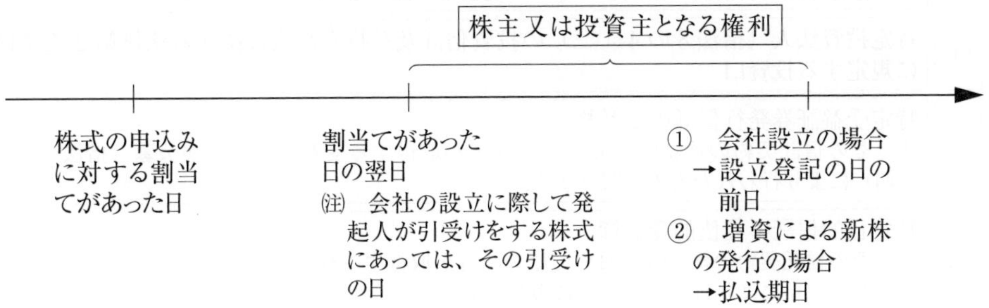

5　公社債から除かれる長期信用銀行債等、農林債及び割引債（上表⑦(注)）の譲渡による所得については、租税特別措置法第37条の15第１項の規定により非課税となります（措通37の10・37の11共－20(注)）。

6　譲渡した株式等が申告分離課税の対象となる株式等に該当するものであっても、その譲渡が土地等の譲渡に類似するものとして分離短期譲渡課税の対象となる株式等の譲渡に該当する場合（190ページ以下）には、分離短期譲渡課税が行われます（措法37の10①、37の11①、32②）。

7　居住者など一定の者が株式を無償又は有利な価額により取得することができる新株予約権等を発行法人に譲渡したときは、譲渡の対価の額から新株予約権等の取得価額を控除した金額が総合課税の対象となります（所法41の２、措法37の10①、37の11①）。

	上場株式等の範囲（措法37の11②、措令25の９②～⑩、措規18の10①）
①	株式等で金融商品取引所に上場されているもの
	店頭売買登録銘柄として登録された株式（出資を含みます。）
	店頭転換社債型新株予約権付社債 (注)　新株予約権付社債（転換特定社債（資産の流動化に関する法律131①）及び新優先出資引受権付特定社債（同法139①）を含みます。）で、認可金融商品取引業協会（金商法２⑬）が、その定める規則に従い、その店頭売買につき、その売買価格を発表し、かつ、その新株予約権付社債の発行法人に関する資料を公開するものとして指定したものをいいます。
	店頭管理銘柄株式 (注)　金融商品取引所（金商法２⑯）への上場が廃止され、又は店頭売買登録銘柄（措令25の８⑨二）としての登録が取り消された株式（出資及び投資口（投信法２⑭）を含みます。）のうち認可金融商品取引業協会が、その定める規則に従い指定したものをいいます。
	認可金融商品取引業協会の定める規則に従い、登録銘柄として認可金融商品取引業協会に備える登録原簿に登録された日本銀行出資証券
	外国金融商品市場（金商法２⑧三ロ）において売買されている株式等 (注)　外国金融商品市場には日本証券業協会の規則に基づき各証券会社が「適格外国金融商品市場」としている市場は該当します（措通37の11－１）。

②	投資信託でその設定に係る受益権の募集が公募（措法８の４①二）により行われたものの受益権 ㊟　特定株式投資信託（措法３の２）の受益権を除きます。
③	特定投資法人（措法８の４①三）の投資信託及び投資法人に関する法律第２条第14項に規定する投資口
④	特定受益証券発行信託の受益権 ㊟　その信託契約の締結時において委託者が取得する受益権の募集が公募（措法８の４①四）により行われたものに限ります。
⑤	特定目的信託の社債的受益権 ㊟　その信託契約の締結時において原委託者が取得する社債的受益権の募集が公募（措法８の２①二）により行われたものに限ります。
⑥	国債及び地方債
⑦	外国又はその地方公共団体が発行し、又は保証する債券
⑧	会社以外の法人が特別の法律により発行する債券 ㊟　外国法人に係るもの並びに投資法人債（投信法２⑲）、短期投資法人債（同法139の12①）、特定社債（資産の流動化に関する法律２⑦）及び特定短期社債（同法２⑧）を除きます。
⑨	公社債でその発行の際の有価証券の募集（金商法２③）が取得勧誘（金商法２③）であって金商法第２条第３項第１号に掲げる場合に該当するものとして次のイ又はロの方法により行われたもの イ　募集が国内において行われている場合 　取得勧誘が金商法第２条第３項第１号に掲げる場合に該当し、かつ、目論見書にその取得勧誘が同号に掲げる場合に該当するものである旨の記載がなされて行われるもの ロ　募集が国外において行われる場合 　取得勧誘が金商法第２条第３項第１号に掲げる場合に該当するものに相当するものであり、かつ、目論見書その他これに類する書類にその取得勧誘が同号に掲げる場合に該当するものに相当するものである旨の記載がなされて行われるもの
⑩	社債のうち、その発行の日前９か月以内（外国法人の場合は12か月以内）に有価証券報告書等を内閣総理大臣に提出している法人が発行するもの
⑪	金融商品取引所においてその金融商品取引所の規則に基づき公表された公社債情報に基づき発行する公社債で、その発行の際に作成される目論見書に、その公社債が当該公社債情報に基づき発行されるものである旨の記載があるもの ㊟１　金融商品取引所には、これに類するもので外国の法令に基づき設立されたものが含まれます。 ２　公社債情報とは、一定の期間内に発行する公社債の種類及び総額、その公社債の発行者の財務状況及び事業の内容など、公社債及び発行者に関して明らかにされるべき基本的な情報をいいます。 　例えば、東京証券取引所が定める「特定上場有価証券に関する有価証券上場規程の特例」に掲げる「プログラム情報」が該当します（措通37の11－２）。
⑫	国外において発行された公社債で次のイ又はロに該当するもの イ　有価証券の売出し（金商法２④）に応じて取得した公社債（次のロにおいて、以下「売出し公社債」といいます。）で、その取得の時から引き続きその有価証券の売出しをした金融商品取引業者等の営業所において保管の委託がされているもの ロ　売付け勧誘等（金商法２④）に応じて取得した公社債（売出し公社債を除きます。）で、その取得の日前９か月以内（外国法人の場合は12か月以内）に有価証券報告書等を提出している会社が発行したもの ㊟　取得の時から引き続き売付け勧誘等をした金融商品取引業者等の営業所において保管の委託がされているものに限ります。

⑬	次のイ又はロの外国法人が発行し、又は保証する債券 イ　出資金額又は拠出をされた金額の合計額の２分の１以上が外国の政府により出資又は拠出をされている外国法人 ロ　外国の特別の法令の規定に基づき設立された外国法人で、その業務がその外国の政府の管理の下に運営されているもの 国際間の取極に基づき設立された国際機関が発行し、又は保証する債券
⑭	銀行業若しくは第一種金融商品取引業（金商法28①）を行う者（第一種少額電子募集取扱業者（金商法29の４の２⑨）を除きます。）若しくは外国の法令に準拠してその国において銀行業若しくは金融商品取引業（金商法２⑧）を行う法人又は一定の法人が発行した社債 ㈲　その取得をした者が実質的に多数でない一定の場合を除きます。
⑮	平成27年12月31日以前に発行された公社債 ㈲　発行の時において同族会社（法法２十）に該当する会社が発行したものを除きます。

1　一般株式等に係る譲渡所得等又は上場株式等に係る譲渡所得等の金額の計算

申告分離課税の対象となる一般株式等又は上場株式等に係る譲渡所得等の金額の計算は、基本的には、次に掲げるとおり所得税法の定めるところにより行います。

〔事業所得又は雑所得の場合〕

〔算式〕

総収入金額 －（取得価額 ＋ 負債の利子 ＋ 売買委託手数料 ＋ 管理費 ＋ その他これらの所得を生ずべき業務について生じた費用）

〔譲渡所得の場合〕

〔算式〕

総収入金額 －（取得費 ＋ 負債の利子 ＋ 売買委託手数料 ＋ その他株式等の譲渡に要した金額）

㈲　株式等の譲渡による所得が事業所得若しくは雑所得に該当するか又は譲渡所得に該当するかは、その株式等の譲渡が営利を目的として継続的に行われているかどうかにより判定するのであるが、その者の一般株式等に係る譲渡所得等の金額又は上場株式等に係る譲渡所得等の金額の計算上、次に掲げる株式等の譲渡による部分の所得については、譲渡所得として取り扱って差し支えありません（措通37の10・37の11共－２）。

①　上場株式等で所有期間が１年を超えるものの譲渡による所得

②　一般株式等の譲渡による所得

チェックポイント

❶　総合課税の譲渡所得の金額は、総収入金額から取得費及び譲渡費用を控除し、更に50万円の特別控除額を控除して計算することとされていますが、申告分離課税の一般株式等又は上場株式等の譲渡に係る譲渡所得の金額の計算に当たっては、譲渡所得の特別控除額を控除することはできないこととされています（所法33③④、措法37の10⑥三、37の11⑥）。

また、総合課税の長期譲渡所得の金額については、その２分の１に相当する金額を総所得金額に算入することとされていますが、申告分離課税の一般株式等又は上場株式等の譲渡に係る譲渡所得の金額の計算に当たっては、長期譲渡所得の２分の１課税の規定は適用できないこととされています（所法22②二、措法37の10①、37の11①）。

❷　譲渡所得の基因となった資産を取得するために要した負債の利子は、所得税法上、原則として譲渡所得の金額の計算上控除しないこととされていますが、申告分離課税の一般株式等又は上場株式等の譲渡による所得の基因となった一般株式等又は上場株式等を取得するために要した負債の利子については、その所得が事業所得、譲渡所得又は雑所得のいずれに該当する場合であっても、それらの所得の金額の計算上控除することとされています（所法33③、38①、措法37の10⑥三、37の11⑥）。

❸　申告分離課税の一般株式等に係る譲渡所得等の金額の計算上赤字の金額が生じた場合は、他の申告分離課税の一般株式等に係る譲渡所得等の黒字の金額から控除し、その控除をしてもなお控除しきれない赤字の金額が残るときは、その赤字の金額はないものとみなすこととされ、申告分離課税の一般株式等に係る譲渡所得等以外の所得の黒字の金額から控除することはできないこととされています（措法37の10①⑥四）。

また、逆に、申告分離課税の一般株式等に係る譲渡所得等以外の所得の金額の計算上赤字の金額が生じた場合において、申告分離課税の一般株式等に係る譲渡所得等の黒字の金額があるときにも、その赤字の金額はその黒字の金額から控除することはできないこととされています（措法37の10⑥四）。

❹　上場株式等に係る譲渡所得等についても上記❸と同様の取扱いとなります（措法37の11⑥）。

❺　一般株式等に係る譲渡所得等の金額の計算上生じた損失の金額は、「特定株式に係る譲渡損失の金額の損益通算の特例」（558ページ参照）の適用を受ける場合を除き、上場株式等に係る譲渡所得等の金額の計算上控除することはできず、また、上場株式等に係る譲渡所得等の金額の計算上生じた損失の金額は、一般株式等に係る譲渡所得等の金額の計算上控除することはできません（措通37の10・37の11共－３）。

❻　一般株式等に係る譲渡所得等又は上場株式等に係る譲渡所得等の対象となる譲渡から

法人の自己の株式又は出資の取得（一定のものを除きます。）及び公社債の買入れの方法による償還が除かれているのは、これらの事由に基づき交付される金銭等を一般株式等に係る譲渡所得等又は上場株式等に係る譲渡所得等の収入金額とみなすこととしている（措法37の10③五、八、37の11③）ためです。

(1)　収入金額の範囲

一般株式等に係る譲渡所得等又は上場株式等に係る譲渡所得等の収入金額には、一般株式等又は上場株式等の譲渡の対価として収入すべき金額のほか、一定の事由により交付を受ける金銭の額又は金銭以外の資産の価額の合計額（配当等とみなされる部分の金額は除きます。この(1)において、以下「金銭等の額」といいます。）も収入金額とみなされて含まれることとなります。

イ　一般株式等に係る譲渡所得等の収入金額

一般株式等の譲渡の対価		措法37の10①
収入金額とみなされる金額	一般株式等について交付を受ける、次のＡに掲げる金銭等の額	措法37の10③、措令25の８④
	投資信託若しくは特定受益証券発行信託の受益権で一般株式等に該当するもの又は社債的受益権で一般株式等に該当するものについて交付を受ける、次のＢに掲げる金銭等の額	措法37の10④
	その有する株式が一般株式等に該当する場合の次のＣ又はＤに掲げる金額	措法37の14の３①～⑤、37の14の４①～③

Ａ　法人の合併、分割等により交付を受ける金銭等の額で収入金額とみなされるもの

①　法人（公益法人等を除きます。このＡにおいて、以下同じです。）の株主等がその法人の合併により交付を受ける金銭等の額

(注)　法人の株主等に合併法人又は合併法人との間にその合併法人の発行済株式等の全部を直接若しくは間接に保有する関係がある法人のうちいずれか一の法人の株式又は出資以外の資産（その株主等に対する株式又は出資に係る剰余金の配当、利益の配当又は剰余金の分配として交付がされた金銭その他の資産及び合併に反対するその株主等に対するその買取請求に基づく対価として交付がされる金銭その他の資産は含みません。）の交付がされた合併に限ります。

②　法人の株主等がその法人の分割により交付を受ける金銭等の額

(注)　法人の株主等に分割対価資産（法法２十二の九イ）として分割承継法人（法法２十二の三）又は分割承継法人との間にその分割承継法人の発行済株式等の全部を直接若しくは間接に保有する関係がある法人のうちいずれか一の法人の

株式又は出資以外の資産の交付がされなかった分割で、その株式又は出資が法人税法第２条第12号の２に規定する分割法人の発行済株式等の総数又は総額のうちに占めるその分割法人の各株主等の有するその分割法人の株式の数又は金額の割合に応じて交付された分割を除きます。

③　法人の株主等がその法人の行った株式分配により交付を受ける金銭等の額

㈜　その法人の株主等に完全子法人の株式又は出資以外の資産の交付がされなかったもので、その株式又は出資が現物分配法人の発行済株式等の総数又は総額のうちに占める当該現物分配法人の各株主等の有するその現物分配法人の株式の数又は金額の割合に応じて交付されたものを除きます。

④　法人の株主等がその法人の資本の払戻しにより、又はその法人の解散による残余財産の分配として交付を受ける金銭等の額

㈜「資本の払戻し」とは、株式に係る剰余金の配当（資本剰余金の額の減少に伴うものに限ります。）のうち分割型分割によるもの及び株式分配以外のもの並びに出資等減少分配をいいます。

⑤　法人の株主等がその法人の自己の株式又は出資の取得により交付を受ける金銭等の額

㈜　この取得には、次に掲げる事由による取得は含まれません。

・金融商品取引所の開設する市場（外国金融商品市場を含みます。）における購入
・店頭売買登録銘柄として登録された株式又は出資のその店頭売買による購入
・金融商品取引業のうち金商法第２条第８項第10号に掲げる行為を行う者が同号の有価証券の売買の媒介、取次ぎ又は代理をする場合におけるその売買（同号ニに掲げる方法により売買価格が決定されるものを除きます。）による購入（この購入は、私設取引システムにおける売買による購入をいいます（措通37の10・37の11共－23)。）
・事業の全部の譲受け
・単元未満株式の買取り
・所得税法第57条の４第３項第１号から第３号までに掲げる株式又は出資の同項に規定する場合に該当するとき

⑥　法人の株主等がその法人の出資の消却（取得した出資について行うものを除きます。)、その法人の出資の払戻し、その法人からの退社若しくは脱退による持分の払戻し又はその法人の株式若しくは出資をその法人が取得することなく消滅させることにより交付を受ける金銭等の額

⑦　法人の株主等がその法人の組織変更により交付を受ける金銭等の額

㈜　組織変更に際してその組織変更をしたその法人の株式又は出資以外の資産が交付されたものに限ります。

⑧　公社債の元本の償還（買入れの方法による償還を含みます。）により交付を受ける金銭等の額

㈱１　この金銭又は金銭以外の資産とともに交付を受ける金銭又は金銭以外の資産で元本の価額の変動に基因するものの価額を含みます。

２　特定公社債（公社債のうち451ページの表①、⑥から⑮のいずれかに該当するものをいいます。この第12章において、以下同じです。）以外の公社債の償還により交付を受ける金銭又は金銭以外の資産でその償還の日においてその者（対象者）又はその対象者と一定の特殊の関係のある法人を判定の基礎となる株主として選定した場合にその金銭又は金銭以外の資産の交付をした法人が同族会社に該当することとなるときにおけるその対象者その他一定の者が交付を受けるものの価額を除きます。この場合のその交付を受ける金銭等の額は総合課税の雑所得に係る収入金額となります（措通37の11－６㈱）。

※１　「特殊の関係のある法人」とは、次に掲げる法人といいます（措令25の８⑩、措令１の４③④）。

⑴　対象者（対象者と法人税法施行令第４条第１項《同族関係者の範囲》に規定する特殊の関係のある個人を含みます。以下この※１において同じです。）が法人を支配している場合（同条第３項各号に掲げる場合のいずれかに該当する場合をいいます。以下この※１において同じです。）におけるその法人

⑵　対象者及び上記⑴の法人が他の法人を支配している場合における当該他の法人

⑶　対象者、上記⑴及び上記⑵の法人が他の法人を支配している場合における当該他の法人

２　「一定の者」とは、次に掲げる者をいいます（措令25の８⑩、措令１の４⑤、措規18の９①、措規２①②）。

⑴　租税特別措置法第37条の10第３項第８号に規定する特定公社債以外の公社債の同号に規定する償還の日において、会社が法人税法第２条第10号に規定する同族会社に該当するかどうかを判定する方法により判定した場合にその公社債の償還により金銭又は金銭以外の資産の交付をした法人が同族会社に該当することとなるときにおけるその判定の基礎となる法人税法第２条第14号に規定する株主等その他の一定の者（以下この※２において「特定個人」といいます。）

⑵　特定個人の親族

⑶　特定個人と婚姻の届出をしていないが事実上婚姻関係と同様の事情にある者

⑷　特定個人の使用人

⑸　上記⑵から⑷までに掲げる者以外の者で、特定個人から受ける金銭その他の資産によって生計を維持しているもの

⑹　上記⑶から⑸までに掲げる者と生計を一にするこれらの者の親族

⑨　分離利子公社債に係る利子として交付を受ける金銭等の額

㈱　「分離利子公社債」とは、公社債で元本に係る部分と利子に係る部分とに分離されてそれぞれ独立して取引されるもののうち、その利子に係る部分であった公社債をいいます。

⑩　合併に係る被合併法人の新株予約権者（新投資口予約権者を含みます。）

がその合併によりその新株予約権者が有していたその被合併法人の新株予約権（新投資口予約権を含みます。）に代えて交付を受ける金銭等の額

㈱　合併により合併法人の新株予約権のみの交付を受ける場合を除きます。

⑪　組織変更をした法人の新株予約権者がその組織変更によりその新株予約権者が有していたその法人の新株予約権に代えて交付を受ける金銭の額

B　投資信託若しくは特定受益証券発行信託の受益権又は社債的受益権について交付を受ける金銭等の額で収入金額とみなされるもの

①　上場廃止特定受益証券発行信託の終了又は一部の解約により交付を受ける金銭等の額

㈱1　「上場廃止特定受益証券発行信託」とは、その受益権が金融商品取引所に上場されていた特定受益証券発行信託で、その信託契約に全ての金融商品取引所においてその特定受益証券発行信託の受益権の上場が廃止された場合には、その廃止された日にその特定受益証券発行信託を終了するための手続を開始する旨の定めがあるものをいいます。

2　信託の終了が信託の併合に係るものである場合には、上場廃止特定受益証券発行信託の受益者にその信託の併合に係る新たな信託の受益権以外の資産（信託の併合に反対するその受益者に対するその買取請求に基づく対価として交付される金銭その他の資産を除きます。）の交付がされた信託の併合に係るものに限ります。

②　投資信託又は特定受益証券発行信託（上場廃止特定受益証券発行信託を除きます。この②において、以下「投資信託等」といいます。）の終了又は一部の解約により交付を受ける金銭等の額のうちその投資信託等について信託されている金額（その投資信託等の受益権に係る部分の金額に限ります。）に達するまでの金額

㈱　投資信託等の終了が信託の併合に係るものである場合には、その投資信託等の受益者に信託の併合に係る新たな信託の受益権以外の資産（信託の併合に反対するその受益者に対するその買取請求に基づく対価として交付される金銭その他の資産を除きます。）の交付がされた信託の併合に係るものに限ります。下記ロに同じです。

③　特定受益証券発行信託に係る信託の分割により交付を受ける金銭等の額のうちその特定受益証券発行信託について信託されている金額（その特定受益証券発行信託の受益権に係る部分の金額に限ります。）に達するまでの金額

㈱　分割信託の受益者に承継信託の受益権以外の資産（信託の分割に反対するその受益者に対する受益権取得請求に基づく対価として交付される金銭その他の資産を除きます。）の交付がされたものに限ります。下記ロに同じです。

④　社債的受益権の元本の償還により交付を受ける金銭等の額

C　合併等により外国親法人株式等の交付を受ける場合で収入金額とみなされるもの

①　恒久的施設を有する非居住者が、その有する株式（出資を含みます。このＣ及び次のＤにおいて同じです。）について、その株式を発行した内国法人（公益法人等を除きます。このＣ及び次のＤにおいて同じです。）の特定合併により外国合併親法人株式の交付を受ける場合における、その交付を受ける外国合併親法人株式の価額に相当する金額（配当等とみなされる部分の金額を除きます。）

㈱１　「特定合併」とは、合併で、被合併法人の株主等に外国合併親法人株式以外の資産（その株主等に対する株式に係る剰余金の配当、利益の配当又は剰余金の分配として交付された金銭その他の資産及び合併に反対するその株主等に対するその買取請求に基づく対価として交付される金銭その他の資産を除きます。）が交付されなかったものをいいます（措法37の14の３⑥一）。

２　「外国合併親法人株式」とは、法人税法第２条第12号に規定する合併法人との間にその合併法人の発行済株式等の全部を保有する関係として一定の関係がある外国法人の株式（措法37の14の３⑥二）で、課税外国親法人株式及び恒久的施設管理株式に対応して交付を受けるもの（課税外国親法人株式を除きます。）を除きます。

②　恒久的施設を有する非居住者が、その有する株式につき、その株式を発行した内国法人の行った特定分割型分割により外国分割承継親法人株式の交付を受ける場合における、その交付を受ける外国分割承継親法人株式の価額に相当する金額（配当等とみなされる部分の金額を除きます。）

㈱１　「特定分割型分割」とは、分割型分割で、分割対価資産として外国分割承継親法人株式以外の資産が交付されなかったものをいいます（措法37の14の３⑥三）。

２　「外国分割承継親法人株式」とは、法人税法第２条第12号の３に規定する分割承継法人との間に当該分割承継法人の発行済株式等の全部を保有する関係として一定の関係がある外国法人の株式（措法37の14の３⑥四）で、課税外国親法人株式及び恒久的施設管理株式に対応して交付を受けるもの（課税外国親法人株式を除きます。）を除きます。

③　恒久的施設を有する非居住者が、その有する株式につき、その株式を発行した内国法人の行った特定株式分配により外国完全子法人株式の交付を受ける場合における、その交付を受ける外国完全子法人株式の価額に相当する金額（配当等とみなされる部分の金額を除きます。）

㈱１　「特定株式分配」とは、株式分配で、現物分配法人の株主等に外国完全子法人株式以外の資産が交付されなかったものをいいます（措法37の14の３⑥五）。

２　「外国完全子法人株式」とは、法人税法第２条第12号の15の２に規定する完全子法人のうち外国法人の株式（措法37の14の３⑥六）で、恒久的施設管理株式に対応して交付を受けるものを除きます。

④　恒久的施設を有する非居住者が、その有する株式（この④において、以下「旧株」といいます。）につき、その旧株を発行した内国法人の行った特定株式交換により株式交換完全親法人に対して旧株を譲渡し、かつ、外国株式交換完全支配親法人株式の交付を受けた場合には、旧株のうちその交付を受けた外国株式交換完全支配親法人に対応する部分（その部分については、所得税法第57条の４第１項の規定は適用されません。）

㈱１　「特定株式交換」とは、株式交換で、株式交換完全子法人の株主に外国株式交換完全支配親法人株式以外の資産（その株主に対する剰余金の配当として交付された金銭その他の資産及び株式交換に反対する株主に対するその買取請求に基づく対価として交付される金銭その他の資産を除きます。）が交付されなかったものをいいます（措法37の14の３⑥七）。

２　「外国株式交換完全支配親法人株式」とは、法人税法第２条第12号の６の３に規定する株式交換完全親法人との間に株式交換完全親法人の発行済株式等の全部を保有する関係として一定の関係がある外国法人の株式（措法37の14の３⑥八）で、課税外国親法人株式及び恒久的施設管理株式に対応して交付を受けるもの（課税外国親法人株式を除きます。）を除きます。

⑤　恒久的施設を有する非居住者が、恒久的施設管理外国株式の全部又は一部をその交付の時に恒久的施設において管理しなくなるものとして一定の行為を行った場合において、その行為に係る恒久的施設管理外国株式に対応する部分

D　特定の合併等が行われた場合で収入金額とみなされるもの

①　居住者等がその有する株式につき、その株式を発行した内国法人の特定非適格合併により外国合併親法人株式の交付を受ける場合において、その外国合併親法人株式が特定軽課税外国法人等（租税特別措置法第68条の２の３第５項第１号に規定する特定軽課税外国法人等をいいます。このDにおいて、以下同じです。）の株式に該当するときにおける、その交付を受ける外国合併親法人株式の価額に相当する金額（配当等とみなされる部分の金額を除きます。）

㈱１　「特定非適格合併」とは、上記C①（注１）の特定合併のうち、適格合併（法法２十二の八）に該当しないものをいいます。

２　「外国完全子法人株式」とは、法人税法第２条第12号の15の２に規定する完全子法人のうち外国法人の株式をいいます（措法37の14の３⑥六）。

②　居住者等がその有する株式につき、その株式を発行した内国法人の行った特定非適格分割型分割により外国分割承継親法人株式の交付を受ける場合に

おいて、その外国分割承継親法人株式が特定軽課税外国法人等の株式に該当するときにおける、その交付を受ける外国分割承継親法人株式の価額に相当する金額（配当等とみなされる部分の金額を除きます。）

㊟１　「特定非適格分割型分割」とは、上記Ｃ②（注１）の特定分割型分割のうち、租税特別措置法第68条の２の３第２項第１号に規定する分割で適格分割型分割（法法２十二の十二）に該当しないものをいいます。

２　「外国分割承継親法人株式」とは、法人税法第２条12の３に規定する分割承継法人との間に当該分割承継法人の発行済株式等の全部を保有する関係として一定の関係がある外国法人の株式をいいます（措法37の14の３⑥四）。

③　居住者等がその有する株式（この③において、以下「旧株」といいます。）につき、その旧株を発行した内国法人の行った特定非適格株式交換により株式交換完全親法人に対して、旧株の譲渡をし、かつ、特定軽課税外国法人株式である外国株式交換完全支配親法人株式の交付を受けた場合には、その外国株式交換完全支配親法人株式に対応する部分（この部分には所得税法第57条の４第１項の規定は適用されません。）

㊟１　「特定非適格株式交換」とは、上記Ｃ④（注１）の特定株式交換のうち、適格株式交換等（法法２十二の十七）に該当しないものをいいます。

２　「外国株式交換完全支配親法人株式」とは、法人税法第２条第12号の６の３に規定する株式交換完全親法人との間に株式交換完全親法人の発行済株式等の全部を保有する関係として一定の関係がある外国法人の株式をいいます（措法37の14の３⑥八）。

ロ　上場株式等に係る譲渡所得等の収入金額

上場株式等の譲渡の対価		措法37の11①
収入金額とみなされる金額	上場株式等について交付を受ける、次のＡに掲げる金銭等の額	措法37の11③、措令25の８④
	投資信託又は特定受益証券発行信託の受益権で上場株式等に該当するもの又は社債的受益権で上場株式等に該当するものについて交付を受ける、次のＢに掲げる金銭等の額	措法37の11④
	その有する株式が上場株式等に該当する場合の次のＣ又はＤに掲げる金額	措法37の14の３①～⑤、37の14の４①～③

Ａ　法人の合併、分割等により交付を受ける金銭等の額で収入金額とみなされるもの

一般株式等の場合（455ページ参照）と同様です。

Ｂ　投資信託若しくは特定受益証券発行信託の受益権又は社債的受益権について交付を受ける金銭等の額で収入金額とみなされるもの

①　投資信託又は特定受益証券発行信託の終了又は一部の解約により交付を受

ける金銭等の額

②　特定受益証券発行信託に係る信託の分割により交付を受ける金銭等の額

③　社債的受益権の元本の償還により交付を受ける金銭等の額

C　合併等により外国親法人株式等の交付を受ける場合で収入金額とみなされるもの

一般株式等の場合（459ページ参照）と同様です。

D　特定の合併等が行われた場合で収入金額とみなされるもの

一般株式等の場合（460ページ参照）と同様です。

チェックポイント

1　分離課税の対象となる一般株式等に係る譲渡所得等又は上場株式等に係る譲渡所得等の総収入金額の収入すべき時期については、次のように取り扱われています（措通37の10・37の11共－1）。

<table>
<tr><th colspan="2"></th><th colspan="3">収入すべき時期</th></tr>
<tr><td>(1)</td><td>原則</td><td colspan="3">株式等の引渡し（受渡し）があった日。ただし、納税者の選択により、その株式等の譲渡に関する契約の効力発生の日（約定日）により総収入金額に算入して申告があったときは効力発生の日</td></tr>
<tr><td>(2)</td><td>信用取引又は発行日取引の方法による場合</td><td colspan="3">信用取引又は発行日取引の決済の日</td></tr>
<tr><td>(3)</td><td>株式交換により株式交換完全親法人に対して旧株を譲渡した場合（注１）</td><td colspan="3">株式交換契約において定めたその効力を生ずる日</td></tr>
<tr><td>(4)</td><td>株式移転により株式移転完全親法人に対して旧株を譲渡した場合（注１）</td><td colspan="3">株式移転完全親法人の設立登記の日</td></tr>
<tr><td rowspan="2">(5)</td><td rowspan="2">所得税法第57条の４第３項各号に掲げる有価証券を同項各号に定める事由により譲渡した場合（注１）</td><td>イ</td><td>取得請求権付株式に係る請求権の行使によるその取得請求権付株式の譲渡</td><td>請求権の行使をした日</td></tr>
<tr><td>ロ</td><td>取得条項付株式（取得条項付新株予約権及び取得条項付新株予約権が付された新株予約権付社債を含みます。）に係る取得事由の発生によるその取得条項付株式の譲渡</td><td>取得事由が生じた日。ただし、取得条項付株式を発行する法人が取得事由の発生により取得条項付株式の一部を取得するときは、その取得事由が生じた日と取得の対象となった株主等へのその株式を取得する旨の通知又は公告の日から２週間を経過した日のいずれか遅い日</td></tr>
</table>

(5)		ハ	全部取得条項付種類株式に係る取得決議による全部取得条項付種類株式の譲渡	取得決議において定めた会社が全部取得条項付種類株式を取得する日
		ニ	新株予約権付社債に付された新株予約権の行使による新株予約権付社債についての社債の譲渡	新株予約権を行使した日
(6)	租税特別措置法第37条の10第３項に規定する事由に基づき交付を受ける金銭等の額が収入金額とみなされる場合	イ	合併によるもの	合併契約において定めたその効力を生ずる日（新設合併の場合は新設合併設立会社の設立登記の日）。ただし、これらの日の前に金銭等が交付される場合には、その交付の日
		ロ	分割によるもの	分割契約において定めたその効力を生ずる日（新設分割の場合は新設分割設立会社の設立登記の日）。ただし、これらの日の前に金銭等が交付される場合には、その交付の日
		ハ	株式分配によるもの	株式分配について定めたその効力を生ずる日。ただし、その効力を生ずる日を定めていない場合には、株式分配を行う法人の社員総会その他正当な権限を有する機関の決議があった日
		ニ	資本の払戻しによるもの	払戻しに係る剰余金の配当又は出資等減少分配がその効力を生ずる日
		ホ	解散による残余財産の分配によるもの	分配開始の日。ただし、その分配が数回に分割して行われる場合には、それぞれの分配開始の日
		ヘ	法人の自己の株式又は出資の取得によるもの	法人の取得の日
		ト	出資の消却、出資の払戻し、社員その他の出資者の退社若しくは脱退による持分の払戻し又は株式若しくは出資を法人が取得することなく消滅させるもの	これらの事実があった日
		チ	組織変更によるもの	組織変更計画において定めたその効力を生ずる日。ただし、その効力を生ずる日の前に金銭等が交付される場合には、その交付の日

(6)		リ	公社債の元本の償還によるもの	(イ)	記名の公社債（無記名の公社債のうち、所得税基本通達36－3の定めによるもの(注2)を含みます。）	償還期日。ただし、買入れの方法による償還の場合は上記(1)の日
				(ロ)	無記名の公社債（上記(イ)の公社債を除きます。）	公社債の元本の償還により交付を受ける金銭等の交付の日。ただし、買入れの方法による償還の場合は上記(1)の日
		ヌ	分離利子公社債に係る利子の交付によるもの			所得税基本通達36－2(注3)の取扱いに準じた日
(7)	租税特別措置法第37条の10第4項各号又は第37条の11第4項各号に規定する事由に基づき交付を受ける金銭等の額が収入金額とみなされる場合	イ	上場廃止特定受益証券発行信託の終了（次のロによるものを除きます。）又は一部の解約によるもの			終了又は一部の解約の日
		ロ	上場廃止特定受益証券発行信託の信託の併合によるもの			信託の併合がその効力を生ずる日。ただし、その日の前に金銭等が交付されている場合には、その交付の日
		ハ	投資信託又は特定受益証券発行信託（上場廃止特定受益証券発行信託を除きます。）の終了（次のニによるものを除きます。）又は一部の解約によるもの			終了又は一部の解約の日
		ニ	投資信託又は特定受益証券発行信託（上場廃止特定受益証券発行信託を除きます。）の信託の併合によるもの			信託の併合がその効力を生ずる日。ただし、その効力を生ずる日前に金銭等が交付される場合には、その交付の日
		ホ	特定受益証券発行信託に係る信託の分割によるもの			信託の分割がその効力を生ずる日。ただし、その効力を生ずる日前に金銭等が交付される場合には、その交付の日
		ヘ	社債的受益権の元本の償還によるもの			償還の日
(8)	取得条項付新投資口予約権に係る取得事由の発生によるその取得条項付新投資口予約権を譲渡した場合	取得事由が生じた日。ただし、取得条項付新投資口予約権を発行する投資法人が取得事由の発生によりその取得条項付新投資口予約権の一部を取得することとするときは、その取得事由が生じた日と取得の対象となった新投資口予約権者へのその取得条項付新投資口予約権を取得する旨の通知又は公告の日から2週間を経過した日のいずれか遅い日				

⑼	旧株につき、会社法第774条の３第１項第１号に規定する株式交付親会社の行った株式交付により株式交付親会社に対して旧株（注４）を譲渡した場合	会社法第774条の３第１項の株式交付計画（租税特別措置法通達37の10・37の11共－18において「株式交付計画」といいます。）に定められた株式交付がその効力を生ずる日
⑽	租税特別措置法第37条の14の３第１項又は第２項に規定する事由に基づき収入金額とみなされる場合	特定合併又は特定分割型分割に係る契約において定めたその効力を生ずる日
⑾	租税特別措置法第37条の14の３第３項に規定する事由に基づき収入金額とみなされる場合	特定株式分配について定めたその効力を生ずる日。ただし、その効力を生ずる日を定めていない場合には、特定株式分配を行う法人の社員総会その他正当な権限を有する機関の決議があった日

㈱１　所得税法第57条の４の規定によりその有価証券の譲渡がなかったものとみなされる場合を除きます。
２　社債、株式等の振替に関する法律の規定により振替記載等を受けた公社債及び国債に関する法律又は廃止前の社債等登録法の規定により登録された公社債をいいます。
３　所得税基本通達36－２⑸は、公社債の利子については、その利子につき支払開始日と定められた日を収入すべき時期とすると定めています。
４　租税特別措置法第37条の13の３第１項の規定により旧株の譲渡がなかったものとみなされる部分を除きます。

2　外貨で表示されている一般株式等又は上場株式等に係る譲渡の対価の額等の邦貨換算の金額は次のように取り扱われています（措通37の10・37の11共－６）。

		邦貨換算の金額
株式等の譲渡の対価の額が外貨で表示され、その対価の額を邦貨又は外貨で支払うこととされている場合		原則として、約定日におけるその支払をする者の主要取引金融機関（その支払をする者がその外貨に係る対顧客直物電信買相場（この表において、以下「TTB」といいます。）を公表している場合には、その支払をする者）のその外貨に係るTTBにより邦貨に換算した金額
国外において発行された公社債の元本の償還（買入れの方法による償還を除きます。）により交付を受ける場合	記名のもの	償還期日におけるTTBにより邦貨に換算した金額
	無記名のもの	現地保管機関等が受領した日におけるTTBにより邦貨に換算した金額。ただし、現地保管機関等からの受領の通知が著しく遅延して行われる場合を除き、金融商品取引業者がその通知を受けた日のTTBにより邦貨に換算した金額でも差し支えないこととされています。

⑵　取得価額の範囲

イ　一般株式等又は上場株式等の取得価額は、原則として、次の表に掲げる取得の態様区分に応じて計算することとされています（所令109①）。

	取得の態様	取得価額
①	金銭の払込みにより取得した株式等（下記③に該当するものを除きます。）	払込みをした金銭の額。ただし、新株予約権（新投資口予約権を含みます。以下、この表において同じです。）の行使により取得した株式等については、その新株予約権の取得価額を含み、金銭の払込みによる取得のために要した費用がある場合には、その費用の額を加算した金額
②	所得税法施行令第84条第１項に規定する特定譲渡制限付株式又は承継譲渡制限付株式	所得税法施行令第84条第１項に規定する譲渡についての制限が解除された日（同日前に同項の個人が死亡した場合において、その死亡の時に同条第２項第２号に規定する事由に該当しないことが確定している特定譲渡制限付株式又は承継譲渡制限付株式については、死亡の日）における価額
③	発行法人から与えられた次に掲げる権利の行使により取得した株式等 A　会社法の施行に伴う関係法律の整備等に関する法律第64条の規定による改正前の商法第280条の21第１項の決議に基づき発行された同項に規定する新株予約権 B　会社法第238条第２項の決議に基づき発行された新株予約権（新株予約権を引き受ける者に特に有利な条件若しくは金額であることとされるもの又は役務の提供その他の行為による対価の全部若しくは一部であることとされるものに限ります。） C　株式と引換えに払い込むべき額が有利な金額である場合におけるその株式を取得する権利（上記Ａ及びＢに該当するものを除きます。）	その株式等のその権利の行使の日（左記のＣに掲げる権利の行使により取得した株式等にあっては、その権利に基づく払込み又は給付の期日（払込み又は給付の期間の定めがある場合には、その払込み又は給付をした日））における価額
④	発行法人に対し新たな払込み又は給付を要しないで取得したその発行法人の株式（出資及び投資口を含みます。）又は新株予約権のうち、発行法人の株主等として与えられる場合（発行法人の他の株主等に損害を及ぼすおそれがないと認められる場合に限ります。）の株式又は新株予約権	零
⑤	購入した株式等（上記③に該当するものを除きます。）	購入の代価。ただし、購入手数料その他その株式等の購入のために要した費用がある場合には、その費用の額を加算した金額
⑥	上記①から⑤までに掲げる株式等以外の株式等	取得の時における株式等の取得のために通常要する価額

チェックポイント

1 表中⑤の「購入のために要した費用」とは、株式等を購入するに当たって支出した買委託手数料（委託手数料に係る消費税及び地方消費税を含みます。）、交通費、通信費、名義書換料等をいいます（措通37の10・37の11共－10）。

2 一般株式等に係る譲渡所得等又は上場株式等に係る譲渡所得等の計算上、譲渡をした同一銘柄の株式等について、その株式等の譲渡による収入金額の100分の５に相当する金額を、その株式等の取得価額又は取得費として計算しても差し支えないこととされています（措通37の10・37の11共－13）。

3 取得の対価の額の邦貨換算については、対顧客直物電信売相場（TTS）により、譲渡の対価の額等の邦貨換算に準じて行います（措通37の10・37の11共－６）（465ページ参照）。

4 租税特別措置法第29条の２第１項本文の適用を受けて特定新株予約権等（いわゆる税制適格ストックオプション）の行使により株式等の取得をした場合におけるその株式等の取得価額については、表中③によることなく（措令19の３㉑）、権利行使価額（契約締結時の払込額）によります。

ロ　上記イの原則的な取得価額の計算のほか、主なものとして次に掲げる取得価額の特例等があります。

(イ)　昭和27年12月31日以前に取得した株式等の取得費

譲渡所得の金額を計算する場合において、譲渡した株式等のうちに昭和27年12月31日以前に取得した株式等が含まれている場合には、原則として、次の算式で計算した金額をもって、その株式等の取得に要した金額とすることとされています（所法61④、所令173）。

		株式等の取得に要した金額
原則	①	〈上場株式〉 $\dfrac{\text{昭和27年12月中における毎日の公表最終価格の合計額}}{\text{昭和27年12月中の日数（公表最終価格のない日を除きます。）}}$
	②	〈気配相場のある株式又は出資〉 $\dfrac{\text{昭和27年12月中における毎日の最終の気配相場の価格の合計額}}{\text{昭和27年12月中の日数（最終の気配相場のない日を除きます。）}}$
	③	〈①又は②以外の株式又は出資〉 $\dfrac{\text{昭和28年１月１日における発行法人の資産の価額の合計額} - \text{昭和28年１月１日における発行法人の負債の額の合計額}}{\text{昭和28年１月１日における発行済株式又は出資の総数又は総額}}$
例外		上記原則の算式で計算した金額が実際の取得に要した金額に満たないことが証明された場合には、その実際の取得に要した金額

(ロ)　贈与等により取得した株式等の取得価額

個人からの贈与、相続（限定承認に係るものを除きます。）又は遺贈（包括遺贈のうち限定承認に係るものを除きます。）により取得した株式等を譲渡した場合には、贈与者、被相続人又は遺贈者（この(ロ)において、以下「贈与者等」といいます。）の株式等を所有していた期間を含めて、受贈者、相続人又は受遺者（この(ロ)において、以下「受贈者等」といいます。）が引き続き所有していたものとみなされますので、贈与者等が取得に要した金額（取得価額）及び取得した時期のいずれもが受贈者等に引き継がれることとなります（所法60①一）。

また、個人から著しく低い価額（譲渡の時における価額の２分の１に満たない価額）で株式等の譲渡を受けた場合も同様に取り扱われます（所法60①二）。

		贈与者等	移転原因	受贈者等	取得価額
原則	①	被相続人	相続	相続人	贈与者等の取得価額が引き継がれます（所法60①）。
	②	遺贈者	遺贈	受遺者	
	③	贈与者	贈与	受贈者	
例外	①	被相続人	相続が限定承認	相続人	相続又は遺贈が行われた時の株式等の価額に相当する金額が取得価額となります（所法60④）。
	②	遺贈者	遺贈が包括遺贈でかつ限定承認	受遺者	

(注)　居住者が有する有価証券等が贈与、相続又は遺贈により非居住者に移転したときは、その時の価額に相当する金額により譲渡があったものとみなされますので、その移転した有価証券等の取得価額もその時の価額に相当する金額となります。詳しくは、「第５　贈与等により非居住者に資産が移転した場合の譲渡所得等の特例（国外転出（贈与時）課税）」（610ページ）を参照してください。

(ハ)　株式等の分割又は併合の場合の株式等の取得価額

居住者の有する株式等について、分割又は併合があった場合のその分割又は併合後の株式等の取得価額は、次の算式により計算した価額となります（所令110）。

①　株式の分割又は併合があった場合

〔算式〕

$$\text{分割又は併合後の所有株式の１株当たりの取得価額} = \frac{\text{旧株１株の従前の取得価額} \times \text{旧株の数}}{\text{分割又は併合後の所有株式の数}}$$

②　投資信託又は特定受益証券発行信託の受益権の分割又は併合があった場合

〔算式〕

$$\text{分割又は併合後の所有受益権の１口当たりの取得価額} = \frac{\text{旧受益権１口の従前の取得価額} \times \text{旧受益権の口数}}{\text{分割又は併合後の所有受益権の口数}}$$

㈡　株主割当てにより取得した株式の取得価額

居住者が、旧株の数に応じて割り当てられた株式を取得した場合のその割当て後の株式の取得価額は、次の算式により計算した価額となります（所令111）。

①　有償による株主割当てがされた場合

〔算式〕

$$\text{旧株及び新株の１株当たりの取得価額} = \frac{\text{旧株１株の従前の取得価額} + \text{新株１株につき払い込んだ金銭の額（その取得のために要した費用の額を加算した金額）} \times \text{旧株１株について取得した新株の数}}{\text{旧株１株について取得した新株の数} + 1}$$

②　株式無償割当て（旧株と同一の種類の株式を取得した場合に限ります。）がされた場合

〔算式〕

$$\text{株式無償割当て後の所有株式の１株当たりの取得価額} = \frac{\text{旧株１株の従前の取得価額} \times \text{旧株の数}}{\text{株式無償割当て後の所有株式の数}}$$

㈭　新株予約権の行使により取得した株式の取得価額

新株予約権の行使により取得した株式（発行法人から与えられた所得税法施行令第84条第３項第１号又は第２号に掲げる新株予約権で同項の規定の適用を受けるものの行使により取得したものを除きます。）１株当たりの取得価額は、次の算式により計算した金額となります（措通37の10・37の11共－11）。

また、新投資口予約権の行使により取得した投資口１口当たりの取得価額も同様です。

〔算式〕

$$\text{新株1株当たりの払込金額}+\frac{\text{新株予約権の行使直前の取得価額}}{\text{行使により取得した新株の数}}$$

(ヘ)　新株予約権付社債に係る新株予約権の行使により取得した株式の取得価額

新株予約権付社債に係る新株予約権の内容として定められている新株予約権の行使に際して出資される財産の価額が当該新株予約権付社債の発行時の発行法人の株式の価額を基礎として合理的に定められている場合における当該新株予約権の行使により取得した株式1株当たりの取得価額は、次に定める算式により計算した金額となります（措通37の10・37の11共－12）。

〔算式〕

$$\text{株式1株につき払い込むべき金額}+\frac{\text{払込みに係る新株予約権付社債の行使直前の取得価額が払込みに係る新株予約権付社債の額面金額を超える場合のその超える部分の金額}}{\text{行使により取得した株式の数}}$$

(ト)　合併又は信託の併合により取得した株式等の取得価額

居住者が、その有する株式等について、その株式を発行した法人の合併又はその受益権に係る投資信託若しくは特定受益証券発行信託の信託の併合により取得した株式等の取得価額は、次の算式により計算した価額となります（所令112）。

なお、合併又は信託の併合により取得した株式等であっても、一般株式等に係る譲渡所得等又は上場株式等に係る譲渡所得等の収入金額とみなされるもの（措法37の10③一、④二、37の11③、④一）の取得価額は、次の算式によらず、取得のために通常要する価額となります（所令109①六）。

①　合併法人株式又は合併親法人株式のみを取得した場合

〔算式〕

$$\text{合併法人株式又は合併親法人株式の1株当たりの取得価額}=\frac{\text{旧株1株の従前の取得価額（配当等とみなされる金額及びその合併法人株式又は合併親法人株式の取得のために要した費用の額のうち旧株1株に対応する部分の金額を加算した金額）}}{\text{旧株1株について取得した合併法人株式又は合併親法人株式の数}}$$

②　所有株式を発行した法人を合併法人とする無対価合併が行われた場合

〔算式〕

$$\text{所有株式１株当たりの取得価額}=\text{所有株式１株の従前の取得価額}+\frac{\text{旧株（無対価合併に係る被合併法人の株式でその居住者が当該無対価合併の直前に有していたもの）１株の従前の取得価額}\times\text{旧株の数}}{\text{所有株式の数}}$$

(注)「無対価合併」とは、適格合併（法法２十二の八）のうち法人税法施行令第４条の３第２項第１号に規定する無対価合併のことをいいます。

③　併合投資信託等の受益権を取得した場合

〔算式〕

$$\text{併合投資信託等の受益権の１口当たりの取得価額}=\frac{\text{旧受益権１口の従前の取得価額（その併合投資信託等の受益権の取得のために要した費用の額のうち旧受益権１口に対応する部分の金額を加算した金額）}}{\text{旧受益権１口について取得した併合投資信託等の受益権の口数}}$$

(チ)　分割型分割又は信託の分割により取得した株式等の取得価額

居住者が、その有する株式（所有株式）について、その株式を発行した法人の分割型分割又はその受益権に係る特定受益証券発行信託の信託の分割により取得した株式等の取得価額は、次の算式により計算した価額となります（所令113）。

なお、分割型分割又は信託の分割により取得した株式等であっても、一般株式等に係る譲渡所得等又は上場株式等に係る譲渡所得等の収入金額とみなされるもの（措法37の10③二、④三、37の11③、④二）の取得価額は次の算式によらず、取得のために通常要する価額となります（所令109①六）。

①　分割承継法人の株式又は分割承継親法人の株式のみを取得した場合のその取得価額

〔算式〕

$$\text{分割承継法人の株式又は分割承継親法人の株式の１株当たりの取得価額}=\frac{\text{所有株式１株の従前の取得価額}\times\text{分割型分割に係る割合}}{\text{所有株式１株について取得した分割承継法人の株式又は分割承継親法人の株式の数}}+\text{配当等とみなされる金額及びその分割承継法人の株式又は分割承継親法人の株式の取得のために要した費用の額のうち所有株式１株に対応する部分の金額を加算した金額}$$

(注)１　分割型分割に係る分割承継法人の株式又は分割承継親法人の株式がその分割型分割に係る分割法人の発行済株式等の総数又は総額のうちに占めるその分割法人の各株主等の有するその分割法人の株式の数又は金額の割合に応じて交付されない場合

は、この算式の対象となりません（所令113④）。

2 「分割型分割に係る割合」とは、所得税法施行令第61条第２項第２号に規定する割合をいい、次の算式により計算します。

なお、次の算式により計算した割合に小数点以下３位未満の端数があるときはこれを切り上げます。

〔算式〕

$$\text{分割型分割に係る割合} = \frac{\text{分割法人から分割承継法人に移転した資産の分割型分割直前の帳簿価額} - \text{分割法人から分割承継法人に移転した負債の分割型分割直前の帳簿価額}}{\text{分割型分割の日の属する事業年度の前事業年度終了の時の資産の帳簿価額} - \text{分割型分割の日の属する事業年度の前事業年度終了の時の負債（新株予約権に係る義務を含みます。）の帳簿価額}}$$

② 所有株式を発行した法人を分割承継法人とする無対価分割型分割が行われた以後のその所有株式の取得価額

〔算式〕

$$\text{所有株式1株当たりの取得価額} = \text{所有株式1株の従前の取得価額} + \frac{\text{旧株（無対価分割型分割に係る分割法人の株式でその居住者が当該無対価分割型分割の直前に有していたもの）1株の従前の取得価額} \times \text{無対価分割型分割に係る割合} \times \text{旧株の数}}{\text{所有株式の数}}$$

㈲1 「無対価分割型分割」とは、適格分割型分割（法法２十二の十二）のうちの無対価分割（法令４の３⑥一）に該当するものをいいます。

2 無対価分割型分割に係る割合は、上記①の（注２）の算式により計算します。

③ 分割型分割により分割承継法人の株式、分割承継親法人の株式その他の資産の交付を受けた場合又は所有株式を発行した法人を分割法人とする無対価分割型分割が行われた以後の当該所有株式の取得価額

〔算式〕

$$\text{所有株式1株当たりの取得価額} = \text{所有株式1株の従前の取得価額} - \text{所有株式1株の従前の取得価額} \times \text{分割型分割又は無対価分割型分割に係る割合}$$

㈲1 分割型分割又は無対価分割型分割に係る割合は、上記①の（注２）の算式により計算します。

2 所有株式を発行した法人は、その所有株式を有していた個人に対して、分割型分割又は無対価分割型分割の割合を通知しなければならないこととされています（所令113⑤）。

④　特定受益証券発行信託の信託の分割により承継信託の受益権のみを取得した場合のその取得価額

〔算式〕

$$\text{承継信託の受益権の１口当たりの取得価額} = \frac{\text{旧受益権１口の従前の取得価額} \times \dfrac{\text{承継信託がその信託の分割により移転を受けた資産の価額としてその承継信託の帳簿に記載された金額の合計額} - \text{承継信託がその信託の分割により移転を受けた負債の価額としてその承継信託の帳簿に記載された金額の合計額}}{\text{信託の分割前に終了した計算期間のうち最も新しいものの終了の時の資産の価額としてその分割信託の貸借対照表に記載された金額の合計額} - \text{信託の分割前に終了した計算期間のうち最も新しいものの終了の時の負債の価額としてその分割信託の貸借対照表に記載された金額の合計額}}}{\text{旧受益権１口について取得した承継信託の受益権の口数}}$$

㈿　承継信託の受益権が当該信託の分割に係る分割信託の受益者の有する当該分割信託の受益権の口数又は価額の割合に応じて交付されない場合には、この算式の対象とはなりません（所令113⑧）。

⑤　特定受益証券発行信託の受益権（旧受益権）に係る信託の分割により承継信託の受益権その他の資産の交付を受けた以後の旧受益権の取得価額

〔算式〕

$$\text{旧受益権１口当たりの取得価額} = \text{旧受益権１口の従前の取得価額} - \text{旧受益権１口の従前の取得価額} \times \text{上記④〔算式〕中のかっこ内の算式により計算した割合}$$

㈿　旧受益権に係る特定受益証券発行信託の受託者は、当該旧受益権を有していた個人に対して、算式における割合を通知しなければならないこととされています（所令113⑨）。

⑴　株式分配があった場合の株式等の取得価額

居住者が、その有する株式を発行した法人の行った株式分配によりその完全子法人の株式等を取得した場合の完全子法人の株式又は所有株式の取得価額は次の算式により計算した価額となります（所令113の２）。

㈿「株式分配」とは、現物分配のうち、その現物分配の直前において現物分配法人により発行済株式等の全部を保有されていた法人の当該発行済株式等の全部が移転するものをいいます。

※「現物分配法人」とは、現物分配によりその有する資産の移転を行った法人をいい（法法２十二の五の二）、この「現物分配」とは、法人（公益法人等及び人格のない社

団等を除きます。）が、その株主等に対し、当該法人の次表に掲げる事由により金銭以外の資産を交付することをいいます（法法２十二の五の二）。

①	剰余金の配当（株式又は出資に係るものに限り、分割型分割によるものを除きます。）
②	利益の配当（分割型分割によるものを除きます。）
③	剰余金の分配（出資に係るものに限ります。）
④	解散による残余財産の分配
⑤	一定の自己の株式又は出資の取得
⑥	出資の消却（取得した出資について行うものを除きます。）
⑦	出資の払戻し、社員その他、法人の出資者の退社又は脱退による持分の払戻しその他株式又は出資をその発行した法人が取得することなく消滅させること
⑧	組織変更

①　完全子法人の株式のみを取得した場合のその取得価額

〔算式〕

$$\text{完全子法人の株式の１株当たりの取得価額}=\frac{\text{所有株式１株の従前の取得価額}\times\dfrac{\text{株式分配直前の完全子法人の株式の帳簿価額に相当する金額}}{\text{株式分配の日の属する事業年度の前事業年度終了の時の資産の帳簿価額}-\text{株式分配の日の属する事業年度の前事業年度終了の時の負債の帳簿価額}}}{\text{所有株式１株について取得した完全子法人株式の数}}$$

②　完全子法人の株式その他の資産の交付を受けた以後の所有株式の取得価額

〔算式〕

$$\text{所有株式１株当たりの取得価額}=\text{所有株式１株の従前の取得価額}-\text{所有株式１株の従前の取得価額}\times\frac{\text{株式分配直前の完全子法人の株式の帳簿価額に相当する金額}}{\text{株式分配の日の属する事業年度の前事業年度終了の時の資産の帳簿価額}-\text{株式分配の日の属する事業年度の前事業年度終了の時の負債の帳簿価額}}$$

(ヌ)　資本の払戻し等があった場合の株式等の取得価額

居住者が、その有する株式を発行した法人の資本の払戻し又は解散による残余財産の分配等を受けた場合の旧株等の取得価額は、次の算式により計算した価額となります（所令114）。

①　所有株式を発行した法人の資本の払戻し又は残余財産の分配として金銭その他の資産を取得した以後の当該所有株式の取得価額

〔算式〕

$$\text{所有株式1株当たりの取得価額} = \text{所有株式1株の従前の取得価額} - \text{所有株式1株の従前の取得価額} \times \text{払戻等割合}$$

(注)1　「払戻等割合」とは、所得税法施行令第61条第２項第４号イに規定する割合（次に掲げる場合はそれぞれの割合をいいます。）をいいます。

(1)　払戻し等が２以上の種類の株式を発行していた法人が行った資本の払戻しである場合

同項第４号ロに規定する「種類払戻割合」

(2)　払戻し等が所得税法第24条第１項（配当所得）に規定する出資等減少分配である場合

同項第５号に規定する割合

2　所有株式を発行した法人は、払戻し等を行った場合には、その払戻し等を受けた個人に対し、その払戻し等割合を通知しなければならないこととされています（所令114⑤）。

3　本項で用いている「所有株式」とは、所得税法施行令第114条第１項において「旧株」と定義されているものです。

②　口数の定めのない出資（所有出資）につき出資の払戻しとして金銭その他の資産を取得した以後の当該所有出資の取得価額

〔算式〕

$$\text{所有出資1単位当たりの取得価額} = \text{所有出資1単位の従前の取得価額} - \text{所有出資1単位の従前の取得価額} \times \frac{\text{払戻しに係る出資の金額}}{\text{払戻し直前のその所有出資の金額}}$$

③　オープン型の証券投資信託の受益権につきその収益の分配を受けた以後の当該受益権の取得価額

〔算式〕

$$\text{受益権1口当たりの取得価額} = \frac{\text{受益権1口の従前の取得価額} \times \text{収益の分配の直前において有する受益権の数} - \text{特別分配金として分配される金額}}{\text{受益権の数}}$$

(注)　オープン型の証券投資信託の終了又は一部の解約により支払を受ける場合、又は収益の分配のうちに特別分配金（所令27）が含まれていない場合は、この算式の対象とはなりません。

④　投資信託又は特定受益証券発行信託の一部を解約した以後の当該受益権の取得価額

〔算式〕

受益権１口当たりの取得価額＝受益権１口の従前の取得価額

(ル)　組織変更があった場合の株式等の取得価額

居住者が、その有する株式を発行した法人の組織変更（組織変更をした法人の株主等にその法人の株式のみが交付されたものに限ります。）により組織変更法人の株式を取得した場合のその株式の取得価額は、次の算式により計算した価額となります（所令115）。

〔算式〕

新株１単位当たりの取得価額＝（旧株１単位の従前の取得価額（その新株の取得のために要した費用の額のうち旧株１単位に対応する部分の金額を加算した金額）×旧株の数）÷取得した新株の数

(ヲ)　合併等があった場合の新株予約権等の取得価額

居住者が、その有する新株予約権又は新株予約権付社債（この(ヲ)において、以下「旧新株予約権等」といいます。）を発行した法人を被合併法人、分割法人、株式交換完全子法人又は株式移転完全子法人とする合併、分割、株式交換又は株式移転（この(ヲ)において、以下「合併等」といいます。）により当該旧新株予約権等に代えて当該合併等に係る合併法人、分割承継法人、株式交換完全親法人又は株式移転完全親法人の新株予約権又は新株予約権付社債（この(ヲ)において、以下「合併法人等新株予約権等」といいます。）のみの交付を受けた場合の合併法人等新株予約権等の取得価額は、次の算式により計算した価額となります（所令116）。

〔算式〕

合併法人等新株予約権等１単位当たりの取得価額＝旧新株予約権等１単位の従前の取得価額（合併法人等新株予約権等の取得のために要した費用の額のうち旧新株予約権等１単位に対応する部分の金額を加算した金額）÷旧新株予約権等１単位について取得した合併法人等新株予約権等の数

(ワ)　信用取引等による株式又は公社債の取得価額

居住者が信用取引若しくは発行日取引又は金商法第28条第８項第３号イに掲

げる取引による株式又は公社債の売買を行い、かつ、これらの取引による株式又は公社債の売付けと買付けとにより当該取引の決済を行った場合における売付けに係る株式又は公社債の取得価額は、これらの取引において買付けに係る株式又は公社債を取得するために要した金額となります（所令119）。

(注)　出国時の課税の特例又は贈与等の課税の特例の適用を受け、出国の時、相続若しくは遺贈又は贈与の時に決済があったものとみなされた信用取引については、決済したものとみなされた利益（損失）の額に相当する金額を取得価額に加算（減算）します。詳しくは、「第４　国外転出をする場合の譲渡所得等の特例（国外転出時課税）」（588ページ）及び「第５　贈与等により非居住者に資産が移転した場合の譲渡所得等の特例（国外転出（贈与時）課税）」（610ページ）を参照してください。

(カ)　いわゆるオプション取引による権利の行使又は義務の履行により取得した上場株式等の取得価額

金商法第28条第８項第３号ハに掲げる取引による権利の行使又は義務の履行により取得した上場株式等の取得価額は、次の区分ごとにそれぞれ計算した金額となります（措通37の11－10）。

①　いわゆるコールオプションの買方が当該オプションの権利の行使により取得をした場合

オプションの権利の行使により支出した金額及び一連の取引に関連して支出した委託手数料（当該委託手数料に係る消費税及び地方消費税を含みます。次の②においても同じです。）の合計額に支払オプション料を加算した金額

②　いわゆるプットオプションの売方が当該オプションの義務の履行により取得をした場合

オプションの義務の履行により支出した金額及び一連の取引に関連して支出した委託手数料の合計額から受取オプション料を控除した金額

(ヨ)　株式交換等に係る譲渡所得等の特例（所法57の４）の適用を受けた場合の取得価額

所得税法第57条の４第１項から第３項に掲げる事由により取得した株式等の取得価額については、567ページを参照してください。

チェックポイント

一般株式等に係る譲渡所得等又は上場株式等に係る譲渡所得等の金額を計算する場合に

おける株式等の「取得をした日」は、次表のとおりです（措通37の10・37の11共－18）。

なお、株式等を贈与、相続、遺贈又は個人からの低額譲渡により取得した場合には、その取得した人が引き続き所有していたものとみなされます（所法60①）。

				取得をした日
(1)	他から取得した株式等			引渡し（受渡し）があった日。ただし、納税者の選択により、当該株式等の取得に関する契約の効力発生の日（約定日）を取得をした日として申告があったときは効力発生の日
(2)	金銭の払込み又は財産の給付（この表において、以下「払込み等」といいます。）により取得した株式等			その払込み等の期日。ただし、払込み等の期間が定められている場合には払込み等を行った日
(3)	取締役の報酬等（会社法第361条第１項に規定する報酬等をいいます。）として取得する株式等で同法第202条の２第１項の規定により払込み等を要しない株式等			割当日（会社法202の２①二）
(4)	新株予約権（新投資口予約権を含みます。この表において、以下同じです。）の行使（新株予約権付社債に係る新株予約権の行使を含みます。）により取得した株式等			その新株予約権を行使した日
(5)	株式等の分割又は併合により取得した株式等及び株主割当て（有償による場合に限ります。）により取得した株式等			その取得の基因となった株式等の「取得をした日」
(6)	株式無償割当てにより取得した株式等	イ	同じ種類の株式等が割り当てられた場合	その取得の基因となった株式等の「取得をした日」
		ロ	異なる種類の株式等が割り当てられた場合	その株式無償割当ての効力を生ずる日
(7)	新株予約権無償割当て（新投資口予約権無償割当てを含みます。）により取得した新株予約権			その新株予約権無償割当ての効力を生ずる日
(8)	法人の合併又は法人の分割により取得した株式等	イ	次のロ以外の場合	その取得の基因となった株式等の「取得をした日」
		ロ	租税特別措置法第37条の10第３項第１号若しくは第２号（同法第37条の11第３項の規定による場合も含みます。）又は第37条の14の３第１項若しくは第２項の規定により、一般株式等に係る譲渡所得等又は上場株式等に係る譲渡所得等の収入金額とみなされることとなる金額がある場合	その契約において定めたその効力を生ずる日。ただし、新設合併又は新設分割の場合は、新設合併設立会社又は新設分割設立会社の設立登記の日

(9)	株式分配により取得した株式等	イ	次のロ以外の場合	その取得の基因となった株式等の「取得をした日」
		ロ	租税特別措置法第37条の10第３項第３号（同法第37条の11第３項の規定による場合も含みます。）又は第37条の14の３第３項の規定により、一般株式等に係る譲渡所得等又は上場株式等に係る譲渡所得等の収入金額とみなされることとなる金額がある場合	株式分配について定めたその効力を生ずる日。ただし、その効力を生ずる日を定めていない場合には、株式分配を行う法人の社員総会その他正当な権限を有する機関の決議があった日
(10)	投資信託又は特定受益証券発行信託（この表において、以下「投資信託等」といいます。）の受益権に係る投資信託等の信託の併合により取得した受益権	イ	次のロ以外の場合	その取得の基因となった投資信託等の受益権の「取得をした日」
		ロ	租税特別措置法第37条の10第４項第１号若しくは第２号又は第37条の11第４項第１号の規定により、一般株式等に係る譲渡所得等又は上場株式等に係る譲渡所得等の収入金額とみなされることとなる金額がある場合	その契約において定めたその効力を生ずる日
(11)	特定受益証券発行信託の受益権に係る特定受益証券発行信託の信託の分割により取得した受益権	イ	次のロ以外の場合	その取得の基因となった特定受益証券発行信託の受益権の「取得をした日」
		ロ	租税特別措置法第37条の10第４項第３号又は第37条の11第４項第２号の規定により、一般株式等に係る譲渡所得等又は上場株式等に係る譲渡所得等の収入金額とみなされることとなる金額がある場合	その契約において定めたその効力を生ずる日
(12)	組織変更により取得した株式等	イ	次のロ以外の場合	その取得の基因となった株式等の「取得をした日」
		ロ	租税特別措置法第37条の10第３項第７号（同法第37条の11第３項の規定による場合も含みます。）の規定により、一般株式等に係る譲渡所得等又は上場株式等に係る譲渡所得等の収入金額とみなされることとなる金額がある場合	組織変更において定めたその効力を生ずる日
(13)	株式交換により取得した株式等			その契約において定めたその効力を生ずる日
(14)	株式移転により取得した株式等			株式移転完全親法人（所法57の４②）の設立登記の日

(15)	株式交付により取得した株式等	株式交付計画に定められた株式交付がその効力を生ずる日
(16)	取得請求権付株式の請求権の行使の対価として交付された株式等	その請求権の行使をした日
(17)	取得条項付株式（取得条項付新株予約権及び取得条項付新株予約権が付された新株予約権付社債を含みます。）の取得対価として交付された株式等	取得事由が生じた日。ただし、取得条項付株式を発行する法人がその取得事由の発生によりその取得条項付株式の一部を取得することとするときは、その取得事由が生じた日と取得の対象となった株主等へのその株式等を取得する旨の通知又は公告の日から２週間を経過した日のいずれか遅い日
(18)	全部取得条項付種類株式の取得対価として交付された株式等	取得決議において定めた会社が全部取得条項付種類株式を取得する日
(19)	信用取引の買建てにより取得していた株式等をいわゆる現引きにより取得した場合	その買建ての際における上記(1)に定める日
(20)	上場株式等償還特約付社債の償還により取得した株式等	その償還の日
(21)	金商法第28条第８項第３号ハに掲げる取引（いわゆるオプション取引）による権利の行使又は義務の履行により取得した株式等	その取引の対象株式等の売買に係る決済の日。ただし、選択により、その権利の行使の日又は義務の履行の日を取得した日とすることができます。

(3)　取得費等の計算方法

同一銘柄の株式等を２回以上にわたって購入し、その株式等の一部を譲渡した場合の譲渡所得等の取得費等の計算方法は、所得区分に応じてそれぞれ次の方法により行います。

	所得区分	計算方法	法　令
①	事業所得	総平均法	所法48①、所令105①一
②	譲渡所得 雑 所 得	総平均法に準ずる方法	所法48③、所令118

イ　総平均法

総平均法とは、株式等をその種類及び銘柄の異なるごとに区分し、その種類及び銘柄の同じものについて、次の算式により計算したものをいいます（所令105①一）。

〔算式〕

$$\text{1株当たりの取得価額} = \frac{\text{譲渡の年の1月1日において所有していた株式等の取得価額の総額} + \text{譲渡の年中に取得した株式等の取得価額の総額}}{\text{譲渡の年の1月1日において所有していた株式等の総数} + \text{譲渡の年中に取得した株式等の総数}}$$

ロ　総平均法に準ずる方法

総平均法に準ずる方法とは、株式等をその種類及び銘柄の異なるごとに区分し、その種類及び銘柄の同じものについて、その株式等を最初に取得した時（その取得後において既にその株式等を譲渡している場合には、直前の譲渡の時）から、その譲渡の時までの期間を基礎として、次の算式により計算したものをいいます(所令118①)。

〔算式〕

$$\text{1株当たりの取得価額} = \frac{\text{譲渡に係る株式等を最初に取得した時（既にその株式等を譲渡している場合には、直前の譲渡の時）の取得価額の総額} + \text{譲渡に係る株式等の譲渡の時までに取得した取得価額の総額}}{\text{譲渡に係る株式等を最初に取得した時（既にその株式等を譲渡している場合には、直前の譲渡の時）の株式等の総数} + \text{譲渡に係る株式等の譲渡の時までに取得した株式等の総数}}$$

チェックポイント

1　総平均法又は総平均法に準ずる方法により計算された1単位当たりの金額に1円未満の端数（公社債は額面100円当たりの価額とした場合の小数点以下2位未満の端数）があるときは、原則として、その端数は切り上げるものとされています（措通37の10・37の11共－14)。

2　移動平均法（所令105①二）は、株式等の譲渡に係る事業所得の金額の計算に当たっては、適用しません（措令25の8⑧、25の9⑪)。

〔設例〕

次の取引例において令和6年3月に株式3,000株を譲渡した場合（④）の譲渡所得の取得費を計算しなさい。

なお、計算の便宜上、委託手数料等はないものとします。

（取引年月日）		（株数）	（単価）	（入金）	（出金）
①令和5年6月	取得	3,000株	886円		2,658,000円
②令和5年9月	譲渡	2,000株	860円	1,720,000円	
③令和6年2月	取得	4,000株	850円		3,400,000円
④令和6年3月	譲渡	3,000株	870円	2,610,000円	

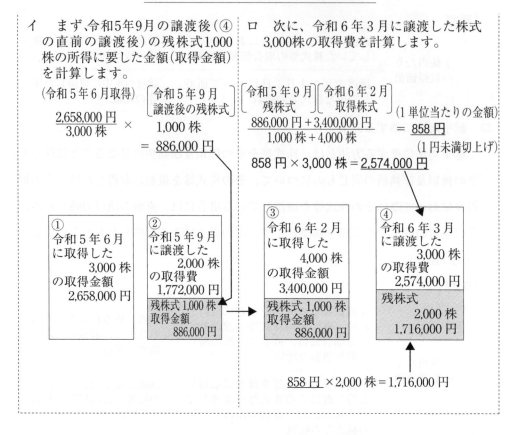

イ　まず、令和5年9月の譲渡後（④の直前の譲渡後）の残株式1,000株の所得に要した金額（取得金額）を計算します。

（令和5年6月取得）$\frac{2,658,000円}{3,000株}$ × ［令和5年9月譲渡後の残株式］1,000株 = 886,000円

ロ　次に、令和6年3月に譲渡した株式3,000株の取得費を計算します。

$\frac{［令和5年9月残株式］886,000円 + ［令和6年2月取得株式］3,400,000円}{1,000株 + 4,000株}$ = 858円（1単位当たりの金額）（1円未満切上げ）

858円 × 3,000株 = 2,574,000円

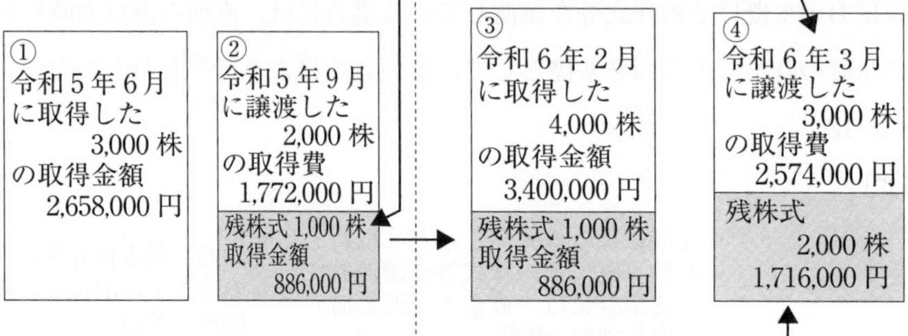

858円 ×2,000株＝1,716,000円

⑷　株式等を取得するために要した負債の利子

一般株式等に係る譲渡所得等又は上場株式等に係る譲渡所得等の金額の計算上控除する株式等を取得するために要した負債の利子の額は、株式等を取得するために要した負債の利子で、その年中におけるその株式等の所有期間に対応して計算された金額とされています（措通37の10・37の11共－15）。

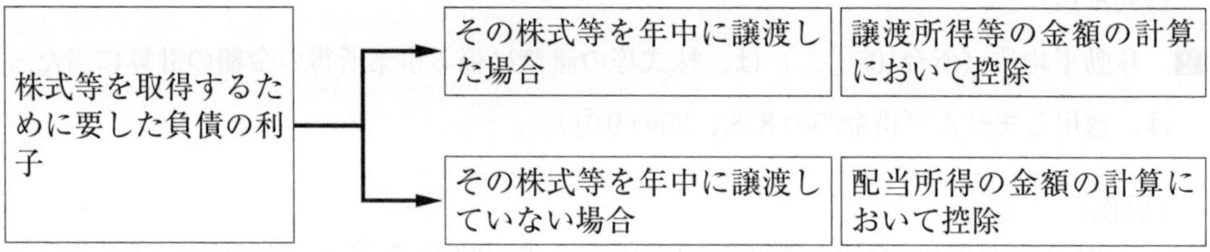

チェックポイント

❶　その年において、一般株式等に係る譲渡所得等又は上場株式等に係る譲渡所得等及び配当所得を有する者が負債により取得した株式等を有する場合において、当該負債を一般株式等の譲渡所得等又は上場株式等に係る譲渡所得等の基因となった株式等を取得するために要したものとその他のものとに明確に区分することが困難なときには、次の算式により

計算した金額を、一般株式等に係る譲渡所得等又は上場株式等に係る譲渡所得等の金額の計算上控除すべき負債の利子の額とすることができます（措通37の10・37の11共－16）。

〔算式〕

$$\text{株式等を取得するために要した負債の利子の総額}\times\frac{\text{その利子の額を差し引く前の一般株式等に係る譲渡所得等の金額又は上場株式等に係る譲渡所得等の金額}}{\text{配当所得の収入金額}+\text{その利子の額を差し引く前の一般株式等に係る譲渡所得等の金額又は上場株式等に係る譲渡所得等の金額}+\text{その利子の額を差し引く前の総合課税の株式等に係る事業所得等の金額}}$$

(注)「総合課税の株式等に係る譲渡所得等」とは、所得税法第22条又は第165条の規定の適用を受ける株式等の譲渡による所得で事業所得又は雑所得に該当するものをいいます。

❷ 信用取引等に関し、金融商品取引業者に支払う金利に相当する額は、当該信用取引等に伴い直接要した費用の額に算入されます（措通37の11－7(1)）。

(5) 確定申告書に添付すべき書類

一般株式等に係る譲渡所得等又は上場株式等に係る譲渡所得等を有する居住者等が、所得税及び復興特別所得税の確定申告書を提出する場合には、一般株式等に係る譲渡所得等又は上場株式等に係る譲渡所得等の金額の計算に関する明細書を確定申告書に添付しなければならないこととされています（措令25の８⑭、25の９⑬、措規18の９②、18の10②）。

	株式等に係る譲渡所得等の区分	項目等
添付書類	事業所得・譲渡所得・雑所得 → 所得区分ごとに作成します。	総収入金額・必要経費・取得費等 → 各種項目別に区分して、項目別の金額を記入して作成します。

2　特定管理株式等が価値を失った場合の株式等に係る譲渡所得等の課税の特例（措法37の11の２）

(1) 概要

居住者等について、その有する特定管理株式等又は特定口座内公社債が株式又は公社債として価値を失ったことによる損失が生じた場合として一定の事実が発生したときは、当該事実が発生したことは当該特定管理株式等又は特定口座内公社債を譲渡したことと、当該損失の金額として一定の方法により計算した金額は租税特別措置法第37条の12の２第２項に規定する上場株式等の譲渡をしたことにより生じた損失の金額とそれぞれみなして、上場株式等に係る譲渡所得等の課税の特例（措法

37の11）及び上場株式等に係る譲渡損失の損益通算及び繰越控除（措法37の12の2）その他の所得税に関する法令の規定を適用します（措法37の11の2①）。

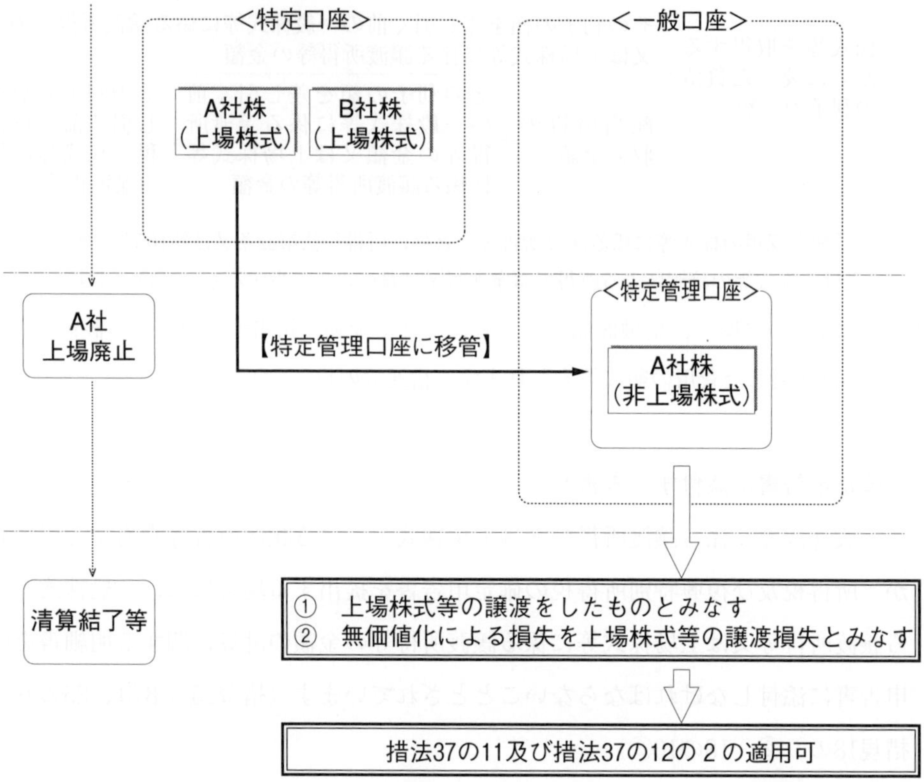

⑵　対象となる株式又は公社債

この特例の対象となる特定管理株式等又は特定口座内公社債は、それぞれ次に掲げる株式又は公社債をいいます（措法37の11の2①、措令25の9の2①）。

種　類	詳　細
特定管理株式等	特定口座内保管上場株式等㈱が上場株式等に該当しないこととなった内国法人が発行した株式又は公社債について、当該上場株式等に該当しないこととなった日以後引き続き当該特定口座を開設する金融商品取引業者等に開設される特定管理口座に係る振替口座簿に記載若しくは記録がされ、又は特定管理口座に保管の委託がされている当該内国法人が発行した株式又は公社債
特定口座内公社債	特定口座に係る振替口座簿に記載若しくは記録がされ、又は特定口座に保管の委託がされている内国法人が発行した公社債

㈱　非課税口座内上場株式等又は未成年者口座内上場株式等のうち、金融商品取引所への上場を廃止することが決定された銘柄又は上場を廃止するおそれがある銘柄としてその非課税口座内上場株式等又は未成年者口座内上場株式等が指定されている期間内に非課税口座又は未成年者口座から特定口座に移管されたものを除きます。

⑶　対象となる事実

この特例の対象となる特定管理株式等又は特定口座内公社債が株式又は公社債としての価値を失ったことによる損失が生じたものとされる一定の事実とは、次に掲げるものをいいます（措法37の11の2①、措令25の9の2③）。

種　類		詳　細
共通の事実		特定管理株式等又は特定口座内公社債を発行した内国法人が解散（合併による解散を除きます。）をし、その清算が結了したこと
特定管理株式等である株式	①	特定管理株式等である株式を発行した内国法人（この表において、以下「特定株式発行法人」といいます。）が破産法の規定による破産手続開始の決定を受けたこと
	②	特定株式発行法人がその発行済株式の全部を無償で消滅させることを定めた会社更生法に規定する更生計画につき更生計画認可の決定を受け、当該更生計画に基づき当該発行済株式の全部を無償で消滅させたこと
	③	特定株式発行法人がその発行済株式（投資法人にあっては、発行済みの投資口）の全部を無償で消滅させることを定めた民事再生法に規定する再生計画につき再生計画認可の決定が確定し、当該再生計画に基づき当該発行済株式の全部を無償で消滅させたこと
	④	特定株式発行法人が預金保険法第111条第1項の規定による特別危機管理開始決定を受けたこと
特定管理株式等である公社債又は特定口座内公社債（この表において、以下「特定口座内公社債等」といいます。）	①	特定口座内公社債等を発行した内国法人（この表において、以下「特定口座内公社債等発行法人」といいます。）が破産法の規定による破産手続廃止の決定又は破産手続終結の決定を受けたことにより、当該居住者等が有する特定口座内公社債等と同一銘柄の社債に係る債権の全部について弁済を受けることができないことが確定したこと
	②	特定口座内公社債等発行法人がその社債を無償で消滅させることを定めた会社更生法に規定する更生計画につき更生計画認可の決定を受け、当該更生計画に基づき当該居住者等が有する特定口座内公社債等と同一銘柄の社債を無償で消滅させたこと
	③	特定口座内公社債等発行法人がその社債を無償で消滅させることを定めた民事再生法に規定する再生計画につき再生計画認可の決定が確定し、当該再生計画に基づき当該居住者等が有する特定口座内公社債等と同一銘柄の社債を無償で消滅させたこと

⑷　「特定管理口座開設届出書」の提出

この特例を受けようとする居住者等は、特定口座を開設している金融商品取引業者等の営業所において特定管理口座を開設する場合には、当該特定管理口座を開設しようとする金融商品取引業者等の営業所の長に対し、最初に上場株式等に該当しないこととなった内国法人が発行した株式又は公社債を特定管理口座に受け入れる時までに、「特定管理口座開設届出書」の提出をしなければなりません(措令25の９の２⑧)。

⑸　「損失の金額」の計算

この特例の適用を受ける場合の「損失の金額」は、特定管理株式等又は特定口座内公社債の区分に応じ、それぞれ次の算式により計算した金額となります（措令25の９の２②)。

イ　特定管理株式等

〔算式〕

損失の金額 ＝ 上記⑵の事実が発生した日における１株又は１単位当たりの取得価額 × 事実の発生の直前において有する特定管理株式等の数

ロ　特定口座内公社債

〔算式〕

損失の金額 ＝ 上記⑵の事実が発生した日における１単位当たりの取得価額 × 事実の発生の直前において有する特定口座内公社債の数

⑹　特定管理株式等の譲渡又は払出しがあった場合

特定管理口座を開設する金融商品取引業者等は、特定管理株式等の譲渡又は払出しがあった場合には、特定管理口座を開設している居住者等に対し、譲渡に係る収入金額等の一定の事項を書面により通知（その書面による通知に代えて行う電磁的方法による通知を含みます。）しなければなりません（措令25の９の２⑨、措規18の10の２⑥)。

⑺　申告手続

この特例の適用を受けるには、上記⑶の株式又は公社債としての価値を失ったことによる損失が生じたものとされる一定の事実が発生した日の属する年分の確定申告書に、この特例の適用を受けようとする旨の記載をし、次の書類を添付する必要があります（措法37の11の２③、措令25の９の２⑦、措規18の10の２④)。

①	特定管理口座又は特定口座を開設し、又は開設していた金融商品取引業者等の営業所の長から交付を受けた一定の事実の確認をした旨を証する書類
②	上場株式等に係る譲渡所得等の金額の計算に関する明細書（価値喪失株式等とその価値喪失株式等以外の株式等との別に記載があるものに限ります。）

３　特定口座に関する課税の特例

⑴　特定口座内保管上場株式等の譲渡等に係る所得計算等の特例（措法37の11の３）

イ　制度の内容

居住者等が金商法第２条第９項に規定する金融商品取引業者（金商法第28条第１項に規定する第一種金融商品取引業を行う者に限ります。）、金商法第２条第11項に規定する登録金融機関又は投資信託及び投資法人に関する法律第２条第11項に規定する投資信託委託会社（この第12章において、これらを併せて、以下「金融商品取引業者等」といいます。）に特定口座を開設した場合には、次の(イ)から(ハ)のとおりその特定口座における上場株式等に係る譲渡所得等の金額を計算します。

(イ)　上場株式等保管委託契約に基づき特定口座に係る振替口座簿に記載若しくは記録がされ、又は特定口座に保管の委託がされている上場株式等（この３において、以下「特定口座内保管上場株式等」といいます。）を譲渡した場合には、特定口座内保管上場株式等の譲渡による事業所得の金額、譲渡所得の金額又は雑所得の金額（この３において、以下「譲渡所得等の金額」といいます。）と、特定口座内保管上場株式以外の株式等の譲渡による譲渡所得等の金額とを区分して、これらの金額を計算します（措法37の11の３①、措令25の10の２①）。

なお、特定口座を複数の金融商品取引業者等で開設している場合には、それぞれの特定口座ごとに、特定口座内保管上場株式等の譲渡による譲渡所得等の金額を計算します。

(ロ)　上場株式等信用取引等契約に基づき上場株式等の信用取引又は発行日取引（この３において、以下「信用取引等」といいます。）を特定口座において処理した場合には、信用取引等による上場株式等の譲渡又は信用取引等の決済のために行う上場株式等の譲渡（この３において、以下「信用取引等に係る上場株式等の譲渡」といいます。）による事業所得又は雑所得の金額と、信用取引等に係る上場株式等の譲渡以外の株式等の譲渡による事業所得又は雑所得の金額とを区分して、これらの金額を計算します（措法37の11の３②、措令25の10の２③）。

なお、特定口座を複数の金融商品取引業者等で設定している場合には、それぞれの特定口座ごとに、信用取引等に係る上場株式等の譲渡による事業所得又は雑所得の金額を計算します。

(ハ) 特定口座内保管上場株式等を譲渡した場合等の必要経費又は取得費の計算は、次によることとされます（措令25の10の2①～④、措規18の11①）。

A　2回以上にわたって取得した同一銘柄の特定口座内保管上場株式等の譲渡による事業所得の金額の計算上必要経費に算入する売上原価の計算は、所得税法施行令第118条に規定する総平均法に準ずる方法（譲渡所得又は雑所得の場合の計算方法）により行います。

B　特定口座外に特定口座内保管上場株式等と同一銘柄の株式等を所有している場合には、それぞれの銘柄が異なるものとして取得費等を計算します。

C　一の特定口座において同一の日に2回以上の同一銘柄の譲渡があった場合には、その同一の日における最後の譲渡の時にこれらの譲渡があったものとみなして取得費等の計算を行います。

D　特定口座内保管上場株式等の譲渡と特定口座内保管上場株式等以外の株式等の譲渡に共通する必要経費がある場合には、必要経費の額は、それぞれに合理的と認められる基準により配分してその所得の金額を計算します。

また、特定口座における信用取引等に係る上場株式等の譲渡と当該信用取引等に係る上場株式等以外の株式等の譲渡に共通する必要経費がある場合にも、同様に計算します。

(注) 平成22年1月1日以後、特定口座（源泉徴収選択口座に限ります。）において取り扱うことができる取引の範囲に、上場株式配当等受領委任契約に基づく取引が追加され、源泉徴収選択口座に上場株式等の配当等を受け入れることが可能となりました（措法37の11の3③一）が、これについては「(4)源泉徴収選択口座内配当等に係る所得計算及び源泉徴収等の特例」（509ページ）において説明します。

ロ　適用要件

(イ) 特定口座に関する事項

A　特定口座の意義

特定口座とは、居住者等が金融商品取引業者等の営業所（国内にある営業所又は事務所をいいます。この3において、以下同じです。）に、「特定口座開設届出書」を提出して、当該金融商品取引業者等との間で締結した「上場株式等保管委託契約」又は「上場株式等信用取引等契約」に基づき開設された上場株式等の振替口座簿への記載若しくは記録若しくは保管の委託（この第12章において、以下「振替口座簿への記載等」といいます。）又は上場株式等の信用取引等に係る口座（これらの契約及び上場株式配当等受領委任契約に基づく取引以外の取引に関する事項を扱わないものに限ります。）をいいます（措法37の11の３③一）。

㈹　特定口座開設届出書は、①最初にこの特例の適用を受けようとする上場株式等をその特定口座に受け入れる時又は②その特定口座において最初に信用取引等を開始する時のいずれか早い時までに提出しなければなりません（措令25の10の２⑤）。

Ｂ　特定口座開設時の告知義務

居住者等は、「特定口座開設届出書」を提出する際、金融商品取引業者等の営業所の長に住民票の写しその他の一定の書類を提示又は署名用電子証明書等を送信して氏名、生年月日、住所及び個人番号を告知し、当該告知した事項について確認を受けなければなりません（措法37の11の３④）。

ただし、特定口座開設届出書の提出を受ける金融商品取引業者等の営業所の長が、一定の方法により、当該特定口座開設届出書の提出をする居住者等の氏名、住所及び個人番号その他の事項を記載した帳簿（住民票の写しその他の書類又は署名用電子証明書等の送信を受けて作成されたものに限ります。）を備えている場合で、当該特定口座開設届出書に記載されるべき氏名、住所又は個人番号がその帳簿に記載されている氏名、住所又は個人番号と同じ場合には、当該居住者等は、氏名、生年月日及び住所のみを告知することとされています（措令25の10の３⑤）。

㈹１　住民票の写しその他の一定の書類とは、次の①から③の書類で、その個人の氏名、生年月日及び住所の記載があるものに限ります（措令25の10の３②、措規18の12③）。

①　個人番号カードで提示する日において有効なもの

②　住民票の写し又は住民票の記載事項証明書で、当該個人の個人番号の記載のあるもの（提示する日前６か月以内に作成されたものに限ります。）及び住所等確認書類で住民票の写し又は住民票の記載事項証明書以外のもの

２　署名用電子証明書等とは、次の①から③の電磁的記録又は情報が記録された電磁的記録をいいます（措規18の12①）。

①　電子署名等に係る地方公共団体情報システム機構の認証業務に関する法律第３条第１項に規定する署名用電子証明書

②　上記①の署名用電子証明書に係る者の個人番号及び行政手続における特定の個人を識別するための番号の利用等に関する法律施行規則第１条第２号に規定する個人識別事項に係る情報で、同令第３条第１号の規定により総務大臣が定めるもの

③　上記①の署名用電子証明書により確認される電子署名が行われた情報で、その署名用電子証明書に係る人の氏名、生年月日、住所及び個人番号に係るもの

３　金融商品取引業者等の営業所の長は、告知があった場合には、特定口座開

設届出書に記載された氏名、生年月日、住所及び個人番号と上記１又は２の書類に記載された内容が同じであるかどうか確認しなければなりません。その上で、金融商品取引業者等の営業所の長は、確認に関する帳簿に確認をした旨を明らかにし、かつ、その帳簿を保存しなければなりません（措令25の10の３③④）。

C　特定口座開設届出書の受理（１金融商品取引業者等１口座の原則等）

金融商品取引業者等の営業所の長は、告知を受けたものと異なる氏名、生年月日、住所及び個人番号が記載されている特定口座開設届出書並びに当該金融商品取引業者等に既に特定口座を開設している居住者等から重ねて提出がされた特定口座開設届出書（当該特定口座が租税特別措置法第37条の14の２第５項第５号に規定する課税未成年者口座を構成する口座である場合に提出がされた特定口座開設届出書及び同号に規定する課税未成年者口座を構成する口座として特定口座を開設するために提出がされた特定口座開設届出書を除きます。）については、これを受理することはできません（措法37の11の３⑤）。

なお、金融商品取引業者等が異なる場合には、それぞれの金融商品取引業者等ごとに特定口座を開設することができます。

D　特定口座年間取引報告書

金融商品取引業者等は、その年において開設されていた特定口座がある場合には、当該特定口座を開設した居住者等の氏名及び住所、その年中に当該特定口座において処理された上場株式等の譲渡の対価の額、当該上場株式等の取得費の額、当該譲渡に要した費用の額、当該譲渡に係る所得の金額又は差益の金額、当該特定口座に受け入れた上場株式等の配当等の額その他の一定の事項を記載した「特定口座年間取引報告書」を２通作成し、翌年１月31日（年の途中で特定口座の廃止等の事由が生じた場合には、当該事由が生じた日の属する月の翌月末日）までに、１通を当該金融商品取引業者等の営業所の所在地の所轄税務署長に提出し、他の１通を当該特定口座を開設した居住者等に交付しなければならないこととされています（措法37の11の３⑦）。

㈱１　特定口座における取引については、株式等の譲渡の対価の受領者等の告知及び株式等の譲渡の対価に係る支払調書の提出は必要ありません（措令25の10の10⑤）。

２　特定口座における取引以外に株式等の譲渡がない年の確定申告においては、「特定口座年間取引報告書」又は電子証明書等に記録された情報の内容を一定の方法により出力した書面（特定口座が複数ある場合には、それぞれの「特定口座年間取引報告書」とその合計表）の添付をもって上場株式等に係る譲渡所得等の金額の計算に関する明細書の添付に代えることができます（措令25の10の10⑦）。

㈺　上場株式等保管委託契約の内容

上記「㈹　特定口座に関する事項」のAの「上場株式等保管委託契約」とは、この特例の適用を受けるために居住者等が金融商品取引業者等と締結した上場株式等の振替口座簿への記載等に係る契約（信用取引等に係るものを除きます。）で、その契約書において、次の事項が定められているものをいいます。

A　上場株式等の振替口座簿への記載等は当該記載等に係る口座に設けられた特定保管勘定において行うこと（措法37の11の３③二）

B　特定保管勘定においては当該居住者等の次に掲げる上場株式等（租税特別措置法第29条の２第１項本文の適用を受けて特定新株予約権等（いわゆる税制適格ストック・オプション）の行使により取得した上場株式等を除きます。）のみを受け入れること（措法37の11の３③二、措令25の10の２⑥）

	上場株式等の種類
①	特定口座開設届出書の提出後に、当該金融商品取引業者等への買付けの委託（当該買付けの委託の媒介、取次ぎ又は代理を含みます。）により取得をした上場株式等又は当該金融商品取引業者等から取得をした上場株式等で、その取得後直ちに当該口座に受け入れるもの（措法37の11の３③二イ）
②	他の特定口座から当該他の特定口座に係る特定口座内保管上場株式等の全部又は一部の移管がされる場合（一部移管の場合には同一銘柄の特定口座内保管上場株式等が全て移管される場合に限ります。）の当該移管がされる上場株式等（措法37の11の３③二ロ）
③	その特定口座を開設する金融商品取引業者等が行う有価証券の募集により取得した上場株式等又は有価証券の売出しに応じて取得した上場株式等（措令25の10の２⑭一）
④	その特定口座に設けられた特定信用取引等勘定において行った信用取引により買い付けた上場株式等のうち当該信用取引の決済により受渡しが行われたもので、その受渡しの際に特定保管勘定への振替の方法により受け入れるもの（措令25の10の２⑭二）
⑤	贈与、相続（限定承認に係るものを除きます。次の⑥において同じです。）又は遺贈（包括遺贈のうち限定承認に係るものを除きます。次の⑥において同じです。）により取得した特定口座内保管上場株式等であった上場株式等、非課税口座内上場株式等であった上場株式等、未成年者口座内上場株式等であった上場株式等又は相続等一般口座（注１）に係る振替口座簿に記載若しくは記録がされ、若しくは当該口座に保管の委託がされていた上場株式等で、これらの口座が開設されている金融商品取引業者等に開設されている特定口座への移管により受け入れるもので、次の要件を満たすもの（措令25の10の２⑭三） １　贈与により取得した上場株式等 贈与により取得した上場株式等のうち同一銘柄の上場株式等は全て贈与者の

	相続等口座から受贈者の特定口座へ移管がされ、かつ、当該移管がされる上場株式等が贈与者の相続等口座（注２）に係る上場株式等の一部である場合には、受贈者の特定口座において当該移管がされる上場株式等と同一銘柄の上場株式等を有していないこと ２　相続又は遺贈により取得した上場株式等 相続又は遺贈により取得した上場株式等のうち、同一銘柄の上場株式等は全て被相続人等の相続等口座から相続人等の特定口座へ移管がされること ※　贈与又は遺贈の範囲から、それぞれの公益信託の受託者に対する贈与（その信託財産とするためのものに限ります。）又は公益信託の受託者に対する遺贈（その信託財産とするためのものに限ります。）が除かれました。これは、公益信託に関する法律の施行の日から適用されます。 ㊟１「相続等一般口座」とは、贈与者、相続に係る被相続人又は遺贈に係る包括遺贈者の開設していた特定口座以外の口座（非課税口座及び未成年者口座を除きます。）をいいます。この表において、以下同じです。 ２「相続等口座」とは、相続等一般口座に係る振替口座簿に記載若しくは記録がされ、若しくは当該口座に保管の委託がされていた上場株式等を引き続きこれらの口座に係る振替口座簿に記載若しくは記録がされ、又は保管の委託がされるものをいいます。この表において、以下同じです。
⑥	贈与、相続又は遺贈により取得した特定口座内保管上場株式等であった上場株式等、非課税口座内上場株式等であった上場株式等、未成年者口座内上場株式等であった上場株式等又は相続等一般口座に係る振替口座簿に記載若しくは記録がされ、若しくは当該口座に保管の委託がされていた上場株式等で、これらの口座が開設されている金融商品取引業者等以外の金融商品取引業者等に開設されている特定口座への移管により受け入れるもの（措令25の10の２⑭四） ㊟　上記⑤㊟１又は２の要件に該当するものに限ります。
⑦	特定口座内保管上場株式等につき株式又は投資信託若しくは特定受益証券発行信託の受益権の分割又は併合により取得する上場株式等で、特定口座への受入れを振替口座簿に記載若しくは記録をし、又は保管の委託（この表において、以下「記載等」といいます。）をする方法により行うもの（措令25の10の２⑭五）
⑧	特定口座を開設されている金融商品取引業者等の振替口座簿に記載等がされている上場株式等（非課税口座内上場株式等及び未成年者口座内上場株式等を除きます。）につき会社法第185条に規定する株式無償割当て、同法第277条に規定する新株予約権無償割当て又は投信法第88条の13に規定する新投資口予約権無償割当てにより取得する上場株式等で、その割当ての時に、当該特定口座に係る振替口座簿に記載等をする方法により受け入れるもの（措令25の10の２⑭六）
⑨	特定口座内保管上場株式等につきその発行法人の合併（株主等に合併法人の株式若しくは出資又は合併親法人の株式若しくは出資のいずれか一方のみが交付される一定のものに限ります。）により取得する合併法人の株式若しくは出資又は合併親法人の株式若しくは出資で、特定口座への受入れを振替口座簿に記載等をする方法により行うもの（措令25の10の２⑭七）
⑩	特定口座内保管上場株式等につき投資信託の併合（投資信託の受益者に当該併合に係る新たな投資信託の受益権のみの交付がされる一定のものに限ります。）により取得する新たな投資信託の受益権で、特定口座への受入れを振替口座簿に記載等をする方法により行うもの（措令25の10の２⑭八）
⑪	特定口座内保管上場株式等につきその発行法人の分割（株主等に分割承継法人の株式若しくは出資又は分割承継親法人の株式若しくは出資のいずれ

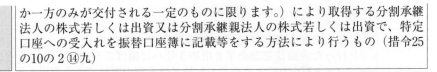

	か一方のみが交付される一定のものに限ります。）により取得する分割承継法人の株式若しくは出資又は分割承継親法人の株式若しくは出資で、特定口座への受入れを振替口座簿に記載等をする方法により行うもの（措令25の10の２⑭九）
⑫	特定口座保管上場株式等につき法人の株主等がその法人の行った株式分配（完全子法人の株式のみの交付がされる一定のものに限ります。）により取得する当該完全子法人の株式又は出資で、当該完全子法人の株式の当該特定口座への受入れを、振替口座簿に記載等をする方法により行うもの（措令25の10の２⑭九の二）
⑬	特定口座内保管上場株式等につき所得税法第57条の４第１項に規定する株式交換により取得する株式交換完全親法人の株式若しくは株式交換完全親法人の親法人の株式又は同条第２項に規定する株式移転により取得する株式移転完全親法人の株式で、特定口座への受入れを振替口座簿に記載等をする方法により行うもの（措令25の10の２⑭十）
⑭	特定口座内保管上場株式等である新株予約権又は新株予約権付社債を発行した法人を被合併法人、分割法人、株式交換完全子法人又は株式移転完全子法人とする合併、分割、株式交換又は株式移転（合併法人、分割承継法人、株式交換完全親法人又は株式移転完全親法人の新株予約権又は新株予約権付社債（この表において、以下「合併法人等新株予約権等」といいます。）のみの交付がされるものに限ります。）により取得する合併法人等新株予約権等で、特定口座への受入れを振替口座簿に記載等をする方法により行うもの（措令25の10の２⑭十の二）
⑮	特定口座内上場株式等につき所得税法第57条の４第３項第１号に規定する取得請求権付株式の請求権の行使、同項第２号に規定する取得条項付株式の取得事由の発生、同項第３号に規定する全部取得条項付種類株式の取得決議又は同項第６号に規定する取得条項付新株予約権が付された新株予約権付社債の取得事由の発生により取得する上場株式等で、特定口座への受入れを振替口座簿に記載等をする方法により行うもの（措令25の10の２⑭十一）
⑯	次に掲げる行使又は取得事由の発生により取得する上場株式等で、当該行使又は取得事由の発生により取得する上場株式等の全てを当該行使又は取得事由の発生の時に特定口座に係る振替口座等に記載等の方法により受け入れるもの（措令25の10の２⑭十二） ｉ）特定口座内保管上場株式等に付された新株予約権（従来の転換社債の転換権を含みます。）の行使 ⅱ）特定口座内保管上場株式等について与えられた株式の割当てを受ける権利又は新株予約権（新投資口予約権を含みます。ⅲ）において同じです。）の行使（ⅳに掲げるものを除きます。） ⅲ）特定口座内保管上場株式等、非課税口座内上場株式等又は未成年者口座内上場株式等である新株予約権の行使 ⅳ）所得税法施行令第84条第３項第１号又は第２号までに係る権利（同項の規定の適用があるものに限ります。）の行使 ｖ）特定口座内保管上場株式等について与えられた所得税法第57条の４第３項第５号に規定する取得条項付新株予約権の取得事由の発生又は行使
⑰	特定口座を開設する金融商品取引業者等の行う有価証券の募集により、又は当該金融商品取引業者等から取得した上場株式等償還特約付社債（ＥＢ債）でその取得の日の翌日から引き続きその口座に係る振替口座簿に記載若しくは記録がされ、又は当該口座に保管の委託がされているものの償還により取得する上場株式等で、その受入れを振替口座簿に記載等をする方

	法により行うもの（措令25の10の２⑭十三）
⑱	特定口座を開設する金融商品取引業者等に開設されている口座において行った金商法第28条第８項第３号ハに掲げる取引（いわゆる有価証券オプション取引）による権利の行使又は義務の履行により取得する上場株式等で、その受入れを振替口座簿に記載等をする方法により行うもの（措令25の10の２⑭十四）
⑲	特定口座を設定する際に開設されている出国口座に係る振替口座簿に記載若しくは記録がされ、又は出国口座において保管されている上場株式等（出国後にその出国口座への受入れ又はその出国口座からの払出しがあった上場株式等と同一銘柄の上場株式等を除きます。）で、「出国口座内保管上場株式等移管依頼書」を提出したことにより、当該出国口座から当該特定口座への移管により、その全てを受け入れるもの（措令25の10の２⑭十五）
⑳	特定口座内保管上場株式等を特定口座の開設をしている金融商品取引業者に貸し付けた場合において、当該貸付契約に基づき返還される当該特定口座内保管上場株式等と同一銘柄の上場株式等で、その受入れを振替口座簿に記載等をする方法により行うもの（措令25の10の２⑭十六）
㉑	上場株式等以外の株式等で、その株式等の上場等の日の前日において有する当該株式等と同一銘柄の株式等の全てを、その上場等の日に特定口座（その特定口座を開設している金融商品取引業者等の営業所の長に対し、当該株式等の取得の日及び取得に要した金額を証する書類等を提出した場合における当該特定口座に限ります。）に係る振替口座簿に記載等をする方法により受け入れるもの（措令25の10の２⑭十七）
㉒	上場株式等以外の株式等につき株主等がその発行法人の合併（当該法人の株主等に合併法人の株式若しくは出資又は合併親法人の株式若しくは出資のいずれか一方のみの交付がされるものに限ります。）により取得する当該合併法人の株式若しくは出資又は合併親法人の株式若しくは出資で、その取得する当該合併法人の株式若しくは出資又は合併親法人の株式若しくは出資の全てを、当該合併の日に特定口座（その特定口座を開設している金融商品取引業者等の営業所の長に対し、当該株式等の取得の日及び取得に要した金額を証する書類等を提出した場合における当該特定口座に限ります。）に係る振替口座簿に記載等をする方法により受け入れるもの（措令25の10の２⑭十八）
㉓	上場株式等以外の株式等につき株主等がその発行法人の分割（その分割法人の株主等に分割承継法人の株式若しくは出資又は分割承継親法人の株式若しくは出資のいずれか一方のみの交付がされる一定のものに限ります。）により取得する当該分割承継法人の株式若しくは出資又は分割承継親法人の株式若しくは出資で、その取得する分割承継法人の株式若しくは出資又は分割承継親法人の株式若しくは出資の全てを、当該分割の日に特定口座（その特定口座を開設している金融商品取引業者等の営業所の長に対し、当該株式等の取得の日及び取得に要した金額を証する書類等を提出した場合における当該特定口座に限ります。）に係る振替口座簿に記載等をする方法により受け入れるもの（措令25の10の２⑭十九）
㉔	上場株式等以外の株式等につき法人の株主等がその法人の行った株式分配（完全子法人の株式のみの交付がされる一定のものに限ります。）により取得する当該完全子法人の株式で、その取得する当該完全子法人の株式の全てを、当該株式分配の日に特定口座（その特定口座を開設している金融商品取引業者等の営業所の長に対し、当該株式等の取得の日及び取得に要した金額を証する書類等を提出した場合における当該特定口座に限ります。）に係る振替口座簿に記載等をする方法により受け入れるもの（措令25の10

	の２⑭十九の二）
㉕	上場株式等以外の株式等につき所得税法第57条の４第１項に規定する株式交換により取得する株式交換完全親法人の株式若しくは親法人の株式又は同条第２項に規定する株式移転により取得する株式移転完全親法人の株式で、その取得する株式交換完全親法人の株式若しくは親法人の株式又は株式移転完全親法人の株式の全てを、当該株式交換又は株式移転の日に特定口座（その特定口座を開設している金融商品取引業者等の営業所の長に対し、当該株式等の取得の日及び取得に要した金額を証する書類等を提出した場合における当該特定口座に限ります。）に係る振替口座簿に記載等をする方法により受け入れるもの（措令25の10の２⑭二十）
㉖	上場株式等以外の株式につき所得税法第57条の４第３項第１号に規定する取得請求権付株式の請求権の行使、同項第２号に規定する取得条項付株式の取得事由の発生又は同項第３号に規定する全部取得条項付種類株式の取得決議により取得する上場株式等で、その取得する上場株式等の全てを、その上場株式等の取得の日に特定口座（その居住者又は恒久的施設を有する非居住者がその特定口座を開設している金融商品取引業者等の営業所の長に対し、その株式等の取得の日及び取得に要した金額を証する書類等を提出した場合におけるその特定口座に限ります。）に係る振替口座簿に記載等をする方法により受け入れるもの（措令25の10の２⑭二十の二）
㉗	保険会社の相互会社から株式会社への組織変更に伴い、当該保険会社から割当てを受ける株式で、その割当てを受ける株式の全てをその株式の上場等の日に特定口座（その特定口座を開設している金融商品取引業者等の営業所の長に対し、割当株式数証明書を提出した場合における当該特定口座に限ります。）に係る振替口座簿に記載等をする方法により受け入れるもの（措令25の10の２⑭二十一）
㉘	保険会社の相互会社から株式会社への組織変更に伴い、当該保険会社から割当てを受けた株式（特別口座に記載又は記録がされることになったものに限り、当該特別口座に記載又は記録がされている当該割当てを受けた株式について一定の事由により取得した株式を含みます。）で、その割当てを受けた株式の全てを、当該割当ての日から10年以内に当該特別口座から特定口座への移管により受け入れるもの（措令25の10の２⑭二十二）
㉙	持株会契約等に基づき取得した上場株式等で、その受入れを、当該持株会契約等に基づき開設された持株会等口座から特定口座への振替の方法により行うもの（措令25の10の２⑭二十三）
㉚	株式付与信託契約に基づき取得した上場株式等で、その受入れを、当該株式付与信託契約に基づき開設された受託者の口座から特定口座への振替の方法により行うもの（措令25の10の２⑭二十四）
㉛	その取得の日から引き続き他の特定口座に係る振替口座簿に記載若しくは記録がされ、又は当該他の特定口座に保管の委託がされている特定譲渡制限付株式等（所得税法施行令第84条第１項に規定する特定譲渡制限付株式又は承継譲渡制限付株式をいいます。）で、譲渡制限が解除された時に当該他の特定口座から振替の方法により当該株式等の全てを受け入れるもの（措令25の10の２⑭二十五）
㉜	発行法人等（上場株式等の発行法人及びその発行法人と密接な関係を有する一定の法人をいいます。以下㉜において同じです。）に対して役務の提供をした場合において、役務の提供をした者がその対価としてその発行法人等から取得する上場株式等で、次に掲げる要件に該当するものの全てを、その取得の時に、その者の特定口座に係る振替口座簿に記載等をする方法

	により受け入れるもの（措令25の10の２⑭二十六） ｉ）その上場株式等がその役務の提供の対価としてその者に生ずる債権の給付と引換えにその者に交付されるものであること ⅱ）ｉ）に掲げるもののほか、その上場株式等が実質的にその役務の提供の対価と認められるものであること
㉝	非課税口座内上場株式等で、当該非課税口座から当該非課税口座が開設されている金融商品取引業者等に開設されている特定口座への移管により受け入れるもので一定の要件を満たすもの（措令25の10の２⑭二十七）
㉞	未成年者口座内上場株式等で、当該未成年者口座から当該未成年者口座が開設されている金融商品取引業者等に開設されている特定口座への移管により受け入れるもので一定の要件を満たすもの（措令25の10の２⑭二十八）
㉟	租税特別措置法第37条の14第５項第１号に規定する非課税口座開設届出書（その非課税口座開設届出書が同条第11項の規定により同号に規定する提出をすることができないものに該当する場合のものに限ります。）の同号に規定する提出をして開設された同条第12項の規定により非課税口座に該当しないものとされる同項の口座に係る振替口座簿に記載等がされている上場株式等で、その口座からその口座が開設されている金融商品取引業者等の営業所に開設されているその居住者等の特定口座への振替の方法によりその上場株式等の全てを受け入れるもの（措令25の10の２⑭二十九）
㊱	課税未成年者口座を構成する特定口座に係る特定口座内保管上場株式等で、租税特別措置法第37条の14の２第５項第２号ト又は第６号ホ若しくはへの規定により当該特定口座が廃止される日に当該口座が開設されている金融商品取引業者等に開設されている他の特定口座への振替の方法により当該特定口座内保管上場株式等の全てを受け入れるもの（措令25の10の２⑭三十）

Ｃ　特定口座内保管上場株式等の譲渡は次の方法によること（措法37の11の３③二、措令25の10の２⑦）

(A)　金融商品取引業者等への売委託による方法

(B)　金融商品取引業者等に対してする方法

(C)　発行法人に対して会社法第192条第１項の規定に基づいて行う単元未満株式の買取請求を金融商品取引業者等の営業所を経由して行う方法

(D)　租税特別措置法第37条の10第３項又は第37条の11第４項各号に規定する事由による上場株式等の譲渡について、当該譲渡に係る金銭及び金銭以外の資産の交付が金融商品取引業者等の営業所を経由して行われる方法

Ｄ　その他次の事項が定められていること

(A)　特定口座からの特定口座内保管上場株式等の全部又は一部の払出し（振替によるものを含み、上記Ｃの方法による譲渡に係るもの及び当該特定口座以外の特定口座への移管に係るものを除きます。）があった場合又は特定口座内公社債につき485ページの一定の事実が発生した場合には、金融商品取引業者等は、当該払出しをした特定口座内保管上場株式等又は当該

事実が発生した特定口座内公社債の取得費等の額（払出し時を譲渡の時とみなした場合の総平均法に準ずる方法により計算した金額）、取得日（先入先出法によった場合の取得の日）及び当該取得日の数その他参考となるべき事項を居住者等に書面により通知（その書面による通知に代えて行う電磁的方法による通知を含みます。この(ロ)及び次の(ハ)において、以下同じです。）すること（措令25の10の２⑨一）

(B)　上記Ｂ②の他の金融商品取引業者等に開設されている特定口座へ特定口座内保管上場株式等を移管する方法は、次の方法により行うこととされていること（措令25の10の２⑨二、⑩⑪）

a　居住者等は「特定口座内保管上場株式等移管依頼書」を移管元の営業所の長に提出すること

b　移管元の営業所の長は依頼された特定口座内保管上場株式等の全てを振替口座簿又は国外におけるこれに類するものに記載又は記録をして移管をすること

c　移管元の営業所の長は移管先の営業所の長に次の書類を送付（その書類の送付に代えて行う電磁的方法による当該書類に記載すべき事項の提供を含みます。この(ロ)及び次の(ハ)において、以下同じです。）（次のⅱ(ⅰ)及び(ⅱ)に掲げる事項その他一定の事項については居住者等にも書面により通知）をすることとされており、移管先の営業所の長はこれらの書類の送付を受けた後でなければ移管を受けないものとされていること

ⅰ「特定口座内保管上場株式等移管依頼書」の写し

ⅱ　次に掲げる事項を証する書類

(ⅰ)　移管する特定口座内保管上場株式等の取得費等の額（総平均法に準ずる方法により計算したもの）

(ⅱ)　移管する特定口座内保管上場株式等の取得の日（先入先出法によった日）及びその取得の日における数

(ⅲ)　全部移管か一部移管かの別及び一部移管の場合には同一銘柄の特定口座内保管上場株式等の全てが移管される特定口座内保管上場株式等に含まれる旨

(ⅳ)　上記(ⅰ)から(ⅲ)までに掲げるもののほか一定の事項

(C)　上記Ｂの⑤、⑥、⑲、㉘、㉝及び㉞の移管による上場株式等の受入れは、次の(ニ)から(チ)までにより行われることとされていること

(ハ)　上場株式等信用取引等契約の内容

上記「(イ)　特定口座に関する事項」のAの「上場株式等信用取引等契約」とは、この特例の適用を受けるために居住者等が金融商品取引業者等と締結した上場株式等の信用取引等に係る契約で、その契約書において、次の事項が定められているものをいいます（措法37の11の3③三、措令25の10の2㉔）。

①	上場株式等の信用取引等は当該信用取引等に係る口座に設けられた特定信用取引等勘定において処理すること
②	特定信用取引等勘定においては特定口座開設届出書の提出後に開始する上場株式等の信用取引等に関する事項のみを処理すること

(ニ)　贈与等を受けた上場株式等の特定口座への移管措置

上記(ロ)Bの⑤及び⑥の贈与、相続（限定承認に係るものを除きます。）又は遺贈（包括遺贈のうち限定承認に係るものを除きます。）により取得した上場株式等（この(ニ)において、以下「相続上場株式等」といいます。）の特定口座への移管（一部移管の場合には同一銘柄の上場株式等が全て移管される場合に限ります。）は、次に掲げる要件を満たす場合に限り認められています（措令25の10の2⑨三、⑮～⑰）。

A　居住者等は「相続上場株式等移管依頼書」を移管元の営業所の長に提出すること

B　相続上場株式等の取得が贈与によるものである場合は、上記Aの「相続上場株式等移管依頼書」に贈与により取得したものである旨を証する一定の書類を添付しなければならないこと

C　相続上場株式等が相続等一般口座に係る振替口座簿に記載若しくは記録がされ、又は当該口座に保管の委託がされていたものである場合は、上記Aの「相続上場株式等振替依頼書」に贈与者、被相続人又は包括遺贈者の当該相続上場株式等の取得の日及びその取得に要した金額を証する一定の書類を添付しなければならないこと

D　移管元の営業所の長は移管する相続上場株式等を上記(ロ)Bの⑤の移管の場合には直接移管する方法又は特定口座への振替の方法により、上記(ロ)Bの⑥の場合には振替口座簿又は国外におけるこれに類するものに記載又は記録をして移管がされること

E　上記(ロ)Bの⑥の移管の場合（移管元の営業所と移管先の営業所が異なる場合）には、移管元の営業所の長は移管先の営業所の長に次の書類を送付（次

のⅱ(ⅰ)及び(ⅱ)に掲げる事項その他一定の事項については居住者等にも書面により通知）することとされており、移管先の営業所の長はこれらの書類の送付を受けた後でなければ移管を受けないものとされていること

ⅰ「相続上場株式等移管依頼書」の写し

ⅱ　次に掲げる事項を証する書類

(ⅰ)　移管する相続上場株式等の取得費等の額（総平均法に準ずる方法により計算したもの）

(ⅱ)　移管する相続上場株式等の取得の日（先入先出法によった日）及びその取得の日における数

(ⅲ)　全部移管か一部移管かの別及び一部移管の場合には同一銘柄の相続上場株式等の全てが移管される相続上場株式等に含まれる旨

(ⅳ)　(ⅰ)から(ⅲ)までに掲げるもののほか一定の事項

F　贈与により取得した相続上場株式等の一部移管がされる場合において、移管先の営業所の特定口座にその相続上場株式等と同一銘柄の上場株式等がそれらの特定口座に係る振替口座簿に記載等がされているときは、移管を受けないものとされていること

(ホ)　出国口座から特定口座への上場株式等の移管措置

上記(ロ)Ｂの⑲の特定口座を設定する際に開設されている出国口座に係る振替口座簿に記載若しくは記録がされ、又は出国口座において保管されている上場株式等（出国後にその出国口座への受入れ又はその出国口座からの払出しが行われた上場株式等（一定の受入れ及び払出しをされたものを除きます。）と同一銘柄の上場株式等を除きます。）の特定口座への移管は、次に掲げる要件を満たす場合に限り認められています（措令25の10の５②、措規18の13）。

A　出国をする日までに次の事項を記載した「特定口座継続適用届出書」を提出（提出に代えて行う電磁的方法による記載すべき事項の提供を含みます。）すること

①	提出者の氏名、生年月日及び住所
②	届出書の提出先の金融商品取引業者等の営業所の名称及び所在地
③	出国前特定口座に係る全ての特定口座内保管上場株式等を上記②の営業所に開設されている出国口座に係る振替口座簿に記載若しくは記録を受け又は当該出国口座に保管の委託をする旨
④	出国前特定口座の名称及び記号又は番号

⑤	出国をする予定年月日及び帰国をする予定年月日
⑥	その他参考となるべき事項

B　帰国をした後「特定口座開設届出書」と併せて次の事項を記載した「出国口座内保管上場株式等移管依頼書」を提出（提出に代えて行う電磁的方法による記載すべき事項の提供を含みます。）すること

①	提出者の氏名、生年月日及び住所
②	依頼書の提出先の金融商品取引業者等の営業所の名称及び所在地
③	出国口座に係る振替口座簿に記載若しくは記録がされ、又は出国口座に保管の委託がされている上場株式等を特定口座に移管することを依頼する旨
④	移管する上場株式等の種類、銘柄及び数（特定公社債等については額面金額）
⑤	出国をした年月日及び帰国をした年月日
⑥	その他参考となるべき事項

C　出国の日の属する年分の所得税につき所得税法第60条の２《国外転出をする場合の譲渡所得等の特例》第１項（同条第10項の規定により適用する場合も含みます。）の規定の適用を受けた居住者が帰国した場合には、上記Bの書類とともに次に掲げる書類を提出すること

(A)	所得税法第151条の２第１項の規定の適用を受けた場合	所得税法第151条の２《国外転出をした者が帰国をした場合等の修正申告の特例》第１項の規定により提出した修正申告書の写し
(B)	所得税法第153条の２第１項（同条第３項において準用する場合も含みます。）の規定の適用を受けた場合	所得税法第153条の２《国外転出をした者が帰国をした場合等の更正の請求の特例》第１項の規定による更正の請求に基づく更正に係る更正通知書等又はその写し
(C)	所得税法第151条の２第１項又は第153条の２第１項の規定の適用を受けなかった場合	出国の日の属する年分の所得税に係る確定申告書の写し又は国税通則法第28条第１項に規定する決定通知書若しくはその写し

D　上記Cの居住者が次の①から③に該当する場合には、それぞれに掲げる日以後に「出国口座内保管上場株式等移管依頼書」の提出をすること

①	出国の日から５年を経過する日（納税の猶予を受けている場合には10年を経過する日。このDにおいて、以下「満了基準日」といいます。）までに帰国をした場合には、その帰国の日から４か月を経過した日
②	満了基準日の翌日から満了基準日以後４か月を経過する日までの間に帰国をした場合には、満了基準日から４か月を経過した日

③	居住者の帰国した日が所得税法第153条の２第１項（同条第３項において準用する場合を含みます。）の規定による更正の請求をした者のその更正の請求に基づく更正の日前である場合には同日

(ヘ)　保険会社の組織変更により割当てを受けた株式の特別口座から特定口座への移管措置

上記(ロ)Ｂの㉘の保険会社の相互会社から株式会社への組織変更によりその保険会社から割当てを受けた株式（特別口座に記載又は記録がされることとなったものに限り、当該特別口座に記載又は記録がされている当該割当てを受けた株式について一定の事由により取得した株式を含みます。）の特定口座への移管は、次に掲げる要件を満たす場合に限り認められています（措令25の10の２⑭二十二、措規18の11⑪）。

Ａ　割当株式の全てを移管すること

Ｂ　割当ての日から10年以内に移管すること

Ｃ　割当株式数証明書を添付した、次の事項を記載した「申出書」を、特定口座を開設している金融商品取引業者等の営業所の長を経由して、その者の住所地の所轄税務署長に提出し、その特定口座に割当株式を移管すること

①	提出者の氏名、生年月日、住所
②	特別口座に係る割当株式の全てを特定口座に移管することを依頼する旨及びその移管を希望する年月日
③	一般口座において割当株式と同一銘柄の株式を現に有しておらず、かつ、有していたことがない旨
④	特別口座が開設されている振替機関等の名称及び所在地並びに当該移管を受ける特定口座を開設されている金融商品取引業者等の営業所の名称及び所在地
⑤	移管をしようとする割当株式の種類、銘柄及び数
⑥	その他参考となるべき事項

(ト)　非課税口座内上場株式等の特定口座への移管措置

上記(ロ)Ｂの㉝の非課税口座内上場株式等の非課税口座を開設している金融商品取引業者等の特定口座への移管は、次に掲げる要件を満たす場合に限り認められています（措令25の10の２⑭二十七、措規18の11⑱）。

Ａ　居住者等は、非課税口座を開設している金融商品取引業者等の営業所の長に対して、次の事項を記載した書類を提出（提出に代えて行う電磁的方法による記載すべき事項の提供を含みます。）すること

①	提出者の氏名、生年月日及び住所
②	非課税口座が開設されている金融商品取引業者等の営業所の名称及び所在地並びに特定口座が開設されている金融商品取引業者等の営業所の名称及び所在
③	非課税口座内上場株式等を特定口座に移管することを依頼する旨及びその希望する年月日
④	非課税口座及び特定口座の記号又は番号並びにその非課税管理勘定、累積投資勘定、特定累積投資勘定又は特定非課税管理勘定を設けた日の属する年
⑤	移管をしようとする非課税口座内上場株式等の種類、銘柄及び数又は価額
⑥	その他参考となるべき事項

B　非課税口座内上場株式等の一部が移管される場合には、当該移管がされる非課税口座内上場株式等と同一銘柄の非課税口座内上場株式等が全て移管されること

㈠ 未成年者口座内上場株式等の特定口座への移管措置

上記㈺Bの㉞の未成年者口座内上場株式等の未成年者口座を開設している金融商品取引業者等の特定口座への移管は、次に掲げる要件を満たす場合に限り認められています（措令25の10の２⑭二十八、措規18の11⑲）。

A　居住者等は、未成年者口座を開設している金融商品取引業者等の営業所の長に対して、次の事項を記載した書類を提出（提出に代えて行う電磁的方法による記載すべき事項の提供を含みます。）すること

①	提出者の氏名、生年月日及び住所
②	未成年者口座が開設されている金融商品取引業者等の営業所の名称及び所在地
③	特定口座が開設されている金融商品取引業者等の営業所の名称及び所在地
④	未成年者口座内上場株式等を特定口座に移管することを依頼する旨及びその希望する年月日
⑤	未成年者口座及び特定口座の記号又は番号並びに非課税管理勘定又は継続管理勘定を設けた日の属する年
⑥	移管をしようとする未成年者口座内上場株式等の種類、銘柄及び数又は価額
⑦	その他参考となるべき事項

B　未成年者口座内上場株式等の一部が移管される場合には、当該移管がされる未成年者口座内上場株式等と同一銘柄の未成年者口座内上場株式等が全て移管されること

(リ)　その他の所得の計算等に関する通則事項

A　特定信用取引等勘定において行った上場株式等の売付けの信用取引の決済を、当該上場株式等と同一銘柄の特定口座内保管上場株式等の引渡し（いわゆる現渡し）により行った場合には、その引渡しは金融商品取引業者等への売委託による方法による譲渡に該当するものとみなして、特定口座での所得の計算を行います（措令25の10の２⑧）。

B　①異なる金融商品取引業者等への移管が行われた場合のその移管先の特定口座、②相続等による移管が行われた場合のその移管先の特定口座又は③特定口座内保管上場株式等の全部又は一部の払出しが行われた場合のその払出し先（特定口座以外での取引となります。）において、その受入れ（払出し）後に、その受入れ（払出し）がされた上場株式等と同一銘柄の上場株式等を譲渡した場合における売上原価又は取得費の額の計算及びその譲渡をした上場株式等の所有期間の判定については次によります（措令25の10の２⑫⑱㉕）。

(A)　取得費等の計算に当たっては、その受入れ（払出し）がされた上場株式等は、その受入れ（払出し）の時において総平均法に準ずる方法により計算された額に相当する金額で取得されたものとされます。そのため、その受入れ（払出し）の前に受入れ（払出し）先の特定口座又は特定口座以外での取引において受入れ（払出し）がされた上場株式等と同一銘柄の上場株式等の譲渡が既に行われている場合に、次の(B)により判定したその受入れ（払出し）がされた上場株式等の取得の日がそれらの譲渡の日よりも古い場合であっても、既に行われた譲渡について遡って取得費等の再計算は行いません。

(B)　所有期間の判定に当たっては、その受入れ（払出し）がされた上場株式等は、その受入れ（払出し）の時において先入先出法に基づいて定められた取得の日に取得されたものとします。

C　上記(ロ)Bの⑦から⑮までに掲げる事由により取得し、又は⑳に掲げる返還がされた上場株式等で特定口座に受け入れなかったものがある場合には、当該上場株式等については、これらの事由が生じた時又は当該返還がされた時に当該特定口座に受け入れたものと、その受入れ後直ちに当該特定口座からの払出しがあったものとそれぞれみなして取得費等の計算等を行います（措令25の10の２㉓）。

⑵　特定口座内保管上場株式等の譲渡による所得等に対する源泉徴収等の特例（措法37の11の４）

イ　制度の内容

居住者等から特定口座源泉徴収選択届出書の提出がされた特定口座を通じてその提出に係る年中に行われた特定口座内保管上場株式等の譲渡又は上場株式等の信用取引等に係る差金決済により源泉徴収選択口座内調整所得金額が生じた場合には、その譲渡の対価又は差金決済に係る差益に相当する金額の支払をする金融商品取引業者等は、その支払をする際に、源泉徴収選択口座内調整所得金額に15％の税率を乗じて計算した金額の所得税を徴収し、その徴収の日の属する年の翌年１月10日までに、これを国に納付しなければなりません（措法37の11の４①）。

※　平成25年から令和19年までの各年分の所得税については、上記所得税率（15％）に対し、復興特別所得税（2.1％）が上乗せされます（詳細については、701ページを参照してください。）。

ロ　適用要件

⑴　特定口座源泉徴収選択届出書の提出（措法37の11の４①、措令25の10の11①）

その年について特定口座における源泉徴収を選択する者は、金融商品取引業者等の営業所の長にその年の次のいずれか早い時までに特定口座源泉徴収選択届出書を提出しなければなりません。したがって、選択は各年ごとに行うこととなり、譲渡又は差金決済ごとに源泉徴収するか否かを選択することはできません。

Ａ　その年最初に特定口座に係る特定口座内保管上場株式等の譲渡をする時

Ｂ　特定口座において処理された上場株式等の信用取引等につきその年最初に差金決済を行う時

⑵　源泉徴収選択口座内調整所得金額

源泉徴収選択口座内調整所得金額とは、居住者等の源泉徴収選択口座に係る特定口座内保管上場株式等の譲渡又は当該源泉徴収選択口座において処理された上場株式等の信用取引等に係る差金決済（所得税法第60条の２第１項又は第60条の３第１項の規定により譲渡があったものとみなされたものを除きます。この⑵において、以下「対象譲渡等」といいます。）が行われた場合において、当該居住者等の当該源泉徴収選択口座に係る次の算式により計算した金額が生じるときにおけるその金額をいいます（措法37の11の４②）。

〔算式〕

源泉徴収選択口座内調整所得金額 (a)	＝	その年の１月１日から対象譲渡等の時の以前の譲渡に係る次の金額（零を下回るときは零）(b) **特定口座内保管上場株式等の譲渡** 譲渡収入金額の総額 － 取得費等の金額の総額 ＋ **上場株式等の信用取引等の差金決済** 差益金額の総額 － 差損金額の総額	－	その年の１月１日から対象譲渡等の時の前の譲渡に係る次の金額（零を下回るときは零）(c) **特定口座内保管上場株式等の譲渡** 譲渡収入金額の総額 － 取得費等の金額の総額 ＋ **上場株式等の信用取引等の差金決済** 差益金額の総額 － 差損金額の総額

㈱　(b)＜(c)のときは、(a)の金額は生じません。

※　上記算式中の用語の意義は次のとおりです。

1　「譲渡収入金額」とは、その譲渡をした特定口座内保管上場株式等の譲渡に係る収入金額のうちその特定口座内保管上場株式等に係る源泉徴収選択口座において処理された金額をいいます（措令25の10の11③）。

2　「取得費等の金額」とは、次の(1)と(2)の金額の合計額をいいます（措令25の10の11④）。

(1)　その譲渡をした特定口座内保管上場株式等の取得に要した金額その他のその特定口座内保管上場株式等につき源泉徴収選択口座において処理された金額又は事項を基礎として総平均法に準ずる方法により計算した場合に算出されるその特定口座内保管上場株式等の売上原価の額又は取得費の額に相当する金額

(2)　その譲渡をした特定口座内保管上場株式等のその譲渡に係る委託手数料その他その譲渡に要した費用の額のうちその特定口座内保管上場株式等に係る源泉徴収選択口座において処理された金額

3　「差益金額」とは源泉徴収選択口座において差金決済が行われた信用取引等に係る次の(1)から(2)を控除した残額をいい、「差損金額」とは、その信用取引等に係る次の(2)から(1)を控除した残額をいいます（措令25の10の11⑤）。

(1)　その信用取引等による上場株式等の譲渡又はその信用取引等の決済のために行う上場株式等の譲渡に係る収入金額のうちその源泉徴収選択口座において処理された金額

(2)　上記(1)の信用取引等に係る上場株式等の買付けにおいてその上場株式等を取得するために要した金額、源泉徴収選択口座を開設する金融商品取引業者等から借り入れた借入金につき支払った利子の額及び譲渡のために要した委託手数料、管理費などの信用取引等を行うことに伴い直接要した費用の額のうちその源泉徴収選択口座において処理された金額の合計額

(ハ)　源泉徴収済みの所得税額の調整（還付）

金融商品取引業者等は、源泉徴収選択口座において、その年中に行われた対象譲渡等により源泉徴収口座内通算所得金額（上記(ロ)の算式中の(b)の金額）が源泉徴収口座内直前通算所得金額（上記(ロ)の計算中の(c)の金額）に満たないこ

ととなった場合又はその年中に行われた対象譲渡等につき特定費用の金額がある場合には、その都度、居住者等に対して、その満たない部分の金額又は当該特定費用の金額（当該特定費用の金額が当該源泉徴収選択口座においてその年最後に行われた対象譲渡等に係る源泉徴収口座内通算所得金額を超える場合には、その超える部分の金額を控除した金額）に15％を乗じて計算した金額に相当する所得税を還付しなければなりません（措法37の11の４③）。

用語の解説

特定費用の金額

源泉徴収選択口座を開設している居住者等が締結した投資一任契約に基づきその源泉徴収選択口座を開設している金融商品取引業者等に支払うべき費用の額のうち対象譲渡等に係る事業所得の金額又は雑所得の金額の計算上必要経費に算入されるべき金額でその年12月31日（当該源泉徴収選択口座につき特定口座廃止届出書の提出があった場合等の一定の場合には、当該提出があった日等の一定の日）において対象譲渡等に係る取得費等の金額の総額並びに差益金額及び差損金額の計算上処理された金額に含まれないものをいいます（措法37の11の４③、措令25の10の11⑥）。

㈱　これにより、年間を通じて、所得金額に応じた源泉徴収税額の調整が行われることとなります。

※　平成25年から令和19年までの各年分の所得税については、上記所得税率（15％）に対し、復興特別所得税（2.1％）が上乗せされます（詳細については、701ページを参照してください。）。

(3)　確定申告を要しない上場株式等の譲渡による所得（措法37の11の５）

イ　制度の内容

源泉徴収選択口座を有する居住者等で、当該源泉徴収選択口座について次の(イ)又は(ロ)に掲げる金額を有する者は、その年分の所得税については、①上場株式等に係る譲渡所得等の金額、②上場株式等に係る譲渡損失の金額、③給与所得及び退職所得以外の所得金額又は④公的年金等に係る雑所得以外の所得金額の計算上、次の(イ)又は(ロ)の金額を除外したところにより、所得税法第120条から第127条まで及び租税特別措置法第37条の12の２第９項において準用する所得税法第123条第１項の規定を適用することができます（措法37の11の５①）。

(イ)　その年中にした源泉徴収選択口座（その者が源泉徴収選択口座を２以上有す

る場合には、それぞれの源泉徴収選択口座。次の(ロ)において同じです。）に係る特定口座内保管上場株式等の譲渡による事業所得の金額、譲渡所得の金額及び雑所得の金額並びにこれらの所得の金額の計算上生じた損失の金額

(ロ)　その年中に源泉徴収選択口座において処理された差金決済に係る信用取引等に係る上場株式等の譲渡による事業所得の金額及び雑所得の金額並びにこれらの所得の金額の計算上生じた損失の金額

(注)1　この規定は「適用することができる」とされているとおり、源泉徴収選択口座において生じた所得又は所得の計算上生じた損失の金額を申告することについて何ら制限するものではありません。

ただし、源泉徴収選択口座において生じた所得又は所得の計算上生じた損失の金額を申告した場合には、後からこの申告不要制度を選択することはできません（措通37の11の５－４）。

2　特定口座源泉徴収選択届出書を提出しない特定口座について生じた所得又は所得の計算上生じた損失の金額については、この除外規定の対象とはならないことから、通常どおり租税特別措置法第37条の11のほか所得税に関する法令の規定が適用されます。

ロ　適用除外となる具体的な内容

(イ)　確定所得申告（所法120）

居住者は、その年分の総所得金額、退職所得金額及び山林所得金額の合計額が所得控除の合計額を超える場合で、その超える金額を基に計算した所得税の合計額が配当控除の額を超えるとき（所得税の額の計算上控除しきれなかった外国税額控除の額、源泉徴収税額又は予定納税額がある場合を除きます。）には確定申告が必要とされていますが、上記イの申告不要制度を選択した場合には、源泉徴収選択口座において生じた所得又は所得の計算上生じた損失の金額は確定申告書上は租税特別措置法第37条の11第１項に規定する上場株式等に係る譲渡所得等の金額に含まれないこととなりますので、これを除外して確定申告の要否を判定することとなります。

(ロ)　確定所得申告を要しない場合（所法121）

上記イの申告不要制度を選択した場合には、給与所得又は公的年金等に係る雑所得を有する者の確定申告不要要件（いわゆる20万円基準）の適用上、源泉徴収選択口座において生じた所得又は所得の計算上生じた損失の金額は「給与所得及び退職所得以外の所得金額」又は「公的年金等に係る雑所得以外の所得金額」には含まれないこととされています（措令25の10の12①二、三、措通37の11の５－１）。

(ハ)　還付等を受けるための申告（所法122）

上記イの申告不要制度を選択した場合に、いわゆる還付申告を行うときには、源泉徴収選択口座において生じた所得又は所得の計算上生じた損失の金額を除外して申告することができます。

(ニ)　確定損失申告（所法123）

上記イの申告不要制度を選択した場合に、その年の翌年以後において「純損失の繰越控除（所法70①②)」、「雑損失の繰越控除（所法71①)」、「上場株式等に係る譲渡損失の繰越控除（措法37の12の２⑤)」、「特定中小会社が発行した株式に係る譲渡損失の繰越控除（措法37の13の３⑦)」、「先物取引の差金等決済に係る損失の繰越控除（措法41の15①)」、「居住用財産の買換え等の場合の譲渡損失の繰越控除（措法41の５④)」若しくは「特定居住用財産の譲渡損失の繰越控除（措法41の５の２④)」の規定の適用を受け、又は「純損失の繰戻しによる還付の手続等（所法142②)」の規定による還付を受けようとするときには、源泉徴収選択口座において生じた所得又は所得の計算上生じた損失の金額を除外して申告することができます。

(ホ)　その他の申告の場合（所法124～127）

上記イの申告不要制度を選択した場合に、「確定申告書を提出すべき者等が死亡した場合の確定申告（所法124)」、「年の中途で死亡した場合の確定申告（所法125)」、「確定申告書を提出すべき者等が出国をする場合の確定申告（所法126)」又は「年の中途で出国する場合の確定申告（所法127)」において、源泉徴収選択口座において生じた所得又は所得の金額の計算上生じた損失の金額を除外して申告することができます。

(ヘ)　扶養親族等の要件とされる合計所得金額等（所法２①三十～三十四の四、所令11②、11の２②）

上記イの申告不要制度を選択した場合には、源泉徴収選択口座において生じた所得又は所得の計算上生じた損失の金額は、所得税法第２条第１項第30号《寡婦》から第34号の４《老人扶養親族》の判定上の「合計所得金額」及び所得税法施行令第11条の２第２項《ひとり親の範囲》に規定する「その年分の総所得金額、退職所得金額及び山林所得金額の合計額」には含まれないこととされています（措令25の10の12①一、措通37の11の５－１)。

⑷　源泉徴収選択口座内配当等に係る所得計算及び源泉徴収等の特例（措法37の11の６）

イ　上場株式等の配当等の源泉徴収選択口座への受入れ

(イ)　源泉徴収選択口座内配当等に係る利子所得及び配当所得の区分計算

源泉徴収選択口座を有する居住者等が支払を受ける源泉徴収選択口座内配当等については、当該源泉徴収選択口座内配当等に係る利子所得の金額及び配当所得の金額と当該源泉徴収選択口座内配当等以外の利子等及び配当等に係る利子所得の金額及び配当所得の金額とを区分して、これらの金額が計算されます（措法37の11の６①）。

居住者等が複数の源泉徴収選択口座を有している場合には、それぞれの源泉徴収選択口座ごとに計算します（措令25の10の13①前段）。

この利子所得の金額及び配当所得の金額の区分計算をする場合において、配当等の交付を受けた日又は支払の確定した日（無記名株式等の剰余金の配当又は無記名の投資信託若しくは特定受益証券発行信託の受益証券に係る収益の分配については、その支払を受けた日）の属する年分の配当所得の金額の計算上、その配当等の収入金額から控除する配当所得を生ずべき元本を取得するために要した負債の利子の額のうちにそれぞれの源泉徴収選択口座において有する源泉徴収選択口座内配当等に係る配当所得と当該源泉徴収選択口座内配当等以外の配当等に係る配当所得の双方の配当所得を生ずべき株式等を取得するために要した金額（この⑷において、以下「共通負債利子の額」といいます。）があるときは、当該共通負債利子の額は、これらの配当所得を生ずべき株式等の取得に要した金額その他の合理的と認められる基準により当該源泉徴収選択口座内配当等に係る負債の利子の額と当該源泉徴収選択口座内配当等以外の配当等に係る負債の利子の額とに配分するものとされています（措令25の10の13①後段）。

(ロ)　源泉徴収選択口座内配当等受入開始届出書の提出

特定上場株式配当等勘定が設けられた源泉徴収選択口座を開設している居住者等でその支払を受ける上場株式等の配当等についてこの特例の適用を受けようとする者は、その源泉徴収選択口座が開設されている金融商品取引業者等の営業所の長に、その上場株式等の配当等の支払の確定する日（無記名の公社債の利子、無記名株式等の剰余金の配当又は無記名の投資信託若しくは特定受益証券発行信託の受益証券に係る収益の分配については、その支払がされる日）までに、一定の事項を記載した源泉徴収選択口座内配当等受入開始届出書（この⑷において、以下「受入開始届出書」といいます。）を提出しなければなりません（措法37の11の６②、措令25の10の13②）。

用語の解説

源泉徴収選択口座内配当等

源泉徴収選択口座を有する居住者等が支払を受ける上場株式等の配当等のうち、当該居住者等が当該源泉徴収選択口座を開設している金融商品取引業者等と締結した上場株式配当等受領委任契約に基づき当該源泉徴収選択口座に設けられた特定上場株式配当等勘定に受け入れられたものをいいます（措法37の11の６①）。

特定上場株式配当等勘定

上場株式配当等受領委任契約に基づき源泉徴収選択口座において交付を受ける上場株式等の配当等について、当該上場株式等の配当等に関する記録を他の上場株式等の配当等に関する記録と区分して行うための勘定をいいます（措法37の11の６④二）。

なお、特定上場株式配当等勘定においては、当該特定上場株式配当等勘定が設定された源泉徴収選択口座が開設されている金融商品取引業者等の営業所に係る金融商品取引業者等の振替口座簿に記載若しくは記録がされ、又は当該営業所に保管の委託がされている上場株式等の配当等を受け入れることができます。この場合、その上場株式等はその源泉徴収選択口座で管理されているものだけでなく、その源泉徴収選択口座以外の口座で管理されているものの配当等についても受入れ可能とされています（措法37の11の６④一）。

(ハ)　上場株式等の配当等の源泉徴収選択口座への受入れ

受入開始届出書の提出を受けた金融商品取引業者等の営業所の長は、当該受入開始届出書の提出をした居住者等に対して支払われる上場株式等の配当等で当該受入開始届出書の提出を受けた日以後に支払の確定するもの(注)のうち当該金融商品取引業者等が支払の取扱いをするもの（一定の要件を満たすものに限ります。）の全てを当該居住者等の源泉徴収選択口座に係る特定上場株式配当等勘定に受け入れなければなりません（措法37の11の６③）。

(注)　無記名の公社債の利子、無記名株式等の剰余金の配当又は無記名の投資信託若しくは特定受益証券発行信託の受益証券に係る収益の分配にあっては、同日以後に支払われるもの

(ニ)　源泉徴収選択口座内配当等受入終了届出書の提出

受入開始届出書を提出している居住者等が、その提出後、その提出を受けた金融商品取引業者等が支払の取扱いをする上場株式等の配当等について、この特例の適用を受けることをやめようとする場合には、その者は、特定口座廃止届出書の提出をする場合を除き、その源泉徴収選択口座が開設されている金融商品取引業者等の営業所の長に、その上場株式等の配当等の支払の確定する日までに、一定の事項を記載した源泉徴収選択口座内配当等受入終了届出書（この(4)において、以下「受入終了届出書」といいます。）を提出しなければなりません（措法37の11の６③、措令25の10の13④）。

なお、受入終了届出書の提出があった場合には、当該提出を受けた金融商品取引業者等の営業所の長に係る金融商品取引業者等が支払の取扱いをする上場株式等の配当等でその提出があった日以後に支払の確定するもの（無記名の公社債の利子、無記名株式等の剰余金の配当又は無記名の投資信託若しくは特定受益証券発行信託の受益証券に係る収益の分配にあっては、同日以後に支払がされるもの）に係る利子所得又は配当所得については、この特例は適用しないこととされています（措令25の10の13⑤）。

ロ　源泉徴収選択口座における上場株式等の配当等と譲渡損失との損益通算

金融商品取引業者等が居住者等に対して支払われる源泉徴収選択口座内配当等について徴収して納付すべき所得税の額を計算する場合において、その源泉徴収選択口座内配当等に係る源泉徴収選択口座において上場株式等に係る譲渡損失の金額があるときは、その源泉徴収選択口座内配当等について徴収して納付すべき所得税の額は、その源泉徴収選択口座内配当等の額の総額から上場株式等に係る譲渡損失の金額を控除（損益通算）した残額に係る利子等又は配当等の区分に応じて源泉徴収税率を乗じて計算した金額の合計額に相当する金額となります（措法37の11の６⑥、措令25の10の13⑧）。

なお、この特例を適用した源泉徴収選択口座内配当等についても、配当所得等の申告不要の特例（措法８の５）を適用することができます。

(注)　源泉徴収口座内配当等に係る所得計算及び源泉徴収の特例は、源泉徴収税額の計算の特例であるため、源泉徴収選択口座において上場株式等の配当等と譲渡損失との損益通算が行われた場合であっても、これらの配当等又は譲渡損失について確定申告をする場合には、その源泉徴収選択口座内配当等に係る配当所得の金額及び上場株式等に係る譲渡損失の金額は、損益通算前の金額により計算することとなります。

ハ　その他

(イ)　収入金額とすべき金額についての特則

源泉徴収選択口座内配当等については、その年分の利子所得の金額又は配当所得の金額の計算上収入金額とすべき金額を、その年においてその源泉徴収選択口座内配当等に係る源泉徴収選択口座が開設されている金融商品取引業者等から交付を受けた金額とし、金融商品取引業者等から交付を受けた日に収入金額として計上します（措法37の11の６⑧、措通37の11の６－２）。

(ロ)　配当所得等の申告不要の特例の適用についての特則

上場株式等の利子等又は配当等で一定のものについては、総所得金額又は上場株式等に係る配当所得等の金額等の計算上、その利子等に係る利子所得の金額又は配当等に係る配当所得等の金額の一部又は全部を除外したところにより、確定申告等をすることができる配当所得等の申告不要の特例があります（措法８の５）。

源泉徴収選択口座内配当等についてこの申告不要の特例を適用する場合には、次のように取り扱われます。

A　特例の適用単位

源泉徴収選択口座内配当等についてこの申告不要の特例を適用する場合には、上記イ(イ)により区分計算されたその年中に交付を受けた源泉徴収選択口座内配当等に係る利子所得の金額及び配当所得の金額の合計額ごと（源泉徴収選択口座単位）に行います（措法37の11の６⑨）。

なお、２つ以上の源泉徴収選択口座において源泉徴収選択口座内配当等を有する場合には、それぞれの源泉徴収選択口座において有する源泉徴収選択口座内配当等ごとにこの申告不要の特例の適用を選択することができます。

B　源泉徴収選択口座における上場株式等に係る譲渡損失の金額についての申告不要の特例を適用しない場合

上記ロの源泉徴収選択口座内配当等に係る源泉徴収に関する特例により金融商品取引業者等が源泉徴収選択口座内配当等について徴収して納付すべき所得税の額の計算上当該居住者等が有する源泉徴収選択口座内配当等の額から控除した上場株式等に係る譲渡損失の金額につき特定口座内保管上場株式等に係る譲渡所得等の申告不要の特例（措法37の11の５）の適用を受けない場合には、当該源泉徴収選択口座内配当等に係る利子所得の金額及び配当所得の金額の合計額については、上場株式等の配当等に係る申告不要の特例

（措法８の５①②）を適用せず、その譲渡損失の金額と併せて確定申告を行わなければなりません（措法37の11の６⑩）。

（参考例）　上場株式等に係る譲渡損失と上場株式等に係る配当所得等の損益通算

①　源泉徴収選択口座内の譲渡損を申告不要とする場合

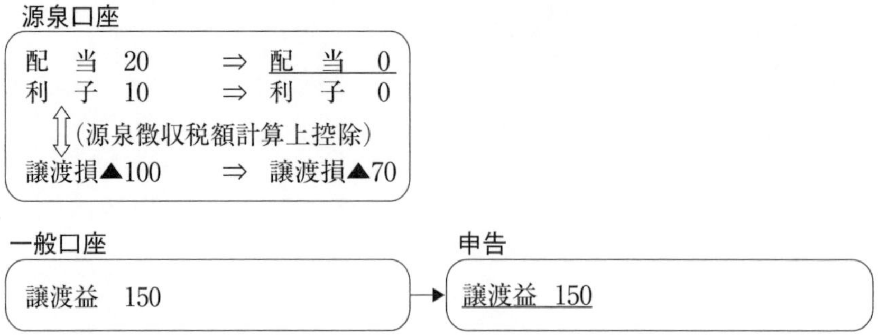

②　源泉徴収選択口座内の譲渡損を申告する場合（配当・利子との損益通算なし）

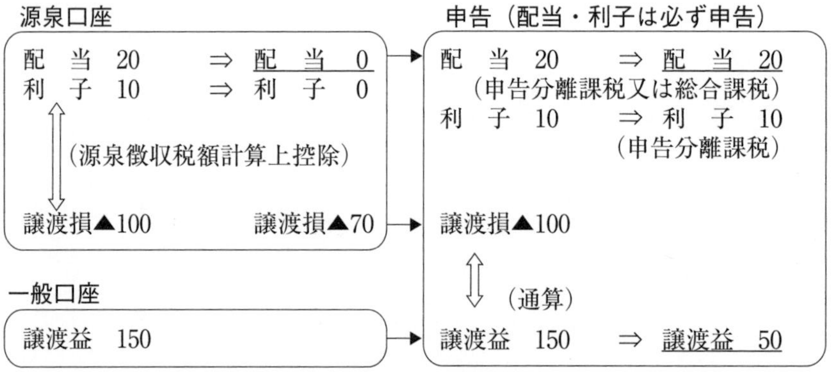

㈱　申告をする場合は、所得金額を通算前（②の例では、配当20、利子10、譲渡損▲100）にリセットしたところで計算し直します。

③　源泉徴収選択口座内の譲渡損を申告する場合（配当・利子との損益通算あり）

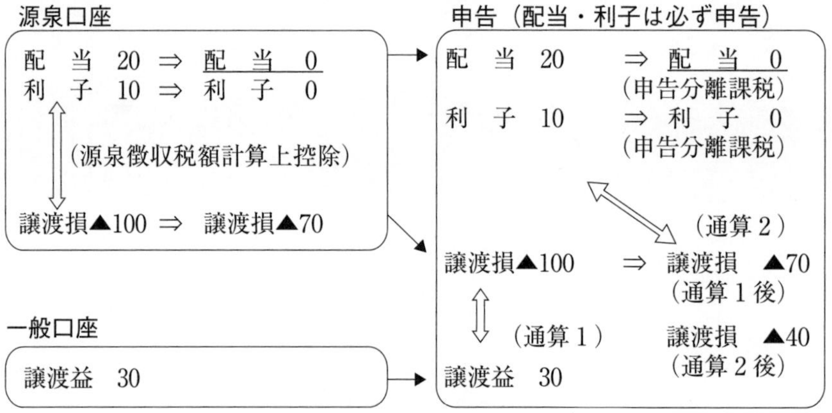

㈱　申告をする場合は、所得金額を通算前（③の例では、配当20、利子10、譲渡損▲100）にリセットしたところで計算し直します。

４　上場株式等に係る譲渡損失の損益通算及び繰越控除(措法37の12の２)

⑴　上場株式等に係る譲渡損失と上場株式等に係る配当所得等との損益通算

確定申告書を提出する居住者等の各年分の上場株式等に係る譲渡損失の金額がある場合には、当該上場株式等に係る譲渡損失の金額は、当該確定申告書に係る年分の上場株式等の配当等に係る利子所得及び配当所得（この４において、以下「上場株式等に係る配当所得等」といいます。）の金額（申告分離課税を選択したものに限ります。）を限度として、その年分の上場株式等に係る配当所得等の金額の計算上控除することができます（措法37の12の２①）。

イ　上場株式等に係る譲渡損失の金額

「上場株式等に係る譲渡損失の金額」とは、居住者等が、「上場株式等の一定の譲渡をしたことにより生じた損失の金額」のうち、その者の当該譲渡をした日の属する年分の「上場株式等に係る譲渡所得等の金額の計算上控除してもなお控除しきれない部分の金額」をいいます（措法37の12の２②）。

「一定の譲渡」の範囲は次のとおりです（措法37の12の２②、措令25の11の２④～⑥）。

なお、上場株式等の範囲については、451ページを参照してください。

①	金商法第２条第９項に規定する金融商品取引業者（第一種金融商品取引業を行う者に限ります。次の②において同じです。）又は同法第２条第11項に規定する登録金融機関への売委託により行う上場株式等の譲渡
②	金融商品取引業者に対する上場株式等の譲渡
③	登録金融機関に対する上場株式等の譲渡で金商法第２条第８項第１号の規定に該当するもの
④	投信法第２条第11項に規定する投資信託委託会社に対する上場株式等の譲渡で金商法施行令第１条の12第１号に規定する買取りに該当するもの
⑤	租税特別措置法第37条の10第３項又は第37条の11第４項各号の規定する事由による上場株式等の譲渡
⑥	上場株式等を発行した法人の行う株式交換又は株式移転による当該法人に係る株式交換完全親法人又は株式移転完全親法人に対する上場株式等の譲渡
⑦	上場株式等を発行した法人に対して会社法第192条第１項の規定に基づいて行う同項に規定する単元未満株式の譲渡
⑧	新株予約権付社債についての社債、取得条項付新株予約権又は新株予約権付社債の所得税法第57条の４第３項第４号から第６号に規定する法人に対する譲渡で、その譲渡が同項に規定する場合に該当しない場合における譲渡
⑨	取得条項付新投資口予約権のその発行した法人に対する譲渡
⑩	上場株式等を発行した法人に対して会社法の施行に伴う関係法律の整備等に関する法律第64条の規定による改正前の商法第220条の６第１項の規定に基づいて行う同項に規定する端株の譲渡

⑪	上場株式等を発行した法人が行う会社法第234条第１項又は第235条第１項の規定その他一定の規定による１株又は１口に満たない端株に係る上場株式等の競売（会社法第234条第２項（同法第235条第２項又は他の法律において準用する場合を含みます。）の規定その他一定の規定による競売以外の方法による売却を含みます。）による上場株式等の譲渡
⑫	信託会社（金融機関の信託業務の兼営等に関する法律第１条第１項に規定する信託業務を営む同項に規定する金融機関を含みます。次の⑬において同じです。）の営業所（国内にある営業所又は事務所をいいます。次の⑬において同じです。）に信託されている上場株式等の譲渡で、当該営業所を通じて金商法第58条に規定する外国証券業者への売委託により行うもの
⑬	信託会社の営業所に信託されている上場株式等の譲渡で、当該営業所を通じて外国証券業者に対して行うもの
⑭	所得税法第60条の２第１項又は第60条の３第１項の規定により行われたものとみなされた上場株式等の譲渡

(イ)「上場株式等の一定の譲渡をしたことにより生じた損失の金額」の計算

「上場株式等の一定の譲渡をしたことにより生じた損失の金額」とは、次の表に掲げる区分に応じてそれぞれ計算した金額をいいます（措令25の11の２①、措規18の14の２①）。

	区　分	損失の金額
①	事業所得又は雑所得の基因となる上場株式等の譲渡をしたことにより生じたものである場合	上場株式等の譲渡を上記イの一定の譲渡（この表において、以下「特定譲渡」といいます。）とそれ以外の譲渡（この表において、以下「一般譲渡」といいます。）とに区分して、特定譲渡に係る事業所得の金額又は雑所得の金額の計算をした場合にこれらの金額の計算上生ずる損失の金額に相当する金額 (注)　上場株式等の譲渡に係る事業所得の金額又は雑所得の金額の計算上必要経費に算入されるべき金額のうちに、特定譲渡と一般譲渡の双方に関連して生じた金額があるときにおけるその金額は、これらの所得を生ずべき業務に係る収入金額その他の基準のうち合理的と認められるものにより特定譲渡に係る必要経費の額と一般譲渡に係る必要経費の額とに配分します。
②	譲渡所得の基因となる上場株式等の譲渡をしたことにより生じたものである場合	上場株式等の譲渡による譲渡所得の金額の計算上生じた損失の金額

(ロ)「上場株式等に係る譲渡所得等の金額の計算上控除してもなお控除しきれない部分の金額」の計算

「上場株式等に係る譲渡所得等の金額の計算上控除してもなお控除しきれない部分の金額」とは、上場株式等の譲渡をした日の属する年分の「上場株式等に係る譲渡所得等の金額の計算上生じた損失の金額」のうち、「特定譲渡損失の金額」の合計額に達するまでの金額をいいます（措令25の11の２②）。

この「特定譲渡損失の金額」とは、その年中の上場株式等の譲渡に係る事業所得の金額の計算上生じた損失の金額、譲渡所得の金額の計算上生じた損失の金額又は雑所得の金額の計算上生じた損失の金額のうち、それぞれその所得の基因となる上場株式等の譲渡に係る上記(イ)の表の区分に応じた金額の合計額に達するまでの金額をいいます（措令25の11の２③）。

ロ　上場株式等に係る配当所得等の金額

上場株式等に係る譲渡損失の金額を控除することができる「上場株式等に係る配当所得等の金額」は、上場株式等に係る配当所得等の課税の特例（措法８の４）による申告分離課税を選択したもののみとなります（措法37の12の２①）。

したがって、上場株式等に係る配当所得等について、総合課税を選択して申告した場合には、この損益通算をすることはできません。

なお、上場株式等に係る配当所得等について、詳しくは524ページを参照してください。

ハ　損益通算の適用を受ける場合の手続

この損益通算の適用を受けるためには、その年分の確定申告書に、損益通算の適用を受けようとする旨及び次のＡに掲げる事項を記載し、かつ、次のＢに掲げる一定の書類を添付しなければなりません（措法37の12の２③、措令25の11の２⑦、措規18の14の２②）。

(注)　この場合における確定申告書には、所得税法上の確定申告書（確定所得申告書、還付申告書及び確定損失申告書並びにこれらの期限後申告書を含みます。）のほか、次に掲げる申告書が含まれます（措法37の12の２①）。

①　その年の翌年以後において「上場株式等に係る譲渡損失の繰越控除」（措法37の12の２⑤）の適用を受けようとする場合で、所得税法上の確定申告書を提出すべき場合及び還付申告書又は確定損失申告書を提出することができる場合のいずれにも該当しない場合に提出することができる確定損失申告書（措法37の12の２⑨）

②　「特定中小会社が発行した株式に係る譲渡損失の繰越控除（エンジェル税制）」（措法37の13の３⑦）において提出することができる確定損失申告書（措法37の13の３⑩）

Ａ　記載事項

①	その年において生じた租税特別措置法第37条の12の２第２項に規定する上場株式等に係る譲渡損失の金額
②	上記①の金額を控除しないで計算した場合のその年分の租税特別措置法第８条の４第１項に規定する上場株式等に係る配当所得等の金額
③	上記①及び②に掲げる金額の計算の基礎その他参考となるべき事項

B　添付書類

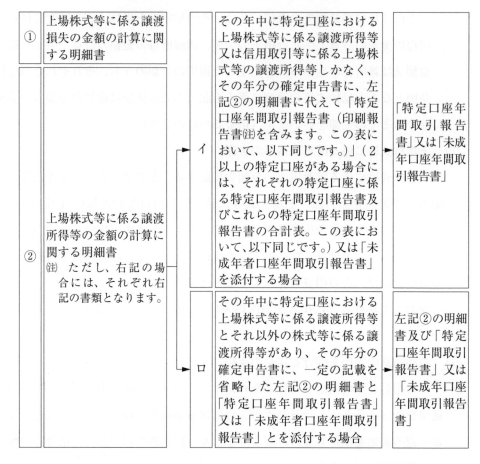

①	上場株式等に係る譲渡損失の金額の計算に関する明細書			
②	上場株式等に係る譲渡所得等の金額の計算に関する明細書 (注)　ただし、右記の場合には、それぞれ右記の書類となります。	イ	その年中に特定口座における上場株式等に係る譲渡所得等又は信用取引等に係る上場株式等の譲渡所得等しかなく、その年分の確定申告書に、左記②の明細書に代えて「特定口座年間取引報告書（印刷報告書(注)を含みます。この表において、以下同じです。）」（2以上の特定口座がある場合には、それぞれの特定口座に係る特定口座年間取引報告書及びこれらの特定口座年間取引報告書の合計表。この表において、以下同じです。）又は「未成年者口座年間取引報告書」を添付する場合	「特定口座年間取引報告書」又は「未成年口座年間取引報告書」
		ロ	その年中に特定口座における上場株式等に係る譲渡所得等とそれ以外の株式等に係る譲渡所得等があり、その年分の確定申告書に、一定の記載を省略した左記②の明細書と「特定口座年間取引報告書」又は「未成年者口座年間取引報告書」とを添付する場合	左記②の明細書及び「特定口座年間取引報告書」又は「未成年口座年間取引報告書」

(注)　印刷報告書とは、特定口座年間取引口座に記載すべき事項を記録した電子証明書等の内容を一定の方法によって出力して作成したもので、平成31・令和元年分以後の所得税及び復興特別所得税の確定申告書に添付することができます（平成29年改正政令附則12、平成29年改正規則附則5）。

二　その他の適用上の留意点

申告分離課税の対象となる「上場株式等に係る配当所得等の金額」は、この損益通算の適用後の金額となります（措法37の12の2④）。

なお、この損益通算の適用がある場合には、所得税の扶養控除の対象となる扶養親族に該当するかどうかなどを判定する際の「合計所得金額」等についても、この損益通算の適用後の金額を基礎として計算することになります（措法37の12の2④により読み替えられた後の措法8の4③一、措令25の11の2⑮⑳）。

⑵　上場株式等に係る譲渡損失の繰越控除

居住者等が、上場株式等に係る譲渡損失の金額（この特例の適用を受けて前年以前において控除されたものを除きます。）を有する場合には、一定の要件の下で、当該上場株式等に係る譲渡損失の金額は、その年分の翌年以後３年内の各年分の上場株式等に係る譲渡所得等の金額及び上場株式等に係る配当所得等の金額（上記⑴の損益通算の適用がある場合には適用後の金額）から繰越控除することができます（措法37の12の２⑤）。

イ　上場株式等に係る譲渡損失の金額

「上場株式等に係る譲渡損失の金額」とは、居住者等が、「上場株式等の一定の譲渡をしたことにより生じた損失の金額」のうち、その者の当該譲渡をした日の属する年分の「上場株式等に係る譲渡所得等の金額の計算上控除してもなお控除しきれない部分の金額とその年における上場株式等に係る配当所得等の金額との損益通算後の金額」をいいます（措法37の12の２⑥）。

㈠「上場株式等の一定の譲渡をしたことにより生じた損失の金額」の計算

上記⑴イ㈠と同じですので、516ページを参照してください（措令25の11の２⑨）。

㈡「上場株式等に係る譲渡所得等の金額の計算上控除してもなお控除しきれない部分の金額」の計算

上記⑴イ㈡と同じですので、516ページを参照してください（措令25の11の２⑩）。

ロ　上場株式等に係る譲渡損失の金額の繰越控除の方法

上場株式等に係る譲渡損失の金額の繰越控除は、次の順序により行います（措令25の11の２⑧）。

㈠　控除する上場株式等に係る譲渡損失の金額が前年以前３年内の２以上の年に生じたものである場合には、これらの年のうち最も古い年に生じた上場株式等に係る譲渡損失の金額から順次控除します。

㈡　前年以前３年内の１の年において生じた上場株式等に係る譲渡損失の金額の控除をする場合において、その年分の上場株式等に係る譲渡所得等の金額（「特定中小会社が発行した株式の取得に要した金額の控除等」（措法37の13①）又は「特定中小会社が発行した株式に係る譲渡損失の損益の計算又は繰越控除」（措法37の13の３④⑦）（エンジェル税制）の適用がある場合には、その適用後の金額）及び上場株式等に係る配当所得等の金額があるときは、その上場株式等に係る譲渡損失の金額は、まずその上場株式等に係る譲渡所得等の金額から控除し、なお控除しきれない損失の金額があるときは、上場株式等に係る配当所得等の金額から控除します。

(ハ)　雑損失の繰越控除（所法71①）が行われる場合には、まず上場株式等に係る譲渡損失の繰越控除を行った後、雑損失の繰越控除を行います。

	通算・控除の順序		根拠法令
上場株式等に係る譲渡所得等の金額	1	特定中小会社が発行した株式の取得に要した金額	措法37の13①
	2	特定中小会社が発行した株式に係る譲渡損失の金額	措法37の13の３④
	3	３年前に生じた特定中小企業が発行した株式に係る譲渡損失の金額	措法37の13の３⑦
	4	３年前に生じた上場株式等に係る譲渡損失の金額	措法37の12の２⑤
	5	２年前に生じた特定中小企業が発行した株式に係る譲渡損失の金額	措法37の13の３⑦
	6	２年前に生じた上場株式等に係る譲渡損失の金額	措法37の12の２⑤
	7	前年に生じた特定中小企業が発行した株式に係る譲渡損失の金額	措法37の13の３⑦
	8	前年に生じた上場株式等に係る譲渡損失の金額	措法37の12の２⑤

(注)　1、3、5及び7の金額については、一般株式等に係る譲渡所得等の金額から控除できなかった部分の金額に限られ、2の金額については、一般株式等に係る譲渡所得等の金額の計算上控除してもなお控除しきれない部分の金額に限られます。

	通算・控除の順序		根拠法令
上場株式等に係る配当所得等の金額	1	上場株式等に係る譲渡損失の金額	措法37の12の２①
	2	前年以前３年以内に生じた上場株式等に係る譲渡損失の金額	措法37の12の２⑤

(注)　2の金額については、上場株式等に係る譲渡所得等の金額から控除できなかった部分の金額に限られ、①３年前に生じた金額、②２年前に生じた金額、③前年に生じた金額の順番で控除します。

（参考例）　株式等に係る譲渡損失の繰越控除の順序

１　令和６年分の各所得金額（繰越控除前）

一般株式等に係る譲渡所得等の金額	200万円
上場株式等に係る譲渡所得等の金額	250万円
上場株式等に係る配当所得等の金額	100万円

２　繰り越されている損失の金額

損失の区分	令和３年分	令和４年分	令和５年分
特定中小会社が発行した株式に係る譲渡損失の金額	①　100万円	③　80万円	⑤　60万円
上場株式等に係る譲渡損失の金額	②　100万円	④　70万円	⑥　50万円
雑損失の金額	—	—	⑦　30万円

３　繰越控除の順序

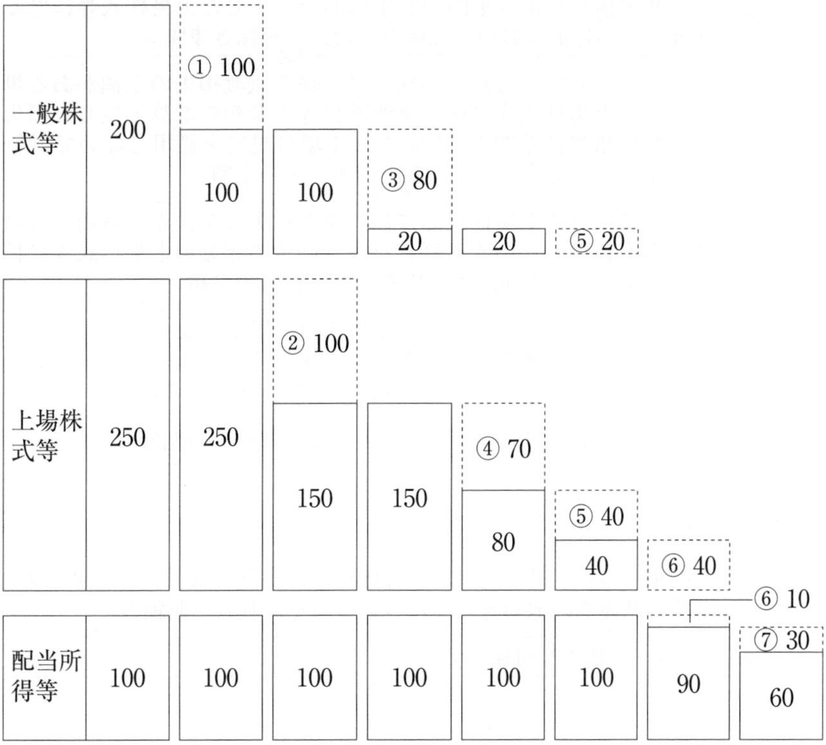

㈲　上場株式等に係る譲渡損失の金額（②、④、⑥）は、一般株式等に係る譲渡所得等の金額からは繰越控除できません。

ハ　繰越控除の適用をする場合の手続

この繰越控除の適用をするためには、以下の全ての要件を満たさなくてはならないこととされています（措法37の12の２⑦⑪、措令25の11の２⑪、措規18の14の２②～⑤）。

①	上場株式等に係る譲渡損失の金額が生じた年分の所得税につき次のAに掲げる事項を記載し、かつ、一定の書類の添付がある確定申告書を提出すること（この場合の一定の書類は上記⑴ハBに掲げるものと同じですので518ページを、確定申告書については上記⑴ハ㈱と同じですので517ページをそれぞれ参照してください。）
②	その後において連続して次のAに掲げる事項を記載した確定申告書を提出すること
③	この繰越控除の適用をしようとする年分の確定申告書に次のAに掲げる事項を記載し、かつ、次のBに掲げる一定の書類を添付すること

A　記載事項

①	その年において生じた上場株式等に係る譲渡損失の金額
②	その年の前年以前３年内の各年において生じた上場株式等に係る譲渡損失の金額（前年以前において控除されたものを除きます。）
③	その年において生じた上場株式等に係る譲渡損失の金額がある場合には、その年分の上場株式等に係る譲渡所得等の金額の計算上生じた損失の金額及び租税特別措置法第37条の12の２第１項の規定を適用しないで計算した場合のその年分の上場株式等に係る配当所得等の金額
④	上記②に掲げる上場株式等に係る譲渡損失の金額がある場合には、その損失の金額を控除しないで計算した場合のその年分の上場株式等に係る譲渡所得等の金額及び上場株式等に係る配当所得等の金額
⑤	租税特別措置法第37条の12の２第５項に規定により翌年以後において上場株式等に係る譲渡所得等の金額又は上場株式等に係る配当所得等の金額の計算上控除することができる上場株式等に係る譲渡損失の金額
⑥	上記①から⑤までに掲げる金額の計算の基礎その他参考となるべき事項

B　添付書類

①	その年において控除すべき上場株式等に係る譲渡損失の金額及びその金額の計算の基礎その他参考となるべき事項を記載した明細書
②	518ページB②と同様です。

ニ　その他の適用上の留意点

申告分離課税の対象となる「上場株式等に係る配当所得等の金額」は、この繰越控除の適用後の金額となります（措法37の12の２⑧）。

なお、上記⑴ニなお書の損益通算制度に係る記述（所得税の扶養控除の対象となる扶養親族に該当するかどうかなどを判定する際の「合計所得金額」等（518ページ参照））については、この繰越控除の適用をする場合には、損益通算の適用をする場合と異なり「繰越控除の適用前の金額」が基礎となるので注意が必要です（措法37の12の２⑧では措法８の４③の読み替えをしていないためです。）。

（参考）　上場株式等に係る配当所得等に対する課税の特例

1　概要

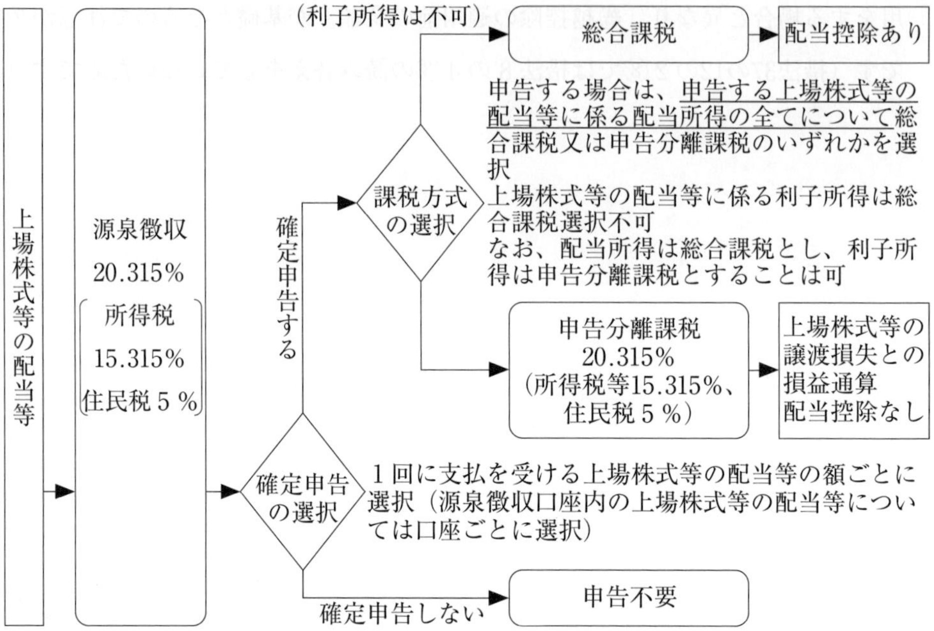

〔上場株式等の配当等〕

上場株式等の配当等とは、次の①から⑥までに掲げるものをいいます（措法８の４①）。

①　上場株式等の利子等又は配当等で大口株主等（その上場株式等の保有割合が発行済株式又は出資の総数又は総額の３％以上である株式又は出資を有する者(※)）が支払を受けるもの以外のもの

②　投資信託でその設定に係る受益権の募集が公募により行われたもの（特定株式投資信託を除きます。）の収益の分配

③　特定投資法人の投資口の配当等

④　特定受益証券発行信託（委託者が取得する受益権の募集が公募により行われたものに限ります。）の収益の分配

⑤　特定目的信託（原委託者が有する社債的受益権の募集が公募により行われたものに限ります。）の社債的受益権の剰余金の配当

⑥　特定公社債の利子

※　令和５年10月１日以後は、当該配当等の支払を受ける者で当該配当等の支払に係る基準日においてその者を判定の基礎となる株主として選定した場合に同族会社（法法２十）に該当することとなる法人と合算して当該内国法人の発行済株式又は出資の総額又は総数の３％以上である株式又は出資を有することとなるものを含みます（令和４年改正法附則23①）。

２　課税関係

⑴　申告分離課税（上場株式等に係る配当所得等の課税の特例）

イ　概要

居住者等が、その年中に支払を受けるべき上場株式等に係る配当等を有する場合には、当該上場株式等に係る配当等に係る利子所得及び配当所得については、他の所得と区分して、その利子所得及び配当所得の合計額（所得控除がある場合には所得控除後の金額）に15％の税率により所得税（住民税は５％）が課されます（措法８の４①）。

ただし、その年中に支払を受けるべき上場株式等に係る配当等が上記１の〔上場株式等の配当等〕の①から③までに掲げるもの（同②に掲げる収益の分配については、公社債投資信託以外の証券投資信託に係るものに限ります。この２において、以下「特定上場株式等の配当等」といいます。）である場合には、この特定上場株式等の配当等に係る配当所得に係る部分について、「申告分離課税」の適用を受けようとする旨の記載のある確定申告書を提出した場合に限り「申告分離課税」が適用されます（措法８の４②）。

※　平成25年から令和19年までの各年分の所得税については、上記のほか、復興特別所得税（2.1％）がかかります（詳細については、701ページを参照してください。）

ロ　留意点

⑴　総合課税と申告分離課税の選択適用

その年中に支払を受けるべき特定上場株式等の配当等に係る配当所得について「総合課税」の適用を受けた場合には、同一年中の他の特定上場株式等の配当等に係る配当所得について「申告分離課税」を適用することはできません。

⑵　配当控除の不適用

「申告分離課税」を適用した上場株式等の配当等に係る配当所得については、配当控除（所法92①）の適用はありません（措法８の４③四）。

⑶　申告分離課税における上場株式等の配当等の金額の計算等

Ａ　上場株式等の配当等の金額は、所得税法第23条《利子所得》第２項の規定により計算した上場株式等の配当等に係る利子所得の金額と同法第24条《配当所得》第２項の規定により計算した申告分離課税を選択した上場株式等の配当等に係る配当所得の金額の合計額となります。この場合において、上場株式等の配当等に係る配当所得等の金額の計算上生じた損失の金額があるときは、その損失の金額は、上場株式等の配当等に係る利子所得の金額から控除します（措法８の４①、措令４の２③）。

Ｂ　所得税法上の控除対象配偶者、扶養親族、寡婦、ひとり親、勤労学生等の所得要件該当性の判定は、申告分離課税の対象となる上場株式等の配当等の金額を含めて行います（措法８の４③一）。

Ｃ　申告分離課税の対象となる上場株式等の配当等の金額は、総合課税の対象となる所得の計算上生じた損失の金額との損益通算を行うことができません（措法８の４③二）。

⑵　**総合課税**

特定上場株式等の配当等を申告する場合においては、「申告分離課税」又は「総合課税」を選択することができます。

そして、「総合課税」を選択した場合には、配当控除（所法92、措法９）を適用することができます。

⑶　**源泉分離課税（配当所得等の申告不要の特例の適用）**

居住者等が、支払を受けるべき上場株式等の利子等又は配当等を有する場合、一定の要件を満たすものについては配当所得の申告不要の特例を適用でき、この適用単位は、１回に支払を受けるべき利子等の額又は配当等の額ごととされています（措法８の５①④）。

なお、特定口座に係る源泉徴収選択口座内配当等について、この申告不要の特例を適用する場合には、上記にかかわらず、その源泉徴収選択口座においてその年中に交付を受けた源泉徴収選択口座内配当等に係る利子所得の金額及び配当所得の金額の合計額ごとにこの特例を適用することとされています（措法37の11の６⑨）。

㈱　上場株式等に係る配当所得等の申告分離課税制度及び上場株式等の譲渡損失と配当所得等との損益通算制度の適用を受けるために確定申告書を提出する場合にもこの申告不要の特例を適用することができます（措法８の５①）。

5　非課税口座内の少額上場株式等に係る譲渡所得等の非課税（NISA）

(1)　非課税措置の概要（新NISA（令和6年以後適用））

居住者等が非課税口座（その年の1月1日において18歳以上である居住者等がこの非課税措置の適用を受けるため、金融商品取引業者等の営業所の長に、一定の事項を記載した届出書（「非課税口座開設届出書」）の提出等をして、当該金融商品取引業者等との間で締結した特定非課税累積投資契約に基づき令和6年以後の期間に開設された上場株式等の振替口座簿への記載等に係る口座をいいます。）に設けられた特定累積投資勘定及び特定非課税管理勘定に係る非課税口座内上場株式等の一定の譲渡をした場合には、その譲渡による譲渡所得等については所得税を課さず、また、当該譲渡により生じた損失額は、ないものとみなします（措法37の14①②）。

また、その非課税口座内上場株式等の配当等で、一定のものについては、所得税はかかりません（措法9の8三、四）。

【令和6年以降の新NISA制度】

併用可

	つみたて投資枠	成長投資枠
年間の投資上限額	120万円	240万円
非課税保有期間※1	制限なし（無制限化）	同左
非課税保有限度額（総枠）※2	1,800万円　※簿価残高方式で管理（枠の再利用が可能）	
		1,200万円
口座開設可能期間	制限なし（恒久化）	同左
投資対象商品	つみたて・分散投資に適した一定の公募等株式投資信託※3	上場株式・公募株式投資信託等※4
投資方法	契約に基づき、定期かつ継続的な方法で投資	制限なし
令和5年までの制度との関係	令和5年末までに一般NISA及びつみたてNISA制度において投資した商品は、新しい制度の外枠で、従来の非課税措置を運用	

※1　非課税保有期間の無期限化に伴い、令和5年までのつみたてNISAと同様、定期的に利用者の住所等を確認し、制度の適正な運用を担保。

※2　利用者それぞれの非課税保有限度額については、金融機関から既存の認定クラウドを活用して提出された情報を国税庁において管理。

※3　商品性について内閣総理大臣が告示で定める要件を満たしたものに限ります。

※4　安定的な資産形成につながる投資商品に絞り込む観点から、高レバレッジ投資信託などを対象から除外。

金融機関による「成長投資枠」を使った回転売買への勧誘行為に対し、金融庁が監督指針を改正し、法令に基づき監督及びモニタリングを実施。

【特定累積投資勘定に係る一定の上場株式等の範囲】

①	446ページの表①から⑤に掲げる株式等（同④に掲げる受益権にあっては、公社債投資信託以外の証券投資信託の受益権及び証券投資信託以外の投資信託で公社債等運用投資信託に該当しないものの受益権に限ります。）又は新株予約権付社債（転換特定社債及び新優先出資引受権付特定社債を含みます。）のうち、451ページの表①に該当するもの
②	公社債投資信託以外の証券投資信託でその設定に係る受益権の募集が公募により行われたもの（特定株式投資信託を除きます。）の受益権
③	特定投資法人の投資口

【特定非課税管理勘定に係る一定の上場株式等の範囲】

①	公社債投資信託以外の証券投資信託の受益権のうち、450ページの表①に該当するもの
②	公社債投資信託以外の証券投資信託でその設定に係る受益権の募集が公募により行われたもの（特定株式投資信託を除きます。）の受益権（上記表②に該当するもの）

用語の解説

特定非課税累積投資契約

この非課税措置等の適用を受けるために居住者等が金融商品取引業者等と締結した累積投資契約により取得した上場株式等の振替記載等に係る契約で、その契約書において、次に掲げる事項が定められているものをいいます（措法37の14⑤六、措令25の13⑦㉓～㉛㊸、措規18の15の３⑧、平29．３内閣府告540）。

イ　上場株式等の振替口座簿への記載等は、特定累積投資勘定（注１）又は特定非課税管理勘定（注２）において行うこと。

㈱1　「特定累積投資勘定」とは、特定非課税累積投資契約に基づき振替口座簿への記載等がされる特定累積投資上場株式等につきその振替口座簿への記載等に関する記録を他の取引に関する記録と区分して行うための勘定で次に掲げる要件を満たすものをいいます（措法37の14⑤七）。

⑴　当該特定累積投資勘定は、令和６年以後の各年（⑵において「勘定設定期間内の各年」といいます。）においてのみ設けられること。

⑵　当該特定累積投資勘定は、勘定設定期間内の各年の１月１日（非課税口座開設届出書（勘定廃止通知書又は非課税口座廃止通知書が添付されたものを除きます。）の租税特別措置法第37条の14第5項第1号に規定する提出又は一定の書類の提出が年の途中においてされた場合におけるこれらの提出がされた日の属する年にあってはこれらの提出の日とし、勘定廃止通知書又は非課税口座廃止通知書が提出された場合にあっては所轄税務署長からの一定の事項の提供があった日（その勘定を設定しようとする年の１月１日前に当該事項の提供があった場合には、同日）とします。）において設けられること。

2　「特定非課税管理勘定」とは、特定非課税累積投資契約に基づき振替口座簿への記載等がされる上場株式等につきその振替口座簿への記載等に関する記録を他の取引に関する記録と区分して行うための勘定で、特定累積投資勘定と同時に設けられるものをいいます(措法37の14⑤八)。

ロ　当該特定累積投資勘定には、累積投資上場株式等であって一定のもの（以下「特定累積投資上場株式等」といいます。）のうち、(イ)及び(ロ)に掲げるもののみを受け入れること。ただし、下記(イ)に掲げる上場株式等にあっては、累積投資契約により取得したものに限ります。なお、他の勘定からの移管による受入れはできないこととされています。

(注)　上記の「累積投資上場株式等であって一定のもの」とは、累積投資上場株式等のうち、継続適用届出書の提出をして出国をした者（以下「継続適用届出書提出者」といいます。）が出国をした日からその者に係る帰国届出書を提出するまでの間（以下「継続適用期間」といいます。）に取得した下記(イ)の上場株式等以外のものをいいます。

(イ)　その口座に特定累積投資勘定が設けられた日から同日の属する年の12月31日までの期間（(イ)において「受入期間」といいます。）内にその金融商品取引業者等への買付けの委託（買付けの委託の媒介、取次ぎ又は代理を含みます。）により取得をした特定累積投資上場株式等、その金融商品取引業者等から取得をした特定累積投資上場株式等又はその金融商品取引業者等が行う特定累積上場株式等の募集（公募に限ります。）により取得をした特定累積投資上場株式等のうち、その取得後直ちにその口座に受け入れられるものでその受入期間内の取得対価の額（購入対価の額、払込金額又は移管に係る口座からの払出し時の金額（時価）をいいます。ハ(イ)において同じです。）の合計額が120万円を超えないもの

(注)1　特定累積投資上場株式等をその口座に受け入れた場合において、その受け入れる年分における上記の合計額、下記ハの合計額と特定累積投資勘定基準額の合計額が1,800万円を超える場合には、その特定累積投資上場株式等を受け入れられません。

2　特定累積投資勘定基準額とは、特定累積投資勘定に前年末時点で受け入れている上場株式等の購入の代価の額等の合計額を指しており、上場株式等の取得費の額の計算方法に準じて算出されます。

具体的な計算方法としては、対象非課税口座（居住者等が開設する非課税口座のうちその非課税口座に特定累積投資勘定及び特定非課税管理勘定が設けられた日の属する年の前年12月31日（以下(注)1において「基準日」といいます。）において、金融商品取引業者等の営業所に開設されている非課税口座をいいます。）に設けられた特定累積投資勘定及び特定非課税管理勘定に係る非課税口座内上場株式等（以下「対象非課税口座内上場株式等」といいます。）の次の区分に応じて、それぞれ次に定められた金額を合計した金額とされています（措令25の13㉖㉗)。

(1)　特定累積投資勘定に係る特定累積投資上場株式等

その特定累積投資上場株式等の購入の代価の額（払込みにより取得した上場株式等については、その払い込んだ金額をいいます。）をその特定累積投資上場株式等の取得価額とみなして、その特定累積投資上場株式等を銘柄ごとに区分し、基準日にその特定累積投資勘定に受け入れているその特定累積投資上場株式等の譲渡があっ

たものとして所得税法施行令第２編第１章第４節第３款の規定に準じて計算した場合に算出されるその特定累積投資上場株式等の取得費の額に相当する金額

⑵　特定非課税管理勘定に係る上場株式等

その上場株式等の購入の代価の額をその上場株式等の取得価額とみなして、その上場株式等を銘柄ごとに区分し、基準日にその特定非課税管理勘定に受け入れているその上場株式等の譲渡があったものとして所得税法施行令第２編第１章第４節第３款並びに第167条の７第４項、第６項及び第７項の規定に準じて計算した場合に算出されるその上場株式等の取得費の額に相当する金額

3　なお、対象非課税口座内上場株式等の購入の代価の額の総額を計算する場合には、次に定めるところによることとされています（措令25の13㉘）。

⑴　居住者等の有する同一銘柄の対象非課税口座内上場株式等のうちに対象非課税口座に設けられた特定累積投資勘定に係る特定累積投資上場株式等とその対象非課税口座に設けられた特定非課税管理勘定に係る上場株式等とがある場合には、これらの対象非課税口座内上場株式等については、それぞれその銘柄が異なるものとして計算します。

⑵　居住者等が２以上の対象非課税口座を有する場合において、その居住者等の有する同一銘柄の対象非課税口座内上場株式等のうちに対象非課税口座に係る対象非課税口座内上場株式等とその対象非課税口座以外の対象非課税口座に係る対象非課税口座内上場株式等とがあるときは、これらの対象非課税口座内上場株式等については、それぞれその銘柄が異なるものとして計算します。

⑶　居住者等の有する同一銘柄の上場株式等のうちに対象非課税口座内上場株式等とその対象非課税口座内上場株式等以外の上場株式等とがある場合には、これらの上場株式等については、それぞれその銘柄が異なるものとして計算します。

⑷　対象非課税口座内上場株式等が事業所得又は雑所得の基因となる上場株式等である場合には、その対象非課税口座内上場株式等を譲渡所得の基因となる上場株式等とみなして計算します。

㈺　上記㈠のほか、非課税口座内上場株式等について行われた株式又は投資信託若しくは特定受益証券発行信託の受益権の分割又は併合により取得する上場株式等や、非課税口座内上場株式等に係る投資信託の併合により取得する新たな投資信託の受益権など、一定の事由により取得する特定累積投資上場株式等

㈾　ただし、二以上の勘定に係る同一銘柄の非課税口座内上場株式等について生じた受益権の分割等により取得する上場株式等については、二以上の特定累積投資勘定又は特定非課税管理勘定のみに係る同一銘柄のもの（二以上の特定非課税管理勘定のみに係る同一銘柄のものを除きます。）について受益権の分割等が生じた場合のみが受入れ対象とされています（措令25の13㉙において準用する措令25の13⑫十一）。

ハ　特定非課税管理勘定には、㈠及び㈺に掲げるもののみを受け入れること。なお、他の勘定からの移管による受入れはできないこととされています。

㈠　その口座に特定非課税管理勘定が設けられた日から同日の属する年の12月31日までの期間（ハにおいて「受入期間」という。）内に金融商品取引業者等への買付けの委託により取得をした上場株式等、金融商品取引業者等から取得をした上場株式等又は金融商品取引業者等が行う上場株式等の募集により取得をした上場株式等のう

ち、その取得後直ちにその口座に受け入れられるもので、その受入期間に受け入れた上場株式等の取得対価の額の合計額が240万円を超えないもの

㈴　ただし、上場株式等をその口座に受け入れた場合において、次に該当することとなるときには、受け入れられません。

1　その受け入れる年分における上記の合計額とその受け入れる年分における特定非課税管理勘定基準額の合計額が1,200万円を超える場合

2　上記ハの合計額、上記イの合計額と、特定累積投資勘定基準額の合計額が1,800万円を超える場合

3　特定非課税管理勘定基準額とは、特定非課税管理勘定に前年末時点で受け入れている上場株式等の購入の代価の額に相当する金額をいい、対象非課税口座内上場株式等の購入の代価の額の総額のうち、ロ㈠㈴2に定める金額に係る部分の金額とされています。

㈺　上記㈠のほか、非課税口座内上場株式等について行われた株式又は受益権の分割又は併合により取得する上場株式等や、非課税口座内上場株式等を発行した法人の合併により取得する合併法人又は合併親法人の株式など、一定の事由により取得する上場株式等

㈴1　次に掲げる上場株式等は特定非課税管理勘定への受入れができないこととされています（措法37の14⑤六、措令25の13㉓、平29．3内閣府告540第１条、第７条）。

⑴　継続適用届出書提出者が継続適用期間に取得した上場株式等で上記ハ㈠に掲げるもの

⑵　租税特別措置法第29条の２第１項本文の適用を受けて取得をした特定新株予約権に係る上場株式等

⑶　上記ハ㈠に掲げる上場株式等で次のいずれかに該当するもの

イ　その上場株式等が上場されている金融商品取引法第２条第16項に規定する金融商品取引所の定める規則に基づき、当該金融商品取引所への上場を廃止することが決定された銘柄又は上場を廃止するおそれがある銘柄として指定されているものその他の内閣総理大臣が財務大臣と協議して定めるもの

ロ　公社債投資信託以外の証券投資信託の受益権、投資信託及び投資法人に関する法律第２条第14項に規定する投資口（以下「投資口」といいます。）又は特定受益証券発行信託の受益権で、同法第４条第１項に規定する委託者指図型投資信託約款、同法第67条第１項に規定する規約又は信託法第３条第１号に規定する信託契約において法人税法第61条の５第１項に規定するデリバティブ取引に係る権利に対する投資（安定した収益の確保及び効率的な運用を行うためのものとして内閣総理大臣が財務大臣と協議して定める目的によるものを除きます。）として運用を行うこととされていることその他の内閣総理大臣が財務大臣と協議して定める事項が定められているもの

ハ　公社債投資信託以外の証券投資信託の受益権で委託者指図型投資信託約款に次の定めがあるもの以外のもの

㈠　信託契約期間を定めないこと又は20年以上の信託契約期間が定められていること。

㈺　収益の分配は、１月以下の期間ごとに行わないこととされており、かつ、信託の計算期間ごとに行うこととされていること。

2　ただし、二以上の勘定に係る同一銘柄の非課税口座内上場株式等について生じた株式の分割等により取得する上場株式等については、二以上の特定非課税管理勘定のみに係る同一銘柄のものについて受益権の分割等が生じた場合のみが受入れ対象とされています（措令25の13㉛において準用する措令25の13⑫十一）。

ニ　金融商品取引業者等の営業所の長は、その口座を開設している居住者等から提出を受けたその口座に係る非課税口座開設届出書に記載された氏名及び住所が次の(イ)又は(ロ)に掲げる場合の区分に応じ次に定める事項と同じであることを、基準経過日（その口座に初めて特定累積投資勘定を設けた日から10年を経過した日及び同日の翌日以後５年を経過した日ごとの日をいいます。）から１年を経過する日まで間（以下「確認期間」といいます。）に確認すること。なお、確認期間内に居住者等から氏名等の変更に係る措置法施行令25条の13の２に規定されている非課税口座異動届出書の提出を受けた場合及び租税特別措置法37条の14第22項第１号に規定する継続適用届出書の提出者から、その者が出国をした日から１年を経過する日までの間にその者に係る帰国届出書の提出を受けなかった場合（以下「確認の必要がない場合」といいます。）には、確認の必要はありません（措令25の13㉔において準用する措令25の13⑰、措規18の15の３⑥～⑧）。

(イ)　その金融商品取引業者等の営業所の長が、居住者等からその者の住民票の写しその他の書類の提示又はその者の署名用電子証明書等の送信を受けて、その基準経過日における氏名及び住所の告知を受けた場合には、その書類または署名用電子証明書等に記載又は記録がされた基準経過日における氏名及び住所

(ロ)　その金融商品取引業者等の営業所の長が、居住者等の届出住所等に係る住所に宛てて郵便又はこれに準ずるものにより、転送不要郵便物等として書類を送付し、その居住者等から、その書類の提出を受けた場合には、その居住者等がその書類（その居住者等がその基準経過日における氏名及び住所その他の事項を記載した書類に限ります。）に記載した基準経過日における氏名及び住所

ホ　その口座が開設されている金融商品取引業者等の営業所の長は、その口座を開設している居住者等について、確認期間内に確認をしなかった場合（確認の必要がない場合を除きます。）には、その確認期間の終了の日の翌日以後、その口座に係る特定累積投資勘定及び特定非課税管理勘定に新たに買い付け等により取得する租税特別措置法第37条の14第５項第６号イ及びハに掲げる上場株式等を受け入れないこと。ただし、その確認期間の終了の日の翌日以後に次の(イ)又は(ロ)に掲げる場合に該当することとなった日以後は、新たに買い付け等により取得した上場株式等の受入れを再開することができます（措令25の13㉕三）。

(イ)　その金融商品取引業者等の営業所の長が、その居住者等の届出住所等につき、上記ニ(イ)又は(ロ)に掲げる場合の区分に応じ上記ニ(イ)又は(ロ)に定める氏名及び住所と同

じであることを確認した場合

(ロ)　その金融商品取引業者等の営業所の長が、その居住者等から、氏名等の変更に係る非課税口座異動届出書の提出を受けた場合

へ　当該特定累積投資勘定又は特定非課税管理勘定において振替口座簿への記載等がされている上場株式等の譲渡は当該金融商品取引業者等への売委託による方法その他一定の方法により行うこと

(2)　非課税口座に受け入れることができる上場株式等

非課税口座に受け入れることができる上場株式等の範囲は、次表のとおりです。

	上場株式等の範囲	
1	次に掲げる上場株式等で、非課税口座に非課税管理勘定が設けられた日から同日の属する年の12月31日までの間に受け入れた上場株式等の取得対価の額（②及び③の上場株式等については、移管に係る払出し時の金額）（注１）の合計額が120万円（③に掲げる上場株式等がある場合には、この上場株式等の移管に係る払出し時の金額を除きます。）を超えないもの（措法37の14⑤二イロ）	
	①	非課税口座が開設された金融商品取引業者等への買付けの委託（買付けの委託の媒介、取次ぎ又は代理を含みます。）により取得した上場株式等、当該金融商品取引業者等から取得した上場株式等又は当該金融商品取引業者等が行う有価証券の募集により取得した上場株式等で、その取得後直ちに当該非課税口座に受け入れられるもの
	②	他年分非課税管理勘定から一定の手続により移管がされる上場株式等（③に掲げるものを除きます。）
	③	他年分非課税管理勘定から、当該他年分非課税管理勘定が設けられた日の属する年の１月１日から５年を経過した日に一定の手続により移管がされる上場株式等
	④	上場株式等について与えられた新株予約権の行使により、取得をした上場株式等その他の一定のもので金銭の払込みにより取得するもの
2	次に掲げる上場株式等で、非課税管理勘定への受入れを非課税口座に係る振替口座簿に記載若しくは記録をし、又は当該非課税口座に保管の委託をする方法により行うもの（措法37の14⑤二ハ）	
	①	非課税口座内上場株式等について行われた株式又は投資信託若しくは特定受益証券発行信託の受益権の分割又は併合により取得する上場株式等（措令25の13⑫一）
	②	非課税口座内上場株式等について行われた会社法第185条に規定する株式無償割当て、同法第277条に規定する新株予約権無償割当て又は投信法第88条の13に規定する新投資口予約権無償割当てにより取得する上場株式等（措令25の13⑫二）
	③	非課税口座内上場株式等を発行した法人の合併（当該法人の株主等に合併法人の株式（出資を含みます。この表において、以下同じです。）又は合併親法人株式のいずれか一方のみの交付がされるものに限ります。）により取得する合併法人の株式又は合併親法人株式（措令25の13⑫三）

2	④	非課税口座内上場株式等で投資信託の受益権であるものに係る投資信託の併合（当該投資信託の受益者にその併合に係る新たな投資信託の受益権のみの交付がされるものに限ります。）により取得する新たな投資信託の受益権（措令25の13⑫四）
	⑤	非課税口座内上場株式等を発行した法人の分割（当該法人の株主等に分割承継法人の株式又は分割承継親法人株式のいずれか一方のみの交付がされるものに限ります。）により取得する分割承継法人の株式又は分割承継親法人株式（措令25の13⑫五）
	⑥	非課税口座内上場株式等を発行した法人の行った株式分配により取得する完全子法人の株式（措令25の13⑫六）
	⑦	非課税口座内上場株式等を発行した法人の行った株式交換（当該法人の株主等に株式交換完全親法人の株式又は当該親法人の株式のいずれか一方のみの交付がされるものに限ります。）により取得する株式交換完全親法人の株式若しくは当該親法人の株式又は株式移転（当該法人の株主に株式移転完全親法人の株式のみの交付がされるものに限ります。）により取得する株式移転完全親法人の株式（措令25の13⑫七）
	⑧	非課税口座内上場株式等である新株予約権又は新株予約権付社債を発行した法人を被合併法人、分割法人、株式完全子法人又は株式移転完全子法人とする合併等（当該法人の株主等に合併法人、分割承継法人、株式交換完全親法人又は株式移転完全親法人の新株予約権又は新株予約権付社債（この表において、以下「合併法人等新株予約権等」といいます。）のみの交付がされるものに限ります。）により取得する合併法人等新株予約権等（措令25の13⑫八）
	⑨	非課税口座内上場株式等で取得請求権付株式、取得条項付株式、全部取得条項付種類株式又は取得条項付新株予約権が付された新株予約権付社債であるものに係る請求権の行使、取得事由の発生又は取得決議（いずれも個人の株式等譲渡益課税の対象とされない場合（所法57の４③一～三、六）に限ります。）により取得する上場株式等（措令25の13⑫九）
	⑩	次に掲げる行使又は取得事由の発生により取得する上場株式等（その取得に金銭の払込みを要するものを除きます。）（措令25の13⑫十） イ　非課税口座内上場株式等である新株予約権付社債に付された新株予約権（従来の転換社債の転換権を含みます。）の行使 ロ　非課税口座内上場株式等について与えられた株式の割当てを受ける権利（株主等として与えられた場合（当該非課税口座内上場株式等を発行した法人の他の株主等に損害を及ぼすおそれがあると認められる場合を除きます。）に限ります。）の行使 ハ　非課税口座内上場株式等について与えられた新株予約権（新投資口予約権を含み、その新株予約権を引き受ける者に特に有利な条件若しくは金額であることとされるもの又は役務の提供その他の行為による対価の全部若しくは一部であることとされるもの（所令84③）を除きます。）の行使 ニ　非課税口座内上場株式等について与えられた取得条項付新株予約権に係る取得事由の発生（個人の株式等譲渡益課税の対象とされない場合（所法57の４③五）に限ります。）又は行使
3		非課税口座に設けられた２以上の非課税管理勘定、累積投資勘定、特定累積投資勘定又は特定非課税管理勘定に係る同一銘柄の非課税口座内上場株式等について生じた同表２①から⑩までの事由により取得する上場株式等（これらの事由により非課税管理勘定、累積投資勘定、特定累積投資勘定又は特定非課税管理勘定に受け入れることができるものを除きます。）で、当該２以上の非課税管理勘定、累積投資勘定、特定累積投資勘定又は特定非課税管理勘定のうち最も新しい年に設

3	けられた非課税管理勘定又は累積投資勘定への受入れを非課税口座に係る振替口座簿に記載若しくは記録をし、又は当該非課税口座に保管の委託をする方法により行うもの（措令25の13⑫十一）

㈱１　「上場株式等の取得対価の額」とは、購入した上場株式等についてはその購入の代価の額をいい、払込みにより取得をした上場株式等についてはその払い込んだ金額をいいます。したがって、委託手数料等は含まれないこととなります。

(3)　非課税口座を開設等する手続等

イ　非課税口座を開設等をする際の手続

(イ)　非課税管理勘定の設定手続

①　金融商品取引業者等に非課税口座を開設し非課税管理勘定を設定する場合

居住者等が非課税措置を受けるためには、金融商品取引業者等と非課税上場株式等管理契約を締結した上で、当該金融商品取引業者等に非課税口座を開設し非課税管理勘定を設定する必要がありますが（措法37の14①）、この非課税管理勘定を設定するには、口座開設年の前年10月１日からその口座開設年において最初に非課税措置を受けようとする上場株式等をその口座に受け入れる時までに、その口座を開設しようとする金融商品取引業者等の営業所の長に、一定の事項を記載した「非課税口座開設届出書」を提出する必要があります（措法37の14⑤一）。

なお、非課税口座開設届出書の提出をしようとする居住者等は、その提出をする際、その提出先の金融商品取引業者等の営業所の長に、本人確認書類（住民票の写し又は個人番号カード等）を提示し、又は署名用電子証明書等を送信して氏名、生年月日、住所及び個人番号（番号既告知者は、氏名、生年月日及び住所）を告知し、当該告知をした事項につき確認を受けなければなりません（措法37の14⑧、措令25の13㉞）。

②　金融商品取引業者等の変更

非課税口座を開設し、又は開設していた居住者等は、当該非課税口座が開設されている金融商品取引業者等以外の金融商品取引業者等の営業所の長に対し、非課税口座開設届出書の提出をする場合には、勘定廃止通知書又は非課税口座廃止通知書を非課税口座開設届出書に添付し、勘定廃止通知書記載事項若しくは非課税口座廃止通知書記載事項を記載し、又は非課税口座届出書の提出と併せて行われる電磁的方法による勘定廃止通知記載事項若しくは非課税口座廃止通知書記載事項の提供をしなければなりません（措法37の14

⑩)。

また、金融商品取引業者等の営業所に非課税口座を開設している居住者等が当該非課税口座（「変更前非課税口座」といいます。）に設けられるべき非課税管理勘定又は累積投資勘定を当該変更前非課税口座以外の非課税口座（「他の非課税口座」といいます。）に設けようとする場合には、当該金融商品取引業者等の営業所の長に、当該変更前非課税口座に当該非課税管理勘定又は累積投資勘定が設けられる日の属する年の前年10月１日から同日以後１年を経過する日までの間に、一定の事項を記載した「金融商品取引業者等変更届出書」の提出をしなければなりません（措法37の14⑬)。

③　非課税口座の廃止

非課税口座を開設している居住者等が当該非課税口座の適用を受けることをやめようとする場合には、当該金融商品取引業者等の営業所の長に、一定の事項を記載した「非課税口座廃止届出書」の提出をしなければなりません（措法37の14⑯)。

また、非課税口座廃止届出書の提出があった場合には、その提出があった時に当該非課税口座が廃止されるものとし、当該非課税口座に受け入れていた上場株式等につき当該提出の時後に支払を受けるべき配当等及び当該提出の時後に行う上場株式等の譲渡による所得については非課税とはなりません（措法37の14⑰)。

(4)　非課税口座を開設している居住者等が一時的な出国により居住者等に該当しないこととなる場合の特例

非課税口座を開設している居住者等が一時的な出国により居住者等に該当しないこととなる場合において、下記の手続を行ったときには、非課税口座内の少額上場株式等に係る配当所得及び譲渡所得等の非課税措置が引き続き適用されます（措法37の14㉒～㉖)。

イ　出国の日の前日までの手続

非課税口座を開設している居住者等が出国（居住者にあっては国内に住所及び居所を有しないこととなること、恒久的施設を有する非居住者にあっては恒久的施設を有しないこととなることをいいます。）により、居住者等に該当しないこととなる場合には、その者は、出国の日の前日までに、非課税口座が設置されている金融商品取引業者等の営業所の長に、以下の区分に応じて、それぞれに定める届出書を提出しなければなりません（措法37の14㉒）。

(イ)　帰国をした後再び非課税口座において非課税上場株式等管理契約又は非課税累積投資契約に基づく上場株式等の受入れを行わせようとする居住者等で、その者に係る給与等の支払をする者からの転任の命令その他これに準ずるやむを得ない事由に基因して出国をするものが引き続き非課税措置の適用を受けようとする場合

引き続き本措置の適用を受けようとする旨その他の事項を記載した届出書（以下「継続適用届出書」をいいます）。

(注)　出国の日の属する年分の所得税について、国外転出をする場合の譲渡所得等の特例（所法60の２①）の適用を受ける居住者は、継続適用届出書の提出はできません（措法37の14㉒一）。

(ロ)　(イ)以外の場合

出国をする旨その他の一定の事項を記載した届出書

ロ　継続適用届出書の提出をした者が帰国をした後再び非課税口座において上場株式等の受入れを行わせようとする場合の手続

継続適用届出書の提出をした者が帰国をした後再び非課税口座において非課税上場株式等管理契約又は非課税累積投資契約に基づく上場株式等の受入れを行わせようとする場合には、その者は、当該継続適用届出書の提出をした日から起算して５年を経過する日の属する年の12月31日までに、当該継続適用届出書の提出をした金融商品取引業者等の営業所の長に、帰国をした旨、帰国をした年月日、当該非課税口座において非課税上場株式等管理契約又は非課税累積投資契約に基づく上場株式等の受入れを行わせようとする旨その他の事項を記載した届出書（以下「帰国届出書」といいます。）の提出をしなければなりません（措法37の14㉔）。

なお、継続適用届出書の提出をした者が提出をした日から起算して５年を経過する日の属する年の12月31日までに帰国届出書の提出をしなかった場合には、その者は同日に非課税口座廃止届出書を当該継続適用届出書の提出をした金融商品取引業者等の営業所の長に提出したものとみなされます（措法37の14㉖）。

「資産所得倍増」「貯蓄から投資へ」の観点から、NISA制度について、令和６年１月１日から非課税保有期間を無制限化するとともに、口座開設可能期間については期限を設けず、恒久的な措置となりました。

一定の投資信託を対象とする長期・積立・分散投資の枠（「つみたて投資枠」）については、年間投資上限額が120万円に拡充されます。また、上場株式への投資が可能な現行の一般NISAの役割を引き継ぐ「成長投資枠」を設けることとし、

「成長投資枠」については、年間投資上限額が240万円に拡充されるとともに、「つみたて投資枠」との併用が可能となりました。

非課税保有限度額を新たに設定した上で、1,800万円とし、「成長投資枠」については、その内数として1,200万円となりました。

なお、ジュニアNISAについては、利用実績が乏しいことから、令和２年度税制改正において、令和５年12月31日をもって廃止することとされました。

【平成26年から令和５年までのNISA制度の概要】

	つみたてNISA（平成30年創設）	一般NISA（平成26年創設）	ジュニアNISA（平成28年創設）
年間投資枠	40万円	120万円	80万円
非課税保有期間	20年間	５年間	５年間※１
非課税保有限度額	800万円	600万円	400万円
口座開設期間	2042年まで	2028年まで	2023年まで
投資対象商品	長期の積立・分散投資に適した株式投信	上場株式、ETF、REIT、株式投信	上場株式、ETF、REIT、株式投信
対象年齢	20歳以上※２	20歳以上※２	20歳未満※２

※１　ただし、18歳まで非課税で保有可能とする特例あり
※２　令和５年以降は18歳

(5)　令和５年末にNISAを実施していた場合の特定累積投資勘定の自動設定

居住者等が令和５年12月31日において金融商品取引業者等の営業所に開設している非課税口座に令和５年分の非課税管理勘定を設定している場合には、その居住者等（次に掲げる者を除きます。）は令和６年１月１日においてその金融商品取引業者等と特定非課税累積投資契約を締結したものとみなして、租税特別措置法第９条の８及び第37条の14の規定を適用します（改正法附則令５年34①、改正措令附則令５年６）。

イ　居住者等で令和５年12月31日に非課税管理勘定が設けられている非課税口座が開設されている金融商品取引業者等の営業所の長に非課税口座廃止届出書の提出をした者

ロ　居住者等で令和５年10月１日から同年12月31日までの間に非課税管理勘定が設けられている非課税口座が開設されている金融商品取引業者等の営業所の長に、金融商品取引業者等変更届出書の提出をした者

６　特定新規中小企業者がその設立の際に発行した株式の取得に要した金額の控除等（スタートアップへの再投資に係る非課税措置）

⑴　制度の概要

令和５年４月１日以後に、その設立の日の属する年の12月31日において中小企業等経営強化法第６条に規定する特定新規中小企業者に該当する株式会社で、その設立の日以後の期間が１年未満であり、かつ、中小企業等経営強化法施行規則第８条第５号ハに該当するもの（以下「特定株式会社」といいます。）によりその設立の際に発行される株式（以下「設立特定株式」といいます。）を払込みにより取得をした一定の居住者等は、その年分の一般株式等に係る譲渡所得等の金額又は上場株式等に係る譲渡所得等の金額の計算上、その年中に払込みにより取得をした設立特定株式（その年の12月31日において有するものとされる一定のものに限ります。以下「控除対象設立特定株式」といいます。）の取得に要した金額の合計額（この特例を適用しないで計算した場合における一般株式等及び上場株式等に係る譲渡所得等の金額の合計額（以下「適用前の株式等に係る譲渡所得等の金額の合計額」といいます。）が限度とされます。）を控除することとされました。

また、この特例の適用を受けた場合において、その適用を受けた金額が20億円を超えるときには、その適用を受けた年の翌年以後、控除対象設立特定株式と同一銘柄の株式の取得価額を一定の計算により圧縮することとされています（措法37の13の２、措令25の12の２、措規18の15の２）。

なお、この特例の適用を受けた控除対象設立特定株式とその控除対象設立特定株式と同一銘柄の株式で、その適用を受けた年中に払込みにより取得をしたものについては、後記７の「特定中小株式が発行した株式の取得に要した金額の控除等」（措法37の13①）及び「特定新規中小会社が発行した株式を取得した場合の課税の特例」（措法41の18の４）の規定は適用できないこととされています（措法37の13の２②、41の18の４②）。

⑵　特例の適用対象者

この特例の適用対象者は、設立特定株式を払込みにより取得をした居住者又は恒久的施設を有する非居住者で、特定株式会社の発起人であることを要します。また、次に掲げる者は、この特例の適用対象者から除かれます（措法37の13の２①、措令25の12の２①）。

適用対象から除かれる居住者等	
①	設立特定株式を発行した特定株式会社の設立に際し、特定株式会社に自らが営んでいた事業の全部を承継させた個人（この表において、以下「特定事業主であった者」といいます。）
②	特定事業主であった者の親族
③	特定事業主であった者と婚姻の届出はしていないが事実上婚姻関係と同様の事情にある者
④	特定事業主であった者の使用人
⑤	上記②から④に掲げる者以外の者で、特定事業主であった者から受ける金銭その他の資産によって生計を維持しているもの
⑥	上記③から⑤までに掲げる者と生計を一にするこれらの者の親族

(3)　控除対象設立特定株式の取得に要した金額の計算

イ　控除対象設立特定株式

控除対象設立特定株式とは、居住者等がその年中に払込みにより取得をした設立特定株式のうちその年の12月31日（その者が年の中途において死亡し、又は出国をした場合には、その死亡又は出国の時。以下同じです。）におけるその設立特定株式に係る控除対象設立特定株式数（その設立特定株式の銘柄ごとに、次のAに掲げる数からBに掲げる数を控除した残数をいいます。）に対応する設立特定株式をいいます（措令25の12の２④）。

A	その居住者等がその年中に払込みにより取得をした設立特定株式の数
B	その居住者等がその年中に譲渡又は贈与をした同一銘柄株式（Aの設立特定株式及びその設立特定株式と同一銘柄の他の株式をいいます。以下同じです。）の数

ロ　控除対象設立特定株式の取得に要した金額の計算

控除対象設立特定株式の取得に要した金額は、居住者等がその年中に払込みにより取得をした設立特定株式の銘柄ごとに、「その払込みによる取得をした設立特定株式の取得に要した金額の合計額」を「その取得をした設立特定株式の数」で除して計算した金額に上記イの「控除対象設立特定株式数」を乗じて計算した金額となります（措令25の12の２③）。

(4)　控除対象設立特定株式の取得に要した金額の合計額の控除

この特例による「控除対象設立特定株式の取得に要した金額の合計額（上記(3)ロにより計算した金額の合計額）の控除は、次のとおり行います（措法37の13の２①、措令25の12の２②)。

イ　控除対象設立特定株式の取得に要した金額の合計額は、まず、この特例を適用しないで計算した場合における一般株式等に係る譲渡所得等の金額を限度として、その取得の日の属する年分の一般株式等に係る譲渡所得の金額の計算上控除し、なお控除しきれない金額があるときは、この特例を適用しないで計算した場合における上場株式等に係る譲渡所得等の金額を限度として、その取得の日の属する年分の上場株式等に係る譲渡所得等の金額の計算上控除する。

ロ　雑損失の繰越控除（所法71①）の規定による控除が行われる場合には、まずこの特例による控除を行った後、雑損失の繰越控除を行う。

(5)　特例を受けるための手続

この特例の適用を受けるためには、この特例の適用を受けようとする年分の確定申告書に、この特例の適用を受ける旨の記載をするとともに、次に掲げる書類の添付を要します（措法37の13の２③、措規18の15の２②)。

	添付書類
①	特定株式会社から交付を受けた都道府県知事のその特定株式会社が発行した設立特定株式に係る基準日（その特定株式会社のその設立の日の属する年の12月31日をいいます。）において次のＡ及びＢに掲げる事実の確認をした旨を証する書類（Ｃに掲げる事項の記載があるものに限ります。） Ａ　その特定株式会社が中小企業等経営強化法施行規則第８条各号（第５号イ又はロ及び第６号イ又はロを除きます。）に掲げる要件に該当するものであること。 Ｂ　その居住者等がその特定株式会社の発起人に該当すること及びその設立特定株式の取得が発起人としての払込みによりされたものであること。 Ｃ　その居住者等の氏名及び住所（国内に住所を有しない者にあっては、居住地等の一定の場所）、払込みにより取得がされたその設立特定株式の数及びその設立特定株式と引換えに払い込むべき額並びにその払い込んだ金額
②	その設立特定株式を発行した特定株式会社のその設立特定株式を払込みにより取得をした居住者等が、その特定株式会社の成立の日において上記(2)①から⑥までに掲げる者に該当しないことの確認をした旨を証する書類
③	その設立特定株式を発行した特定株式会社から交付を受けたその設立特定株式を払込みにより取得をしたその居住者等が有するその特定株式会社の株式のその取得の時（その取得の時が２以上ある場合には、最初の取得の時）以後のその株式の異動につき「異動事由」、「異動年月日」、「異動した株式の数及び異動直後において有する株式の数」及びその他参考となるべき事項がその異動ごとに記載された明細書
④	その居住者等とその特定株式会社との間で締結された中小企業等経営強化法施行規則第11条第２項第３号ロに規定する株式の管理に関する契約に係る契約書の写し

⑤	株式等に係る譲渡所得等の金額の計算に関する明細書で適用前の株式等に係る譲渡所得等の金額の記載があるもの（特定口座における取引以外に株式等の譲渡所得等の金額がない場合等には特定口座年間取引報告書その他の書類）
⑥	控除対象設立特定株式の取得に要した金額の計算に関する明細書
⑦	控除対象設立特定株式数の計算に関する明細書

(6)　適用年の翌年以後の取得価額の計算

居住者等が、その年中に取得をした控除対象設立特定株式の取得に要した金額の合計額につきこの特例の適用を受けた年（以下(7)までにおいて「適用年」といいます。）の翌年以後の各年分における適用控除対象設立特定株式（その適用を受けた控除対象設立特定株式をいいます。以下この６において同じです。）に係る同一銘柄株式１株当たりの取得価額は、次のイに掲げる金額からロに掲げる金額を控除して計算することとされています（措令25の12の２⑦）。

イ　その適用控除対象設立特定株式に係る同一銘柄株式１株当たりのその適用年の12月31日における取得価額

ロ　その適用控除対象設立特定株式に係る適用年の次に掲げる区分に応じそれぞれ掲げる金額をその適用年の12月31日において有するその適用控除対象設立特定株式に係る同一銘柄株式の数で除して計算した金額

(イ)　その適用年においてその適用控除対象設立特定株式以外の適用控除対象設立特定株式（以下(ロ)において「他の適用控除対象設立特定株式」といいます。）がない場合

→　その適用を受けた金額（以下(6)において「適用額」といいます。）から20億円を控除した残額

(ロ)　その適用年において他の適用控除対象設立特定株式がある場合

→　適用額から20億円を控除した残額に、その適用控除対象設立特定株式の取得に要した金額と他の適用控除対象設立特定株式の取得に要した金額との合計額のうちに占めるその適用控除対象設立特定株式の取得に要した金額の割合を乗じて計算した金額

(注)　適用額が20億円以下である場合には、このような調整計算は不要となります（租税特別措置法施行令第25条の12の２第７項の規定の適用はありません。）。

⑺　居住者から特定株式会社への株式の異動状況等の通知

租税特別措置法施行令第25条の12の２第７項の規定の適用がある場合（上記⑹）において、適用控除対象設立特定株式の取得をした居住者等は、その適用控除対象設立特定株式に係る同一銘柄株式を適用年の翌年以後最初に譲渡又は贈与する時までに、同項の規定の適用がある旨のほか一定の事項をその適用控除対象設立特定株式に係る特定株式会社に通知しなければなりません（措令25の12の２⑧前段、措規18の15の２③）。

また、この場合において、その居住者等は、適用年の翌年以後の各年において、適用控除対象設立特定株式に係る同一銘柄株式の譲渡又は贈与をしたときは、遅滞なく、その特定株式会社にその旨、その譲渡又は贈与をした同一銘柄株式の数及びその年月日など一定の事項を通知しなければなりません（措令25の12の２⑧後段、措規18の15の２④）。

⑻　特定株式会社から所轄税務署長への株式の異動状況の通知

居住者等が、払込みにより取得をした特定株式会社の設立特定株式（租税特別措置法施行令第25条の12の２第８項前段の規定（上記⑺）により通知を受けた特定株式会社の適用控除対象設立特定株式で、令和５年４月１日以後に払込みにより取得をしたものに限ります。）に係る同一銘柄株式をその払込みによる取得があった日の属する年の翌年以後の各年において譲渡又は贈与した場合において、その特定株式会社が居住者等からの通知（同項後段の規定（上記⑺））その他の事由によりその譲渡又は贈与があったことを知ったときは、その特定株式会社は、その知った日の属する年の翌年１月31日までに、その居住者等につきその特定株式会社の株式の譲渡又は贈与があったことを知った旨、その譲渡又は贈与をした株式の数及びその年月日など一定の事項をその所在地の所轄税務署長に通知しなければなりません（措令25の12の２⑨、措規18の15の２⑤）。

7　特定中小会社等が発行した株式に係る課税の特例（いわゆるエンジェル税制）

エンジェル税制とは、租税特別措置法第37条の13第１項各号に掲げる株式会社（この７において、以下「特定中小会社」といいます。）及び同法第41条の18の４（令和６年12月31日以前においては、同法第41条の19。以下この７において同じです。）第１項各号に掲げる株式会社（この７において、以下「特定新規中小会社」といい、特定中小会社と併せて「特定中小会社等」といいます。）への投資を促進するために、特定中小会社等へ投資を行った個人投資家に対して、税制上講じられた優遇措置であり、特定中小会社等に対して、個人投資家が投資を行った場合、投資及び譲渡などの段階において課税の特例が設けられています。

特定中小会社が発行した一定の株式（この７において、以下「特定株式」といいます。）に係る譲渡所得の特例には、①特定株式の取得に要した金額の控除等の特例（措法37の13）、②価値喪失株式に係る損失の金額の特例（措法37の13の３①）、③特定株式に係る譲渡損失の金額の損益通算の特例（措法37の13の３④）、④特定株式に係る譲渡損失の金額の繰越控除の特例（措法37の13の３⑦）及び⑤特定株式に係る譲渡所得等の課税の特例（旧措法37の13の３、平成20年改正法附則48）があります。

〔エンジェル税制の概要（点線内が税制上の優遇措置）〕

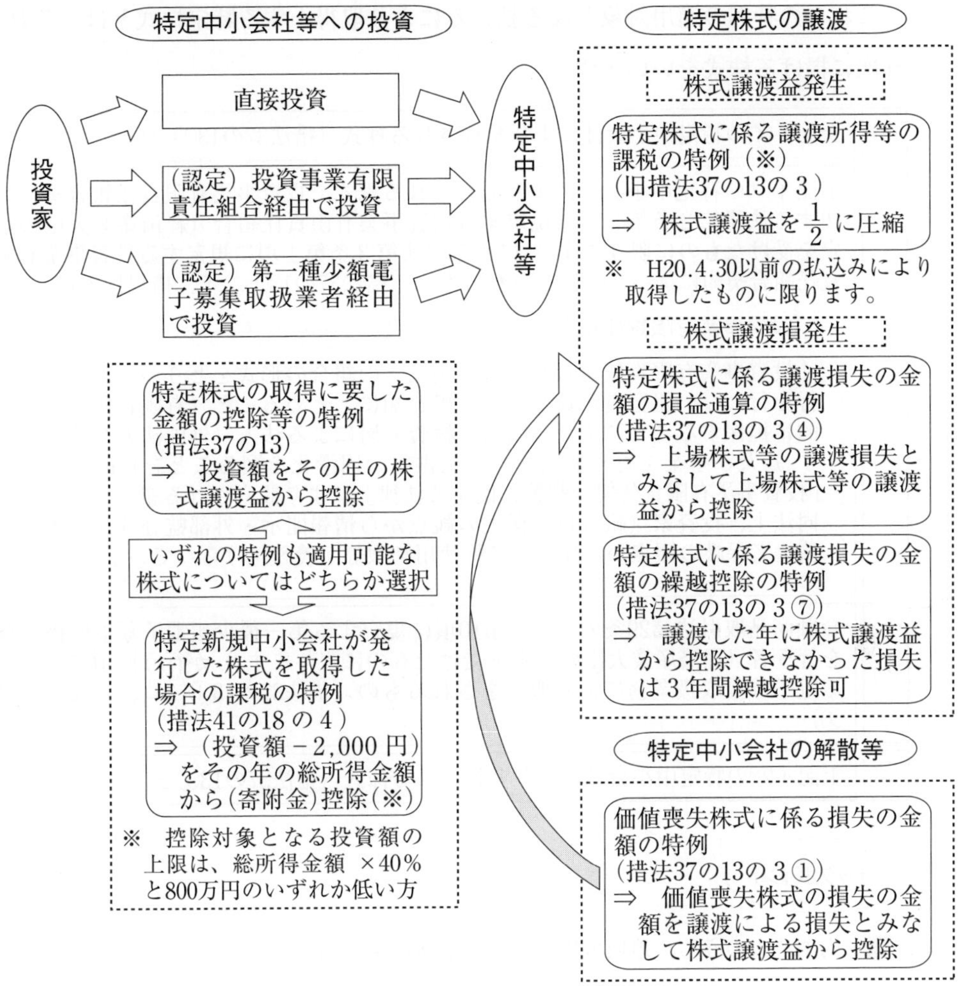

⑴　共通する事項（措法37の13①一～三）

イ　特定中小会社の範囲

これらの特例の適用対象となる特定中小会社の範囲は次のとおりです。

㈠	中小企業等経営強化法第６条に規定する特定新規中小企業者に該当する株式会社（措法37の13①一）
㈡	内国法人のうち、その設立の日以後10年を経過していない中小企業基本法第２条第１項に掲げる中小企業者に該当し、租税特別措置法施行規則第18条の15第５項に定める要件を満たす株式会社（措法37の13①二）
㈢	内国法人のうち、沖縄振興特別措置法第57条の２第１項に規定する指定会社で平成26年４月１日から令和７年３月31日までの間に同項の規定による指定を受けたもの（措法37の13①三）

ロ　特例の適用対象となる株式

これらの特例の適用対象となる払込みにより取得をする特定株式とは、それぞれ次に掲げる株式をいいます。

(イ)	上記イ(イ)の特定中小会社により発行される株式（措法37の13①一）
(ロ)	上記イ(ロ)の特定中小会社により発行される株式で投資事業有限責任組合契約に関する法律第２条第２項に規定する投資事業有限責任組合（経済産業大臣の認定を受けたものに限ります。）に係る同法第３条第１項に規定する投資事業有限責任組合契約に従って取得をされるもの（措法37の13①二イ、措規18の15⑥） 〔投資事業有限責任組合〕 「投資事業有限責任組合」とは、民法上の組合の形式をとりつつ、業務執行を行わない組合員が負う責任を出資額にとどめること（有限責任）を法的に担保することにより、幅広い投資家層による法人（外国法人を除きます。）及び事業を行う個人への資金供給の円滑化を図ることを目的とする「投資事業有限責任組合契約に関する法律」により設立される組合をいい、同法上、投資家（組合員）保護の観点から情報開示・外部監査等が、また債権者保護の観点から登記・名称使用制限等が義務付けられています。
(ハ)	金融商品取引法第29条の４の２第10項に規定する第一種少額電子募集取扱業務を行う者（経済産業大臣の認定を受けたものに限ります。）が行う同項に規定する電子募集取扱業務により取得をされるもの（措法37の13①二ロ、措規18の15⑦）
(ニ)	上記イ(ハ)の特定中小会社により発行される株式（措法37の13①三）

チェックポイント

1　内国法人のうち、地域再生法の認定地域再生計画に記載されている一定の特定地域再生事業を行う株式会社（平成28年３月31日までの間に確認を受けたものに限ります。）であって中小企業者に該当するものとして一定の要件を満たすものにより発行される株式で、確認を受けた日から同日以後３年を経過する日までの間に発行されるものは、平成28年４月１日以降、これらの特例の対象となる株式から除外されました。

しかし、居住者等が平成28年４月１日前に払込みにより取得をしたこの株式については、これらの特例の適用対象となります（平成28年改正法附則72）。

2　内国法人のうち、金融商品取引法第２条第13項に規定する認可金融商品取引業協会の規則においてその事業の成長発展が見込まれるものとして指定を受けている株式を発行する株式会社であって、その設立の日以後10年を経過していない中小企業者に該当する一定の株式会社により発行される株式で、その株式が金融商品取引業者を通じて取得をされるものは、平成31年４月１日以降、これらの特例の対象となる株式から除外されました。

しかし、居住者等が、平成31年４月１日前に払込みにより取得をしたこの株式については、これらの特例の適用対象となります（平成31年改正法附則36）。

ハ　特例の適用対象とならない取得

これらの特例は、特定中小会社に対する個人投資家による資金供給を支援する観点から設けられたものであるため、株式の発行の際に払込み（その発行に際してするものに限ります。この７において、以下同じです。）により取得した特定株式を特例の適用対象としています。したがって、次に掲げる特定株式は、特定株式ではあっても払込みにより取得したものではないため、この特例の適用対象にはなりません。

	適用対象外の特定株式
①	現物出資により取得をした特定株式
②	新株引受権付社債の権利行使に伴い代用払込みにより取得をした特定株式
③	特定中小会社が発行した転換社債につきその転換権の行使によって取得をした特定株式
④	吸収合併により特定中小会社である合併法人から取得をした特定株式
⑤	相対取引等により購入した特定株式
⑥	贈与又は相続若しくは遺贈により取得をした特定株式

チェックポイント

特定株式の払込みによる取得であっても、ストック・オプションの行使による取得でストック・オプション税制により経済的利益の非課税の特例（措法29の２①）の適用を受けるものは、この取得の範囲から除外されているので、特例の適用対象にはなりません（措法37の13①）。

ニ　特例の適用対象者

これらの特例の適用対象者は、特定株式を払込みにより取得した居住者等です。ただし、次に掲げる者は、この特例の適用対象者の範囲には含まれません（措法37の13①、措令25の12①、措規18の15①～④）。

	適用対象から除かれる居住者等
①	法人税法第２条第10号に規定する同族会社に該当する特定中小会社の株主のうち、その者を法人税法施行令第71条第１項の役員であるとした場合に同項第５号イに掲げる要件を満たすこととなるその株主
②	その特定株式を発行した特定中小会社の設立に際し、当該特定中小会社に自らが営んでいた事業の全部を承継させた個人（この表において、以下「特定事業主であった者」といいます。）
③	特定事業主であった者の親族
④	特定事業主であった者と婚姻の届出をしていないが事実上婚姻関係と同様の事情にある者
⑤	特定事業主であった者の使用人
⑥	上記③から⑤までの者以外の者で、特定事業主であった者から受ける金銭その他の資産によって生計を維持している者
⑦	上記④から⑥までの者と生計を一にするこれらの者の親族
⑧	上記①から⑦までの者以外の者で、特定中小会社との間で特定株式に係る投資に関する条件を定めた契約で中小企業等経営強化法施行規則第11条第２項第３号ロに規定する投資に関する契約又は経済金融活性化措置実施計画及び特定経済金融活性化事業の認定申請及び実施状況の報告等に関する内閣府令第13条第５号に規定する特定株式投資契約に該当する契約を締結していない者

⑵　特定株式の取得に要した金額の控除等の特例（措法37の13）

イ　概要

特定中小会社の設立や増資の際に発行された特定株式を払込みにより取得をした居住者等が、当該特定株式を払込みにより取得をした場合におけるその年分の一般株式等に係る譲渡所得等又は上場株式等に係る譲渡所得等の金額の計算については、その計算上、その年中に払込みにより取得をした特定株式（その年12月31日において有するものとして一定のものに限ります。この７において、以下「控除対象特定株式」といいます。）の取得に要した金額の合計額を控除することができます。

ただし、租税特別措置法第41条の18の４《特定新規中小会社が発行した株式を取得した場合の課税の特例》の適用を受ける特定株式又は当該特定株式と同一銘柄の株式で、その適用を受ける年中に払込みにより取得したものについては、この特例は適用できません（措法41の18の４②）。

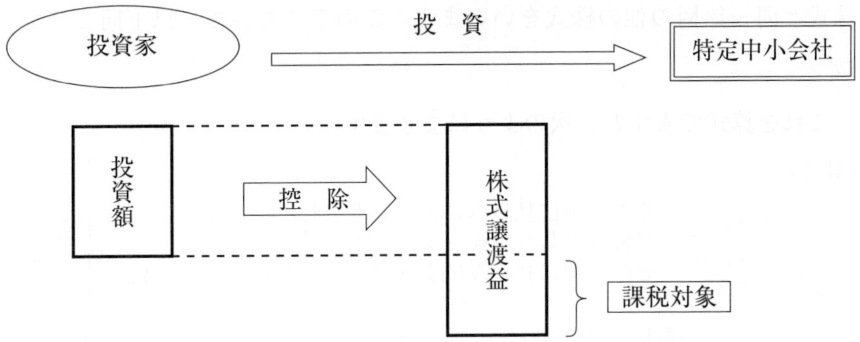

ロ　特例適用の方法

控除対象特定株式の取得に要した金額の合計額は、まず、この特例の適用前の一般株式等に係る譲渡所得等の金額を限度として、その取得の日の属する年分の一般株式等に係る譲渡所得等の金額の計算上控除し、なお控除しきれない金額がある場合には、この特例の適用前の上場株式等に係る譲渡所得等の金額を限度として、その取得の日の属する年分の上場株式等に係る譲渡所得等の金額の計算上控除します（措令25の12②一）。

ハ　控除対象特定株式の取得に要した金額

控除対象特定株式の取得に要した金額は、居住者等がその年中に払込みにより取得をした特定株式の銘柄ごとに、その払込みにより取得をした特定株式の取得に要した金額（次表の新株予約権の行使により取得をした特定株式にあっては、その新株予約権の取得に要した金額を含みます。）の合計額をその取得をした特定株式の数で除して計算した金額に、次の(イ)から(ロ)を控除した株数を乗じて計算した金額となります（措令25の12③④）。

	新株予約権	特定株式
①	租税特別措置法第37条の13第１項第１号に掲げる株式会社に該当する特定中小会社に対する払込み（新株予約権の発行に際してするものに限ります。以下②において同じです。）により取得をした新株予約権	その特定中小会社により発行される特定株式
②	租税特別措置法第37条の13第１項第２号に掲げる株式会社に該当する特定中小会社に対する払込みにより取得をした新株予約権（同号イに規定する投資事業有限責任組合に係る同号イに規定する投資事業有限責任組合契約に従って取得をしたものに限ります。）	その特定中小会社により発行される租税特別措置法第37条の13第１項第２号イに掲げる特定株式

(イ)　その年中に払込みにより取得をした特定株式の数

(ロ)　その年中に譲渡又は贈与した同一銘柄株式（上記(イ)の特定株式及びその特定

株式と同一銘柄の他の株式をいいます。この7において、以下同じです。）の数

これを算式で表すと、次のようになります。

〔算式〕

$$\text{控除対象特定株式の取得に要した金額} = \frac{\text{その年中に払込みにより取得をした特定株式の取得に要した金額（※1）の合計額}}{\text{その年中に払込みにより取得をした特定株式の数}} \times \text{控除対象特定株式数（※2）}$$

（※1）　一定の新株予約権の行使により取得をした特定株式にあっては、その新株予約権の取得に要した金額を含みます。

（※2）　控除対象特定株式数＝その年中に払込みにより取得をした特定株式の数－その年中に譲渡又は贈与した同一銘柄株式の数

二　特例の適用を受けた後の特定株式の取得価額の調整

この特例の適用を受けた場合には、特例適用年の翌年以後の同一銘柄株式1株当たりの取得価額は、その同一銘柄株式1株当たりの特例適用年の12月31日における取得価額からこの特例の適用を受けた金額として一定の金額（注1）を12月31日において有するその同一銘柄株式の数で除した金額を控除した金額に調整されます（措令25の12⑦）（注2）。

これを算式で表すと、次のようになります（措通37の13－5）。

〔算式〕

$$\text{適用年の翌年以後の各年分におけるその同一銘柄株式1株当たりの取得価額} = \text{その同一銘柄株式1株当たりの適用年の12月31日における取得価額} - \frac{\text{この特例の適用を受けた金額として一定の金額（注1）}}{\text{適用年の12月31日において有するその同一銘柄株式の数}}$$

（注1）「この特例の適用を受けた金額として一定の金額」とは、次に掲げる場合の区分に応じ、それぞれ次に定める金額をいいます（措令25の12⑦二、措規18の15⑨）。

⑴　その適用年においてこの特例の適用を受けた控除対象特定株式（以下「適用控除対象特定株式」といいます。）以外の適用控除対象特定株式がない場合
　次に掲げる場合の区分に応じ、それぞれ次に定める金額

イ　その年中に取得をした控除対象特定株式の取得に要した金額の合計額につきこの特例の適用を受けた場合（次のロに該当する場合を除きます。）
　その年にこの特例の適用を受けた金額

ロ　その年中に取得をした控除対象特定株式及び租税特別措置法施行令第25条の12第8項に規定する特例控除対象特定株式（いわゆるプレシード・シード特例の適用を受けた特定株式。注2参照）の取得に要した金額の合計額につきこの特例の適用を受けた場合
　次の算式により計算した金額

適用年にこの特例の適用を受けた金額 × この特例の適用を受けたその控除対象特定株式の取得に要した金額 ／ （この特例の適用を受けたその控除対象特定株式の取得に要した金額 ＋ この特例の適用を受けたその特例控除対象特定株式の取得に要した金額）

⑵　その適用年において適用控除対象特定株式以外の適用控除対象特定株式（他の適用控除対象特定株式）がある場合

次の算式により計算した金額

適用年にこの特例の適用を受けた金額 × この特例の適用を受けたその適用控除対象特定株式の取得に要した金額 ／ （この特例の適用を受けたその適用控除対象特定株式の取得に要した金額 ＋ この特例の適用を受けたその他の適用控除対象特定株式の取得に要した金額）

（注２）　個人が令和５年４月１日以後に払込みにより取得をする546ページのロ(イ)ないし(ハ)に掲げる特定株式のうち、その設立の日以後の期間が５年未満であることなど一定の要件を満たす株式会社（特例株式会社）により発行されるもの（特例控除対象特定株式）についてこの特例を受ける場合には、適用を受ける金額が20億円を超える場合を除き、上記のような取得価額の調整を行わないこととされています（措令25の12⑦⑧、措規18の15⑨⑩⑪、中小企業等経営強化法施行規則８五ロ）。

したがって、上記の特例株式会社が発行する株式を取得し、この特例の適用を受ける場合には、適用を受ける金額が20億円を超える場合を除いて取得価額の調整による課税の繰延べが生じないことになります。

なお、この場合には、居住者等の通知義務に関する規定の適用があります（措令25の12⑨⑩）。

ホ　特例の適用を受けるための申告手続

この特例の適用を受けるためには、特例の適用を受けようとする年分の確定申告書に、特例の適用を受けようとする旨の記載をし、次に掲げる書類を添付する必要があります（措法37の13②、措規18の15⑧）。

①	特定中小会社から交付を受けた都道府県知事の確認書など措置法施行規則第18条の15第８項第１号イないしホに掲げる区分に応じてそれぞれ定められた書類
②	当該特定株式を払込みにより取得をした居住者等が当該特定株式に係る基準日において上記⑴ニ①から⑧までの者に該当しないことの確認をした旨を証する書類（措規18の15⑧二）
③	特定中小会社から交付を受けた特定株式を払込みにより取得をした居住者等が有するその特定中小会社の株式のその取得の時以後の株式の異動につき、一定の事項がその異動ごとに記載された明細書（措規18の15⑧三）
④	特定中小会社と締結した契約に係る契約書の写し（措規18の15⑧四）
⑤	一般株式等に係る譲渡所得等の金額の計算に関する明細書及び上場株式等に係る譲渡所得等の金額の計算に関する明細書で、適用前の一般株式等に係る譲渡所得等の金額及び適用前の上場株式等に係る譲渡所得等の金額の記載があるもの（特定口座において取引をした上場株式等に係る譲渡所得等については年間取引報告書等の添付に代えることができます。）（措規18の15⑧五）

⑥	控除対象特定株式の取得に要した金額の計算に関する明細書（措規18の15⑧六）
⑦	控除対象特定株式数の計算に関する明細書（措規18の15⑧七）

（参考）「特定株式の取得に要した金額の控除等の特例」（措法37の13）の概要

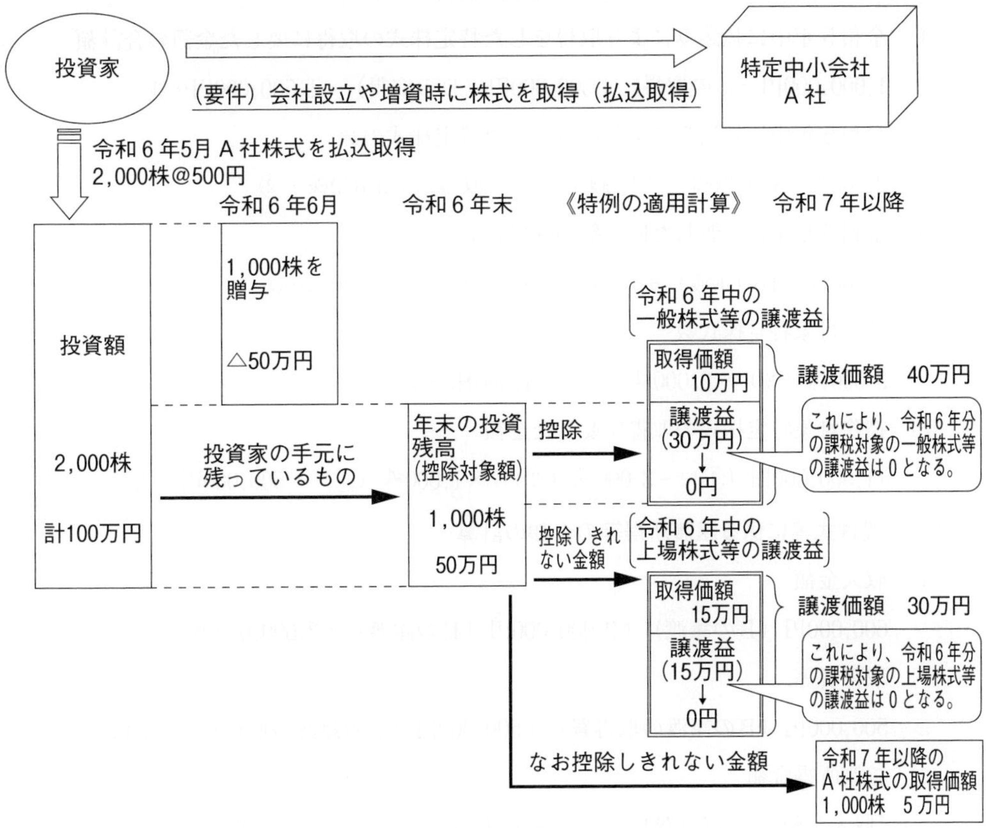

〔特定株式の取得に要した金額の控除等の特例（措法37の13）の計算例〕

租税特別措置法第37条の13第１項第１号に規定する特定中小会社に該当する甲株式会社の株式について、次のように取得及び譲渡が行われた場合の令和５年分及び令和６年分の一般株式等に係る譲渡所得等の金額の計算はどのようになるか。

		事由	株数	単価	金額	１株当たり取得価額	残株数
A	令和４年４月10日	購入取得	1,000株	500円	500,000円	500円	1,000株
B	令和５年５月12日	譲渡	1,000株	600円	600,000円	500円	0株
C	令和５年６月11日	払込取得	2,000株	500円	1,000,000円	500円	2,000株
D	令和５年９月30日	払込取得	1,000株	500円	500,000円	500円	3,000株
E	令和５年10月６日	譲渡	1,000株	2,000円	2,000,000円	500円	2,000株
F	令和６年４月22日	購入取得	1,000株	1,700円	1,700,000円	900円	3,000株
G	令和６年11月２日	譲渡	3,000株	1,700円	5,100,000円	900円	0株

〔令和５年分の一般株式等に係る譲渡所得等の金額の計算〕

1　控除対象特定株式の取得に要した金額の計算

(1)　令和５年中に払込みにより取得をした特定株式の取得に要した金額の合計額

1,000,000円（Ｃの取得）＋500,000円（Ｄの取得）＝1,500,000円…①

(2)　令和５年中に払込みにより取得をした特定株式の数

2,000株（Ｃの取得）＋1,000株（Ｄの取得）＝3,000株…②

(3)　令和５年中に譲渡した同一銘柄株式の数

1,000株（Ｂの譲渡）＋1,000株（Ｅの譲渡）＝2,000株…③

(4)　控除対象特定株式数

3,000株（②）－2,000株（③）＝1,000株…④

(5)　控除対象特定株式の取得に要した金額

（1,500,000円（①）÷3,000株（②））×1,000株（④）＝500,000円…⑤

2　一般株式等に係る譲渡所得等の金額の計算

(1)　収入金額

600,000円（Ｂの譲渡）＋2,000,000円（Ｅの譲渡）＝2,600,000円

(2)　取得費等

500,000円（Ｂの譲渡の取得費）＋500,000円（Ｅの譲渡の取得費）＝1,000,000円

(3)　譲渡所得金額

《収入金額》　《取得費等》　《控除対象額》　　《譲渡所得金額》

2,600,000円－1,000,000円－500,000円（⑤）＝1,100,000円

〔令和６年分の一般株式等に係る譲渡所得等の金額の計算〕

1　特例の適用を受けた後の特定株式の取得価額の調整

(1)　租税特別措置法第37条の13第１項の適用を受けた金額　500,000円…⑤

(2)　令和５年12月31日において有する同一銘柄株式の数　2,000株…⑥

(3)　同一銘柄株式１株当たりの適用年の12月31日における取得価額　500円…⑦

(4)　適用年の翌年以後の各年分における当該同一銘柄株式１株当たりの取得価額

500円（⑦）－（500,000円（⑤）÷2,000株（⑥））＝250円…⑧

2　一般株式等に係る譲渡所得等の金額の計算

(1)　収入金額

5,100,000円（Ｇの譲渡）

(2)　取得費等

250円（⑧）×2,000株＋1,700,000円（Ｆの取得）＝2,200,000円…⑨

(3)　譲渡所得金額

《収入金額》　《取得費等》　　　　　《譲渡所得金額》

5,100,000円－2,200,000円（⑨）＝ 2,900,000円

(3) 価値喪失株式に係る損失の金額の特例（措法37の13の３①）

イ　概要

特定中小会社の特定株式を払込みにより取得をした居住者等について、その取得の日からその特定中小会社の株式の上場等の日の前日までの期間内に、その特定株式が株式としての価値を失ったことによる損失が生じた場合として一定の事実が発生したときは、当該事実が発生したことは当該特定株式を譲渡したことと、当該損失の金額は当該特定株式の譲渡をしたことにより生じた損失の金額とそれぞれみなし、その年分の一般株式等に係る譲渡所得等の金額の計算上、当該株式（この７において、以下「価値喪失株式」といいます。）の損失の金額を一般株式等に係る譲渡所得等の金額から控除することができます（措法37の13の３①）。

ロ　特例の適用期間

この特例の適用期間は、特定中小会社の設立の日から当該特定中小会社（特定中小会社であった株式会社を含みます。）が発行した株式に係る上場等の日（当該株式が金融商品取引所に上場された日又は店頭売買登録銘柄として登録された日をいい、当該株式がその上場された日の前日において店頭売買登録銘柄として登録されていた株式の場合は当該株式が最初に店頭売買登録銘柄として登録された日をいいます。）の前日までの期間とされています（措法37の13の３①、措令25の12の３①）。

したがって、上場等の日以後に次のハに掲げる一定の事実が発生しても、この特例の適用を受けることはできません。

なお、前記６の「特定新規中小企業者がその設立の際に発行した株式の取得に要した金額の控除等」（措法37の13の２）の適用対象となった設立特定株式についてもこの(3)ないし(5)までの特例の適用対象となる株式の範囲に含まれます。

ハ　価値喪失の事実

払込みにより取得した特定株式が株式としての価値を失ったことによる損失が生じたとされる一定の事実の発生とは、次のいずれかの事実の発生とされています（措法37の13の３①、措令25の12の３③）。

①	特定株式を発行した株式会社が解散（合併による解散を除きます。）をし、その清算（通常清算又は特別清算）が結了したこと
②	特定株式を発行した株式会社が破産法の規定による破産手続開始の決定を受けたこと

ニ　価値喪失株式に係る損失の金額の計算

払込みにより取得した特定株式が株式としての価値を失ったことによる損失の金額は、価値喪失株式の次に掲げる場合の区分に応じ、それぞれ次により計算した金額とすることとされています（措法37の13の3①、措令25の12の3②）。

	区　分	損失の金額
①	価値喪失株式が事業所得の基因となる株式である場合	当該事実が発生した日をその年12月31日とみなして、総平均法（所令105①）によって当該価値喪失株式に係る1株当たりの取得価額に相当する金額を算出した場合におけるその金額に、その事実の発生の直前において有する当該価値喪失株式の数を乗じて計算した金額
②	価値喪失株式が譲渡所得又は雑所得の基因となる株式である場合	当該事実が発生した時を譲渡の時とみなして、総平均法に準ずる方法（所令118①）によって当該価値喪失株式に係る1株当たりの金額に相当する金額を算出した場合におけるその金額に、当該事実の発生の直前において有する当該価値喪失株式の数を乗じて計算した金額

〔価値喪失株式が譲渡所得の基因となる株式である場合の計算〕

〔設例〕

次のようにA社株式（特定株式）を取得した後、A社が破産手続開始の決定を受けた場合の「価値喪失株式に係る損失の金額」はいくらになるか。

		（株数）	（単価）	（取得価額）
令4.10.15	払込みにより取得	3,000株	1,000円	3,000,000円
令5.11.20	相対取引により取得	2,000株	1,200円	2,400,000円
令6.12.16	A社の破産手続開始決定			

〔回答〕

「価値喪失株式に係る損失の金額」は以下のようになります。

①　価値喪失株式に係る1株当たりの取得価額に相当する金額（総平均法に準ずる方法で計算）

$$\frac{3{,}000{,}000\text{円}+2{,}400{,}000\text{円}}{3{,}000\text{株}+2{,}000\text{株}}=1{,}080\text{円}$$

②　価値喪失株式の数

3,000株（価値喪失株式の数は払込みにより取得をした株式のみ。）

③　価値喪失株式に係る損失の金額

1,080円×3,000株＝3,240,000円

ホ　特例の適用を受けるための申告手続

特定株式を発行した特定中小会社に清算が結了したこと又は破産手続開始の決

定を受けたことの事実が発生した日の属する年分の確定申告書に、特例の適用を受けようとする旨を記載し、次に掲げる書類を添付しなければなりません（措法37の13の３②、措令25の12の３④、措規18の15の２の２①）。

①	上記(2)ホの表（551ページ）の①から④までに掲げる書類（措規18の15の２の２①一）
②	価値喪失株式に係る金額の計算に関する明細書（措規18の15の２の２①二）
③	価値喪失株式に係る特定残株数の計算に関する明細書（措規18の15の２の２①三）
④	一般株式等に係る譲渡所得等の金額の明細書（価値喪失株式とその他の一般株式等の別に記載があるものに限ります。）（措規18の15の２の２①四）
⑤	次の区分に応じ、それぞれ次に掲げる書類（措規18の15の２の２①五） イ　普通清算が結了した場合 　清算の結了の登記がされた特定中小会社の登記事項証明書(※)又は決算報告の写し及び株主総会の議事録の写し（清算人により原本と相違ないことが証明されたものに限ります。） ロ　特別清算が結了した場合 　清算の終結の登記及びその終結に伴う閉鎖の登記がされた特定中小会社の登記事項証明書(※)又は清算に係る認可の決定の公告があったことを明らかにする書類の写し ハ　破産手続開始の決定を受けた場合 　破産手続開始の決定の登記がされた特定中小会社の登記事項証明書(※)又は破産手続開始の決定の公告があったことを明らかにする書類の写し

(※)　登記事項証明書については、法人の商号又は名称（漢字商号／名称）及び本店又は主たる事務所の所在地等を提供することなどにより、その添付を省略することができます（情報通信技術を活用した行政の推進等に関する法律11、同法施行令５）。

(4)　特定株式に係る譲渡損失の金額の損益通算の特例（措法37の13の３④）

イ　概要

確定申告書を提出する居住者等の特定株式に係る譲渡損失の金額がある場合には、租税特別措置法第37条の10第１項後段の規定にかかわらず、当該特定株式に係る譲渡損失の金額は、その確定申告書に係る年分の上場株式等に係る譲渡所得等の金額の計算上控除することができます。

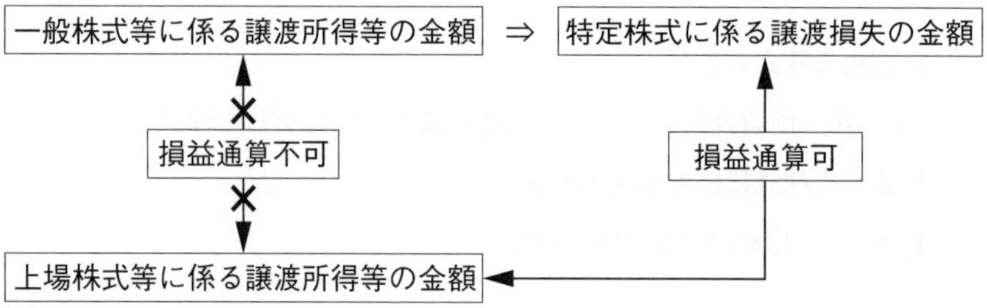

ロ　特定株式に係る譲渡損失の金額

特定株式に係る譲渡損失の金額とは、居住者等が、適用期間（上記⑶ロ参照）内に、その払込みにより取得をした特定株式の譲渡をしたことにより生じた損失の金額として計算した次の①から③までの金額のうち、当該譲渡をした日の属する年分の一般株式等に係る譲渡所得等の金額の計算上控除しても控除しきれない部分の金額をいいます（措法37の13の３⑧、措令25の12の３⑨～⑪）。

この控除しきれない金額とは、特定株式の譲渡をした日の属する年分の一般株式等に係る譲渡所得等の金額の計算上生じた損失の金額のうち、特定譲渡損失の金額に達するまでの金額をいい、この特定譲渡損失の金額とは、一般株式等の譲渡に係る事業所得の金額の計算上生じた損失の金額、一般株式等の譲渡に係る譲渡所得の金額の計算上生じた損失の金額又は一般株式等の譲渡に係る雑所得の金額の計算上生じた損失の金額のうち、それぞれその所得の基因となる特定株式の譲渡に係る次の①から③までの金額の合計額に達するまでの金額をいいます。

	区　分	金　額
①	事業所得又は雑所得の基因となるものの譲渡をしたことにより生じたものである場合（次の③の場合を除きます。）	特定株式の譲渡による事業所得の金額又は雑所得の金額の計算上生じた損失の金額として租税特別措置法施行規則第18条の15の２の２第４項の規定により計算した金額
②	譲渡所得の基因となるものの譲渡をしたことにより生じたものである場合（次の③の場合を除きます。）	特定株式の譲渡による譲渡所得の金額の計算上生じた損失の金額
③	租税特別措置法第37条の13の３第１項の規定により同項の特定株式の譲渡をしたことにより生じたものとみなされたものである場合	価値喪失株式に係る損失の金額の計算の区分に応じて計算した金額（上記⑶ニ（557ページ）参照）

チェックポイント

1　この特例の適用となる特定株式の譲渡からは、次の⑴から⑸までの者への譲渡及び特定株式の譲渡をすることにより当該譲渡をした居住者等の所得に係る所得税の負担を不当に減少させる結果となると認められる場合におけるその譲渡が除かれます（措法37の13の３⑧、措令25の12の３⑧）。

⑴　居住者等の親族

⑵　居住者等と婚姻の届出をしていないが事実上婚姻関係と同様の事情にある者

⑶　居住者等の使用人

(4)　上記(1)から(3)までに掲げる者以外の者で、居住者等から受ける金銭その他の資産によって生計を維持しているもの

(5)　上記(2)から(4)までに掲げる者と生計を一にするこれらの者の親族

2　居住者等が、払込みにより取得をした特定株式、払込み以外の方法により取得をしたその特定株式又はその特定株式と同一銘柄の株式で特定株式に該当しないものの譲渡をした場合（その払込みにより取得をした特定株式に係る特定残株数がある場合に限ります。）には、これらの同一銘柄株式の譲渡については、当該譲渡をしたその同一銘柄株式のうち、当該特定残株数に達するまでの部分に相当する数の株式が、その払込みにより取得をした特定株式とみなされます（措令25の12の3⑫）。

〔算式〕

特定残株数＝［払込みにより取得をした特定株式の数（払込みによる取得が二以上ある場合には、その二以上の払込みによる取得をしたその特定株式の数の合計数）］－［特定株式の払込みによる取得の時（払込みによる取得が二以上ある場合には、最初の払込みによる取得の時）以後に譲渡又は贈与した株式の数］

ハ　他の特例との適用順序

この特例の他に、租税特別措置法第37条の13第1項の特例（上記(2)参照）の適用を受ける場合には、先に租税特別措置法第37条の13第1項の特例を適用し、その適用後の金額にこの特例が適用されます（措法37の13の3④）。

ニ　特例を受けるための申告手続

この特例の適用を受けようとする年分の確定申告書に、この特例の適用を受けようとする旨その他次の(イ)に掲げる一定の事項を記載し、かつ、次の(ロ)に掲げる一定の書類を添付しなければなりません（措法37の13の3⑤、措令25の12の3⑥、措規18の15の2の2③）。

(イ)　記載事項

①	その年において生じた特定株式に係る譲渡損失の金額
②	上記①の金額を控除しないで計算した場合のその年分の上場株式等に係る譲渡所得等の金額（租税特別措置法第37条の13第1項又は第37条の13の2第1項の規定がある場合には、その適用後の金額）
③	上記①及び②の計算の基礎その他参考となるべき事項

(ロ)　添付書類

①	特定株式に係る譲渡損失の金額の計算に関する明細書（措規18の15の2の2③一）

②	上場株式等に係る譲渡所得等の金額の計算に関する明細書（特定口座において取引をした上場株式等に係る譲渡所得等については年間取引報告書等の添付に代えることができます。）（措規18の15の２の２③二）
③	上記⑵ホの表（551ページ）の①から④までに掲げる書類（措規18の15の２の２③三）
④	次の区分に応じ、それぞれ次に掲げる書類（措規18の15の２の２③四） イ　その年において特定株式の譲渡に係る譲渡所得等の譲渡損失の金額がある場合 (イ)　金融商品取引業者又は登録金融機関から交付を受けた特定株式の譲渡に係る契約締結時交付書面 (ロ)　特定株式の譲渡を受けた者の氏名及び住所又は名称及び本店若しくは主たる事務所の所在地並びに居住者等との関係、譲渡をした特定株式の数、譲渡による収入金額、譲渡をした年月日その他参考となるべき事項を記載した書類 (ハ)　譲渡をした特定株式に係る取得価額の計算に関する明細書 (ニ)　次のＡ及びＢに掲げる書類（譲渡をした特定株式と同一銘柄の他の特定株式がその年において価値喪失株式となった場合にはＢに掲げる書類） Ａ　譲渡をした特定株式に係る特定残株数の計算に関する明細書 Ｂ　一般株式等に係る譲渡所得等の金額の明細書（譲渡をした特定株式とその他の一般株式等の別に記載があるものに限ります。） ロ　その年において価値喪失株式の金額がある場合 上記⑶ホの表（558ページ）の②から⑤までに掲げる書類

⑸　特定株式に係る譲渡損失の金額の繰越控除の特例（措法37の13の３⑦）

イ　概要

確定申告書を提出する居住者等が、その年の前年以前３年内の各年において生じた特定株式に係る譲渡損失の金額（上記⑷ロ参照。上記⑷の特例又はこの繰越控除の特例を受けて前年以前において控除されたものは除きます。）を有する場合には、租税特別措置法第37条の10第１項後段の規定にかかわらず、当該特定株式に係る譲渡損失の金額に相当する金額は、一般株式等に係る譲渡所得等の金額及び上場株式等に係る譲渡所得等の金額の計算上控除することができます。

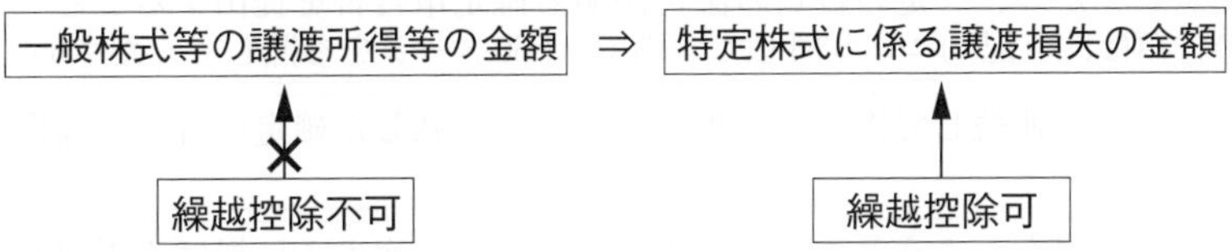

ロ　他の特例との適用順序

(イ)　一般株式等に係る譲渡所得等の金額

この特例の他に租税特別措置法第37条の13第１項の特例（上記⑵参照）の適用を受ける場合には、先に租税特別措置法第37条の13第１項の特例を適用し、当該適用後の金額にこの特例が適用されます。

(ロ)　上場株式等に係る譲渡所得等の金額

この特例の他に租税特別措置法第37条の13第１項の特例（上記(2)参照）の適用又は同法第37条の13の３第４項の特例（上記(4)参照）を受ける場合には、先にこれらの特例を適用し、当該適用後の金額にこの特例が適用されます。

ハ　特例適用の方法

特定株式に係る譲渡損失の金額の繰越控除は、次の順序により行います（措令25の12の３⑦）。

(イ)　控除する特定株式に係る譲渡損失の金額が前年以前３年内の２以上の年に生じたものである場合には、これらの年のうち最も古い年に生じた特定株式に係る譲渡損失の金額から順次控除します。

(ロ)　前年以前３年内の１の年において生じた特定株式に係る譲渡損失の金額の控除をする場合において、一般株式等に係る譲渡所得等の金額及び上場株式等に係る譲渡所得等の金額があるときは、当該特定株式に係る譲渡損失の金額は、まず一般株式等に係る譲渡所得等の金額から控除し、なお控除しきれない損失の金額があるときは、上場株式等に係る譲渡所得等の金額から控除します。

(ハ)　雑損失の繰越控除（所法71①）が行われる場合には、まず特定株式に係る譲渡損失の金額の繰越控除を行った後、雑損失の繰越控除を行います。

ニ　特例を受けるための申告手続

この特例の適用を受けるためには、次の①から③に掲げる全ての要件を満たさなくてはならないこととされています（措法37の13の３⑨、措令25の12の３⑯、措規18の15の２の２⑤～⑦）。

①	特定株式に係る譲渡損失の金額が生じた年分の所得税につき次の(イ)に掲げる事項を記載し、かつ、一定の書類の添付がある確定申告書を提出すること（この一定の書類は、上記(4)ニ(ロ)と同じですので、560ページを参照してください。）
②	その後において連続して次の(イ)に掲げる事項を記載した確定申告書を提出すること
③	この特例の適用をしようとする年分の確定申告書に次の(イ)に掲げる事項を記載し、かつ、次の(ロ)の書類を添付すること

(イ)　記載事項

①	その年において生じた上場株式等に係る譲渡損失の金額又は特定株式に係る譲渡損失の金額
②	その年の前年３年以内の各年において生じた上場株式等に係る譲渡損失の金額又は特定株式に係る譲渡損失の金額（前年以前において控除されたものを除きます。）
③	その年において生じた上場株式等に係る譲渡損失の金額又は特定株式に係る譲渡損失の金額がある場合には、その年分の上場株式等に係る譲渡所得等の金額又は一般株式等に係る譲渡所得等の金額の計算上生じた損失の金額及び租税特別措置法第37条の12の２第１項又は第37条の13の３第４項の規定を適用しないで計算した場合のその年分の上場株式等に係る配当所得等の金額又は上場株式等に係る譲渡所得等の金額
④	上記②に掲げる上場株式等に係る譲渡損失の金額又は特定株式に係る譲渡損失の金額がある場合には、これらの損失の金額を控除しないで計算した場合のその年分の上場株式等に係る譲渡所得等の金額、一般株式等に係る譲渡所得等の金額及び上場株式等に係る配当所得等の金額
⑤	租税特別措置法第37条の12の２第５項又は第37条の13の３第７項の規定により翌年以後において上場株式等に係る譲渡所得等の金額、一般株式等に係る譲渡所得等の金額又は上場株式等に係る配当所得等の金額の計算上控除することができる上場株式等に係る譲渡損失の金額又は特定株式に係る譲渡所得等の金額
⑥	上記①から⑤までに掲げる金額の計算の基礎その他参考となるべき事項

(ロ)　添付書類

①	その年において控除すべき特定株式に係る譲渡損失の金額及びその金額の計算の基礎その他参考となるべき事項を記載した明細書
②	一般株式等に係る譲渡所得等の金額の明細書（価値喪失株式とその他の一般株式等の別に記載があるものに限ります。）、一般株式等に係る譲渡所得等の金額の明細書（譲渡をした特定株式とその他の一般株式等の別に記載があるものに限ります。）又は上場株式等に係る譲渡所得等の金額の計算に関する明細書（特定口座において取引をした上場株式等に係る譲渡所得等については年間取引報告書等の添付に代えることができます。）

〔特定株式に係る譲渡損失の金額の計算例〕

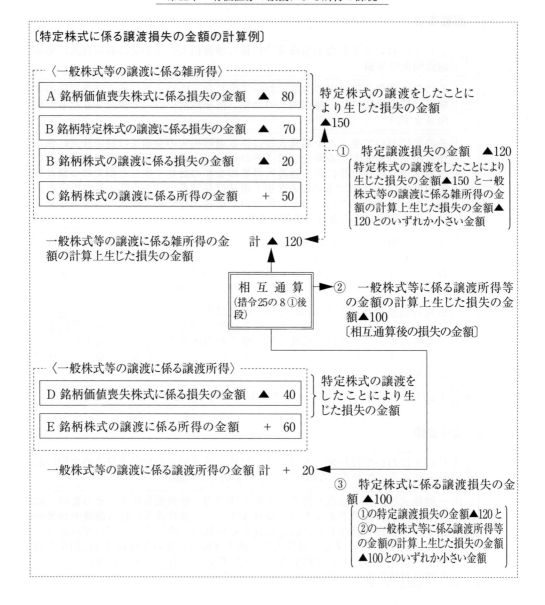

〈一般株式等の譲渡に係る雑所得〉

A 銘柄価値喪失株式に係る損失の金額	▲ 80
B 銘柄特定株式の譲渡に係る損失の金額	▲ 70
B 銘柄株式の譲渡に係る損失の金額	▲ 20
C 銘柄株式の譲渡に係る所得の金額	＋ 50

（A・B 銘柄特定株式）特定株式の譲渡をしたことにより生じた損失の金額 ▲150

① 特定譲渡損失の金額 ▲120
〔特定株式の譲渡をしたことにより生じた損失の金額▲150 と一般株式等の譲渡に係る雑所得の金額の計算上生じた損失の金額▲120 とのいずれか小さい金額〕

一般株式等の譲渡に係る雑所得の金額の計算上生じた損失の金額　計 ▲ 120

相互通算（措令25の8①後段）

② 一般株式等に係る譲渡所得等の金額の計算上生じた損失の金額▲100
〔相互通算後の損失の金額〕

〈一般株式等の譲渡に係る譲渡所得〉

D 銘柄価値喪失株式に係る損失の金額	▲ 40
E 銘柄株式の譲渡に係る所得の金額	＋ 60

（D 銘柄）特定株式の譲渡をしたことにより生じた損失の金額

一般株式等の譲渡に係る譲渡所得の金額 計 ＋ 20

③ 特定株式に係る譲渡損失の金額 ▲100
〔①の特定譲渡損失の金額▲120 と②の一般株式等に係る譲渡所得等の金額の計算上生じた損失の金額▲100 とのいずれか小さい金額〕

（参考）

1　特定株式に係る譲渡所得等の課税の特例（旧措法37の13の3、平成20年改正法附則48）

⑴　特定株式に係る譲渡所得等の課税の特例の概要

特定中小会社の特定株式を平成12年4月1日（租税特別措置法第37条の13第1項第2号及び同項第3号の特定株式については平成16年4月1日以後、同項4号の特定株式については平成17年4月1日以後）から平成21年3月31日までの間に払込みにより取得をした居住者等が、その譲渡の日において引き続き3年を超えて所有していたその特定株式の譲渡をした場合には、一定の要件の下で、その譲渡による株式等に係る譲渡所得等の金額を2分の1に相当する金額とすることとされていました（旧措法37の13の3）。

⑵　特定株式に係る譲渡所得等の課税の特例の改正

平成20年度の税制改正において、起業期の特定中小会社に対する投資を広く呼び込む観点から、投資リスクの大きい起業期の特定中小会社への出資を寄附金と見立て、より多くの投資家が利用できる寄附金控除を適用する特例（措法第41条の19《特定新規中小会社が発行した株式を取得した場合の課税の特例》）が創設されたことから、特定株式に係る譲渡所得等の課税の特例は廃止されました（旧措法37の13の3）。

なお、平成20年4月30日（改正法の公布日）前に居住者等が払込みにより取得をした特定中小会社の特定株式については、従前どおりこの特例の適用を受けることができることとされています（平成20年改正法附則48）。

2　特定中小会社等から税務署長への特定株式等の異動状況の通知

特定中小会社等は、特定株式等を払込みにより取得した居住者等からの申出その他の事由により、特定株式等の譲渡又は贈与があったことを知ったときは、その知った日の属する年の翌年1月31日までに、譲渡又は贈与による株式の異動状況をその特定中小会社等の所在地の所轄税務署長に通知しなければなりません。

⑴　特定中小会社等が特定株式等の異動状況を税務署長に通知しなければならない場合

居住者等が特定中小会社の特定株式等と同一銘柄株式をその払込みによる取得があった日の属する年の翌年以後の各年に譲渡又は贈与をした場合において、当該特定中小会社等が財務省令で定める契約に基づく個人からの申出その他の事由により譲渡又は贈与があったことを知ったとき㈱は、所轄税務署長に株式の異動状況を通知しなければなりません（措令25の12⑩、26の28の3⑧）。

㈱　個人投資家は、特定株式等の取得以後に、株式の取得、譲渡、贈与等保有株数に変動が生じたときは、その事実の内容、発生した日、変更のあった株式数等を特定中小会社に報告する旨を、個人投資家と特定中小会社が締結する株式投資契約の中で明記することとなっています。

⑵　特定中小会社等が税務署長へ通知する事項

特定中小会社等は、株式の譲渡又は贈与があったことを知った旨、当該譲渡又は贈与をした株式数及びその年月日などを税務署長に通知しなければなりません（措規18の15⑬、19の10の６⑦）。

8　株式交換等に係る譲渡所得等の特例（所法57の４）

(1)　株式交換に係る譲渡所得等の特例

居住者が各年において、その有する株式（この８において、以下「旧株」といいます。）につき、その旧株を発行した法人の行った株式交換（その法人の株主に法人税法第２条第12号の６の３に規定する株式交換完全親法人（この８において、以下「株式交換完全親法人」といいます。）又は株式交換完全親法人との間に当該株式交換完全親法人の発行済株式若しくは出資（当該株式交換完全親法人が有する自己の株式又は出資を除きます。）の全部を直接若しくは間接に保有する関係として一定の関係がある法人のうちいずれか一の法人の株式（出資を含みます。この(1)において以下同じです。）以外の資産（当該株主に対する剰余金の配当として交付された金銭その他の資産及び株式交換に反対する当該株主に対するその買取請求に基づく対価として交付される金銭その他の資産を除きます。）が交付されなかったものに限ります。）により当該株式交換完全親法人に対し、当該旧株を譲渡し、かつ、当該株式の交付を受けた場合又はその旧株を発行した法人の行った特定無対価株式交換（当該法人の株主に株式交換完全親法人の株式その他の資産が交付されなかった株式交換で、当該法人の株主に対する株式交換完全親法人の株式の交付が省略されたと認められる株式交換として一定のものをいいます。）により旧株を有しないこととなった場合には、事業所得の金額、譲渡所得の金額若しくは雑所得の金額の計算又は所得税法第59条《贈与等の場合の譲渡所得等の特例》の規定の適用については、これらの旧株の譲渡又は贈与がなかったものとされます（所法57の４①、所令167の７①）。

この特例の適用を受けた居住者が株式交換により取得した株式交換完全親法人の株式若しくは親法人の株式又は特定無対価株式交換により旧株を有しないこととなった場合における所有株式をその後に譲渡した場合の事業所得の金額、譲渡所得の金額若しくは雑所得の金額の計算において収入金額から控除する取得費の計算の基礎となる株式交換完全親法人の株式、親法人の株式又は所有株式の取得価額は、それぞれ次に掲げる金額となります（所令167の７④⑤）。

	区　分	金　額
①	株式交換の場合	その株式交換により株式交換完全親法人に譲渡をした旧株の取得価額（当該株式交換完全親法人の株式又は親法人の株式の取得に要した費用がある場合には、その費用の額を加算した金額）
②	特定無対価株式交換の場合	所有株式の特定無対価株式交換の直前の取得価額に旧株の特定無対価株式交換の直前の取得価額を加算した金額

(2)　株式移転に係る譲渡所得等の特例

居住者が各年において、旧株につき、当該旧株を発行した法人の行った株式移転（その法人の株主に法人税法第２条第12号の６の６に規定する株式移転完全親法人（この８において、以下「株式移転完全親法人」といいます。）の株式以外の資産（株式移転に反対する当該株主に対するその買取請求に基づく対価として交付される金銭その他の資産を除きます。）が交付されなかったものに限ります。）によりその株式移転完全親法人に対し、当該旧株を譲渡し、かつ、当該株式移転完全親法人の株式の交付を受けた場合には、事業所得の金額、譲渡所得の金額又は雑所得の金額の計算については、その旧株の譲渡がなかったものとされます（所法57の４②）。

この特例の適用を受けた居住者が株式移転により取得をした株式移転完全親法人の株式をその後譲渡した場合の事業所得の金額、譲渡所得の金額又は雑所得の金額の計算において収入金額から控除する取得費の計算の基礎となる株式移転完全親法人の株式の取得価額は、その株式移転により株式移転完全親法人に譲渡をした旧株の取得価額（当該株式移転完全親法人の株式の取得に要した費用がある場合には、その費用の額を加算した金額）となります（所令167の７⑥）。

(3)　取得請求権付株式等に係る譲渡所得等の特例

居住者が各年において、その有する次の①から⑥までに掲げる有価証券をそれぞれ次の①から⑥までに掲げる事由により譲渡をし、かつ、当該事由により取得をする法人の株式（出資を含みます。この(3)において、以下同じです。）又は新株予約権の交付を受けた場合（当該交付を受けた株式又は新株予約権の価額がその譲渡をした有価証券の価額とおおむね同額となっていないと認められる場合を除きます。）には、事業所得の金額、譲渡所得の金額又は雑所得の金額の計算については、当該有価証券の譲渡がなかったものとされます（所法57の４③、所令167の７③）。

	有価証券	譲渡の事由
①	取得請求権付株式	取得請求権付株式に係る請求権の行使によりその取得の対価としてその取得をする法人の株式のみが交付される場合のその請求権の行使
②	取得条項付株式	取得条項付株式に係る取得事由の発生によりその取得の対価としてその取得をされる株主等にその取得をする法人の株式のみが交付される場合のその取得事由の発生
③	全部取得条項付種類株式	全部取得条項付種類株式に係る取得決議によりその取得の対価としてその取得をされる株主等にその取得をする法人の株式（当該株式と併せて交付されるその取得をする法人の新株予約権を含みます。）以外の資産（その取得の価格の決定の申立てに基づいて交付される金銭その他の資産を除きます。）が交付されない場合のその取得決議
④	新株予約権付社債についての社債	新株予約権付社債に付された新株予約権の行使によりその取得の対価としてその取得をする法人の株式が交付される場合のその新株予約権の行使
⑤	取得条項付新株予約権	取得条項付新株予約権に係る取得事由の発生によりその取得の対価としてその取得をされる新株予約権者にその取得をする法人の株式のみが交付される場合のその取得事由の発生
⑥	取得条項付新株予約権が付された新株予約権付社債	取得条項付新株予約権に係る取得事由の発生によりその取得の対価としてその取得をされる新株予約権者にその取得をする法人の株式のみが交付される場合のその取得事由の発生

この特例の適用を受けた居住者が上記①から⑥までに掲げる事由により取得をした株式又は新株予約権をその後譲渡した場合の事業所得の金額、譲渡所得の金額又は雑所得の金額の計算上収入金額から控除する取得費の計算の基礎となる株式又は新株予約権の取得価額は、それぞれ次の(イ)から(チ)までに掲げる金額とされます（所令167の７⑦一～八）。

	株式の種類			金　額
(イ)	上記①の取得請求権付株式に係る請求権の行使によりその取得請求権付株式の取得の対価として交付を受けたその取得をする法人の株式	この特例の適用を受ける場合のその取得をする法人の株式に限ります。	→	取得請求権付株式の取得価額(注)

(ロ)	上記②の取得条項付株式に係る取得事由の発生（取得の対価としてその取得をされる株主等にその取得をする法人の株式のみが交付されたものに限ります。）によりその取得条項付株式の取得の対価として交付を受けたその取得をする法人の株式	この特例の適用を受ける場合のその取得をする法人の株式に限ります。			取得条項付株式の取得価額(注)
(ハ)	上記②の取得条項付株式に係る取得事由の発生（取得の対象となった種類の株式の全てが取得され、かつ、その取得の対価としてその取得をされる株主等にその取得をする法人の株式及び新株予約権のみが交付されたものに限ります。）により取得条項付株式の取得の対価として交付を受けたその取得をする法人の右記の①の株式及び②の新株予約権	この特例の適用を受ける場合のその取得をする法人の株式及び新株予約権に限ります。	①	その取得をする法人の株式	取得条項付株式の取得価額(注)
			②	その取得をする法人の新株予約権	零
(ニ)	上記③の全部取得条項付種類株式に係る取得決議（取得の対価としてその取得をされる株主等にその取得をする法人の株式以外の資産（その取得の価格の決定の申立てに基づいて交付される金銭その他の資産を除きます。）が交付されなかったものに限ります。）によるその全部取得条項付種類株式の取得の対価として交付を受けたその取得をする法人の株式	この特例の適用を受ける場合のその取得をする法人の株式に限ります。			全部取得条項付種類株式の取得価額(注)
(ホ)	上記③の全部取得条項付種類株式に係る取得決議（取得の対価としてその取得をされる株主等にその取得をする法人の株式及び新株予約権が交付され、かつ、これら以外の資産（その取得の価格の決定の申立てに基づいて交付される金銭その他の資産を除きます。）が交付されなかったものに限ります。）による当該全部取得条項付種類株式の取得の対価として交付を受けたその取得をする法人の右記の①の株式及び②の新株予約権	この特例の適用を受ける場合のその取得をする法人の株式及び新株予約権に限ります。	①	その取得をする法人の株式	全部取得条項付種類株式の取得価額(注)
			②	その取得をする法人の新株予約権	零

(ヘ)	上記④の新株予約権付社債についての社債に係る新株予約権の行使による当該社債の取得の対価として交付を受けたその取得をする法人の株式	この特例の適用を受ける場合のその取得をする法人の株式に限ります。	→	新株予約権付社債の取得価額(注)
(ト)	上記⑤の取得条項付新株予約権に係る取得事由の発生による当該取得条項付新株予約権の取得の対価として交付を受けたその取得をする法人の株式	この特例の適用を受ける場合のその取得をする法人の株式に限ります。	→	取得条項付新株予約権の取得価額(注)
(チ)	上記⑥の取得条項付新株予約権が付された新株予約権付社債に係る取得事由の発生による当該新株予約権付社債の取得の対価として交付を受けたその取得をする法人の株式	この特例の適用を受ける場合のその取得をする法人の株式に限ります。	→	新株予約権付社債の取得価額(注)

(注)　取得をする株式の取得に要した費用がある場合には、その費用の額を加算した金額となります。

用語の解説

株式交換完全親法人

株式交換により他の法人の株式を取得したことによって当該法人の発行済株式の全部を有することとなった法人をいいます。

株式移転完全親法人

株式移転により他の法人の発行済株式の全部を取得した当該株式移転により設立された法人をいいます。

9　株式等を対価とする株式の譲渡に係る譲渡所得等の課税の特例（措法37の13の４）

(1)　制度の概要

個人が、その有する株式（以下この項において「所有株式」といいます。）を発行した法人を会社法第774条の３第１項第１号《株式交付計画》に規定する株式交付子会社とする株式交付により当該所有株式の譲渡をし、当該株式交付に係る株式交付親会社（同号に規定する株式交付親会社をいいます。以下この項において同じです。）の株式の交付を受けた場合（当該株式交付により交付を受けた当該株式交付親会社の株式の価額が当該株式交付により交付を受けた金銭の額及び金銭以外の資産の価額の合計額のうちに占める割合が80％に満たない場合並びに株式交付直後の株式交付親会社が「一定の同族会社」に該当する場合を除きます。）における租税特別措置法第37条の10から前条まで又は所得税法第27条、第33条若しくは第35条の規定の適用については、当該譲渡をした所有株式の譲渡がなかったものとみなされます。

なお、当該株式交付により交付を受けた金銭又は金銭以外の資産（当該株式交付親会社の株式を除きます。）がある場合には、当該所有株式のうち、当該株式交付により交付を受けた金銭の額及び金銭以外の資産の価額の合計額（当該株式交付親会社の株式の価額を除きます。）に対応する部分以外のものとして「一定の部分」に限って譲渡がなかったものとみなされます。

㈱１　「一定の同族会社」とは、同族会社であることについての判定の基礎となった株主のうちに同族会社でない法人（人格のない社団等を含みます。）がある場合には、その法人をその判定の基礎となる株主から除外して判定するものとした場合においても同族会社となるものをいい（措法37の13の４①)、令和５年10月１日以後に行われる株式交付について適用されます（令和５年改正法附則33)。

２　「一定の部分」とは、この特例の適用がある株式交付により譲渡した所有株式のうち、当該所有株式の価額に株式交付割合を乗じて計算した金額に相当する部分をいいます（措令25の12の４①)。

株式交付割合＝	株式交付により交付を受けた株式交付親会社の株式の価額 ―――――――――――― 株式交付により交付を受けた金銭の額及び金銭以外の資産の価額の合計額（剰余金の配当として交付を受けた金銭の額及び金銭以外の資産の価額の合計額を除く）

(2)　株式交付親会社の株式の取得価額

この特例の適用を受けた個人がこの特例の適用がある株式交付により交付を受けた当該株式交付に係る株式交付親会社の株式に係る事業所得の金額、譲渡所得の金額又は雑所得の金額の計算については、次のイ及びロの金額の合計額を当該株式交付親会社の株式の取得価額とします（措令25の12の４④）。

イ　次の(イ)又は(ロ)の区分に応じたそれぞれ次に定める金額

(イ)　当該株式交付により交付を受けた金銭又は金銭以外の資産（当該株式交付親会社の株式を除きます。）がある場合

当該株式交付により譲渡した所有株式の取得価額に当該株式交付に係る株式交付割合を乗じて計算した金額

(ロ)　(イ)に掲げる場合以外の場合

当該株式交付により譲渡した所有株式の取得価額

ロ　当該株式交付親会社の株式の交付を受けるために要した費用がある場合

当該費用の額

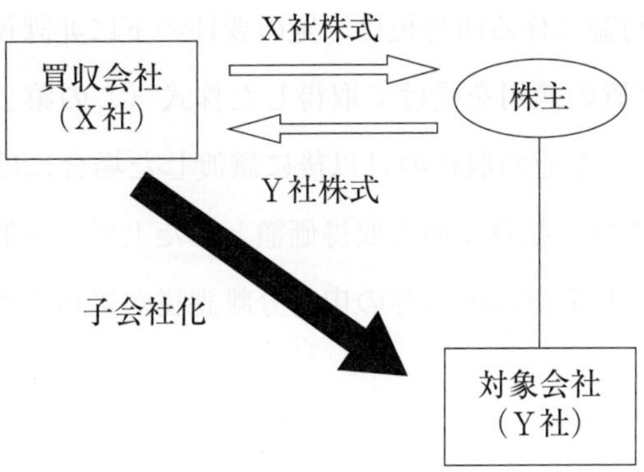

第２　特定の取締役等が受ける新株予約権等の行使による株式の取得に係る経済的利益の非課税等（いわゆるストック・オプション税制）（措法29の２）

１　ストック・オプション税制の概要

一定の会社の取締役、執行役もしくは使用人である個人（一定の大口株主及びその大口株主の特別関係者を除きます。この第２において、以下「取締役等」といいます。）もしくは一定のその取締役等の相続人（この第２において、以下「権利承継相続人」といいます。）又は取締役等以外の個人（この第２において、以下「特定従事者」といいます。）が、一定の要件に該当する新株予約権（この第２において、以下「特定新株予約権」といいます。）を行使して株式を取得した場合には、当該権利行使により生じた経済的利益に係る所得税は一定の要件の下に非課税とされます（措法29の２）。この非課税措置の適用を受けて取得した株式（この第２において、以下「特定株式」といいます。）をその取得の日以後に譲渡した場合には、当該特定株式の譲渡による所得については、払込価額を取得価額とした上で、一般株式等に係る譲渡所得等又は上場株式等に係る譲渡所得等の申告分離課税が適用されます。

用語の解説

ストック・オプション

企業の役員や使用人が、決められた期間内に一定数の自社株をあらかじめ定められた価格で購入することができる権利をいいます。

ストック・オプションを有している取締役等は、自社株の価格があらかじめ定められた行使価格を上回った時にこの権利を行使すれば、その差額を利益として受け取ることができます。

チェックポイント

❶「一定の会社」とは、①付与決議のあった株式会社又は②当該株式会社が発行済株式（議決権のあるものに限ります。）若しくは出資の総数若しくは総額の50％を超える数若しくは金額の株式（議決権のあるものに限ります。）若しくは出資を直接若しくは間接に保有する関係その他一定の関係にある法人をいいます（措法29の２①、措令19の３②）。

❷「一定の大口株主」とは、付与決議のあった日において、上場会社等については発行済株式の総数の10分の１、それ以外の会社については発行済株式の総数の３分の１を超え

る数の株式を有している個人をいいます（措法29の２①、措令19の３③）。

3 「権利承継相続人」とは、取締役等が新株予約権の権利行使可能期間内に死亡した場合において、その新株予約権に係る付与決議に基づきこれらの権利を行使できることとなるその取締役等の相続人をいいます。（措令19の３⑤）。

4 「特定従事者」とは、中小企業等経営強化法第13条に規定する認定新規中小企業者等に該当する株式会社が同法に規定する認定社外高度人材活用新事業分野開拓計画（新株予約権の行使の日以前に認定の取消しがあったものを除きます。）に従って行う社外高度人材活用新事業分野開拓に従事する社外高度人材（認定社外高度人材活用新事業分野開拓計画に従って新株予約権を与えられた者に限ります。）で、取締役及び使用人等以外の者（当該認定社外高度人材活用新事業分野開拓計画の実施時期の開始等の日から新株予約権の行使の日まで引き続き居住者であること等の要件を満たす者に限ります。）をいいます。

5 特定従事者がこの特例の適用を受けて取得をした株式を相続等により取得をした個人は、後述の承継特例適用者に該当しないこととされています。

6 特定従事者に与えられる新株予約権については、中小企業の事業活動の継続に資するための中小企業等経営強化法等（以下「中小企業等経営強化法」といいます。）の一部を改正する法律の施行の日以後に行われる付与決議に基づき締結される契約により与えられる特定新株予約権に係る株式についてこの特例が適用されます（平成31年改正法附則33。以下、この第２において同じです。）

2　税制適格ストック・オプション

(1)　対象となるストック・オプション

一定の要件に該当するストック・オプションとは、次に掲げる要件（⑦及び⑧については特定従事者に限ります。）の全てを満たす特定新株予約権をいいます（措法29の２①）。

	要　件
①	新株予約権の行使は、付与決議の日後２年を経過した日からその付与決議の日後10年を経過する日までの間に行わなければならないこと (注)　新株予約権に係る契約を締結した株式会社が次に掲げる要件を満たすものである場合には、その新株予約権の行使は、付与決議の日後15年に延長されます（措法29の２①一、措規11の３②）。 なお、この延長措置は、令和５年４月１日以後に行われる付与決議に基づき締結される契約により与えられる特定新株予約権に係る株式について適用があります（令和５年改正法附則31）。 イ　株式会社が、付与決議の日においてその設立の日以後の期間が５年未満であること。 ロ　株式会社が、付与決議の日において、上場又は店頭登録銘柄として登録されている株式を発行する会社以外の会社であること。

②	新株予約権の権利行使価額の年間の合計額が1,200万円を超えないこと ㈱「権利行使価額」とは特定新株予約権の行使に際し払い込むべき額をいいますが、当該特定新株予約権に係る付与決議の日において、当該特定新株予約権に係る契約を締結した株式会社がその設立の日以後の期間が次の場合には、それぞれ次の金額となります（下記③を除き、以下この２において同じです。）。（措法29の２①ただし書、措規11の３①） イ　設立の日以後５年未満の場合、権利行使価額を２で除して計算した金額。 ロ　設立の日以後５年以上20年未満の場合で金融商品取引所に上場されている株式等の発行者である会社以外の会社又は金融商品取引所に上場されている株式等の発行者である会社のうち上場等の日以後の期間が５年未満である場合、権利行使価額を３で除して計算した金額。
③	新株予約権の１株当たりの権利行使価額は、その付与会社の株式の付与契約の締結時における１株当たりの価額以上であること
④	新株予約権については、譲渡をしてはならないとされていること
⑤	新株予約権の権利行使に係る株式の交付が、その交付のために付与決議がされた会社法等に定める事項に反しないで行われるものであること
⑥	新株予約権の行使により取得する株式について、次のいずれかに該当すること イ　その株式は、その付与会社と金融商品取引業者等との間であらかじめ締結される株式の振替口座簿への記載等又は管理等信託に関する取決めに従い、一定の方法により、取得後直ちに、その付与会社を通じて、その金融商品取引業者等の振替口座簿に記載若しくは記録を受け、又はその金融商品取引業者等の営業所等に保管の委託若しくは管理等信託がされること ロ　その株式は、その付与会社と権利者との間であらかじめ締結される株式の管理に関する取決めに従い、一定の方法により、取得後直ちに、付与会社により管理がされること
⑦	契約を締結した日からその新株予約権の行使の日までの間において国外転出（国内に住所及び居所を有しないこととなることをいいます。）する場合には、その国外転出をする時までにその新株予約権に係る契約を締結した株式会社にその旨を通知しなければならないこと
⑧	認定社外高度人材活用新事業分野開拓計画につきその新株予約権行使の日以前に認定の取消しがあった場合には、その新株予約権に係る契約を締結した株式会社は、速やかに、その新株予約権を与えられた者にその旨を通知しなければならないこと

チェックポイント

「一定の方法」とは、次の区分に応じてそれぞれ次の方法をいいます（措令19の３⑧⑩）。

区　分	方　法
振替口座簿への記載又は記録	権利者が新株予約権の行使により株式の取得をする際、その株式の振替又は交付をする株式会社が金融商品取引業者等の振替口座簿への記載若しくは記録の通知又は振替の申請をすること
保管の委託又は管理等信託	権利者が新株予約権の行使により株式の取得をする際、その株式に係る株券の交付を受けずに、その株式の交付をする株式会社から金融商品取引業者等の営業所等にその株式を直接引き渡させること
付与会社による管理	権利者が新株予約権の行使により株式の取得をする際、その株式の交付をする株式会社が備え付ける帳簿に、その株式の取得その他の異動状況に関する事項を記載し、又は記録すること

⑵　適用要件

権利者がこの特例の適用を受けるためには、権利者が特定新株予約権の行使をする際、次に掲げる要件（権利者が行使をする特定新株予約権が取締役等に対して与えられたものである場合には、①及び③の要件になります。）を満たす必要があります（措法29の２②、措規11の３⑤）。

	要　件
①	権利者が、権利者（その者が権利承継相続人である場合には、その者の被相続人である取締役等）が特定新株予約権に係る付与決議の日において、その行使に係る株式会社の大口株主及び大口株主の特別関係者に該当しなかったことを誓約する書面をその株式会社に提出（その書面の提出に代えて行う電磁的方法によるその書面に記載すべき事項の提供を含みます。以下②及び③について同じです。）したこと
②	権利者が、権利者に係る認定社外高度人材活用新事業分野開拓計画の実施時期の開始等の日からその行使の日まで引き続き居住者であったことを誓約する書面をその行使に係る株式会社に提出したこと
③	権利者が、特定新株予約権の行使の日の属する年におけるその権利者の他の特定新株予約権の行使の有無（当該他の特定新株予約権の行使があった場合には、その行使に係る権利行使価額及びその行使年月日）その他財務省令で定める事項を記載した書面をその行使に係る株式会社に提出したこと
④	その行使に係る株式会社が、権利者に係る認定社外高度人材活用新事業分野開拓計画につき中小企業等経営強化法第９条第２項の規定による認定の取消しがなかったことを確認し、その権利者から提出を受けた③の書面又は電磁的記録にその確認をした事実を記載し、又は記録したこと

〔税制適格ストック・オプション制度の基本的な仕組み〕

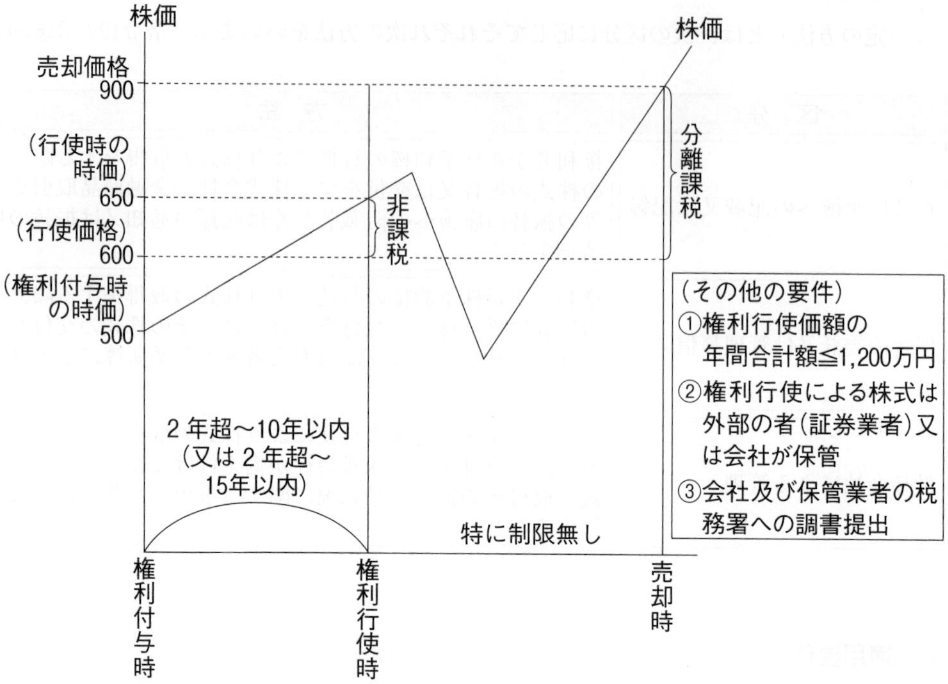

3　特定株式に係るみなし譲渡課税

次に掲げる事由により、この特例の適用を受けた個人が有する特定株式の全部又は一部の返還又は移転があった場合には、その返還又は移転があった特定株式については、その事由が生じた時に、その時における価額により、みなし譲渡課税（申告分離課税方式）が行われます（措法29の2④）。

	みなし譲渡課税の事由
①	金融商品取引業者等の振替口座簿への記載等若しくは管理等信託又は付与会社による管理に係る契約の解約又は終了（その振替口座簿への記載等若しくは管理等信託又は付与会社による管理に関する取決めに従ってされる譲渡に係る終了及びその取決めに従ってされる取締役等の特定株式以外の特定株式を有する特例適用者の国外転出に係る終了を除きます。）
②	贈与（法人に対するもの及び公益信託の受託者である個人に対するもの（その信託財産とするためのものに限ります。）を除きます。）又は相続（限定承認に係るものを除きます。）若しくは遺贈（法人に対するもの並びに公益信託の受託者である個人に対するもの（その信託財産とするためのものに限ります。）及び個人に対する包括遺贈のうち限定承認に係るものを除きます。）
③	金融商品取引業者等又は付与会社との取決めに従ってされる譲渡以外の譲渡でその譲渡の時における価額より低い価額によりされるもの（法人への低額譲渡を除きます。）

チェックポイント

❶　上記②の事由のうち、相続又は遺贈については、承継特例適用者が、当該取締役等の特定株式を振替口座簿への記載等又は管理等信託に関する取決めに従い引き続き当該取締役等の特定株式に係る金融商品取引業者等の振替口座簿に記載若しくは記録を受け、若しくは金融商品取引業者等の営業所等に保管の委託若しくは管理等信託をし、又は付与会社による管理に関する取決めに従い引き続き当該取締役等の特定株式の管理をしていた付与会社により管理をさせる場合には、みなし譲渡課税は行われません。

❷　承継特例適用者が引き続き当該特定株式に係る金融商品取引業者等の振替口座簿に記載若しくは記録を受け、若しくは金融商品取引業者等の営業所等に保管の委託若しくは管理等信託をし又は付与会社に管理させている取締役等の特定株式（この第2において、以下「承継特定株式」といいます。）について、上記①から③までの事由により、その全部又は一部の返還又は移転があった場合についても、同様にみなし譲渡課税が行われます。

なお、承継特例適用者に相続が開始して承継特定株式を当該相続人等が相続又は遺贈により取得した場合については、上記❶のようなみなし譲渡課税を行わないこととする措置は講じられていません。

❸　みなし譲渡課税が行われた場合において、上記①の事由により特定株式又は承継特定株式が返還されたときは特例適用者又は承継特例適用者が、上記②又は③の事由により特定株式又は承継特定株式が移転したときには、当該特定株式又は承継特定株式を取得した者が、それぞれその事由が生じた時に、その時における価額で当該特定株式と同一銘柄の株式を取得したものとみなされます。

❹　特定株式又は承継特定株式について、所得税法第59条第1項各号に掲げる事由による移転があった場合には、同条の規定によりみなし譲渡課税が行われます。

❺　特定株式又は承継特定株式には、株式の分割又は併合後の所有株式、株式無償割当て後の所有株式、合併法人株式又は合併親法人株式、分割承継法人株式又は分割承継親法人株式及び完全子法人株式など一定のものが含まれます（措令19の3⑪）。

〔みなし譲渡課税〕

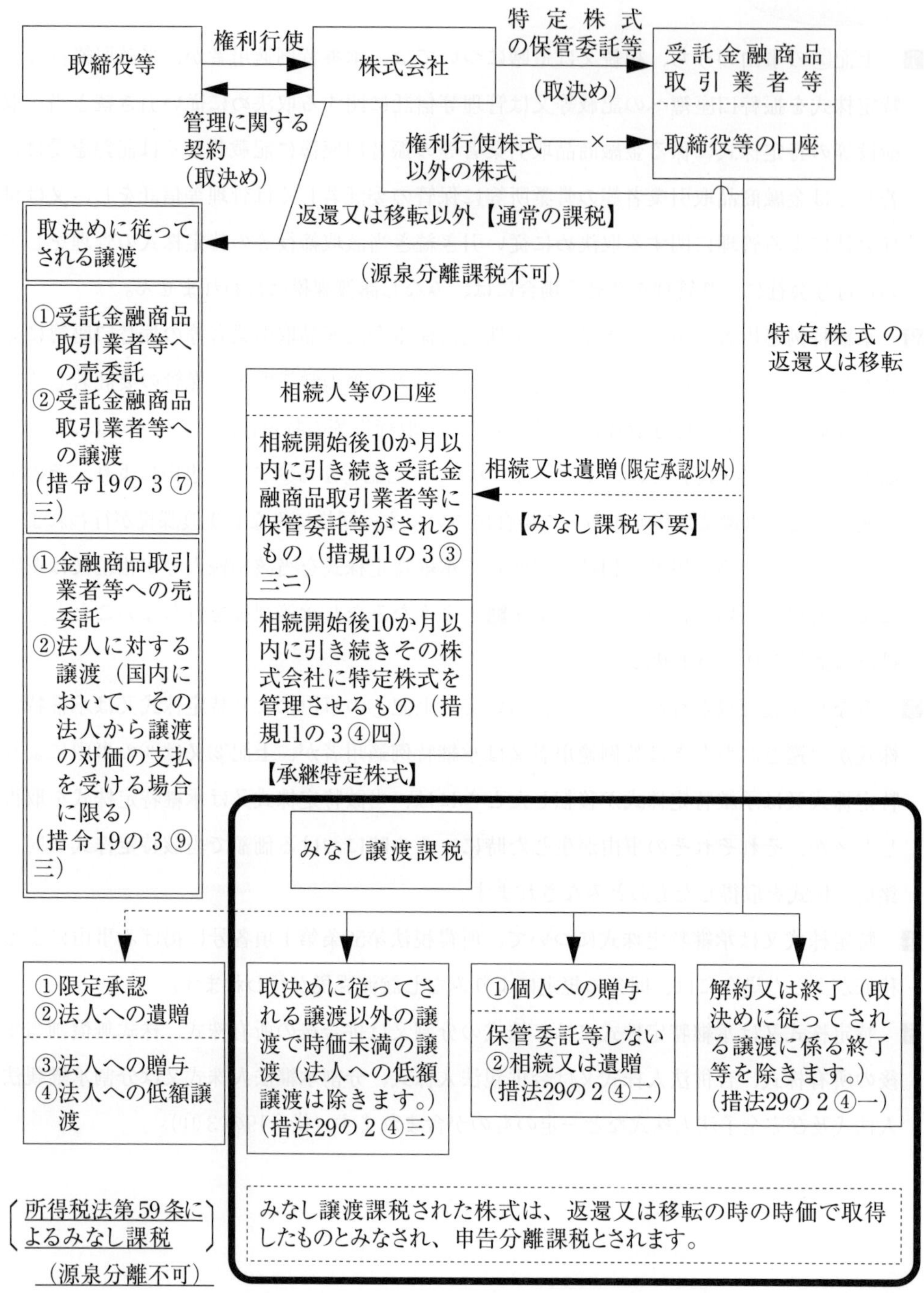
取締役等
権利行使
株式会社
特定株式の保管委託等
（取決め）
受託金融商品取引業者等
管理に関する契約
（取決め）
権利行使株式以外の株式
×
取締役等の口座
返還又は移転以外【通常の課税】
（源泉分離課税不可）
取決めに従ってされる譲渡
①受託金融商品取引業者等への売委託
②受託金融商品取引業者等への譲渡
（措令19の3⑦三）
①金融商品取引業者等への売委託
②法人に対する譲渡（国内において、その法人から譲渡の対価の支払を受ける場合に限る）
（措令19の3⑨三）
特定株式の返還又は移転
相続人等の口座
相続開始後10か月以内に引き続き受託金融商品取引業者等に保管委託等がされるもの（措規11の3③三ニ）
相続開始後10か月以内に引き続きその株式会社に特定株式を管理させるもの（措規11の3④四）
【承継特定株式】
相続又は遺贈（限定承認以外）
【みなし課税不要】
みなし譲渡課税
①限定承認
②法人への遺贈
③法人への贈与
④法人への低額譲渡
取決めに従ってされる譲渡以外の譲渡で時価未満の譲渡（法人への低額譲渡は除きます。）（措法29の2④三）
①個人への贈与
保管委託等しない
②相続又は遺贈
（措法29の2④二）
解約又は終了（取決めに従ってされる譲渡に係る終了等を除きます。）（措法29の2④一）
所得税法第59条によるみなし課税
（源泉分離不可）
みなし譲渡課税された株式は、返還又は移転の時の時価で取得したものとみなされ、申告分離課税とされます。

4　特定従事者が国外転出をする場合のみなし譲渡課税

この特例を受けた特定従事者が国外転出をする場合には、その国外転出の時に有する特定株式のうちその国外転出の時における価額に相当する金額として一定の金額（「国外転出時価額」）がその取得に要した金額として一定の金額を超えるもので一定のもの（「特定従事者の特定株式」）については、その国外転出の時に、「権利行使時価額」による譲渡があったものと、また、その国外転出の時に、その権利行使時価額をもってその特定従事者の特定株式の数に相当する数のその特定従事者の特定株式と同一銘柄の株式の取得をしたものとそれぞれみなして、一般株式等に係る譲渡所得等の課税の特例（措法37の10）及び上場株式等に係る譲渡所得等の課税の特例（措法37の11）の規定その他の所得税に関する法令の規定を適用します（措法29の2⑤）。

チェックポイント

1　本特例の適用を受けた取締役等が国外転出する場合には、このみなし譲渡課税は適用されません。

2　「国外転出時価額」とは、次に掲げる区分に応じ、次に定める金額となります（措令19の3⑮）。

(1)　国外転出をする日の属する年分の確定申告書の提出の時までに納税管理人の届出をした場合、納税管理人の届出をしないでその国外転出をした日以後にその年分の確定申告書を提出する場合又はその年分の所得税につき決定がされる場合

その国外転出の時における特定株式（取締役等の特定株式を除きます。(2)及び**3**において同じです。）の価額に相当する金額

(2)　上記(1)以外の場合

国外転出の予定日から起算して3月前の日（同日後に取得をした特定株式にあっては、その取得時）における特定株式の価額に相当する金額

3　「特定従事者の特定株式」について

(1)　「その取得に要した金額として一定の金額」とは、国外転出の時に特定株式の譲渡があったものとした場合にその特定株式の売上原価の額又は取得費の額として計算される金額に相当する金額をいいます（措令19の3⑯）。

(2)　「一定のもの」とは、特定株式に係る特定新株予約権の行使をした日におけるその特定株式の価額に相当する金額がその行使をした日にその特定株式の譲渡があったものとした場合にその特定株式の売上原価の額又は取得費の額として計算される金額に相当する金額を超えるその特定株式をいいます（措令19の3⑰）。

4　「権利行使時価額」とは

特定従事者の特定株式の国外転出時価額と特例適用者がその特定従事者の特定株式に係る特定新株予約権の行使をした日における価額に相当する金額として一定の金額とのうちいずれか少ない金額をいいます（措法29の２⑤、措令19の３⑱）。

5　調書の提出

(1)　新株予約権の付与に関する調書

新株予約権を付与する株式会社は、これらの権利がこの特例の対象となるもの（税制適格ストック・オプション）である場合、次に掲げる事項を記載した「特定新株予約権の付与に関する調書」を、その権利を付与した日の属する年の翌年１月31日までに、その付与会社の本店の所在地の所轄税務署長に提出しなければなりません（措法29の２⑥、措令19の３㉗、措規11の３⑮）。

なお、その新株予約権の行使が、付与決議の日後10年を経過する日の翌日以後の日までの間に行わなければならないこととされている場合には、これらと併せて、その株式会社の設立の年月日を記載することとされています（措規別表第６（一））。

	記載事項
①	特定新株予約権を付与した取締役等又は特定従事者の氏名、住所及び個人番号
②	特定新株予約権を付与した者が取締役等又は特定従事者のいずれに該当するかの別
③	付与決議のあった年月日
④	付与契約を締結した年月日
⑤	権利行使株式の種類及び数
⑥	権利行使価額
⑦	権利行使可能期間
⑧	①の取締役等が死亡した場合に新株予約権を行使できることとなるその取締役等の相続人の有無
⑨	その他参考となるべき事項

(2)　特定株式又は承継特定株式の異動状況に関する調書

特定株式又は承継特定株式の振替口座簿への記載等若しくは管理等信託を引き受けている金融商品取引業者等又は管理をしている付与会社は、当該振替口座簿への記載等若しくは管理等信託又は管理をしている特例適用者又は承継特例適用者ごとに、次に掲げる事項を記載した「特定株式等の異動状況に関する調書」を、毎年１

月31日までに、当該金融商品取引業者等の営業所等又は当該付与会社の本店の所在地の所轄税務署長に提出しなければなりません（措法29の２⑦、措令19の３㉘、措規11の３⑯）。

	記載事項
①	特定株式又は承継特定株式につき振替口座簿への記載若しくは記録を受け、若しくは保管の委託若しくは管理等信託をし、又は租税特別措置法第29条の２第１項第６号ロの管理をさせている者の氏名、住所及び個人番号
②	前年中に特定新株予約権の行使をした特例適用者の氏名、住所又は個人番号がその特定新株予約権の付与に係る契約を締結した時の氏名、住所又は個人番号と異なる場合には、その契約を締結した時の氏名、住所及び個人番号
③	上記①の者が前年中に承継特例適用者に該当することとなった者である場合には、その者の被相続人である特例適用者の氏名及び死亡の時における住所並びに死亡年月日
④	特定株式又は承継特定株式に係る株式会社の名称、本店の所在地及び法人番号（前年中に名称又は所在地に変更があった場合には、その変更前の名称及び所在地を含みます。）
⑤	特定株式又は承継特定株式の振替口座簿への記載等若しくは管理等信託又は租税特別措置法第29条の２第１項第６号ロの管理に係る契約を開設し、又は締結した年月日（期間が定められている場合には、その期間）
⑥	前年12月31日における特定株式又は承継特定株式の数
⑦	前年中における特定株式又は承継特定株式の受入れ若しくは取得又は振替若しくは交付をした年月日、数及び事由
⑧	前年中に特定新株予約権の行使により交付をされた特定株式の権利行使価額並びにその特定株式に係る特定新株予約権の付与決議のあった年月日及びその特定株式に係る株式会社の設立の年月日（その株式会社が上場会社又は店頭売買登録会社に該当するものである場合にはその権利行使価額、付与決議のあった年月日及び設立の年月日並びに上場された日又は登録された日とし、その株式会社が上場会社等以外の会社に該当するものである場合にはその旨並びにその権利行使価額、付与決議のあった年月日及び設立の年月日）
⑨	取決めに従って特定株式又は承継特定株式の譲渡がされた場合には、当該譲渡の対価の額
⑩	上記①の者が死亡したことを知った場合には、その旨及びその者の死亡年月日
⑪	①の者（取締役等の特定株式以外の特定株式を有する者に限ります。）が国外転出をした場合には、その旨及び当該国外転出をした日
⑫	上記①の者が届け出た納税管理人が明らかな場合には、その氏名及び住所又は居所
⑬	その他参考となるべき事項

第３　その他の株式等の譲渡益課税

有価証券の譲渡による所得の課税方法が、⑴申告分離課税、⑵分離短期譲渡所得課税、⑶総合課税、⑷非課税に区分されることは447ページの表のとおりです。そして、この⑴申告分離課税及び⑵分離短期譲渡所得課税並びに次の１に掲げる「②株式形態等によるゴルフ会員権の譲渡による所得」については既に説明しました（110、448ページ）ので、ここでは、これら以外の有価証券の譲渡益課税について説明します。

1　総合課税の対象となる有価証券譲渡益

	有価証券譲渡益区分	根拠条文
①	有価証券先物取引（金商法第28条第８項第３号イに掲げる取引の方法により行うもの）による所得（有価証券の受渡しが行われることとなるものに限ります。）	措法37の10①かっこ書
②	株式形態等によるゴルフ会員権の譲渡による所得	措法37の10②本文かっこ書、措令25の8②
③	発行法人から与えられた新株予約権等をその発行法人に譲渡したことによる所得	所法41の２

チェックポイント

譲渡性預金を利払の中途で譲渡したことによる所得については、原則として雑所得として課税されることとなります。

㈱1　「譲渡性預金」とは、払戻しについて期限を定める預金のうち、譲渡禁止の特約のない預金で一定のものをいいます（所法224の２、所令340）。

2　譲渡性預金を譲渡し、又は譲受けをした者は、譲渡性預金を受け入れている金融機関の営業所又は事務所の長に対して、譲渡性預金の譲渡又は譲受けに関する告知書を、譲渡又は譲受けをした日の属する月の翌月末日までに提出しなければならないこととされています（所法224の２、所規81の17①）。

⑴　有価証券先物取引による所得

有価証券先物取引（有価証券の受渡しが行われることとなるものに限ります。）の方法による株式等の譲渡による所得は、事業所得又は雑所得として総合課税されます（措法37の10①かっこ書）。

㈱　有価証券先物取引の決済が差金等決済によるときは、分離課税の対象となります（措法41の14①二)。

(2)　発行法人から与えられた新株予約権等をその発行法人に譲渡したことによる所得

居住者が株式を無償又は有利な価額により取得することができる権利として所得税法施行令第84条第3項各号に掲げる権利で当該権利を行使したならば同条の適用があるものを発行法人から与えられた場合において、当該居住者その他一定の者が当該権利を当該発行法人に譲渡した場合は、当該譲渡の対価の額からその権利の取得価額を控除した金額を、当該発行法人が支払をする事業所得に係る収入金額、給与等の収入金額、退職手当等の収入金額、一時所得に係る収入金額又は雑所得に係る収入金額とみなして、総合課税されます(所法41の2)。

2　非課税となる有価証券譲渡益

次に掲げるものを譲渡した場合の当該譲渡による所得については非課税とされています(措法37の15、措令25の14の3)。

①	割引の方法により発行される公社債(租税特別措置法施行令第26条の15第1項に掲げるものに限ります。)で次のイからハまで以外のもの イ　外貨公債の発行に関する法律第1条第1項又は第3項の規定により発行される同法第1条第1項に規定する外貨債 ロ　特別の法令により設立された法人がその法令の規定により発行する債券のうち一定のもの ハ　平成28年1月1日以後に発行された公社債(次の②及び④に掲げるものを除きます。)
②	預金保険法第2条第2項第5号に規定する長期信用銀行債等
③	貸付信託の受益権
④	農水産業協同組合貯金保険法第2条第2項第4号に規定する農林債

3　非居住者に対する課税の特例

恒久的施設を有しない非居住者が、国内源泉所得となる一般株式等又は上場株式等を譲渡した場合には、他の所得と区分して、その年中の一般株式等又は上場株式等の譲渡に係る国内源泉所得の金額に対して原則として15%の所得税を課税することとされています(措法37の12)。

対象者		対象所得	課税方法等
非居住者（恒久的施設を有しない者に限ります。）	①	同一銘柄の内国法人の株式等の買集めをし、その所有者である地位を利用して、当該株式等を当該内国法人若しくはその特殊関係者に対し、又はこれらの者若しくはその依頼する者のあっせんにより譲渡することによる所得（所令281①四イ）	申告分離課税
	②	内国法人の特殊関係株主等である非居住者が行う次に掲げる要件を満たす場合のその内国法人の株式等の譲渡による所得（所令281①四ロ、⑥） イ　譲渡年以前３年以内のいずれかの時において、当該内国法人の特殊関係株主等が、当該内国法人の発行済株式の総数又は出資の総額の25％以上を所有していたこと ロ　譲渡年において、内国法人の特殊関係株主等が、最初にその内国法人の株式又は出資の譲渡をする直前のその内国法人の発行済株式の総数又は出資の総額の５％以上を譲渡したこと	
	③	租税特別措置法第29条の２第４項に規定する特定株式又は承継特定株式の譲渡による所得（所令281①四ロ、措令19の３⑪～⑬）	
	④	不動産関連法人の株式の譲渡による所得（所令281①五）	
	⑤	国内に滞在する間に行う国内にある一般株式等又は上場株式等の譲渡による所得（所令281①八）	

チェックポイント

❶　対象となる一般株式等又は上場株式等の範囲及び国内源泉所得の金額の計算は居住者等の場合と同様です。

❷　譲渡損失がある場合には所得税法の適用上なかったものとして取り扱われます（措法37の12⑤）。

❸　「株式等の買集め」とは、金融商品取引所又は認可金融商品取引業協会がその会員に対し、特定の銘柄の株式につき価格の変動その他売買状況等に異常な動きをもたらす基因となると認められる相当数の株式の買集めがあり、又はその疑いがあるものとして売買内容等につき報告又は資料の提出を求めた場合における買集めその他これに類する買集めをいいます（所令281②）。

❹　「特殊関係者」とは、内国法人の役員又は主要な株主等（株式等の買集めをした者からその株式等を取得することによりその内国法人の主要な株主等となることとなる者を含みます。）、これらの者の親族、これらの者の支配する法人、その内国法人の主要な取引先その他その内国法人とこれらに準ずる特殊の関係にある者をいいます（所令281③）。

❺　「特殊関係株主等」とは、内国法人の一の株主等、その株主等と特殊の関係その他これ

に準ずる関係のある者及びその株主等が締結している組合契約に係る組合財産である内国法人の株式等につき、その株主等に該当することとなる者をいいます（所令281④）。

４　相続財産に係る非上場株式をその発行会社に譲渡した場合のみなし配当課税の特例

相続又は遺贈による財産の取得をした個人でその相続又は遺贈につき納付すべき相続税額があるものが、当該相続の開始があった日の翌日からその相続税の申告書の提出期限の翌日以後３年を経過する日までの間に、その相続税額に係る課税価格の計算の基礎に算入された上場株式等以外の株式（この４において、以下「非上場株式」といいます。）を当該非上場株式の発行会社に譲渡した場合について次の特例があります（措法９の７）。

⑴　非上場株式の譲渡の対価として発行会社から交付を受けた金銭の額が発行会社の資本金等の額のうちその交付の基因となった株式に対応する部分の金額を超えるときは、その超える部分の金額についてはみなし配当課税を行いません。

⑵　上記⑴の適用を受ける金額について、一般株式等に係る譲渡所得等に係る収入金額とみなして、一般株式等に係る譲渡所得等の課税の特例を適用します。

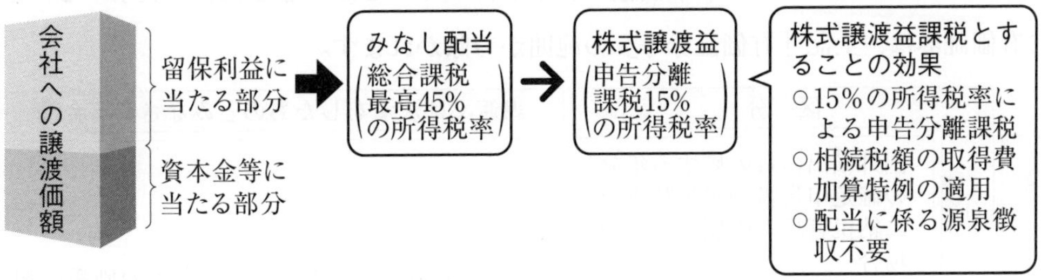

※　平成25年から令和19年までの各年分の所得税については、上記所得税率に対し、復興特別所得税（2.1%）が上乗せされます（詳細については、701ページを参照してください。）。

用語の解説

みなし配当課税

会社法上は利益の配当とされないものであっても、その実質が利益の配当と変わらないものについて、所得税法上みなし配当として課税される場合があります（所法25）。

第４　国外転出をする場合の譲渡所得等の特例（国外転出時課税）

１　特例の概要

国外転出（国内に住所及び居所を有しないこととなることをいいます。この第４において、以下同じです。）をする居住者が、有価証券若しくは匿名組合契約の出資の持分（この第４において、以下「有価証券等」といいます。）又は決済をしていないデリバティブ取引、信用取引若しくは発行日取引（この第４において、以下「未決済デリバティブ取引等」といい、有価証券等及び未決済デリバティブ取引等を総称して「対象資産」といいます。）を所有等（所有又は契約の締結をいいます。この第４において、以下同じです。）している場合には、その国外転出の時において、次に掲げる区分に応じた金額によりその有価証券等の譲渡又は未決済デリバティブ取引等の決済をしたものとみなして、その者の事業所得の金額、譲渡所得の金額又は雑所得の金額（この第４において、以下「譲渡所得等の金額」といいます。）を計算します（この第４において、この特例を以下「国外転出時課税」といいます。）（所法60の２①～③）。

なお、株式を無償又は有利な価額により取得することができる権利を表示する一定の有価証券は、上記「有価証券等」の範囲から除かれます。

<table>
<tr><th colspan="3">区　分</th><th>譲渡又は決済をしたものとみなされる金額</th></tr>
<tr><td rowspan="3">(1)</td><td>①</td><td>国外転出の日の属する年分の確定申告書の提出時までに納税管理人の届出をした場合</td><td rowspan="3">国外転出の時における有価証券等の価額に相当する金額又は国外転出の時に未決済デリバティブ取引等を決済したものとみなした場合に算出される利益の額若しくは損失の額に相当する金額</td></tr>
<tr><td>②</td><td>納税管理人の届出をしないで国外転出をした日以後にその年分の確定申告書を提出する場合</td></tr>
<tr><td>③</td><td>その年分の所得税につき決定がされる場合</td></tr>
<tr><td>(2)</td><td colspan="2">上記(1)以外の場合（＝納税管理人の届出をしないで国外転出の日以前に確定申告する場合）</td><td>国外転出の予定日の３か月前の日における有価証券等の価額に相当する金額又は同日に未決済デリバティブ取引等を決済したものとみなした場合に算出される利益の額若しくは損失の額に相当する金額</td></tr>
</table>

〔有価証券等の場合〕

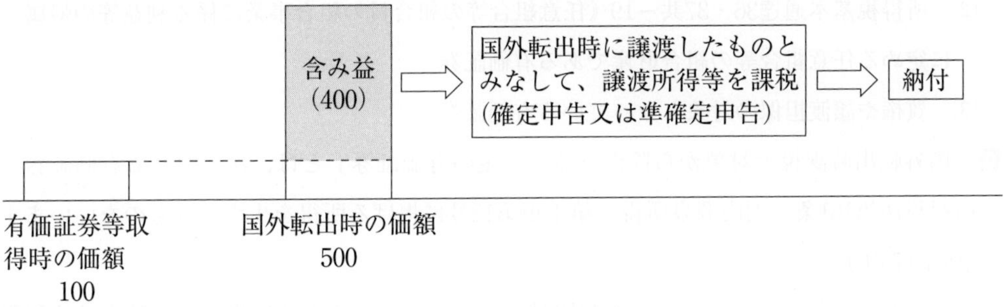

〔未決済デリバティブ取引等の場合〕

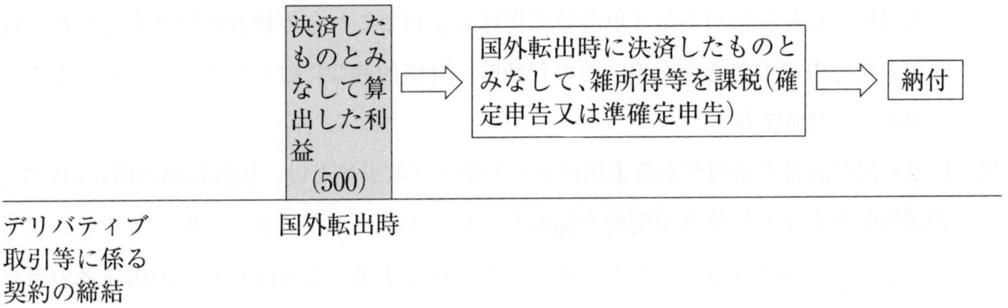

チェックポイント

1 国外転出時課税に係る申告は、納税管理人を定める場合にあっては、通常の所得税の確定申告期限までに行い（所法２①四十二、120①）、納税管理人を定めない場合にあっては、国外転出の時までに行う必要があります（所法２①四十二、126①、127①）。

2 対象資産について、国外転出の時に譲渡があったものとみなされた場合又は決済したものとみなして算出された利益の額若しくは損失の額が生じたものとみなされた場合における譲渡所得等に係る総収入金額の収入すべき時期は、その居住者が国外転出をした日となります（所基通60の２－１）。

3 国外転出時課税の適用がある有価証券等とは、国外転出の時において、その国外転出をする居住者が有している有価証券等をいいますが、例えば、次に掲げるものなど、その譲渡による所得がその居住者の譲渡所得等として課税されるものも含まれます（所基通60の２－３）。

(1) 受益者等課税信託（所得税法第13条《信託財産に属する資産及び負債並びに信託財産に帰せられる収益及び費用の帰属》第１項に規定する受益者（同条第２項の規定により同条第１項に規定する受益者とみなされる者を含みます。）がその信託財産に属する資産及び負債を有するものとみなされる信託をいいます。次の**5**において同じで

す。）の信託財産に属する有価証券

⑵　所得税基本通達36・37共－19《任意組合等の組合員の組合事業に係る利益等の帰属》に定める任意組合等の組合財産である有価証券

⑶　質権や譲渡担保の対象となっている有価証券

4　国外転出時課税の対象から除かれる「一定の有価証券」とは、次に掲げる有価証券で所得税法第161条《国内源泉所得》第１項第12号に掲げる所得を生ずべきものをいいます（所令170①）。

⑴　所得税法施行令第84条《譲渡制限付株式の価額等》第１項に規定する特定譲渡制限付株式又は承継譲渡制限付株式で、同項に規定する譲渡についての制限が解除されていないもの

⑵　所得税法施行令第84条第３項各号に掲げる権利でこれらの権利の行使をしたならば同項の規定の適用のあるもの（その行使時の経済的利益に対して課税がされるもの）を表示する有価証券

5　国外転出時課税の適用がある未決済デリバティブ取引等とは、国外転出の時において、その国外転出をする居住者が契約を締結している未決済デリバティブ取引等をいいますが、例えば、次に掲げるものなど、その取引に係る決済による所得がその居住者の事業所得又は雑所得として課税されるものも含まれます（所基通60の２－４）。

⑴　受益者等課税信託に係る信託契約に基づき受託者が行う未決済デリバティブ取引等

⑵　所得税基本通達36・37共－19《任意組合等の組合員の組合事業に係る利益等の帰属》に定める任意組合等の組合事業として行われる未決済デリバティブ取引等

6　国外転出をする居住者が譲渡した有価証券等で国外転出の日までに引渡しの行われていないものについては、契約の効力発生日による譲渡所得等の申告があった場合を除き、国外転出時課税の対象となります（所基通60の２－２）。

また、国外転出をする居住者が取得した有価証券等で国外転出の日までに引渡しを受けていないものについては、原則として、国外転出時課税の対象とはなりませんが、契約の効力発生日を有価証券等の取得をした日として国外転出時課税の適用を受けることもできます（所基通60の２－２㈱）。

7　国外転出の時又は国外転出の予定日の３か月前における有価証券等の価額については、原則として、所得税基本通達23～35共－９《株式等を取得する権利の価額》及び59－６《株式等を贈与等した場合の「その時における価額」》（公社債及び公社債投資信託にあっては、財産評価基本通達の第８章第２節《公社債》）の取扱いに準じて計算した価額となります（所基通60の２－７）。

なお、国外転出の予定日から起算して３か月前の日後に取得した有価証券等のその取得時の価額については、原則として、その有価証券等の取得価額によります（所基通60

の２－７（注１））。

8 国外転出時課税の適用により対象資産の譲渡又は決済をしたものとみなされた場合における譲渡所得等の金額の計算に当たり、外貨建てによる対象資産の国外転出の時又は国外転出の予定日の３か月前における価額又は利益の額若しくは損失の額の円換算については、所得税基本通達57の３－２《外貨建取引の円換算》に準じて計算します（所基通60の２－８）。

２　国外転出時課税の対象となる者

国外転出時課税の対象となる者は、次の⑴及び⑵に掲げる要件を満たす居住者です（所法60の２⑤、所令170③）。

⑴　上記１⑴又は⑵の区分に応じ、それぞれ上記１⑴又は⑵に定める金額の合計額が１億円以上である者

⑵　国外転出の日前10年以内に、国内に住所又は居所を有していた期間の合計が５年超である者

チェックポイント

1 租税特別措置法第37条の14《非課税口座内の少額上場株式等に係る譲渡所得等の非課税》第１項に規定する非課税口座内上場株式等、同法第37条の14の２《未成年者口座内の少額上場株式等に係る譲渡所得等の非課税》第１項に規定する未成年者口座内上場株式等及び同法第37条の15《貸付信託の受益権等の譲渡による所得の課税の特例》第１項の規定により譲渡による所得が非課税とされる有価証券についても、国外転出の時に有している有価証券に含まれますので、これらの有価証券の国外転出の時又は国外転出の予定日の３か月前の価額に相当する金額は、上記１⑴及び⑵に定める金額に含まれることになります（所基通60の２－５）。

2 「国内に住所又は居所を有していた期間」については、次の取扱いがあります。

⑴　上記期間に含まれる期間

後記「５　納税猶予制度」の納税猶予を受けている期間（所令170③二）

⑵　上記期間に含まれない期間

①　出入国管理及び難民認定法別表第一の上欄の在留資格（外交、教授、芸術、経営・管理、法律・会計業務、医療、研究、教育、企業内転勤、短期滞在、留学等）で在留していた期間（所令170③一）

②　平成27年６月30日までに出入国管理及び難民認定法別表第二の上欄の在留資格（永

住者、永住者の配偶者等）で在留している期間（平成27年改正所令附則８②）

3　国外転出後５年を経過する日までに帰国等をした場合の課税の取消し

国外転出時課税の適用を受けた者について、国外転出の日から５年を経過する日までに、次に掲げる区分に該当することとなった場合には、有価証券等の譲渡又は未決済デリバティブ取引等の決済とみなされたもののうち、それぞれ次に掲げるものについて、それぞれの区分に掲げる場合に該当することとなった日から４か月以内に更正の請求をすることにより、国外転出時課税の適用を取り消すことができます（所法60の２⑥、153の２①）。

	区　分	取り消すことができる対象資産
(1)	帰国（国内に住所を有し、又は現在まで引き続いて１年以上居所を有することとなることをいいます。）した場合	帰国の時まで引き続き所有等している対象資産
(2)	国外転出の時に所有等していた対象資産を贈与により居住者に移転した場合	贈与による移転があった対象資産
(3)	死亡したことにより、国外転出の時に所有等していた対象資産の相続（限定承認に係るものを除きます。次の(4)において同じです。）又は遺贈（包括遺贈のうち限定承認に係るものを除きます。次の(4)において同じです。）による移転があった場合において、その相続又は遺贈により対象資産の移転を受けた相続人及び受遺者である個人の全てが居住者となった場合	相続又は遺贈による移転があった対象資産
(4)	死亡したことにより、国外転出の時に所有等していた対象資産の相続又は遺贈による移転があった場合において、その死亡した者について生じた遺産分割等の事由（所得税法第151条の６《遺産分割等があった場合の修正申告の特例》第１項に規定する遺産分割等の事由をいいます。）により、対象資産の移転を受けた相続人及び受遺者である個人に非居住者（その国外転出の日から５年を経過する日までに帰国をした者を除きます。）が含まれないこととなった場合	

(注)１　上記(4)は、平成28年１月１日以後の遺産分割等の事由により対象資産の移転を受けた相続人及び受遺者である個人に非居住者が含まれないこととなった場合について適用されます（平成28年改正法附則７②）。

２　上記(4)の「遺産分割等の事由」とは、次に掲げる事由をいいます（所法151の６①、所令273の２）。

(1)　相続又は遺贈に係る対象資産について民法の規定による相続分又は包括遺贈の割合に従って非居住者に移転があったものとして所得税法第60条の３第１項から第３項（国外転出（相

続）時課税）の適用があった場合において、その後対象資産の分割が行われ、その分割により非居住者に移転した対象資産がその相続分又は包括遺贈の割合に従って非居住者に移転したものとされた対象資産と異なることとなったこと

(2)　民法の規定により相続人に異動が生じたこと

(3)　遺贈に係る遺言書が発見され、又は遺贈の放棄があったこと

(4)　上記(1)から(3)までに準ずるものとして、①相続又は遺贈により取得した財産についての権利の帰属に関する訴えについての判決があったこと、又は②条件付の遺贈について条件が成就したこと

チェックポイント

1　有価証券等の譲渡又は未決済デリバティブ取引等の決済による譲渡所得等の金額について、その計算の基礎となる事実の全部又は一部を隠蔽又は仮装した場合には、その隠蔽又は仮装があった事実に基づくこれらの所得の金額に相当する金額については、国外転出時課税の適用を取り消すことができません（所法60の２⑥ただし書）。

2　国外転出時課税の適用に関して、後記「５　納税猶予制度」における納税猶予の適用を受け、その納税猶予期限の満了日を「10年を経過する日」としている場合には、国外転出時課税の取消しについても、国外転出の日から10年を経過する日まですることができます（所法60の２⑦）。

3　贈与により対象資産の全部又は一部を居住者に移転した場合（上記３(2)の場合）において、この「課税の取消し」の規定を適用するときは、後記「６　納税猶予に係る対象資産の譲渡等における価額の下落」の規定を適用することはできません（所基通60の２－11）。

4　上記３(1)から(4)に該当し、この「課税の取消し」の規定を適用することにより国外転出の日の属する年分の所得税について修正申告をすべき事由が生じた場合には、上記３(1)から(4)に該当することとなった日から４か月以内に限り、その年分の所得税についての修正申告書を提出することができます（所法151の２①）。

なお、この特例を適用して修正申告書を提出した場合には、税務署長が更正をできる期間及び国税の徴収権の消滅時効がその修正申告書を提出した日から５年を経過した日まで延長されます（所法151の２②）。

〔国外転出時課税に係る所得計算に隠蔽・仮装がない場合〕

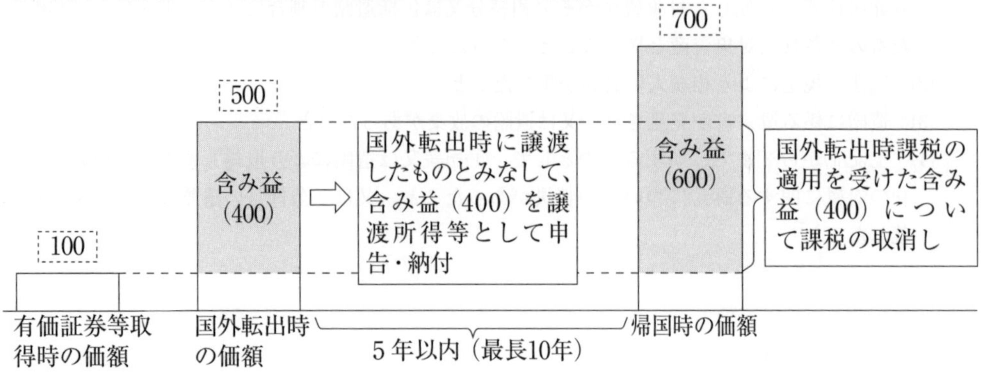

〔国外転出時課税に係る所得計算に隠蔽・仮装があった場合〕

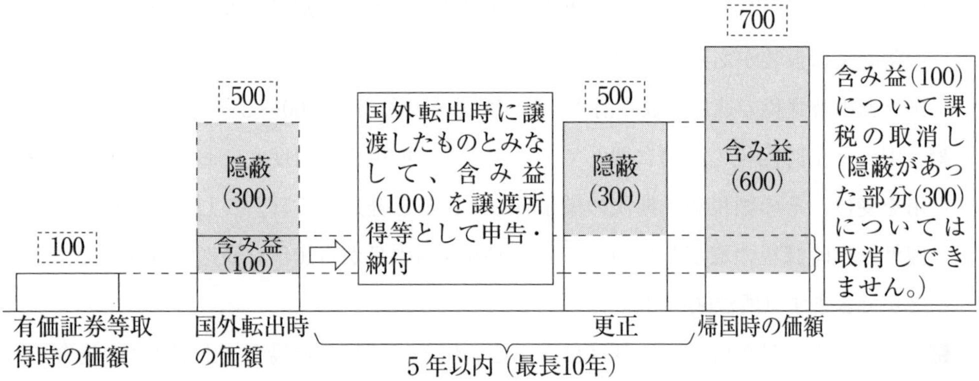

4　対象資産を譲渡又は決済したときの取得価額等の計算

国外転出時課税の適用を受けた者が、その対象資産をその後において譲渡又は決済した場合は、譲渡所得等の金額の計算上、次のように取得価額又は損益の額の調整をすることとされています（所法60の２④）。

ただし、国外転出の日の属する年分の所得税につき確定申告書の提出及び決定がされていない場合における国外転出時に所有等していた対象資産並びに同日の属する年分の譲渡所得等の金額の計算上、国外転出時における対象資産の価額に相当する金額等が総収入金額に算入されていない対象資産については、このような調整はありません。

(1)	有価証券等	国外転出の時（又は国外転出の予定日の３か月前の日）における有価証券等の価額に相当する金額をもって取得したものとみなされます。
(2)	未決済デリバティブ取引等	その決済によって生じた損益の額から、国外転出の時（又は国外転出の予定日の３か月前の日）において決済したものとみなして算出した利益（損失）の額に相当する金額を減算（加算）します。

チェックポイント

1　国外転出時課税は、一定の要件（前記「２　国外転出時課税の対象となる者」参照）に該当する場合に、対象資産の国外転出の時若しくは国外転出の予定日の３か月前の日における価額又は利益の額若しくは損失の額を対象資産の実際の価額又は利益の額若しくは損失の額とすることができる特例ですので、国外転出の時後に対象資産を譲渡又は決済をした際に実際に要した費用については、国外転出をした日の属する年分の譲渡所得等の金額の計算上控除することはできません（所基通60の２－12）。

2　前記「３　国外転出後５年を経過する日までに帰国等をした場合の課税の取消し」の規定（所法60の２⑥）の適用があった対象資産については、このような調整はありません（所法60の２④ただし書）。

3　後記「５　納税猶予制度」の「⑹　納税猶予期間の満了時における価額下落」及び「６　納税猶予に係る対象資産の譲渡等における価額の下落」により国外転出の日の属する年分の所得税の減額更正を受けた場合には、その減額後の価額に相当する金額等により取得価額又は損益の額を計算することになります。

4　国外転出時課税の適用を受けるべき個人（その相続人を含みます。）が、その国外転出の時後に譲渡又は限定相続等（贈与、相続（限定承認に係るものに限ります。）又は遺贈（包括遺贈のうち限定承認に係るものに限ります。）をいいます。この第４において、以下同じです。）により有価証券等の移転をした場合において、その移転をした有価証券等が、その者がその国外転出の時において有していた有価証券等に該当するものかどうかの判定は、まず、①国外転出の後に取得した同一銘柄の有価証券等（贈与等を受けた同一銘柄の有価証券のうち、所得税法第137条の３《贈与等により非居住者に資産が移転した場合の譲渡所得等の特例の適用がある場合の納税猶予》第１項又は第２項（後記「国外転出（贈与等）時課税」に係る納税猶予）の適用を受ける有価証券等を除きます。）の譲渡又は贈与をし、次に②国外転出時課税又は国外転出（贈与等）時課税に係る納税猶予の適用を受ける有価証券等のうち、先に国外転出時課税又は国外転出（贈与等）時課税の適用があったものから順次譲渡又は贈与をしたものとして行うこととされます（所令170⑧）。

〔有価証券等の場合〕

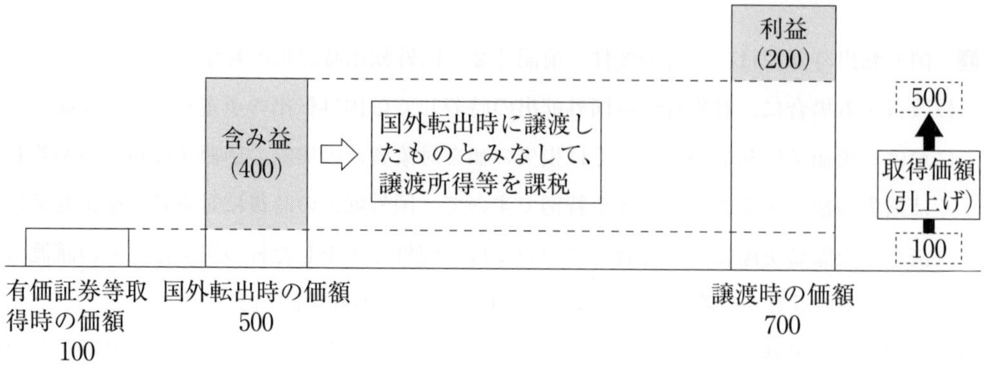

〔未決済デリバティブ取引等の場合〕

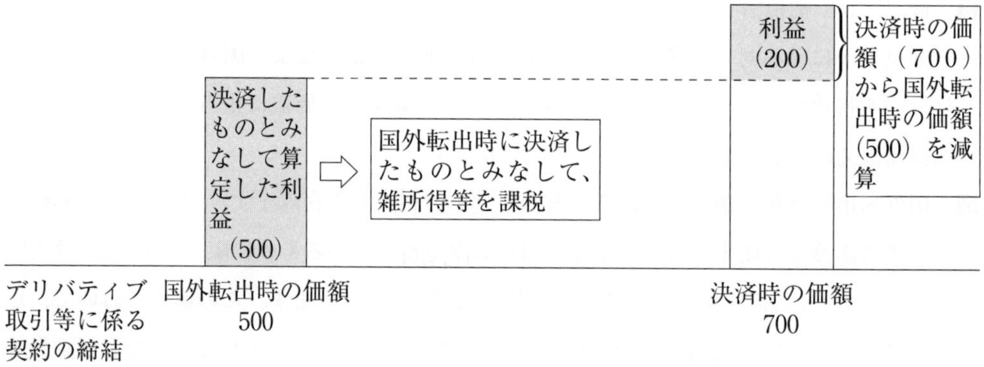

5　納税猶予制度

(1)　概要

国外転出をする居住者でその国外転出の時において所有等する対象資産について、国外転出時課税の適用を受けた者（その相続人を含みます。）については、一定の要件を満たすことにより、国外転出の日の属する年分の所得税のうち、国外転出時課税によりその有価証券等の譲渡又は未決済デリバティブ取引等の決済があったものとみなされた部分について、国外転出の日から満了基準日㈳の翌日以後４か月を経過する日まで、その納税を猶予することができます(所法137の２①、所令266の２③)。

㈳　満了基準日は、国外転出の日から５年（又は10年）を経過する日ですが、次に掲げる場合に該当することとなった場合には、国外転出の日から５年（又は10年）を経過する日とその該当することとなった日のいずれか早い日になります。

①　国外転出をした個人が帰国した場合

②　国外転出をした個人が死亡したことにより、対象資産の相続（限定承認に係るものを除きます。③において同じです。）又は遺贈（包括遺贈のうち限定承認に係るものを除きます。③において同じです。）による移転があった場合において、その相続

又は遺贈により対象財産の移転を受けた相続人及び受遺者である個人の全てが居住者となった場合

③　国外転出をした個人が死亡したことにより、対象資産の相続又は遺贈による移転があった場合において、その死亡した者について生じた遺産分割等の事由（所得税法第151条の６《遺産分割等があった場合の修正申告の特例》第１項に規定する遺産分割等の事由をいいます。）により、対象資産の移転を受けた相続人等である個人に非居住者（その国外転出の日から５年（又は10年）を経過する日までに帰国をした者を除きます。）が含まれないこととなった場合

④　国外転出をした個人が死亡したことにより、対象資産の相続（限定承認に係るものに限ります。）又は遺贈（包括遺贈のうち限定承認に係るものに限ります。）による移転があった場合

(2)　適用要件

この納税猶予は、国外転出の時までに納税管理人の届出をし、かつ、国外転出の日の属する年分の所得税に係る確定申告書の提出期限までに納税猶予分の所得税額に相当する担保を提供した場合に限り適用することができます（所法137の２①）。

(3)　納税猶予期間

納税猶予期間は、原則として国外転出の日から５年４か月を経過する日までですが、国外転出の日から５年を経過する日（上記５(1)注①から④までの場合に該当することとなった場合には、その該当することとなった日の前日）までに納税猶予期限の延長を受けたい旨その他所定の事項を記載した届出書を納税地の所轄税務署長に提出した場合には、原則として国外転出の日から10年４か月を経過する日まで納税猶予期限を延長することができます（所法137の２②、所規52の２③）。

(4)　納税猶予期間中の手続

イ　継続適用届出書の提出

納税猶予の適用を受けている者（この第４において、以下「納税猶予適用者」といいます。）は、納税猶予に係る期限が確定する日までの間の各年の12月31日において所有等している適用資産（国外転出時課税に係る納税猶予の適用を受けている対象資産をいいます。この第４において、以下同じです。）について、引き続き納税猶予の適用を受けたい旨その他所定の事項を記載した届出書（この第４において、以下「継続適用届出書」といいます。）を同日の属する年の翌年３月15日までに納税地の所轄税務署長に提出する必要があります（所法137の２⑥、所規52の２⑤）。

ロ　提出期限までに継続適用届出書が提出されなかった場合

継続適用届出書が上記イの提出期限までに提出されない場合には、その提出期限における納税猶予分の所得税額（既に下記(5)により期限が確定した金額を除きます。）に相当する所得税については、その提出期限から４か月を経過する日（４か月を経過する日までの間に納税猶予適用者が死亡した場合には、その相続人がその納税猶予適用者の死亡による相続の開始があったことを知った日から６か月を経過する日）が納税の猶予に係る期限となります（所法137の２⑧）。

なお、継続適用届出書がその提出期限までに提出されなかった場合においても、税務署長が提出期限までにその提出がなかったことについてやむを得ない事情があると認めるときは、その後に継続適用届出書の提出があった場合に限り、継続適用届出書が提出期限までに提出されたものとみなして、納税の猶予を継続することができます（所法137の２⑦）。

ハ　継続適用届出書の時効中断効

納税猶予分の所得税額に相当する所得税並びにその所得税に係る利子税及び延滞税の徴収を目的とする国の権利の時効については、国税通則法第73条《時効の完成猶予及び更新》第４項の規定の適用がある場合を除いて、継続適用届出書の提出があった時からその継続適用届出書の提出期限までの間は完成せず、その提出期限の翌日から新たにその進行が始まるものとされています（所法137の２⑩）。

㈱　令和２年４月１日前に継続適用届出書の提出があった場合における納税猶予分の所得税額に相当する所得税並びにその所得税に係る利子税及び延滞税の徴収を目的とする時効については、継続適用届出書の提出があった時に中断し、その継続適用届出書の提出期限の翌日から新たに進行するものとされています（平成31年改正法附則７①）。

(5)　納税猶予に係る期限の確定

納税猶予適用者について、納税猶予に係る期限までに、次のイ又はロに該当した場合、それぞれに応じた日をもって、納税猶予に係る期限が確定します。

なお、納税猶予に係る期限の到来により猶予されていた所得税を納付する場合には、納税猶予がされた期間に応じた利子税も納付しなければなりません（所法137の２⑫、措法93）。

イ　一部確定

適用資産について、次に掲げる事由による移転があった場合、これらの事由が生じた適用資産に係る納税猶予分の所得税額のうち、対応する部分について、これらの事由が生じた日から４か月を経過する日をもって、納税猶予に係る期限が確定します（所法137の2⑤）。

また、これらの事由に該当する場合、納税猶予適用者は、これらの事由が生じた適用資産の種類、名称など、所定の事項を記載した書類を、これらの事由が生じた日から4か月以内に納税地の所轄税務署長に提出しなければなりません（所令266の2⑦）。

①　譲渡又は決済

②　贈与

㈱1　上記「①　譲渡」の範囲には、有価証券等の一般的な譲渡の他に、株式等につき法人の合併・分割型分割、資本の払戻し、残余財産の分配、出資の消却、法人からの退社・脱退などの事由が生じたことによりその株式等の譲渡の対価とみなされる金額が生ずる場合におけるこれらの事由によるその株式等のその譲渡の対価の額とみなされる金額に対応する部分の権利の移転又は消滅も含まれます（所令266の2⑤、170②）。

2　国外転出時課税の適用を受けるべき個人が、国外転出の後に納税猶予の適用を受ける有価証券等と同一銘柄の有価証券等を譲渡又は限定相続等により移転した場合には、まず、①国外転出の後に取得した同一銘柄の有価証券等（贈与等を受けた同一銘柄の有価証券のうち、所得税法第137条の3《贈与等により非居住者に資産が移転した場合の譲渡所得等の特例の適用がある場合の納税猶予》第1項又は第2項（後記「国外転出（贈与等）時課税」に係る納税猶予）の適用を受ける有価証券等を除きます。）の譲渡又は贈与をし、次に②国外転出時課税又は国外転出（贈与等）時課税に係る納税猶予の適用を受ける有価証券等のうち、先に国外転出時課税又は国外転出（贈与等）時課税の適用があったものから順次譲渡又は贈与をしたものとして行うこととされます（所令170⑧）。

（参考）

譲渡又は贈与による移転をした日とは、その譲渡又は贈与の効力が生じた日をいいます。具体的には、次に掲げる区分に応じて、それぞれ次に定める日となります（所基通137の2－2）。

⑴　社債、株式等の振替に関する法律に規定する振替口座簿に記載又は記録がされるもの

振替口座簿に記載又は記録がされた日

⑵　有価証券の発行のあるもの

有価証券の交付を行った日

⑶　有価証券の発行のないもの（上記⑴に該当するものを除きます。）

契約の効力発生の日（書面によらない贈与を行った場合には、株主名簿の名義変更の日）

この場合における納税猶予に係る期限が確定する税額の計算は、これらの事由が生じた日ごとに、次の算式により行います。なお、これにより算出された金額に100円未満の端数があるとき又はその全額が100円未満であるときは、その端数金額又はその全額を切り捨て、その切り捨てた金額は、納税猶予分の所得税額として残ることとなります（所基通137の２－３）。

〔算式〕

（納税猶予分の所得税額(A) － 既に一部確定した所得税の額がある場合には、その所得税の額(B)） － （納税猶予する前の納付すべき所得税の額(C) － 適用資産（既に確定事由が生じたものを除きます。）につき所得税法第60条の２第１項から第３項までの規定の適用がないものとした場合における納付すべき所得税の額(D)）

(注)１　上記の(A)の金額は、納税猶予の適用を受けた当初の納税猶予分の所得税額をいいます。

２　上記の(B)の金額は、既に一部確定があった金額の合計額をいいます。

３　上記の(C)の金額は、国外転出の日の属する年分の所得税法第120条《確定所得申告》第１項第３号に掲げる金額（同法第60条の２《国外転出をする場合の譲渡所得等の特例》第１項から第３項までの規定の適用により譲渡又は決済があったものとされた金額を含めて計算した所得税の額）をいいます。

４　上記の(D)の金額は、適用資産（既に一部確定の事由が生じたものを除きます。）につき所得税法第60条の２第１項から第３項までの規定の適用がないものとした場合におけるその年分の同法第120条第１項第３号に掲げる金額をいいます。また、適用資産から除かれる既に一部確定の事由が生じたものについては、今回、同項の事由が生じたものも含めて、同法第60条の２第１項から第３項までの規定の適用があるものとして計算します。なお、(C)－(D)の金額が零を下回る場合には、零とします。

５　上記の(A)の金額、(C)の金額及び(D)の金額は、所得税法第60条の２第６項（同項第２号に該当する場合に限ります。）及び同条第８項の規定の適用がある場合はその適用後の金額により算出された金額となります。

６　上記算式により算出された金額が零を下回る場合には、零とします。

ロ　全部確定

(イ)　継続適用届出書を提出期限までに提出しなかった場合には、その提出期限から４か月を経過する日をもって、納税猶予に係る期限が確定します（所法137の２⑧）。

(ロ)　非居住者である猶予承継相続人（納税猶予適用者の死亡により、国外転出時課税に係る納税猶予分の所得税額に係る納付の義務を承継した相続人をいいます。この第４において以下同じです。）が、その相続の開始があったことを知った日の翌日から４か月以内に納税管理人の届出をしなかった場合には、その期限から4か月を経過する日をもって、納税猶予に係る期限が確定します（所法137の2⑬、所令266の2⑩）。

(ハ)　居住者である猶予承継相続人が納税管理人の届出をしないで国外転出した場合、国外転出の時から4か月を経過する日をもって、納税猶予に係る期限が確定します（所法137の3⑩、所令266の2⑪）。

(ニ)　次の①から④までに掲げる場合で、税務署長により納税猶予に係る期限が繰り上げられたときは、その繰り上げられた期限をもって、納税猶予に係る期限が確定します（所法137の2⑨、所令266の2⑧、所規52の2⑥）。

①　担保価値が減少したことにより、国税通則法第51条《担保の変更等》第1項の規定による増担保又は担保の変更を命じられた場合において、その命令に応じないとき

②　継続適用届出書に記載された事項と相違する事実が判明した場合

③　納税管理人を解任してから4か月以内に新たな納税管理人の届出をしなかった場合

④　納税管理人について死亡、解散、破産開始の決定又は後見開始の審判を受けた事実が生じたことを知った日から6か月以内に新たな納税管理人の届出をしなかった場合

(6)　納税猶予期間の満了時における価額下落

納税猶予に係る期間の満了日（国外転出の日から5年を経過する日又は10年を経過する日）において、納税猶予適用者が国外転出の時から納税猶予期間満了日まで引き続き所有等している対象資産が、次のいずれかに該当するときは、納税猶予期間満了日から4か月以内に更正の請求をすることにより、国外転出の日の属する年分の所得金額又は所得税の額を減額することができます（所法60の2⑩、153の2③）。

なお、この規定は、納税猶予に係る期限が到来する日前に自ら納税猶予に係る所得税の納付をした場合（下記(7)）には、適用がありません（所基通137の2－4(注)）。

	区　分
イ	納税猶予期間満了日における有価証券等の価額に相当する金額が国外転出の時の額を下回るとき
ロ	納税猶予期間満了日に未決済デリバティブ取引等を決済したものとみなして算出した利益の額が国外転出の時の額を下回るとき又は損失の額が国外転出の時の額を上回るとき
ハ	上記ロの額が損失となる未決済デリバティブ取引等について、国外転出の時において利益が生じていたとき

〔納税猶予に係る期限が到来した場合の価額下落への対応〕

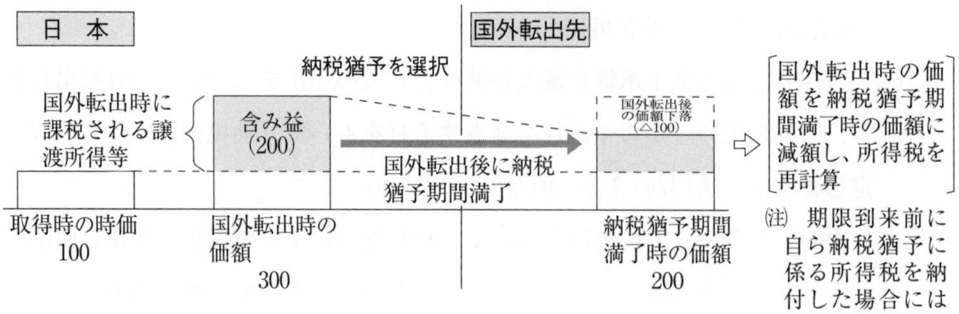

㈰ 期限到来前に自ら納税猶予に係る所得税を納付した場合には適用できません。

⑺　納税猶予の任意の取りやめ

国外転出時課税に係る納税猶予は、任意で取りやめることができます。その場合、所轄税務署長に対して納税猶予の適用を取りやめる旨の書面を提出し、かつ、その納税猶予分の所得税額に相当する所得税の全部の納付をすることが必要です（所基通137の２－４）。

⑻　納税猶予適用者が死亡した場合

納税猶予適用者が納税猶予に係る期限までに死亡した場合には、その納税猶予分の所得税額に係る納付の義務は、猶予承継相続人に承継されるとともに（所法137の２⑬）、猶予承継相続人は、引き続き国外転出時課税に係る納税猶予の適用を受けているものとみなされます（所令266の２⑨）。

この場合において、非居住者である猶予承継相続人は、その相続の開始があったことを知った日の翌日から４か月以内に納税地の所轄税務署長に対し納税管理人の届出をすることが必要となり、その期限までに届出がされない場合、上記⑸ロ(ロ)のとおり、納税猶予に係る期限が確定します（所令266の２⑩）。

また、居住者である猶予承継相続人が国外転出をしようとする場合には、その国外転出の時までに納税管理人の届出をしなければならず、その期限までに届出がされない場合、上記⑸ロ(ハ)のとおり、納税猶予に係る期限が確定します（所令266の２⑪）。

なお、期限までに届出がされなかった場合であっても、税務署長がその期限までにその届出がなかったことについてやむを得ない事情があると認めるときは、その後に納税管理人の届出があった場合に限り、その届出は提出期限までにされたものとみなされ、引き続き国外転出時課税に係る納税猶予を適用することができます（所令266の２⑩⑪、所法137の３⑧⑩後段）。

チェックポイント

❶　猶予承継相続人は、その相続又は遺贈により適用資産を取得したかどうかにかかわらず、国外転出時課税に係る納税猶予分の所得税額に係る納付の義務を承継します。この場合において、相続人が２人以上のときは、各相続人が承継する納税猶予分の所得税額は、国税通則法第５条《相続による国税の納付義務の承継》第２項の規定に基づき計算した額となります（所基通137の２－５）。

❷　猶予承継相続人が承継した納税猶予分の所得税額の全部又は一部について、納税猶予に係る期限が確定する事由が生じた場合には、全ての猶予承継相続人に係る納税猶予分の所得税額の全部又は一部についてその期限が確定します。したがって、例えば、適用資産を相続した猶予承継相続人の１人が適用資産の一部を譲渡した場合には、所得税法第137条の２《国外転出をする場合の譲渡所得等の特例の適用がある場合の納税猶予》第５項の規定により、その譲渡した適用資産に対応する部分の所得税について納税猶予に係る期限が確定し、全ての猶予承継相続人は、期限が確定した所得税の額のうち国税通則法第５条第２項の規定に基づき計算した額を納付する必要があります（所基通137の２－６）。

⑼　手続

国外転出時課税に係る納税猶予の適用を受けるためには、国外転出の日の属する年分の所得税に係る確定申告書に、納税猶予の適用を受けようとする旨の記載があり、かつ、その確定申告書に対象資産の譲渡又は決済の明細及び納税猶予分の所得税額の計算に関する明細その他所定の事項を記載した書類を添付する必要があります（所法137の２③、所規52の２④）。

なお、上記の確定申告書の提出がなかった場合又は上記の記載若しくは添付がない確定申告書の提出があった場合でも、税務署長が、その提出又は記載若しくは添付がなかったことについてやむを得ない事情があると認めるときは、その後にその記載をした書類及び上記の添付書類の提出があった場合に限り、納税猶予の適用を受けることができます（所法137の２④）。

チェックポイント

国外転出時課税に係る納税猶予は、国外転出の日の属する年分についての期限後申告又は修正申告に係る納付すべき所得税の額については、原則として適用できません。ただし、修正申告があった場合で、その修正申告が期限内申告において国外転出時課税の適用を受けた対象資産に係る価額若しくは利益の額若しくは損失の額、取得費又は税額計算の誤りのみに基づいてされるときにおける修正申告により納付すべき所得税の額（附帯税は除きます。）については、当初から納税猶予の適用があることとして取り扱われます。

この場合、その修正申告書の提出により納税猶予の適用を受ける納税猶予分の所得税額及び利子税の額に相当する担保については、その修正申告書の提出の日の翌日までに提供しなければなりません（所基通137の２－１）。

6　納税猶予に係る対象資産の譲渡等における価額の下落

納税猶予適用者（その相続人を含みます。）が、その納税猶予に係る期限までに、納税猶予に係る対象資産（適用資産）の譲渡若しくは決済又は限定相続等による移転をした場合において、次に掲げる区分に該当するときは、その譲渡若しくは決済又は限定相続等による移転の日から４か月以内に更正の請求をすることにより、国外転出の日の属する年分の所得金額又は所得税の額を減額することができます（所法60の２⑧、153の２②）。

なお、譲渡若しくは決済又は贈与により適用資産の移転があった場合には、上記５⑸イのとおり、その適用資産に係る納税猶予分の所得税額のうち、これらの事由に対応する部分については、これらの事由が生じた日から４か月を経過する日をもって、納税猶予に係る期限が確定します（所法137の２⑤）。

	区　分
⑴	譲渡に係る譲渡価額又は限定相続等の時における有価証券等の価額に相当する金額が国外転出の時の額を下回るとき
⑵	決済によって生じた利益の額若しくは損失の額又は限定相続等の時に未決済デリバティブ取引等を決済したものとみなして算出した利益の額若しくは損失の額が国外転出の時の額を下回るとき（損失の額にあっては上回るとき）
⑶	上記⑵の額が損失となる未決済デリバティブ取引等について、国外転出の時においては利益が生じていたとき

チェックポイント

1　この規定は、国外転出の時までに納税管理人の届出をしている者が、国外転出の日の属する年分の所得税に係る確定申告期限までに、国外転出の時から引き続き所有等している対象資産の譲渡若しくは決済又は限定相続等による移転をした場合にも準用されます（所法60の２⑨）。

なお、実際の譲渡による譲渡価額が、国外転出の時におけるその有価証券等の価額を上回る場合には、その国外転出の時における価額で申告をすることになります。未決済デリバティブ取引等についても同様です。

2　適用資産の全部又は一部を贈与により移転した場合に、この規定を適用するときは、その適用を受けた後において、上記「３　国外転出後５年を経過する日までに帰国等をした場合の課税の取消し」の規定（所法60の２⑥）を適用することはできません（所基通60の２－11）。

3　限定相続等による移転があった場合における限定相続等の時における有価証券等の価額については、原則として、所得税基本通達23～35共－９《株式等を取得する権利の価額》及び59－６《株式等を贈与等した場合の「その時における価額」》（公社債及び公社債投資信託にあっては、財産評価基本通達の第８章第２節《公社債》）の取扱いに準じて計算した価額となります（所基通60の２－７（注２））。

〔国外転出後に対象資産を譲渡した場合の価額下落への対応〕

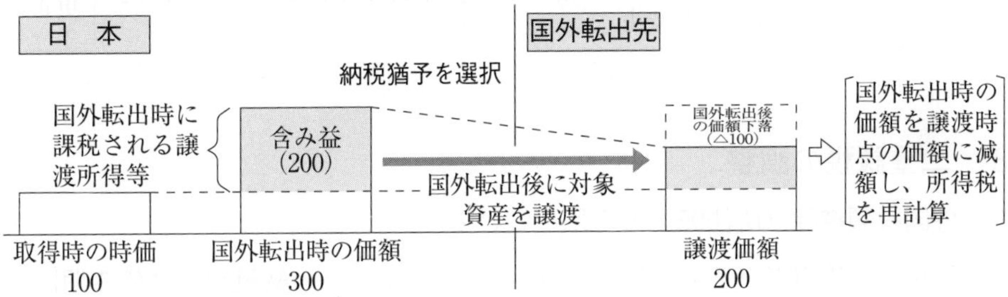

７　相続又は遺贈により取得した有価証券等の取得費等の額に変更があった場合の修正申告及び更正の請求

居住者が相続若しくは遺贈により取得した又は移転を受けた対象資産を譲渡若しくは決済した場合において、その譲渡又は決済の日以後にその相続又は遺贈に係る被相続人のその相続開始の日の属する年分の所得税について、前記「３　国外転出時後５年を経過する日までに帰国等をした場合の課税の取消し」又は所得税法第151条の６《遺産分割等があった場合の修正申告の特例》若しくは所得税法第153条の５《遺産分割等があった場合の更正の請求の特例》の規定の適用により、有価証券等の譲渡又は未決済デリバティブ取引等による譲渡所得等の金額の計算上、前記「４　対象資産を譲渡又は決済したときの取得価額等の計算」により算入した取得費又は必要経費の金額に異動が生じた場合には、その居住者は、被相続人の所得税について、①前記「３　国外転出後５年を経過する日までに帰国等をした場合の課税の取消し」による更正の請求に基づく更正（更正の請求に対する処分に係る不服申立て又は訴えについての決定若しくは裁決又は判決を含みます。）があった日又は②所得税法第151条の６の規定による修正申告の日若しくは所得税法第153条の５の規定による更正の請求に基づく更正の日から４か月以内に、その譲渡の日の属する年分の所得税について、修正申告又は更正の請求をすることとなります（所法151の４、153の４）。

なお、上記の提出期間内に提出された修正申告書は、期限内申告書とみなされますので、過少申告加算税は賦課されません。また、その期間内に修正申告により納付すべき税額を納付した場合には、延滞税も徴収されません（所法151の４④）。

<table>
<tr><th></th><th colspan="2">態　様</th><th>期　限</th><th>行為の別</th></tr>
<tr><td rowspan="2">有価証券等</td><td rowspan="2">取得費又は必要経費に算入された金額</td><td>減少</td><td rowspan="2">修正申告書を提出した日又は更正の請求に基づく更正があった日から４か月以内</td><td>修正申告</td></tr>
<tr><td>増加</td><td>更正の請求</td></tr>
<tr><td rowspan="2">未決済デリバティブ取引等</td><td colspan="2">減算すべき利益の額に相当する金額が減少</td><td rowspan="2">修正申告書を提出した日又は更正の請求に基づく更正があった日から４か月以内</td><td>修正申告</td></tr>
<tr><td colspan="2">加算すべき損失の額に相当する金額が減少</td><td>更正の請求</td></tr>
</table>

8　二重課税の調整

(1)　外国税額控除（所法95）の適用について

納税猶予適用者（その相続人を含みます。）が、その納税猶予に係る期限までに、適用資産の譲渡若しくは決済又は限定相続等による適用資産の移転をした場合において、その移転により生じる所得に係る外国所得税（個人が住所を有し、一定の期間を超えて居所を有し、又は国籍その他これに類するものを有することによりその住所、居所又は国籍その他これに類するものを有する国又は地域において課されるものに限ります。）を納付することとなるときは、その外国所得税額の計算上、国外転出時課税により課された所得税の考慮がされない場合（すなわち、二重課税が調整されない場合）に限り、外国所得税を納付することとなる日から４か月を経過する日までに更正の請求をすることにより、その者が国外転出の日の属する年においてその外国所得税（納税猶予に係る所得税のうちその譲渡若しくは決済又は限定相続等があった適用資産に係る部分に相当する金額に限ります。）を納付することとなるものとみなして、その外国所得税について外国税額控除（所法95）の適用を受けることができます（所法95の２①、153の６、所基通153の６－１）。

なお、この規定は、国外転出の日から適用資産の譲渡若しくは決済又は限定相続等による適用資産の移転の日まで引き続いて国外転出時課税に係る納税猶予の適用を受けている場合に限り適用することができるため、例えば、増担保等の命令に応じない場合に納税猶予に係る期限が繰り上げられたときなどには、この取扱いは適用できません（所基通95の２－１）。

また、更正の請求をする場合には、更正の請求書に、外国税額控除に関する明細書、外国所得税を課されたことを証する書類その他一定の書類の添付が必要となります（所法95⑩）。

チェックポイント

「外国所得税を納付することとなる日」とは、申告、賦課決定等の手続により外国所得税について具体的にその納付すべき租税債務が確定した日をいいますが、実際に外国所得税を納付した日とすることもできます（所基通153の６－２）。

(2)　外国の法令の規定により外国所得税が課された金額について

居住者が、国外転出時課税に相当する外国の法令の規定により、外国所得税（所得税法第95条《外国税額控除》第１項に規定する外国所得税をいいます。）を課された場合において、その外国所得税の課税の対象となった有価証券等の譲渡又は未決済デリバティブ取引等の決済をしたときのその者の譲渡所得等の金額の計算は、それぞれ次のとおりとなります（所法60の４）。

(イ)	有価証券等の譲渡をしたものとみなしてその譲渡に係る所得の金額の計算上収入金額に算入された金額	左記の金額をその有価証券等の取得に要した金額に加算します。
(ロ)	未決済デリバティブ取引等の決済をしたものとみなして算出された利益の額に相当する金額	左記の金額をその決済によって生じた損益の額から減算します。
(ハ)	未決済デリバティブ取引等の決済をしたものとみなして算出された損失の額に相当する金額	左記の金額をその決済によって生じた損益の額に加算します。

チェックポイント

上記(イ)から(ハ)までにおける金額が外貨建ての場合、その円換算は所得税基本通達57の３－２《外貨建取引の円換算》の定めに準じて計算します（所基通60の４－１）。

(3)　相手国等転出時課税の規定の適用を受けた場合の所得税の課税の特例（実特法５の２）

相手国等の相手国等転出時課税の規定の適用を受けた居住者が、その適用に係る資産の譲渡又は未決済信用取引等若しくは未決済デリバティブ取引の決済をした場合において、その相手国等との間の租税条約の規定においてその譲渡又は決済による所得について課する所得税の課税標準又は所得税の額の計算に当たってその適用を受けたことを考慮するものとされているときは、その資産（(2)の適用がある場合を除きます。）については、外国転出時課税の規定の適用を受けた有価証券等と、その未決済信用取引等又は未決済デリバティブ取引（(2)の適用がある場合を除きます。）については、外国転出時課税の規定の適用を受けた未決済信用取引等又は未決済デリバティブ取引とそれぞれみなして、所得税法その他所得税に関する法令の規定が適用されます（実特法５の２①）。

チェックポイント

❶　相手国等転出時課税の規定とは、相手国等における国外転出に相当する事由その他の事由によりその相手国等に係る相手国居住者等でなくなった場合にその相手国等の法令の規定によりその有している資産の譲渡による所得又はその契約を締結している未決済信用取引等若しくは未決済デリバティブ取引の決済による所得に相当する所得について外国所得税を課することとされているときにおけるその相手国等の法令の規定をいいます（実特法５の２②）。

❷　租税条約の相手国等により未実現利益に対して租税を課された財産を譲渡した場合の二重課税調整に関する規定を定める租税条約が締結されていることを前提として、取得価額を調整することにより二重課税調整を行うものです。

❸　上記(3)の規定は、居住者が平成31年４月１日以後に譲渡又は決済をする資産又は未決済信用取引等若しくは未決済デリバティブ取引について適用されます（平成31年改正法附則85⑤）。

9　納税猶予適用者が死亡又は贈与をした場合の相続税又は贈与税の納税義務者

納税猶予適用者（所得税法第137条の２《国外転出をする場合の譲渡所得等の特例の適用がある場合の納税猶予》第２項の規定により納税猶予期限の延長を受けている場合を含みます。）が死亡した場合又は財産の贈与をした場合には、相続税又は贈与税の納税義務の判定に際して、納税猶予期間中は、相続若しくは遺贈又は贈与前10年以内のいずれかの時において国内に住所を有していたものとみなされます（相法１の３②一、１の４②一）。

（参考）　国外転出時課税の課税関係

	国外転出時課税を受けた者の課税関係			
納税猶予適用の有無	国外転出から５年以内に居住者となった場合	国外転出から５年超10年以内に居住者となった場合	国外転出中に対象資産を譲渡した場合	納税猶予に係る期間の満了
納税猶予あり	国外転出時に遡って課税取消し（国外転出時から引き続き保有している対象資産に限ります。）	国外転出時に遡って課税取消し（10年間の納税の猶予を受けている者であって、国外転出時から引き続き保有している対象資産に限ります。）	納税猶予に係る期限確定により納付(注)（５年（10年）以内に居住者となった場合でも課税取消し不可）	納付（期間満了時の価額が国外転出時の価額を下回る場合、国外転出時の価額を減額することができます。）
納税猶予なし	国外転出時に遡って課税取消し（国外転出時から引き続き保有している対象資産に限ります。）	国外転出から５年経過で課税取消し不可		

(注)　納税猶予適用者が、対象資産を国外転出時の価額を下回る価額で譲渡した場合等は、価額下落分等について国外転出時の価額を減額できます。

第5　贈与等により非居住者に資産が移転した場合の譲渡所得等の特例（国外転出（贈与等）時課税）

1　特例の概要

居住者が所有等（所有又は契約の締結をいいます。この第5において以下同じです。）する有価証券若しくは匿名組合契約の出資の持分（この第5において、以下「有価証券等」といいます。）又は決済をしていないデリバティブ取引、信用取引若しくは発行日取引（この第5において、以下「未決済デリバティブ取引等」といい、有価証券等及び未決済デリバティブ取引等を総称して「対象資産」といいます。）が、贈与、相続又は遺贈（この第5において、以下「贈与等」といいます。）により非居住者に移転した場合には、その贈与等の時に、贈与者又は被相続人がその時における有価証券等の価額に相当する金額又は未決済デリバティブ取引等の決済に係る利益の額若しくは損失の額により、その有価証券等の譲渡又は未決済デリバティブ取引等の決済をしたものとみなして、その者の事業所得の金額、譲渡所得の金額又は雑所得の金額（この第5において、以下「譲渡所得等の金額」といいます。）を計算します（以下、この第5において、この特例を「国外転出（贈与等）時課税」といいます。）（所法60の3①～③）。

なお、株式を無償又は有利な価額により取得することができる権利を表示する一定の有価証券は、上記「有価証券等」の範囲から除かれます。

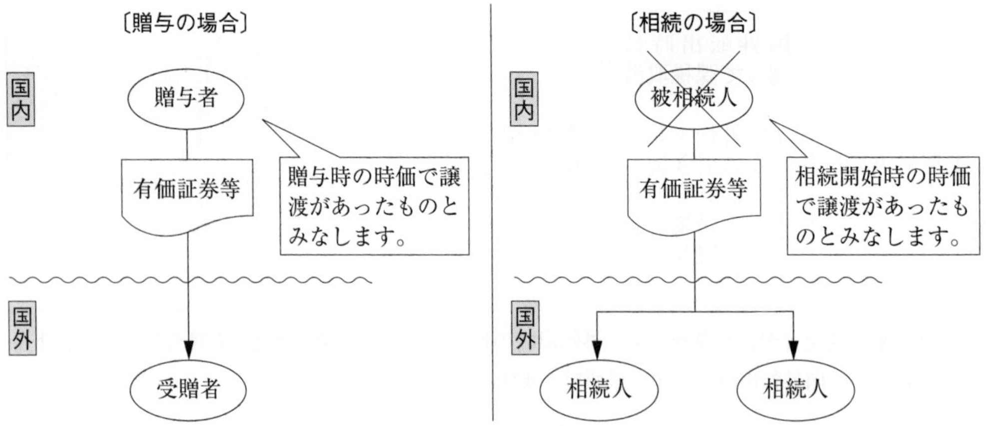

チェックポイント

1　相続又は遺贈の場合に国外転出（贈与等）時課税の適用を受けるのは被相続人となりますので、その申告（準確定申告）は、その相続人又は受遺者が行うこととなります。

2　居住者の有する有価証券等が、限定承認に係る相続又は包括遺贈のうち限定承認に係る遺贈により非居住者である相続人又は受遺者へ移転した場合には、国外転出（贈与等）時課税の適用はなく、所得税法第59条《贈与等の場合の譲渡所得等の特例》の規定の適用を受けることとなります（所基通60の３－１）。

3　国外転出（贈与等）時課税の適用がある有価証券等とは、贈与等の時において、その贈与等をする居住者が有している有価証券等をいいますが、例えば、次に掲げるものなど、その譲渡による所得がその居住者の譲渡所得等として課税されるものも含まれます（所基通60の３－５、60の２－３）。

⑴　受益者等課税信託（所得税法第13条《信託財産に属する資産及び負債並びに信託財産に帰せられる収益及び費用の帰属》第１項に規定する受益者（同条第２項の規定により同条第１項に規定する受益者とみなされる者を含みます。）がその信託財産に属する資産及び負債を有するものとみなされる信託をいいます。次の５において同じです。）の信託財産に属する有価証券

⑵　所得税基本通達36・37共－19《任意組合等の組合員の組合事業に係る利益等の帰属》に定める任意組合等の組合財産である有価証券

⑶　質権や譲渡担保の対象となっている有価証券

4　国外転出（贈与等）時課税の対象から除かれる「一定の有価証券」とは、次に掲げる有価証券で所得税法第161条《国内源泉所得》第１項第12号に掲げる所得を生ずべきものをいいます（所令170①）。

⑴　所得税法施行令第84条《譲渡制限付株式の価額等》第１項に規定する特定譲渡制限付株式又は承継譲渡制限付株式で、同項に規定する譲渡についての制限が解除されていないもの

⑵　所得税法施行令第84条第３項各号に掲げる権利でこれらの権利の行使をしたならば同項の規定の適用のあるもの（その行使時の経済的利益に対して課税がされるもの）を表示する有価証券

5　国外転出（贈与等）時課税の適用がある未決済デリバティブ取引等とは、贈与等の時において、その贈与等をする居住者が契約を締結している未決済デリバティブ取引等をいいますが、例えば、次に掲げるものなど、その取引に係る決済による所得がその居住者の事業所得又は雑所得として課税されるものも含まれます（所基通60の３－５、60の２－４）。

⑴　受益者等課税信託に係る信託契約に基づき受託者が行う未決済デリバティブ取引等

⑵　所得税基本通達36・37共－19に定める任意組合等の組合事業として行われる未決済デリバティブ取引等

6　被相続人又は贈与者である居住者が譲渡した有価証券等で贈与の日又は相続の開始の日（この第５において、以下「贈与等の日」といいます。）までに引渡しの行われていないものについては、契約の効力発生日による譲渡所得等の申告があった場合を除き、国外転出（贈与等）時課税の対象となります（所基通60の３－５、60の２－２）。

また、居住者が取得した有価証券等で贈与等の日までに引渡しを受けていないものについては、原則として、国外転出（贈与等）時課税の対象とはなりませんが、契約の効力発生日を有価証券等の取得をした日として国外転出（贈与等）時課税の適用を受けることもできます（所基通60の３－５、60の２－２（注））。

7　贈与等の時における有価証券等の価額については、原則として、所得税基本通達23～35共－９《株式等を取得する権利の価額》及び59－６《株式等を贈与等した場合の「その時における価額」》（公社債及び公社債投資信託にあっては、財産評価基本通達の第８章第２節《公社債》）の取扱いに準じて計算した価額となります（所基通60の３－５、60の２－７）。

8　国外転出（贈与等）時課税の適用により対象資産の譲渡又は決済をしたものとみなされた場合における譲渡所得等の金額の計算に当たり、外貨建てによる対象資産の贈与等の日における価額又は利益の額若しくは損失の額の円換算については、所得税基本通達57の３－２《外貨建取引の円換算》に準じて計算します（所基通60の３－５、60の２－８）。

2　国外転出（贈与等）時課税の対象となる者

国外転出（贈与等）時課税の対象となる者は、次の⑴及び⑵に掲げる要件を満たす居住者です（所法60の３⑤、所令170の２①）。

⑴　贈与等の時に所有等している有価証券等の価額に相当する金額及び未決済デリバティブ取引等の利益の額又は損失の額に相当する金額の合計額が１億円以上である者

⑵　贈与等の日前10年以内に、国内に住所又は居所を有していた期間の合計が５年超である者

チェックポイント

❶　租税特別措置法第37条の14《非課税口座内の少額上場株式等に係る譲渡所得等の非課税》第１項に規定する非課税口座内上場株式等、同法第37条の14の２《未成年者口座内の少額上場株式等に係る譲渡所得等の非課税》第１項に規定する未成年者口座内上場株式等及び同法第37条の15《貸付信託の受益権等の譲渡による所得の課税の特例》第１項の規定により譲渡による所得が非課税とされる有価証券についても、贈与等の時に有している有価証券等に含まれますので、これらの株式等又は有価証券の贈与等の時の価額に相当する金額は、上記(1)の金額に含まれることになります（所基通60の３－５、60の２－５）。

❷「国内に住所又は居所を有していた期間」については、前記「第４　国外転出をする場合の譲渡所得等の特例」の２のチェックポイント❷と同様です。

３　贈与等の日から５年を経過する日までに受贈者等が帰国等をした場合の課税の取消し

対象資産の贈与等を受けた非居住者について、その贈与等の日から５年を経過する日までに、次に掲げる区分に該当することとなった場合には、有価証券等の譲渡又は未決済デリバティブ取引等の決済とみなされたもののうち、それぞれ次に掲げるものについて、それぞれの区分に掲げる場合に該当することとなった日から４か月以内に更正の請求をすることにより、国外転出（贈与等）時課税の適用を取り消すことができます（所法60の３⑥、153の３①）。

	区　分	取り消すことができる対象資産
(1)	非居住者である受贈者又は同一の被相続人から相続若しくは遺贈により財産を取得した全ての非居住者が帰国（国内に住所を有し、又は現在まで引き続いて１年以上居所を有することとなることをいいます。）した場合	左の非居住者が帰国の時まで引き続き所有等している対象資産
(2)	非居住者である受贈者、相続人又は受遺者が、対象資産を贈与により居住者に移転した場合	贈与による移転があった対象資産
(3)	非居住者である受贈者、相続人又は受遺者が死亡したことにより、対象資産の相続（限定承認に係るものを除きます。次の(4)において同じです。）又は遺贈（包括遺贈のうち限定承認に係るものを除きます。次の(4)において同じです。）による移転があった場合において、その相続又は遺贈により対象資産の移転を受けた相続人及び受遺者である個人の全てが居住者となった場合	相続又は遺贈による移転があった対象資産

(4)	非居住者である受贈者、相続人又は受遺者が死亡したことにより、対象資産の相続又は遺贈による移転があった場合において、その死亡した者について生じた遺産分割等の事由（所得税法第151条の６《遺産分割等があった場合の修正申告の特例》第１項に規定する遺産分割等の事由をいいます。）により、対象資産の移転を受けた相続人及び受遺者である個人に非居住者（その国外転出の日から５年を経過する日までに帰国をした者を除きます。）が含まれないこととなった場合	相続又は遺贈による移転があった対象資産

(注)１　上記(4)は、平成28年１月１日以後に遺産分割等の事由により対象資産の移転を受けた相続人等である個人に非居住者が含まれないこととなった場合について適用されます（平成28年改正法附則８②）。

２　上記(4)の「遺産分割等の事由」とは、次に掲げる事由をいいます（所法151の６①、所令273の２）。

(1)　相続又は遺贈に係る対象資産について民法の規定による相続分又は包括遺贈の割合に従って非居住者に移転があったものとして所得税法第60条の３第１項から第３項（国外転出（相続）時課税）の適用があった場合において、その後対象資産の分割が行われ、その分割により非居住者に移転した対象資産がその相続分又は包括遺贈の割合に従って非居住者に移転したものとされた対象資産と異なることとなったこと

(2)　民法の規定により相続人に異動が生じたこと

(3)　遺贈に係る遺言書が発見され、又は遺贈の放棄があったこと

(4)　上記(1)から(3)までに準ずるものとして、①相続又は遺贈により取得した財産についての権利の帰属に関する訴えについての判決があったこと、又は②条件付の遺贈について条件が成就したこと

チェックポイント

❶　有価証券等の譲渡又は未決済デリバティブ取引等の決済による譲渡所得等の金額について、その計算の基礎となる事実の全部又は一部を隠蔽又は仮装した場合には、その隠蔽又は仮装があった事実に基づくこれらの所得の金額に相当する金額については、国外転出（贈与等）時課税の適用を取り消すことができません（所法60の３⑥）。

❷　国外転出（贈与等）時課税の適用に関して、後記「５　納税猶予制度」における納税猶予の適用を受け、その納税猶予期限の満了日を「10年を経過する日」としている場合には、国外転出（贈与等）時課税の取消しについても、贈与等の日から10年を経過する日までにすることができます（所法60の３⑦）。

❸　対象資産の全部又は一部を居住者に贈与した場合（上記３(2)の場合）において、この「課税の取消し」の規定を適用するときは、後記「６　納税猶予に係る対象資産の譲渡等における価額の下落」の規定を適用することはできません（所基通60の３－５、60の２

－11)。

4　上記3(1)から(4)に該当し、この「課税の取消し」の規定を適用することにより贈与等の日の属する年分の所得税について修正申告をすべき事由が生じた場合には、上記(1)から(4)に該当することとなった日から4か月以内に限り、その年分の所得税についての修正申告書を提出することができます（所法151の3①）。

なお、この特例を適用して修正申告書を提出した場合には、税務署長が更正をできる期間及び国税の徴収権の消滅時効がその修正申告書を提出した日から5年を経過する日まで延長されます（所法151の3②）。

4　対象資産を譲渡又は決済したときの取得価額等の計算

国外転出（贈与等）時課税の適用を受けた者から対象資産の移転を受けた個人（その相続人を含みます。）が、その対象資産をその後において譲渡又は決済をした場合は、譲渡所得等の金額の計算上、次のように取得価額又は損益の額の調整をすることとされています（所法60の3④）。

ただし、贈与等の日の属する年分の所得税につき確定申告書の提出及び決定がされていない場合における非居住者に贈与等された対象資産並びに同日の属する年分の譲渡所得等の金額の計算上、贈与等の時における対象資産の価額に相当する金額等が総収入金額に算入されていない対象資産については、このような調整はありません。

(1)	有価証券等	贈与等があった時における有価証券等の価額に相当する金額をもって取得したものとみなされます。
(2)	未決済デリバティブ取引等	その決済によって生じた損益の額から、贈与等があった時において決済したものとみなして算出した利益（損失）の額に相当する金額を減算（加算）します。

チェックポイント

1　国外転出（贈与等）時課税は、一定の要件（前記「2　国外転出（贈与等）時課税の対象となる者」参照）に該当する場合に、対象資産の贈与等の時における価額又は利益の額若しくは損失の額を対象資産の実際の価額又は利益の額若しくは損失の額とすることができる特例ですので、贈与等の時後に対象資産を譲渡又は決済をした際に実際に要した費用については、贈与等をした日の属する年分の譲渡所得等の金額の計算上控除することはできません（所基通60の3－5、60の2－12）。

2　前記「3　贈与等の日から5年を経過する日までに受贈者等が帰国等をした場合の課

税の取消し」の規定（所法60の３⑥）の適用があった対象資産については、このような調整はありません（所法60の３④ただし書）。

3 後記「5　納税猶予制度」の「(7)　納税猶予期間の満了時における価額下落」及び「6　納税猶予に係る対象資産の譲渡等における価額の下落」により贈与等の日の属する年分の所得税の減額更正を受けた場合には、その減額後の価額に相当する金額等により取得価額又は損益の額を計算することになります。

4 国外転出（贈与等）時課税の適用を受けるべき個人に係る受贈者又は相続人が、その贈与等の時後に譲渡又は限定相続等（贈与、相続（限定承認に係るものに限ります。）又は遺贈（包括遺贈のうち限定承認に係るものに限ります。）をいいます。この第５において、以下同じです。）により有価証券等の移転をした場合において、その移転をした有価証券等が、これらの者がその贈与等により取得をした有価証券等に該当するものかどうかの判定は、まず、①国外転出の後に取得した同一銘柄の有価証券等（贈与等を受けた同一銘柄の有価証券のうち、所得税法第137条の３《贈与等により非居住者に資産が移転した場合の譲渡所得等の特例の適用がある場合の納税猶予》第１項又は第２項（後記「国外転出（贈与等）時課税」に係る納税猶予）の適用を受ける有価証券等を除きます。）の譲渡又は贈与をし、次に②国外転出時課税又は国外転出（贈与等）時課税に係る納税猶予の適用を受ける有価証券等のうち、先に国外転出時課税又は国外転出（贈与等）時課税の適用があったものから順次譲渡又は贈与をしたものとして行うこととされます（所令170⑧、170の２⑥）。

5　納税猶予制度

(1)　概要

イ　贈与があった場合の納税猶予

贈与（死因贈与を除きます。）により非居住者に移転した対象資産について国外転出（贈与等）時課税の適用を受けた者（その相続人を含みます。）は、一定の要件を満たすことにより、その贈与の日の属する年分の所得税のうち、国外転出（贈与等）時課税によりその有価証券等の譲渡又は未決済デリバティブ取引等の決済があったものとみなされた部分について、贈与満了基準日㈱の翌日以後４か月を経過する日まで、その納税を猶予することができます（所法137の３①、所令266の３③）。

㈱　贈与満了基準日は、贈与の日から５年（又は10年）を経過する日ですが、次に掲げる場合に該当することとなった場合には、贈与の日から５年（又は10年）を経過する日とその該当することとなった日のいずれか早い日になります。

① 受贈者が帰国した場合
② 受贈者が死亡したことにより、対象資産の相続（限定承認に係るものを除きます。③において同じです。）又は遺贈（包括遺贈のうち限定承認に係るものを除きます。③において同じです。）による移転があった場合において、その相続又は遺贈により対象財産の移転を受けた相続人及び受遺者である個人の全てが居住者となったとき
③ 受贈者が死亡したことにより、対象資産の相続又は遺贈による移転があった場合において、その死亡した者について生じた遺産分割等の事由（所得税法第151条の６《遺産分割等があった場合の修正申告の特例》第１項に規定する遺産分割等の事由をいいます。）により、対象資産の移転を受けた相続人等である個人に非居住者（その国外転出の日から５年（又は10年）を経過する日までに帰国をした者を除きます。）が含まれないこととなったとき
④ 受贈者が死亡したことにより、対象資産の相続（限定承認に係るものに限ります。）又は遺贈（包括遺贈のうち限定承認に係るものに限ります。）による移転があった場合

ロ　相続又は遺贈があった場合の納税猶予

相続又は遺贈（死因贈与を含みます。）により非居住者に移転した対象資産について、国外転出（贈与等）時課税の適用を受けた者（被相続人）の全ての相続人は、一定の要件を満たすことにより、その相続開始の日の属する年分の所得税のうち、国外転出（贈与等）時課税によりその有価証券等の譲渡又は未決済デリバティブ取引等の決済があったものとみなされた部分について、相続等満了基準日㈲の翌日以後４か月を経過する日まで、その納税を猶予することができます（所法137の３②、所令266の３⑨）。

㈲ 相続等満了基準日は、相続開始の日から５年（又は10年）を経過する日ですが、次に掲げる場合に該当することとなった場合には、相続開始の日から５年（又は10年）を経過する日とその該当することとなった日のいずれか早い日になります。
① 相続又は遺贈により財産を取得した全ての非居住者が帰国した場合
② 相続人又は受遺者が死亡したことにより、対象資産の相続（限定承認に係るものを除きます。③において同じです。）又は遺贈（包括遺贈のうち限定承認に係るものを除きます。③において同じです。）による移転があった場合において、その相続又は遺贈により対象財産の移転を受けた相続人及び受遺者である個人の全てが居住者となったとき
③ 相続人又は受遺者が死亡したことにより、対象資産の相続又は遺贈による移転があった場合において、その死亡した者について生じた遺産分割等の事由（所得税法第151条の６《遺産分割等があった場合の修正申告の特例》第１項に規定する遺産分割等の事由をいいます。）により、対象資産の移転を受けた相続人等である個人に非居住者（その国外転出の日から５年（又は10年）を経過する日までに帰国をした者を除きます。）が含まれないこととなったとき
④ 相続人又は受遺者が死亡したことにより、対象資産の相続（限定承認に係るものに限ります。）又は遺贈（包括遺贈のうち限定承認に係るものに限ります。）による移転があった場合

⑵　適用要件

この納税猶予は、贈与等（贈与又は相続若しくは遺贈）の日の属する年分の所得税に係る確定申告書（相続又は遺贈の場合には準確定申告書）の提出期限までに納税猶予分の所得税額に相当する担保を提供した場合に限り適用することができます（所法137の３①②）。

なお、相続又は遺贈により対象資産が非居住者に移転した場合には、その非居住者の全てが上記提出期限までに納税管理人の届出をすることが必要です（所法137の３②）。

⑶　納税猶予期間

納税猶予期間は、原則として贈与等の日から５年４か月を経過する日までですが、贈与等の日から５年を経過する日（上記５⑴イ又はロの注１①から④に該当することなった場合には、その該当することとなった日の前日）までに納税猶予期限の延長を受けたい旨その他所定の事項を記載した届出書を納税地の所轄税務署長に提出した場合には、原則として贈与等の日から10年４か月を経過する日まで納税猶予期限を延長することができます（所法137の３③、所規52の３③）。

⑷　納税猶予期間中の手続

イ　継続適用届出書の提出

納税猶予の適用を受けている者（この第５において、以下「納税猶予適用者」といいます。）は、納税猶予に係る期限が確定する日までの間の各年の12月31日において有し、又は契約を締結している適用贈与等資産（国外転出（贈与等）時課税に係る納税猶予を受けている対象資産をいいます。この第５において、以下同じです。）について、引き続き納税猶予の適用を受けたい旨その他所定の事項を記載した届出書（この第５において、以下「継続適用届出書」といいます。）を同日の属する年の翌年３月15日までに納税地の所轄税務署長に提出する必要があります（所法137の３⑦、所規52の３⑥）。

ロ　提出期限までに継続適用届出書が提出されなかった場合

継続適用届出書が上記イの提出期限までに提出されない場合には、その提出期限における納税猶予分の所得税額（既に下記⑹により期限が確定した金額を除きます。）に相当する所得税については、その提出期限から４か月を経過する日（４か月を経過する日までの間に納税猶予適用者が死亡した場合には、その相続人がその納税猶予適用者の死亡による相続の開始があったことを知った日から6か月を経過する日）が納税の猶予に係る期限となります（所法137の3⑨）。

なお、継続適用届出書がその提出期限までに提出されなかった場合においても、税務署長が提出期限までにその提出がなかったことについてやむを得ない事情があると認めるときは、その後に継続適用届出書の提出があった場合に限り、継続適用届出書が提出期限までに提出されたものとみなして、納税の猶予を継続することができます（所法137の3⑧）。

ハ　継続適用届出書の時効中断効

納税猶予分の所得税額に相当する所得税並びにその所得税に係る利子税及び延滞税の徴収を目的とする国の権利の時効については、国税通則法第73条《時効の完成猶予及び更新》第4項の規定の適用がある場合を除いて、継続適用届出書の提出があった時からその継続適用届出書の提出期限までの間は完成せず、その提出期限の翌日から新たにその進行が始まるものとされています（所法137の3⑫）。

㈱　令和2年4月1日前に継続適用届出書の提出があった場合における納税猶予分の所得税額に相当する所得税並びにその所得税に係る利子税及び延滞税の徴収を目的とする時効については、継続適用届出書の提出があった時に中断し、その継続適用届出書の提出期限の翌日から新たに進行するものとされています（平成31年改正法附則7②）。

(5)　納税猶予期間中に国外転出する場合

納税猶予適用者が国外転出（国内に住所及び居所を有しないこととなることをいいます。この第5において、以下同じです。）する場合には、国外転出の時までに納税管理人の届出が必要です（所法137の3⑩）。

なお、納税管理人の届出が国外転出の時までにされなかった場合においても、税務署長がその届出がなかったことについてやむを得ない事情があると認めるときは、その後に納税管理人の届出があった場合に限り、納税管理人の届出は国外転出の時までにされたものとみなされます（所法137の3⑩後段）。

(6)　納税猶予に係る期限の確定

国外転出（贈与等）時課税の適用を受けた者で納税猶予の適用を受けているものについて、納税猶予に係る期限までに次のイ及びロに該当した場合には、それぞれに応じた日をもって、納税猶予に係る期限が確定します。

なお、納税猶予に係る期限の到来により猶予されていた所得税を納付する場合には、納税猶予がされた期間に応じた利子税も納付しなければなりません（所法137の3⑭、措法93）。

イ　一部確定

適用贈与等資産について、次に掲げる事由による移転があった場合、これらの事由が生じた適用贈与等資産に係る納税猶予分の所得税額のうち、対応する部分について、これらの事由が生じた日から4か月を経過する日をもって、納税猶予に係る期限が確定します（所法137の3⑥、所令266の3⑫）。

また、これらの事由に該当する場合、納税猶予適用者は、これらの事由が生じた適用贈与等資産の種類、名称など、所定の事項を記載した書類を、これらの事由が生じた日から4か月以内に納税地の所轄税務署長に提出しなければなりません（所令266の3⑮）。

なお、納税猶予適用者に係る受贈者（非居住者）は、これらの事由が生じた適用贈与等資産の種類、銘柄及び数等をこれらの事由が生じた日から2か月以内にその納税猶予適用者（贈与者）に対して通知しなければなりませんが（所法60の3⑨）、この通知がなかったとしても納税猶予に係る期限は確定します（所基通60の3－3）。

①　譲渡又は決済

②　贈与

③　相続又は遺贈の開始の日から5年（又は10年）を経過する日までにその相続又は遺贈に係る非居住者である受贈者、相続人又は受遺者が死亡したことにより、その相続又は遺贈により移転を受けた適用贈与等資産の一部についての相続（限定承認に係るものに限ります。）又は遺贈（包括遺贈のうち限定承認に係るものに限ります。）による移転

㈱　贈与等の日の属する年分の所得税につき国外転出（贈与等）時課税の適用を受けるべき個人に係る受贈者等が、その贈与等の後に有価証券等を譲渡等した場合において、譲渡等した有価証券等がその贈与等により取得したものに該当するかどうかの判定は、第4の5⑸イ㈱2（599ページ）に準じて行います（所令170の2⑥）。

（参考）

譲渡又は贈与による移転をした日とは、その譲渡又は贈与の効力が生じた日をいいます。具体的には、次に掲げる区分に応じて、それぞれ次に定める日となります（所基通137の３－２、137の２－２）。

⑴　社債、株式等の振替に関する法律に規定する振替口座簿に記載又は記録がされるもの

振替口座簿に記載又は記録がされた日

⑵　有価証券の発行のあるもの

有価証券の交付を行った日

⑶　有価証券の発行のないもの（上記⑴に該当するものを除きます。）

契約の効力発生の日（書面によらない贈与を行った場合には、株主名簿の名義変更の日）

ロ　全部確定

㈠　継続適用届出書を提出期限までに提出しなかった場合には、その提出期限から４か月を経過する日をもって、納税猶予に係る期限が確定します（所法137の３⑨）。

㈺　納税猶予適用者である贈与者（居住者）が国外転出の時までに納税管理人の届出をしなかった場合には、国外転出の時から４か月を経過する日をもって、納税猶予に係る期限が確定します（所法137の３⑩）。

㈩　適用被相続人（国外転出（贈与等）時課税の適用を受けた被相続人をいいます。この第５において、以下同じです。）の相続人である居住者が納税管理人の届出をしないで国外転出した場合、国外転出の時から４か月を経過する日をもって、納税猶予に係る期限が確定します（所法137の３⑩、所令266の３⑧）。

㈡　非居住者である猶予承継相続人（納税猶予適用者の死亡により、国外転出（贈与等）時課税に係る納税猶予分の所得税額に係る納付の義務を承継した相続人をいいます。この第５において、以下同じです。）が、その相続の開始があったことを知った日の翌日から４か月以内に納税管理人の届出をしなかった場合には、その提出期限から４か月を経過する日をもって、納税猶予に係る期限が確定します（所法137の３⑮、所令266の３⑳）。

㈭　居住者である猶予承継相続人が納税管理人の届出をしないで国外転出した場合、国外転出の時から４か月を経過する日をもって、納税猶予に係る期限が確

定します（所法137の３⑩、所令266の３㉑）。

(ヘ)　次の①から④に掲げる場合で、税務署長により納税猶予に係る期限が繰り上げられたときは、その繰り上げられた期限をもって、納税猶予に係る期限が確定します（所法137の３⑪、所令266の３⑱）。

①　担保価値が減少したことにより、国税通則法第51条《担保の変更等》第１項の規定による増担保又は担保の変更を命じられた場合において、その命令に応じないとき

②　継続適用届出書に記載された事項と相違する事実が判明した場合

③　納税管理人を解任してから４か月以内に新たな納税管理人の届出をしなかった場合

④　納税管理人について死亡、解散、破産開始の決定又は後見開始の審判を受けた事実が生じたことを知った日から６か月以内に新たな納税管理人の届出をしなかった場合

(7)　納税猶予期間の満了時における価額下落

納税猶予に係る期間の満了日（贈与等の日から５年を経過する日又は10年を経過する日）において、納税猶予適用者に係る受贈者又は適用被相続人の相続人が贈与等の時から納税猶予期間満了日まで引き続き所有等している対象資産が、次のいずれかに該当するときは、納税猶予期間満了日から４か月以内に更正の請求をすることにより、贈与等の日の属する年分の所得金額又は所得税の額を減額することができます（所法60の３⑪、153の３③）。

なお、この規定は、納税猶予に係る期限が到来する日前に自ら納税猶予に係る所得税の納付（後記(8)）をした場合には、適用がありません（所基通137の３－２、137の２－４(注)）。

	区　分
イ	納税猶予期間満了日における有価証券等の価額に相当する金額が贈与等の時の額を下回るとき
ロ	納税猶予期間満了日に未決済デリバティブ取引等を決済したものとみなして算出した利益の額が贈与等の時の額を下回るとき又は損失の額が贈与等の時の額を上回るとき
ハ	上記ロの額が損失となる未決済デリバティブ取引等について、贈与等の時において利益が生じていたとき

(8)　納税猶予の任意の取りやめ

国外転出（贈与等）時課税に係る納税猶予は、任意で取りやめることができます。その場合、所轄税務署長に対して納税猶予の適用を取りやめる旨の書面を提出し、かつ、その納税猶予分の所得税額に相当する所得税の全部の納付をすることが必要です（所基通137の３－２、137の２－４）。

(9)　納税猶予適用者が死亡した場合

納税猶予適用者が納税猶予に係る期限までに死亡した場合には、その納税猶予分の所得税額に係る納付の義務は、猶予承継相続人に承継されるとともに（所法137の３⑮）、猶予承継相続人は、引き続き国外転出（贈与等）時課税に係る納税猶予の適用を受けているものとみなされます（所令266の３⑲）。

この場合において、非居住者である猶予承継相続人は、その相続の開始があったことを知った日の翌日から４か月以内に納税管理人の届出を納税地の所轄税務署長に提出することが必要となり、提出期限までに届出がされないとき、上記(6)ロ㈡のとおり、納税猶予に係る期限が確定します（所令266の３⑳）。

また、居住者である猶予承継相続人が国外転出しようとする場合には、その国外転出の時までに納税管理人の届出をしなければならず、その期限までに届出がされない場合、上記(6)ロ㈭のとおり、納税猶予に係る期限が確定します（所令266の３㉑）。

なお、提出期限までに届出がされなかった場合であっても、税務署長が提出期限までにその提出がなかったことについてやむを得ない事情があると認めるときは、その後に納税管理人の届出があった場合に限り、その届出は提出期限までにされたものとみなされ、引き続き国外転出（贈与等）時課税に係る納税猶予を適用することができます（所令266の３⑳㉑、所法137の３⑧⑩後段）。

チェックポイント

❶　猶予承継相続人は、その相続又は遺贈により適用贈与等資産を取得したかどうかにかかわらず、国外転出（贈与等）時課税に係る納税猶予分の所得税額に係る納付の義務を承継します。この場合において、相続人が２人以上のときは、各相続人が承継する納税猶予分の所得税額は、国税通則法第５条《相続による国税の納付義務の承継》第２項の規定に基づき計算した額となります（所基通137の３－２、137の２－５）。

❷　猶予承継相続人が承継した納税猶予分の所得税額の全部又は一部について、納税猶予

に係る期限が確定する事由が生じた場合には、全ての猶予承継相続人に係る納税猶予分の所得税額の全部又は一部についてその期限が確定します。したがって、例えば、適用贈与等資産を相続した猶予承継相続人の１人が適用贈与等資産の一部を譲渡した場合には、所得税法第137条の３《贈与等により非居住者に資産が移転した場合の譲渡所得等の特例の適用がある場合の納税猶予》第６項の規定により、その譲渡した適用贈与等資産に対応する部分の所得税について納税猶予に係る期限が確定し、全ての猶予承継相続人は、期限が確定した所得税の額のうち国税通則法第５条第２項の規定に基づき計算した額を納付する必要があります（所基通137の３－２、137の２－６）。

⑽　手続

国外転出（贈与等）時課税に係る納税猶予の適用を受けるためには、贈与等の日の属する年分の所得税に係る確定申告書に、納税猶予の適用を受けようとする旨の記載があり、かつ、その確定申告書に対象資産の譲渡又は決済の明細及び納税猶予分の所得税額の計算に関する明細その他所定の事項を記載した書類を添付する必要があります（所法137の３④、所規52の３④）。

なお、上記の確定申告書の提出がなかった場合又は上記の記載若しくは添付がない確定申告書の提出があった場合でも、税務署長が、その提出又は記載若しくは添付がなかったことについてやむを得ない事情があると認めるときは、その後にその記載をした書類及び上記の添付書類の提出があった場合に限り、納税猶予の適用を受けることができます（所法137の３⑤）。

チェックポイント

1　相続又は遺贈による対象資産の移転があった場合においては、国外転出（贈与等）時課税の適用を受けるのは被相続人となりますので、納税猶予の適用を受ける手続は、その相続人又は受遺者が相続の開始の日の属する年分の準確定申告期限までに行うこととなります。

2　国外転出（贈与等）時課税に係る納税猶予は、贈与等の日の属する年分についての期限後申告又は修正申告に係る納付すべき所得税の額については、原則として適用できません。しかし、修正申告があった場合で、その修正申告が期限内申告において国外転出（贈与等）時課税の適用を受けた対象資産に係る価額若しくは利益の額若しくは損失の額、取得費又は税額計算の誤りのみに基づいてされるときにおける修正申告により納付すべき所得税の額（附帯税は除きます。）については、当初から納税猶予の適用があることとして取り扱われます。

この場合、その修正申告書の提出により納税猶予の適用を受ける納税猶予分の所得税額及び利子税の額に相当する担保については、その修正申告書の提出の日の翌日までに提供しなければなりません（所基通137の3－2、137の2－1）。

6　納税猶予に係る対象資産の譲渡等における価額の下落

納税猶予に係る期限までに、納税猶予に係る対象資産（適用贈与等資産）について譲渡若しくは決済又は限定相続等による移転があった場合において、次に掲げる区分に該当するときは、その譲渡若しくは決済又は限定相続等による移転の日から4か月以内に更正の請求をすることにより、贈与等の日の属する年分の所得金額又は所得税の額を減額することができます（所法60の3⑧、153の3②）。

なお、譲渡若しくは決済又は贈与により適用贈与等資産の移転があった場合には、上記5(6)イのとおり、その適用贈与等資産に係る納税猶予分の所得税額のうち、これらの事由に対応する部分については、これらの事由が生じた日から4か月を経過する日をもって、納税猶予に係る期限が確定します（所法137の3⑥）。

また、納税猶予適用者に係る受贈者（非居住者）は、譲渡若しくは決済又は限定相続等の日から2か月以内に、納税猶予適用者（贈与者）に対して、適用贈与等資産の譲渡若しくは決済又は限定相続等による移転をした旨、その譲渡若しくは決済又は限定相続等による移転をした適用贈与等資産の種類、銘柄及び数その他参考となるべき事項を通知しなければなりませんが（所法60の3⑨）、この通知がなかったとしても納税猶予に係る期限は確定します（所基通60の3－3）。

	区　分
(1)	譲渡に係る譲渡価額又は限定相続等の時における有価証券等の価額に相当する金額が贈与等の時の額を下回るとき
(2)	決済によって生じた利益の額若しくは損失の額又は限定相続等の時に未決済デリバティブ取引等を決済したものとみなして算出した利益の額若しくは損失の額が贈与等の時の額を下回るとき（損失の額にあっては上回るとき）
(3)	上記(2)の額が損失となる未決済デリバティブ取引等について、贈与等の時においては利益が生じていたとき

チェックポイント

1　この規定は、贈与等の日の属する年分の所得税に係る（準）確定申告期限までに、贈与等の日から引き続き所有等している対象資産の譲渡若しくは決済又は限定相続等による移転をした場合にも準用されます（所法60の３⑩）。

2 適用贈与等資産の全部又は一部を贈与により移転した場合において、この規定を適用するときは、前記「３　贈与等の日から５年を経過する日までに受贈者等が帰国等をした場合の課税の取消し」の規定（所法60の３⑥）を適用することはできません（所基通60の３－５、60の２－11）。

3 限定相続等による移転があった場合における限定相続等の時における有価証券等の価額については、原則として、所得税基本通達23～35共－９《株式等を取得する権利の価額》及び59－６《株式等を贈与等した場合の「その時における価額」》（公社債及び公社債投資信託にあっては、財産評価基本通達の第８章第２節《公社債》）の取扱いに準じて計算した価額となります（所基通60の３－５、60の２－７（注２））。

７　相続又は遺贈により取得した有価証券等の取得費等の額に変更があった場合の修正申告及び更正の請求

居住者が相続又は遺贈により取得した又は移転を受けた対象資産を譲渡又は決済をした場合において、その譲渡又は決済の日以後に当該相続又は遺贈に係る被相続人のその相続開始の日の属する年分の所得税について、前記「３　贈与等の日から５年を経過する日までに受贈者等が帰国等をした場合の課税の取消し」又は後記「８　遺産分割等があった場合の修正申告又は更正の請求の特例」により、有価証券等の譲渡又は未決済デリバティブ取引等による譲渡所得等の金額の計算上、前記「４　対象資産を譲渡又は決済したときの取得価額等の計算」により算入した取得費又は必要経費の金額に異動が生じた場合には、その居住者は、被相続人の所得税について、①前記「３　贈与等の日から５年を経過する日までに受贈者等が帰国等をした場合の課税の取消し」による更正の請求に基づく更正（更正の請求に対する処分に係る不服申立て又は訴えについての決定若しくは裁決又は判決を含みます。）があった日又は②後記「８　遺産分割等があった場合の修正申告又は更正の請求の特例」の適用に係る修正申告の日若しくは更正の請求に基づく更正のあった日から４か月以内に、その譲渡の日の属する年分の所得税について、修正申告又は更正の請求をすることとなります（所法151の４、153の４）。

なお、上記の提出期間内に提出された修正申告書は、期限内申告書とみなされますので、過少申告加算税は賦課されません。また、その期間内に修正申告により納付すべき税額を納付した場合には、延滞税も徴収されません（所法151の４④）。

	態　様		期　限	行為の別
有価証券等	取得費又は必要経費に算入された金額	減少	修正申告書を提出した日又は更正の請求に基づく更正があった日から4か月以内	修正申告
		増加		更正の請求
未決済デリバティブ取引等	減算すべき利益の額に相当する金額が減少		修正申告書を提出した日又は更正の請求に基づく更正があった日から4か月以内	修正申告
	加算すべき損失の額に相当する金額が減少			更正の請求

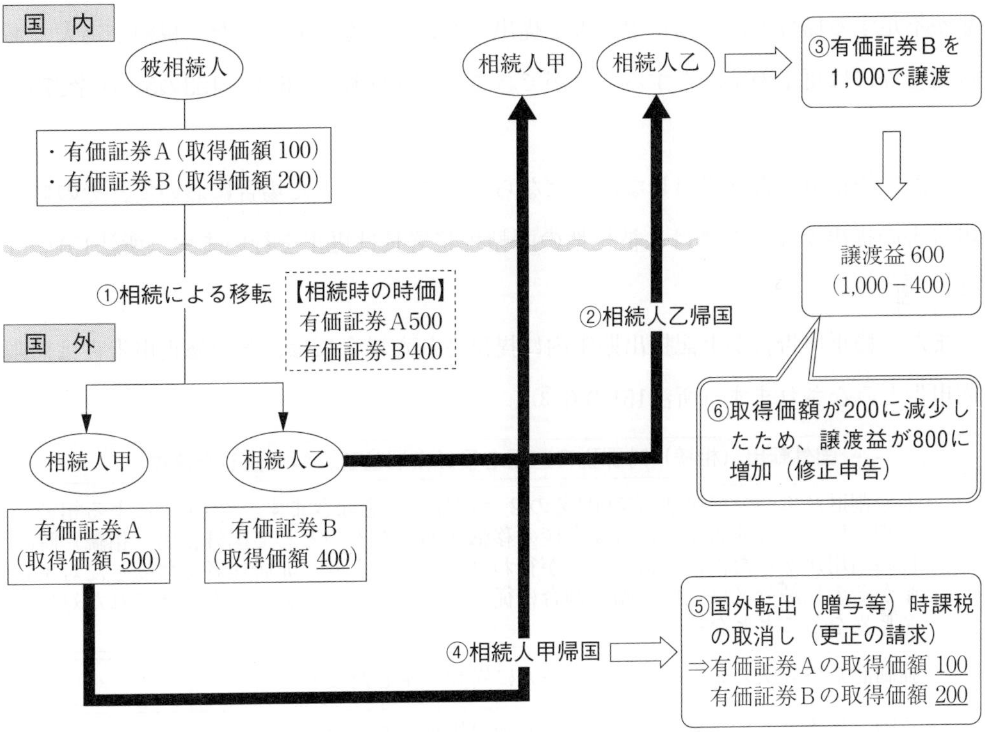

①　非居住者である相続人甲及び相続人乙が相続によりそれぞれ取得した有価証券A及び有価証券Bについて、国外転出（贈与等）時課税により、譲渡所得等が課税されることになり、それぞれの取得価額が引き上げられます（所法60の3④）。

なお、相続人甲、乙は、被相続人の相続開始の日の属する年分の所得税について、準確定申告が必要となります。

②　相続人乙が帰国（居住者）。

③　相続人乙が有価証券Bを譲渡し、譲渡益について所得税の確定申告書を提出。

④　相続人甲が帰国（居住者）。

⑤　④により、同一の被相続人から相続により財産を取得した全ての非居住者が帰国したため、相続人甲の帰国から4か月以内に更正の請求をすることにより、①で申告した譲渡所得等の課税を取り消すことができます（所法60の3⑥、153の3①）。

なお、課税の取消しに伴い、取得価額も引き下げられます（所法60の3④ただし書）。

⑥　上記⑤による取得価額の引下げに伴い、上記③の譲渡益が増加するため、相続人乙は、更正の請求に基づく更正のあった日から4か月以内に修正申告が必要となります（所法151の3）。

8　遺産分割等があった場合の修正申告及び更正の請求の特例

相続の開始の日の属する年分の所得税について相続又は遺贈により非居住者に資産が移転した場合の譲渡所得等の特例（この8において、以下「国外転出（相続）時課税」といいます。）の適用を受けた居住者につき、次の①から⑤に掲げる事由（遺産分割等の事由）が生じたことにより、非居住者に移転した対象資産が当初申告と異なることとなった（増加又は減少した）場合には、その居住者の相続人は、その事由が生じた日から4か月以内に、その相続の開始の日の属する年分の所得税について、税額が不足する場合等には修正申告書を提出しなければならず、また、税額が過大である場合等には更正の請求をすることができます（所法151の6①、153の5、所令273の2）。

なお、修正申告書を提出しなければならないこととなった場合において、その修正申告書の提出がないときは、納税地の所轄税務署長は更正を行います（所法151の6②）。

また、修正申告書が上記提出期限内に提出された場合には、その修正申告書は期限内申告とみなされます（所法151の6③）。

国外転出（相続）時課税の適用を受けた居住者につき生じた事由	
①	未分割財産について民法（第904条の2《寄与分》を除きます。）の規定による相続分の割合に従って非居住者に対象資産の移転があったものとして国外転出（相続）時課税の適用があった後に、遺産分割が行われたことにより、非居住者に移転した対象資産がその相続分又は包括遺贈の割合に従って非居住者に移転したものとされた対象資産と異なることとなったこと
②	強制認知の判決の確定等により相続人に異動が生じたこと
③	遺贈に係る遺言書が発見され、また遺贈の放棄があったこと
④	相続等により取得した財産についての権利の帰属に関する訴えについての判決があったこと
⑤	条件付の遺贈について、条件が成就したこと

(注)1　この規定による修正申告書を提出する場合において、増加した所得税額につき納税猶予の適用を受ける場合には、その修正申告書に納税猶予の適用を受けようとする旨の記載をし、かつ、対象資産の譲渡又は決済の明細及び納税猶予分の所得税額の計算に関する明細その他所定の事項を記載した書類を添付しなければならず、また、納税猶予を適用する被相続人等の相続人は、その修正申告書の提出期限までに、増加した所得税額に相当する担保を提供しなければなりません（所法137の3②、所令266の3④⑪、所規52の3⑤）。

2　令和元年7月1日前に開始した相続又は遺贈により贈与等により国外転出（相続）時課税の適用を受けた居住者については、上記の事由のほか、「遺留分による減殺の請求に基づき返還すべき、又は弁償すべき額が確定したこと」も遺産分割等があった場合の修正申告及び更正の請求の特例の事由となります（平成31年改正法附則8）。

9　遺産分割等があった場合の期限後申告の特例

居住者が年の中途において死亡した場合の確定申告書の提出期限後に生じた上記８の遺産分割等の事由により国外転出（贈与等）時課税が適用されたため新たに確定申告書を提出すべき要件に該当することとなったその居住者の相続人は、遺産分割等の事由が生じた日から４か月以内に、その居住者の死亡の日の属する年分の所得税について期限後申告書を提出しなければなりません（所法151の５①）。

なお、期限後申告書を提出すべき者がその期限後申告書を提出しなかった場合には、納税地の所轄税務署長は決定を行います（所法151の５④）。

また、期限後申告書が上記提出期限内に提出された場合には、その期限後申告書は期限内申告とみなされます（所法151の５⑤）。

㈨　この規定による期限後申告書を提出する場合において、納付すべき所得税額のうち対象資産に対応するものについて納税猶予の適用を受ける場合には、その期限後申告書の申告期限までに、その相続人は、納税猶予分の所得税額に相当する担保を提供し、かつ、対象資産を取得した非居住者の全てが納税管理人の届出をしなければなりません（所法137の３②）。

10　国外転出（贈与等）時課税の受贈者等に係る相続税又は贈与税の納税義務の取扱い

⑴　納税猶予適用者に係る受贈者

所得税法第137条の３《贈与等により非居住者に資産が移転した場合の譲渡所得等の特例の適用がある場合の納税猶予》第１項（同条第３項により延長を受けている場合を含みます。）により納税猶予の適用を受ける贈与者の受贈者が死亡した場合又は贈与（この⑴において、以下「２次贈与」といいます。）をした場合には、その受贈者は、その相続の開始前又は２次贈与前10年以内のいずれかの時において相続税法の施行地に住所を有していたものとみなされます。

ただし、その受贈者が上記納税猶予に係る贈与前10年以内のいずれかの時においても相続税法の施行地に住所を有していたことがない場合には、この限りではありません（相法１の３②二、１の４②二）。

⑵　適用被相続人の相続人

所得税法第137条の３第２項（同条第３項により延長を受けている場合を含みます。）により納税猶予の適用を受ける相続人（包括受遺者を含みます。）が死亡（この⑵において、以下「２次相続」といいます。）した場合又は贈与した場合には、その相続人は、その２次相続の開始前又は贈与前10年以内のいずれかの時において相続税法の施行地に住所を有していたものとみなされます。

ただし、その相続人が上記納税猶予に係る相続の開始前10年以内のいずれかの時においても相続税法の施行地に住所を有していたことがない場合には、この限りではありません（相法１の３②三、１の４②三）。

第13章　災害に係る譲渡所得関係の措置

本章では土地・建物等を譲渡した場合の譲渡所得の課税の特例について、災害に関する税制上の措置を説明します。

第１　収用等に伴い代替資産を取得した場合の課税の特例等に関する措置

１　特例の概要

土地等が次の事業の用に供するために地方公共団体又は独立行政法人都市再生機構（土地開発公社を含みます。）に買い取られ、対価を取得する場合には、「収用等に伴い代替資産を取得した場合の課税の特例」（措法33）又は「収用交換等の場合の5,000万円特別控除」（措法33の４）の適用を受けることができます（措法33①三の六、三の七、33の４①）。

① 地方公共団体又は独立行政法人都市再生機構が被災市街地復興推進地域において施行する減価補償金を交付すべきこととなる被災市街地復興土地区画整理事業の施行区域内にある土地等が公共施設の整備改善に関する事業の用に供するために買い取られる場合

② 地方公共団体又は独立行政法人都市再生機構が住宅被災市町村の区域において施行する都市再開発法による第二種市街地再開発事業の施行区域内にある土地等がその第二種市街地再開発事業の用に供するために買い取られる場合

２　特例を受けるための手続

この措置の適用を受けるためには、この特例の適用を受けようとする年分の確定申告書に、この特例の適用を受けようとする旨を記載するとともに、国土交通大臣（又は都道府県知事）の一定の事項を証する書類等を添付する必要があります（措規14⑤五の十二、五の十三、措規15②三）。ただし、「収用交換等の場合の5,000万円特別控除」の適用を受ける方については、この特例の適用があるとした場合においてその年分の確定申告書を提出する必要がないときには、この手続をする必要はありません（措法33の４④）。

第２　換地処分等に伴い資産を取得した場合の課税の特例に関する措置

１　特例の概要

その有する土地等で被災市街地復興推進地域内にあるものにつき被災市街地復興土地区画整理事業が施行された場合において、その土地等に係る換地処分により、代替住宅等を取得したときは、取得価額の引継ぎ等により課税を繰り延べる等の措置の適用を受けることができます（措法33の３⑨）。

２　特例を受けるための手続

この措置の適用を受けるためには、この特例の適用を受けようとする年分の確定申告書に、この特例の適用を受けようとする旨を記載するとともに、被災市街地復興土地区画整理事業の施行者から交付を受けた土地等に係る換地処分により代替住宅等を取得したことを証する書類その他一定の書類を添付する必要があります（措法33の３⑩、措規14の３）。

第３　買換資産等の取得期限等の延長に関する特例措置

<table>
<tr><th>特例の概要</th><th>特例を受けるための手続</th></tr>
<tr><td>
確定優良住宅地等予定地のための譲渡に該当するものとして「優良住宅地の造成等のために土地等を譲渡した場合の長期譲渡所得の課税の特例」（措法31の２）の適用を受けた土地等の譲渡が、特定非常災害㈱として指定された非常災害に基因するやむを得ない事情により、予定期間内に確定優良住宅地等予定地のための譲渡に該当することが困難となり、所轄税務署長の承認を受けた場合には、その予定期間を、その予定期間の末日から２年以内の日で所轄税務署長が認定した日の属する年の12月31日まで延長することができます（措法31の２⑦、措令20の２㉖）。
㈱「特定非常災害」とは、著しく異常かつ激甚な非常災害であって、その非常災害の被害者の行政上の権利利益の保全等を図ること等が特に必要と認められるものが発生した場合に指定されるものをいいます（特定非常災害の被害者の権利利益の保全等を図るための特別措置に関する法律２①）。以下同じです。
</td><td>
①　確定優良住宅地造成等事業を行う事業者は、予定期間の末日の属する年の翌年１月15日までに、一定の事項を記載した「確定優良住宅地造成等事業に関する期間（再）延長承認申請書【特定非常災害用】」に事業概要書等を添付して、所轄税務署長に提出する必要があります（措規13の３⑮）。
②　上記①による申請の後、所轄税務署長からその申請に係る「確定優良住宅地造成等事業に関する期間（再）延長承認通知書【特定非常災害用】」の送付を受けた場合は、事業者は事業用地を提供した方にその承認通知書の写しを交付する必要があります。
③　上記②により、事業者から承認通知書の写しの交付を受けた事業用地を提供した方は、その交付を受けた承認通知書の写しを納税地の所轄税務署長に提出する必要があります（措規13の３⑯）。
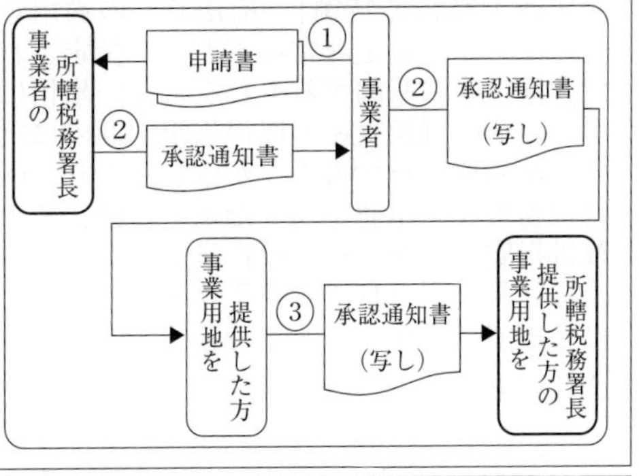

</td></tr>
<tr><td>
「収用等に伴い代替資産を取得した場合の課税の特例」（措法33）の適用を受けた方が、特定非常災害として指定された非常災害に基因するやむを得ない事情により、その代替資産の取得指定期間内に代替資産の取得をすることが困難となり、所轄税務署長の承認を受けた場合には、その取得指定期間を、その取得指定期間の末日から２年以内の日で所轄税務署長が認定した日まで延長することができます（措法33⑧、措令22㉗）。
</td><td>
取得指定期間の末日の属する年の翌年３月15日（同日が、修正申告書の提出期限㈱後である場合には、その提出期限）までに、この特例の適用を受けようとする旨その他一定の事項を記載した「買換資産等の取得期限等の延長承認申請書【特定非常災害用】」に、特定非常災害として指定された非常災害に基因するやむを得ない事情により代替資産の取得をすることが困難であると認められる事情を証する書類を添付して、所轄税務署長に提出する必要があります（措規14⑧）。
</td></tr>
</table>

特例の概要	特例を受けるための手続
「交換処分等に伴い資産を取得した場合の課税の特例」（措法33の２）の適用を受けた方が、特定非常災害として指定された非常災害に基因するやむを得ない事情により、その代替資産の取得指定期間内に代替資産の取得をすることが困難となり、所轄税務署長の承認を受けた場合には、その取得指定期間を、その取得指定期間の末日から２年以内の日で所轄税務署長が認定した日まで延長することができます（措法33の２⑤、措令22㉗）。	取得指定期間の末日の属する年の翌年３月15日（同日が、修正申告書の提出期限㈲後である場合には、その提出期限）までに、この特例の適用を受けようとする旨その他一定の事項を記載した「買換資産等の取得期限等の延長承認申請書【特定非常災害用】」に、特定非常災害として指定された非常災害に基因するやむを得ない事情により代替資産の取得をすることが困難であると認められる事情を証する書類を添付して、所轄税務署長に提出する必要があります（措規14の２②）。
「特定の居住用財産の買換えの場合の長期譲渡所得の課税の特例」（措法36の２）の適用を受けた方が、特定非常災害として指定された非常災害に基因するやむを得ない事情により、譲渡をした日の属する年の翌年12月31日までに買換資産の取得をすることが困難となり、所轄税務署長の承認を受けた場合には、その取得期限を、その取得期限の属する年の翌々年12月31日とすることができます（措法36の２②かっこ書）。	取得期限の属する年の翌年３月15日までに、この特例の適用を受けようとする旨その他一定の事項を記載した「買換資産等の取得期限等の延長承認申請書【特定非常災害用】」に、特定非常災害として指定された非常災害に基因するやむを得ない事情により買換資産の取得をすることが困難であると認められる事情を証する書類を添付して、所轄税務署長に提出する必要があります（措規18の４③）。
「特定の事業用資産の買換えの場合の譲渡所得の課税の特例」（措法37）の適用を受けた方が、特定非常災害として指定された非常災害に基因するやむを得ない事情により、その買換資産の取得指定期間内に買換資産の取得をすることが困難となり、所轄税務署長の承認を受けた場合には、その取得指定期間を、その取得指定期間の末日から２年以内の日で所轄税務署長が認定した日まで延長することができます（措法37⑧、措令25㉑）。	取得指定期間の末日の属する年の翌年３月15日（同日が、修正申告書の提出期限㈲後である場合には、その提出期限）までに、この特例の適用を受けようとする旨その他一定の事項を記載した「買換資産等の取得期限等の延長承認申請書【特定非常災害用】」に、特定非常災害として指定された非常災害に基因するやむを得ない事情により買換資産の取得をすることが困難であると認められる事情を証する書類を添付して、所轄税務署長に提出する必要があります（措規18の５⑥）。
「既成市街地等内にある土地等の中高層耐火建築物等の建設のための買換え及び交換の場合の譲渡所得の課税の特例」（措法37の５）の適用を受けた方が、特定非常災害として指定された非常災害に基因するやむを得ない事情により、その買換資産の取得指定期間内に買換資産の取得をすることが困難となり、所轄税務署長の承認を受けた場合には、その取得指定期間を、その取得指定期間の末日から２年以内の日で所轄税務署長が認定した日まで延長することができます（措法37の５②、措令25の４⑩）。	取得指定期間の末日の属する年の翌年３月15日（同日が、修正申告書の提出期限㈲後である場合には、その提出期限）までに、この特例の適用を受けようとする旨その他一定の事項を記載した「買換資産等の取得期限等の延長承認申請書【特定非常災害用】」に、特定非常災害として指定された非常災害に基因するやむを得ない事情により買換資産の取得をすることが困難であると認められる事情を証する書類を添付して、所轄税務署長に提出する必要があります（措規18の６③）。

特例の概要	特例を受けるための手続
「居住用財産の買換え等の場合の譲渡損失の損益通算及び繰越控除」（措法41の５）の適用を受けた方が、特定非常災害として指定された非常災害に基因するやむを得ない事情により、譲渡をした日の属する年の翌年12月31日までに買換資産の取得をすることが困難となり、所轄税務署長の承認を受けた場合には、その取得期限を、その取得期限の属する年の翌々年12月31日とすることができます（措法41の５一⑦かっこ書）。	取得期限の属する年の翌年３月15日までに、この特例の適用を受けようとする旨その他一定の事項を記載した「買換資産等の取得期限等の延長承認申請書【特定非常災害用】」に、特定非常災害として指定された非常災害に基因するやむを得ない事情により買換資産の取得をすることが困難であると認められる事情を証する書類を添付して、所轄税務署長に提出する必要があります（措規18の25④）。

㊟　取得指定期間内に代替資産（買換資産）を取得しなかった場合には、その取得指定期間を経過した日から４月以内に修正申告書を提出しなければならないこととされています。

なお、措置法第33条第８項の規定の適用を受けた場合には、その後に同条第２項に規定する政令で定める場合に該当するとして取得指定期間の延長を行うことはできません（措通33－49の２）。

第４　特定住宅地造成事業等のために土地等を譲渡した場合の1,500万円特別控除に関する措置

１　特例の概要

被災市街地復興推進地域内にある土地等が次に掲げる場合に該当することとなった場合には、「特定住宅地造成事業等のために土地等を譲渡した場合の1,500万円特別控除」（措法34の２）の適用を受けることができます。

①　被災市街地復興特別措置法第８条第３項に規定する買取りの申出に基づき都道府県知事等に買い取られる場合（措法34の２②二十）

②　被災市街地復興土地区画整理事業に係る換地処分によりその事業の換地計画に定められた公共施設の用地に供するための保留地の対価の額に対応する部分の土地等の譲渡があった場合（措法34の２②二十一の二）

２　特例を受けるための手続

この措置の適用を受けるためには、この特例の適用があるものとした場合においてもその年分の確定申告書を提出しなければならない方については、この特例の適用を受けようとする年分の確定申告書に、この特例の適用を受けようとする旨を記載するとともに、その買取りをする者から交付を受けた土地等の買取りをしたことを証する書類その他一定の書類を添付する必要があります（措法34の２⑤）。

第５　優良住宅地の造成等のために土地等を譲渡した場合の長期譲渡所得の課税の特例に関する措置

１　特例の概要

その有する土地等で所有期間が５年を超えるものの譲渡をした場合において、その譲渡が土地開発公社に対する次に掲げる土地等の譲渡で、その譲渡に係る土地等が独立行政法人都市再生機構の施行するそれぞれ次に定める事業の用に供されるものであるときは、「優良住宅地の造成等のために土地等を譲渡した場合の長期譲渡所得の課税の特例」（措法31の２）の適用を受けることができます（措法31の２②二の二）。

	土地等の所在地	事業内容
①	被災市街地復興推進地域内	被災市街地復興土地区画整理事業
②	住宅被災市町村の区域内	都市再開発法による第二種市街地再開発事業

２　特例を受けるための手続

この特例の適用を受けるためには、この特例の適用を受けようとする年分の確定申告書に、土地開発公社の被災市街地復興土地区画整理事業又は第二種市街地再開発事業の用に供するために買い取ったものである旨を証する書類を添付する必要があります（措法31の２②、措規13の３①二の二）。

第 2 編

山林所得

第１章　山林所得の範囲

1　山林の意義

山林とは、販売を目的として伐採適期に至るまで相当長期間にわたり保有育成管理を要する立木の集団をいうものと一般的には解されています。

	意　義	注意点
山林	立木の集団	山林が立木であることは明らかですが、立木の全てが直ちに山林となるわけではなく、例えば、庭園の樹木や果樹園に栽培されている果樹などは、立木ではあっても山林ではありません。
	販売の目的で保有している山林	植木や山林苗木の販売業者が販売用の植木や苗木とする目的で管理育成中の立木は、販売の目的で保有しているものですが山林ではありません。 しかし、天然林、伐採制限のある保安林や伐採の可能性の薄い風致地区内の立木は、必ずしも販売の目的で保有しているものではありませんが山林になります。
	伐採適期に至るまで相当長期間にわたり保有育成管理される山林	植木や山林苗木の販売業者の植木や苗木として育成中の立木は、たとえその育成管理の完了までの期間が５年を超えるものであっても山林からは除かれます。

2　山林所得の意義

山林所得とは、５年を超える期間保有していた山林の伐採又は譲渡による所得をいいます（所法32①②）。この場合の「山林の伐採又は譲渡による所得」とは、山林を伐採して譲渡したことにより生ずる所得又は山林を伐採しないで（立木のまま）譲渡したことにより生ずる所得をいいます（所基通32－１）。

しかし、単に山林を伐採しただけでは、山林所得の収入金額は生じません。

その伐採した伐木を他に譲渡したときに山林所得となります。

〔山林の譲渡による所得の区分〕

	所有期間の区分	所得区分	
山林を伐採して譲渡又は、立木のままで譲渡したことにより生じる所得の区分	山林を取得した日以後５年以内に伐採又は譲渡したことにより生ずるもの（所法32②）	その立木の伐採又は譲渡が事業として営まれている場合	事業所得
		上記以外の場合	雑所得
	山林を取得した日以後５年を超える期間保有していたものの伐採又は譲渡したことにより生ずるもの（所法32①②）	山林所得	

〔立木等の態様別による所得区分〕

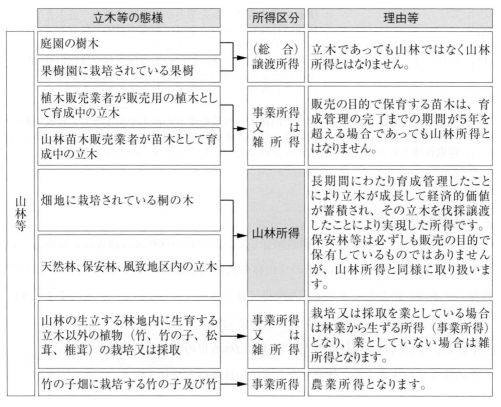

	立木等の態様	所得区分	理由等
山林等	庭園の樹木	（総合）譲渡所得	立木であっても山林ではなく山林所得とはなりません。
	果樹園に栽培されている果樹		
	植木販売業者が販売用の植木として育成中の立木	事業所得又は雑所得	販売の目的で保育する苗木は、育成管理の完了までの期間が5年を超える場合であっても山林所得とはなりません。
	山林苗木販売業者が苗木として育成中の立木		
	畑地に栽培されている桐の木	山林所得	長期間にわたり育成管理したことにより立木が成長して経済的価値が蓄積され、その立木を伐採譲渡したことにより実現した所得です。保安林等は必ずしも販売の目的で保有しているものではありませんが、山林所得と同様に取り扱います。
	天然林、保安林、風致地区内の立木		
	山林の生立する林地内に生育する立木以外の植物（竹、竹の子、松茸、椎茸）の栽培又は採取	事業所得又は雑所得	栽培又は採取を業としている場合は林業から生ずる所得（事業所得）となり、業としていない場合は雑所得となります。
	竹の子畑に栽培する竹の子及び竹	事業所得	農業所得となります。

※　山林所得に該当する立木は用材又はパルプ材となる立木に限られます。

⑴　山林の取得の日

山林所得は、その保有期間によって所得の区分が決定されるため、山林の取得の日の判定がポイントとなります。

山林の保有期間の算定の基礎となる取得の日の判定基準は次の区分によります（所基通32－３）。

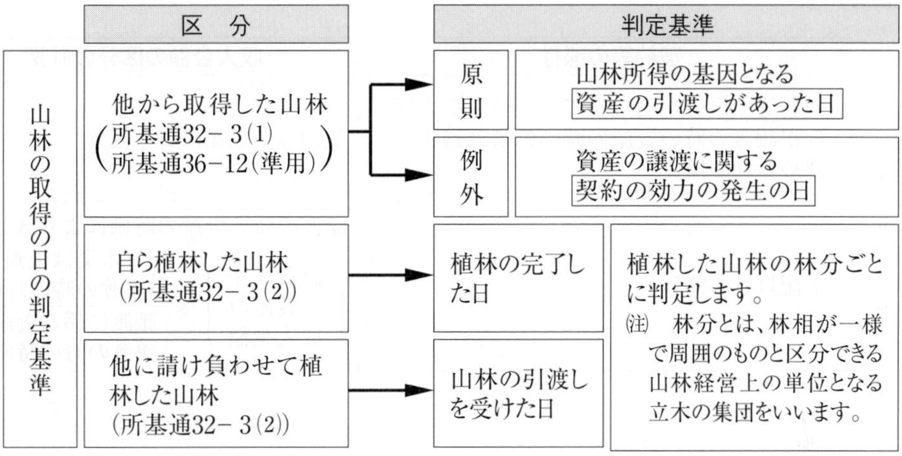

チェックポイント

山林の取得期間の判定に当たっては、立木１本ごとに行うのではなく、山林の一般的取引の単位である林分ごとに行います。

⑵　山林とともに土地を譲渡した場合の所得区分

山林をその生立している土地とともに譲渡した場合の所得区分は、次のようになります（所基通32－２）。

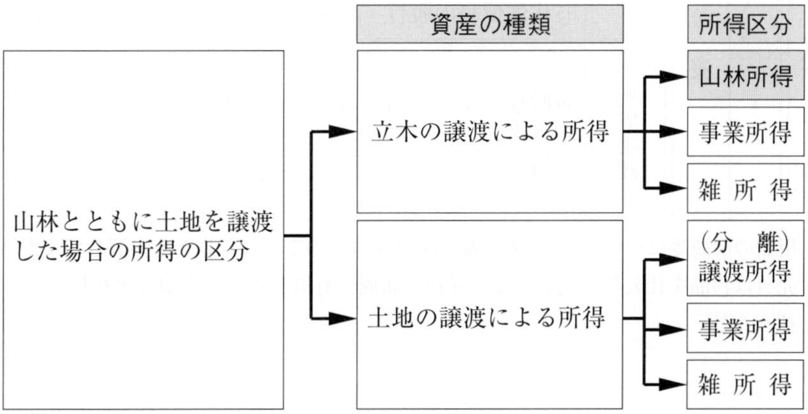

チェックポイント

所得税法上、山林所得の対象となる所得は、保有期間が５年を超える山林の伐採又は譲渡により生じた所得であり、たとえ一つの契約で山林とともに土地が譲渡されても、土地の譲渡により生じた所得は山林所得とはなりません。

〔参考〕

	契約等の態様	収入金額の区分の計算
収入金額の区分	契約等で区分が明らかで、かつ、その区分が譲渡の時の資産の時価により適正と認められる場合	契約等の金額により区分
	上記以外の部分	譲渡の時の資産の時価により区分 $\left(\text{譲渡に係る資産の収入金額}\right) \times \dfrac{\left(\text{立木又は土地の譲渡の時の時価}\right)}{\left(\text{譲渡に係る資産の譲渡の時の時価}\right)}$

(3)　山林の「譲渡」

山林の「譲渡」には、通常の売買のほか、交換、競売、公売、代物弁済、収用、法人に対する現物出資などの有償譲渡のほか、贈与や遺贈などの無償譲渡も含まれます。

このように「譲渡」はきわめて広い概念であって、譲渡所得の場合の「譲渡」と同様に解されています。

(注)　土地等のみに係る行為、例えば、換地処分などの移転行為は除かれます。

山林を移転させる一切の行為・	⇒ 譲渡	有償譲渡	①売買　②交換　③競売　④公売　⑤収用　⑥買取り ⑦買収　⑧買入れ　⑨代物弁済　⑩財産分与　⑪物納 ⑫現物出資（法人に対するもの） ⑬負担付贈与（贈与者が受益者となるもの）　⑭低額譲渡 ⑮代償債務の履行　⑯共有物の分割　⑰売却　⑱その他
		無償譲渡	⑲贈与（⑬に該当するものを除きます。） ⑳寄附 ㉑遺贈

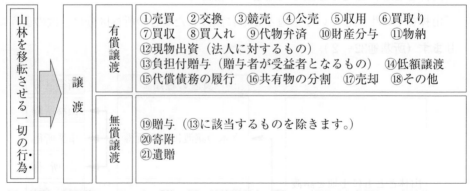

(注)　用語の解説等については、「第１編　譲渡所得」の７ページ以下を参照してください。
①売買は物品を仕入れて売ること（双務・諾成・有償契約）⑰売却は所有していたものを売り払うこと

3　山林所得が課税される特殊な場合

次の場合にも山林の譲渡があったものとみなして、山林所得の課税の対象となります。

	区分	移転事由	収入金額	所得区分	
山林所得が課税される特殊な場合	みなし譲渡（所法59）	①　法人に対する贈与 ②　限定承認に係る相続 ③　法人に対する遺贈及び個人に対する包括遺贈のうち限定承認した遺贈 ④　法人に対する著しく低い価額の対価の額による譲渡 ㈱　著しく低い価額の対価の額とは、山林の譲渡の時における価額の２分の１に満たない金額をいいます。また、譲渡の時における価額とは、通常売買される価額(時価)をいい、相続税評価額ではありません。	その移転事由が生じた時の価額で山林の譲渡があったものとみなされます（所法59）。	保有期間が5年を超える山林の場合	山林所得 ㈱　個人に対して時価の２分の１より低い価額で譲渡した場合には、実際に受け取った対価の額（譲渡価額）で所得の計算をしますが、その結果、必要経費が多いため山林所得が赤字となった場合には、その赤字は山林所得の金額の計算上なかったものとされます（所法59②）。
				上記以外（保有期間が5年以内の山林）の場合	事業所得又は雑所得 ㈱　雑所得となる場合には、山林所得の取扱いと同様に所得の計算を行いますが、事業所得となる場合には、所得税法第40条《棚卸資産の贈与等の場合の総収入金額算入》の規定により別の取扱いとなります。
	自家消費（所法39）	山林を伐採して家事のために消費	家事に消費した時における山林の価額に相当する金額を総収入金額に算入（所法39）。	保有期間が5年を超える山林の場合	山林所得(所基通39－４) ㈱　製材業者が自ら育成した山林を伐採して家事のために消費した場合には、原則として事業所得とされます（所基通39－４㈱、23～35共－12)。
				上記以外（保有期間が5年以内の山林）の場合	事業所得又は雑所得 (所基通39－４)

区分		移転事由	収入金額	所得区分		
山林所得が課税される特殊な場合	分収造林契約又は分収育林契約に基づく収益の分収	その契約に係る山林の伐採又は譲渡による収益の分収（所令78の２）	契約に定める一定の割合により収益の分収を受けた金額（損失等により取得した保険金等も含まれます。）	契約に係る権利を取得して５年を超える場合	原　則	山林所得（所令78の２①②）
					例　外	不動産所得、事業所得又は雑所得（所令78の２③一、二）
				上記以外（契約に係る権利を取得して５年以内）の場合		事業所得又は雑所得（所令78の２③三）
		その契約に係る権利の譲渡（所令78の３）	権利の譲渡により取得した金額	契約に係る権利を取得して５年を超える場合		山林所得（所令78の３①） ㊟　造林費（育林費）負担者の場合にあっては、所得税法施行令第78条の３第４項に該当するもの以外は山林所得とはなりません（所令78の３②二）。
				上記以外（契約に係る権利を取得して５年以内）の場合		事業所得又は雑所得（所令 78 の３②一）
		分収育林契約の締結により土地の所有者が受ける山林の持分の対価（所令78の３③）	契約の締結により支払を受ける山林の持分の対価の額	山林の取得の日以後５年を超える場合		山林所得
				山林の取得の日以後５年以内の場合		事業所得又は雑所得
		その契約の当事者が契約に係る権利は譲渡しないで、その持分の分割をして、新たに造林費負担者又は育林費負担者として権利を取得した者から支払を受ける持分の対価（所令78の３④）	持分を分割して支払を受けるその持分の対価の額	山林の取得の日以後５年を超える場合		山林所得
				山林の取得の日以後５年以内の場合		事業所得又は雑所得

	区分	移転事由	収入金額	所得区分		
山林所得が課税される特殊な場合	企業組合等の分配金（所令62）	生産森林組合から受ける従事分量分配金（森林組合法99②） 〔事業に従事する組合員に対して、給与、賃金、賞与その他これらの性質を有する給与を支給しない生産森林組合の組合員が、その組合から受ける従事分量分配金〕 (注)　農事組合法人から受ける従事分量分配金（農業協同組合法72の31②）についても、その法人が農業経営と併せて林業経営を行っている場合（農業協同組合法 72 の10①二）において、その林業から生じた所得を分配したと認められる場合も同様となります（所基通 23 ～ 35 共－ 4(1)）。	生産森林組合から組合員が、その組合の事業に従事した程度に応じて受ける分配金の額（所令62②）	その組合のその事業年度中における山林の伐採又は譲渡から生じた所得の大部分を分配したと認められる場合	伐採又は譲渡に係る山林の取得の日以後５年を超える場合	山林所得 （所基通23～35共－４(3)）
					上記以外（伐採又は譲渡に係る山林の取得の日以後５年以内）の場合	事業所得又は雑所得 （所基通23～35共－４(3)）
				上記以外	配当所得、給与所得及び退職所得以外の各種所得とされます（所令62、所基通23～35共－３）。 (注)　事業に従事する組合員に給与等を支給している場合には配当所得となります。	

(1) 所得税法施行令に規定する分収林契約（所令78）

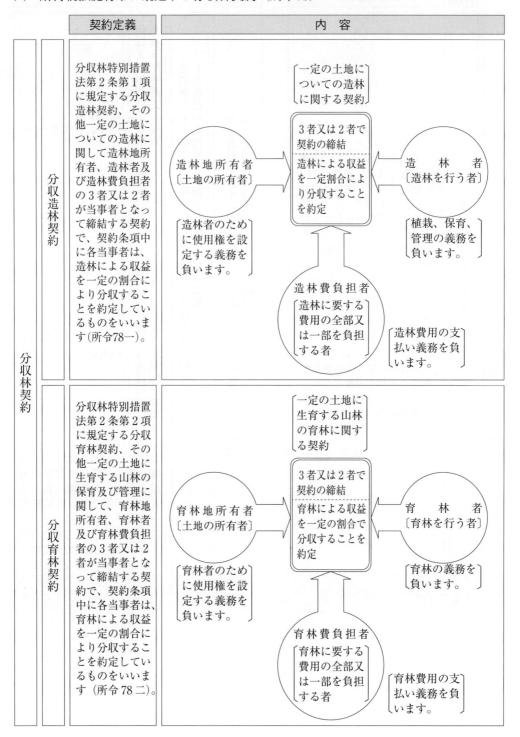

<table>
<tr><th></th><th></th><th>契約定義</th><th>内　容</th></tr>
<tr><td rowspan="2">分収林契約</td><td>分収造林契約</td><td>分収林特別措置法第２条第１項に規定する分収造林契約、その他一定の土地についての造林に関して造林地所有者、造林者及び造林費負担者の３者又は２者が当事者となって締結する契約で、契約条項中に各当事者は、造林による収益を一定の割合により分収することを約定しているものをいいます(所令78一)。</td><td>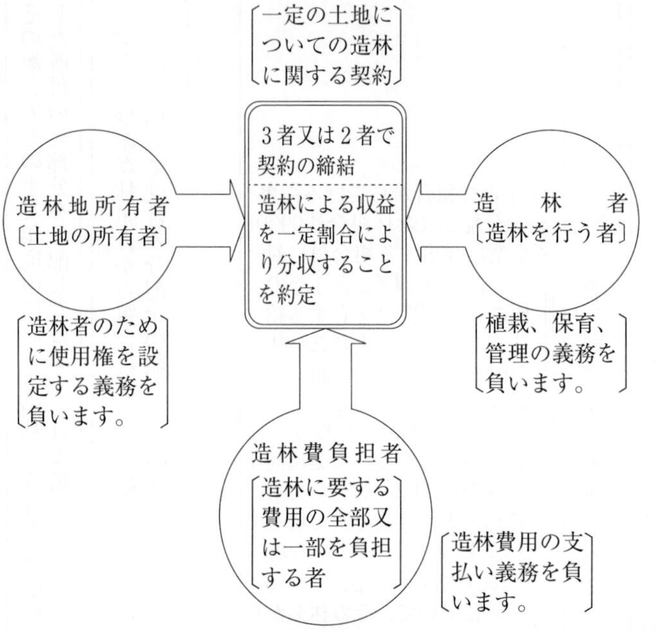
</td></tr>
<tr><td>分収育林契約</td><td>分収林特別措置法第２条第２項に規定する分収育林契約、その他一定の土地に生育する山林の保育及び管理に関して、育林地所有者、育林者及び育林費負担者の３者又は２者が当事者となって締結する契約で、契約条項中に各当事者は、育林による収益を一定の割合により分収することを約定しているものをいいます（所令78二)。</td><td>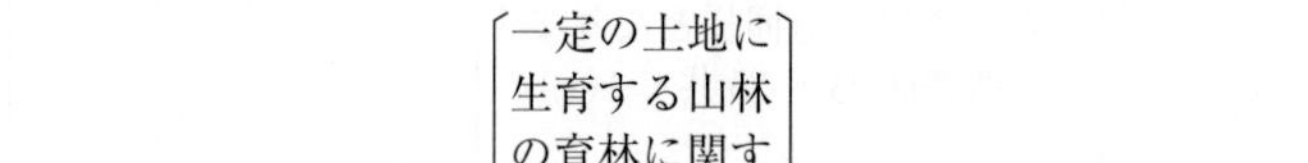
</td></tr>
</table>

(2)　分収林特別措置法に規定する分収造林契約と分収育林契約の比較（分収林特別措置法２）

		比較項目				収益の分収	共有持分等
分収林契約	分収造林契約	契約定義	造林地所有者	造林者	造林費負担者	各契約当事者は、一定の割合により契約に係る造林又は育林による収益を分収します。	植栽された樹木は各契約当事者の共有となります。 この場合の各共有者の持分の割合は、造林による収益を分収する一定の割合と等しくなります。 (注)　共有樹木については民法第256条第1項（共有物の分割請求）の規定の適用はありません（分収林特別措置法４）。
		一定の土地についての造林に関して、造林地所有者、造林者及び造林費負担者の３者又は２者が当事者となって締結する契約（国有林野についての分収造林契約は除きます。）で、右の事項を約定しているものをいいます。	土地を造林の目的に使用する権利を設定する義務を負います。 (注)　造林者を契約当事者としない場合には、自ら右の造林者の義務を負います。	樹木を植栽してその樹木の保育及び管理を行う義務を負います。 (注)　造林地所有者を契約当事者とせず、かつ、土地を造林の目的で使用する権利を有しない場合には、これらの権利の設定を受けこれらの行為を行う義務を負います。	造林者等に対して樹木の植栽、保育及び管理に要する費用の全部又は一部を支払う義務を負います。		
	分収育林契約	契約定義	育林地所有者	育林者	育林費負担者		契約の締結の時に樹木を所有している契約当事者はその樹木を共有しており、他の契約当事者（途中で参加した者）はその樹木の持分の対価を支払うことになります。 この場合の各共有者の持分割合は、育林による収益を分収する一定の割合と等しくなります。 (注)　共有樹木については民法第256条第1項（共有物の分割請求）の規定の適用はありません（分収林特別措置法４）。
		一定の土地に植栽された樹木（契約の締結時に樹齢が地域ごと及び樹種ごとに農林水産省令で定める樹齢を超えるものを除きます。）についての育林に関して育林地所有者、育林者及び育林費負担者の３者又は２者が当事者となって締結する契約（当事者のいずれかがその樹木の所有者であるものに限られ、かつ、国有林野の管理経営に関する法律第17条の２の 契約を除きます。）で、右の事項を約定しているものをいいます。	土地を育林の目的に使用する権利を設定する義務を負います。 (注)　育林者を契約当事者としない場合には、自ら右の育林者の義務を負います。	育林を行う義務を負います。 (注)　育林地所有者を契約当事者とせず、かつ、土地を造林の目的で使用する権利を有しない場合には、育林地所有者からこれらの権利の設定を受けその育林を行う義務を負います。	育林者等に対して、育林に要する費用の全部又は一部を支払う義務を負います。		

⑶　分収造林と分収育林との基本的な差異

分収造林	分収育林
苗を植えて造林を開始する段階でスタート	造林後育成の途中の段階でスタート
造　林	育　林
樹木の植栽、保育及び管理に要する費用等	育林に要する費用等

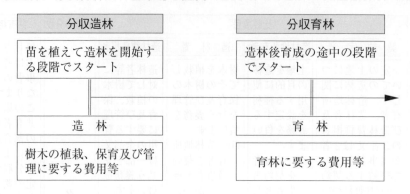

⑷　分収造林契約又は分収育林契約の収益の所得区分

分収造林契約又は分収育林契約の当事者が、その契約に基づきその契約の目的となった山林の造林又は育林による収益のうち、その山林の伐採又は譲渡による収益をその契約に定める一定の割合により分収する金額は、次のように取り扱われます（所令78の２）。

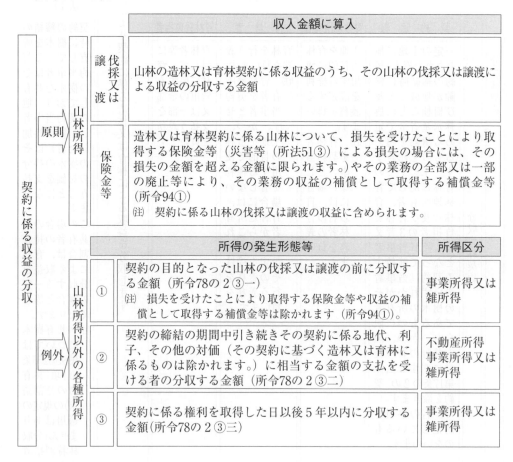

<table>
<tr><td rowspan="8">契約に係る収益の分収</td><td></td><td></td><td></td><td colspan="2">収入金額に算入</td></tr>
<tr><td rowspan="2">原則</td><td rowspan="2">山林所得</td><td>伐採又は譲渡</td><td colspan="2">山林の造林又は育林契約に係る収益のうち、その山林の伐採又は譲渡による収益の分収する金額</td></tr>
<tr><td>保険金等</td><td colspan="2">造林又は育林契約に係る山林について、損失を受けたことにより取得する保険金等（災害等（所法51③）による損失の場合には、その損失の金額を超える金額に限られます。）やその業務の全部又は一部の廃止等により、その業務の収益の補償として取得する補償金等（所令94①）
㈲　契約に係る山林の伐採又は譲渡の収益に含められます。</td></tr>
<tr><td></td><td></td><td></td><td>所得の発生形態等</td><td>所得区分</td></tr>
<tr><td rowspan="3">例外</td><td rowspan="3">山林所得以外の各種所得</td><td>①</td><td>契約の目的となった山林の伐採又は譲渡の前に分収する金額（所令78の２③一）
㈲　損失を受けたことにより取得する保険金等や収益の補償として取得する補償金等は除かれます（所令94①）。</td><td>事業所得又は雑所得</td></tr>
<tr><td>②</td><td>契約の締結の期間中引き続きその契約に係る地代、利子、その他の対価（その契約に基づく造林又は育林に係るものは除かれます。）に相当する金額の支払を受ける者の分収する金額（所令78の２③二）</td><td>不動産所得
事業所得又は雑所得</td></tr>
<tr><td>③</td><td>契約に係る権利を取得した日以後５年以内に分収する金額(所令78の２③三)</td><td>事業所得又は雑所得</td></tr>
</table>

(5)　分収造林契約又は分収育林契約に係る権利の譲渡等の所得区分

分収造林契約又は分収育林契約に係る権利の譲渡による収入金額は、山林所得の収入金額になります（所令78の３①)。

ただし、契約に係る権利の取得の日以後５年以内の譲渡等の収入金額は、山林所得とはなりません（所令78の３②)。

<table>
<tr><th colspan="3">区　分</th><th>収入金額</th><th>所得区分</th></tr>
<tr><td rowspan="3">分収林契約</td><td rowspan="3">分収造林契約又は分収育林契約</td><td rowspan="2">造林地所有者
育林地所有者
（土地の所有者）

造林者
育林者
(造林又は育林を行う者)</td><td>契約に係る権利の取得の日以後５年を超える権利の譲渡による収入金額（所令78の３①)</td><td>山林所得</td></tr>
<tr><td>契約に係る権利の取得の日以後５年以内に行われたその権利の譲渡による収入金額（所令78の３②一)</td><td rowspan="2">事業規模のものは事業所得、その他のものは雑所得
㈱　造林費（育林費）負担者の場合にあっては、所得税法施行令第78条の３第４項本文に該当するもの以外のものは、山林所得とはなりません。</td></tr>
<tr><td>造林費負担者
育林費負担者
（費用の負担者）</td><td>契約に係る権利の譲渡による収入金額（所令78の３②二)
㈱　所得税法施行令第78条の３第４項本文の規定の適用を受けるものを除きます。</td></tr>
</table>

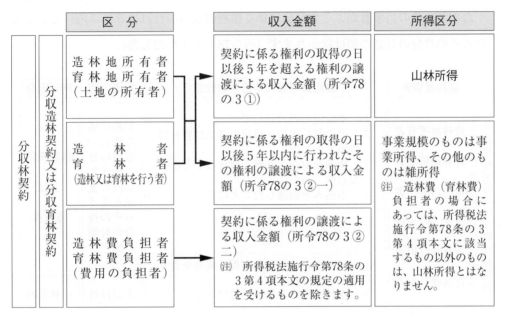

(6)　分収育林契約を締結する場合における育林地所有者の山林の持分の対価の所得区分

山林の所有者がその山林につき分収育林契約を締結することにより、その契約を締結する他の者から支払を受けるその契約の目的となった山林の持分の対価の額は、次のように取り扱われます（所令78の３③)。

<table>
<tr><th colspan="2">区　分</th><th>山林の持分の対価</th><th>所得区分</th></tr>
<tr><td rowspan="2">分収育林契約</td><td rowspan="2">育林地所有者</td><td>その山林の取得の日以後５年を超えてから支払を受ける場合</td><td>山林所得</td></tr>
<tr><td>その山林の取得の日以後５年以内に支払を受ける場合</td><td>事業所得
又は
雑所得</td></tr>
</table>

(7) 分収林契約の当事者が権利を譲渡しないで持分の分割をした場合の対価の所得区分

分収造林契約又は分収育林契約の当事者が、不特定の者に対して、その契約の造林費負担者又は育林費負担者として新たにその権利を取得し義務を負うこととなった者から支払を受ける持分の対価の額は、山林所得に係る収入金額となります（所令78の３④本文）。

ただし、その当事者が、その契約に係る権利の取得の日以後５年以内に支払を受けるその持分の対価の額は除かれます（所令78の３④ただし書）。

<table>
<tr><th></th><th>契約当事者</th><th>費用負担者の申込みの勧誘</th><th>対価の額</th><th>所得区分</th></tr>
<tr><td rowspan="2">分収造林契約又は分収育林契約</td><td rowspan="2">造林地所有者
育林地所有者
造　林　者
育　林　者
造林費負担者
育林費負担者</td><td rowspan="2">①　不特定の者に対して
②　その契約の造林費負担者又は育林費負担者として
③　権利を取得し義務を負うこととなるための
④　申込みを勧誘したことにより
⇩
①　新たにその権利を取得し義務を負うこととなった者から
②　支払を受ける持分の対価の額</td><td>契約に係る権利の取得の日以後５年以内に支払を受けるその持分の対価の額</td><td>事業所得
又は
雑所得</td></tr>
<tr><td>上記以外</td><td>山林所得</td></tr>
</table>

第２章　所得税の課税されない山林所得

５年を超える期間保有していた山林を伐採して譲渡した場合、又は立木のままで譲渡した場合であっても、次のような場合に生ずる山林所得は非課税とされています。

なお、この非課税とされている山林所得の計算上において、損失が生じても、その損失はなかったものとされます。

	項　目	内　容
非課税とされる山林所得	強制換価手続等（所法９①十、所令26）	資力を喪失して債務を弁済することが著しく困難である場合における ①　滞納処分、強制執行、担保権の実行としての競売及び破産手続、強制換価手続（通則法２十）により山林を伐採又は譲渡した場合の所得 ②　強制換価手続の執行が避けられない状態において、山林を伐採又は譲渡した場合の所得 ㈲　相当の山林を保有して反復継続的に山林の伐採又は譲渡をしている場合には、営利を目的として、継続的に行われる資産の譲渡による所得となりますので、この非課税の取扱いの適用はありません（所基通９－12の３）。
	国等に対する財産の寄附（措法40）	国又は地方公共団体に対して山林の寄附があった場合及び公益法人等に対して山林の寄附があった場合において、公益の増進に著しく寄与することその他の要件を満たすものとして国税庁長官の承認を受けた場合の所得 ㈲　寄附とは、贈与又は遺贈のことをいい、公益法人等に対するその法人等を設立するための財産の提供を含みます。
	物納（措法40の3）	相続税等を金銭で納付することが困難な場合などで、税務署長の許可を受けて相続財産（山林）を物納した場合の所得

これらの内容については、21ページから56ページまでを参照してください。

第３章　山林所得の金額の計算方法

山林を伐採して譲渡した場合、又は立木のままで譲渡した場合の山林所得の金額の計算は、一般の場合には、山林の譲渡による収入金額からその山林の必要経費を控除して、その残額から山林所得の特別控除額を控除して行います（所法32③）。

〔算式〕

収入金額　－　必要経費　－　山林所得の特別控除額（50万円）　＝　山林所得の金額

なお、具体的な計算は、「山林所得収支内訳書（計算明細書）」（685ページ参照）を使用して行います。

1　山林所得の収入金額

⑴　一般的な場合

山林所得の収入金額は、山林（５年を超える期間保有していたものに限られます。）の伐採又は譲渡によってその年において収入すべきことが確定した譲渡代金の合計額をいいます（所法36）。

したがって、山林を譲渡してその年中に譲渡代金の一部しか受け取っていない場合であっても、未収金を含めた譲渡代金の全部がその山林を譲渡した年分の収入金額となります。

また、収入すべき金額は、その収入の基因となった行為が適法であるかどうかは問いませんし（所基通36－1）、収入すべき金額を金銭以外の物又は権利その他経済的な利益などで受け取った場合には、その金銭以外の物又は権利その他経済的な利益などの取得の時の価額（時価）をもって収入金額とされます（所法36①②）。

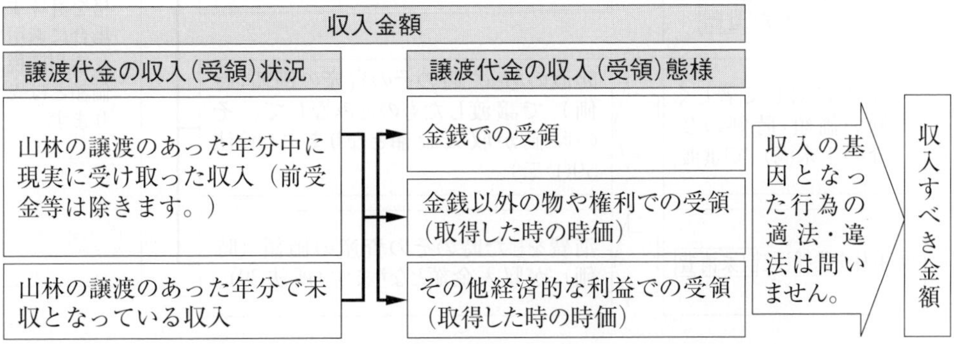

チェックポイント

個人が、破産法（平成16年法律第75号）の規定による免責許可の決定又は再生計画認可の決定があった場合その他資力を喪失して債務を弁済することが著しく困難である場合でその有する債務の免除を受けたときは、その免除により受ける経済的な利益の価額については、その者の各種所得の金額の計算上、総収入金額に算入しません（所法44の２①）。ただし、その経済的な利益の価額のうち、次に掲げる金額に相当する部分については、この規定は適用されないため、各種所得の金額の計算において、総収入金額に算入されることになります。（所法44の２②）。

① その免除を受けた年において、その経済的な利益の価額がないものとしてその債務を生じた業務に係る事業所得等の金額を計算した場合にその事業所得等の金額の計算上生じる損失の金額

② その免除を受けた年において、この特例の適用がないものとして総所得金額等を計算した場合に、その総所得金額等から純損失の繰越控除により控除すべきこととなる金額

(2) 山林を贈与などした場合

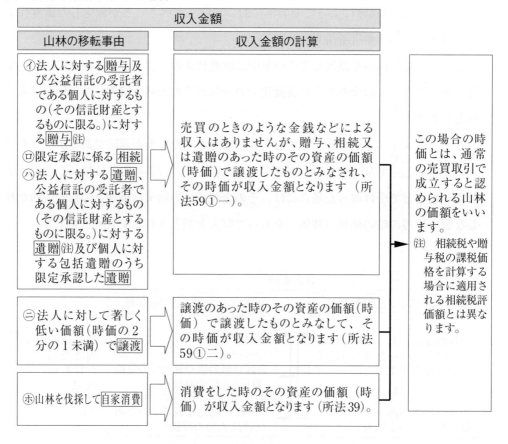

収入金額

山林の移転事由	収入金額の計算
㋑法人に対する贈与及び公益信託の受託者である個人に対するもの（その信託財産とするものに限る。）に対する贈与㈯ ㋺限定承認に係る相続 ㋩法人に対する遺贈、公益信託の受託者である個人に対するもの（その信託財産とするものに限る。）に対する遺贈㈯及び個人に対する包括遺贈のうち限定承認した遺贈	売買のときのような金銭などによる収入はありませんが、贈与、相続又は遺贈のあった時のその資産の価額（時価）で譲渡したものとみなされ、その時価が収入金額となります（所法59①一）。
㋥法人に対して著しく低い価額（時価の２分の１未満）で譲渡	譲渡のあった時のその資産の価額（時価）で譲渡したものとみなして、その時価が収入金額となります（所法59①二）。
㋭山林を伐採して自家消費	消費をした時のその資産の価額（時価）が収入金額となります（所法39）。

→ この場合の時価とは、通常の売買取引で成立すると認められる山林の価額をいいます。

㈯ 相続税や贈与税の課税価格を計算する場合に適用される相続税評価額とは異なります。

(注)「公益信託の受託者である個人に対するもの（その信託財産とするためのものに限る。）」については、公益信託に関する法律（令和６年法律第30号）の施行日から適用されます。以下同じです。

2　山林所得の収入すべき時期

山林の伐採又は譲渡による山林所得の総収入金額の収入すべき時期（山林の譲渡の日）は、次の区分によります。

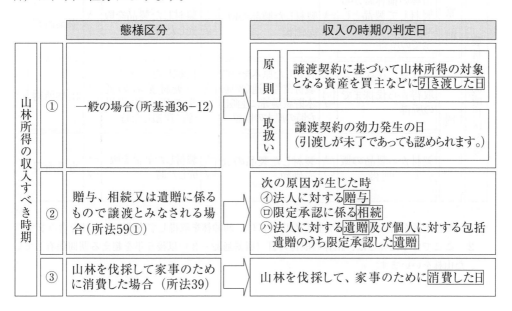

		態様区分	収入の時期の判定日
山林所得の収入すべき時期	①	一般の場合（所基通36－12）	原則：譲渡契約に基づいて山林所得の対象となる資産を買主などに引き渡した日 取扱い：譲渡契約の効力発生の日（引渡しが未了であっても認められます。）
	②	贈与、相続又は遺贈に係るもので譲渡とみなされる場合（所法59①）	次の原因が生じた時 ㋑法人に対する贈与 ㋺限定承認に係る相続 ㋩法人に対する遺贈及び個人に対する包括遺贈のうち限定承認した遺贈
	③	山林を伐採して家事のために消費した場合（所法39）	山林を伐採して、家事のために消費した日

〔設例〕　山林の譲渡の場合

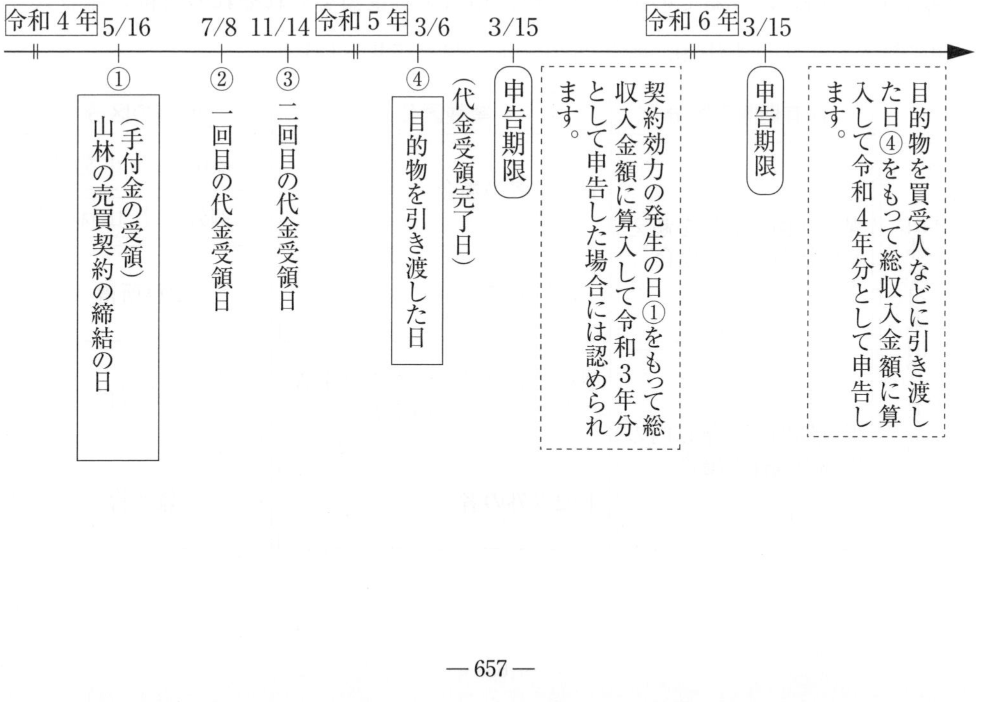

3　特殊な場合の所得区分等

(1)　自己が育成した山林を伐採し製材して販売する場合の所得区分等

製材業者が自ら植林して育成した山林を伐採し、製材して販売する場合の所得の区分は次のようになります（所基通23～35共－12）。

		態様区分	収入金額	課税時期	所得の区分
製材業者の所得区分等	原則	山林の植林時から製材して製品として販売するまでの全ての所得	製材した製品の販売価額	製材した製品を販売した時	事業所得
	例外	植林又は幼齢林の取得から伐採までの所得	伐採した原木をその製材業者の通常の原木貯蔵場等に運搬した時の原木の価額	伐採した原木をその製材業者の通常の原木貯蔵場等に運搬した時	山林所得
		製材から製品の販売までの所得	製材した製品の販売価額	製材した製品を販売した時	事業所得

㈱1　製材業者が自ら植林して育林した山林には、幼齢林を取得して育成した山林を含みます。
　2　ここでいう山林とは、山林の取得の日（所基通32－３）以後５年を超える期間保有していた山林をいいます。

(2)　山林を家事消費した場合の所得区分

山林を伐採して家事のために消費した場合の所得の区分は、次のようになり、その消費した時におけるその山林の価額に相当する金額をそれぞれの所得の総収入金額に算入します（所法39、所基通39－４、23～35共－12）。

	保有期間の区分	業種区分	所得の区分	
山林を自家消費した場合	保有期間が５年を超える山林の伐採の場合	製材業者の場合	原則	事業所得
			例外	山林所得
		上記以外の者	山林所得	
	保有期間が５年以内の山林の伐採の場合	製材業者又は立木を売買することを業としている者	事業所得	
		上記以外の者	雑所得	

⑶　山林を伐採して事業用の建物等の建築のために使用した場合

山林を所有する者がその山林を伐採して、製材その他の加工をして自己の業務の用に供する建物等の建築材料として使用した場合には、山林は形質を変えて業務の用に供されていることになるので、上記の取扱いによらず、その山林の取得価額と製材費用等の額をその建物等の取得費又は取得価額に算入します（所基通39－５）。

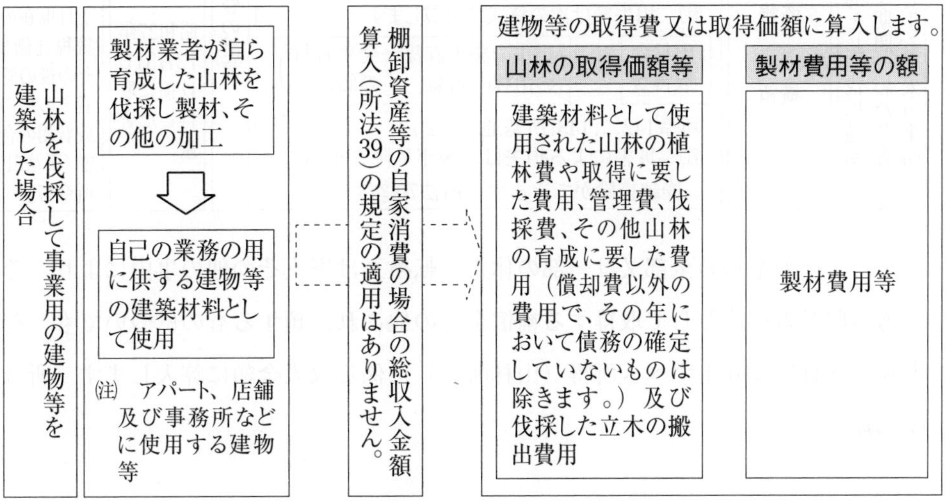

(注)　建物等の取得費又は取得価額は、その材料として使用した時の山林の価額（時価）とはなりません。

⑷　山林所得の収入金額とされる保険金等

山林につき、損失を受けたことにより取得する保険金、損害賠償金、その他これに類するものは、その業務の遂行により生ずべき所得（山林所得）に係る収入金額に算入します（所令94①一）。

(注)　山林について、災害、盗難及び横領による損失を受けたことにより取得する保険金等については、その損失の金額を超える部分の金額に限られます（所令94①一かっこ書）。

<table>
<tr><th>種類</th><th>損失の発生事由</th><th colspan="4">損失の取扱い等</th></tr>
<tr><td rowspan="2">山林
（販売を目的として伐採適期まで相当長期間にわたり育成管理を要する立木の集団）</td><td rowspan="2">災害
盗難
横領</td><td rowspan="2">損失額 − 損失補塡金額 ＝ 損失の発生した年の必要経費に算入
損失補塡金額（保険金額等）が損失額を超える場合には、その超える部分の金額を山林所得の収入金額に算入します。
(注)　損失額は次の算式で計算します。
山林の取得費 − （損失の発生直後の山林の価額 ＋ 発生資材の価額）
（所令142二、143、所基通51－２）
(注)　災害による損失は、翌年以降３年間の繰越控除ができます（所法70②③）。</td><td rowspan="2">取得費の計算</td><td>昭和28年1月1日以後に取得した資産</td><td>［植林費、管理費、その他育成費用］の合計額</td></tr>
<tr><td>昭和27年12月31日以前に取得した資産</td><td>昭和28年１月１日現在の相続税評価額とその後の管理費その他の育成費用の合計額（所法61①、所令171）</td></tr>
</table>

また、その業務の全部又は一部の休止、転換又は廃止その他の事由により、その業務の収益の補償として取得する補償金その他これに類するものについても、その業務の遂行により生ずべき所得（山林所得）に係る収入金額に算入します（所令94①二）。

４　必要経費

山林所得の金額の計算上控除される必要経費は、別段の定めのあるものを除いて、その山林の植林費、取得に要した費用、管理費、伐採費その他その山林の育成又は譲渡に要した費用（償却費以外の費用でその年において、債務の確定していないものを除きます。）となります（所法37②）。

山林所得の必要経費を区分すると次のようになります。

	必要経費の区分
①	植林（取得）から伐採又は譲渡の直前までに要した費用
②	伐採又は譲渡のために要した費用
③	別段の定めにより必要経費に算入される費用

(1)　植林（取得）から伐採又は譲渡の直前までに要した費用

この費用としては、山林の植林費又は購入の代価のほか、これらの費用に充てるための借入金がある場合のその借入金の利子に相当する金額やその山林の育成、管理のために要した労務費、資材費、その山林の生立する林地に賦課又は負担することとなった公租公課（林道の開設負担金（林地賦課金）等で、林地の取得費に加算されるものは除きます。）等の累積額となります。

しかし、これらの費用の累積額を明確に把握して計算することは困難な場合が多く、このため、実際の申告に当たっての山林所得の金額の計算は「概算経費控除」の特例（措法30①④、措規12②）を適用して行っているケースが多いようです。

また、昭和27年12月31日以前に取得した山林の伐採又は譲渡による山林所得の金額の計算においては、取得費の特例（所法61）の規定によってその山林の原価を計算することになります（663ページ⑷を参照してください）。

			内　容
伐採又は譲渡した直前までに要した費用	原則（原価計算）	①	山林の植林費又は購入の代価
		②	取得のために要した借入金の利子相当額
		③	山林の育成費
		④	管理のために要した労務費、資材費等
	例外（概算経費率）		伐採又は譲渡する年の15年前の年の12月31日以前から引き続き保有していた山林の場合 （山林の収入金額 − 伐採費・譲渡に要した費用の金額）×50% ＋（伐採費・譲渡に要した費用の金額）＋（被災事業用資産の損失の金額）

⑵　伐採又は譲渡のために要した費用

山林の伐採又は譲渡のために要した費用とは、山林を伐採又は譲渡するために直接かつ通常支出する費用で、次に掲げる費用などをいいます（所法37②、所基通37－38、33－７）。

<table>
<tr><th></th><th></th><th></th><th>内　容</th></tr>
<tr><td rowspan="7">伐採又は譲渡のために要した費用</td><td rowspan="7">○山林の伐採又は譲渡に際して支出した費用
○山林の譲渡価額を増加させるために支出した費用
(注)　山林の取得費とされるものは除きます。</td><td>①</td><td>伐採に要する費用</td></tr>
<tr><td>②</td><td>伐採した山林の搬出費</td></tr>
<tr><td>③</td><td>林地等の測量費</td></tr>
<tr><td>④</td><td>支払った仲介手数料</td></tr>
<tr><td>⑤</td><td>その他伐採又は譲渡に要した費用</td></tr>
<tr><td>⑥</td><td>既に売買契約をしていた資産をさらに有利な条件で他に譲渡するため、その契約を解除したことに伴い支出する違約金</td></tr>
<tr><td>⑦</td><td>その他その山林の譲渡価額を増加させるためにその譲渡に際して支出した費用</td></tr>
</table>

(3)　別段の定めにより必要経費に算入される費用

別段の定めにより必要経費に算入される費用は、山林経営が事業として営まれているかどうかによって異なります。

「山林所得を生ずべき事業」とは、山林の輪伐のみによって通常の生活費を賄うことができる程度の規模において山林の経営を行うものとされています（所基通45－３）。

<table>
<tr><th></th><th></th><th>別段の定めによる必要経費等</th></tr>
<tr><td rowspan="6">山林所得を生ずべき事業である場合</td><td>①</td><td>所得税を延納した場合の利子税（所法45①二）</td></tr>
<tr><td>②</td><td>事業用固定資産又は繰延資産の損失（所法51①）</td></tr>
<tr><td>③</td><td>事業の遂行上生じた債権の貸倒れ等による損失（所法51②）</td></tr>
<tr><td>④</td><td>災害、盗難、横領により生じた山林の損失（所法51③）</td></tr>
<tr><td>⑤</td><td>事業廃止後に生じた損失（所法63）</td></tr>
<tr><td>⑥</td><td>青色事業専従者給与又は事業専従者控除（所法57①③）</td></tr>
</table>

(注)　事業規模等で山林経営を行っていない場合でも、上記③の損失のうち山林の譲渡代金の回収不能になった損失がある場合には、その回収不能となった金額に対応する所得金額を遡及して減額する方法（所法64①）や、④の損失は必要経費に算入することができます（所法70③、所令203、所基通37－31）。

山林所得の収入金額から控除される必要経費の計算方法は、次のように区分されます。

必要経費	原価計算による方法
	概算経費率による方法

⑷　原価計算による方法

山林所得の必要経費は、譲渡した山林の植林費、取得に要した費用、育成費、管理費、伐採費、譲渡に要した費用の合計額です。ただし、昭和27年12月31日以前から有していた山林を譲渡した場合の必要経費は、①「その山林の昭和28年１月１日の相続税評価額」と②「昭和28年１月１日以後に支出したその山林の育成費、管理費、伐採費、譲渡に要した費用」との合計額によります（所法61①、所令171）。

		項　目	内　容
必要経費	①	植林費	苗木の購入代金やその運搬費、購入手数料、植付けの際の人件費など植林のために要した費用
	②	取得に要した費用	山林の購入代金や仲介手数料などその山林を購入するために要した費用
	③	育成費	肥料代、防虫費、下刈り・枝打ち・除草などのための人件費など山林を育成するために要した費用
	④	管理費	常雇の管理人費や固定資産税、森林組合費、火災保険料、機械器具の減価償却費など山林を管理するために要した費用
	⑤	伐採費	山林の伐採に要した人件費などの費用
	⑥	譲渡に要した費用	伐採した山林の運搬費や測量費、仲介手数料など山林を譲渡するために直接かつ通常要する費用

㈱　支出したこれらの費用であっても、譲渡していない山林について支出した費用は、必要経費とはなりません。

チェックポイント

次のものも必要経費になります。

○　山林の災害や盗難、横領による損失

○　山林経営を事業としている場合の譲渡代金の貸倒損失、利子税、青色事業専従者給与額、事業専従者控除額

イ　災害等関連費用の必要経費算入の時期

山林について支出した次に掲げる費用その他これに類する費用の額は、その支

出した日の属する年分の山林所得（事業所得）の金額の計算上必要経費に算入することができます（所基通37－31）。

		区　分	災害等関連費用	経費算入時期
被災事業用資産の損失に含まれる支出（所令203）	①	災害により滅失し、損壊し又は価値が減少した場合（所令203①一）	取壊しや除去のための費用	その支出した日の属する年分の必要経費に算入します。
	②	災害により損壊し、又は価値の減少、その他の災害により業務の用に供することが困難な場合（所令203①二）	その災害のやんだ日から１年以内（大規模な災害その他やむを得ない場合は３年以内）にその事業用資産について支出する次の金額 イ　土砂、その他の障害物の除去の費用 ロ　原状回復のための修繕費 ハ　損壊又は価値の減少を防止するための費用	
	③	災害により現に被害が生じ又はまさに被害が生ずるおそれがあると見込まれる場合（所令203①三）	被害の拡大又は発生を防止するため緊急に必要な措置を講ずるための費用	

チェックポイント

山林所得の金額の計算上控除する必要経費は、個別対応の方法で計算するのが原則ですが、災害関連費用にあっては、災害を受けた山林以外の山林の伐採又は譲渡に係る所得金額の計算上においても控除することができます。

ロ　間伐した山林に係る必要経費

間伐した山林を譲渡した場合の山林所得の金額の計算上必要経費に算入する費用の額は、次のようになります（所基通37－32）。

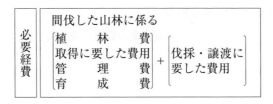

必要経費	間伐した山林に係る 植林費 取得に要した費用 管理費 育成費	＋	伐採・譲渡に要した費用

用語の解説

間伐（抜切りともいいます。）

間伐の目的は、山林のうち優勢木（伐採適期まで育成する優良木）の生産あるいは、後続樹の成長を助長するために、劣勢木（将来用材として活用見込みのないものや、植栽本数が多く成長の障害となっている立木）を伐採し除去（いわゆるマビキ）する場合と、その山林のうち、用材林（目的に応じた立木）として、適格性のある林木から順次伐採していく場合の間伐（択伐）とがあります。

ハ　賦課金の費用区分

国立研究開発法人森林総合研究所や地方公共団体等が、林道等の開設に伴い、その開設費の一部を林道などの開設による受益者（山林所有者又は林地所有者）に賦課又は負担させる場合がありますが、この賦課金又は負担金は、次に掲げる区分でそれぞれの費用となります。

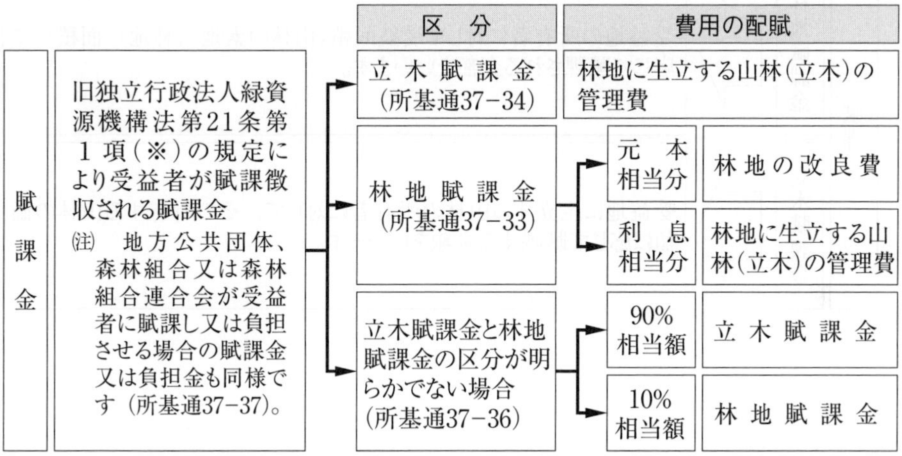

※　独立行政法人緑資源機構法を廃止する法律（平成20年法律第８号）の施行後も、国立研究開発法人森林総合研究・整備機構法の規定により効力を有します（国立研究開発法人森林総合研究・整備機構法附則第７条第３項及び第８条第３項）。

チェックポイント

立木賦課金の償却の特例

立木賦課金は、その賦課の対象となった山林の管理費として、その山林を伐採又は譲渡したときの山林所得の金額の計算上必要経費に算入するのが原則ですが、山林を毎年同程度の規模で、伐採又は譲渡している場合には、それぞれの山林に対応させずに無形減価償却資産の減価償却の方法に準じて、25年間にわたり均等償却することもできます（所基通37－35）。

立木賦課金	原則	賦課の対象となった山林の管理費に算入――個別対応――（所基通37－34）
	例外	毎年同程度の規模の山林を伐採又は譲渡している場合には25年間の均等償却――期間対応――（所基通37－35）

用語の解説

賦課金

国立研究開発法人森林総合研究所や地方公共団体等（森林組合又は森林組合連合会を含みます。）が林道などの開設に伴いその開設に要する費用の全部又は一部を受益者となる山林所有者又は林地所有者に対して賦課し又は負担させる金額をいいます。

賦課金は次のように区分されます。

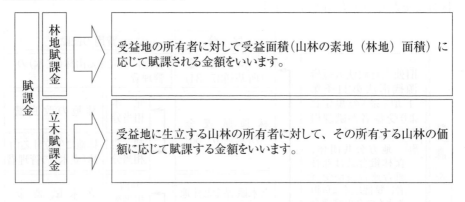

賦課金	林地賦課金 ⇒	受益地の所有者に対して受益面積（山林の素地（林地）面積）に応じて賦課される金額をいいます。
	立木賦課金 ⇒	受益地に生立する山林の所有者に対して、その所有する山林の価額に応じて賦課する金額をいいます。

ニ　家事関連費等の必要経費不算入等

個人の支出費用は、おおむね次の３つに区分されますが、家事上の経費（家事費）及び家事上の経費に関連する経費（家事関連費）については、原則として各種所得の計算上必要経費に算入することはできません（所法45①一）。

	区　分	内　容	原則的取扱い
支出費用	家　事　費	○自己又は家族の生活費、医療費、娯楽遊興費等 ○住宅にかかる地代、家賃、修繕費、租税公課、火災保険料等 ○家事上の電気代、ガス代、水道光熱費等	必要経費とされません。
支出費用	家事関連費(注)	○居宅兼店舗にかかる地代、家賃、修繕費、租税公課、火災保険料等 ○事業・家事共用の電気代、ガス代、水道光熱費等	必要経費とされません。
支出費用	業務上の経費	○売上原価 ○収入金額を得るために直接要した費用 ○販売費、一般管理費その他所得を生ずべき業務について生じた費用等	必要経費とされます。

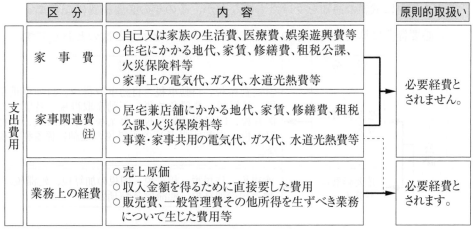

(注)　家事関連費のうち、業務の遂行上必要であることが明らかなものにあっては、一定の要件の下に必要経費とされます（所令96）。

ホ　地代、家賃、損害保険料等

業務用の土地建物などの賃借料、業務用の固定資産又は棚卸資産について支払う火災保険料などは、必要経費に算入することができます。ただし、建物が住宅と店舗とに併用されている場合には、家事用の部分（住宅部分）の金額は除外することになります（所法45①一、所令96）。

個別的な取扱いの概要は、次のようになります。

区　分		取扱い		
地　代 家　賃 保険料	前払分	原則	その年の属する期間に対応する部分	必要経費に算入
地　代 家　賃 保険料	前払分	原則	翌年以後に対応する部分	前払地代 前払家賃 未経過保険料 として繰越し
地　代 家　賃 保険料	前払分	特例	短期前払金については必要経費算入可	
地　代 家　賃 保険料	未払分		その年の属する期間に対応する部分	必要経費に算入
店舗併用住宅等の損害保険料			店舗対応部分（積立部分を除きます。）	必要経費に算入
店舗併用住宅等の損害保険料			住宅対応部分	必要経費に算入できません。

(注)　前払費用（短期の前払費用）について、通常支払うべき日以後に１年以内の期間分に相当する金額の支払をし、これをその年分の必要経費としているときは、継続適用を要件としてこれを認めることとされています（所基通37－30の２）。

ヘ　租税公課

租税公課とは、税金や賦課金のことです。原則としてその年中に納付額が具体的に確定したもの、例えば、申告納税方式による税金の場合は、その年中に申告し又は更正若しくは決定の通知を受けたもの、賦課課税方式による税金の場合は、その年中に賦課の通知を受けたものなどが、その年の必要経費になります。

必要経費に算入されるものと算入されないものを示すと次のとおりです。

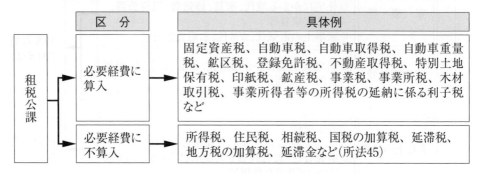

	区　分	具体例
租税公課	必要経費に算入	固定資産税、自動車税、自動車取得税、自動車重量税、鉱区税、登録免許税、不動産取得税、特別土地保有税、印紙税、鉱産税、事業税、事業所税、木材取引税、事業所得者等の所得税の延納に係る利子税など
	必要経費に不算入	所得税、住民税、相続税、国税の加算税、延滞税、地方税の加算税、延滞金など(所法45)

なお、外国で生じた所得に課された外国の所得税は、必要経費に算入するか、外国税額控除（所法95）を受けるかを選択できます（所法46）。

また、次の税額については、それぞれ次のように取り扱われます（所基通37－6）。

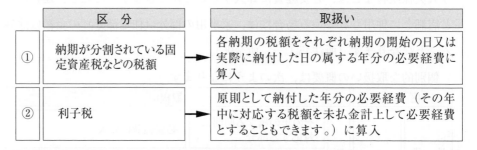

	区　分	取扱い
①	納期が分割されている固定資産税などの税額	各納期の税額をそれぞれ納期の開始の日又は実際に納付した日の属する年分の必要経費に算入
②	利子税	原則として納付した年分の必要経費（その年中に対応する税額を未払金計上して必要経費とすることもできます。）に算入

業務用の土地、家屋その他の物件を課税対象とする固定資産税、不動産取得税、特別土地保有税、事業所税、自動車取得税、登録免許税等は、原則としてその納付する税額を必要経費に算入します（所基通37－５）。

㈱　登録免許税（登録費用を含みます。）の取扱いは、次のようになります。
　また、平成17年１月１日以降、相続、遺贈又は贈与により取得した業務用資産を含みます。

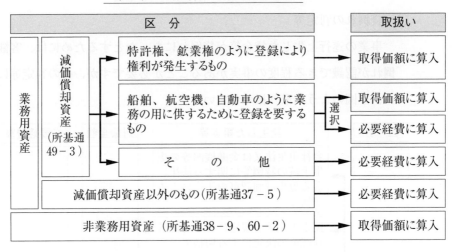

区分			取扱い
業務用資産	減価償却資産（所基通49－３）	特許権、鉱業権のように登録により権利が発生するもの	取得価額に算入
		船舶、航空機、自動車のように業務の用に供するために登録を要するもの	選択：取得価額に算入／必要経費に算入
		そ　の　他	必要経費に算入
	減価償却資産以外のもの（所基通37－５）		必要経費に算入
非業務用資産（所基通38－９、60－２）			取得価額に算入

ト　山林経営を事業として行っている場合の必要経費

(イ)　山林所得を生ずべき事業の意義

山林所得を生ずべき事業とは、山林の輪伐のみによって通常の生活費を賄うことができる程度の模範において行う山林の経営をいいます（所基通45－３）。

山林所得を生ずべき業務	山林所得を生ずべき事業	山林経営を事業的規模で営み毎年継続的に山林所得が生ずる場合 (注)　事業的規模で営まれている山林経営とは、毎年同程度の山林を輪伐して同規模の山林経営を続けていくことができる状態で、以下の算式で計算した面積以上の山林を保有している場合をいいます。 〔算式〕 一年間の生活費を賄うために伐採又は譲渡する山林の面積 × その山林の植林から標準伐期に達するまでの期間	事業所得の金額の計算の場合と同様に取り扱われます。
	上記以外の業務	上記以外で山林所得が生ずる場合 (注)　反復継続して生ずる所得ではありません。	上記の取扱いはありません。

(ロ)　貸倒損失等

山林所得を生ずべき事業の遂行上生じた売掛金、貸付金、前渡金などの債権（貸金等といいます。）の貸倒れなどによる損失の金額は、山林所得の金額の計算上必要経費に算入することができます（所法51②）。

事業の遂行上生じた貸倒れ ⇨ 山林所得の必要経費に算入 ⇨ （所得計算上生じた損失があるとき） ⇨ 損益通算（所法69）

○　貸倒れの判定等

事業の遂行上生じた貸金等が貸倒れになったとするためには、客観的に貸倒れが認識できる程度の事実があることが必要ですが、その判定等については、下図のように取り扱われています。

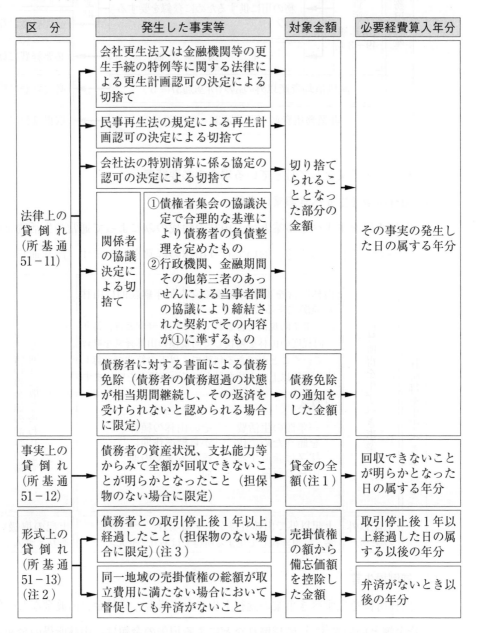

区　分	発生した事実等	対象金額	必要経費算入年分
法律上の貸倒れ（所基通51－11）	会社更生法又は金融機関等の更生手続の特例等に関する法律による更生計画認可の決定による切捨て	切り捨てられることとなった部分の金額	その事実の発生した日の属する年分
	民事再生法の規定による再生計画認可の決定による切捨て		
	会社法の特別清算に係る協定の認可の決定による切捨て		
	関係者の協議決定による切捨て：①債権者集会の協議決定で合理的な基準により債務者の負債整理を定めたもの ②行政機関、金融期間その他第三者のあっせんによる当事者間の協議により締結された契約でその内容が①に準ずるもの		
	債務者に対する書面による債務免除（債務者の債務超過の状態が相当期間継続し、その返済を受けられないと認められる場合に限定）	債務免除の通知をした金額	
事実上の貸倒れ（所基通51－12）	債務者の資産状況、支払能力等からみて全額が回収できないことが明らかとなったこと（担保物のない場合に限定）	貸金の全額（注１）	回収できないことが明らかとなった日の属する年分
形式上の貸倒れ（所基通51－13）（注２）	債務者との取引停止後１年以上経過したこと（担保物のない場合に限定）（注３）	売掛債権の額から備忘価額を控除した金額	取引停止後１年以上経過した日の属する以後の年分
	同一地域の売掛債権の総額が取立費用に満たない場合において督促しても弁済がないこと		弁済がないとき以後の年分

(注)１　貸金の一部の金額について必要経費にすることはできません。

２　貸付金その他これに準ずる債権は、形式上の貸倒れの対象となりません。

３　継続的な取引を行っていた債務者について、その資産状況、支払能力等が悪化したため、その後の取引を停止するに至った場合に限る。

(ハ)　事業から対価を受ける親族がある場合の必要経費の特例

山林所得を生ずべき事業を営む場合において、生計を一にする配偶者その他の親族に対して給料、家賃、借入金の利子などを支払っていても、その支払った金額を必要経費に算入することはできません。ただし、その支払を受けた親族にその収入を得るために要した費用がある場合には、その経費の額は必要経費に算入されます（所法56）。

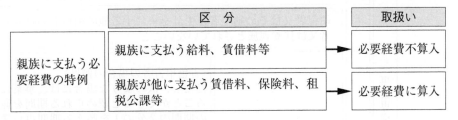

区　分		取扱い
親族に支払う必要経費の特例	親族に支払う給料、賃借料等	必要経費不算入
	親族が他に支払う賃借料、保険料、租税公課等	必要経費に算入

(ニ)　事業に専従する親族がある場合の必要経費の特例

山林所得を生ずべき事業を営む者と生計を一にする親族（15歳未満の者や配偶者控除又は扶養控除を受ける者は除かれます。）がその事業に専従し、給与の支払がなされる場合（青色申告の場合）には、所得税法第56条《事業から対価を受ける親族がある場合の必要経費の特例》の規定にかかわらず、次のように取り扱われます（所法57）。

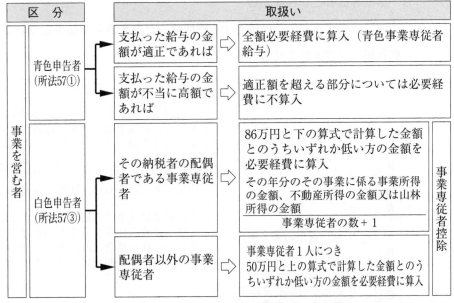

区　分		取扱い		
事業を営む者	青色申告者（所法57①）	支払った給与の金額が適正であれば	全額必要経費に算入（青色事業専従者給与）	
		支払った給与の金額が不当に高額であれば	適正額を超える部分については必要経費に不算入	
	白色申告者（所法57③）	その納税者の配偶者である事業専従者	86万円と下の算式で計算した金額とのうちいずれか低い方の金額を必要経費に算入 $\frac{\text{その年分のその事業に係る事業所得の金額、不動産所得の金額又は山林所得の金額}}{\text{事業専従者の数}+1}$	事業専従者控除
		配偶者以外の事業専従者	事業専従者１人につき 50万円と上の算式で計算した金額とのうちいずれか低い方の金額を必要経費に算入	

(注)　上の算式中の所得は、事業専従者控除額や山林所得の特別控除額を差し引かないところで計算した金額によります。

A　事業専従者の要件

事業専従者とは、次のいずれにも該当する者をいいます（所法57①③、所令165）。

<table>
<tr><th></th><th></th><th colspan="2">要　件</th></tr>
<tr><td rowspan="4">事業専従者</td><td>①</td><td colspan="2">納税者と生計を一にする配偶者その他の親族であること</td></tr>
<tr><td>②</td><td colspan="2">その年の12月31日現在（事業専従者又は納税者が年の中途で死亡した場合には、それぞれ死亡当時）で年齢が15歳以上であること</td></tr>
<tr><td>③</td><td colspan="2">納税者又はその納税者と生計を一にする他の納税者の控除対象配偶者又は扶養親族とされていないこと</td></tr>
<tr><td>④</td><td>その年を通じて６か月を超える期間、納税者の経営する事業に専ら従事していること</td><td>〈青色申告者の場合の例外〉
ただし、次のような場合には、事業に従事することができると認められる期間を通じてその期間の２分の１を超える期間専ら従事していれば、青色事業専従者となります。
イ　年の中途の開業、廃業、休業又は納税者の死亡、その事業が季節営業であることなどの理由により、事業がその年中を通じて営まれなかった場合
ロ　事業に従事する親族の死亡、長期の病気、婚姻その他相当の理由によって、その年中を通じて納税者と生計を一にする親族として事業に従事することができなかった場合</td></tr>
</table>

B　事業専従者となれない者

次に該当する人のその該当する期間は、たとえ事業に従事していても、専従期間には含まれません（所令165②）。

<table>
<tr><th></th><th></th><th>要　件</th><th></th><th>留意点</th></tr>
<tr><td rowspan="3">事業専従者となれない者</td><td>①</td><td>高校、大学、専修学校、各種学校などの学生又は生徒である者</td><td>⇨</td><td>昼間事業に従事する者が夜間の授業を受ける場合、夜間事業に従事する者が昼間の授業を受ける場合又は常時修学しない場合などのように、事業に専ら従事することが妨げられないと認められるときは、学生又は生徒である期間も専従期間に含まれます。</td></tr>
<tr><td>②</td><td>他に職業がある者</td><td>⇨</td><td>その職業に従事する期間が短いなどの関係で事業に専ら従事することが妨げられないと認められる場合には、たとえ他に職業があっても、専従期間に含まれます。</td></tr>
<tr><td>③</td><td>老衰その他心身の障害によって事業に従事する能力が著しく阻害されている者</td><td></td><td></td></tr>
</table>

C　適正な青色事業専従者給与

「適正な青色事業専従者給与」とは、労務の対価として相当と認められる金額でその判定基準等については、次のようになっています。

	判定基準等（所法57①、所令164①）
①	労務に従事した専従期間
②	労務の性質及びその提供の程度
③	他の使用人が受ける給与の状況
④	同種同規模事業に従事する者の給与の状況
⑤	その事業の種類・規模及びその収益の状況

D　青色事業専従者給与に関する届出書

「青色事業専従者給与に関する届出書」の概要は、次のとおりです（所法57②、所規36の４①）。

届出先	届出事項	届出期間
納税地の所轄税務署長	○届出書提出者の氏名・住所（納税地） ○青色事業専従者の氏名・続柄・年齢 ○その職務の内容 ○給与の金額・支給期 ○他の業務等にも従事している場合にはその事実 ○他の使用人に支払う給与の金額、支給の方法、形態 ○昇給の基準 ○その他参考となるべき事項	適用を受けようとする年の３月15日 （新たに事業を開始した場合には、開始した日から２か月以内）

㈭　事業を廃止した場合の必要経費の特例

山林所得を生ずべき事業を廃止した後において、その事業に係る費用又は損失で、その事業を廃止せずに継続していれば当然に必要経費に算入されるべき金額が生じた場合には、次の方法で廃業した日の属する年分（廃止の年において、それらの所得の収入金額がなかった場合には、その収入金額のあった最近の年分）又は、その前年分の事業に係る所得金額の計算上、必要経費に算入することができます（所法63、所令179）。

〔設例１〕

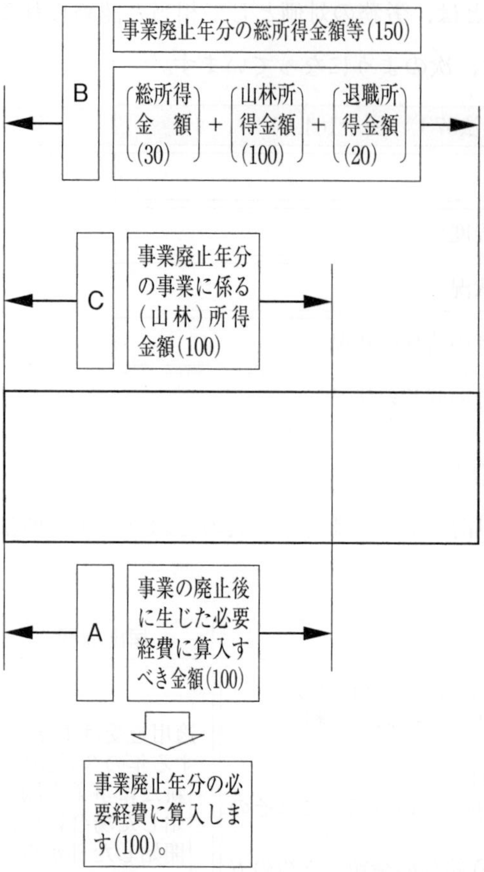

〔設例２〕

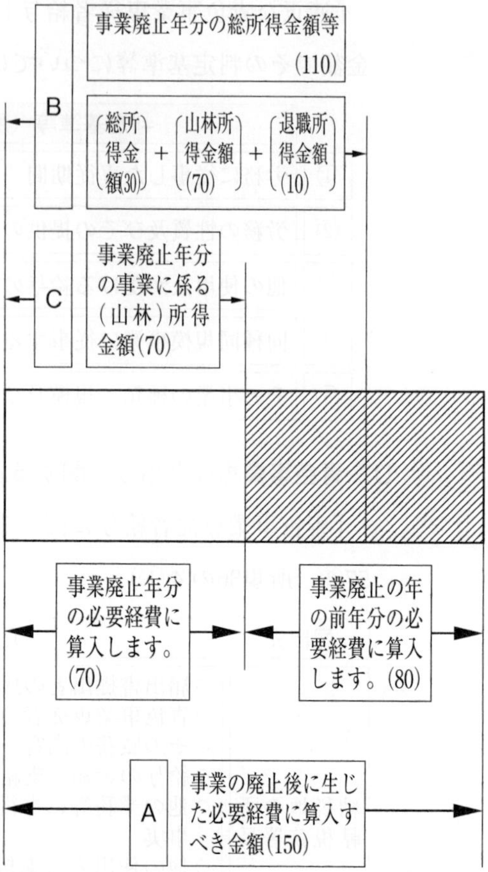

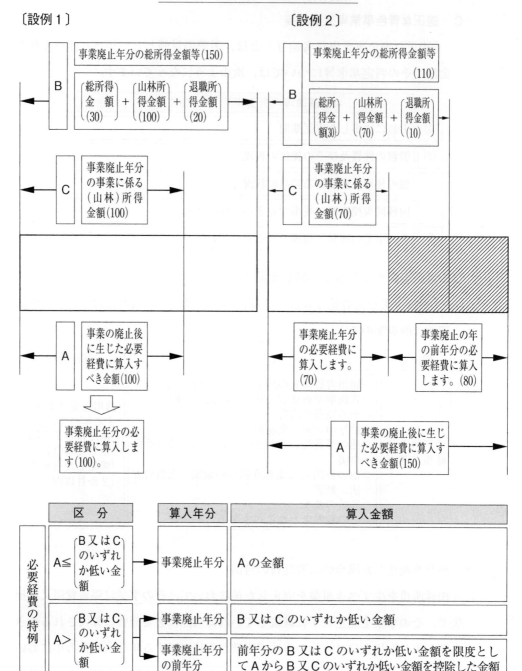

	区　分	算入年分	算入金額
必要経費の特例	A≦（B又はCのいずれか低い金額）	事業廃止年分	Aの金額
	A＞（B又はCのいずれか低い金額）	事業廃止年分	B又はCのいずれか低い金額
		事業廃止年分の前年分	前年分のB又はCのいずれか低い金額を限度としてAからB又Cのいずれか低い金額を控除した金額

㈥　業務用資産の取得のために要した借入金の利子

山林所得を生ずべき業務を営んでいる者がその業務の用に供する資産の取得のために借り入れた資金の利子は、次のようになります（所基通37－27）。

	区　分		取扱い
業務用資産の取得のための借入金の利子	原則	業務に係る借入金の利子の全部	業務に係る各種所得の金額の計算上必要経費に算入します（所基通37－27）。
	例外	借入れの日から業務の開始（使用開始の日）までの期間に対応する部分	上記の取扱いを受けたものを除きその資産の取得価額に算入することができます（所基通38－８）。

チェックポイント

資産を賦払の契約により購入した場合における賦払期間中の利息及び賦払金の回収のための費用等に相当する金額（契約において購入代価と明らかに区分されている場合）についても上記と同様の取扱いとなります（所基通37－28）。

㈦　事業廃止年分の事業税の見込控除

山林所得を生ずべき事業を廃止した年分の所得につき課される事業税は、原則としてその事業税の賦課決定のあった時において更正の請求の手続をして必要経費に算入しますが、次の算式により計算した事業税の課税見込額をその廃止した年分の必要経費とすることができることと取り扱われています（所基通37－７）。

〔算式〕

$$\frac{(A \pm B)\ R}{1 + R}$$

A……事業税の課税見込額を控除する前の事業に係る所得の金額

B……事業税の課税標準の計算上Aに加算又は減算する金額

R……事業税の税率

㈲　事業を廃止した年分の所得につき課税される事業税について上記の取扱いによらない場合には、事業税の賦課決定があった時において、事業を廃止した場合の必要経費の特例（所法63）及び更正の請求の特例（所法152）の規定の適用があります。

(チ)　利子税

所得税を延納した場合に納付する利子税は、原則として、必要経費に算入することはできませんが、山林所得を生ずべき事業を営む者の納付した次の利子税は、それらの事業から生ずべき所得の金額の計算上、必要経費に算入することができます（所法45①二、所令97）。

①　確定申告税額の延納について納付した利子税の額のうち、事業から生ずる所得に対するもの（所令97①一）

〔算式〕

$$\left(\begin{array}{l}\text{納付した利}\\\text{子税の額}\end{array}\right)\times\frac{\left(\begin{array}{l}\text{その利子税の基礎となった年分の確定申告書}\\\text{に記載されている事業から生じた不動産所得}\\\text{の金額、事業所得の金額及び山林所得の金額}\\\text{の合計額}\end{array}\right)}{\left(\begin{array}{l}\text{その利子税の基礎となった年分の確定申告書}\\\text{に記載されている各種所得の金額の合計額}\\\text{（給与所得及び退職所得の金額を除きます。）}\end{array}\right)}=\begin{array}{l}\text{必要経費に}\\\text{算入できる}\\\text{利子税の額}\end{array}$$

㊟　上記算式の納付した利子税の額に乗ずる割合は、小数点以下２位まで算出し、３位以下は切り上げます（所令97③）。

〔計算例〕

納付した利子税		42,000円
所得の内訳…	山林所得(事業的規模)の金額	860万円
	不動産所得(事業的規模)の金額	340万円
	給与所得の金額	240万円
	雑所得の金額	120万円
	合　　　計	1,560万円
	分離長期譲渡所得の金額	1,450万円

〔計算〕

必要経費に算入される利子税

$$\begin{array}{c}\text{（納付した利子税）}\\ 42{,}000\text{円}\end{array}\times\frac{\begin{array}{c}\text{（山林所得の金額）}\quad\text{（不動産所得の金額）}\\ 860\text{万円}\quad + \quad 340\text{万円}\end{array}}{\begin{array}{c}\left(\begin{array}{c}\text{合計の}\\\text{金　額}\end{array}\right)\quad\left(\begin{array}{c}\text{給与所得}\\\text{の金額}\end{array}\right)\quad\left(\begin{array}{c}\text{分離長期譲渡}\\\text{所得の金額}\end{array}\right)\\ 1{,}560\text{万円}\quad - \quad 240\text{万円}\quad + \quad 1{,}450\text{万円}\end{array}}$$

$$=42{,}000\text{円}\times\frac{1{,}200\text{万円}}{2{,}770\text{万円}}$$

$=42{,}000$円　$\times 0.44$　（0.4332…のため、小数点３位以下は切り上げます。）

$=18{,}480$円……………………………必要経費に算入される利子税の額

② 山林の延払条件付譲渡に関する延納について納付した利子税の額（所令97①二）

〔算式〕

（林業から生じた山林所得の延払条件付譲渡による延納について納付した利子税の額）＝必要経費に算入できる利子税の額

(リ) 技能の習得又は研修等のために支出した費用

山林所得を生ずべき業務を営む者又はその使用人がその業務の遂行に直接必要な技能又は知識の習得又は研修等を受けるために要する費用の額は、必要経費に算入することができます（所基通37－24）。

技能等の習得、研修等を受けるための費用	一身専属的なもの	必要経費となる場合があります。
	上記以外のもの	習得又は研修等のために通常必要とされるものに限り必要経費となります。

チェックポイント

この場合の使用人には、業務を営む者の親族でその業務に従事している者（事業専従者）は含まれますが、親族であっても学生等で休みの期間中などに業務を手伝う程度の者は含まれません。

(ヌ) 民事事件に関する費用

山林所得を生ずべき業務を営む者が、その業務の遂行上生じた紛争又は、その業務の用に供されている資産につき生じた紛争を解決するために支払った弁護士の報酬その他の費用は、次に掲げるものを除いて、その支出をした日の属する年分（山林に関するもので、その山林の管理費、その他その育成に要した費用とされるものは、その山林の伐採又は譲渡の日の属する年分）のその業務に係る山林所得の金額の計算上必要経費に算入されます（所基通37－25）。

<table>
<tr><th></th><th></th><th>費用の内容</th></tr>
<tr><td rowspan="4">民事事件に関する費用</td><td>①</td><td>その取得の時において既に紛争の生じている資産に係るその紛争又はその取得後紛争を生ずることが予想される資産につき生じたその紛争に係るもので、これらの資産の取得費とされるもの
(注)　これらの資産の取得費とされるものには、例えば、その所有権の帰属につき紛争の生じている資産を購入し、その紛争を解決してその所有権を完全に自己に帰属させた場合の費用があります。</td></tr>
<tr><td>②</td><td>山林又は譲渡所得の基因となる資産の譲渡に関する紛争に係るもの
(注)　譲渡契約の効力に関する紛争においてその契約が成立することとされた場合の費用は、その資産の譲渡に係る所得の金額の計算上譲渡に要した費用とされます。</td></tr>
<tr><td>③</td><td>所得税法第45条《家事関連費等の必要経費不算入等》第１項の規定により必要経費に算入されない同項第２号から第５号までに掲げる租税公課に関する紛争に係るもの</td></tr>
<tr><td>④</td><td>他人の権利を侵害したことによる損害賠償金（これに類するものを含みます。）で、所得税法第45条第１項の規定により必要経費に算入されない同項第８号に掲げるものに関する紛争に係るもの</td></tr>
</table>

(ル)　青色申告特別控除

青色申告者には、青色申告特別控除の適用があります。したがって、青色申告者の各年分の不動産所得の金額、事業所得の金額又は山林所得の金額は、総収入金額から必要経費を控除し、更に青色申告特別控除額（10万円）を控除した後の金額となります（措法25の２①）。

なお、不動産所得の金額又は事業所得の金額について、租税特別措置法第25条の２第３項に規定する「65万円の青色申告特別控除」の適用を受ける場合には、この控除は受けられません。

Ａ　控除額

次の㋑又は㋺の金額のうち、いずれか低い金額です（措法25の２①）。

㋑　100,000円

㋺　青色申告特別控除額を控除しないで計算したその年分の不動産所得の金額、事業所得の金額、又は山林所得の金額の合計額(注)

(注)　合計額の計算は、次によります。

１　これらの所得のうちに赤字のものがあれば零として計算します。

２　山林所得は、特別控除額50万円を控除した後の金額で計算します。

Ｂ　控除の方法

青色申告特別控除は次の順序で控除します（措法25の２②）。

	順序	所得区分
控除の方法	①	不動産所得の金額
	②	事業所得の金額
	③	山林所得の金額

C　青色申告者の場合の山林所得の金額

〔算式〕

収入金額 － 必要経費 － 山林所得の特別控除額（50万円） － 青色申告特別控除額（10万円以内の一定額） ＝ 山林所得の金額

(ヲ)　債務処理計画に基づく減価償却資産等の損失の必要経費算入の特例

青色申告書を提出する個人が、その個人について策定された債務処理に関する計画で一般に公表された債務処理を行うための手続に関する準則に基づき作成されていることなどの要件を満たすもの（この(ヲ)において、以下「債務処理計画」といいます。）に基づきその有する債務の免除を受けた場合において、その個人の不動産所得、事業所得又は山林所得を生ずべき事業の用に供される減価償却資産その他これに準ずる一定の資産（この(ヲ)において、以下「対象資産」といいます。）の価額についてその準則に定められた方法により評定が行われているときは、その対象資産の損失の額は、その免除を受けた日の属する年分の不動産所得の金額、事業所得の金額又は山林所得の金額の計算上、必要経費に算入することになります。ただし、その必要経費に算入する金額は、この特例を適用しないで計算したその年分の不動産所得の金額、事業所得の金額又は山林所得の金額を限度とします（措法28の２の２）。

(5)　概算経費率による方法

イ　概算経費控除

山林所得については、山林所得の金額の計算の簡素化を図るために「概算経費控除」の特例の適用があります（措法30）。

この特例は、山林所得が山林の取得（植林）から伐採又は譲渡までに極めて長い期間を要することから、その間の必要経費の把握が難しいことや、立木の育成期間中の貨幣価値の変動が著しいことなどのために設けられたものです。

概算経費率による必要経費の計算は次の算式で行います（措法30①④、措規12①②、措通30－２）。

〔算式〕

$$\left\{\begin{array}{l}\text{その年の15年前の年の12月}\\\text{31日以前から引き続き有し}\\\text{ていた山林の収入金額}\end{array} - \begin{array}{l}\text{伐採費・譲}\\\text{渡に要した}\\\text{費用の金額}\end{array}\right\} \times \begin{pmatrix}\text{概　算}\\\text{経費率}\end{pmatrix}_{50\%} + \begin{array}{l}\text{伐採費・譲}\\\text{渡に要した}\\\text{費用の金額}\end{array} + \begin{array}{l}\text{被災事業用}\\\text{資産の損失}\\\text{の金額}\end{array} = \text{必要経費}$$

チェックポイント

❶ 「概算経費率」は山林の伐採又は譲渡の日に属する年の15年前の年の翌年１月１日における山林の価額としての山林の樹種別及び樹齢別の標準的な評価額を基として、その山林に係る地味、地域その他の差異による調整を加えた価額及び同日以後において、通常要すべき管理費その他の必要経費を基礎として定められています（措法30④、措令19の５、措規12②）。

❷ 「伐採費・譲渡に要した費用」とは、次の金額をいいます。

	伐採費・譲渡に要した費用
①	山林の伐採に要した人件費などの費用
②	伐採した山林の搬出費、測量費、仲介手数料など山林の譲渡に要した費用

なお、山林の育成費や管理費は含まれません。

また、青色専従者給与額や事業専従者控除額は、従事日数などによって「伐採費・譲渡に要した費用」の部分と「育成費、管理費」などの部分にあん分し、「伐採費・譲渡に要した費用」の部分は算式の「伐採費・譲渡に要した費用」に含めて計算します。

❸ 「被災事業用資産の損失の金額」とは、次の金額をいいます（所法70③、措通30－２、30－３）。

㋑　災害等により、山林や山林経営のために使用していた事業用の固定資産について伐採又は譲渡の年に生じた損失の金額

㋺　災害等がやんだ日から１年以内に支出した㋑の資産に関して行った原状回復のための費用などの災害関連費用

ロ　概算経費控除の特例の対象となる山林の範囲

概算経費控除の特例の対象となる山林は、山林の伐採又は譲渡するその年の15年前の年の12月31日以前から引き続き保有していた山林をいいます。

したがって、令和６年分の山林の伐採又は譲渡に係る山林所得の計算の場合に

おける特例の対象となるのは、平成20年12月31日以前から保有していた山林ということになります。

対象となる山林の範囲		
概算経費控除	原則	伐採又は譲渡する年の15年前の年の12月31日以前から引き続き保有していた山林が概算経費控除の特例の対象となります（措法30①）。 ㈱　令和６年分の場合にあっては、平成20年12月31日以前から保有していた山林ということになります。
	特例	相続、遺贈、贈与により取得した山林の場合は①被相続人、遺贈者、贈与者が伐採又は譲渡する年の15年前の年の12月31日以前から引き続き保有していた山林で、かつ、②その相続、遺贈、贈与があった時において被相続人、遺贈者、贈与者に対してその山林について譲渡があったものとみなされていない場合には、相続人、受遺者、受贈者が引き続き所有していた山林とみなされます（措法30②）。 ㈱　令和６年分の場合にあっては、平成21年１月１日以後に取得した山林であっても上記に該当するものは、特例の対象となります。

ハ　概算経費控除の申告手続

「概算経費率」の特例を適用して必要経費を計算する場合には、確定申告書の「特例適用条文」欄に「措法30条」と記載する必要があります（措法30③）。

5　山林所得の特別控除額

山林所得の金額は、既に説明したとおり、その年中の山林所得に係る総収入金額から必要経費を控除し、その残金から山林所得の特別控除額を控除した金額となります（所法32③）。

〔算式〕

収入金額　－　必要経費　－ 山林所得の特別控除　＝ 山林所得の金額

山林所得の特別控除額は、50万円とされています（所法32④）。

なお、山林所得の金額が50万円に満たない場合には、その満たない金額で打切りとなり、特別控除額を控除することによって、欠損金（所得金額が赤字）となることはありません。

6　山林所得の計算における消費税の取扱い

⑴　山林所得と消費税の関係

消費税は、「事業者が事業として対価を得て行う資産の譲渡、資産の貸付け及び役務の提供」を課税対象としており、この資産には、山林（立木）が含まれます。

すなわち、課税事業者が事業として行う山林の伐採・譲渡（分収造林契約又は分収育林契約に係る権利又は持分の譲渡を含みます。）については消費税が課税されます。

また、課税事業者に山林の売買等に関して支払う伐採費・運搬費又は仲介手数料等については、消費税が含まれています。

このように、山林所得の計算においても次に掲げるような場合のそれぞれの項目について消費税が関係します。

	消費税が関係する場合	項　目
①	課税事業者が山林を伐採・譲渡した場合	山林所得の総収入金額 必要経費
②	山林の伐採・譲渡に際して支払った伐採費・運搬費又は仲介手数料等に消費税が含まれているとき	伐採費等
③	取得した山林に消費税が含まれているとき	将来伐採・譲渡した時の植林費、取得費
④	山林の取得に際して支払った仲介手数料等に消費税が含まれているとき	将来伐採・譲渡した時の取得費
⑤	山林所得の概算経費控除	概算経費を計算する場合の収入金額
⑥	森林計画特別控除	特別控除額を計算する場合の収入金額

(2)　山林所得の計算における消費税の取扱いの基本的な考え方

上記の消費税が関係する場合の山林所得の計算においてそれぞれの項目に掲げた金額に消費税を含めるかどうかは、次のとおりです。

イ　課税事業者の山林所得の計算

山林所得の課税所得金額の計算に当たり、課税事業者が行う取引に係る経理処理については、全ての取引について税抜経理方式又は税込経理方式のいずれかの方式を適用して計算します（平成元年３月29日付直所３－８、直資３－６「消費税法の施行に伴う所得税の取扱いについて」通達（この第３章において、以下「通達」といいます。）２）。

具体的には、次に掲げるとおり取り扱います。

経理方式の区分	山林所得の金額の計算	消費税額の調整
税込経理方式	税込価額（消費税を含んだ取引の対価の額をいいます。）での収入金額、取得費、伐採費及び譲渡に要した費用により計算します。	山林の伐採・譲渡に係る消費税額は、必要経費に算入し、還付を受けた消費税額は、総収入金額に算入します。
税抜経理方式	税抜価額（消費税を含まない取引の対価の額をいいます。）での収入金額、取得費、伐採費及び譲渡に要した費用により計算します。	山林の伐採・譲渡に係る消費税額は、仮受消費税及び仮払消費税として山林所得の計算において清算します。

チェックポイント

1　税込経理方式を適用することとなる場合の消費税を、総収入金額又は必要経費に算入すべき時期は、原則として、消費税の納税申告書の提出された日の属する年とされますが、課税事業者が申告期限未到来の納付すべき消費税額又は還付される消費税額を未払金又は未収入金に計上したときは、その計上した年の山林所得の計算上必要経費又は総収入金額に算入することとしても差し支えないこととされています（通達７、８）。

2　課税事業者が総収入金額に係る取引について税抜経理方式で経理をしている場合には、山林の取得（山林の植林、取得、管理、育成をいいます。）に係る取引又は山林の伐採・譲渡に要した費用の支出に係る取引のいずれか一方の取引について税込経理方式を選択適用することができます（通達２の２）。

3　税抜経理方式を適用している場合の調整（所令182の２、通達６）

	調整を必要とする場合	調整の方法
①	資産に係る控除対象外消費税がある場合	その控除対象外消費税額は山林所得の計算上、必要経費に算入します。
②	課税期間の終了の時における仮受消費税の金額と仮払消費税の金額との差額と当該課税期間に係る納付すべき消費税額又は還付されるされるべき消費税額とに差額が生じた場合	その差額を山林所得の計算上総収入金額又は必要経費に算入します。

ロ　非事業者・免税事業者の山林所得の計算

税込価額により山林所得の金額を計算します。

チェックポイント

非事業者・免税事業者の山林所得の計算においては、その山林の伐採・譲渡には消費税が課税されないので譲渡収入金額には消費税相当額は含まれていませんが、その山林の取得費又は伐採費・譲渡に要した費用に消費税が含まれている場合には、山林所得の計算は、実際の譲渡価額と消費税を含んだ取得費及び伐採費・譲渡に要した費用を基にして行います。

ハ　山林所得の概算経費控除及び森林計画特別控除の取扱い

山林所得に係る概算経費控除額又は森林計画特別控除額は、原則として、その山林の伐採又は譲渡による収入金額から、伐採費、運搬費、仲介手数料等の費用を控除した後の金額に一定割合を乗じて計算することとされています。

この場合の収入金額及び伐採費、運搬費、仲介手数料等の費用に消費税を含めるかどうかについては、その個人事業者が山林所得を生ずべき業務に係る取引について適用している経理方式と同一の経理方式によることとされています（通達13）。

山林所得収支内訳書（計算明細書）

譲渡者	住所		氏名	(フリガナ)	電話番号	(　　)
関与税理士	住所		氏名		電話番号	(　　)

				合計	内訳			
特例適用条文					措法　　条		措法　　条	
譲渡した山林の明細	山林の所在地番							
	面積	皆伐・間伐の区分			ヘクタール	皆伐・間伐	ヘクタール	皆伐・間伐
	樹種	樹齢				年		年
	本数	数量			本	㎥	本	㎥
	譲渡先	住所又は所在地						
		氏名又は名称						
	譲渡した年月日				年　月　日		年　月　日	
	譲渡山林を植林・購入した時期				年　月　日		年　月　日	
譲渡価額の総額（収入金額）			①	A　円	円		円	
伐採費など	伐採費、運搬費、譲渡費用の額		②	円	円		円	
	専従者控除額のうち②に相当する部分の金額		③	円	円		円	
	計（②＋③）		④	円	円		円	
差引（①－④）			⑤	円	円		円	
取得費、管理費など	概算経費率による場合	概算経費の額（⑤×50%）	⑥	円	円		円	
	概算経費率によらない場合	植林費、取得に要した経費	⑦	円	円		円	
		管理費その他の育成費用	⑧	円	円		円	
		③以外の専従者控除額	⑨	円	円		円	
		計（⑦＋⑧＋⑨）	⑩	円	円		円	
被災事業用資産の損失の金額（保険金等で補填される部分を除く。）			⑪	円	円		円	
必要経費{④＋(⑥又は⑩)＋⑪}			⑫	円	円		円	
森林計画特別控除（注1）	概算経費率の適用を受ける場合（注2）で計算した金額を記載する。）		⑬	円	円		円	
	概算経費率の適用を受けない場合	収入金額基準額（(注2)で計算した金額を記載する。）	⑭		円		円	
		所得基準額（⑤×50%－⑩）	⑮		円		円	
		⑭と⑮のうち低い方の金額	⑯	円	円		円	
差引金額{①－⑫－(⑬又は⑯)}			⑰	円	円		円	
特別控除額			⑱	円				
山林所得金額			⑲	B　円				

(注)　1「森林計画特別控除」の欄は、租税特別措置法第30条の2第1項の適用を受ける場合に記載してください。
　　　2 ⑤の金額が2,000万円以下のときは「⑤×20%」、⑤の金額が2,000万円超のときは「⑤×10%＋200万円」で計算した金額を記載してください。

（資7－6－1－A4統一）
（平成28年分以降用）
R5.11

山林所得収支内訳書（計算明細書）

（課税事業者用）

譲渡者	住所		氏名	(フリガナ)	電話番号	(　　)
関与税理士	住所		氏名		電話番号	(　　)

			合計	内訳	
消費税等の経理方式	特例適用条文		税込・税抜	措法　　　条	措法　　　条
譲渡した山林の明細	山林の所在地番				
	面積／皆伐・間伐の区分			ヘクタール　皆伐・間伐	ヘクタール　皆伐・間伐
	樹種／樹齢			年	年
	本数／数量			本　m³	本　m³
	譲渡先	住所又は所在地			
		氏名又は名称			
	譲渡した年月日			年　月　日	年　月　日
	譲渡山林を植林・購入した時期			年　月　日	年　月　日
譲渡価額の総額（収入金額）		①	円	円	円
総収入金額に算入される消費税等の額		②	円	円	円
計（①＋②）		③	A　円	円	円
伐採費など	伐採費、運搬費、譲渡費用の額	④	円	円	円
	専従者控除額のうち④に相当する部分の金額	⑤	円	円	円
	計（④＋⑤）	⑥	円	円	円
差引（①－⑥）		⑦	円	円	円
取得費、管理費など	概算経費率による場合　概算経費の額（⑦×50%）	⑧	円	円	円
	概算経費率によらない場合　植林費、取得に要した経費	⑨	円	円	円
	管理費その他の育成費用	⑩	円	円	円
	⑤以外の専従者控除額	⑪	円	円	円
	計（⑨＋⑩＋⑪）	⑫	円	円	円
被災事業用資産の損失の金額（保険金等で補塡される部分を除く。）		⑬	円	円	円
必要経費｛⑥＋（⑧又は⑫）＋⑬｝		⑭	円	円	円
必要経費に算入される消費税等の額		⑮	円	円	円
計（⑭＋⑮）		⑯	円	円	円
森林計画特別控除（注1）	概算経費率の適用を受ける場合（注2）で計算した金額を記載する。）	⑰	円	円	円
	概算経費率の適用を受けない場合　収入金額基準額（（注2）で計算した金額を記載する。）	⑱		円	円
	所得基準額（⑦×50%－⑫）	⑲		円	円
	⑱と⑲のうち低い方の金額	⑳	円	円	円
差引金額｛③－⑯－（⑰又は⑳）｝		㉑	円	円	円
特別控除額（注3）		㉒	円		
山林所得金額		㉓	B　円		

（注）１「森林計画特別控除」の欄は、租税特別措置法第30条の2第1項の適用を受ける場合に記載してください。
２ ⑦の金額が2,000万円以下のときは「⑦×20%」、⑦の金額が2,000万円超のときは「⑦×10%＋200万円」で計算した金額を記載してください。
３「青色申告特別控除」の適用がある場合には、その金額を「特別控除額」の合計欄の上段に二段書きしてください。

（資７－６－２－Ａ４統一）
（平成28年分以降用）
R5.11

第４章　山林所得に対する税金が軽減される特例

山林所得に対する税金が軽減される特例について順に説明します。

1　森林計画特別控除の特例

平成24年から令和６年までの各年において、山林所有者が自己の所有する山林につき、森林法第11条第５項（同法第12条第３項において準用する場合、木材の安定供給の確保に関する特別措置法第８条及び同法第９条第２項又は第３項の読み替えにより準用する場合を含みます。）の規定により市町村長（森林経営計画の対象となる森林の所在地が二以上の市町村にわたる場合において、一の都道府県の区域内にあるときには都道府県知事、二以上の都道府県にわたるときには農林水産大臣）の認定を受けた森林経営計画（一定のものを除きます。）に基づいて、その山林の全部又一部を伐採又は譲渡した場合には、その伐採又は譲渡の日の属する年分の山林所得の金額の計算上、その山林の収入金額から必要経費のほかに、森林計画特別控除額を控除することができます（措法30の２①、措令19の６①）。

(注)１　山林所得に係る森林計画特別控除の特例は、交換、現物出資、収用等、法人に対する贈与・遺贈、限定承認に係る相続、個人に対する限定承認に係る包括遺贈を原因として、山林を譲渡した場合及び森林の保健機能の増進に関する特別措置法第２条第２項第２号に規定する森林保護施設を整備するために山林を伐採又は譲渡した場合には適用がありません（措法30の２①、措令19の６①）。

２　森林経営計画から除かれる一定のものとは、次のものをいいます（措法30の２①、措規13①）。

①　森林法第11条第５項第２号ロに規定する公益的機能別森林施業を実施するための同条第一項に規定する森林経営計画のうち森林法施行規則第39条第２項第２号に規定する特定広葉樹育成施業森林に係るもの（その特定広葉樹育成施業森林を対象とする部分に限ります。）

②　森林法第16条又は木材の安定供給の確保に関する特別措置法第９条第４項の規定による認定の取消しがあったもの

３　平成24年４月１日以降に行われる「森林施業計画」に基づく山林の伐採又は譲渡であっても、上記の「森林経営計画」に基づく山林の伐採又は譲渡であるものとみなしてこの特例の規定を適用することができます（平成24年改正法附則11②）。

(1)　森林計画特別控除額

森林計画特別控除額は、次の①と②の算式で計算した金額のうち、いずれか低い方の金額となります。なお、必要経費の計算方法で概算経費率を適用した場合には、③の算式により計算した金額となります（措法30の２②、措令19の６②、平成27年改正法附則１四ハ、66）。

<table>
<tr><th colspan="3">区分</th><th colspan="2">算式</th></tr>
<tr><td rowspan="5">森林計画特別控除額</td><td rowspan="5">必要経費の計算方法</td><td rowspan="3">原価による方法</td><td rowspan="2">①</td><td>【「この特例の適用がある山林の収入金額－伐採費・譲渡に要した費用」の金額(A)が2,000万円超の場合】
（A－2,000万円）×10%＋400万円</td></tr>
<tr><td>【Aが2,000万円以下の場合】
A×20%</td></tr>
<tr><td>②</td><td>〔この特例の適用がある山林の収入金額(a)－伐採費・譲渡に要した費用の金額〕×50%
－｛aに対応する部分の必要経費－〔伐採費・譲渡に要した費用の金額＋aに対応する部分の被災事業用資産の損失の金額〕｝</td></tr>
<tr><td rowspan="2">概算経費率による方法</td><td rowspan="2">③</td><td>【Aが2,000万円超の場合】
（A－2,000万円）×10%＋400万円</td></tr>
<tr><td>【Aが2,000万円以下の場合】
A×20%</td></tr>
</table>

(2)　森林施業計画等の認定の取消しがあった場合

森林施業計画又は森林経営計画について、認定を受けた森林所有者が、自己の作成した施業計画又は経営計画に従って施業しなかった場合などには、森林法第16条又は木材の安定供給の確保に関する特別措置法第９条第４項の規定による認定の取消しの処分を受けることがあります。

森林施業計画又は森林経営計画につき認定の取消しが行われた場合には、山林所得に係る森林計画特別控除の適用上、その森林施業計画又は森林経営計画に係る市町村長、都道府県知事又は農林水産大臣の認定を受けなかったとみなされて、その認定の取消しのあった日の属する年の前年以前の各年分の山林所得について森林計画特別控除の適用が受けられなくなります（措法30の２⑤）。

チェックポイント

❶　森林施業計画又は森林経営計画は5年間の施業に関する計画を作成しているものですから、認定の取消しがあった場合には遡及して森林計画特別控除が適用されません。

❷　認定の取消しがあった場合には、その取消しのあった日から4か月以内にその各年分の所得税について修正申告書を提出し、かつ納付すべき税額を納付しなければなりません（措法30の2⑤）。

⑶　森林計画特別控除の申告手続

「森林計画特別控除」の特例の適用を受けるための申告の手続としては、確定申告書の「特例適用条文」欄に「措法30条の2」と記載するとともに、次の書類を申告書に添付する必要があります（措法30の2③、措規13③）。

申告手続	①	山林所得収支内訳書（計算明細書）
	②	森林経営計画に基づく伐採又は譲渡である旨などの市町村長（森林経営計画の対象となる森林の所在地が2以上ある場合で、その森林の全部が同一都道府県内にあるときはその都道府県知事、その森林が複数の都府県にまたがるときは農林水産大臣）の証明書
	③	伐採又は譲渡した山林の林地の測量図
	④	森林経営計画書の写し

2　収用などにより山林を譲渡した場合の特例

林地が土地収用法等の規定により収用等されたことによって、その土地の上にある山林につき対価又は補償金を取得する場合等又は、保安林整備臨時措置法の規定により山林が買い取られてその対価を取得する場合においては、山林所得の金額の計算上5,000万円の範囲内の金額の控除（措法33の4）を受けるか、その対価又は補償金をもって取得した代替資産の取得価額を圧縮することにより山林所得の課税を繰り延べる特例（措法33）を受けるか、選択することができます。

〔特例の適用要件〕

⑴　5,000万円控除の特例（措法33の4）

①	土地収用法などの特定の法律の規定又は土地収用法などによる収用を背景とした売買契約などにより、その土地の上にある山林が公共事業のために収用、買取り、消滅などをされて、補償金などを取得したこと
②	山林の譲渡が、公共事業施行者から最初に買取りなどの申出のあった日から6か月を経過した日までに行われていること

上記①、②のほか一定の要件に該当する場合には、山林所得の金額（山林所得の特別控除額50万円を控除する前の金額）から、5,000万円（山林所得の金額が5,000万円未満の場合にあっては、その金額）を控除することができます。

㈱　一定の要件や申告の手続など詳細については、「第１編　譲渡所得」の247ページ以下を参照してください。

⑵　代替資産の特例（措法33）

土地収用法など特定の法律の規定又は土地収用法などによる収用を背景とした売買契約などにより、その土地の上にある山林が公共事業のために収用、買取り、消滅などをされて、取得した補償金などの全部で収用などのあった年中又は収用などのあった日から２年以内（特定の場合には期間の延長ができます。）に代わりの山林を取得した場合にはその山林の譲渡がなかったものとされます。なお、補償金などの一部で山林を取得した場合には、補償金などの残りの部分について課税されることになります。

㈱　申告の手続など詳細については、「第１編　譲渡所得」の304ページ以下を参照してください。

３　山林の譲渡代金が回収不能となった場合の特例

山林の譲渡代金が譲受人の破産や廃業などにより回収不能（貸倒れ）となった場合には、その貸倒れとなった金額のうち、次の①と②のいずれか低い金額に達するまでの金額は、その年分の山林所得の金額の計算上、なかったものとみなされます（所法64①、所令180②、所基通64－２の２）。

回収不能の場合	①	回収不能が生じた時の直前において確定しているその山林所得が生じた年分の総所得金額、土地等に係る事業所得等の金額、短期譲渡所得の金額、長期譲渡所得の金額、上場株式等に係る配当所得等の金額、一般株式等に係る譲渡所得等の金額、上場株式等に係る譲渡所得等の金額、先物取引に係る雑所得等の金額、退職所得金額、山林所得金額の合計額
	②	㋑の山林所得の金額から㋺の山林所得の金額を控除した金額 ㋑　通常の方法により計算したその年分の山林所得の金額 ㋺　山林の譲渡代金から回収不能の金額を差し引いた金額を収入金額として計算した山林所得金額

⑴　山林の譲渡代金が回収不能となった場合の判定

山林を譲渡した場合に貸倒れが生じたかどうかの判定は、譲受者の支払能力の有無によりますが、譲受者が次に掲げる事由によってその譲渡代金を支払うことができなくなった場合には、原則として譲渡代金の貸倒れが生じたものとして取り扱われることになります（所基通64－１、51－11）。

		判定基準の事実
回収不能の判定	①	会社更生法等の規定による更生計画認可の決定又は民事再生法の規定による再生計画認可の決定があった場合で、これらの決定により切り捨てられることとなったとき
	②	会社法の規定による特別清算に係る協定の認可の決定があった場合で、これらの決定により切り捨てられることとなったとき
	③	法令の規定による整理手続によらない関係者の協議決定で、次により切り捨てられる場合で、その切り捨てられることとなったとき イ　債権者集会の協議決定で合理的な基準により債務者の負債整理を定めている場合 ロ　金融機関等のあっせんによる当事者間の協議により締結された契約でその内容がイに準ずる場合
	④	債務者の債務超過の状態が相当期間継続し、その代金の支払を受けることができないと認められる場合において、その債務者に対し債務免除額を書面により通知したとき

⑵　特例の適用がない場合

山林経営を事業的規模で営み毎年継続的に山林所得が生ずるいわゆる山林を輪伐している場合には、山林の譲渡代金が貸倒れとなっても、この特例の適用はありません（所法64①）。

なお、この貸倒れによる損失の金額は山林所得の必要経費となります（669ページを参照してください。）。

⑶　申告手続等

山林の譲渡代金が貸倒れとなった事実の生じた時期によって、次のようになります。

	貸倒れの事実		申告の手続等
申告手続等	譲渡があった年分の山林所得の申告前に貸倒れとなった場合	⇨	山林所得の金額の計算上、所得をなかったものとしてこの特例を適用して申告します（所法 64 ①）。
	譲渡があった年分の山林所得の申告後に貸倒れとなった場合	⇨	貸倒れとなった事実の生じた日の翌日から２か月以内に一定の事項を記載した書類を添付の上、「更正の請求」をして譲渡があった年分の所得税の減額（還付）を受けることができます（所法 152）。

４　保証債務を履行するために山林を譲渡した場合の特例

保証債務を履行するために山林を譲渡した場合で、主たる債務者に対して保証債務の履行に伴う求償権の全部又は一部の行使をすることができなくなった場合には、その求償権の行使をすることができなくなった部分の金額については、山林所得の金額の計算上、なかったものとされます（所法64②）。

⑴　保証債務の履行があった場合の判定

保証債務の履行があった場合とは、民法第446条《保証人の責任等》に規定する保証人の債務又は第454条《連帯保証の場合の特則》に規定する連帯保証人の債務の履行の場合のほか、以下に掲げる債務の履行等があった場合も、履行等に伴って求償権を生ずることとなるときは、保証債務の履行に当たるものとして取り扱われます（所基通64－４）。

		債務の履行等
保証債務の履行の判定	①	不可分債務の債務者の債務の履行があった場合
	②	連帯債務者の債務の履行があった場合
	③	合名会社又は合資会社の無限責任社員による債務の履行があった場合
	④	身元保証人の債務の履行があった場合
	⑤	他人の債務を担保するため質権若しくは抵当権を設定した者がその債務を弁済し又は質権若しくは抵当権を実行された場合
	⑥	法律の規定により連帯して損害賠償の責任がある場合において、その損害賠償金の支払があったとき

⑵　保証債務の履行に伴う求償権の行使可否の判定基準

保証債務の履行に伴う求償権の行使の可否の判定は、主たる債務の支払能力等によって行いますが、その判定の基準は、690ページに述べた山林の譲渡代金が回収不能となった場合の判定の基準に準じて行うことになります（所基通64－１、51－11）。

チェックポイント

主たる債務者に支払能力があると認められる場合においては、保証債務の履行に伴う求償権を放棄しても、この特例の適用はありません。

⑶　特例の適用がない場合

山林の伐採又は譲渡による所得であっても、山林の輪伐のみによって通常の生活費を賄うことができる程度の規模において行う山林の経営、いわゆる山林の輪伐を行っている場合のような、反復継続的に生ずる所得にあっては「営利を目的として継続的に行われる資産の譲渡による所得」に該当しますので、この特例の適用はありません（所基通64－５の２）。

	特例の適用がない場合		必要経費算入
①	事業の遂行上生じた保証債務を履行するために山林を譲渡した場合	⇨ 求償権の行使不能 ⇨	事業所得 山林所得
②	山林の伐採又は譲渡が、営利を目的として継続的に行われている場合において、保証債務（①の事業の遂行上生じたものを除きます。）を履行するために山林を譲渡した場合	⇨ 求償権の行使不能 ⇨	山林所得 雑所得

⑷　申告手続

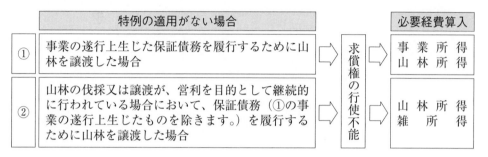

この特例の適用を受けるためには、確定申告書の「特例適用条文」欄に「所法64条２項」と記載し、かつ、一定の書類を添付して申告する必要があります（所法64③）。添付書類については、426ページを参照してください。

チェックポイント

譲渡があった年分の山林所得の申告後に求償権の行使ができなくなった場合には、求償権の行使できなくなった日の翌日から２か月以内に「更正の請求」をして、譲渡があった年分の所得税の減額（還付）を受けることができます（所法152）。

第５章　山林所得に対する所得税の計算方法

1　山林所得に対する所得税

山林所得に対する所得税額は、その所得金額を５分し、それに対する税額を５倍して求めるいわゆる５分５乗方式で計算されます（所法89①）。

用語の解説

５分５乗方式

課税山林所得金額に対する税額を計算する場合には、まず課税山林所得金額の５分の１に相当する金額を求め、この金額に税率を適用して得た税額を５倍して計算することになっており、このような税額の計算方式のことを、一般に５分５乗方式といいます。山林所得は、植林から伐採までの長期間にわたって発生した所得が、一時に実現するものであるため、税率の適用に当たっても、超過累進税率の効果を緩和するために、他の所得と区分し、かつ、このような５分５乗方式がとられています。

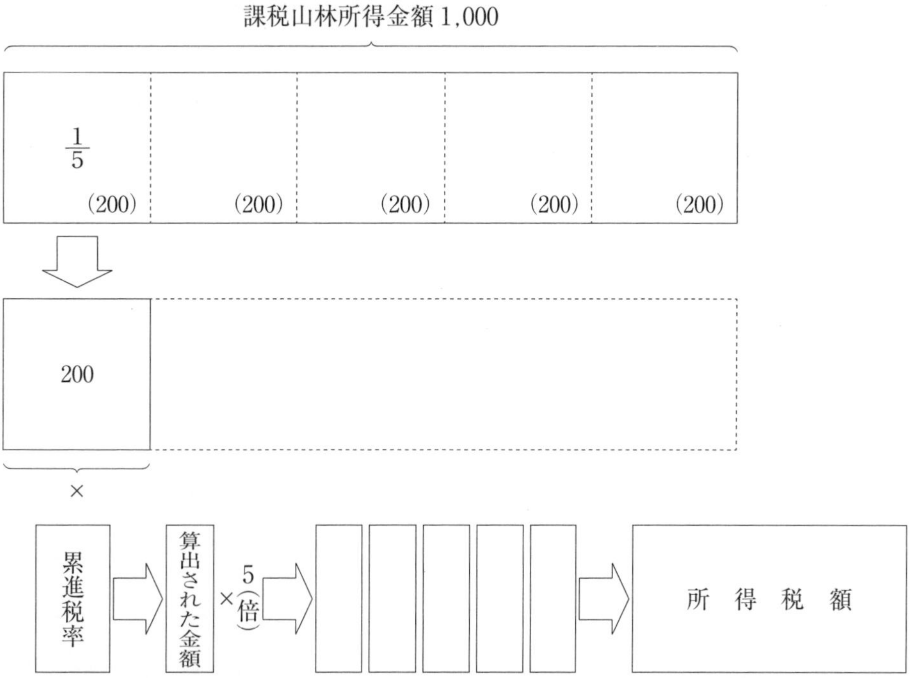

2　課税山林所得金額に対する所得税

課税山林所得金額に対する税額は、次により計算します。

〈計算例〉

「課税山林所得金額」が35,000,000円の場合の税額

(課税山林所得金額)		(税率)		(控除額)		(税額)
35,000,000円	×	23%	−	3,180,000円	=	4,870,000円

○　山林所得に係る所得税の税額表

令和５年分　課税山林所得金額の所得税額の速算表

課税される山林所得金額 Ⓐ 以上	未満	Ⓑ 税率	Ⓒ 控除額	税額の求め方
1,000円	9,750,000円	5 %	―円	Ⓐ×Ⓑ－Ⓒ ＝求める税額
9,750,000	16,500,000	10	487,500	
16,500,000	34,750,000	20	2,137,500	
34,750,000	45,000,000	23	3,180,000	
45,000,000	90,000,000	33	7,680,000	
90,000,000	200,000,000	40	13,980,000	
200,000,000以上		45	23,980,000	
備考（端数計算）	課税される山林所得金額に1,000円未満の端数があるときは、これを切り捨てた後の金額についてこの表を適用して税額を計算し、その税額に100円未満の端数があるときは、これを切り捨てた後の金額が、その求める税額となります。			

※　この速算表は５分５乗方式が加味された表です。

【山林所得における災害に係る特別措置】

山林所得における震災に係る特別措置については、第１編第13章「災害に係る譲渡所得関係の措置」を参照してください。

【個人に係る復興特別所得税のあらまし】

個人に係る復興特別所得税のあらまし

平成23年12月２日に東日本大震災からの復興のための施策を実施するために必要な財源の確保に関する特別措置法（平成23年法律第117号）が公布され、「復興特別所得税」及び「復興特別法人税」が創設されました。

個人に係る復興特別所得税の概要は以下のとおりです。

1　納税義務者

個人で所得税を納める義務のある者は、復興特別所得税も併せて納める義務があります。

2　課税対象

個人については、平成25年から令和19年までの各年分の基準所得税額（下記３参照）が、復興特別所得税の課税対象となります。

3　基準所得税額

個人の基準所得税額は、次の表のとおりです。

㈱　その年分の所得税において外国税額控除の適用がある居住者については、外国税額控除額を控除する前の所得税額となります。

区　分		基準所得税額
居住者	非永住者以外の居住者	全ての所得に対する所得税額
	非永住者	国内源泉所得及び国外源泉所得のうち国内払のもの又は国内に送金されたものに対する所得税額
非居住者		国内源泉所得に対する所得税額

㈱１　「居住者」とは、国内に住所があり、又は、現在まで引き続いて１年以上居所がある個人をいいます（所法２①三）。

２　「非永住者」とは、居住者のうち日本国籍がなく、かつ、過去10年以内の間に国内に住所又は居所を有していた期間の合計が５年以下である個人をいいます（所法２①四）。

３　「非居住者」とは、居住者以外の個人をいいます（所法２①五）。

4　課税標準

復興特別所得税の課税標準は、その年分の基準所得税額です。

5　復興特別所得税額の計算

復興特別所得税額は次の算式で求めることになります。

〔算式〕

復興特別所得税額　＝　基準所得税額　×　2.1％

(注)　その年分の所得税において外国税額控除の適用がある居住者のうち控除対象外国所得税額が所得税の控除限度額を超える者については、その超える金額をその年分の復興特別所得税額から控除することができます。ただし、その年分の復興特別所得税額のうち国外所得に対応する部分の金額が限度とされます。

6　確定申告

平成25年から令和19年までの各年分の確定申告については、所得税と復興特別所得税を併せて申告しなければなりません。また、所得税及び復興特別所得税の申告書には、基準所得税額、復興特別所得税額等一定の事項を併せて記載することになります。

7　所得税及び復興特別所得税の納付

所得税及び復興特別所得税の申告書を提出した者は、その申告書の提出期限までに、その申告書に記載した納付すべき所得税及び復興特別所得税の合計額を納付することになります。

参考資料

○　様　　　式

※　参考として令和５年分の様式を掲載しておりますが、令和６年分の確定申告をされる場合は、様式が改訂されることがありますので、ご注意ください。

【令和　年分】
譲渡所得の内訳書
（確定申告書付表）
【総合譲渡用】

住所		電話番号	（　　）	名簿番号	
氏名	（フリガナ）	職業		関与税理士	（電話　　）

○　この用紙は、土地・建物や株式等以外の資産を譲渡（売却）した場合の譲渡所得金額の計算に使用します。

1　譲渡（売却）された資産について記載してください。

譲渡された資産の名称		種類		利用状況		数量	
所在地等							

譲渡先の（買主の）	住所（所在地）		氏名（名称）	職業	
売買契約の日	年　月　日	引き渡した日	年　月　日	登記、登録等の日	年　月　日

【参考事項】

売却理由
- □ 買主から頼まれたため
- □ 他の資産を購入するため
- □ 事業資金を捻出するため
- □ 借入金を返済するため
- □ その他（　　）

代金の受領状況		
1回目	年　月　日	円
2回目	年　月　日	円
3回目	年　月　日	円
未収金	年　月　日（予定）	円

譲渡価額
①　円

2　譲渡（売却）された資産の購入代金などについて記載してください。

	費用の種類	購入先・支払先等 住所（所在地）	氏名（名称）	購入支払年月日	購入支払価額
購入に要した費用	譲渡資産の購入代金			・・	円
				・・	円
				・・	円
				・・	円
	小計				※　円

取得費	資産の購入価額（※）　円	－	償却費相当額　円	＝	②　円

3　譲渡（売却）するために支払った費用について記載してください。

	費用の種類	支払先 住所（所在地）	氏名（名称）	支払年月日	支払金額
譲渡に要した費用				・・	円
				・・	円
				・・	円
譲渡費用					③　円

4　譲渡所得金額の計算をします。

区分	特例適用条文	A収入金額（①）	B必要経費（②＋③）	C差引金額（A−B）	D特別控除額	E譲渡所得金額（C−D）
短期	所・措 法　条の	円	円	円	円	円
長期	所・措 法　条の	円	円	円	円	円

○　ここで計算した内容（買換え（交換・代替）の特例の適用を受ける場合は、裏面「６」で計算した内容）を「申告書第一表、第二表」に転記します。

整理欄		

R5.11

買換え（交換・代替）の特例の適用を受ける場合(※)の譲渡所得の計算

※ 買換え（交換・代替）の特例の適用を受けた場合、買換（交換・代替）資産として取得された（される）資産を将来譲渡したときの取得費やその資産が業務用資産であるときの減価償却費の額の計算は、その資産の実際の取得価額ではなく、譲渡（売却）された資産から引き継がれた取得価額を基に一定の計算をすることになりますので、ご注意ください。

5 買換（交換・代替）資産として取得された（される）資産について記載してください。

買換資産等の所在地等	種類	数量	用途	契約(予定)年月日	取得(予定)年月日	使用開始(予定)日
				・　・	・　・	・　・
				・　・	・　・	・　・

○ 取得された（される）資産の購入代金など（取得価額）について記載してください。

費用の内容	支払先住所（所在地）及び氏名（名称）	支払年月日	支払金額
		・　・	円
		・　・	円
		・　・	円
		・　・	円
買換（交換取得・代替）資産の取得価額の合計額			④　円

（注）買換（代替）資産をこれから取得される見込みのときは、「買換（代替）資産の明細書」（国税庁ホームページ【https://www.nta.go.jp】からダウンロードできます。なお、税務署にも用意してあります。）を提出し、その見込額を記載してください。

6 譲渡所得金額の計算をします。

表面で計算した「①譲渡価額」、「②取得費」、「③譲渡費用」と上記「④買換（交換取得・代替）資産の取得価額の合計額」により譲渡所得金額の計算をします。

⑴ 特定の事業用資産の買換え（交換）の場合（措法37・37の４）

区分	特例適用条文	F 収入金額	G 必要経費	H 差引金額（F－G）	J 特別控除額	K 譲渡所得金額（H－J）
①≦④		① × 20%	(②+③) × 20%			
①＞④		(①－④)＋④ × 20%	$(②+③) \times \frac{F}{①}$			
短期・長期	措法　条の	円	円	円	円	円

⑵ 固定資産の交換（所法58）・収用代替（措法33）の場合

区分	特例適用条文	L 収入金額	M 必要経費	N 差引金額（L－M）	P 特別控除額	Q 譲渡所得金額（N－P）
交換		① － ④	$(②+③) \times \frac{L}{①}$			
収用代替		①－③－④	$② \times \frac{L}{①-③}$			
短期・長期	所法・措法　条	円	円	円	円	円

【記載上の注意事項】

○ この内訳書は、一の契約ごとに１枚ずつ使用して記載し、「確定申告書」とともに提出してください。
　また、譲渡所得の特例の適用を受けるために必要な書類などは、この内訳書に添付して提出してください。

○ 譲渡（売却）された資産が二つ以上ある場合には、その譲渡（売却）された資産ごとに記載してください。ただし、一括契約等の場合には、まとめて記載していただいても差し支えありません。

○ また、譲渡（売却）等された資産が「４」及び「６」の「譲渡所得金額の計算をします。」欄の区分（短期・長期）ごとで二つ以上の契約がある場合には、いずれか１枚の内訳書の各欄の上段に、その合計額を二段書きで記載してください。

○ 原則として、総合課税の短期譲渡所得とは、資産の取得の日以後５年以内にされた譲渡による所得をいい、総合課税の長期譲渡所得とは、資産の取得の日以後５年を超えた後にされた譲渡による所得をいいます。

○ 総合課税の「特別控除額」は、短期譲渡所得、長期譲渡所得の順に差し引き、合計で50万円〔差引金額（C、H、N欄の合計）が50万円に満たない場合には、その金額〕が控除できます。また、総合課税の譲渡所得について収用等の5,000万円の特別控除の適用を受ける場合には、その5,000万円控除後の残額から更に、この50万円の特別控除をすることができます。

○ 総合課税の譲渡所得の赤字の金額は、土地建物等の譲渡所得の黒字の金額から差し引くことができません。また、土地建物等の譲渡所得の赤字の金額も、一定のものを除き、総合課税の譲渡所得の黒字の金額から差し引くことができません。

○ 主として趣味、娯楽、保養又は鑑賞の目的で所有する不動産以外の資産（ゴルフ会員権等）を譲渡して生じた譲渡所得の赤字の金額は、給与所得などの他の所得の金額から差し引くことができません。

○ 「相続税の取得費加算の特例」や「保証債務の特例」の適用を受ける場合の記載方法や「償却費相当額」の算出方法がお分かりにならないような場合には、税務署にお尋ねください。

○ 配偶者居住権等が消滅した場合における譲渡所得の金額を計算するときは、「配偶者居住権に関する譲渡所得に係る取得費の金額の計算明細書《確定申告書付表》」（国税庁ホームページ【https://www.nta.go.jp】からダウンロードできます。なお、税務署にも用意してあります。）で計算した金額を「２」の②欄に転記してください。

1 面

譲渡所得の内訳書

（確定申告書付表兼計算明細書）【土地・建物用】

【令和　　年分】

名簿番号

提出＿＿枚のうちの＿＿

この内訳書は、土地や建物の譲渡（売却）による譲渡所得金額の計算用として使用するものです。「譲渡所得の申告のしかた」（国税庁ホームページ【https://www.nta.go.jp】からダウンロードできます。税務署にも用意してあります。）を参考に、契約書や領収書などに基づいて記載してください。

なお、国税庁ホームページでは、画面の案内に沿って収入金額などの必要項目を入力することにより、この内訳書や確定申告書などを作成することができます。

現住所 （前住所）	（　　　　）	フリガナ 氏　名	
電話番号 （連絡先）		職　業	

※ 譲渡（売却）した年の1月1日以後に転居された方は、前住所も記載してください。

関与税理士名
（電話　　　　）

記載上の注意事項

○　この内訳書は、一の契約ごとに１枚ずつ使用して記載し、「確定申告書」とともに提出してください。

　また、譲渡所得の特例の適用を受けるために必要な書類（※）などは、この内訳書に添付して提出してください。

※　譲渡所得の特例の適用を受けるために必要な書類のうち、登記事項証明書については、その登記事項証明書に代えて「譲渡所得の特例の適用を受ける場合の不動産に係る不動産番号等の明細書」等を提出することもできます。

○　長期譲渡所得又は短期譲渡所得のそれぞれごとで、二つ以上の契約がある場合には、いずれか１枚の内訳書の譲渡所得金額の計算欄（３面の「4」各欄の上段）に、その合計額を二段書きで記載してください。

○　譲渡所得の計算に当たっては、適用を受ける特例により、記載する項目が異なります。

- 交換・買換え（代替）の特例、被相続人の居住用財産に係る譲渡所得の特別控除の特例の適用を受けない場合
  ……１面・２面・３面
- 交換・買換え（代替）の特例の適用を受ける場合
  ……１面・２面・３面（「４」を除く）・４面
- 被相続人の居住用財産に係る譲渡所得の特別控除の特例の適用を受ける場合
  ……１面・２面・３面・５面
  （また、下記の 5面 に○を付してください。）

○　土地建物等の譲渡による譲渡損失の金額については、一定の居住用財産の譲渡損失の金額を除き、他の所得と損益通算することはできません。

○　非業務用建物（居住用）の償却率は次のとおりです。

区　分	木　造	木　骨 モルタル	（鉄骨）鉄筋 コンクリート	金属造①	金属造②
償却率	0.031	0.034	0.015	0.036	0.025

（注）「金属造①」……軽量鉄骨造のうち骨格材の肉厚が3mm以下の建物
　　　「金属造②」……軽量鉄骨造のうち骨格材の肉厚が3mm超4mm以下の建物

5面

（令和5年分以降用）

R5.11

2 面

名簿番号	

1 譲渡（売却）された土地・建物について記載してください。

(1) どこの土地・建物を譲渡（売却）されましたか。

所在地	
	所在地番
	（住居表示）

(2) どのような土地・建物をいつ譲渡（売却）されましたか。

	種類	面積
土地	□宅　地　□　田 □山　林　□　畑 □雑種地　□借地権 □その他（　　　）	（実測）　㎡ （公簿等）　㎡
建物	□居　宅　□マンション □店　舗　□事務所 □その他 （　　　）	㎡

利用状況
□ 自己の居住用 （居住期間　年　月～　年　月）
□ 自己の事業用
□ 貸付用
□ 未利用
□ その他（　　　）

売買契約日
年　月　日
引き渡した日
年　月　日

○ 次の欄は、譲渡（売却）された土地・建物が共有の場合に記載してください。

あなたの持分		共有者の住所・氏名	共有者の持分	
土地	建物		土地	建物
――	――	（住所）　　（氏名）	――	――
		（住所）　　（氏名）	――	――

(3) どなたに譲渡（売却）されましたか。

買主				
	住所 （所在地）			
	氏名 （名称）		職業 （業種）	

(4) いくらで譲渡（売却）されましたか。

① 譲渡価額
円

【参考事項】

代金の受領状況	1回目	2回目	3回目	未収金
	年　月　日	年　月　日	年　月　日	年　月　日（予定）
	円	円	円	円

お売りになった理由

□ 買主から頼まれたため
□ 他の資産を購入するため
□ 事業資金を捻出するため
□ 借入金を返済するため
□ その他
（　　　　）

「相続税の取得費加算の特例」や「保証債務の特例」の適用を受ける場合などの記載方法

○ 「相続税の取得費加算の特例」の適用を受けるときは、「相続財産の取得費に加算される相続税の計算明細書」（※）で計算した金額を3面の「2」の「②取得費」欄の上段に「㊗×××円」と二段書きで記載してください。

○ 「保証債務の特例」の適用を受けるときは、「保証債務の履行のための資産の譲渡に関する計算明細書（確定申告書付表）」（※）で計算した金額を3面の「4」の「B必要経費」欄の上段に「㊙×××円」と二段書きで記載してください。

○ 4面を記載される方で、「相続税の取得費加算の特例」や「保証債務の特例」の適用を受ける場合には、税務署に記載方法をご確認ください。

○ 配偶者居住権の目的となっている建物又はその敷地の譲渡など一定の場合は、「配偶者居住権に関する譲渡所得に係る取得費の金額の計算明細書《確定申告書付表》」（※）で計算した金額を3面の「2」の「②取得費」欄に転記してください。

※ これらの様式は、国税庁ホームページ【https://www.nta.go.jp】からダウンロードできます。なお、税務署にも用意してあります。

3 面

2　譲渡（売却）された土地・建物の購入（建築）代金などについて記載してください。

(1) 譲渡(売却)された土地・建物は、どなたから、いつ、いくらで購入(建築)されましたか。

購入建築 価額の内訳	購入（建築）先・支払先 住所（所在地）	氏名（名称）	購入建築 年月日	購入・建築代金又は譲渡価額の5%
土　地			・　・	円
			・　・	円
			・　・	円
			小　計	(イ)　円
建　物			・　・	円
			・　・	円
			・　・	円
建物の構造	□木造 □木骨モルタル □(鉄骨)鉄筋 □金属造 □その他		小　計	(ロ)　円

※　土地や建物の取得の際に支払った仲介手数料や非業務用資産に係る登記費用などが含まれます。

(2) 建物の償却費相当額を計算します。

建物の購入・建築価額(ロ)	償却率	経過年数	償却費相当額(ハ)
□標準 ＿＿＿＿円×0.9×	＿＿＿×	＿＿＿＝	＿＿＿＿円

(3) 取得費を計算します。

② 取得費	(イ)＋(ロ)－(ハ)　円

※　「譲渡所得の申告のしかた」を参照してください。なお、建物の標準的な建築価額による建物の取得価額の計算をしたものは、「□標準」に☑してください。
※　非業務用建物（居住用）の（ハ）の額は、（ロ）の価額の95%を限度とします（償却率は1面をご覧ください。）。

3　譲渡（売却）するために支払った費用について記載してください。

費用の種類	支払先 住所（所在地）	氏名（名称）	支払年月日	支払金額
仲介手数料			・　・	円
収入印紙代			・　・	円
			・　・	円
			・　・	円
			③ 譲渡費用	円

※　修繕費、固定資産税などは譲渡費用にはなりません。

4　譲渡所得金額の計算をします。

区分	特例適用条文	A 収入金額（①）	B 必要経費（②＋③）	C 差引金額（A－B）	D 特別控除額	E 譲渡所得金額（C－D）
短期・長期	所・措・震 ＿条の＿	円	円	円	円	円
短期・長期	所・措・震 ＿条の＿	円	円	円	円	円
短期・長期	所・措・震 ＿条の＿	円	円	円	円	円

※　ここで計算した内容（交換・買換え（代替）の特例の適用を受ける場合は、4面の「6」で計算した内容）を「申告書第三表（分離課税用）」に転記します。

整理欄		

4 面

「交換・買換え（代替）の特例の適用を受ける場合の譲渡所得の計算」
この面（4面）は、交換・買換え（代替）の特例の適用を受ける場合（※）にのみ記載します。

※ 交換・買換え（代替）の特例の適用を受けた場合、交換・買換（代替）資産として取得された（される）資産を将来譲渡したときの取得費やその資産が業務用資産であるときの減価償却費の額の計算は、その資産の実際の取得価額ではなく、譲渡（売却）された資産から引き継がれた取得価額を基に一定の計算をすることになりますので、ご注意ください。

5 交換・買換（代替）資産として取得された（される）資産について記載してください。

物件の所在地	種類	面積	用途	契約(予定)年月日	取得(予定)年月日	使用開始(予定)年月日
		㎡		・ ・	・ ・	・ ・
		㎡		・ ・	・ ・	・ ・

※ 「種類」欄は、宅地・田・畑・建物などと、「用途」欄は、貸付用・居住用・事務所などと記載してください。

取得された（される）資産の購入代金など（取得価額）について記載してください。

費用の内容	支払先住所（所在地）及び氏名（名称）	支払年月日	支払金額
土　地		・ ・	円
		・ ・	円
		・ ・	円
建　物		・ ・	円
		・ ・	円
		・ ・	円
④ 買換(代替)資産・交換取得資産の取得価額の合計額			円

※ 買換(代替)資産の取得の際に支払った仲介手数料や非業務用資産に係る登記費用などが含まれます。
※ 買換(代替)資産をこれから取得される見込みのときは、「買換(代替)資産の明細書」(国税庁ホームページ【https://www.nta.go.jp】からダウンロードできます。なお、税務署にも用意してあります。)を提出し、その見込額を記載してください。

6 譲渡所得金額の計算をします。

「2面」・「3面」で計算した「①譲渡価額」、「②取得費」、「③譲渡費用」と上記「5」で計算した「④買換（代替）資産・交換取得資産の取得価額の合計額」により、譲渡所得金額の計算をします。

(1) (2)以外の交換・買換え(代替)の場合[交換(所法58)・収用代替(措法33)・居住用買換え(措法36の2)・震災買換え(震法12)など]

区分	特例適用条文	F 収入金額	G 必要経費	H 譲渡所得金額(F－G)
収用代替		①－③－④	$② \times \frac{F}{①-③}$	
上記以外		①－④	$(②+③) \times \frac{F}{①}$	
短期・長期	所・措・震 ＿条の＿	円	円	円

(2) 特定の事業用資産の買換え・交換(措法37・37の4)などの場合

区分	特例適用条文	J 収入金額	K 必要経費	L 譲渡所得金額(J－K)
① ≦ ④		①×20%(※)	(②＋③)×20%(※)	
① ＞ ④		(①－④)＋④ × 20%(※)	$(②+③) \times \frac{J}{①}$	
短期・長期	措法 ＿条の＿	円	円	円

※ 上記算式の20%は、一定の場合は10%、25%、30%又は40%となります。

5 面

【令和　　年分】

現住所			
フリガナ 氏名		電話番号 （連絡先）	

名簿番号	

「被相続人の居住用財産に係る譲渡所得の特別控除の特例の適用を受ける場合の記載事項」
この面（5面）は、被相続人の居住用財産に係る譲渡所得の特別控除の特例の適用を受ける場合にのみ記載します。

7　被相続人居住用家屋及びその敷地等について、被相続人の氏名などを記載してください。

(1)　被相続人居住用家屋（一の建築物）及びその敷地等について、被相続人の氏名などを記載してください。

被相続人					
フリガナ 氏名			死亡年月日	年　月　日	
死亡の時における住所					
居住期間	年　月～　年　月				
		所在地	床面積・面積	あなたが相続又は遺贈により取得した持分	あなたが相続又は遺贈以外により取得した持分
被相続人居住用家屋	Ⓐ		ⓐ　㎡	――	――
被相続人居住用家屋の敷地の用に供されていた土地等	Ⓑ		㎡	――	――
	Ⓒ		㎡	――	――

(2)　相続の開始の直前（※）においてその土地が用途上不可分の関係にある二以上の建築物のある一団の土地であった場合の被相続人居住用家屋以外の建築物の種類などを記載してください。
特例対象となる部分とそれ以外の部分の金額の計算などについては、裏面の【参考事項】に記載してください。

一団の土地の面積		ⓑ　㎡	一団の土地の面積のうち、あなたが被相続人から相続又は遺贈により取得し、譲渡した部分の面積		ⓒ　㎡
被相続人居住用家屋以外の建築物の種類・床面積	種類	離れ	倉庫		床面積の合計
	床面積	㎡	㎡	㎡	ⓓ　㎡
上記の建築物の所有者	フリガナ 氏名				
	住所				
被相続人居住用家屋の敷地等に該当する部分	$\left(ⓑ \times \frac{ⓐ}{ⓐ+ⓓ}\right) \times \frac{ⓒ}{ⓑ}$	㎡			

※　その土地が対象従前居住の用に供されていた被相続人居住用家屋の敷地の用に供されていた土地であった場合には、「特定事由により被相続人居住用家屋が被相続人の居住の用に供されなくなる直前」となります。

(3)　あなた以外の居住用家屋取得相続人がいる場合又はあなたが適用前譲渡をしている場合には、相続人ごとに氏名などを記載してください。

居住用家屋取得相続人							
フリガナ 氏名							
住所							
相続の開始の時における被相続人居住用家屋又はその敷地等の持分	Ⓐ 家屋	Ⓑ 敷地等	Ⓒ 敷地等	Ⓐ 家屋	Ⓑ 敷地等	Ⓒ 敷地等	
	――	――	――	――	――	――	
適用前譲渡	譲渡年月日	年　月　日			年　月　日		
	譲渡の対価の額	円			円		

※　あなたが適用前譲渡をしている場合には、「適用前譲渡」欄の譲渡年月日と譲渡の対価の額のみを記載してください。

（令和4年分以降用）　R5.11

【参考事項】

○　二以上の建築物のある一団の土地であった場合（５面の「７」⑵の建築物がある場合）

【計算過程等】

	合　計	内訳 被相続人居住用家屋（特例対象）	左記以外の建築物（特例対象外）	被相続人居住用家屋の敷地等（特例対象）	左記以外の敷地等（特例対象外）
①　譲渡価額（収入金額）	円	円	円	円	
②　取得費	円	円	円	円	
③　譲渡費用	円	円	円	円	
④　差引金額（①−(②+③)）	円	円	円	円	
⑤　被相続人居住用家屋の敷地等に該当する部分の按分後の額				円	円
⑥　特別控除額（最高3,000万円）	円	円		円	

※　「合計」欄の①～⑥の金額を、3面の「4」のA～Dにそれぞれ転記します。

（その他）

【建築物の位置関係等】

1 面

株式等に係る譲渡所得等の金額の計算明細書

【令和＿＿年分】

整理番号	

この明細書は、「一般株式等に係る譲渡所得等の金額」又は「上場株式等に係る譲渡所得等の金額」を計算する場合に使用するものです。
なお、国税庁ホームページ【https://www.nta.go.jp】では、画面の案内に沿って収入金額などの必要項目を入力することにより、この明細書や確定申告書などを作成することができます。

住所 （前住所）	 （　　　）			フリガナ 氏名	
電話番号 （連絡先）		職業		関与税理士名 （電話）	 （　　　）

※　譲渡した年の１月１日以後に転居された方は、前住所も記載してください。

1　所得金額の計算

			一般株式等	上場株式等
収入金額	譲渡による収入金額	①	円	円
	その他の収入	②		
	小計（①＋②）	③	申告書第三表㋠へ	申告書第三表㋡へ
必要経費又は譲渡に要した費用等	取得費（取得価額）	④		
	譲渡のための委託手数料	⑤		
		⑥		
	小計（④から⑥までの計）	⑦		
特定管理株式等のみなし譲渡損失の金額（※1）（△を付けないで書いてください。）		⑧		
差引金額（③−⑦−⑧）		⑨		
特定投資株式の取得に要した金額等の控除（※2）（⑨欄が赤字の場合は0と書いてください。）		⑩		
所得金額（⑨−⑩）（一般株式等について赤字の場合は0と書いてください。）（上場株式等について赤字の場合は△を付して書いてください。）		⑪	申告書第三表㉑へ	黒字の場合は申告書第三表㉒へ
本年分で差し引く上場株式等に係る繰越損失の金額（※３）		⑫		申告書第三表㊴へ
繰越控除後の所得金額（※4）（⑪−⑫）		⑬	申告書第三表㊵へ	申告書第三表㊵へ

(注)　租税特別措置法第37条の12の２第２項に規定する上場株式等の譲渡以外の上場株式等の譲渡（相対取引など）がある場合の「上場株式等」の①から⑨までの各欄については、同項に規定する上場株式等の譲渡に係る金額を括弧書（内書）により記載してください。なお、「上場株式等」の⑪欄の金額が相対取引などによる赤字のみの場合は、申告書第三表の㉒欄に０を記載します。

特例適用条文	措法＿条の＿＿＿ 措法＿条の＿＿＿

※１　「特定管理株式等のみなし譲渡損失の金額」とは、租税特別措置法第37条の11の２第１項の規定により、同法第37条の12の２第２項に規定する上場株式等の譲渡をしたことにより生じた損失の金額とみなされるものをいいます。
※２　⑩欄の金額は、「特定中小会社が発行した株式の取得に要した金額等の控除の明細書」で計算した金額に基づき、「一般株式等」、「上場株式等」の順に、⑨欄の金額を限度として控除します。
※３　⑫欄の金額は、「上場株式等」の⑪欄の金額を限度として控除し、「上場株式等」の⑪欄の金額が０又は赤字の場合には記載しません。なお、⑫欄の金額を「一般株式等」から控除することはできません。
※４　⑬欄の金額は、⑪欄の金額が０又は赤字の場合には記載しません。また、⑬欄の金額を申告書に転記するに当たって申告書第三表の㉙欄の金額が同⑫欄の金額から控除しきれない場合には、税務署にお尋ねください。

整理欄		

（令和５年分以降用）

R5.11

「上場株式等」の⑪欄の金額が赤字の場合で、譲渡損失の損益通算及び繰越控除の特例の適用を受ける方は、「所得税及び復興特別所得税の確定申告書付表」も記載してください。

2 面（計算明細書）

2　申告する特定口座の上場株式等に係る譲渡所得等の金額の合計

口座の区分	取引先（金融商品取引業者等）		譲渡の対価の額（収入金額）	取得費及び譲渡に要した費用の額等	差引金額（譲渡所得等の金額）	源泉徴収税額
源泉口座・簡易口座	証券会社 銀行 （　）	本店 支店 出張所 （　）	円	円	円	円
源泉口座・簡易口座	証券会社 銀行 （　）	本店 支店 出張所 （　）				
源泉口座・簡易口座	証券会社 銀行 （　）	本店 支店 出張所 （　）				
源泉口座・簡易口座	証券会社 銀行 （　）	本店 支店 出張所 （　）				
源泉口座・簡易口座	証券会社 銀行 （　）	本店 支店 出張所 （　）				
合　計（上場株式等（特定口座））			1面①へ	1面④へ		申告書第二表「所得の内訳」欄へ

【参考】　特定口座以外で譲渡した株式等の明細

区分	譲渡年月日（償還日）	譲渡した株式等の銘柄	数量	譲渡先（金融商品取引業者等）の名称・所在地等	譲渡による収入金額	取得費（取得価額）	譲渡のための委託手数料	取得年月日
一般株式等・上場株式等	・・		株(口、円)		円	円	円	・・（・・）
一般株式等・上場株式等	・・							・・（・・）
一般株式等・上場株式等	・・							・・（・・）
一般株式等・上場株式等	・・							・・（・・）
一般株式等・上場株式等	・・							・・（・・）
合計	一般株式等				1面①へ	1面④へ	1面⑤へ	
	上場株式等（一般口座）				1面①へ	1面④へ	1面⑤へ	

		一連番号

1 面

令和＿＿年分の所得税及び復興特別所得税の確定申告書付表（上場株式等に係る譲渡損失の損益通算及び繰越控除用）

住所（又は居所・事業所等）		フリガナ 氏名	

○ この付表は、申告書と一緒に提出してください。

この付表は、租税特別措置法第37条の12の２（上場株式等に係る譲渡損失の損益通算及び繰越控除）の規定の適用を受ける方が、本年分の上場株式等に係る譲渡損失の金額を同年分の上場株式等に係る配当所得等の金額（特定上場株式等の配当等に係る配当所得に係る部分については、分離課税を選択したものに限ります。以下「分離課税配当所得等金額」といいます。）の計算上控除（損益通算）するため、又は３年前の年分以後の上場株式等に係る譲渡損失の金額を本年分の上場株式等に係る譲渡所得等の金額及び分離課税配当所得等金額の計算上控除するため、若しくは翌年以後に繰り越すために使用するものです。

○ 本年分において、「上場株式等に係る譲渡所得等の金額」がある方は、この付表を作成する前に、まず「株式等に係る譲渡所得等の金額の計算明細書」の作成をしてください。

1　本年分の上場株式等に係る譲渡損失の金額及び分離課税配当所得等金額の計算

（赤字の金額は、△を付けないで書きます。2面の2も同じです。）

○ 「①上場株式等に係る譲渡所得等の金額」が黒字の場合又は「②上場株式等に係る譲渡損失の金額」がない場合には、(1)の記載は要しません。また、「④本年分の損益通算前の分離課税配当所得等金額」がない場合には、(2)の記載は要しません。

(1)　本年分の損益通算前の上場株式等に係る譲渡損失の金額

上場株式等に係る譲渡所得等の金額 （「株式等に係る譲渡所得等の金額の計算明細書」の1面の「上場株式等」の⑪欄の金額）	①	円
上場株式等に係る譲渡損失の金額（※） （「株式等に係る譲渡所得等の金額の計算明細書」の1面の「上場株式等」の⑨欄の金額）	②	
本年分の損益通算前の上場株式等に係る譲渡損失の金額 （①欄の金額と②欄の金額のうち、いずれか少ない方の金額）	③	

※　②欄の金額は、租税特別措置法第37条の12の２第２項に規定する上場株式等の譲渡以外の上場株式等の譲渡（相対取引など）がある場合については、同項に規定する上場株式等の譲渡に係る金額（「株式等に係る譲渡所得等の金額の計算明細書」の1面の「上場株式等」の⑨欄の括弧書の金額）のみを記載します。

(2)　本年分の損益通算前の分離課税配当所得等金額

種目・所得の生ずる場所	利子等・配当等の収入金額（税込）	配当所得に係る負債の利子
	円	円
合　計	ⓐ 申告書第三表㋐へ	ⓑ
本年分の損益通算前の分離課税配当所得等金額 （ⓐ－ⓑ）（赤字の場合には０と書いてください。）	④	

（注）利子所得に係る負債の利子は控除できません。

(3)　本年分の損益通算後の上場株式等に係る譲渡損失の金額又は分離課税配当所得等金額

本年分の損益通算後の上場株式等に係る譲渡損失の金額（③－④） （③欄の金額≦④欄の金額の場合には０と書いてください。） （(2)の記載がない場合には、③欄の金額を移記してください。）	⑤	△を付けて、申告書第三表⑫へ　円
本年分の損益通算後の分離課税配当所得等金額（④－③） （③欄の金額≧④欄の金額の場合には０と書いてください。） （(1)の記載がない場合には、④欄の金額を移記してください。）	⑥	申告書第三表⑬へ

（令和４年分以降用）

R5.11

2 面（確定申告書付表）

2 翌年以後に繰り越される上場株式等に係る譲渡損失の金額の計算

譲渡損失の生じた年分	前年から繰り越された上場株式等に係る譲渡損失の金額	本年分で差し引く上場株式等に係る譲渡損失の金額（※1）	本年分で差し引くことのできなかった上場株式等に係る譲渡損失の金額
本年の3年前分（令和＿年分）	Ⓐ（前年分の付表の⑦欄の金額） 円	Ⓓ（上場株式等に係る譲渡所得等の金額から差し引く部分） 円 Ⓔ（分離課税配当所得等金額から差し引く部分）	（本年の3年前分の譲渡損失の金額を翌年以後に繰り越すことはできません。）
本年の2年前分（令和＿年分）	Ⓑ（前年分の付表の⑧欄の金額）	Ⓕ（上場株式等に係る譲渡所得等の金額から差し引く部分） Ⓖ（分離課税配当所得等金額から差し引く部分）	⑦（Ⓑ－Ⓕ－Ⓖ） 円
本年の前年分（令和＿年分）	Ⓒ（前年分の付表の⑤欄の金額）	Ⓗ（上場株式等に係る譲渡所得等の金額から差し引く部分） Ⓘ（分離課税配当所得等金額から差し引く部分）	⑧（Ⓒ－Ⓗ－Ⓘ）
本年分で上場株式等に係る譲渡所得等の金額から差し引く上場株式等に係る譲渡損失の金額の合計額（Ⓓ＋Ⓕ＋Ⓗ）	⑨	計算明細書の「上場株式等」の⑫へ	
本年分で分離課税配当所得等金額から差し引く上場株式等に係る譲渡損失の金額の合計額（Ⓔ＋Ⓖ＋Ⓘ）	⑩	申告書第三表㊻へ	
翌年以後に繰り越される上場株式等に係る譲渡損失の金額（⑤＋⑦＋⑧）		⑪	申告書第三表㊺へ（※2） 円

※1 「本年分で差し引く上場株式等に係る譲渡損失の金額」は、「前年から繰り越された上場株式等に係る譲渡損失の金額」のうち最も古い年に生じた金額から順次控除します。

また、「本年分で差し引く上場株式等に係る譲渡損失の金額」は、同一の年に生じた「前年から繰り越された上場株式等に係る譲渡損失の金額」内においては、「株式等に係る譲渡所得等の金額の計算明細書」の1面の「上場株式等」の⑪欄の金額（赤字の場合には、0とみなします。）及び「⑥本年分の損益通算後の分離課税配当所得等金額」の合計額を限度として、まず上場株式等に係る譲渡所得等の金額から控除し、なお控除しきれない損失の金額があるときは、分離課税配当所得等金額から控除します。

※2 本年の3年前分に生じた上場株式等に係る譲渡損失のうち、本年分で差し引くことのできなかった上場株式等に係る譲渡損失の金額を、翌年以後に繰り越して控除することはできません。

3 前年から繰り越された上場株式等に係る譲渡損失の金額を控除した後の本年分の分離課税配当所得等金額の計算

○ 「⑥本年分の損益通算後の分離課税配当所得等金額」がない場合には、この欄の記載は要しません。

前年から繰り越された上場株式等に係る譲渡損失の金額を控除した後の本年分の分離課税配当所得等金額（※）（⑥－⑩）	⑫	申告書第三表㉛へ 円

※ ⑫欄の金額を申告書に転記するに当たって申告書第三表㉙欄の金額が同⑫欄の金額から控除しきれない場合には、税務署にお尋ねください。

○ 特例の内容又は記載方法についての詳細は、税務署にお尋ねください。

（注）1面の⑤欄及び2面の⑦欄、⑧欄の金額は、翌年の確定申告の際に使用します（翌年に株式等の売却がない場合でも、上場株式等に係る譲渡損失の金額をその年の翌年以後に繰り越すための申告が必要です。）。

〈収用された資産等の計算明細書〉

公共事業用資産の買取り等の証明書から転記してください。

公共事業用資産の買取り等の申出証明書	有・無	公共事業用資産の買取り等の証明書	有・無

補償区分		補償名	補償金額	所得区分
対価補償	土地等補償	土　　地	円	分離譲渡所得
		借地権等		
		残　　地		
		計	(A)	
	建物等補償	建　　物		
		工作物		
		収益補償からの振替額		
		計	(B)	
	借家人補償	借家権		総合譲渡所得
		計		

補償区分	補償名	補償金額	所得区分
収益補償	営　　業	円	事業・不動産・雑所得
	家賃減収		
	建物対価補償への振替額 $\frac{100}{65}$ 又は $\frac{100}{95}$	△	
	差引計		
経費補償			
	計		
移転補償	仮住居		一時所得
	動産移転		
	移転雑費		
	計		
精神補償			非課税
	計		

【収益補償金のうち対価補償金に繰り入れることができる金額の計算】

建物の対価補償金（注）1　（　　　　円）× $\frac{100}{65 \text{ 又は } 95}$（注）3 ＝ 建物の再取得価額（　　　　円）

建物の再取得価額（　　　　円）－ 建物の対価補償金（注）2（　　　　円）＝ 対価補償金としての繰入限度額（　　　　円）

収益補償金（　　　　円）－ 対価補償金としての繰入限度額（　　　　円）＝ 事業所得等の収入金額（　　　　円）

（注）1　建物の譲渡費用控除前の額で、特別措置等の名義で交付を受けた補償金の額を含まない。

2　建物の譲渡費用控除前の額で、特別措置等の名義で交付を受けた補償金のうち対価補償金として判定される金額を含む。

3　建物の構造が木造又は木骨モルタル造りであるときは65、その他の構造であるときは95とする。

収益（経費・移転）補償金の課税延期申請書

年　　月　　日

　　　　　　税務署長殿

住所

氏名

連絡先電話番号　（　　）

（予定転居先
転居予定年月日　　年　　月　　日）

　　年　　月　　日の収用等に係る下記の補償金については、それぞれ、下記の年分の所得として申告したく、課税延期を申請します。

記

①収益補償金

補償金の名称	補償金額	所得区分	申告する年分
			立ち退くべき日（　　年　月　日）と実際に立ち退いた日とのいずれか早い日の属する年分

②経費補償金、移転補償金等

補償金の名称	補償金額	所得区分	申告する年分
			収用等のあった日以後２年を経過する日（　　年　月　日）と交付の目的に従って支出する日とのいずれか早い日の属する年分

(注)　交付の目的に従って支出することが確実であると認められる部分の金額に限られます。

③参考事項

〔索　　引〕

〔さ〕

〔し〕

〔す〕

〔せ〕

〔そ〕

〔に〕

〔の〕

〔は〕

〔ひ〕

〔ふ〕

（編　者）

市　川　康　樹

（執　筆　者）

鳥　居　　貴　将
髙　橋　理　和　子
小　澤　　優　子
柴　田　　和　宏
中　島　　千　恵
居　倉　　弘　騎
鈴　木　　　葵

令和６年版

図　解　　譲　渡　所　得

令和６年７月４日　初版印刷
令和６年７月23日　初版発行

不許複製

編　者　市　川　康　樹

発行者　（一財）大蔵財務協会　理事長
木　村　幸　俊

発行所　一般財団法人　大　蔵　財　務　協　会
〔郵便番号 130-8585〕
東京都墨田区東駒形１丁目14番１号
（販　売　部）TEL03(3829)4141・FAX03(3829)4001
（出版編集部）TEL03(3829)4142・FAX03(3829)4005
https://www.zaikyo.or.jp

乱丁、落丁の場合は、お取替えいたします。　印刷・三松堂㈱

ISBN978-4-7547-3224-0

長期譲渡所得に係

	一般譲渡（右記以外のもの）			
	平８．１．１～ 平９．12.31	平10．１．１～ 平10.12.31	平11．１．１ ～ 平15.12.31	平16．１．１～

課税長期譲渡所得に係る税額の計算

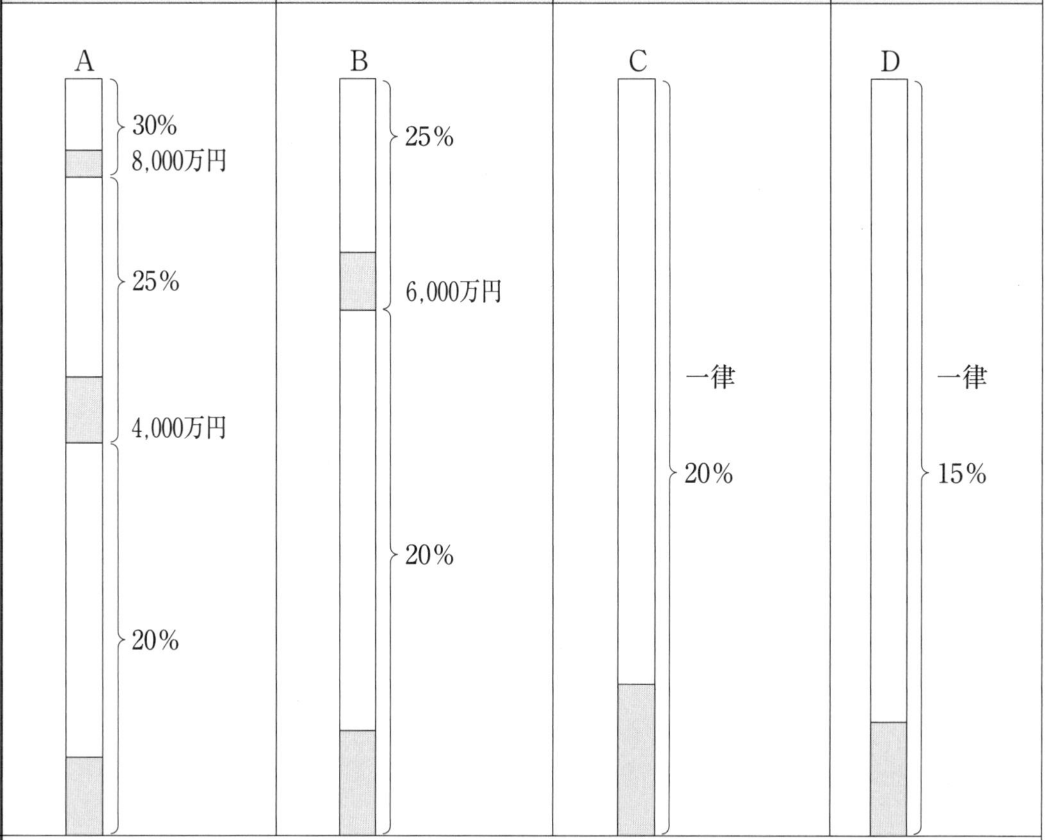

	一般所得（措法31）			
課税長期譲渡所得に係る税額の計算	所得税額＝(①＋②＋③) ①4,000万円×20％（地方税６％）＝800万円（地方税240万円） ②(8,000万円－4,000万円)×25%(地方税7.5%)＝1,000万円（地方税300万円） ③(A－8,000万円)×30%（地方税９％）＝税額	所得税＝(①＋②) ①6,000万円×20％（地方税６％）＝1,200万円（地方税360万円） ②(B－6,000万円)×25%（地方税7.5%)＝税額	所得税額＝C×20%（地方税６％）	所得税額＝D×15%（地方税５％）

(注)　上の図の網かけの部分　　　　は、課税長期譲渡所得に対するおおよその所得税額の割合を示します。

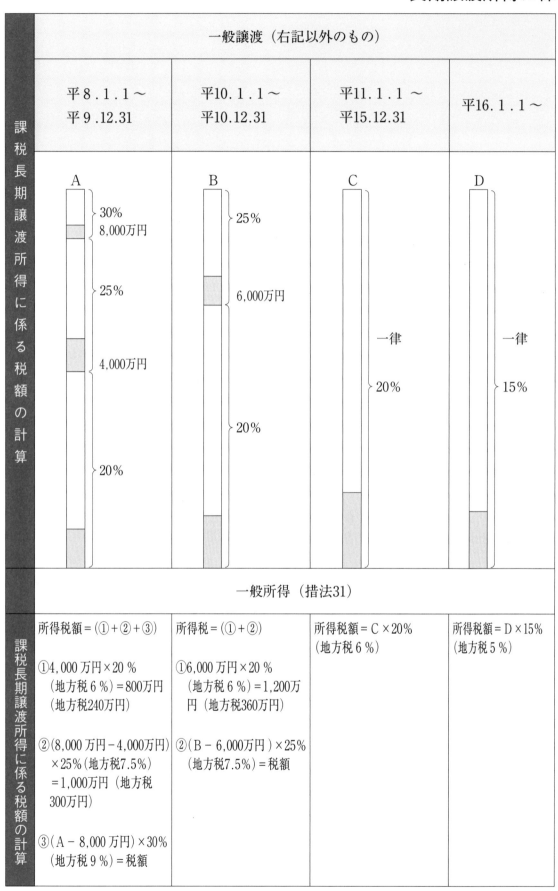